Sowi NRW

Einführungsphase

Unterrichtswerk für Sozialwissenschaften
in der gymnasialen Oberstufe
in Nordrhein-Westfalen

Bearbeitet von
Johannes Baumann
Brigitte Binke-Orth
Nora Lindner
Silvia Ott
Gerhard Orth

unter Beratung von
Brigitte Binke-Orth
Gerhard Orth

C. C. Buchner Verlag, Bamberg

Sowi NRW
Einführungsphase

Unterrichtswerk für Sozialwissenschaften in der gymnasialen Oberstufe in Nordrhein-Westfalen

Bearbeitet von   Johannes Baumann,
                    Brigitte Binke-Orth,
                    Nora Lindner,
                    Silvia Ott,
                    Gerhard Orth

unter Beratung von Brigitte Binke-Orth,
                    Gerhard Orth

> Zu diesem Lehrwerk ist erhältlich:
> - „click&teach": digitales Lehrermaterial (BN 720621)

Dieser Titel kann auch als digitale Ausgabe unter www.ccbuchner.de erworben und im Bildungslogin (www.bildungslogin.de) freigeschaltet werden.

1. Auflage, 1. Druck 2018
Alle Drucke dieser Auflage sind, weil untereinander unverändert, nebeneinander benutzbar.

Dieses Werk folgt der reformierten Rechtschreibung und Zeichensetzung. Ausnahmen bilden Texte, bei denen künstlerische, philologische oder lizenzrechtliche Gründe einer Änderung entgegenstehen. Die Mediencodes enthalten ausschließlich optionale Unterrichtsmaterialien.

Auf verschiedenen Seiten dieses Buches finden sich Verweise (Links) auf Internetadressen. Haftungshinweis: Trotz sorgfältiger inhaltlicher Kontrolle wird die Haftung für die Inhalte externer Seiten ausgeschlossen.

© 2018 C.C. Buchner Verlag, Bamberg
Das Werk und seine Teile sind urheberrechtlich geschützt. Jede Nutzung in anderen als den gesetzlich zugelassenen Fällen bedarf der vorherigen schriftlichen Einwilligung des Verlags. Das gilt insbesondere auch für Vervielfältigungen, Übersetzungen und Mikroverfilmungen. Hinweis zu § 52 a UrhG: Weder das Werk noch seine Teile dürfen ohne eine solche Einwilligung eingescannt und in ein Netzwerk eingestellt werden. Dies gilt auch für Intranets von Schulen und sonstigen Bildungseinrichtungen.

Redaktion: Markus Willers
Grafische Gestaltung: alias.medienproduktion GmbH, Berlin
Druck und Bindung: creo Druck- und Medienservice GmbH, Bamberg

www.ccbuchner.de

ISBN 978-3-661-72060-9

Zur Arbeit mit dem Buch 8

INDIVIDUUM UND GESELLSCHAFT

1 **Wie soll meine Zukunft aussehen? Zukunftswünsche, Wertorientierungen und Identitätsentwicklung Jugendlicher** 10

   1.1 Was ist der heutigen Jugendgeneration wichtig? Zukunftsvorstellungen und Werte von Jugendlichen 12
        Methode: Eine Collage über mein Leben mit dreißig erstellen 12
        Methode: Textbearbeitung I 18
   1.2 Identitätsentwicklung von Jugendlichen: Inwiefern beeinflussen Peergroups die Identitätsbildung der Gleichaltrigen? 23
   1.3 Liken und geliked werden? Einfluss von sozialen Medien auf die Identitätsentwicklung von Jugendlichen 26
   1.4 Leben in zwei Welten oder Anpassung an eine deutsche Leitkultur? Jugendliche mit Migrationshintergrund 32
   1.5 *Vertiefung:* Können Abiturfeierlichkeiten den Wertewandel erklären? Wertewandel heutiger Jugendgenerationen 36
        Wissen kompakt 40
        Kompetenzen prüfen:
        Selbstdiagnose, Kompetenzen anwenden und Klausurtraining 42

2 **Inwieweit prägt die Gesellschaft unser Leben?**
Das Hineinwachsen in die Gesellschaft durch Sozialisation und das Erlernen sozialer Rollen 44

   2.1 Unabdingbar! Der Mensch als soziales Wesen und der Prozess der Sozialisation 46
   2.2 Primäre Sozialisation:
        Ist die Mutter in der frühen Kindheit unersetzlich? 52
   2.3 Sekundäre Sozialisation:
        Das Beispiel Schule – ist die Schulpflicht noch zeitgemäß? 56
        Methode: Werkzeugkasten Soziologie 66
        Werkzeugkasten Soziologie 67
   2.4 Wie frei ist der Mensch in der Gestaltung der Rollen? Der soziologische Begriff „Rolle" und seine Ausprägungen 72
        Methode: Karikaturbearbeitung I 84
   2.5 *Vertiefung:* Wie wehre ich mich gegen negative Gruppeneinflüsse? Gefahren und Risiken von Gleichaltrigengruppen 87
        Wissen kompakt 92
        Kompetenzen prüfen:
        Selbstdiagnose, Kompetenzen anwenden und Klausurtraining 94

POLITISCHE STRUKTUREN, PROZESSE UND PARTIZIPATIONSMÖGLICHKEITEN

**3 Warum wird die Demokratie in Deutschland als unverzichtbar betrachtet?
Die demokratische Ordnung des Grundgesetzes** — 96

   3.1 Die Entstehung des Grundgesetzes und die Grundrechte — 98
       Methode: Dilemma-Diskussion über die Auswirkungen des Luftsicherheitsgesetzes — 105
   3.2 Demokratie in Deutschland: Die Verfassungsprinzipien im Grundgesetz — 108
   3.3 Die ideengeschichtlichen Grundlagen der Demokratie des Grundgesetzes — 119
       Methode: Textbearbeitung II — 121
   3.4 *Vertiefung:* Die Menschenwürde ist unantastbar – außer im Internet? — 123
       Wissen kompakt — 126
       Kompetenzen prüfen:
       Selbstdiagnose, Kompetenzen anwenden und Klausurtraining — 128

4 Demokratie praktisch: Die Staatsorganisation in Deutschland – wie arbeiten die Verfassungsorgane zusammen? — 130

   4.1 Der Gang der Gesetzgebung am Beispiel des Integrationsgesetzes – die Arbeit der Verfassungsorgane in einem Fallbeispiel — 132
       Methode: Politikzyklus — 137
       Methode: Podiumsdiskussion zum Integrationsgesetz — 141
   4.2 Die Verfassungsorgane der Bundesrepublik Deutschland — 142
   4.3 *Vertiefung:* Die Abgeordneten des Deutschen Bundestages – nur dem Gewissen unterworfen oder dem Fraktionszwang? — 150
       Methode: Karikaturbearbeitung II — 153
       Wissen kompakt — 154
       Kompetenzen prüfen:
       Selbstdiagnose, Kompetenzen anwenden — 156

**5 „Die Parteien wirken bei der politischen Willensbildung des Volkes mit."
Wie gut funktioniert die Parteiendemokratie in Deutschland?** — 158

   5.1 Mehr Vorteile oder mehr Nachteile? Von der Vorherrschaft der Volksparteien zum Sechsparteiensystem — 160
       Methode: Statistikbearbeitung I — 166
       Methode: Textbearbeitung III — 171
   5.2 Unterscheidbar? Die Grundorientierungen und die Programme der im 19. Deutschen Bundestag (2017) vertretenen Parteien — 175
       Methode: Analyse von Wahlprogrammen — 179
   5.3 Haben die Parteien das Vertrauen der Bürger verspielt? Die Einstellungen der Bevölkerung zu den Parteien — 180
   5.4 Die Rolle traditioneller und digitaler Medien als Mittler zwischen Politik und Bürgern: Inwieweit werden die Medien ihrer Aufgabe gerecht? — 185
   5.5 *Vertiefung:* Wie sind die Unterschiede zwischen den Parteien zu erklären? Die Theorie der Konfliktlinien — 192
       Wissen kompakt — 194
       Kompetenzen prüfen:
       Selbstdiagnose, Kompetenzen anwenden — 196

6 Jenseits des Parteienstaats – eine bessere Demokratie durch neue Formen der politischen Partizipation und mehr direkte Bürgerbeteiligung?   198

- 6.1 Formen politischen Engagements junger Menschen – mehr Stärken oder mehr Schwächen?   200
  - Methode: Statistikbearbeitung II   205
- 6.2 Volksentscheide auf Bundesebene? Direkte Demokratie im Meinungsstreit   207
- 6.3 *Vertiefung:* Auf dem Weg zur direkten Demokratie auf Bundesebene: Wie konsequent bemühen sich die Parteien um die Einführung von Volksabstimmungen?   216
  - Wissen kompakt   220
  - Kompetenzen prüfen: Selbstdiagnose, Kompetenzen anwenden   221

7 Wie wehrhaft ist die Demokratie in Deutschland? Bedrohungen der Demokratie durch Extremismus und Populismus   224

- 7.1 Rechter, linker und islamischer Extremismus – eine Gefahr für die Demokratie?   226
- 7.2 Das Grundgesetz und das Konzept der „wehrhaften Demokratie" – das NPD-Verbot im Meinungsstreit   236
- 7.3 Extremistische Tendenzen in der Mitte der Gesellschaft – Bedrohung für die Demokratie?   241
  - Methode: Statistikbearbeitung III   245
- 7.4 *Vertiefung:* Populismus – unvereinbar mit der Demokratie?   246
  - Wissen kompakt   251
  - Kompetenzen prüfen: Selbstdiagnose, Kompetenzen anwenden   252

MARKTWIRTSCHAFTLICHE ORDNUNG

8 Steuert der „Wirtschaftsbürger" seine Bedürfnisse autonom? Wirtschaftliche Tätigkeit als Grundlage menschlicher Existenz   254

- 8.1 Die Perspektive der Wirtschaftswissenschaften: Unendliche Bedürfnisse und knappe Güter – warum die Menschen wirtschaften müssen?   256
- 8.2 Konsumenten – souverän oder fremdbestimmt? Das Leitbild der Konsumentensouveränität   265
- 8.3 *Vertiefung:* Wie können „mündige Verbraucher" unterstützt werden? Eine Kontroverse zur Verbraucherpolitik   274
  - Wissen kompakt   276
  - Kompetenzen prüfen: Selbstdiagnose, Kompetenzen anwenden   278

9 Wirtschaftliche Effektivität und sozialer Ausgleich: Sind die beiden Ansprüche der Sozialen Marktwirtschaft vereinbar? — 280

9.1 Die „freie Marktwirtschaft" – Wohlstand für alle durch das „System der natürlichen Freiheit"? — 282

9.2 Die Soziale Marktwirtschaft als Wirtschaftsordnung der Bundesrepublik Deutschlands: Eine Ordnung, die mit wirtschaftlicher Stärke die Schwächsten auffängt? — 292

9.3 *Vertiefung:* Ist die Soziale Marktwirtschaft neoliberal? Eine Debatte über die Ausgestaltung der Sozialen Marktwirtschaft in Deutschland — 303

Wissen kompakt — 306

Kompetenzen prüfen: Selbstdiagnose, Kompetenzen anwenden — 308

10 Arbeitgeber und Arbeitnehmer: miteinander oder gegeneinander? Der Betrieb als wirtschaftliches und soziales System — 310

10.1 Wie sind Betriebe organisiert? Strukturen, Kernfunktionen und Prozesse im Betrieb als wirtschaftliches und soziales System — 312

10.2 Hohe Gewinne und umwelt- und arbeitnehmerfreundliches Wirtschaften – ein Gegensatz? Shareholder-Ansatz, Stakeholder-Ansatz, CSR — 317

10.3 Miteinander oder gegeneinander? Mitbestimmung von Arbeitnehmern und Gewerkschaften in den Betrieben — 322

Methode: Karikaturbearbeitung III — 324

10.4 *Vertiefung:* Soll es „Leitplanken" für Streiks geben? — 332

Wissen kompakt — 336

Kompetenzen prüfen: Selbstdiagnose, Kompetenzen anwenden — 338

11 Marktwirtschaft in der Krise? Herausforderungen der Marktwirtschaft — 340

11.1 Eingriffe des Staates in das Marktgeschehen im Spannungsfeld von Verbraucher- und Arbeitnehmerinteressen – in welchen Fällen sind Eingriffe des Staates gerechtfertigt? — 342

11.2 Ist der gesetzliche Mindestlohn ein unzulässiger Eingriff des Staates in die Marktwirtschaft? — 348

11.3 Lassen sich Marktwirtschaft und Umweltschutz miteinander vereinbaren? Das Spannungsverhältnis von Ökonomie und Ökologie — 352

11.4 *Vertiefung:* Inwiefern sind Sharing-Ökonomien eine Alternative zum bestehenden Markt? — 357

Wissen kompakt — 360

Kompetenzen prüfen: Selbstdiagnose, Kompetenzen anwenden — 362

Methodenglossar — 364
Sozialwissenschaftliches Glossar — 375
Register — 380
Bildnachweis
Operatoren

METHODENVERZEICHNIS

Zentrale Methoden für den sozialwissenschaftlichen Unterricht

1. **Methoden zur Bearbeitung von Texten, Karikaturen und Statistiken**
   Die Methoden zur Bearbeitung von Texten, Karikaturen und Statistiken werden sukzessive trainiert. Das Training der Methoden wird mit steigendem Schwierigkeitsgrad der Texte, Karikaturen und Statistiken vorgenommen. Außerdem wird zusätzlich ein besonderer Fokus auf einen der drei Anforderungsbereiche (AFB) gelegt.

   Methoden zur Textbearbeitung
Textbearbeitung I – Fokus: AFB I	18
Textbearbeitung II – Fokus: AFB II	121
Textbearbeitung III – Fokus: AFB III	171
Allgemeine Hinweise zur Textbearbeitung	364

   Methoden zur Karikaturbearbeitung
Karikaturbearbeitung I – Fokus: AFB I	84
Karikaturbearbeitung II – Fokus: AFB II	153
Karikaturbearbeitung III – Fokus: AFB III	324
Allgemeine Hinweise zur Karikaturbearbeitung	367

   Methoden zur Statistikbearbeitung
Statistikbearbeitung I – Fokus: AFB I	166
Statistikbearbeitung II – Fokus: AFB II	205
Statistikbearbeitung III – Fokus: AFB III	245
Allgemeine Hinweise zur Statistikbearbeitung	368

2. **Sozialwissenschaftliche Fachmethoden**
Eine Collage über mein Leben mit dreißig erstellen	12
Werkzeugkasten Soziologie	66
Dilemma-Diskussion über die Auswirkungen des Luftsicherheitsgesetzes	105
Politikzyklus	137
Podiumsdiskussion zum Integrationsgesetz	141
Analyse von Wahlprogrammen	179

3. **Allgemeine Unterrichtsmethoden**
   Zur Bearbeitung der Aufgaben werden an vielen Stellen nachfolgende Unterrichtsmethoden verlangt. Diese sind in alphabetischer Reihenfolge im Methodenglossar erklärt.

Gruppenpuzzle	369
Lern- / Wandplakat / Wandzeitung	369
Mindmap	370
Placemat	370
Podiumsdiskussion	371
Positionslinie	372
Pro- und Kontra-Diskussion	372
Referat / Vortrag	373
Stummes Schreibgespräch	374

ZUR ARBEIT MIT DEM BUCH

Sowi NRW – Einführungsphase

Das vorliegende Lehrwerk ist ein neu erarbeitetes, lebens- und unterrichtsnahes Lern- und Arbeitsbuch für den nordrhein-westfälischen Unterricht in Sozialwissenschaften in der Einführungsphase der gymnasialen Oberstufe. Das Lehrbuch wurde eigens nach den Vorgaben des neuen Kernlehrplans konzipiert und trägt verstärkt der sich durchsetzenden **Kompetenzorientierung** Rechnung.

Ziel des Bandes ist es, Anregungen zur selbstständigen Arbeit zu geben und Hilfen für einen methoden- und handlungsorientierten Unterricht anzubieten.

Kapitelaufbau

Auftaktseiten
Jedes Kapitel beginnt mit einem Problemaufriss, einer Lernstandserhebung (Was wissen und können Sie schon?) und der Formulierung der im Kapitelverlauf zu erwerbenden Kompetenzen.

Materialien
Die Materialienseiten sind multiperspektivisch angelegt und vertiefen zentrale Themenaspekte. Sie ermöglichen einen vielseitigen und kompetenzorientierten Unterricht. In der Randspalte werden zentrale Begriffe und wichtige Zusatzinformationen knapp erklärt, um eine genaue fachwissenschaftliche Verwendung zu erleichtern.

Aufgaben
Jede Themeneinheit schließt mit differenzierten und kompetenzorientierten Aufgaben ab. Die Aufgaben beziehen sich häufig auf konkrete Problemlösungen oder Entscheidungssituationen aus vorangegangenen Lernsequenzen und fördern so die Nachhaltigkeit des Lernens. Angebote zum Helfen **H** und Fordern **F** ermöglichen es der Lehrkraft, auch heterogenen Lerngruppen gerecht zu werden.

Vertiefungskapitel
Sogenannte „Vertiefungskapitel" beenden den Materialienteil eines Kapitels. Sie festigen bzw. erweitern das Gelernte mittels vertiefender und weiterführender Themen und können somit auch zur Binnendifferenzierung genutzt werden.

Kapitelabschluss

Wissen kompakt – Kompetenzen prüfen
Zum Abschluss der Großkapitel helfen „WISSEN KOMPAKT"-Seiten, sich wichtige Lehrplanbegriffe anhand verständlicher Verfassertexte effizient und nachhaltig anzueignen. Fachspezifische Begriffe und Definitionen werden glossarartig dargestellt.
Die sich anschließende Rubrik „KOMPETENZEN PRÜFEN" beginnt zunächst mit einer Tabelle zur SELBSTDIAGNOSE. Diese hilft, zu überprüfen, inwieweit die zu Kapitelbeginn formulierten Kompetenzen beherrscht werden. Im Anschluss daran können unter "KOMPETENZEN ANWENDEN – AM BEISPIEL" die erworbenen Kompetenzen mittels handlungsorientierter Aufgaben in die Praxis umgesetzt werden.
Schließlich beendet das KLAUSURTRAINING die Großkapitel. Probeklausuren und deren Erwartungshorizonte (einsehbar mithilfe eines Mediencodes) helfen, die anstehenden Leistungskontrollen zu trainieren.

Methodenkonzept

Zentrale Methoden für den sozialwissenschaftlichen Unterricht

1. Methoden zur Bearbeitung von Texten, Karikaturen und Statistiken
Im Laufe des Lehrbuches werden die Methoden zur „Text-, Karikatur- und Statistikbearbeitung I, II und III" schrittweise eingeführt. Sie unterliegen somit einer Art Progression:

ZUR ARBEIT MIT DEM BUCH

- Zunächst werden die jeweiligen Methoden auf der Ebene des Anforderungsbereiches I anhand einfacher Materialien des jeweiligen Kapitels (Texte, Karikaturen und Statistiken) eingeführt.
- In einem zweiten Schritt werden dieselben Methoden auf der Ebene des Anforderungsbereiches II anhand „mittel" schwerer Materialien des jeweiligen Kapitels eingeführt.
- Schließlich werden dieselben Methoden auf der Ebene des Anforderungsbereiches III mittels schwieriger Materialien eingeführt.

2. Sozialwissenschaftliche Fachmethoden
An geeigneten Inhalten werden **fachspezifische Methoden** und Arbeitsweisen exemplarisch dargestellt, sodass sie auch an anderer Stelle herangezogen werden können.

3. Allgemeine Unterrichtsmethoden
In den Aufgaben werden vielfach Unterrichtsmethoden gefordert, die der Unterrichtsgestaltung dienen. Diese Methoden werden im Methodenglossar dargestellt.

Zusatzmaterialien, Erwartungshorizonte und Erklärfilme
Eigens für das Lehrbuch erstellte Rubriken sowie passende Zusatzmaterialien oder Erklärfilme (drei bis fünf Minuten) können auf der Verlagshomepage (www.ccbuchner.de) kosten- und werbefrei abgerufen werden.
Mithilfe von Mediencodes können sie entweder direkt (Quick-Response-Code ↔ Smartphone) oder über die Eingabe des jeweiligen Mediencodes in das Suchfeld der Verlagshomepage bezogen werden. Die auf der Verlagshomepage hinterlegten Rubriken und Zusatzmaterialien sind fakultativ zu behandeln.

QR- und Mediencodes

Mediencode: 72060-01

Methoden- und sozialwissenschaftliches Glossar
Das Glossar besteht aus einem Methoden- und einem sozialwissenschaftlichen Glossar. Beide Glossare dienen dem Nachschlagen der – in den Aufgaben geforderten – Unterrichtsmethoden bzw. wichtiger Grundbegriffe des Lehrwerkes.

Glossare

Video-Clips in der digitalen Ausgabe von Sowi NRW - Einführungsphase
„Sowi NRW – Einführungsphase" existiert als Print- und Digitalausgabe. In beiden Ausgaben finden sich in einigen Materialien Bilder mit einem Video-Icon: ▭ (→ z. B. S. 187, M26). In der digitalen Ausgabe von Sowi NRW können Sie hier einen zum Material passenden Video-Clip (ca. eine Minute) abspielen lassen. Die Inhalte der Clips sind fakultativ und dienen als Unterstützung des vorhandenen Materials.

Video-Icons in Sowi NRW

Allgemeine Hinweise
- Aufgrund der besseren Lesbarkeit wird im Folgenden darauf verzichtet, immer beide Geschlechter anzusprechen („Bürgerinnen und Bürger"...), auch wenn selbstverständlich beide gemeint sind. Darüber hinaus werden in einigen Materialien die Geschlechter durch Formen wie „Bürger*innen" (Gender-Star) oder „BürgerInnen" angesprochen. Diese berücksichtigen natürlich auch beide Geschlechter.
- Materialien ohne Quellenangaben sind vom Bearbeiter verfasst.
- Sofern bei Materialien aus dem Internet kein Verfasserdatum ermittelt werden konnte, wird das Abrufdatum genannt.
- Die URL/vollständigen Internetadressen aller verwendeten Materialien aus dem Internet sind über den nebenstehenden Mediencode einsehbar.

URL aller verwendeten Materialien aus dem Internet

Mediencode: 72060-02

1 Wie soll meine Zukunft aussehen? Zukunftswünsche, Wertorientierungen und Identitätsentwicklung Jugendlicher

Im Mittelpunkt dieses Kapitels stehen die Vorstellungen Jugendlicher über ihre Zukunft, ihre Werteinstellungen und der Einfluss der Gleichaltrigengruppe auf die Herausbildung ihrer Persönlichkeit.

Thema des ersten Unterkapitels sind die Erkenntnisse der Shell-Jugendstudie über die Werte der heutigen Jugendgeneration, über ihr Verhältnis zu Eltern und Familie und ihre Beurteilung der Zukunft der Gesellschaft. Im zweiten und dritten Unterkapitel werden die Begriffe „Identität" und „Identitätsmodelle" am Beispiel des Einflusses der Gleichaltrigengruppe und der sozialen Medien erklärt. Die zentrale Bedeutung der digitalen Medien und mögliche negative Einflüsse auf die Identitätsentwicklung Jugendlicher werden im letzten Teil des dritten Unterkapitels thematisiert.

Ausgehend von Ergebnissen der Shell-Jugendstudie zu Jugendlichen mit Migrationshintergrund werden zentrale Begriffe wie „Multikulturalismus" und „Leitkultur" vorgestellt und kontrovers diskutiert.

In der Vertiefung wird am Beispiel des Wandels der Abiturfeierlichkeiten der Frage nachgegangen, was der Wandel der „Übergangsrituale" über die Veränderung der Wertvorstellungen Jugendlicher aussagt.

Kompetenzen

Am Ende dieses Kapitels können Sie:
- die Erwartungen Jugendlicher an die Zukunft benennen;
- die Wertvorstellungen der Jugendlichen beschreiben und in verschiedene Wertetypen einordnen sowie die Verbreitung bestimmter Wertvorstellungen beurteilen;
- erläutern und analysieren, welche Instanzen prägend sind für die Identität von Jugendlichen;
- kontrovers diskutieren und beurteilen, welche Herausforderungen oder Chancen das Aufwachsen in zwei Kulturen für die Identitätsbildung mit sich bringt;
- den Wertewandel anhand des Beispiels der Abibälle analysieren und diskutieren.

WAS WISSEN UND KÖNNEN SIE SCHON?

1. Charakterisieren Sie die heutige Jugendgeneration anhand der Fotos auf der linken Seite.
2. Diskutieren Sie in Kleingruppen: Fühlen Sie sich auf den Fotos als Generation richtig dargestellt? Welche Bilder fehlen vielleicht, um Ihre Lebenswelt darzustellen? Suchen Sie Fotos, die man Ihrer Meinung nach hier noch ergänzen könnte und begründen Sie Ihre Auswahl.

1.1 Was ist der heutigen Jugendgeneration wichtig? Zukunftsvorstellungen und Werte von Jugendlichen

Seit dem Jahre 1953 gibt es die Shell Jugendstudie, in der Wissenschaftler mithilfe von Fragebögen und Interviews Sichtweisen, Stimmungen und Erwartungen von Jugendlichen in Deutschland erforschen. Für die 17. Shell Jugendstudie wurden 2.558 Jugendliche im Alter von 12-25 Jahren befragt. In Unterkapitel 1.1 werden nach der Anfertigung und Auswertung einer Collage zu Ihren eigenen Zukunftsvorstellungen zunächst die Wertvorstellungen der heutigen Jugendlichen und unterschiedliche Wertetypen vorgestellt (M4-M7). Im Anschluß daran thematisiert das Unterkapitel mit der „Nesthockerproblematik" den Wandel des Verhältnisses von Eltern und Kindern.

METHODE

Mögliche Aspekte für eine Collage über „mein Leben mit 30"
Fleißig und ehrgeizig sein – Macht und Einfluss haben – gute Freunde haben – Fantasie und Kreativität entwickeln – viele Kontakte zu andern Menschen haben – einen hohen Lebensstandard haben – an Althergebrachtem festhalten – das Leben in vollen Zügen genießen – ein gutes Familienleben führen – sich unter allen Umständen umweltbewusst verhalten – Gesetz und Ordnung respektieren – eigenverantwortlich leben und handeln – sich politisch engagieren – das Leben in vollen Zügen genießen – sozial Benachteiligten und Randgruppen helfen – eigene Bedürfnisse durchsetzen – von anderen Menschen unabhängig sein – einen Partner haben, dem man vertrauen kann – sich und seine Bedürfnisse gegen andere durchsetzen – das tun, was andere auch tun – gesundheitsbewusst leben – nach Sicherheit streben

Eine Collage über mein Leben mit dreißig erstellen

I. Worum geht es?
Eine Collage ist im üblichen Sinne eine auf einen festen Untergrund (Pappe) geklebte Zusammenstellung unterschiedlicher Bild- und Textformate (Zeitungsausschnitte, Bilder, Fotografien) über ein bestimmtes Thema. Anhand verschiedener Bilder, Fotos oder Zeitungsausschnitten sollen Gedanken-, Wunsch- oder Zielvorstellungen miteinander verknüpft werden.

II. Gehen Sie dabei wie folgt vor:

1. Schritt: Wie wird eine Collage gestaltet?

Stellen Sie mithilfe von mitgebrachten Bildern (Fotos aus Zeitschriften oder dem Internet über die Bildersuche etc.) eine Collage Ihres Lebens mit 30 zusammen. Sie können Ihre Bilder durch einzelne Begriffe erläutern, sollten aber keine zusammenhängenden Texte schreiben, sondern nur einzelne Stichwörter verwenden.

2. Schritt: Wie wird eine Collage analysiert?

Analysieren Sie die Collagen in Dreiergruppen und vergleichen Sie Ihre Darstellungen im Hinblick auf Ihre Vorstellungen über Ihr zukünftiges Leben. Untersuchen Sie Ihre Collage gemeinsam mithilfe der nebenstehenden Aspekte. Wenn Ihnen an einzelnen Stellen diese Aspekte nicht passend erscheinen, formulieren Sie diese um, bzw. finden Sie eigene Überschriften.

3. Schritt: Präsentation Ihrer Collage

Präsentieren Sie Ihre Collage im Kurs. Welche Unterschiede gibt es zu den anderen Collagen? Gibt es Unterschiede zwischen Jungen und Mädchen?

M1 Was sind Werte und Normen?

a) Was bedeutet der Begriff „Werte"?

Werte sind verbreitete Vorstellungen des Wünschbaren, Erstrebenswerten, Wertvollen. Werte definieren ein allgemeines Ziel und geben eine Orientierung, sie legen kein
5 konkretes Handeln fest; sie schaffen einerseits Ordnung durch gemeinsame Orientierungen, lassen andererseits aber Spielraum für Handlungsfreiheit. Der Begriff Wert lässt sich definieren als ein allgemeines Ziel,
10 oberstes Ziel des Handelns in einer Kultur.

Thomas Schwietring, Werte und Normen, in: Was ist Gesellschaft? Eine Einführung in soziologische Grundbegriffe, Konstanz und München 2011, S. 159 f.

b) Was bedeutet der Begriff „Normen"?

[lat.: Richtschnur, Vorschrift] Soziolog.: Regelmäßigkeiten sozialen Verhaltens, die über Konformität und Abweichungen, Gebote und Verbote Auskunft geben. Es wird
5 zwischen latenten (wirkenden, aber nicht klar bestimmbaren), manifesten (bekannten und klaren), traditionellen (gewohnheitsmäßig geltenden) und rationalen (rechtlich gesetzten) Normen unterschieden.

Klaus Schubert, Martina Klein: Normen, in: Das Politiklexikon, Bonn, 2016, S. 209

10 *Klaus Hurrelmann, Gudrun Quenzel, Hohe Wertschätzung für Freundschaft und Partnerschaft, in: Lebensphase Jugend. Eine Einführung in die sozialwissenschaftliche Jugendforschung, 13. Auflage, Weinheim Basel 2016, S. 207*

M2 Werte der heutigen Jugendlichen

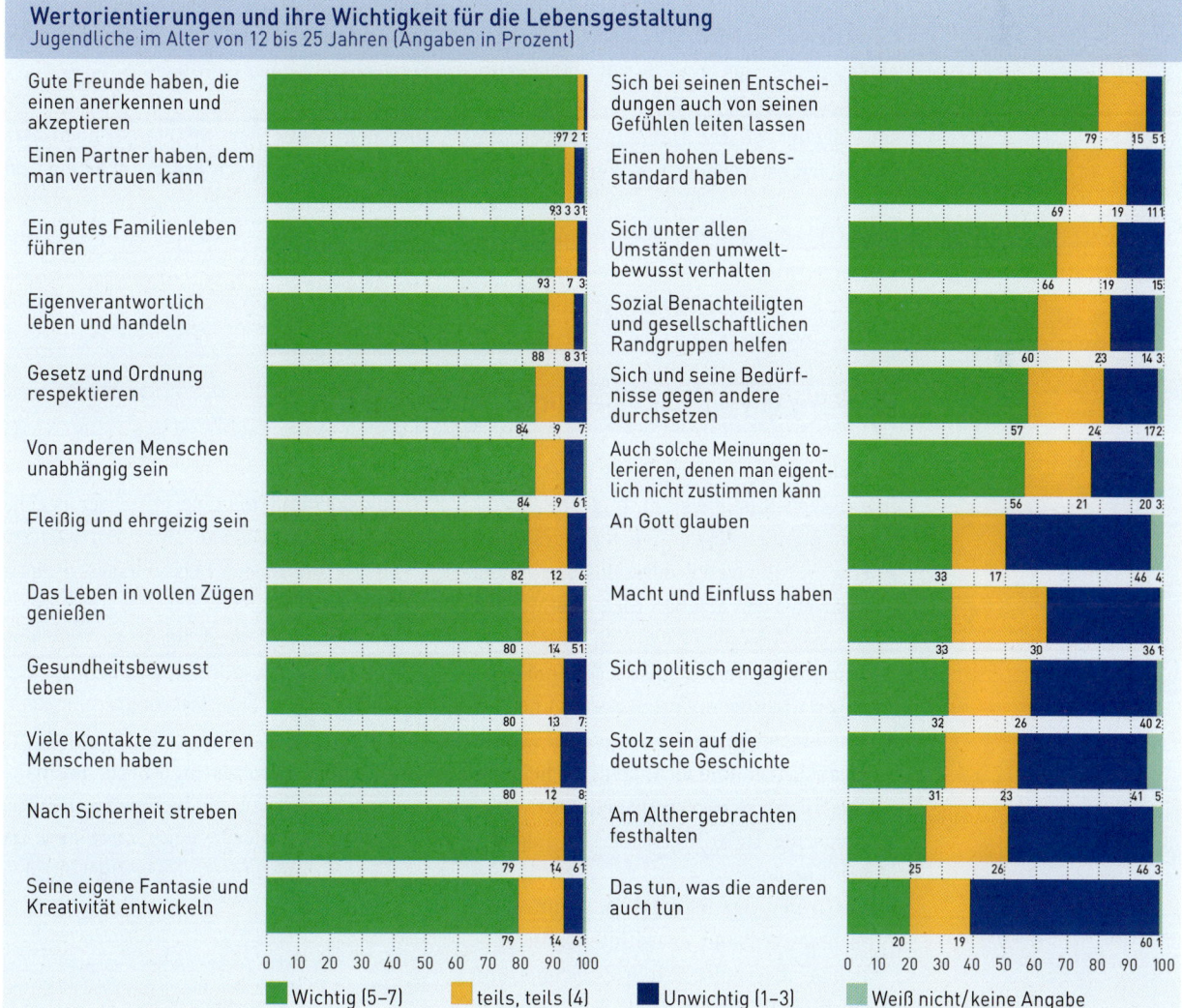

M3 Das wertebewusstere Geschlecht

Die Jugend ist eine differenzierte Gruppe [...]. Die Shell Jugendstudien haben gezeigt, dass es zwischen den Wertorientierungen junger Männer und Frauen deutliche Unterschiede gibt und dass diese über die vergangenen Jahrzehnte eher stabil blieben.

Merkmale einer männlichen und weiblichen Typik scheinen sich zu reproduzieren. Doch ein bedeutender kultureller Wandel seit den 1970er Jahren bestand darin, dass für viele junge Frauen der Lebensbereich Beruf und Karriere immer wichtiger wurde.

Damit wirkt sich die Leistungskultur dieser Sphäre immer stärker auf die Mentalität junger Frauen aus.

Allerdings erhalten sich dabei Besonderheiten, weil Frauen weiterhin in spezielle Berufsfelder streben, die ihren Interessen entsprechen. Das sind bevorzugt Berufe im Sozial-, Erziehungs- und Bildungswesen oder in anderen Dienstleistungen, die oft mit menschlichem Kontakt verbunden sind. Technische Bereiche und die industrielle Produktion im Allgemeinen bleiben weiterhin die Domänen der Männer. Es kommt hinzu, dass Männer und Frauen in der Hierarchie der beruflichen Tätigkeiten unterschiedlich präsent sind: Führungsfunktionen sind zumeist mit Männern besetzt, selbst in Bereichen, in denen viele Frauen arbeiten. Vereinbarkeit von Beruf, insbesondere Karriere und Familie, gibt es heute noch längst nicht in der Weise, dass Frauen, die es wünschen, genügend Unterstützung erhalten, um hohe Funktionen auszuüben und dies gleichzeitig mit den Pflichten aus ihrem Familienleben vereinbaren zu können.

Dennoch blieben den jungen Frauen die privaten sozialen Beziehungen wichtiger. [...] Seit 2010 finden junge Frauen „Fleiß und Ehrgeiz" sogar wichtiger als junge Männer. Dennoch ist der Unterschied zu den Männern weniger als halb so hoch wie bei der Wertschätzung der Familie. [...]

Unterschiedliche Wertorientierungen entsprechen somit der weiterwirkenden Arbeitsteilung der Geschlechter im Leben und in der Arbeit.

Matthias Albert u.a., Das wertebewustere Geschlecht, in: Shell Deutschland (Hrsg.): 17. Shell Jugendstudie – Jugend 2015, Frankfurt a. M. 2015, S. 260 und 264

M4 Wertetypen von Jugendlichen im Jahre 2015

a) Welche Wertetypen gibt es unter Jugendlichen?

In der Shell-Studie werden folgende Wertetypen unter den Jugendlichen festgestellt:
- eine Leistungselite der selbstbewussten, aufstrebenden Macherinnen und Macher, die sich besonders deutlich durch eine Synthese von materialistischen und postmaterialistischen Werten auszeichnet;
- eine Engagementelite der pragmatischen Idealistinnen und Idealisten, die bei gleicher Grundorientierung wie die Leistungselite freiwilliges soziales Engagement betont;
- die Gruppe der zögerlichen, skeptischen, resignativen und unauffälligen Jugendlichen, die wenig Erfolg in Schule und Ausbildung haben und sich dennoch duldsam und tolerant mit ihrer gegenwärtigen Lebenslage abfinden, weil sie an die Werte der Leistungsgesellschaft glauben;
- die robusten Materialistinnen und Materialisten, die gern über Einfluss und einen hohen Lebensstandard verfügen würden, aber häufig nur begrenzt erfolgreiche Bildungs- und Berufslaufbahnen einschlagen; sie wollen zwar etwas leisten, doch der Lebensgenuss steht im Vordergrund ihrer Wertorientierungen.

Klaus Hurrelmann, Gudrun Quenzel, Verschiedene Wertetypen bei Jugendlichen, in: Lebensphase Jugend. Eine Einführung in die sozialwissenschaftliche Jugendforschung, 13. Auflage, Weinheim Basel 2016, S. 208

b) Die Wertetypen in der Shell-Studie 2015

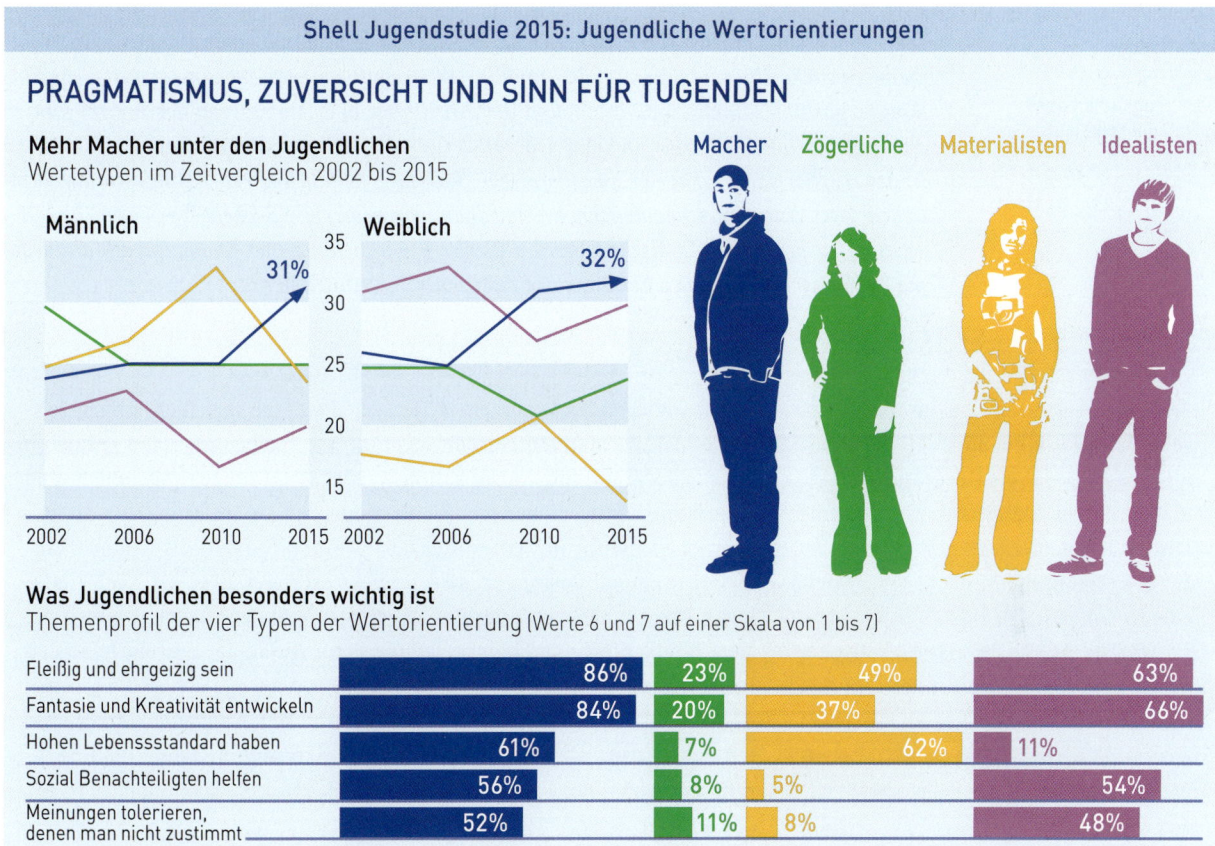

Quelle: Shell Jugendstudie 2015, www.shell.de/jugendstudie, Basis: Jugendliche von 12 bis 25 Jahren,
*Westdeutsche Jugendliche von 14 bis 25 Jahren

AUFGABEN

1. Arbeiten Sie aus **M2** heraus, welche Werte (**M1**) den Jugendlichen Ihrer Generation besonders wichtig sind. Werten Sie die Daten aus, indem Sie
   a) Gruppen bilden von Werten, die inhaltlich zusammengehören;
   b) ein Schaubild erstellen, die diese Gruppierung der Daten verdeutlicht.

2. a) Teilen Sie den Kurs in geschlechtergetrennte Kleingruppen. In jeder Gruppe wird eine Collage erstellt zu Ihren Zukunftsvorstellungen (→ Methode auf S. 12)
   b) Vergleichen Sie Ihre Ergebnisse zu den Unterschieden von Jungen und Mädchen aus der Collage (→ Aufgabe 2a) mit den Ergebnissen der Shell-Studie in **M3**.
   c) Entwickeln Sie zu den Geschlechterunterschieden Erklärungsansätze.

3. Arbeiten Sie aus **M4a-b** die Unterschiede zwischen den Wertetypen heraus.

4. Ordnen Sie sich selbst den Wertetypen in **M4b** zu: Welcher der Wertetypen entspricht am ehesten Ihren eigenen Wertevorstellungen?

5. Suchen Sie einen Mitschüler, der sich einem anderen Wertetyp zuordnet und vergleichen Sie Ihre Zukunftsvorstellungen. Beurteilen Sie: Lassen sich mithilfe der Wertetypen Ihre unterschiedlichen Vorstellungen erklären?

Hinweis zu Aufgabe 2
Berücksichtigen Sie Ihre persönlichen Einstellungen über Beruf, Familie, Freizeit. Wie ist die Gewichtung? Wie und wo wollen Sie gerne leben?

Sozialisation
→ Kapitel 2, S. 69, Werkzeugkasten der Soziologie (Wk6)

M5 Wertewandel: Vom Materialismus zum Postmaterialismus

Die 1950er- und 1960er-Jahre waren in der westlichen Welt durch einen beispiellosen Wohlstandszuwachs (in der alten Bundesrepublik „Wirtschaftswunder" genannt), durch die Bildungsexpansion, durch eine Verkürzung der Arbeitszeit und Ausweitung der Freizeit, durch eine hohe soziale Sicherheit und eine Liberalisierung der Werte gekennzeichnet.

In den 1970er-Jahren hat der amerikanische Soziologe Ronald Inglehart (1989) in der westlichen Welt einen einschneidenden Wertewandel von materialistischen (Vermögen und Besitztum) zu postmaterialistischen Werten (Selbstverwirklichung und Kommunikation) ausgemacht. Seine Überlegungen beruhten auf zwei zentralen Annahmen:

Annahme 1	Annahme 2
Menschen begehren das in ihrer Umwelt, was relativ knapp ist (die Mangelhypothese). Die ältere Generation musste in der akuten Mangelsituation unmittelbar nach dem Zweiten Weltkrieg, so seine Vermutung, zunächst materielle Bedürfnisse befriedigen – infolgedessen war sie Anhänger materialistischer Werte; aber schon ihre Kinder – in den neu gewonnenen Wohlstand hineingeboren – würden dagegen verstärkt postmateriellen Werten der Selbstverwirklichung folgen.	Die grundlegenden Werte eines Menschen werden in seinen jungen Jahren in der „formativen Periode" geprägt und bleiben über den gesamten Lebenslauf stabil (die Sozialisationshypothese). Frühzeitig gebildete und dauerhafte Werte dienen als Richtschnur und Orientierung für die gesamte Lebensführung eines Menschen. Einmal Materialist, immer Materialist; einmal Postmaterialist, immer Postmaterialist. [...] Nach Ingleharts Theorie muss sich der Bevölkerungsanteil der Materialisten in der Generationenfolge verringern, während der Anteil der Postmaterialisten im Zeitablauf zunimmt. Tatsächlich ging in Westdeutschland zwischen den 1970er- und den frühen 1990er-Jahren der Anteil der Materialisten zurück (auf nicht ganz 20 % der Bevölkerung im Jahre 1989) während der Anteil der Postmaterialisten im Jahre 1988 schon auf 25 % gestiegen war.

Hans-Peter Müller, Werte Milieus und Lebensstile, in: Stefan Hradil (Hrsg.): Deutsche Verhältnisse – Eine Sozialkunde, Frankfurt a. M. und New York 2012, S. 192–194

M6 Wie beurteilen Jugendforscher die Werteeinstellungen von Jugendlichen?

Bernhard Heinzlmaier, Sozialwissenschaftler, ist Mitbegründer des Instituts für Jugendkulturforschung und seit 2003 dessen ehrenamtlicher Vorsitzender.

a) Interview mit dem Jugendforscher Heinzlmaier: Die Jugend ist zu angepasst!

Welche Merkmale und Eigenschaften hat die junge Generation von heute?
Bernhard Heinzlmaier: Das Aufsteigen durch das Mitmachen. Es ist eine adaptiv-pragmatische Generation mit einer hohen Anpassungsbereitschaft, mit einer Mitmachmentalität. Sie sind so erzogen, dass sie ordentlich funktionieren. Diese Generation ist nicht perspektivlos oder verdrossen, denn was ihre egoistischen Ziele anbelangt, sind sie ganz klar orientiert. Ein großer Teil der Jugend ist cool, durchsetzungsfähig und kämpferisch [...]. Ich finde sie sogar beängstigend gut orientiert. Die Konzernchefs sind zufrieden, denn junge Menschen sind angepasste, ausbeutbare und brave Konsumenten. Aber man darf das alles auch wieder nicht zu sehr generalisieren. [...]

Aus dieser Szenerie heraus: Wie wird sich die Jugend weiterentwickeln und welche Trends heben sich dabei heraus? [...]
Zu den Mitmachern und zu den langweiligen Menschen, die alle im gleichen Jargon und den gleichen Vokabeln daher reden und alle dieselben Absichten und dasselbe Erfolgskonzept haben, das mit ihren persönlichen Gefühlen und mit ihrem Leben und Bedürfnissen überhaupt nichts zu tun hat. Die Dominanz der äußeren Güter, dass man sogar das eigene Selbst marktförmig ausrichtet, ist erbärmlich.

Das sind große Vorwürfe. Worauf stützen Sie Ihre Aussagen?

Ich mache niemandem einen Vorwurf, weil prinzipiell die Macht des Individuums überschätzt wird. Jeder ist von außen geführt und manipuliert und der eigene Wille ist abgeleitet von äußeren Einflüssen. Die jungen Leute, wie sie heute leben, sind Großteils gemacht.

Wer oder was produziert die heutige Jugend?

Die Kommerzialisierung und der Arbeitsmarkt. Alles hat nur dann einen Wert, wenn man sich in einem bestimmten System einordnet und sich so verhält, wie es verlangt wird. [...]

Ist die junge Generation demnach eine strebsame, pragmatische Gruppe ohne Ideale?

Strebsam sein ist an sich schon widerlich. In meiner Schulklasse waren drei Personen, die diesem Strebertum verfallen waren, die wir ignoriert haben. Doch heute prägen diese Strebsamen das vorherrschende Bild. [...] Die meisten soziologischen Untersuchungen zeigen, dass die großräumigen Formen der Solidarität und das Einfühlungsvermögen in das Leben anderer heute nicht mehr so gegeben sind wie vor 30 Jahren. Es ist ein Menschentyp dominant, der, wenn er das Wort Solidarität gebraucht, dann in erster Linie seine Freunde und Familie damit meint.

Bernhard Heinzlmaier im Interview mit Sahel Zarinfard, Ich sehe den Trend zum angepassten Hosenscheißer, Verein zur Förderung des Onlinejournalismus (Hrsg.), www. http://www.paroli-magazin.at, 08.07.2013

b) Interview mit dem Jugendforscher Thomas Gensicke: Diese Generation verbindet Leistung mit Spaß! Schon in der letzten Studie bekamen wir eine recht brave, pragmatisch handelnde Jugend präsentiert. Familie, Ausbildung und Leistung sind das Wichtigste im Leben. Woran liegt das? Haben Jugendliche so viel Angst vor dem Absturz, dass sie sich an das Konventionelle klammern?

Thomas Gensicke: Nein. Eindeutig kann die Studie diese psychologischen Zusammenhänge zwar nicht klären. Deutlich wird aber, dass die Jugendlichen nicht verkrampft ihr Leben auf Regeln und Anstrengung ausrichten. Sondern ihre Haltung geht immer damit einher, auch etwas vom Leben haben zu wollen. Karrierismus ist für die meisten nicht erstrebenswert, der Spaßfaktor spielt nämlich nach wie vor eine große Rolle [...]. Das Wichtigste im Leben ist ihnen das gute private Netzwerk: Familie und Freunde. Erst dann kommt die Bewährung im Leben in Ausbildung und Beruf. Aber auch das ist keine idealistische Veranstaltung. Ein hoher Lebensstandard ist ebenfalls eine hohe Wunschkategorie.

Sie stellen außerdem fest, dass die Jugendlichen optimistischer sind als vor vier Jahren. Nur sieben Prozent sehen ihre Zukunft schwarz.

Ja, und der Optimismus hat ein solides Fundament. Das liegt auch am demografischen Wandel. Jugendliche haben feine Antennen: Sie riechen, dass sie begehrter sind, dass sie, weil sie wenige geworden sind, umworben werden. [...]

Und was ist mit den Horrorstorys über die Jugend? Komasaufen und Computerspielsucht? Ist das auch ein Schichtenproblem oder eher eine Frage des Alters?

Alkohol trinken und sich mit Computerspielen ablenken, ist deutlich schichtspezifisch. Das große Problem dabei ist, dass es sich um negative Reaktionen auf Schwierigkeiten handelt. Jugendliche aus sozial schwierigen Verhältnissen lenken sich oft mit Computerspielen ab, nicht um ein Problem nur aufzuschieben (wie es der Durchschnittsjugendliche auch gern tut), sondern um es ganz zu verdrängen, was sie sehr unzufrieden macht. Beim Alkohol kommt tatsächlich das Alter ins Spiel, denn erst die älteren Jugendlichen trinken mehr. Hier haben Verbote und Kampagnen viel bewirkt.

Thomas Gensicke im Interview mit Parvin Sadigh, in: Shell-Jugendstudie 2010 – „Der Optimismus der Jugend hat ein solides Fundament, www.zeit.de, 14.09.2010

Thomas Gensicke ist Mitverfasser der Shell Jugendstudie 2010 und Sozialforscher bei „TNS Infratest Sozialforschung".

METHODE

Textbearbeitung I

I. Aufgaben

1. Stellen Sie dar, wie die Jugendforscher Heinzlmaier (**M6a**) und Gensicke (**M6b**) die Wertvorstellungen der Jugendlichen beschreiben und ihre Einstellungen beurteilen.
2. Analysieren Sie die Einschätzungen im Hinblick auf positive oder negative Bewertungen der Jugend.
3. Erörtern Sie die beiden Positionen unter Berücksichtigung der Ergebnisse aktueller Jugendstudien.

II. Tipps zur Bearbeitung von Aufgabe 1

1. Lesen Sie zunächst in den „allgemeinen Hinweisen zur Bearbeitung von Texten" auf S. 364 die Abschnitte II und III.
2. Bei der Bearbeitung der Aufgabe 1 sollten Sie sich an den Hinweisen orientieren. Die folgende Handlungsanleitung gibt Ihnen einen roten Faden, mit dessen Hilfe Sie die Darstellung des Textes üben können.
3. Erörtern Sie die Positionen der beiden Jugendforscher unter Berücksichtigung der Ergebnisse aktueller Jugendstudien.

III. Anleitung für die Darstellung von M6a–b

Bevor Sie mit der Darstellung beginnen, überfliegen Sie bitte noch einmal die Texte M6a und M6b und machen Sie sich klar, welche grundsätzlich unterschiedlichen Positionen die beiden Jugendforscher vertreten.

1. Überfliegen Sie zuerst die Texte und versuchen Sie, jeweils die zentralen Aussagen der beiden Texte zu erfassen.
   Markieren Sie jeweils die Stellen, an denen die Wertvorstellungen der Jugendlichen und die Urteile der Jugendforscher über die Jugendlichen beschrieben werden. Sie können evtl. die Markierungen in unterschiedlichen Farben jeweils für die Wertvorstellungen und die Urteile vornehmen.

2. Bei der Bearbeitung der Aufgabe 1 orientieren Sie sich an dem folgenden Leitfaden:

a) Nennen Sie die Überschriften der Texte, die Verfasser, die Textsorte, das Erscheinungsjahr und (wenn möglich) Erscheinungsort beider Texte.

   b) Danach sollten Sie nacheinander die einzelnen Wertvorstellungen der Jugendlichen und die Urteile der Jugendforscher über die Jugendlichen nennen. Die folgenden Hinweise dieses Leitfadens in 2c–2f helfen Ihnen bei der Strukturierung Ihres Textes.

METHODE

c) Bei der Darstellung der Wertvorstellungen der Jugendlichen in **M6a** sollten die folgenden Begriffe vorkommen:
Anpassungsbereitschaft, erzogen, nicht perspektivlos und verdrossen, egoistisch, kämpferisch, strebsam, Solidarität und Einfühlungsvermögen.

d) Die Darstellung der Urteile der Jugendforscher über die Wertvorstellungen der Jugendlichen in **M6a** sollte die folgenden Begriffe enthalten:
ausbeutbar, Mitmacher, langweilig, Dominanz der äußeren Güter, marktkonform, manipuliert, können nichts dafür, Kommerzialisierung und Arbeitsmarkt, widerlich.

e) Bei der Darstellung der Wertvorstellungen der Jugendlichen in **M6b** sollten die folgenden Begriffe vorkommen:
Familie, Ausbildung und Leistung sind das Wichtigste, nicht an Regeln und Anstrengung ausgerichtet, möchten etwas vom Leben haben, hoher Lebensstandard, nicht karrierebewusst, fühlen sich durch Eltern unter Druck, nehmen ihn nicht bedingungslos an.

f) Die Darstellung der Urteile der Jugendforscher über die Wertvorstellungen der Jugendlichen in **M6b** sollte die folgenden Begriffe enthalten:
brav, pragmatisch, optimistisch, Spaßfaktor wichtig, Komasaufen und Ablenkung mit Computerspielen vor allem bei Problemen.

3. Zitieren Sie bei Ihrer Darstellung nur einzelne Begriffe und nicht ganze Sätze, z. B. die in diesem Leitfaden in 2c–2f genannten Schlüsselwörter. Setzen Sie diese in Anführungszeichen und geben Sie die Zeile(n) an (Z. xy). Sie sollten aber nicht zu häufig auf Zeilenangaben verweisen, weil das die Lesbarkeit des Textes beeinträchtigt.

4. Verwenden Sie in Ihrem Text den Konjunktiv Präsens, um die Aussagen des Autors darzustellen. Wenn durch die Formulierung deutlich wird, dass es sich nicht um Ihre Bewertung, sondern um die Aussage des Autors handelt, können Sie (müssen es aber nicht) auch den Indikativ verwenden (z. B: „Der Autor stellt fest, dass die heutige Jugend „egoistische Ziele" (M6a, Z. 10) verfolgt". In dem folgenden Satz muss aber der Konjunktiv verwendet werden: „Die heutige Jugend wolle etwas vom Leben haben." (M6b, Z. 16)

5. Vermeiden Sie Wiederholungen, sondern arbeiten Sie mit Synonymen wie z. B.: darstellen, zusammenfassen, aufzählen, nennen kritisieren, beschreiben, darlegen, wiederholen, u. a.

6. Beachten Sie, dass Sie bei einer Aufgabe aus dem AFB I noch keine Analyse des Textes und keine Wertung vornehmen dürfen. Orientieren Sie sich bei der Verwendung der Verben ausschließlich an den Operatoren zum AFB I (→ Operatorenübersicht am Ende des Buches).

Bearbeiter

M7 Ergebnisse der Shell Studie 2015: Wie beurteilen Jugendliche die Zukunft der Gesellschaft? Klaus Hurrelmann antwortet

Klaus Hurrelmann, Sozial-, Bildungs- und Gesundheitswissenschaftler, forscht seit 2009 als Professor für Public Health und Education an der Hertie School of Governance in Berlin und ist Mitherausgeber der Shell-Studie.

> Wir fragen die Jugendlichen in den Shell-Studien immer, wie sie die Zukunft der Gesellschaft beurteilen. Seit den Neunzigern waren alle Studien von einer pessimistischen Einschätzung geprägt. Jetzt ist diese Kurve zum ersten Mal wieder hochgegangen, und 52 Prozent sehen optimistisch in die Zukunft des Landes. Die Gegenfrage, die wir stellen, ist: Wie schätzt du denn deine persönliche Zukunft ein? Da hatten wir seit Ende der neunziger Jahre die Einschätzung: Dem Land geht es schlecht, ich selbst werde das aber schaffen. Das hat der jungen Generation diesen eigenartigen pragmatischen, durchhaltenden Zug gegeben. Und nun kommt das Neue: Die Jugendlichen sehen sowohl die eigene Zukunft, aktuell zu 62 Prozent, als auch die Zukunft des Landes positiv. Das unterfüttert eine ausgeruhte, nirgendwo überspannte, ein bisschen selbstdistanzierte, positive Haltung dem eigenen Land gegenüber. Das ist etwas ganz Bemerkenswertes, hoffentlich können wir das bewahren.

Klaus Hurrelmann im Interview mit Thomas Kersten, Das wird die Generation R, www.zeit.de, 29.10.2015

AUFGABEN

1. Analysieren Sie **M5** und stellen Sie in einem Flussdiagramm den Wertewandel vom Materialismus zum Postmaterialismus dar.

2. Überprüfen Sie anhand von **M2**, **M3** und **M4**, inwiefern die Jugend 2015 materialistische oder postmaterialistische Werte vertritt.
   a) Arbeiten Sie arbeitsteilig aus **M6a** und **M6b** mit Ihrem Nachbarn heraus, welche Haltung die Jugendforscher Heinzlmaier und Gensicke zu Ihrer Generation einnehmen. Stellen Sie sich die Positionen gegenseitig vor.
   b) Vergleichen Sie in Partnerarbeit diese Positionen mit den Daten der Shell-Studie und analysieren Sie, welche der beiden Positionen auf dieser Grundlage haltbar ist.

3. Verfassen Sie eine Mail an einen der beiden Jugendforscher, in welcher Sie auf der Grundlage der Daten aus der Shell-Studie zu seiner Position Stellung nehmen.

4. Führen Sie im Kurs ein Blitzlicht durch, indem Sie folgenden Satz vervollständigen: Ich sehe die Zukunft unserer Gesellschaft....

5. Arbeiten Sie aus **M7** heraus, wie Jugendliche die Zukunft der Gesellschaft sehen und vergleichen Sie Ihre Ergebnisse mit Ihren eigenen Vorstellungen aus dem Blitzlicht.

6. Beurteilen Sie, ob es einen Zusammenhang zwischen den verschiedenen Wertetypen und dem Blick auf die Gesellschaft gibt.

M8 Erzeugt das gute Verhältnis zu den Eltern Nesthocker?

So gut wie heute haben sich die Jugendlichen noch nie mit ihren Eltern verstanden, das zeigt die Shell-Studie. Während frühere Generationen häufig Konflikte mit ihren Eltern auszutragen hatten, die dazu führten, dass man so schnell wie möglich unabhängig sein wollte und von zuhause auszog, um ein eigenes Leben zu führen, bleiben Jugendliche heute häufig noch über die Schulzeit hinaus bei den Eltern wohnen. Experten sehen diese Entwicklung hin zum „Hotel-Mama" kritisch.

a) Das Verhältnis zu den Eltern

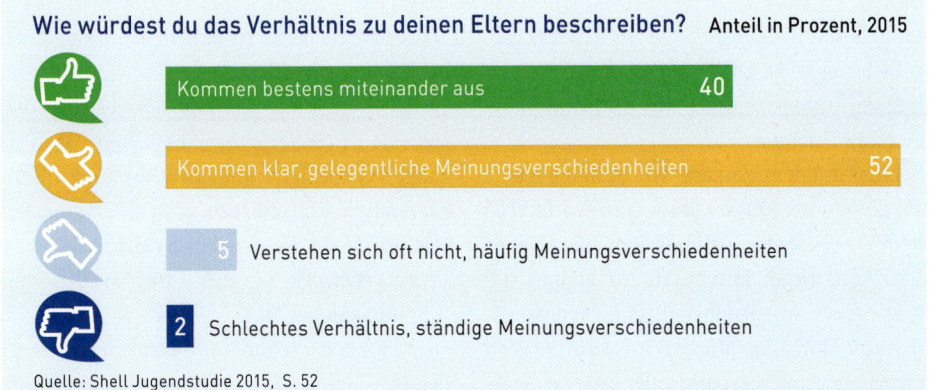

Quelle: Shell Jugendstudie 2015, S. 52

b) Familie als Rückzugsort

Die Familie hat für Jugendliche […] einen hohen Stellenwert. Hier finden sie den notwendigen Rückhalt und die positive emotionale Unterstützung auf dem Weg ins Erwachsenenleben.

Mehr als 90 Prozent der Jugendlichen haben ein gutes Verhältnis zu ihren eigenen Eltern. Fast drei Viertel würden ihre eigenen Kinder ungefähr so oder genauso erziehen, wie sie selbst erzogen wurden. Dieser Wert hat seit 2002 stetig zugenommen. Bei den Jugendlichen aus der unteren Schicht ist diese Zustimmung jedoch erneut am geringsten.

© Shell Deutschland Oil GmbH, Familie und Beruf, www.shell.de, Abruf am 03.01.2018

c) Späterer Auszug der Kinder aus dem Elternhaus

Die eigenen vier Wände sind der große Traum vieler Jugendlicher. Dem gegenüber steht das sogenannte »Hotel Mama«, also der Verbleib der jungen Erwachsenen im Elternhaus. Im Jahr 2014 wohnten von den 25-Jährigen noch 28 % im Haushalt der Eltern. Junge Frauen verlassen den elterlichen Haushalt dabei früher als ihre männlichen Altersgenossen. Mit 25 Jahren wohnte nur noch jede fünfte junge Frau (20 %) als lediges Kind bei den Eltern. Mit 30 Jahren waren es noch 5 % und mit 40 Jahren nur noch 1 % der Frauen. Bei den jungen Männern verzögert sich das durchschnittliche Auszugsalter. Mit 25 Jahren nahmen 2014 noch 36 % der männlichen Bevölkerung die Vorzüge des »Hotels Mama« in Anspruch. Mit 30 Jahren gehörten noch 12 % und mit 40 Jahren noch 4 % der Männer als lediges Kind dem Haushalt der Eltern an. Langfristig gesehen verlassen Kinder heute später das Elternhaus.

Lebten 1972 zwei von zehn (20 %) der 25-Jährigen im früheren Bundesgebiet und Berlin-West noch bei den Eltern, waren es 2014 deutlich mehr, nämlich drei von zehn (30 % für das frühere Bundesgebiet ohne Berlin).

© Statistisches Bundesamt (Destatis) 2018, Datenreport des statistischen Bundesamtes, www.destatis.de, Abruf am 05.01.2018

M9 Interview mit einer Psychologin zum Thema Nesthocker

Die Psychologin Papastefanou beklagt den Service im Hotel Mama. Dieser macht die Jugend unselbstständig.

Christiane Papastefanou, Psychologin, Autorin und Familientherapeutin

FOCUS: Frau Papastefanou, warum gibt es immer mehr Nesthocker?
Papastefanou: Die Studien- und Ausbildungszeiten werden immer länger. Finanzielle Abhängigkeit bindet Kinder während dieser Zeit ans elterliche Nest. Weitere Faktoren sind Bequemlichkeit und die Liberalisierung des Erziehungsthemas. Kinder müssen immer seltener aus autoritärer Erziehung flüchten.
Schluss mit dem Vorsatz: Mit 18 hau ich ab!?
Ja, gerade für junge Männer ist das Elternhaus inzwischen oftmals ein Servicebetrieb, ein Hotel Mama. Hinzu kommt die gestiegene Anspruchshaltung. Wenn einer von Mama verpflegt wird, kann er sich eben ein größeres Auto oder teurere Freizeitbeschäftigungen leisten.
Dafür verzichten junge Menschen auf Autonomie, auf Freiheit?
Oder sie sind an der Freiheit nicht interessiert, weil sie diese ja vermeintlich haben. Wir sprechen bei Nesthockern von adoleszenten Spätentwicklern. Der Aufschub des Heiratsalters gehört auch zu dieser Spätentwicklung.
Ist dieses Wohnmodell eine Art Wohngemeinschaft mit den Eltern?
Das halte ich für Augenwischerei. Eltern-Kind-Strukturen bleiben auch erhalten, wenn Kinder erwachsen sind. Die Mutter sagt eben immer noch: „Es ist kalt draußen, zieh dir eine Jacke an." Das werden sie in keiner WG hören. [...]
Ist es nicht mehr so peinlich, immer noch an Mama zu hängen?
Weil Eltern nicht mehr so schrecklich sind, wie sie es früher waren. Es klingt paradox, aber Jugendliche und ihre liberalen Eltern verstehen sich einfach zu gut. Das ist der Ursprung des Nesthocker-Syndroms.
Was erkennen Sie aus Ihrer Studie über „Spätauszieher"?
Die soziale Schere unserer Gesellschaft klafft auch hier enorm auseinander. Herrscht Wohlstand, so ist das Haus oder die Wohnung per se sehr groß, Dachboden oder Keller wurden ausgebaut, manchmal gibt es eine Einliegerwohnung. In ärmeren Verhältnissen bleiben viele zu Hause wohnen, obwohl sie gern ausziehen würden.

Christiane Papastefanou im Interview mit Focus, Modernes Leben – Das Nesthocker-Problem, www.focus.de, Abruf am 03.02.2018

AUFGABEN

1. Benennen Sie für sich selbst den Zeitpunkt, wann Sie gerne von zuhause ausziehen würden und begründen Sie dies. Tauschen Sie sich im Kurs über Ihre Vorstellungen aus.

2. Beurteilen Sie spontan, welche Vor- und Nachteile ein früherer oder späterer Auszug aus dem Elternhaus mit sich bringen.

3. Analysieren Sie **M8** und **M9** im Hinblick auf das Verhältnis der Jugendlichen zu ihren Eltern, die Entwicklung des Auszugs aus dem Elternhaus und die Gründe dafür.

4. Stellen Sie dar, wie die Psychologin Christine Papastefanou das Phänomen der Nesthocker beurteilt (**M9**).

5. Nehmen Sie unter Einbezug Ihrer eigenen Vorstellungen Stellung zur Position der Psychologin Papastefanous aus **M9** und diskutieren Sie diese im Kurs.

1.2 Identitätsentwicklung von Jugendlichen: Inwiefern beeinflussen Peergroups die Identitätsbildung der Gleichaltrigen?

M10 Wie ticken Jugendliche heute?

a) Hauptsache normal? Schlagzeilen zu aktuellen Jugendstudien

Generation Mainstream
Der Tagesspiegel, 20.04.2016

Jugendliche wollen „sein wie alle"
n-tv, 26.04.2016

Teenager angepasst wie nie
MDR, 26.04.2016

Alle wollen Mainstream sein
Süddeutsche Zeitung, 26.04.2016

Mainstream
„Mainstream" spiegelt den kulturellen Geschmack einer großen Mehrheit wider, den Massengeschmack der Massenkultur.

b) Zitate von Jugendlichen

Alexander, 16

„Ich denke, dass Jugendliche immer noch den Drang nach dem Verbotenem haben. Vielleicht ist es weniger geworden – paradoxerweise eben weil der Wunsch nach Individualität immer größer wird."

Lucie, 16

„Ich kann mir gut vorstellen, dass es durchaus noch rebellische Jugendliche gibt, je nachdem aus welchem Umfeld sie kommen. Persönlich versuche ich, eigene Entscheidungen zu treffen, wobei ich mich jedoch durchaus von Anderen inspirieren lasse, indem ich mir Ratschläge hole."

Marie, 17

„Es ist doch schön, wenn man keinen Grund zur Rebellion hat. Ich denke, dass viele Jugendliche unverwechselbar sein wollen, aber natürlich wollen sie auch dazugehören."

Nach: Martina Züger, Fünf Vorurteile gegen Jugendliche – und was wirklich dran ist, www.1wdr.de, 26.04.2016

M11 Definition des Begriffs „Identität"

Die Sinus-Studie, eine renommierte Jugendstudie, stellt in ihrem Titel die Frage „Wie ticken Jugendliche?" Bei dieser Frage geht es im Kern um die Identität junger Menschen. Es geht bei der Frage nach der Identität auch um die Frage nach der Identität des Einzelnen. Es soll vorab geklärt werden, wie man den Begriff Identität definiert. Darauf folgt, wer und was Einfluss auf die Identität junger Menschen hat.

Identität – eine Annäherung an den Begriff

In jedem Abschnitt des menschlichen Lebenslaufs ergeben sich spezielle Anforderungen und Herausforderungen an das soziale Verhalten und die damit verbundene Persönlichkeitsentwicklung. Die Be-
5 wältigung der jeweils spezifischen Anforderungen und Herausforderungen, die ein Lebensabschnitt mit sich bringt, ist eine Voraussetzung dafür, dass ein Mensch zu
10 einem in sich gefügten Bild von der eigenen Persönlichkeit kommen kann - ein Zustand, der oft auch als Identität bezeichnet wird. Die Herausbildung einer solchen Identität ist in modernen Gesellschaften wegen der teilweisen Widersprüchlichkeit 15 von Anforderungen in Familie, Ausbildung, Beruf, Freizeit und der Vielfalt von Anforderungen in den unterschiedlichen Lebensphasen [...] schwierig geworden.

Klaus Hurrelmann, Michael Erhardt, Ulrike Ravens-Sieberer: Sozialisation, in: Detlef H. Rost (Hrsg.,), Handwörterbuch Pädagogische Psychologie, 4. Auflage, Weinheim Basel, 2010, S. 808

Identität
Der Begriff Identität ist ein Konstrukt, d.h. ein empirisch nicht erkennbarer Sachverhalt, der aus anderen messbaren Sachverhalten erschlossen wird. In den Sozialwissenschaften wird häufig mit Konstrukten gearbeitet, um komplexe Zusammenhänge zu beschreiben.

„Sozialisation" und „Rollen"
→ Kapitel 2, S. 69, Werkzeugkasten der Soziologie (**Wk6** und **Wk8**)

M12 Der Einfluss der Gleichaltrigen auf die Identitätsbildung

Die Orientierung an der Freundesgruppe setzt schon vor dem Eintritt der Pubertät ein und gewinnt anschließend immer mehr an Intensität. Jugendliche haben in dieser Phase ihrer Entwicklung einen großen Bedarf an diesen Kontakten, um sich in ihrem sozialen und emotionalen Erleben und Handeln der Unterstützungs- und Vertrauensbeziehungen zu vergewissern, die ihre Eltern nun nicht mehr oder nur noch eingeschränkt anbieten können. [...] Neben den engen, auf gegenseitigem Vertrauen basierenden Freundschaften spielen feste Cliquen Gleichaltriger eine besondere Rolle im Prozess der jugendlichen Persönlichkeitsentwicklung. Diese Peergroups, wie sie in der amerikanischen Forschung genannt werden, ermöglichen neuartige Teilnahme- und Selbstverwirklichungschancen, denn sie bieten ihren Angehörigen vollwertige Mitgliedschaftsrollen, die sich erheblich von denen unterscheiden, die sie in ihren Familien und Schulen innehaben. [...]

Gleichaltrige grenzen sich nach außen gegenüber Erwachsenen durch „gruppenspezifische Codes, Symbole und Stilelemente ab und entwickeln in ihren alltäglichen Lebensbereichen relativ eigenständige Wert- und Normenstrukturen sowie eigene Normalitätsstandards, die gelegentlich auch die Möglichkeit abweichenden Verhaltens einschließen können" [...]. In der Gruppe wird es hierdurch möglich, gemeinsame Handlungsorientierungen und Sinnbezüge zu entwickeln, mit denen sich die Cliquenmitglieder von anderen Jugendlichen in anderen Gruppen abgrenzen und so ihre Identität stabilisieren. [...]

Wegen ihrer vielfältigen Formen haben die Gleichaltrigengruppen eine wichtige Bedeutung im Sozialisationsprozess. Sie bieten Jugendlichen die Chance, Handlungskompetenzen zu entwickeln, die ihnen andernorts vorenthalten werden. Die Jugendlichen können hier Rollen einnehmen, die in Familie und Schule so nicht ausgeübt werden können oder dürfen. Der besondere Reiz der Gleichaltrigengruppen liegt in ihrer symmetrischen Konstitution. Das unterscheidet sie deutlich von den durch Generationsunterschiede gekennzeichneten Beziehungen innerhalb der Familie. Die Gruppen können aufgrund ihrer Vertraulichkeit auch Themen aus dem emotionalen und sexuellen Bereich aufgreifen, die in der familiären Kommunikation ausgespart bleiben. Sie können damit in sensiblen Bereichen Halt und Unterstützung vermitteln, die den Eltern so nicht möglich ist. Das bedeutet nicht, dass es in Gleichaltrigengruppen keine Hierarchien gibt. Diese bilden sich aber nicht über die Autorität der Zugehörigkeit zu unterschiedlichen Generationen, sondern über die funktionale Stellung innerhalb der Gruppe, die kontinuierlich erarbeitet werden muss. Gruppenbeziehungen zu gleichaltrigen Freunden sind freiwillig und beruhen auf Gleichberechtigung, sie erfordern somit Kooperation und Verhandlungen. Dies bedeutet auch, dass sie leicht beendet werden können. Die hierfür nötigen Konfliktlösungsstrategien können in der Beziehung zu den Eltern typischerweise nicht erlernt werden, sind aber zugleich für die Ablösung von ihnen durchaus hilfreich.

Klaus Hurrelmann, Gudrun Quenzel, Die Bedeutung der Freunde, in: Lebensphase Jugend. Eine Einführung in die sozialwissenschaftliche Jugendforschung, 13. Auflage, Weinheim Basel 2016, S. 208

Identitätsmodelle
Identitätsmodelle sollen Erklärungsansätze liefern zu der Frage, wie sich Identität herausbildet und zu welchen Problemen und Herausforderungen es bei der Identitätsbildung kommen kann. Sie werden von Soziologen und Sozialpsychologen entwickelt.

M13 Identitätsmodelle

Identität ist das Bewusstsein, ein unverwechselbares Individuum mit einer eigenen Lebensgeschichte zu sein, in seinem Handeln eine gewisse Konsequenz zu zeigen und in der Auseinandersetzung mit anderen eine Balance zwischen individuellen Ansprüchen und sozialen Erwartungen gefunden zu haben. [...] [Im Folgenden wird nachgezeichnet], wie das Thema [...] behandelt worden ist. [...]

1.2 Inwiefern beeinflussen Peergroups die Identitätsbildung der Gleichaltrigen?

1 GEORGE HERBERT MEAD: Georg Herbert Mead konzentriert seine Erklärungen der Identität auf die Kommunikation, in der sie gewonnen wird. Seine zentrale These ist, dass sich das Individuum seiner selbst bewusst wird, indem es sich mit den Augen des Anderen betrachtet. Identität hat also etwas mit den Anderen zu tun.

2 DAVID RIESMAN: Das nimmt auch David Riesman an, aber genau das bringt ihn zu der kritischen These, dass das Individuum der Moderne außengeleitet ist. Es tut das, was alle tun, und ist bereit, sich immer wieder neu auf den Zeitgeist einzustellen. Das Individuum legt sich die Haltung eines flexiblen Rollenspielers zu. Zum Schluss weiß der Außengeleitete nicht mehr, wer er ist und was mit ihm geschieht.

3 ERVING GOFFMAN: Erving Goffman hat die soziologische Diskussion über Identität mit der These verunsichert, dass wir im ganz normalen Alltag alle Theater spielen. Dabei steht die Strategie im Vordergrund, uns von unserer besten Seite zu zeigen. Und man wird auch den Verdacht nicht los, dass jemand seine „wahre Identität" nicht preisgibt. Aber wenn man genauer hinsieht, dann sind es auch Strategien, unser bedrohtes Selbst zu schützen. Dazu greifen wir manchmal auch zu Tricks. Wir tun so, als ob, und schaffen uns damit einen Freiraum für unsere Identität und erlauben den anderen, so zu tun, als ob sie genau dieses Schauspiel für die Wahrheit hielten.

4 TALCOTT PARSONS: Für Talcott Parsons heißt Identität, dem Rollenpluralismus, der durch die soziale Differenzierung entstanden ist, eine angemessene individuelle Integration entgegenzusetzen. Das Individuum muss beides können: sich an gesellschaftliche Werte dauerhaft binden und zugleich ein einzigartiges Orientierungsmuster gegenüber diesen Werten finden.

5 ERIK H. ERIKSON: Erik H. Erikson entwickelt [...] den Gedanken der Verschränkung von psychosexueller und psychosozialer Entwicklung des Individuums. Er versteht Identität als einen lebenslangen Prozess. Erikson spricht ganz offen von einer „gesunden Persönlichkeit", die sich in einer „gelungenen Identität" äußert. Erikson nennt sie „Ich-Identität". Sie lebt von dem ständigen Anspruch, soziale Erwartungen und eigene Überzeugungen, die Blicke der anderen auf uns und unser Selbstbild, das Bild der anderen von uns und unsere Biographie selbstbewusst zu verbinden.

6 LOTHAR KRAPPMANN: Ähnlich wie Erikson vertritt auch Lothar Krappmann die These, dass Identität Balance ist. Allerdings sieht er die gesellschaftlichen Bedingungen, unter denen sie überhaupt möglich sein könnte, deutlich kritischer als Erikson, und deshalb ist das Ziel der Identitätsentwicklung auch mehr als Abwehr denn als Gelingen zu verstehen. Identität setzt u.U. auch die Negierung gesellschaftlicher Normen voraus.

Heinz Abels, Identität, in: Einführung in die Soziologie. Band 2: Die Individuen in ihrer Gesellschaft, 4. Auflage, Wiesbaden 2009, S. 322–325

AUFGABEN

1. Führen Sie ein Blitzlicht im Kurs durch, indem jeder den Satz vervollständigt: „Mainstream und normal zu sein, finde ich..." Werten Sie aus, welche Tendenzen insgesamt im Kurs sichtbar werden (**M10a-b**).
2. Werten Sie die Schlagzeilen und die Aussagen der Jugendlichen in **M10a-b** im Hinblick darauf aus, welches Bild der „Jugend von heute" sich ergibt.
3. Vergleichen Sie im Kurs die Ergebnisse aus den Aufgaben 1 und 2.
4. Erläutern Sie mithilfe von **M11** den Begriff „Identität".
5. Arbeiten Sie aus **M12** den Einfluss von Gruppen auf die Identitätsbildung von Jugendlichen heraus, indem Sie folgende Fragen beantworten:
   Welche Funktionen haben Peergroups für die Jugendlichen? Welche Funktion hat die Abgrenzung von Erwachsenen? Vergleichen Sie die Beziehungen in Gruppen von Gleichaltrigen mit der Beziehung zu Erwachsenen.
6. Arbeiten Sie arbeitsteilig aus **M13** die Kernaussagen der verschiedenen Theoretiker heraus und stellen Sie sich diese gegenseitig vor.
7. Führen Sie ein stummes Schreibgespräch (→ Methodenglossar) mit einem Partner durch, in welchem Sie Fragen zu diesem Unterkapitel aufwerfen.

1.3 Liken und geliked werden?
Einfluss von sozialen Medien auf die Identitätsentwicklung von Jugendlichen

M14 Was ist das wichtigste Medium für euch? Aussagen von Jugendlichen

„Ich kommuniziere hauptsächlich mit Freunden über WhatsApp und alles Mögliche. So soziale Dinger, Facebook, Instagram und YouTube-Videos gucke ich viel."
Männlich, 15 Jahre

„WhatsApp ist sozusagen das Wichtigste auf meinem Handy. Darüber wird alles besprochen und geplant. Ansonsten nutze ich noch Instagram und Snapchat. Das nutze ich auch eigentlich täglich."
Weiblich, 17 Jahre

„Also ich habe es schon mal vergessen zuhause. Ich fand das relativ schlimm. Zum einen, weil ich hätte ja wichtige Nachrichten über Whats-App kriegen können, was natürlich nicht der Fall ist, oder wenn ich jetzt zum Beispiel meine Bahn verpasse, meine Eltern anrufen muss."
Männlich, 14 Jahre

„Man kann auch ohne Handy. Wir machen auch manchmal was ohne unsere Handys. Aber sonst, man muss erreichbar sein, das ist wichtig. Einer muss immer das Handy dabei haben, weil es könnte auch mal was passieren."
Weiblich, 17 Jahre

Marc Calmbach, et. al., Ausstattung mit und Zugänge zu digitalen Medien, in: Wie ticken Jugendliche 2016? Lebenswelten von Jugendlichen im Alter von 14 bis 17 Jahren in Deutschland, Wiesbaden 2016, S. 176-179

M15 Das Internet als Leitmedium für Jugendliche: Wofür nutzen sie es?

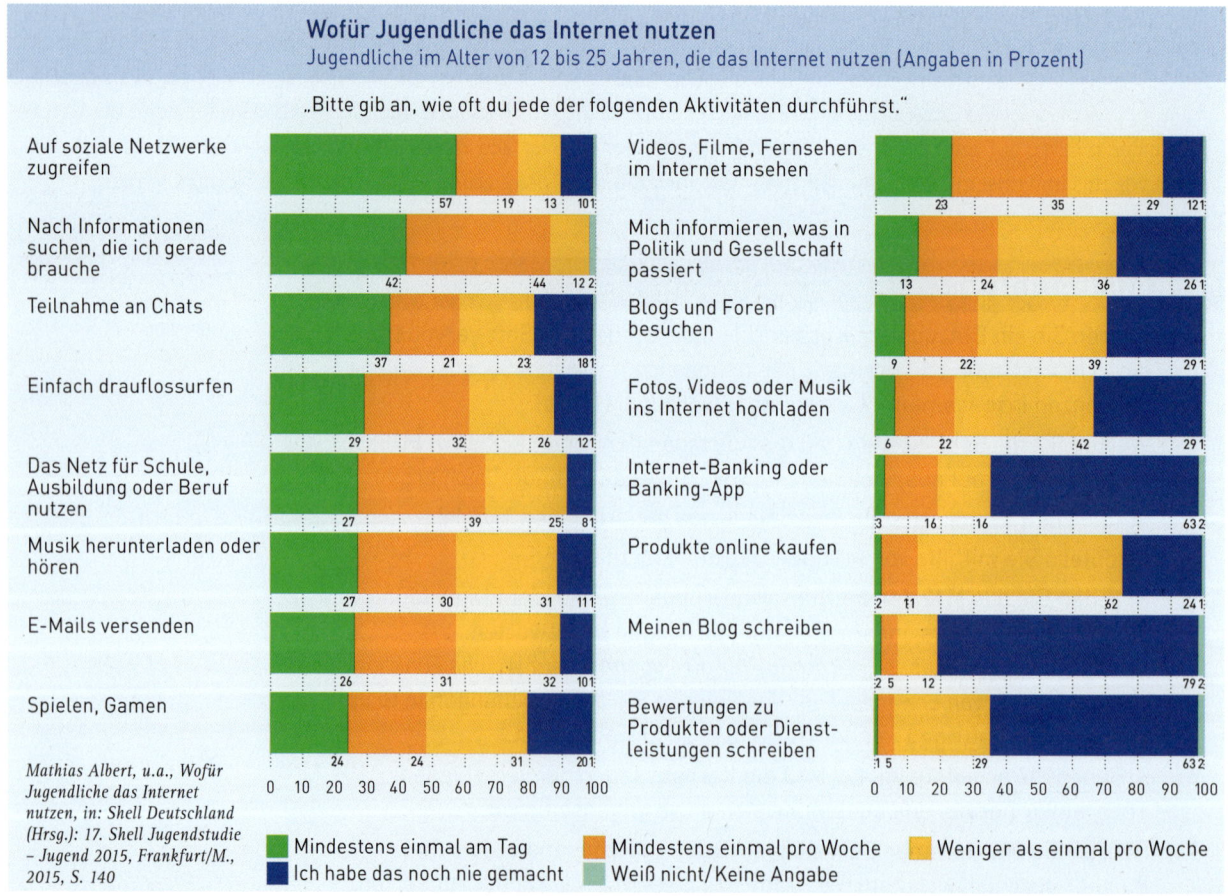

Mathias Albert, u.a., Wofür Jugendliche das Internet nutzen, in: Shell Deutschland (Hrsg.): 17. Shell Jugendstudie – Jugend 2015, Frankfurt/M., 2015, S. 140

M16 Social Web – das Internet als Sozialraum

a) Aussagen von Jugendlichen über das Social Web

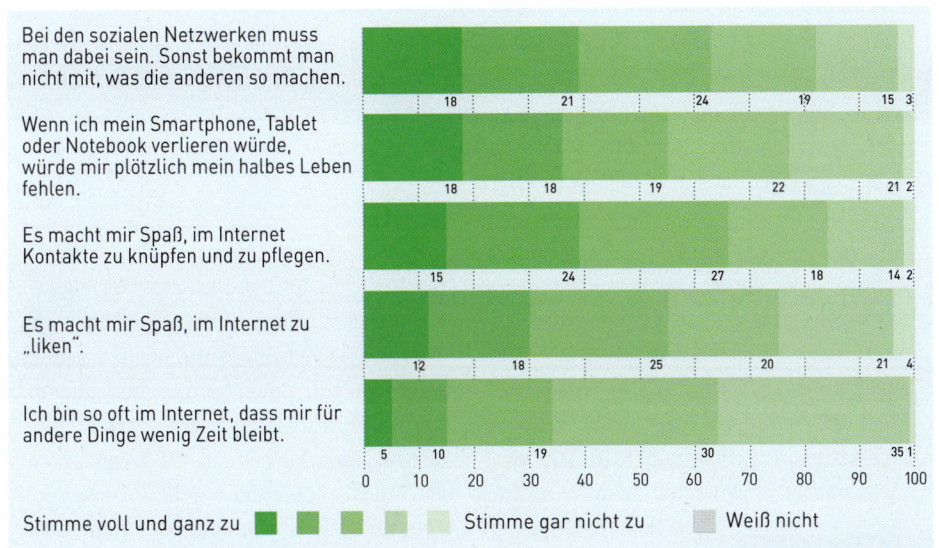

Mathias Albert, u.a., Wofür Jugendliche das Internet nutzen, in: Shell Deutschland (Hrsg.): 17. Shell Jugendstudie – Jugend 2015, Frankfurt/M. 2015, S. 127

b) Zentrale Funktion von digitalen Medien für Jugendliche

Zentrale Funktion digitaler Medien ist für Jugendliche die Pflege und Aufrechterhaltung von Freundschaften. Entgegen weitläufiger Meinungen, dass Medien zu einer Verarmung der sozialen Beziehungen führen, haben Jugendliche selbst eher das Gefühl, ohne Medien sozial zu verarmen. Dass Jugendliche ganze Nächte allein im Zimmer mit Ego-Shootern verbringen, ist offenbar nur eine Facette intensiver Mediennutzung, bzw. ein Klischee. Für den Großteil der Jugendlichen geht es vorrangig um sozialen Austausch, d.h. Informationsabgleich, Posten von Links, Musik und Verabredungen, die dann wiederum offline stattfinden. [...]
Dass Vernetzung eine immer größere Rolle bei der Nutzung digitaler Medien spielt, liegt auch in der Weiterentwicklung der Online-Angebote begründet. Ging es bei neuen Produkten vor ca. zehn Jahren eher um neue Geräte und neue mobile Online-Angebote (Apps), so zeichnet sich der aktuelle Innovationsschub vor allem durch die Ergänzung um Vernetzungsoptionen bestehender Angebote aus. War Interaktion vor Jahren auf das Senden und Empfangen von Mails, Posts und die Teilnahme in Chat-Foren beschränkt, so hat sich der Community-Charakter zahlreicher Online-Dienste (jenseits „klassischer" Online-Communities wie Facebook) in den letzten Jahren verstärkt. Unter anderem werden die für Jugendlichen wichtigen Foto- und Videoplattformen zu Online-Gemeinschaften (z.B. YouTube, Instagram) und die bekanntesten User unter ihnen zu Stars.
Die andere Seite der Medaille ist, dass es vielen schwer fällt, sich – digital – voneinander zu trennen. Wenn sich keiner mehr ausloggt, Apps schließt oder das Gerät ausschaltet, bleibt man dauerhaft verbunden und ist in permanenter Kommunikationsbereitschaft. Die Angst, etwas zu verpassen, ist empirische Realität bei Jugendlichen in Deutschland. Gar nicht mit anderen Jugendlichen online vernetzt zu sein, ist ungewöhnlich und wird mit Außenseitertum gleichgesetzt. Wer online nicht dabei ist, ist auch sonst „draußen". Digitale Teilhabe wird somit zur sozialen Teilhabe.

Marc Calmbach, et. al., Ausstattung mit und Zugänge zu digitalen Medien, in: Wie ticken Jugendliche 2016? Lebenswelten von Jugendlichen im Alter von 14 bis 17 Jahren in Deutschland, Wiesbaden 2016, S. 178-181

M17 Mediale Identität – Jugendliche berichten über die Selbstpräsentation im Social Web

Soziale Medien dienen dem Austausch, aber auch der Selbstpräsentation. Die Art und Weise wie man sich dort darstellt, welche Bilder man postet, was man von sich preisgibt oder eben auch nicht, dient immer auch dazu, den anderen Usern zu zeigen, wie man selbst „drauf" ist. Meistens geht es einem darum, möglichst positiv auf andere zu wirken, sei es möglichst cool, hübsch, sportlich oder Ähnliches. Man schafft sich entsprechend eine mediale Identität mit dem, wie man sich im Social Web präsentiert.

a) Beispiel Facebook

Ich werde jetzt erst mal versuchen, ein paar positive Aspekte von Facebook aufzuzählen. Man kann sich total leicht mit Freunden verabreden (anstatt sie einfach anzurufen). Facebook hilft dir, wieder Kontakt mit Leuten aufzunehmen, von denen du ewig nichts gehört hast. Auf Facebook werden ständig kleine Videos hochgeladen, ein paar sind wirklich lustig [...]. Außerdem kann man die ganze Welt wissen lassen, dass man jetzt in einer Beziehung mit Karla Knoblauch ist. Was auch praktisch an Facebook ist: dass man damit ganz einfach mit dem Mädchen seiner Träume in Kontakt kommen kann, selbst wenn man sich nicht wirklich kennt. Schnell eine Freundschaftsanfrage verschickt, mit einem Profilbild, das man vorher mit einem Tönungseffekt verschönert hat, und dann ganz unauffällig anfangen zu chatten. [...]
So, jetzt zur Schattenseite. Was wirklich nervt, sind Leute, die krampfhaft versuchen, auf Facebook wirklich jedem eine Freundschaftsanfrage zu senden, auch wenn sie ihn noch nie gesehen haben, um dann mit ihren dreihundert Freunden angeben zu können. Jungs posieren als Model, Mädchen machen Kussmünder, und dann sind da außerdem diese Leute, die irgendwelche bescheuerten Bilder von sich beim Rauchen machen oder bei Kentucky Fried Chicken [...].
Insgesamt hat Facebook also ein hohes Nervpotential, weil alle versuchen, sich so toll und cool wie möglich zu präsentieren. Manche posten einfach Beiträge, um andere Leute wissen zu lassen, wie geil ihr Leben doch ist, und dann immer dieses „unbedingt Wiederholungsbedarf". Boah, freut mich ja wirklich, dass es so toll war, komisch nur, dass ihr, während ihr so richtig hart Party gemacht habt und voll Spaß hattet, Zeit gefunden habt, auf Facebook zu posten.

Paul Bühre, (15 Jahre), Teenie-Leaks – Was wir wirklich denken (wenn wir nichts sagen), Berlin 2015, S. 34–39

Das offizielle Logo des sozialen Netzwerkes „facebook"

b) Beispiel Instagram

Bei Instagram surfen heißt, in vermeintlich perfekte Hochglanzleben einzutauchen. Die Selbstinszenierungsbandbreite reicht von mädchenhaft verspielt bis eindeutig erotisch. Je mehr Haut, desto besser. Viel Haut bedeutet viele Likes. Likes sind die soziale Währung, digitale Komplimente als permanent abrufbares Ranking, sichtbar für jeden. Das Ich als [...] Aktie, deren Stand verrät, wer gerade in ist. Die, die extrem viele Likes verbuchen, fallen in die Kategorie »Fame«-Leute. Jeder, der sich digital zur Schau stellt, wünscht sich Applaus, jeder will zu den »Fame«-Leuten gehören, will »instafame« sein. Aus Kommunikation wird so ein Wettkampf um Likes, auch das ist Instagram-Realität. Was für die »Fame«-Leute Segen ist, kann für die, die ignoriert werden und deren Fotos nur wenige oder gar niemand liked, allerdings Fluch sein. Unkommentierte Sichtbarkeit ist Unsichtbarkeit.

Johanna, 17 Jahre
Ich bin seit zwei Jahren bei Instagram. Instagram nutze ich, um mit meinen Freunden in Kontakt zu sein, um sie an meinem Leben teilhaben zu lassen und zu erfahren, was in ihrem Leben gerade so passiert.
Alle sind bei Instagram. Außerdem sind immer mehr Promis, Models und Sternchen bei Instagram und posten täglich mehr oder weniger private Bilder von sich und ihrem Leben. Für die Fans ist das eine megagute Sache, schließlich vermittelt es einem das Gefühl, seinem Idol näher zu sein, weil man eben Einblicke in das Privatleben erhält, nicht nur durch Paparazzi-Fotos, sondern durch private Fotos. Man kann auch Firmen wie Victoria's Secret oder Triangl folgen und so immer auf dem neuesten Stand sein und sich mit anderen Fans direkt austauschen, ohne lästige Werbe-E-Mails zu bekommen. Man fühlt sich irgendwie als etwas Besonderes, weil man eben oft, gerade bei Kleidungsmarken, auch Einblicke hinter die Kulissen, zum Beispiel eines Fotoshootings, bekommt. Selfies lade ich selbst selten hoch, nur von besonderen Momenten, wie vor ein paar Wochen, als ich mit meiner besten Freundin in London war. Wir schossen ein paar Fotos bei Victoria's Secret. Diesen Augenblick wollte ich teilen!

Melanie Mühl, 15 sein. Was Jugendliche heute wirklich denken, München 2016, S. 23–26

Das Logo von Instagram, ein Online-Dienst zum Teilen von Fotos und Videos, auf einem Smartphone

AUFGABEN

1. Erstellen Sie im Kurs ein Ranking, welche Medien für Sie am wichtigsten sind.
2. Werten Sie die Zitate in **M14** in Kleingruppen aus. Beziehen Sie Ihre Auswertung auf die Frage, welches das wichtigste Medium der Jugendlichen ist und warum.
3. Analysieren Sie schriftlich die Statistik in **M15** (→ Statistikbearbeitung, Methodenglossar).
4. Arbeiten Sie aus **M16** heraus, welche Funktionen das Social Web für Jugendliche hat.
5. Beurteilen Sie, welche Rolle das Social Web bei Herausbildung einer eigenen Identität spielt. Greifen Sie dabei auch auf die Definition in **M11** zurück, indem Sie die dort aufgeführten Fachbegriffe verwenden.
6. Erarbeiten Sie in arbeitsteiliger Partnerarbeit **M17a** und **M17b** und stellen Sie sich gegenseitig die Einschätzungen zu den beiden sozialen Netzwerken vor.
7. Nehmen Sie Stellung zu der Aussage „Likes sind die soziale Währung." (**M17a-b**).
8. Problematisieren Sie den Beitrag, den soziale Netzwerke bei der Identitätsbildung haben.
9. Gestalten Sie einen „Post" an die Pinnwand von Paul (**M17a**) oder Johanna (**M17b**), in dem Sie deren deutlich werdende Haltung kommentieren.

H Aufgabe 1
Gestalten Sie dafür ein Plakat mit Punktabfrage.

M18 Prägung der Persönlichkeitsentwicklung durch Medien

Die Bedeutung der Medien für die Persönlichkeitsentwicklung von Jugendlichen liegt sowohl in ihrer Eigenschaft, dass sie ihnen als äußere Realität entgegentreten, die sie sich aneignen und zunutze machen müssen, als auch in ihrem Charakter als Vehikel für den Prozess der Aneignung und Verarbeitung der äußeren Realität. [...] Verfügen Jugendliche über ausreichende Fähigkeiten zur subjektiven Interpretation und zur Eigentätigkeit, besitzen sie die Kompetenz zur Nutzung der Medien nach ihren persönlichen Bedürfnissen, dann kann es zu einer uneingeschränkt produktiven Form der Realitätsverarbeitung kommen, bei der die Persönlichkeitsstrukturen bis hin zur sicheren Identitätsbildung gefördert und gestärkt werden.

Klaus Hurrelmann, Gudrun Quenzel, Medien als Vehikel der Realitätsverarbeitung, in: Lebensphase Jugend. Eine Einführung in die sozialwissenschaftliche Jugendforschung, 13. Auflage, Weinheim Basel 2016, S. 199

M19 Die Risiken in sozialen Netzwerken bedrohen auch dich!

Peter Buxmann ist Inhaber des Lehrstuhls für Wirtschaftsinformatik an der Technischen Universität Darmstadt.

Vieles im Internet ist auf den ersten Blick kostenlos: eine Google-Suche, das Lesen von Nachrichten oder die Nutzung sozialer Netzwerke. Genauer betrachtet bezahlen die Nutzer jedoch, indem sie ihre privaten Daten preisgeben. Manchmal werden diese Daten direkt abgefragt, zum Teil werden sie aber auch vom Anbieter oder von beauftragten Drittanbietern und Datensammlern erhoben, ohne dass die Beteiligten etwas davon merken. Daten werden zu einer Ersatzwährung. [...]
Die Nutzer zahlen den Preis des Kostenlosen – obwohl sie eigentlich nicht wollen. Wie könnte ein Ausweg aus diesem Dilemma aussehen? [...]
Einige Forscher um Professor Alessandro Acquisti wollten in einem Experiment herausfinden, wie viel Menschen ihre Privatsphäre wirklich wert ist. Sie verteilten an eine Gruppe von Teilnehmern Einkaufsgutscheine im Wert von 10 Dollar. Eine zweite Gruppe bekam Gutscheine im Wert von 12 Dollar – allerdings mit dem Hinweis, dass ihre Einkäufe überwacht würden. Allen Teilnehmern wurde dann von den Gutscheinen der anderen Gruppe erzählt, und man bot ihnen an, ihren Gutschein zu tauschen. Dabei wollten nur 9 Prozent der Besitzer der 12-Dollar-Gutscheine ihren gegen den 10-Dollar-Gutschein tauschen. Immerhin etwa die Hälfte der 10-Dollar-Besitzer wollte nicht tauschen. Der Mehrheit der Teilnehmerinnen und Teilnehmer war ihre Privatsphäre also keine zwei Dollar wert. Da die Zahlungsbereitschaften von Kunden für privatsphärenfreundliche Internetdienste offenbar eher gering sind, bedeutet dies, dass Daten vermutlich auch zukünftig eine Währung sein werden, mit der im Internet bezahlt wird. Nun kann man sagen, das ist ein normales Geschäft – die Nutzer zahlen eben mit der Preisgabe von Daten statt mit Geld. Fair ist dieser Deal aber nur dann, wenn den Nutzern klar ist, welche Daten von welchen Anbietern für welche Zwecke gesammelt werden. Das ist zurzeit nicht der Fall.
Wie lässt sich erklären, dass Menschen doch so schnell bereit sind, ihre Privatsphäre zu opfern? Einen Erklärungsansatz bietet das sogenannte Privacy-Paradox: Es besagt, dass viele Leute zwar behaupten, dass ihnen ihre Privatsphäre sehr wichtig sei, in Wirklichkeit werden aber andere Werte höher bewertet – zum Beispiel die zwei Dollar aus dem Einkaufsgutschein-Experiment. [...] Wichtig erscheint es vor diesem Hintergrund, den Menschen die existierenden Risiken immer wieder zu verdeutlichen und aufzuklären, auch etwa in Schulen – ähnlich wie dies bei Verkehrsrisiken geschieht. Zudem sollten technische Alternativen bekanntgemacht werden. Privatsphäre-Risiken im Internet lassen sich nicht vermeiden, sie lassen sich aber durch verschiedene Maßnahmen senken. Zum Beispiel durch

Anpassung der Privatsphäre-Einstellungen, die Verschlüsselung von E-Mails oder auch schlicht durch die Nutzung sicherer Dienste – und das Meiden unsicherer.

Aufgeklärte Nutzer können dann entscheiden, ob sie bestimmte Dienste dennoch nutzen wollen beziehungsweise wie sie sich im Netz verhalten. Bei dieser Entscheidung sollten sie nur eines nicht vergessen: Es trifft nicht immer nur die anderen.

Peter Buxmann, Die Risiken in sozialen Netzwerken bedrohen auch mich, www.faz.net, 28.04.2014

M20 Überblick über einige Gefahren in sozialen Netzwerken

Die öffentliche Freigabe von Informationen hat gravierende Folgen

Social Engineering [Soziale Manipulation]
Ihre Profildaten können für Social-Engineering-Pläne genutzt werden.

- Cyberkriminelle haben solche Pläne bereits **2 Wochen** vor einem großen Event vorbereitet. Außerdem haben sie bereits **3 Stunden** nach einem Vorfall Pläne erstellt.

Cyber Mobbing
Öffentlich freigegebene Informationen können als „Munition" für das Cyber-Mobbing dienen.

- **88 %** der Jugendlichen und **69 %** der Erwachsenen haben bereits gemeines Verhalten in sozialen Netzwerken miterlebt.

Reale Bedrohung
Das Posten bevorstehender Pläne kann zu realen Bedrohungen, wie Einbruch oder Stalking, führen.

- **4,8 Mio.** Menschen kündigten ihre geplanten Reisen auf Facebook an.

Identitätsdiebstahl
Cyberkriminelle können Ihre Daten nutzen, um Ihre Identität zu stehlen.

- **30 %** kennen jemanden, der Opfer eines Identitätsdiebstahls geworden ist.
- **13 %** waren Opfer eines Identitätsdiebstahls.

Rufschädigung
Inhalte zum Thema Alkohol, illegale Drogen und Beschimpfungen können Ihren Ruf schädigen.

- Etwa **3/4** der Personalchefs prüfen zunächst das Profil der Bewerber in sozialen Netzwerken.
- **78 %** der Personalchefs missbilligten Einträge in sozialen Medien, deren Inhalt sich auf illegale Drogen bezog.
- **47 %** nahmen Anstoß an Inhalten, die sich auf Alkoholkonsum bezogen.

Gezielte Werbung
Ihre aufgeführten Vorlieben können für gezielte Werbung genutzt werden.

- **1 von 4** Internetanwendern mag gezielte Werbung.

© 1989–2018 Trend Micro Incorporated, Öffentlich oder privat? Die Risiken sozialer Netzwerke, www.trendmicro.de, Abruf am 15.02.2018

AUFGABEN

1. Bearbeiten Sie die nachfolgenden Aufgaben a) und b) in Kleingruppen.
    a. Analysieren Sie **M18**, indem Sie die Wechselwirkungen zwischen äußerer Realität und Persönlichkeitsentwicklung vor dem Hintergrund der Nutzung sozialer Medien herausarbeiten.
    b. Problematisieren Sie unter Einbezug eigener Erfahrungen oder der Beispiele in **M17a-b**, unter welchen Bedingungen soziale Medien sich auch negativ auf die Persönlichkeitsentwicklung auswirken können.
2. Analysieren Sie den Text „Die Risiken der sozialen Netzwerke bedrohen auch dich!" (**M19**), indem Sie eine schriftliche Textanalyse durchführen.
3. Diskutieren Sie im Kurs die Frage, ob User die Gefahren, die von sozialen Netzwerken ausgehen, unterschätzen.
4. Entwickeln Sie mithilfe von **M20** Gegenstrategien, wie mit den Gefahren in sozialen Netzwerken umgegangen werden kann.

F Aufgaben 1–3

Recherchieren Sie zu folgenden Aspekten:
- Neidspirale durch soziale Netzwerke
- Studien zu Internetsucht von Jugendlichen

Präsentieren Sie Ihre Ergebnisse im Kurs.

F Aufgabe 4

Halten Sie diese auf einem Lernplakat, (→ Methodenglossar) fest.

1.4 Leben in zwei Welten oder Anpassung an eine deutsche Leitkultur? Jugendliche mit Migrationshintergrund

M21 Ayse und Miran aus der Shell-Studie

In der Shell-Studie werden verschiedene Jugendliche interviewt. Hier werden auszugsweise die Äußerungen von zwei Jugendlichen wiedergegeben und zusammengefasst. Beide Jugendliche haben einen Migrationshintergrund. Das Leben mit und zwischen beiden Kulturen stellt für beide eine Herausforderung dar.

Miran, 20 Jahre alt, ist angehender Abiturient und Schulsprecher. Er hat kurdische Wurzeln und möchte nach seinem Abitur Bauingenieurwesen studieren.

Miran: Zwischen den Kulturen, selbstbewusst und ehrgeizig

Miran lebt mit seinen Eltern und zwei Brüdern in einer ostdeutschen Großstadt. [...] Sein Freundeskreis besteht ausschließlich aus Jugendlichen mit türkischen und anderen ethnischen Wurzeln.
Er definiert sich im Moment über seinen Kampfsport, den er regelmäßig ausübt. Miran versucht, wie ein deutscher Jugendlicher zu leben, gleichzeitig möchte er, dass seine Eltern stolz auf ihn sind. Das bedeutet aber eine Lebensführung nach kurdischen Maßgaben: Auch für den Mann kein Sex vor der Ehe, eine Heirat mit einer kurdischen oder zumindest kurdischstämmigen Frau.
Er lebt deshalb ein geheimes Doppelleben. Er sieht, dass seinem Vater in der Türkei durch Schulgeldzahlungen, die sich die Familie nicht leisten konnte, eine höhere Bildung über die fünfte Klasse hinaus verwehrt blieb. Daher begreift er, dass die Unterstützung seiner Eltern für ihn eine Verpflichtung darstellt.
Hier zeigt sich, dass der angehende Abiturient mit Migrationshintergrund in dieser Gesellschaft angekommen ist und aufstiegsorientiert und ambitioniert in seine eigene, nicht nur berufliche Zukunft blickt.

Ayse, 23 Jahre alt, lebt ohne ihren Sohn in NRW.

Ayse: Zerrissen zwischen den Kulturen, aber optimistisch in die Zukunft blickend

Die 23-jährige Deutsche mit türkischem Migrationshintergrund lebt alleine in einer nordrhein-westfälischen Großstadt.
Sie heiratete mit 18 Jahren einen Türken und lebte mit ihm in der Türkei. Dort musste sie mit der Familie ihres Mannes die Tage im Haus verbringen, Kopftuch tragen und sich der Kontrolle des Mannes unterwerfen.
Nach drei Jahren konnte sie mit einer Ausrede nach Deutschland entkommen. Ihren kleinen Sohn musste sie allerdings zurück lassen. Ihre gesamte Familie hat den Kontakt zur ihr abgebrochen.
Vor ihrer Ehe hat sie die Hauptschule nach 10 Jahren abgeschlossen. Sie besucht nun nach einer Phase der Arbeitslosigkeit die Deutsche-Angestellten-Akademie, um eine Lehre als Verkäuferin zu absolvieren. [...]
[Sie] beklagt sich ganz offen darüber, dass religiös fundierte Rollenerwartungen das Vertrauen in ihren türkischen Mann nicht zuließen. Sie schildert auch das Gegenteil von Vertrauen, nämlich das sich Ausbreiten von Unehrlichkeit und Lügen.

Mathias Albert, u.a., Wofür Jugendliche das Internet nutzen, in: Shell Deutschland (Hrsg.): 17. Shell Jugendstudie – Jugend 2015, Frankfurt/M. 2015, S. 275 ff.

M22 Die zentralen Begriffe der Debatte: Multikulturalismus und Leitkultur

Die Begriffe Multikulturalismus und Leitkultur sind die Hauptschlagwörter in einer Debatte, die bis heute nicht abgeschlossen ist. Im Kern geht es darin um die Frage, wie die verschiedenen Kulturen in Deutschland miteinander leben sollen. Unumstritten ist, dass es durch Migrationsbewegungen viele neue Kulturen in Deutschland gibt. Allerdings gehen die Meinungen darüber auseinander, ob diese Vielfalt beibehalten und sogar gefördert werden soll oder ob sich die Migranten an die bestehende so genannte deutsche Kultur (Leitkultur) anpassen sollen.

a) Multikulturalismus

Multikulturalismus ist kein klar abgegrenztes Konzept. Der Begriff bezeichnet zum einen das Neben- oder Miteinander verschiedener Kulturen in einer Gesellschaft (multikulturelle Gesellschaft) und zum anderen eine Art von Politikgestaltung, bei der es um die Anerkennung und Beachtung von kulturellen Identitäten und Unterschieden geht.

Dazu gehören zum Beispiel die Berücksichtigung der unterschiedlichen Kulturen bei der Erstellung von Lehrplänen oder die Möglichkeit der doppelten Staatsbürgerschaft.

Das Zusammenwirken verschiedener Kulturen wird als Bereicherung für das gesellschaftliche Leben gesehen. Allerdings wenden Kritiker des Multikulturalismus ein, dass er Probleme verdränge, gemeinsame Werte untergrabe und zu Spaltung und Separatismus führe. Wegen dieser negativen Besetzung des Begriffes werden mittlerweile die Wendungen „Vielfalt" bzw. „Diversität" genutzt, um zu einer produktiven Diskussion zu gelangen.

© Brandenburgische Landeszentrale für politische Bildung, Multikulturalismus und Leitkultur, www.politische-bildung-brandenburg, Abruf am 05.01.2018

b) Leitkultur

Der Begriff Leitkultur wird als Gegenpol zum Multikulturalismus verstanden. Er steht für die Forderung, dass Migranten sich an die deutsche Kultur anpassen sollen.

Was genau darunter verstanden werden soll, ist jedoch unklar, da „die" deutsche Kultur nicht eindeutig zu bestimmen ist. Oft wird der Begriff deutsche oder auch europäische Leitkultur zur Abgrenzung genutzt, zum Beispiel im Zusammenhang mit der Ablehnung muslimischer Migranten oder als Argument gegen die Aufnahme der Türkei in die EU. Dabei wird die deutsche Leitkultur als christlich-jüdische Wertetradition beschrieben.

Ebd.

c) Diskussion um den Begriff Leitkultur

Dieses Wort spielte in der Debatte um eine neue Zuwanderungspolitik in Deutschland eine Rolle. Wie haben sich Ausländer zu verhalten, die in Deutschland auf Dauer leben wollen, war die Frage.

Es gab Politiker, die forderten, dass sich Ausländer der deutschen Kultur anpassen sollten. Dazu sollten sie die deutsche Sprache lernen, die deutschen sozialen und kulturellen Lebensverhältnisse akzeptieren und sich ihnen anpassen und sie sollten sich für die deutsche Verfassung entscheiden. Die deutsche Kultur sollte also „Leitkultur" für die Ausländer sein. Nach ihr sollten sich die Ausländer richten. Diese Forderung, die vor allem von Politikern der CDU erhoben wurde, löste Widerspruch aus und es gab unterschiedliche Meinungsäußerungen dazu.

Dabei wurde vor allem die folgende Frage diskutiert: Wie weit müssen sich die Menschen aus anderen Kulturen in Deutschland anpassen und wieviel können sie von ihrer eigenen Kultur behalten, damit das Zusammenleben gut funktionieren kann?

Gerd Schneider, Christiane Toyka-Seid, Leitkultur, www.bpb.de, 02.01.2017

M23 „Multikulti": kontroverse Positionen

Ruud Koopmans forscht am Wissenschaftszentrum Berlin für Sozialforschung (WBZ) über Migration und Integration.

Assimilation
Einseitige Anpassung an die Kultur der Mehrheit in einem Land, Aufgabe der Kultur des Herkunftslandes

a) Migrationsforscher Ruud Koopmans über die Probleme des Aufwachsens zwischen den Kulturen

Was verstehen Sie unter dem Begriff Assimilierung?
In der Soziologie versteht man darunter den Prozess der Annäherung der Migranten an die Mehrheitsgesellschaft. Das kann man sowohl strukturell sehen mit Bezug auf Arbeitsmarkt und Bildung als auch kulturell, wozu Sprache und soziale Kontakte gehören. Durch den Aufstieg des Multikulti-Begriffs seit den siebziger Jahren wurde Assimilation immer mehr zum Tabu. Dabei geht es nicht darum, dass die Migranten ihre eigene Sprache und Kultur aufgeben. [...]
Es geht darum, dass man in der Lage ist, die Sprache des neuen Wohnlandes zu sprechen, und nicht nur Kontakt innerhalb der eigenen Gruppe hat. Multikulti basiert auf dem Gedanken der Bikulturalität. Aber das hat bei vielen Muslimen nicht funktioniert. [...]

Was lässt sich von den anderen Ländern lernen?
Dass Multikulti eine schlechte Idee ist, weil sie das Nebeneinander von verschiedenen Kulturen legitimiert. Niemand soll seine Identität aufgeben. Aber wenn man in die Öffentlichkeit geht, dann ist man nur erfolgreich, wenn man die lokalen Regeln kennt. In Deutschland gibt es jedoch einen starken Willen zu politischer Korrektheit, und es fehlt der Wille, die Bedeutung von kultureller Anpassung zu akzeptieren.
[...] Eltern wollen nur das Beste für ihre Kinder. Deshalb kommt es auf die Botschaft an. Statt ihnen ständig zu sagen, dass es richtig sei, wenn sie die Sprache und Kultur ihrer Heimat pflegen, muss man ihnen klarmachen, wie wichtig eine Anpassung an das Wohnland ist.

Ruud Koopmans im Interview mit Sven Astheimer, „Die meisten Menschen wollen unbequeme Fakten nicht hören", www.faz.net, 29.04.2016

b) Das Konzept der Bikulturalität

Die hier geborenen Kinder von Einwanderern sind allenfalls Herkunftsfremde aber eben bereits Deutsche, zumindest sollten sie sich gleichberechtigt und dazugehörig fühlen. [...] Die fehlende emotionale Verbundenheit mit Deutschland liegt auch an der Mehrheitsgesellschaft, die die herkunftsfremden Deutschen nicht als zugehörig empfindet und sie im Alltagsleben diskriminiert. Über gemeinsame politische Werte wie Demokratie und Meinungsfreiheit hinaus wird eine Anpassung an eine undefinierte deutsche Leitkultur erwartet. Sich mit der Mehrheitsgesellschaft zu identifizieren, setzt aber eine Anerkennung durch diese voraus. Das Entwickeln einer sozialen Kohäsion ist besonders bei Patchwork-Gesellschaften enorm wichtig. [...]
Aus Widersprüchen müssen aber keine gebrochenen und kulturell verwirrten [...] oder sich aus Überforderung „nur für eine Seite entscheidenden" Migranten [...] resultieren. Stattdessen entwickeln die Betroffenen besondere interkulturelle Kompetenzen. Sie können sich sowohl in der Aufnahme- als auch in der Herkunftskultur sicher bewegen und auf verschiedene Anforderungen vielseitig reagieren (Integration). Diese Menschen werden in neueren Untersuchungen als bikulturelle Hybride bezeichnet. Das Entscheidende ist, dass diese Menschen beide Kulturen als gewinnbringende wertvolle Ressourcen ansehen und sich damit in den unterschiedlichen Gesellschaften mit einer eigenen individuellen Patchwork-Identität selbstbewusst behaupten.

Elif Duygu Cindik, Bikulturelle Identitäten: Kann ein Mensch zwei Identitäten haben?, www.zdf.de, 29.04.2011

c) Hybride Identitäten

Hybride Identität bedeutet, dass ein Mensch sich zwei oder mehreren kulturellen Räumen gleichermaßen zugehörig fühlt. [...]

Hybride Identitäten gelten als inter-, trans- und multikulturell; ihre Träger sind zweiheimisch, bi- oder trinational; sie sitzen entweder zwischen den Stühlen, oder auf einem dritten Stuhl; sie sind Menschen mit Migrationshintergrund oder aber „Andere Deutsche". Auf jeden Fall gehören sie dazu. Sie sind Teil der deutschen und europäischen Gesellschaften. Sie sind keine Fremden, sondern Menschen mit unterschiedlichen „Zugehörigkeitsspielen". Teilweise lassen sich die ursprünglichen, kulturellen Unterscheidungsmerkmale rekonstruieren. Träger hybrider Identitäten sind deutsche Staatsbürger, haben aber häufig Namen, Gesichter, Haut- und Haarfarben, die sie für Andere „erkennbar" machen; in den meisten Fällen haben sie auch zusätzlich andere Erfahrungswelten. Auch wenn sie diese keineswegs als unvereinbar mit ihrer deutschen Lebenswelt begreifen, so wird ihnen dadurch doch bewusst, dass sie „anders" als die Angehörigen der Mehrheitsgesellschaft sind. Dieses Anderssein muss nicht immer auf einer konkreten Ausgrenzungserfahrung basieren, es kann auch aus dem eigenen kulturellen Innenraum entstehen. Diese sozialstrukturelle Gruppe steht für die Überschreitung von Grenzen, für kulturelle Interaktion und Neuverortung von Identitäten in Deutschland und Europa. [...]

Die ständige Konfrontation mit Unterschiedlichkeit mündet nicht selten in Zusatzqualifikationen, durch welche die Träger hybrider Identitäten im innergesellschaftlichen Wettbewerb in bessere Positionen gelangen könnten als dies derzeit der Fall ist. Ihre Fähigkeiten des Umgangs mit kultureller wie persönlicher Differenz, Kenntnis anderer Modelle des Gemeinschaftslebens, Mehrsprachigkeit und ihre Empathie, die sie immer wieder einsetzen müssen, um teilweise gegensätzliche kulturelle Muster in sich selbst auszutarieren, kann folglich als Potential gewertet werden, das sie zu Mittlern, Mediatoren und Verhandlungspartnern befähigt – dort wo es zu Konflikten kommt, die auf unterschiedlichen kulturellen Zugehörigkeiten basieren. Sie können jedoch [...] auch zu Persönlichkeitsspaltung und Radikalisierung führen.

Naika Foroutan, Isabel Schäfer, Hybride Identitäten – muslimische Migrantinnen und Migranten in Deutschland und Europa, in APuZ, 23.01.2009

AUFGABEN

1. Stellen Sie sich in Partnerarbeit gegenseitig Miran und Ayse vor (**M21**). Analysieren Sie dabei, welcher Konflikt sich bei diesen Jugendlichen in der Identität dadurch ergibt, dass Sie in zwei Kulturen aufgewachsen sind und leben.

2. Zur Erklärung des Identitätskonfliktes der beiden Jugendlichen ziehen Sie noch einmal **M6a-b** auf S. 16 heran. Ordnen Sie ein, wie die verschiedenen Theoretiker die Identitätskonflikte von Ayse und Miran (**M21**) erklären würden.

3. Arbeiten Sie aus **M22** und **M23a-c** arbeitsteilig in Kleingruppen die zentralen Aussagen heraus und erstellen Sie eine Tabelle, in der Sie die Begriffe „Multikulturalismus", „Leitkultur", „Assimilierung" und „hybride Identität" einander gegenüberstellen.

4. Führen Sie im Kurs eine Fishbowl-Diskussion zu der in **M23** aufgeworfenen Debatte durch.

H Aufgabe 2
Erstellen Sie im Kurs eine Übersichtstabelle, z. B. auf einem Lernplakat (→ Methodenglossar).

1.5 *Vertiefung:* Können Abiturfeierlichkeiten den Wertewandel erklären? Wertewandel heutiger Jugendgenerationen

M24 Vergleich von Abiturjahrgängen anhand ihrer Abschlussfotos

a) Abiturjahrgang 1977

Abschlussfoto des gesamten Abiturjahrgangs eines Gymnasiums in Köln im Jahr 1977

b) Abiturjahrgang 2016

Abschlussfoto des Sowi-LKs eines Abiturjahrgangs eines Gymnasiums in Münster im Jahr 2018

c) Der Abiball als Krönung der Schulzeit

Er soll Höhepunkt und grandioser Abschluss der Schulzeit sein: Der Abiball. Oft unterschreiben Schüler Verträge über fünfstellige Beträge für Partylocation und
5 Catering. [...]
Die Schüler wollen sich feiern: In langen Abendkleidern, in großen Ballsälen, mit Sekt und 3 Gänge Menü, mit Musik und Fotografen, mit rotem Teppich und Stretch-
10 Limo – ein bisschen Hollywood zum Schulabschluss. Doch Hollywood will finanziert und organisiert sein. Damit die Organisation nicht schief geht, hier einige Tipps.
Die Location: Beliebt sind Räume, die auch für große Hochzeitsgesellschaften geeignet 15 sind. Der Festsaal eines Nobelhotels oder die VIP-Lounge eines Fußballstadions sind als Partyräume keine Seltenheit mehr.

© WDR, Der Abiball als Krönung der Schulzeit, www.1.wdr.de, Abruf am 16.01.2018

M25 Sinus-Studie stellt „Neo-Konventionalismus" bei Jugendlichen fest

Es gibt immer weniger typisch jugendliche Abgrenzungsbemühungen gegenüber der Erwachsenenwelt. Es geht heute den wenigsten Jugendlichen darum, der Main-
5 stream-Kultur der Erwachsenen eine eigene „Subkultur" entgegen zu setzen. Der Wertekanon der Jugend ist nahezu derselbe wie bei den Erwachsenen und reflektiert die Vielfalt der Orientierungen und
10 Lebensstile einer pluralisierten Gesellschaft. [...]
Dem entsprechen auch eine generelle Anpassungsbereitschaft der Jugendlichen und ihre selbstverständliche Akzeptanz
15 von Leistungsnormen und Sekundärtugenden. Dazu passt, dass insbesondere soziale Werte (Nächstenliebe, Hilfsbereitschaft, Anpassungsbereitschaft, stabile Beziehungen) den heutigen Jugendlichen wichtig sind. Das deutet auf eine gewach- 20 sene Sehnsucht nach Aufgehoben- und Akzeptiertsein in einer Gemeinschaft, nach Geborgenheit und auch nach Halt und Orientierung in den zunehmend unübersichtlichen Verhältnissen einer glo- 25 balisierten Welt hin. Dieser Neo-Konventionalismus kennzeichnet die Mehrheit der Jugendlichen, mit oder ohne Migrationshintergrund. Nur die postmodern geprägten Lebenswelten folgen hier nicht dem ju- 30 gendlichen Mainstream.

Marc Calmbach, Marc et. al., Wie ticken Jugendliche 2016? Lebenswelten von Jugendlichen im Alter von 14 bis 17 Jahren in Deutschland, Springer 2016, S. 475

M26 Abiball: Immer teurer, immer pompöser oder gibt es eine Trendwende?

In einer Radiosendung diskutieren Schüler, Eltern, Lehrer und Wissenschaftler darüber, welche Werte eine Generation hat, die ihren Abiball zu einem Großevent hat werden lassen. Dabei sind auch Schüler und Schülerinnen einer Stufe, die sich vorgenommen hat, ihren Abiball im viel kleineren und günstigeren Rahmen zu begehen.

„Es geht um Inszenierung", sagt die Augsburger Kulturwissenschaftlerin Margaretha Schweiger-Wilhelm. Sie arbeitet im Münchner Amerikahaus, forschte zu Übergangsriten in verschiedenen Lebensphasen und befasste sich mit der „Amerikanisierung von Abschlussbällen", wie sie es nennt. „Abibälle dienen heute mehr denn je der Selbstvergewisserung. Sie sollen einzigartig und spektakulär sein. Sie sollen zeigen: Ich habe etwas geschafft, mir steht die Welt offen. Und ich bin stolz darauf."

Sarah Ritschel, Wenn der Abiball einer Oscar-Verleihung gleicht, www.augsburger-allgemeine.de, 22.06.2016

Margaretha Schweiger-Wilhelm

Katrin Bauer

Katrin Bauer, Kulturwissenschaftlerin: „Ich könnte mir vorstellen, dass wir jetzt gerade an so einem Höhepunkt angelangt sind. Es gibt schon einige Tendenzen, Schüler oder Abiturienten, die sagen, nein, wir wollen eben diese Professionalität nicht mehr und wir machen es klein und wir machen vielleicht eher irgendwie ein Spielefest für die ganze Schule. Also, ich glaube, es ist im Moment so ein Schnittpunkt und wir müssen mal abwarten, wie sich das entwickelt."

Katrin Bauer im Gespräch mit Michael Böddeker, Abitur-Rituale im Wandel, www.deutschlandfunk.de, 15.03.2016

Lehrer Edgar Müller

„In dem Maße, wie religiöse wie die Kommunion, Konfirmation oder Firmung zurückgehen, in dem Maße nimmt die Bedeutung des Abiballs zu. Ich will damit sagen, dass Schüler meiner Meinung nach in der heutigen Zeit weniger Initiationsriten haben, um einfach in die Erwachsenenwelt über zu gehen. Und da scheint der Abiball eine immer größere Bedeutung zu haben. [...] Und natürlich ist Bildung für unsere Jugendlichen und ihre Eltern der entscheidende Punkt, um überhaupt eine Eintrittskarte in die Erwachsenenwelt zu bekommen und dementsprechend wird dann der Bildungsabschluss entsprechend gefeiert." (Lehrer)

Aus: Eine Sendung von Bettina Köster und Jürgen Wiebicke (Moderation), Horrende Summen für den Abiball, www.deutschlandfunk.de, 18.01.2017

„Ich persönlich finde es auch wichtig. Also wir waren jetzt 12 Jahre in der Schule. Ich freue mich schon seit Jahren darauf, uns zu verabschieden und mit Freunden zu feiern. [...] Ich denke, dass es schön wäre, unseren Abiball groß zu feiern. Und ich denke, dass kann man sich auch mal nach 12 Jahren leisten." (Schülerin)

Ebd.

Lea, 18 Jahre

Kerem, 18 Jahre

„Es ging uns da eher um die Mentalität: Brauchen wir so was Großes überhaupt? So einen großen Abiball nach amerikanischem Vorbild. Ist das überhaupt irgendwie sinnvoll? Oder reicht es nicht einfach, wenn man irgendwas Kleines macht, wo man ja genauso Spaß haben kann." (Schüler)

Ebd.

„Ich denke, dass unserer Generation es sehr wichtig ist, sich anderen Leuten mitzuteilen. Auch durch die ganzen sozialen Netzwerke und so und dass viele es auch deswegen mögen, so groß zu feiern, einfach um anderen Leuten mitzuteilen, was für ein Kleid sie tragen und wie groß der Abiball ist. Ich glaube, dass das auch ein sehr großer Faktor ist." (Schülerin)

Ebd.

Sophie, 17 Jahre

Tian, 18 Jahre

„Es gibt Schüler, die sich die teuren Abiballkarten nicht leisten können. Vor allem wenn es um die Familie geht, dass man mehr als eine Karte braucht. Und wenn dann die Karte bei 50-60 Euro liegt [...] ist das nicht immer für die Familien bezahlbar. Das halte ich für ein großes Problem, wenn dann Schüler ausgeschlossen sind, die sonst immer im Stufenverband integriert waren." (Schüler)

Ebd.

1.6 Vertiefung: Wertewandel von Jugendlichen anhand der Abiturfeierlichkeiten

M27 Der Abiball als Übergangsritual in der heutigen Gesellschaft?

Ihrem Selbstverständnis nach ist die Moderne eine säkulare Gesellschaft. Doch warum gibt es dann auch in der Moderne noch Rituale, z. B. in Form von Heiratszeremonien, Bestattungen, Prüfungsritualen sowie politischen Ritualen und Feierstunden? Rituale können auch in der Moderne nicht „abgeschafft" werden, da sie auf grundlegende Weise mit dem Funktionieren von Gemeinschaft verbunden sind: Rituale sind eng verknüpft mit der Frage nach Stabilität und Wandel sozialer Prozesse und sind in diesem Verständnis notwendiger Bestandteil gesellschaftlicher Praxis. Sie dienen der sinnlichen, fraglosen Konstitution sozialer Ordnung. [...]

Neben den Alltagsritualen gibt es außeralltägliche Rituale, meist Übergangsrituale, die soziale Rollen- und Statuswechsel einleiten und markieren. [...] Diese Rituale zeichnen sich dadurch aus, dass sie eine „liminale Phase" bzw. „Schwellenphase" enthalten, in der eine Form der Kommunikation praktiziert wird, die fern von den im Alltag üblichen Rollen-, Status- und Besitzverhältnissen ist. [...]

In der liminalen Phase kommt es zum eigentlichen Ritualgeschehen, das durch eine ästhetische Ordnung strukturiert ist, durch eine Gliederung von Raum und Zeit, Formen und Farben, durch Musik und rituelle Worte. In dieser liminalen Phase kann es auch zu Umkehrungen, anarchischem Geschehen und emotionalen Exzessen kommen. [...]

Rituale kann man als kulturelle Laboratorien für soziale Transformationsvorgänge verstehen. In Ritualen kommt es zu Transformationen persönlich-existentieller Art, in dem personale Identität einem Wandel unterworfen wird. [...]

Rituale dienen der Stärkung von Gemeinschaften, es werden Prozesse der Inklusion und Exklusion erzeugt und durchlaufen.

Aida Bosch, Ritual, in: Johannes Kopp, Anja Steinbach (Hrsg.): Grundbegriffe der Soziologie. 11. Auflage, 2016, S. 287–290

AUFGABEN

1. In gut zwei Jahren werden Sie hoffentlich Ihr Abitur in der Tasche haben. Wie möchten Sie dieses feiern? Sammeln Sie im Kurs in einem Brainstorming Ideen für die Abiturfeierlichkeiten. Was gehört für Sie alles dazu?
2. Beschreiben Sie anhand der Bilder in **M24**, wie sich die Feierlichkeiten zum Abitur gewandelt haben.
3. Urteilen Sie spontan: Welche Werte haben sich hier gewandelt? Welche Werte stehen heute mehr im Vordergrund als vor vierzig Jahren? (**M24**)
4. Die heutige Jugend wird manchmal als „Spießer" bezeichnet. Interpretieren Sie, was zum Beispiel in Bezug auf die Abibälle damit gemeint sein könnte. Ziehen Sie auch **M25** heran.
5. Analysieren Sie aus den Aussagen in **M26**, welche Gründe für „pompöse Abibälle" genannt werden und welche zu einem Abwenden von diesem Trend führen.
6. a) Legen Sie mithilfe von **M27** dar, welche Merkmale ein Ritual hat.
   b) Erklären Sie mithilfe von **M26** und **M27**, inwiefern der Abiball zu einem Übergangsritual geworden ist.
7. Diskutieren Sie im Kurs, ob es Überlegungen in den vorliegenden Materialien gibt, die Sie in die Planung Ihres eigenen Abiballes einfließen lassen würden. Führen Sie eine Pro-Kontra-Diskussion (→ Methodenglossar) zu der Frage durch: Wollen wir in der Stufe einen großen, pompösen Abiball oder suchen wir nach einer Alternative?

F Aufgaben 1–7

Neben den Abibällen gibt es auch andere Bräuche rund um das Abitur: Den Abistreich, die Mottowochen und in den letzten Jahren z. T. sogar gewaltsam ausgetragene „Kämpfe" zwischen verschiedenen Schulen. Analysieren Sie diese Praktiken mithilfe von **M27** im Hinblick auf ihre rituelle Funktion.

H Aufgabe 5

Beziehen Sie bei dieser Analyse auch Ihr Wissen aus den vorherigen Teilkapiteln zu „Werten und Identitätsbildung von Jugendlichen" mit ein.

WISSEN KOMPAKT

Werte
M1, Wk5 auf S. 68

Werte sind Leitbilder für das Handeln der Menschen in einer Gesellschaft. Sie beinhalten Vorstellungen einer Gruppe oder einer Gesellschaft, die die Mehrheit für richtig hält. In jeder Kultur gibt es eigene Vorstellungen davon, was den Menschen beim Handeln Orientierung bieten sollte.

Wertetypen
M4

In der Shell-Jugendstudie 2015 werden die unterschiedlichen Wertorientierungen Jugendlicher vier verschiedenen Wertetypen zugeordnet. Dabei wird unterschieden, welche Grundhaltungen die dieser Gruppen zugehörigen Jugendlichen jeweils in ihrer Wertorientierung haben. Die Wertetypen sind: Macher, Zögerliche, Materialisten und Idealisten.

Wertewandel
M5 – M7

Die Wertorientierungen der Menschen in einer Gesellschaft unterliegen einem ständigen Wandel, der mit Veränderungen in der Gesellschaft zusammenhängt. In der Bundesrepublik gab es in den Jahrzehnten nach dem Zweiten Weltkrieg einen solchen Wertewandel von materialistischen zu postmaterialistischen Werten. Als Grund für diesen Wandel werden zwei verschiedene Thesen angeführt:
Die Mangelhypothese besagt, dass Menschen besonders das haben wollen, was für sie knapp und schwer erreichbar ist. Menschen, die in der Zeit von Krieg mit Mangel und Entbehrung aufgewachsen sind, werden entsprechend eher an Materiellem hängen, als Menschen, die im Wohlstand der Zeit nach dem Krieg aufgewachsen sind.
Die Sozialisationshypothese geht davon aus, dass ein Mensch entscheidend in den ersten Jahren seiner Kindheit geprägt, sprich sozialisiert wird und diese Sozialisation so prägend ist für den Menschen, dass er sie nie ablegt. Wer also materialistisch sozialisiert wurde in seiner frühen Kindheit, der wird diese Wertorientierung nie ganz ablegen.

Materialismus / Postmaterialismus
M5

Materialismus ist die Orientierung an Materiellem wie Besitz, hohem Einkommen und Gewinnen.
Postmaterialismus hingehen orientiert sich an Werten jenseits von Materiellem, es geht um Selbstverwirklichung, das Vertreten von Ideen und die Kompetenz des Austausches und der Kommunikation.

Identität
M11

Die Identität eines Menschen ist das, was ihn als Persönlichkeit ausmacht. Sie ist das Bild, was der Mensch von sich selbst entwickelt. Die Identität bildet sich im Wechselspiel zwischen den Erwartungen der Gesellschaft an die Menschen und der Reaktion des Einzelnen auf diese Anforderungen heraus. Dabei gilt es für den Einzelnen zum einen, immer wieder verschiedene Herausforderungen zu bewältigen, die verschiedene Lebensabschnitte mit sich bringen, aber auch die zum Teil widersprüchlichen Anforderungen zu bewältigen, die in der Gesellschaft an einen gestellt werden.

Identitätsmodelle
M13

Ein Gegenstand der soziologischen Forschung ist die Frage, wie sich Identitäten herausbilden, wie sie entstehen, welche Prozesse dabei ablaufen und welche Schwierigkeiten es dabei geben kann. Zur Beantwortung dieser Frage, haben Soziologen unterschiedliche Modelle entwickelt.

Mediale Identität
M17

Soziale Medien dienen dem Austausch, aber auch der Selbstpräsentation. Die Art und Weise wie man sich dort darstellt, welche Bilder man postet, was man von sich preisgibt oder eben auch nicht, dient immer auch dazu, den anderen Usern zu zeigen, wie man selbst „drauf" ist. Meistens geht es einem darum, möglichst positiv auf andere zu wirken, sei es möglichst cool, hübsch, sportlich oder ähnliches. Man schafft sich entsprechend eine mediale Identität mit dem, wie man sich im Social Web präsentiert.

WISSEN KOMPAKT

Der Multikulturalismus geht davon aus, dass in einer multikulturellen Gesellschaft verschiedene Kulturen gleichwertig mit- und nebeneinander existieren können. Vertreter des Begriffs „Leitkultur" sind in der Regel Kritiker des Konzeptes des Multikulturalismus. Sie fordern eine Anpassung von Zuwanderern an die in Deutschland vorherrschende Kultur (z.B. Werte, Normen, Verhaltensweisen, Sprache, Vorstellungen zur Gleichberechtigung von Mann und Frau, u.a.), um Integration gelingen zu lassen.

Multikulturalismus / Leitkultur
M22

Menschen, die in Deutschland aufwachsen und leben, deren Familien aber nicht aus Deutschland stammen, sind mit zwei Kulturen aufgewachsen. Sie sind entsprechend bikulturell geprägt.
Menschen mit Migrationshintergrund kann man auch als Menschen mit hybriden Identitäten bezeichnen. Sie haben durch das Aufwachsen in zwei oder mehreren Kulturen Wissen und Kompetenzen aus beiden Welten, die sie für sich gewinnbringend einbringen können.

Bikulturalität / hybride Identitäten
M23

Die „Shell-Jugendstudie" versteht sich als „Langzeit-Berichterstattung über junge Generationen" und wird in Deutschland im Auftrag des Mineralölkonzerns Shell seit 1953 durchgeführt. Untersucht werden Einstellungen, Wertorientierungen und das Sozialverhalten junger Menschen im Alter zwischen zwölf und 25 Jahren. Für die 17. Shell-Jugendstudie wurde z.B. eine repräsentativ zusammengesetzte Stichprobe von 2.558 Jugendlichen befragt. Für einen Interview-Teil wurden 21 Jugendliche interviewt.

Shell-Jugendstudie

Die Sinus-Studie wird vom Sinus-Forschungsinstitut in Berlin seit 2008 erstellt. Sie gibt Einblicke in die Lebenswelten von Jugendlichen zwischen 14 und 17 Jahren. Es werden keine repräsentativen Daten erhoben, sondern es wird eine detaillierte Analyse der Lebenssituation einzelner Jugendlicher erstellt. Die Studie sieht sich damit selbst als Ergänzung zu den statistischen Daten anderer Jugend-Studien, z.B. der Shell-Jugendstudie. Es werden Themen aufgegriffen wie Mobilität, Umweltschutz, Liebe und Partnerschaft, Glaube und Religion und Flucht und Asyl.

Sinus-Jugendstudie

In der Wissenschaft wird der Begriff „Peergroup" für „Gleichaltrigengruppe" oder „Clique" verwendet. „Peer" bedeutet im Englischen gleichaltrig.

Peergroup

Rituale sind nach bestimmten Regeln ablaufende Handlungsabläufe. Dabei kann es sich um Alltagsrituale, wie das morgendliche Zeitunglesen vor der Arbeit, handeln, oder ein Einschlafritual für ein Kind. Neben diesen gibt es auch in modernen Gesellschaften noch Rituale und Zeremonien, die häufig einen neuen Lebensabschnitt symbolisch einläuten, sogenannte Übergangsrituale, wie z.B. Hochzeiten oder auch Abiturfeierlichkeiten. In traditionellen Gesellschaften sind viele Rituale durch die Religion geprägt.

Rituale

KOMPETENZEN PRÜFEN

I. Selbstdiagnose

Ich kann ...	Das kann ich...			Übung durch z. B.
	sehr gut	gut	nicht gut	
die Erwartungen Jugendlicher an die Zukunft benennen.				• M2 • S.15, Aufg. 1
die Wertvorstellungen von Jugendlichen beschreiben und in verschiedene Wertetypen einordnen sowie die Verbreitung bestimmter Wertvorstellungen beurteilen.				• M4a-b • S. 15, Aufg.3, 4
erläutern und analysieren, welche Instanzen prägend sind für die Identität von Jugendlichen.				• M11-M13
diskutieren und beurteilen, welche Herausforderungen oder Chancen das Aufwachsen in zwei Kulturen für die Identitätsbildung mit sich bringt.				• M21-M23 • S. 35, Aufg.2, 3
den Wertewandel anhand des Beispiels der Abibälle analysieren und diskutieren.				• M24-M27 • S. 39, Aufg. 3, 5

II. Kompetenzen anwenden – am Beispiel

Zukunftswünsche Jugendlicher

„Ich habe mein Leben im Grunde schon durchgeplant. Nur was Kinder betrifft, weiß ich noch nicht, das ist halt schon kompliziert mit der Karriere. Nach der Schule will ich erst mal ein Jahr weg, dann studieren, internationales Management, dann Karriere machen."
Louisa, 17 Jahre

„Mir ist wichtig, später mal Spaß im Beruf zu haben. Man muss ja jeden Tag aufstehen und zur Arbeit, wenn ich mich nicht darauf freuen kann, ist doch scheiße. Ich muss gar nicht reich sein, lieber Spaß haben und mittelmäßig Geld verdienen. Bringt nichts, wenn man aufsteht und denkt, oh jetzt muss ich wieder dorthin, und dafür einen Haufen Geld auf dem Konto haben."
Paul, 16 Jahre

„Freizeit ist mir total wichtig. Ich will zwei oder drei Kinder – auf jeden Fall mehr als eins. Einzelkind sein ist doch doof. Ich fände es schlimm, wenn ich keine Geschwister hätte, die bringen Leben in die Bude."
Emma, 15 Jahre

Aus: Melanie Mühl, 15 SEIN. Was Jugendliche heute wirklich denken, München 2016, S. 216 ff.

Aufgaben

1. Analysieren Sie die Zukunftswünsche der Jugendlichen.
    a) Welche Werte, die auch in der Shell Jugendstudie untersucht werden, werden sich in den Wünschen der Jugendlichen wiederfinden.
    b) Überprüfen Sie, ob es sich um typische Jugendliche Ihrer Generation handelt, was die Wertorientierung angeht. Berücksichtigen Sie dabei auch das Geschlecht des jeweiligen Jugendlichen.

KOMPETENZEN PRÜFEN

III. Klausurtraining

A „Die Jugend hat schlechte Manieren"

„Die Jugend von heute [...] hat schlechte Manieren, verachtet die Autorität, hat keinen Respekt mehr vor älteren Leuten und diskutiert, wo sie arbeiten sollte. Die Jugendlichen widersprechen ihren Eltern, legen die Beine übereinander und tyrannisieren ihre Lehrer."
Denken Sie auch so oder so ähnlich über junge Menschen? [...] Dieses Zitat ist etwa 2400 Jahre alt und wird dem griechischen Philosophen Sokrates zugeschrieben. Die Klage Erwachsener über das Verhalten und die Einstellung junger Menschen zieht sich durch alle Epochen der Menschheitsgeschichte.

© *Bundesarbeitsgemeinschaft Katholische Jugendsozialarbeit (BAG KJS) e.V., Wertvorstellungen von Kindern und Jugendlichen heute, www.du-bist-wertvoll.info, Abruf am 15.02.2018*

B Interview von Ragnhild Deschner mit dem Jugendforscher Klaus Hurrelmann (2016)

Herr Prof. Dr. Hurrelmann, Sie sind Jahrgang 1944 – was fasziniert Sie an (der heutigen Jugend)?
Prof. Dr. Klaus Hurrelmann: Diese Generation hat völlig andere Erfahrungen gemacht, als das bei mir der Fall war. Die Jahrgänge von 1985 bis 2000 haben in ihrer einprägsamen Jugendzeit Krisen erlebt. Die Wirtschafts- und Finanzkrise und die daraus resultierende Jugendarbeitslosigkeit. Umweltkrisen, politische Krisen, Terror und die Unberechenbarkeiten des politischen Handelns. [...] Und das alles bei der digitalen Erschließung von Nachrichten. Also praktisch dem Zwang, Nachrichten zu verarbeiten. Dadurch ist eine sehr viel lebendigere, aber auch nervösere junge Generation entstanden, die eine viel höhere Kapazität hat, Dinge aufzunehmen. [...] Sie sind egobezogener als frühere Generationen, weil sie sich auf nichts verlassen können, außer auf sich selbst. Das ist für die heutige Zeit wahrscheinlich die klügste und erfolgreichste Überlebensstrategie.
Dann ist das ein Vorteil, dass sie egozentrischer und unentschlossener sind?
Ja. Außerdem werden junge Leute immer schnell von den älteren verurteilt. Die stellen fest: Die neue Generation ist nicht so wie die Jugend von früher, also kann das nicht in Ordnung sein. Aber eine Gesellschaft lebt davon, dass die Jüngeren anders sind, weil sie andere Verhältnisse erlebt haben. Deshalb müssen sie sich von der vorangegangenen Generation unterscheiden.

Klaus Hurrelmann im Interview mit Ragnhild Deschner, Y-Frauen sind krisenfest, www.spreewild.de, 06.06.2016

Aufgaben

1. Stellen Sie die Ergebnisse der Shell-Jugendstudie 2015 zu den Wertorientierungen von Jugendlichen dar.
2. Analysieren Sie die im Text A und im Interview B vertretenen Positionen zur Jugendgeneration und vergleichen Sie diese miteinander.
3. Erörtern Sie die Positionen der beiden Texte unter Einbeziehung Ihrer Ergebnisse aus Aufgabe 1.

Erwartungshorizonte zu den Aufgaben 1-3

Mediencode: 72060-03

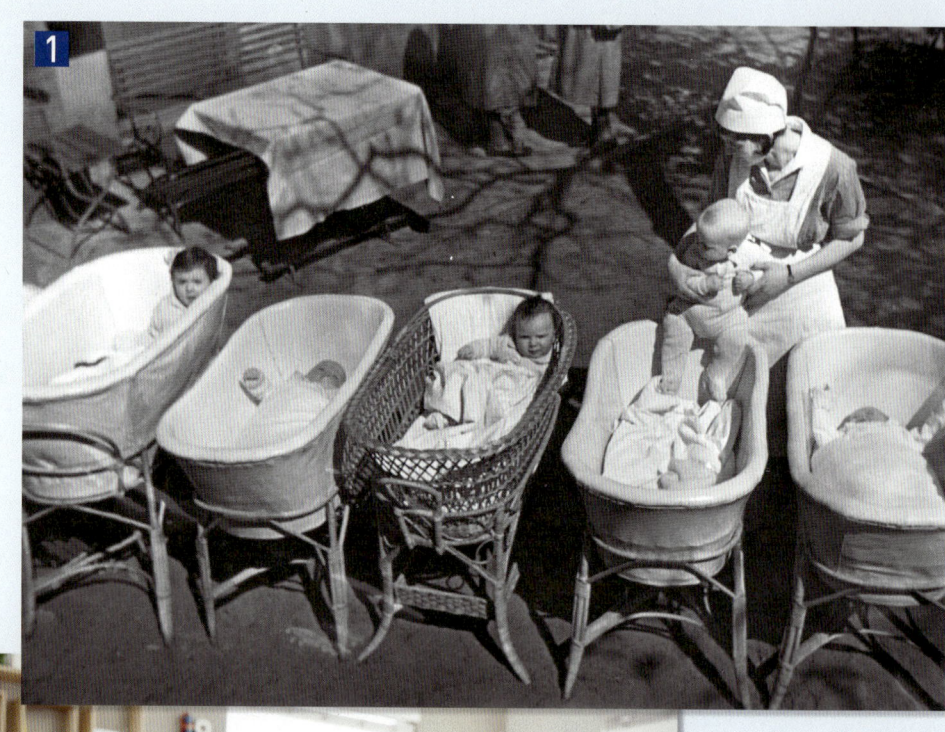

Berliner Säuglingsheim, 1950er Jahre

Heutige Kindertagesstätte in Düsseldorf

> „Die ganze Welt ist Bühne
> Und alle Frau'n und Männer bloße Spieler.
> Sie treten auf und gehen wieder ab,
> Sein Leben lang spielt einer manche Rollen."
>
> William Shakespeare, in: Wie es euch gefällt, Kapitel 11, zwischen den Jahren 1598 – 1600 verfasst

2 Inwieweit prägt die Gesellschaft unser Leben? Das Hineinwachsen in die Gesellschaft durch Sozialisation und das Erlernen sozialer Rollen

Die Gesellschaft prägt uns, wenn man an die Familie und die Schule als Teilbereiche der Gesellschaft denkt. Aber auf welche Weise prägt die Gesellschaft unser Leben? Die Soziologie, eine Teildisziplin der Sozialwissenschaften, bezeichnet den Prozess des Hineinwachsens in die Gesellschaft als „Sozialisation". Sozialisation besteht aus dem Erwerb von Orientierungen und Handlungskompetenzen, die das Handeln eines Individuums in verschiedenen Rollen in der Gesellschaft erfordert (vorläufige Definition). Sozialisation und Rollenhandeln hängen eng zusammen. Den Begriff „Rolle" kennen Sie aus dem Theater oder aus Filmen (→ Zitat von Shakespeare links). Die Soziologie hat diesen Rollenbegriff aufgegriffen und näher erläutert. Dieses Kapitel beschäftigt sich schwerpunktmäßig mit Sozialisation und Rolle. Das Thema der Vertiefung ist der Mensch in der (sozialen) Gruppe.

Hinweis
Das Kapitel dient auch als eine kleine Einführung in einige soziologische Grundbegriffe wie „Sozial", „Gesellschaft", „Sozialisation", „Rolle" usw. und beschreibt das Anliegen der Soziologie als eine Teildisziplin der Sozialwissenschaften. Die für das Kapitel wichtigen Grundbegriffe werden im „**Werkzeugkasten der Soziologie (Wk)**" erklärt.

Kompetenzen
Am Ende dieses Kapitels können Sie:
- Bedingungsfaktoren für eine gelungene Entwicklung in der primären Sozialisation erläutern;
- Begriffe aus der Sozialisationstheorie erklären;
- die Funktionen der Schule als Sozialisationsinstanz beschreiben;
- zentrale Begriffe der Rollentheorie mithilfe des Werkzeugkastens Soziologie erläutern;
- das Gesellschaftsbild des „homo sociologicus" darstellen;
- Rollenmodelle und Rollentheorien analysieren;
- die Bedeutung des Sozialisationsprozesses für erfolgreiches Rollenhandeln am Beispiel der Berufsrolle des Lehrers erläutern;
- Formen von Rollenkonflikten mithilfe von Grundbegriffen aus der Rollentheorie analysieren;
- die strukturfunktionalistische und die interaktionistische Rollentheorie erklären und die Menschen- und Gesellschaftsbilder beider Theorien an dem Fallbeispiel erörtern;
- den Begriff „soziale Gruppe" erklären;
- die Wirkungsweise von Gruppendruck erläutern und Gegenmaßnahmen beurteilen.

WAS WISSEN UND KÖNNEN SIE SCHON?

1. a) Beschreiben Sie auf den Bildern auf S. 44 die Situation der Kinder in dem Säuglingsheim **1** der 1950er Jahre und der Kindertagesstätte **2** von heute.
   b) Stellen Sie Vermutungen an, wie die Kinder sich dort jeweils entwickeln.
2. Erklären Sie, auf was William Shakespeare **3** aufmerksam macht.
3. Beschreiben Sie einige Rollen, die der Mensch im Laufe seines Lebens spielt. Welche Anforderungen sind mit diesen Rollen verbunden?

2.1 Unabdingbar! Der Mensch als soziales Wesen und der Prozess der Sozialisation

M1 „Wolfskinder" in Indien

Kamala, ein „Wolfskind" beim Essen aus einer Schüssel

Amala und Kamala einige Tage nach ihrem Auffinden in Uttar Pradesch, Indien

Sonntag, 17. Oktober 1920, neun Uhr morgens im indischen Bundesstaat Uttar Pradesh nahe der Grenze zu Nepal. Reverend J.A.L. Singh und eine Gruppe Arbeiter aus
5 der Umgebung machen Halt in einem dichten Wald, etwa zehn Kilometer vom Dorf Godamuri entfernt. Als Singh ein Zeichen gibt, nehmen die Arbeiter ihre Spaten zur Hand und beginnen, in die steilen Wände
10 eines riesigen verlassenen Termitenhügels eine Öffnung zu graben. Seit Monaten soll es im Wald spuken. Viele Eingeborene berichten von einem Manuschbagha, einem Menschengeist, der unter dem Termitenhü-
15 gel wohnt, mehrmals schon wären sie seiner ansichtig geworden. Der Reverend, ein anglikanischer Geistlicher und selbst gebürtiger Inder, möchte die Lokalbevölkerung zum Christentum bekehren. Zu seinen Auf-
20 gaben zählt er die Bekämpfung des Aberglaubens und heute will er das Geheimnis des Manuschbagha endgültig lüften.
Energisch hacken die Arbeiter auf den Termitenhügel ein. Plötzlich schießt ein ausge-
25 wachsener Wolf hinter dem hohen Bau hervor und flüchtet in panischer Angst in den Dschungel, ein zweiter folgt ihm sogleich. [...] Jetzt können die Arbeiter ungehindert weitergraben, und endlich ist es soweit: Die
30 Wand bricht durch und gibt den Blick frei auf einen kesselförmigen Raum. Es riecht unerträglich nach Wolf. In der hintersten Ecke des Verstecks kauern ängstlich vier kleine Wesen. Zwei von ihnen sind Welpen,
35 die anderen scheinen zunächst völlig undefinierbar zu sein. Die besagten Manuschbagha? Bei genauer Betrachtung wird klar: Es handelt sich um zwei Menschenkinder, die offenbar bei den Wölfen hausen. Die
40 Männer wollen sich ihnen nähern. Nackt und wild, die Köpfe ein einziges Haarknäuel, gehen die Kinder auf allen vieren in Stellung. Sie fletschen die Zähne so wild wie die Wölfin, knurren und starren die Men-
45 schen bedrohlich an. Aber der Widerstand ist vergebens – sie werden überwältigt.
So beginnt eine erstaunliche Geschichte, die man noch heute im Tagebuch des Reverend Singh nachlesen kann. Einige Tage
50 nach der Gefangennahme der Wolfskinder brachte der Geistliche sie nach Midnapur, wo er ein Waisenhaus leitete. Beide Kinder waren Mädchen: Die etwa Achtjährige bekam den Namen Kamala, die Zweijähri-
55 ge nannte man Amala. Anfänglich sperrte Singh sie in einen Käfig, um zu verhindern, dass sie wieder in den Dschungel ausrissen. Fürsorglich bemühten der Reverend und seine Frau sich um die zwei armseli-
60 gen Wesen, die beide stumm waren, ständig auf allen vieren gingen und sich fast ausschließlich von rohem Fleisch ernährten. Behutsam sollten sie an ein Leben unter Menschen gewöhnt werden. Niemand
65 konnte sich erklären, wie diese Menschenkinder unter die Wölfe geraten waren. Es war damals im Nordosten Indiens nicht ungewöhnlich, dass Wölfe Kleinkinder rissen: Vielleicht, so vermutete man, waren die
70 Mädchen von einer trächtigen Wölfin mitgenommen worden, deren Mutterinstinkt bereits so stark war, dass sie in den beiden

kleinen Wesen keine Beute sah. Kaum ein Jahr nach der Gefangennahme starb Amala an den Folgen einer Infektion, Kamala überlebte zunächst. Während der Jahre im Waisenhaus lernte sie peu à peu, aufrecht zu gehen, Kleider anzuziehen, Mischkost zu essen und etwa einhundert Wörter Bengali unvollkommen zu artikulieren. Aber Zeit ihres Lebens blieb sie in der Welt der Menschen eine Außenseiterin. [...]
Zum ersten Mal hatte ein zuverlässiger Augenzeuge, ein anglikanischer Geistlicher, Kinder unter Wölfen aufgespürt. Die Forscher sahen nun die Chance, durch das Studium des verbliebenen Wolfskinds eine grundlegende Frage beantworten zu können: Was macht den Menschen zum Menschen? Doch bevor sie Kamala untersuchen konnten, starb sie 1929.

P. J. Blumenthal, Verhaltensforschung – Wolfskinder: Schicksale an der Grenze zwischen Mensch und Tier, in: P. M. Magazin, München 2002, Ausgabe 11

M2 Voraussetzungen für die Entwicklung des Menschen: Zuwendung und Geborgenheit

Wie fundamental eine sozialkulturelle Umgebung Voraussetzung für die Entwicklung des Menschen und für die menschliche Existenz ist, zeigt die Tatsache, dass bloße physische Aufzucht in extremer Einsamkeit und ohne jede gefühlsmäßige Zuwendung und Sprachvermittlung letztlich scheitert. Besonders eindrucksvoll wird dies durch jene Schilderungen von „wilden Kindern" belegt, die ohne Einfluss von Mitmenschen, sozialen Beziehungen, Sprache und kulturellen Einrichtungen aufwuchsen. [...] Am bekanntesten sind jedoch wohl die beiden kleinen Mädchen Amala und Kamala, die man 1920 in Indien [...] in der Gesellschaft von Wölfen aufgefunden hatte [...].
Da sie vermutlich von ihren Eltern oder ihrem Stamm in frühester Kindheit – vielleicht auch zum Opfer irgendeiner Gottheit – ausgesetzt wurden, ihnen also faktisch in entscheidenden Entwicklungsphasen der soziale Mutterschoß fehlte und sie wohl nur aufgrund außergewöhnlicher Umstände und Zufälle in der Gesellschaft von Tieren überlebten, hatten sie typische menschliche Fähigkeiten nicht ausbilden können und hielten auch die Menschen offenbar nicht für Artgenossen; beide „Wolfskinder" mussten in einem Waisenhaus regelrecht gezähmt werden.
Vergleichbare Ergebnisse für die Wirkungen solcher Deprivationen von sozialen Interaktionen, insbesondere im Säuglings- und Kleinkindalter, erbrachten auch die Beobachtungen des in den USA lehrenden Psychoanalytikers René Spitz [...]. Frühe Trennung von den Eltern, beispielsweise bei hospitalisierten, längere Zeit ohne feste Bezugspersonen in Krankenhäusern, Anstalten oder Heimen untergebrachten Kindern, führt mit zunehmender Dauer zu tiefgreifenden psychischen und auch physischen Entwicklungsstörungen (Hospitalismus).
Da – so die Deprivationsforscher – infolge der in [...] Institutionen üblichen, geregelten Schichtarbeit diese Kinder bei ständig wechselndem Personal nur mangelhafte individuelle und emotionale Beziehungen zu festen Zuneigungspersonen aufnehmen können und als Folge der geringeren sozialen Kontakte auch nur verminderte entwicklungsfördernde taktile und visuelle Sinnesreize erfahren, erleiden sie in solchen Einrichtungen häufig irreversible Schädigungen kognitiver und affektiver Art mit entsprechenden psychosomatischen Effekten. Ab einem gewissen Zeitpunkt können diese Deprivationen nicht mehr ausgeglichen oder allenfalls nur mit großen Schwierigkeiten wieder [...] „repariert" werden.

Hans Peter Henecka, Grundkurs Soziologie, 10. überarbeitete Auflage, Konstanz und München 2015, S. 77, 79, 80 f.

René Spitz (1887–1974), österreichisch-amerikanischer Psychoanalytiker forschte über soziale Interaktion im Säuglings- und Kleinkindalter.

Deprivation
Bezeichnung für Zustand der Entbehrung eines Menschen, weil ein Mensch seine Bedürfnisse nicht oder unzureichend befriedigen kann.

Taktil
Den Tastsinn betreffend

Irreversibel
Nicht umkehrbar, nicht rückgängig zu machen

Kognitiv
Das Denken betreffend

Affektiv
Durch Gefühle (Affekte) gekennzeichnet

Psychosomatisch
Auf psychisch-körperlichen Wechselwirkungen beruhend

M3 Eine alltägliche Situation und die Bedingungsfaktoren des sozialen Handelns

a) Ein Fallbeispiel ...

Junger Mann abends in einem U-Bahnhof in Berlin

Ein 17-jähriger Jugendlicher wartet um 22.30 Uhr im U-Bahnhof im Zentrum einer Großstadt auf seinen Anschluss. Jemand tippt ihm von hinten auf die Schulter. Wie reagiert er darauf? Seine Reaktion wird von seiner biografischen Erfahrung und von seiner Wahrnehmung der Situation abhängen. Situativ: Er kann schlechte Laune (nach langer Arbeit und einer missratenen Prüfung am Vormittag) oder gute Laune (nach einem gemeinsamen Shopping mit Freunden) haben und entsprechend offen oder nicht offen sein für die Frage, die das Tippen auf der Schulter signalisiert. Biografisch: Er kann aus einem Umfeld stammen, in dem er viel Aggression erlebt, das ihn deshalb disponiert, auf eine Bewegung von hinten, die direkt seinen Körper adressiert, sofort zu reagieren, herumzuschnellen und eine Abwehr oder Angriffsgeste einzusetzen. Er kann aber auch schlechte Erfahrungen mit dieser Reaktion gemacht haben und sich deshalb entscheiden, keine Gewalt einzusetzen. Er kann die Erwartung haben, eine aggressive Handlung könne folgen, er hat sich aber vorher selbst entschlossen, dieser Dynamik zu widerstehen. Im Gedankenexperiment können wir uns den 17-jährigen Jugendlichen auch als jungen Violinisten vorstellen, der gerade von Ensemble-Proben kommt und die manifeste Idee der Gewalt oder Gegengewalt gar nicht in seinem Handlungsvorrat hat und völlig defensiv reagiert. Oder ein überzeugter Gläubiger ist, der aufgrund einer intensiven religiösen Bindung jegliche Gewalt von sich weist.

Klaus Hurrelmann, Uwe Bauer, Bedingungsfaktoren der Sozialisation, in: Einführung in die Sozialisationstheorie – das Modell der produktiven Realitätsverarbeitung, 11. Auflage, Weinheim Basel 2015, S. 13

b) Interpretation des Fallbeispiels

Mit den situativen und biografischen Hintergründen haben wir in diesem Beispiel zwei der Einflüsse eingekreist, die bereits zum Bedingungsgefüge gehören, das die Reaktionsmöglichkeiten eines Menschen in einer bestimmten Situation festlegt. Auch die Geschlechts- und die Religionszugehörigkeit bezeichnen Faktoren, die auf unterschiedliche Weise auf gemeinsame Einstellungen verweisen. Wie das Beispiel deutlich macht, hängt die Reaktion des 17-jährigen Jugendlichen auf das Fingertippen von hinten von diesen Einflüssen ab. Sie entscheiden über die Hinwendung zu bestimmten Handlungen und können dabei mehr oder weniger unbewusst und unreflektiert sein, also Bestandteil von fest „einsozialisierten" Reaktionsmustern sein. [...] Der 17-jährige Jugendliche nimmt blitzschnell die Realität auf, verarbeitet sie und reagiert auf sie. Das Gleiche tut aber auch der Fingertipper. Beide interagieren miteinander und antworten auf die Reaktionen des anderen. Dabei rufen beide einen Wissens- und Handlungsvorrat ab, der ihnen aus ihrem bisherigen Leben vertraut ist. Der 17-jährige Jugendliche zeigt vielleicht ein verärgertes Gesicht und spricht laut, wenn er einen aggressiven Unbekannten vor sich sieht, er lacht freundlich und spricht langsam und fürsorglich, wenn er die alte Dame sieht. Dies alles ist Teil der Sozialisation. [...] In der Interaktion aktualisiert sich unser Handlungswissen, wir greifen auf Sprache, Erfahrungen im Umgang mit älteren Menschen und die ihnen zustehende Fürsorglichkeit zurück.

Ebd. S. 13 f.

M4 Phasen des Sozialisationsprozesses

Man bezeichnet die erste und elementare Sozialisation in der frühen Kindheit als *primäre Sozialisation*. Sie erfolgt in der Regel in der Familie und vermittelt inhaltlich und formal die Grunderfahrungen des sozialen Lebens in einer kleinen und vertrauten Gruppe: Das Kind lernt, welche Bedeutungen die Menschen seiner unmittelbaren Umgebung mit ihren Worten, Gesten, Mienen und mit ihrem Tun und Lassen verbinden; es lernt, sich selbst bestimmte Verhaltensweisen sowie vorsprachliche und dann auch sprachliche Ausdrucksformen anzueignen, die die anderen verstehen und gelten lassen; und schließlich muss das Kind lernen, seine Bedürfnisse nach und nach mit den Erwartungen seiner Umwelt in Einklang zu bringen. Fachlich gesprochen werden damit *kognitive, sprachliche, motivationale* und *affektiv-emotionale* Persönlichkeitsmerkmale in der primären Sozialisation elementar ausgeformt. Die hierbei vermittelten gesellschaftlichen Verhaltensmuster und Erfahrungen legen zwar ein relativ solides Fundament, das im Verlauf späterer Lebensphasen jedoch nach zahlreichen Richtungen hin weiter ausgebaut und ergänzt sowie differenziert und modifiziert werden muss. Dies geschieht dann in der sogenannten *sekundären Sozialisation*, die auf der Basis primärer Sozialisiertheit aufbaut, hingegen im Wesentlichen im außerfamiliären Raum verläuft, wie z.B. im Kindergarten, in der Schule und in Freundschaftsgruppen, in der beruflichen Ausbildung oder im Studium, in der Freizeit, in Vereinen, in religiösen Gruppen, aber auch in den „anonymen" Feldern der Konsumindustrie, der Massenmedien sowie der sozialen Netzwerke im Internet. Sozialisation müssen wir darum auch als einen kumulativen, aktuell sich vollziehenden *lebenslangen* Prozess verstehen. [...] In jeder neuen Lebensphase ergeben nicht zuletzt unter veränderten materiellen Bedingungen und durch den Wechsel von sozialen Beziehungen, z.B. bei Eheschließung, Berufseintritt, Arbeitslosigkeit, Wahl in einen Vereinsvorstand o.Ä. (*tertiäre* Sozialisation) oder bei Pensionierung, Tod des Partners, Umzug in ein Altenheim (*quartäre* Sozialisation), immer wieder neue, meist auch mehr oder minder krisenhafte Konstellationen, die beim Individuum Veränderungen von bestehenden bzw. die Übernahme neuer Handlungsfähigkeiten erforderlich machen.

Hans Peter Henecka, Aspekte und Dimensionen der Sozialisation: Sozialisation als soziale Interaktion, in: Grundkurs Soziologie, 10. Auflage, Konstanz und München 2015, S. 95 f.

M5 Lernprozesse in den einzelnen Phasen der Sozialisation – eine Auswertung des Textes in M4

Phasen	Lernprozesse
Primäre Sozialisation	
Sekundäre Sozialisation	ins Heft
Tertiäre Sozialisation	
Quartäre Sozialisation	

Tabelle in M5 zum Ausdrucken

Mediencode: 72060-04

M6 Bedingungen der Sozialisation

[Der Sozialisationsbegriff wendet] […] sich entschieden gegen alle biologistischen Auffassungen, die die Persönlichkeitsentwicklung allein oder weit überwiegend auf ge-
5 netisch fixierte „Anlage"-Faktoren und ihre „Reifung" zurückführen wollen. In einer solchen Sichtweise sind individuelle Unterschiede in Leistungsfähigkeit und Charaktereigenschaften bereits vor der Geburt
10 weitgehend festgelegt, die Umwelt hat dann allenfalls noch die Funktion eines gärtnerischen Nährbodens. […] Gegenüber solchen Thesen haben Sozialisationsforscher stets betont, dass sich die Persönlichkeit in Aus-
15 einandersetzung mit der jeweiligen Umwelt entwickelt und dass eine genetische Fixierung von Charaktereigenschaften eine wissenschaftlich durch nichts belegte Spekulation ist. Diese Ablehnung biologistischer Positionen schließt aber ein, dass Soziali-20 sationstheorien die biologische Basis aller menschlichen Erkenntnis- und Handlungsfähigkeit berücksichtigen. Es geht also nicht darum, die organischen Voraussetzungen der menschlichen Entwicklung (z. B. gene-25 tische Vorgaben, körperliches Wachstum, Triebbedürfnisse, […] Gehirnaktivitäten) zu leugnen, sondern die Wechselwirkungen zwischen diesen Bedingungen und den Einflüssen der Umwelt zu analysieren. 30

Klaus-Jürgen Tillmann, Bedingungen der Sozialisation, in: Sozialisationstheorien, eine Einführung in den Zusammenhang von Gesellschaft, Institution und Subjektwerdung, Reinbeck 2010, S. 18 f.

AUFGABEN

1. Beschreiben Sie in einem stichwortgestützten Bericht die Entdeckung, die Reverend Singh im Jahre 1920 in Indien machte sowie die Bemühungen des Reverend und seiner Frau, Kamala und Amala an die menschliche Gesellschaft zu gewöhnen (**M1**).

2. Diskutieren Sie mögliche Gründe für den Tod der Wolfskinder und die dauerhafte Außenseiterposition von Kamala (**M1, M2**).

3. Entwickeln Sie Hypothesen über notwendige Bedingungen für die normale Entwicklung eines Kindes (**M2**).

4. Der Reverend Singh bemühte sich, die Kinder langsam an das Leben in der Gesellschaft zu gewöhnen.
   Erläutern Sie mithilfe des Begriffs „Gesellschaft" (→ S. 67, **Wk2**), was für Kamala und Amala der späte Kontakt zur Gesellschaft bedeutet (**M1, M2**).

5. Beschreiben Sie die in **M2** dargestellten Ergebnisse der Hospitalismusforschung von René Spitz.

6. a) Erläutern Sie mithilfe des Begriffs „Sozial" (→ S. 67, **Wk1**), was der Autor von **M2** damit meint, dass den Wolfskindern in der entscheidenden Phase ihrer Entwicklung „der soziale Mutterschoß" fehlte.
   b) Begründen Sie, warum es sich hier um das wertneutrale Verständnis von „Sozial" handelt.

7. a) Erläutern Sie den Begriff „Soziologie" (→ S. 68, **Wk3**).
   b) Erklären Sie, inwiefern es sich bei der Erforschung des Verhaltens und der Entwicklung von „wilden Kindern" und Heimkindern um Soziologie handelt.

8. a) Überprüfen Sie die These der Überschrift dieses Unterkapitels 2.1.
   b) Begründen Sie, inwiefern diese These zutreffend ist.

9. Analysieren Sie das Fallbeispiel in **M3a** im Hinblick auf die situativen und biografischen Hintergründe.

10. Entwickeln Sie drei verschiedene Szenarien, in denen jeweils ein möglicher situativer Kontext und ein biografischer Hintergrund beschrieben werden.

11. Erläutern Sie auf der Grundlage von **M3b**, inwiefern situative und biografische Hintergründe das Handeln beider Personen (Jugendlicher und Fingertipper) in der beschriebenen Situation beeinflussen.

12. a) Erläutern Sie die Begriffe „Normen" (→ S. 68, **Wk4**) und „Werte" (→ S. 68, **Wk5**).
    b) Entwickeln Sie Hypothesen über die „Normen" und „Werte", die dem Handeln der Personen in Ihren Szenarien (→ Aufgabe 2) zu Grunde liegen.

13. a) Erklären Sie die Begriffe „Sozialisation" (→ S. 69, **Wk6**) und „Erziehung" als Teil der Sozialisation (→ S. 69, **Wk7**).
    b) Erläutern Sie unter Bezug auf die Begriffe „Normen", „Werte" und „Sozialisation" den Satz in **M3b**:
    „Dabei rufen beide einen Wissens- und Handlungsvorrat ab, der ihnen aus ihrem bisherigen Leben vertraut ist."

14. Werten Sie **M4** hinsichtlich der verschiedenen Phasen der Sozialisation, der Sozialisationsinstanzen und der Lernprozesse in den einzelnen Phasen aus, indem Sie die wichtigsten Aspekte in die Tabelle (**M5**) eintragen.

15. Problematisieren Sie die Aussage eines Soziologen von Anfang der 1960er Jahre:
    „Die Sozialisation ist mit Ende der Jugendphase im Wesentlichen abgeschlossen."

16. a) Erläutern Sie, welche Vorstellungen Vertreter einer „biologistischen Auffassung" von der Persönlichkeitsentwicklung des Menschen haben (**M6**).
    b) Arbeiten Sie heraus, welche Position die Sozialisationsforscher dagegen vertreten (**M6**).

F Aufgabe 5
Arbeiten Sie heraus, inwiefern die soziale Umgebung der Wolfskinder und der in Krankenhäusern und Heimen hospitalisierten Kinder nicht den Bedingungen für eine gesunde Entwicklung des Menschen entsprechen.

F Aufgabe 10
Stellen Sie Ihre Beispiele im Anschluss daran im Kurs vor.

H Aufgabe 14
Hilfe zum Ausfüllen der Tabelle in M5

Mediencode: 72060-05

2.2 Primäre Sozialisation: Ist die Mutter in der frühen Kindheit unersetzlich?

M7 Ehemalige Familienministerin Manuela Schwesig: „Ich wurde als Rabenmutter und Egoistin beschimpft"

Manuela Schwesig, SPD-Politikerin, Bundesfamilienministerin von 2013 bis Juli 2017, seit Juni 2017 Ministerpräsidentin von Mecklenburg-Vorpommern

Elternzeit
Elternzeit können Eltern in Anspruch nehmen, die in einem Arbeitsverhältnis stehen. [...] Selbstverständlich dürfen auch Väter Elternzeit beantragen. Die Elternzeit gibt den Eltern gegenüber ihren Arbeitgebern das Recht, die Arbeitszeit nach der Geburt eines Kindes für maximal drei Jahre zu reduzieren bzw. ganz auszusetzen. Das Arbeitsverhältnis bleibt während der vom Arbeitgeber gewährten Elternzeit bestehen.
Michael Tell: Die Elternzeit, www.elterngeld.net, Abruf am 11.01.2018

Am 8. März 2016 ist Ihre Tochter Julia zur Welt gekommen, herzlichen Glückwunsch! Vor wenigen Tagen sind Sie in Ihr Ministerium zurückgekehrt. Wie managen Sie den Alltag mit zwei Kindern und einem Mann, die in Schwerin leben?
Seit dem Ende des Mutterschutzes ist mein Mann in Elternzeit und kümmert sich um unsere Kinder, wenn ich in Berlin bin. Wie vor der Geburt meiner Tochter versuche ich auch weiterhin, mir den Mittwochnachmittag und -abend freizuhalten und nach Schwerin zu fahren. Ab und an gelingt es mir, einen Tag Homeoffice einzulegen. Auch der Sonntag soll nach Möglichkeit meiner Familie gehören. Das ist ein Spagat, wie ihn viele berufstätige Familien kennen. Ich weiß als Mutter und als Familienministerin, welche Herausforderung es bedeutet, Familie und Beruf unter einen Hut zu bringen. [...].

Muss sich Ihr Mann wegen seiner Elternzeit in der Kita oder auf dem Spielplatz komische Sprüche anhören?
Mein Mann hat erlebt, dass manche am Anfang skeptisch reagiert haben. Das war schon 2007 so, als er nach Julians Geburt Elternzeit nahm. [...] Jetzt war das für viele auch ungewöhnlich, dass er sich ein ganzes Jahr lang um unsere Tochter kümmern will. Aber in seinem Betrieb haben viele mitgeholfen, diese Auszeit gut vorzubereiten.

Gibt es auch positive Reaktionen?
Absolut. [...] Es ist wichtig, dass es einfach mal auch Männer machen. Väter, die sich Zeit für ihre Kinder nehmen, sind keine Schwächlinge, sondern starke Männer, die zeigen, dass neben der Berufstätigkeit auch die Familie wichtig ist. Mein Mann sagt gern: Es gibt kein Unternehmen, das pleitegegangen ist, nur weil ein Vater in Elternzeit gegangen ist. Da hat er Recht.

Was können Väter eigentlich nicht, was Mütter können?
Ich finde die Vergleiche falsch. Ein Vater ist nicht eine Mutter zweiter Klasse. Unsere Erfahrung ist, dass sich beide gut um die Kinder kümmern können, dass man Dinge unterschiedlich, aber deshalb nicht schlechter macht. [...]

Viele Mütter tun sich schwer damit, die Kinder in die Verantwortung der Väter zu entlassen. [...] Woher kommt das?
Mein Mann und ich sind beide so aufgewachsen, dass unsere Eltern berufstätig und gleichzeitig für uns Kinder da waren. Für uns war das selbstverständlich. Wir haben die partnerschaftliche Aufgabenteilung von Anfang an praktiziert, seit Julians Geburt. Wenn der Vater von Anfang an an Bord ist, ist es auch als Mutter einfacher loszulassen. [...]

Manche sagen, in Deutschland gebe es ein idealisiertes Mutterbild, das eine moderne Familienpolitik erschwere, Stichwort: Rabenmutter [...].
Die Rabenmutter-Debatte finde ich unerträglich. Wo sind wir denn? Wir leben im 21. Jahrhundert, und Frauen, die Kinder haben und arbeiten, müssen sich Vorwürfe anhören? Ich habe das übrigens selbst erlebt, auch jetzt nach der Geburt von Julia. In den sozialen Medien wurde ich als Rabenmutter und Egoistin beschimpft, mein Mann als Weichei.

Manuela Schwesig im Interview mit Cordula Eubel und Hans Monath, Familienministerin Manuela Schwesig zum Muttertag – Ich wurde als Rabenmutter und Egoistin beschimpft, www.tagesspiegel.de, 07.05.2016

M8 Bindung: Streben nach Sicherheit und Geborgenheit (aus einem Ratgeber für Eltern)

Kinder brauchen verlässliche und vertrauensvolle Beziehungen. Sie geben ihnen die Sicherheit, die sie brauchen, um neugierig ihre Welt erforschen zu können. Ohne menschliche Nähe, Schutz und Zuwendung kann ein Baby nicht gedeihen, und um seiner natürlichen Neugier und seinem angeborenen Erkundungsdrang folgen zu können, braucht ein Kind den Schutz und die Sicherheit einer zuverlässigen Beziehung.

Vom Tag der Geburt an ist deshalb das Verhalten des Babys darauf ausgerichtet, mit den Menschen, die es umsorgen und seine Bedürfnisse nach Nähe und Geborgenheit erfüllen, eine gefühlsmäßige und dauerhafte Bindung einzugehen. In der Regel sind dies vorrangig Mutter und Vater. [...]

Von Natur aus ist ein Kind mit bestimmten Verhaltensweisen ausgestattet, durch die es die Nähe zu Mutter, Vater oder anderen Bezugspersonen sichern kann:

- Weinen, Rufen, Anklammern, Nachfolgen oder Nähesuchen gehören zum typischen Bindungsverhalten. In bedrohlichen oder ihm unbekannten Situationen will Ihr Kind hierdurch die Nähe zu Ihnen herstellen.
- Als Eltern verstehen Sie diese Signale Ihres Kindes meist und „beantworten" sie richtig: Sie wenden sich Ihrem Kind zu, trösten es, nehmen es auf den Arm, beruhigen es.

Ein Kind mit seinen Eltern beim Ausflug

- Wie sicher sich ein Kind in der Bindung zu Mutter und Vater fühlt, hängt vor allem von den „Bindungserfahrungen" ab: Je mehr Ihr Kind erfährt, dass es sich auf Ihre Nähe und Fürsorge verlassen kann, umso sicherer fühlt es sich in der Beziehung zu Ihnen.
- Wenn Sie es gleichzeitig zu seinen altersgemäßen Entdeckungen und Beschäftigungen ermutigen (aber nicht drängen), entwickelt es allmählich ein Gefühl von Selbstbestimmung und Tüchtigkeit.

Bindung entwickelt sich aus der wechselseitigen Beziehung zwischen dem Kind und seinen nahen Bezugspersonen.

© Bundeszentrale für gesundheitliche Aufklärung (BZgA), Bindung: Streben nach Sicherheit und Geborgenheit, www.kindergesundheit-info.de, Abruf am 11.01.2018, CC BY-NC-ND 3.0 DE

Frühkindliche Bindungen jenseits der Eltern

Babys bzw. Kinder können über ihre Mütter und Väter hinaus weitere Personen als wichtige Bezugspersonen annehmen: Dies können z. B. Großeltern oder Tageseltern sein, bei denen das Kind Schutz und Geborgenheit sucht.

M9 „Mütter sind für ihre Kinder und deren Wohlbefinden unersetzlich" – ein Interview mit der Schriftstellerin Alina Bronsky

Alina Bronsky, 37, wurde in Russland geboren und lebt seit Anfang der Neunzigerjahre in Deutschland. Bronsky hat vier Kinder.

SPIEGEL ONLINE: Sie schreiben in Ihrem Buch „Die Abschaffung der Mutter", dass Sie bei der Arbeit das Gefühl gehabt hätten, an einem „Hochrisikoprojekt" zu arbeiten. Was sind Ihre riskanten Botschaften?

Bronsky: Zum einen, dass Mütter für ihre Kinder und deren Wohlbefinden unersetzlich sind. Das bedeutet, dass man Frauen zumindest nicht daran hindern sollte, für ihre Kinder da zu sein. Die andere, noch brisantere Botschaft ist, dass wir sagen:

Alina Bronsky auf der Frankfurter Buchmesse 2015

Alina Bronsky veröffentlichte zuletzt gemeinsam mit Denise Wilk die Streitschrift „Die Abschaffung der Mutter: Kontrolliert, manipuliert und abkassiert – warum es so nicht weitergehen darf". Bronsky hat vier Kinder.

Die Mutter ist nicht nur eine von vielen Bezugspersonen, sondern in der Regel die wichtigste. Das zu sagen, ist heutzutage offenbar anstößig. Liebende Mütter sind anscheinend verdächtig. [...]

Sie beklagen auch eine neue Norm, wonach Mama an den Arbeitsplatz gehöre.

Und zwar möglichst schnell und möglichst lange. Da hat sich etwas verschoben und zwar ziemlich abrupt. Und Normen sind bekanntlich der Feind der Vielfalt.

Was hat zu dieser Verschiebung geführt?

Da kam einiges zusammen: [...] das Versprechen, wonach alle Eltern einen Anspruch auf einen Krippenplatz haben, der zunehmende öffentliche Druck auf Frauen, die etwas länger zu Hause bleiben wollen.

Aber das wurde doch nicht von oben verordnet. Die Politik hat doch nur auf ein verbreitetes Bedürfnis in der Bevölkerung reagiert.

Natürlich gibt es den Elternwunsch nach Betreuungsplätzen. Doch zugleich hat die Politik die Anforderungen, die eigentlich die Wirtschaft an die Bevölkerung stellte, aufgegriffen und so verdreht, dass sie als Fürsorge verkauft wurden. Mütter sollten mehr arbeiten, daher hieß es: Wir schaffen jetzt Krippenplätze, um die armen Frauen vom Herd loszureißen. [...]

Für viele Feministinnen älterer Semester ist Ihr Buch ein Affront. Diese Frauen haben ihr Leben lang für Chancengerechtigkeit gekämpft und nun, da Frauen fast alle Türen offen stehen, wählen Sie freiwillig den Beruf der Mutter.

Das ist mein gutes Recht. Wer aus der eigenen Biografie Forderungen an nachfolgende Generationen ableitet, verhält sich erpresserisch. Nur weil Frauen früher unter männlicher Unterdrückung gelitten haben, soll ich jetzt das Wohl meiner Kinder aufs Spiel setzen? Einen Feminismus, der sich ausschließlich für die Rechte der arbeitenden Frau einsetzt, halte ich für frauenfeindlich.

Alina Bronsky im Interview mit Anna Clauß und Markus Feldenkirchen, Sich Hausfrau zu nennen, hat etwas Revolutionäres, www.spiegel.de, 12.03.2016

M10 „Beide Eltern können Innigkeit geben und sind auch gleich wichtig"

Der Hausmann Simon H. kümmert sich um die Erziehung seiner Kinder, während seine Ehefrau in Vollzeit arbeitet.

Lediglich ein Drittel der deutschen Väter geht in Elternzeit. 79 Prozent davon für höchstens zwei Monate. In fast Dreiviertel aller Familien arbeitet der Vater Vollzeit, während die Mutter geringfügig beschäftigt ist, als Teilzeitkraft arbeitet oder gar nicht. Dabei wollen sich 60 Prozent der Paare mit Kindern unter drei Jahren die Pflichten in Haushalt und Beruf fair teilen. So steht es im Väterreport der Bundesregierung. Dort steht aber auch, dass dieses Vorhaben nur von 14 Prozent umgesetzt wird. [...]

Im Jahr 2015 befragte das Allensbach-Institut Paare, die ein junges Kind hatten, nach welchen Kriterien sie Job und Haushalt aufteilen würden. 70 Prozent sagten, dass der Wunsch der Mutter, Zeit mit dem Kind zu verbringen, großen Einfluss hatte. Zwei Drittel nannten den Wunsch der Mutter, das Kind in den ersten Jahren zu betreuen. Nur bei 36 Prozent spielten die Möglichkeiten der Mutter, ihren Beruf mit der Familie zu vereinbaren, eine große Rolle. [...]

Vielleicht ist es an der Zeit, den Fokus der Vereinbarkeitsdebatte zu verrücken, ein paar Wirklichkeiten anzuerkennen und nach Gründen zu fragen. Warum fügen sich viele Frauen in traditionelle Rollen? Was hält so viele Männer davon ab, mehr Zeit mit ihren Kindern zu verbringen? Müssen Beziehungen überhaupt emanzipiert sein? Die erste Wirklichkeit wäre, sich einzugestehen, dass es schlecht zu den Klagen über Benachteiligung passt, wenn man sagen muss: Das größte Problem für die Vereinbarkeit sind die Frauen selbst. Das zweitgrößte Problem sind die Männer. Die meisten von ihnen hören „Vereinbarkeit" und denken „Karriereknick". Laut Väterreport hat fast jeder fünfte Vater aus

Angst auf Elternzeit verzichtet. Das fehlende Geld, die beruflichen Nachteile, die dummen Sprüche. [...]

Neben der Angst um die Karriere gibt es noch ein anderes Problem. Das Baby. Und wie man es umsorgt. Väter sagen dann gerne mal: „Ich kann mit so kleinen Kindern einfach nichts anfangen." Oder: „Seit sie Fußball spielen können, kann ich ihnen was bieten." Oder: „Bevor die ein Jahr alt sind, ist die Mutterbindung das Wichtigste." Typisch Mann? Man muss nicht lange suchen, um Frauen zu finden, die diese Meinungen bestärken. Etwa Alina Bronsky, Verfasserin der Streitschrift Die Abschaffung der Mutter. Die Autorin erklärte in einem Interview: „Schwangerschaft, Geburt und Stillen sorgen für eine kontinuierliche Innigkeit, die ein fürsorglicher Vater ergänzen, aber nicht ersetzen kann." Eine gute These. Nur leider falsch. Das haben Studien von Michael Lamb ergeben, einem der renommiertesten Väterforscher der Welt. Danach können beide Eltern Innigkeit geben und sind auch gleich wichtig. Nur Stillen können Männer nicht. Die WHO sagt: Ein halbes Jahr Muttermilch genügt. Blieben noch acht Monate Elternzeit für den Vater.

Rudi Novotny, Elternzeit – Die Schuld der Mütter, in: Die ZEIT, Nr. 34/2017, S. 57

WHO
Die Weltgesundheitsorganisation (englisch World Health Organization, WHO) ist die Koordinationsbehörde der Vereinten Nationen für das internationale öffentliche Gesundheitswesen.

AUFGABEN

1. Erläutern Sie den Begriff „primäre Sozialisation" mithilfe von **M4** auf S. 49.

2. Beschreiben Sie, wie die Politikerin Manuela Schwesig und ihr Ehemann die Erziehung ihrer beiden Kinder bewältigen und wie ihre Aufgabenverteilung in der Öffentlichkeit beurteilt wird (**M7**).

3. a) Stellen Sie dar, wie Ihre Eltern, Verwandte oder befreundete Familien sich bezüglich der Inanspruchnahme von Elternzeit oder Berufstätigkeit von Vätern und Müttern entschieden haben.
   b) Erschließen Sie Gründe für die Entscheidungen der Eltern, zeitweise aus dem Beruf auszuscheiden oder in Teilzeit zu arbeiten.

4. Analysieren Sie **M8** im Hinblick auf die Bezugspersonen, die die Bedürfnisse von kleinen Kindern nach Sicherheit und Geborgenheit erfüllen können.

5. Werten Sie **M9** und **M10** in arbeitsteiliger Gruppenarbeit aus:

   Gruppe A
   a) Stellen Sie die Vorstellungen von Alina Bronsky über die Aufgaben der Eltern bei der Erziehung kleiner Kinder dar (**M9**).
   b) Arbeiten Sie die Argumente heraus, mit denen sie ihre Entscheidung begründet, dass die Mutter in der frühen Kindheit unersetzlich sei (**M9**).

   Gruppe B
   a) Stellen Sie die Vorstellungen von Rudi Novotny über die Aufgaben der Väter bei der Erziehung kleiner Kinder dar (**M10**).
   b) Arbeiten Sie die Argumente heraus, mit denen er begründet, dass die Mutter in der frühen Kindheit nicht unersetzlich sei (**M10**).

   Präsentieren Sie Ihre Ergebnisse im Kurs und setzen Sie sich mit beiden Positionen auseinander. Entwickeln Sie abschließend ein eigenes Urteil.

Aufgaben 1, 2
Beide Eltern des Ehepaars Schwesig waren – wie ein Großteil der Eltern in der DDR – berufstätig. Ermitteln Sie in einer Internetrecherche Informationen über die Berufstätigkeit von Eltern und die Betreuung der Kinder in öffentlichen Einrichtungen in der DDR und entwickeln Sie Hypothesen, welche Auswirkungen diese Tradition in Ostdeutschland noch heute auf das Rollenverständnis von Eltern haben könnte.

2.3 Sekundäre Sozialisation: Das Beispiel Schule – ist die Schulpflicht noch zeitgemäß?

M11 Beispiele von „Lernen ohne Schule" in Deutschland und in der Schweiz

a) Lernen ohne Schule – in Deutschland

Schulpflicht und ihre Ausnahmeregelungen in Deutschland
In Deutschland herrscht Schulpflicht seit 1919 (Weimarer Verfassung). Ausnahmegenehmigungen gibt es etwa für Kinder, die dauerhaft krank sind und nicht am Unterricht teilnehmen können. Oder für Eltern, die aus beruflichen Gründen unterwegs sind und ihre Kinder nicht an einem Ort in die Schule schicken können. Dazu zählt etwa der Nachwuchs von Schaustellern und Zirkusleuten.

Anzahl von „Freilernern" in Deutschland
Schätzungen zufolge gibt es in Deutschland rund 1000 Kinder, die zu Hause unterrichtet werden. In vielen Fällen wandern die Familien ins Ausland aus oder sie ziehen sich zurück, um nicht belangt zu werden.

Jonas geht nicht zur Schule. Seine Eltern, Freunde und Bekannte unterrichten ihn – im Rechnen, Lesen und Schreiben und allem, was ihn interessiert. „Ich wollte die Verantwortung für die Bildung meines Kindes nicht abgeben", sagt Jonas' Mutter Iris über die Entscheidung, ihren Sohn von der Schule zu nehmen. Sie hat die Lehrpläne der Schulen studiert, Schulbücher und Aufgaben ausgesucht und mit ihrem Sohn durchgenommen. Später kamen andere Interessen dazu: Musik, Sport, Handwerkliches. „Wir haben viel ausprobiert", sagt Iris.
Der Unterricht zu Hause richtete sich nach den Bedürfnissen des Jungen. […] „Man lässt dem Kind die Möglichkeit, sich mit den Dingen zu beschäftigen, die es auch wirklich interessieren", heißt es aus der Freilerner Solidargemeinschaft. Der Verein bringt Eltern und Kinder mit anderen Freilernern zusammen, informiert über verschiedene Lernkonzepte. […]
So unterschiedlich die Freilerner-Familien sind, so verschieden sind ihre Lernkonzepte. Manche Eltern richten sich genau nach den Lehrplänen der Kultusministerien in den Bundesländern. Wieder andere lassen den Kindern mehr Freiraum für Sport, Musik, Kunst und Handwerk. […] Natürlich hat auch [Jonas' Mutter Iris] sich in den ersten Jahren viele Gedanken über die möglichen Folgen gemacht. Doch für sie war die Entscheidung gegen die Schule und für die Bedürfnisse ihres Sohnes richtig. Auch wenn Iris selbst zurückstecken musste. Ein Vollzeitjob und Hausunterricht lassen sich nur schwer vereinbaren. […]
Freilerner Jonas ist inzwischen 16 Jahre alt. Erst vor kurzem hat er den Realschulabschluss gemacht. Als Externer mit einer Sondererlaubnis. Große Probleme haben ihm die Prüfungen nicht gemacht. Ganz im Gegenteil. Jetzt will er das Abitur in Angriff nehmen. Aber nicht mehr als Freilerner, sondern dieses Mal an einer regulären Schule. Mutter Iris hat ihre Entscheidung nie bereut. „Wir konnten viel mehr Zeit miteinander verbringen, als es anderen Eltern mit ihren Kindern möglich ist. Das hat unser Verhältnis bis heute verbessert."

Tanja Tricarico, Warum Eltern ihre Kinder nicht in die Schule schicken, www.welt.de, 24.10.2015

b) Lernen ohne Schule – in der Schweiz

Andrea Liniger ist Mutter von vier Kindern. Ihr ältester Sohn Bastian, einst ein vielseitig interessierter und bestens integrierter Junge mit vielen Freunden, wurde in der Mittelstufe zusehends müder und unglücklicher und mochte nicht einmal mehr seinen geliebten Hobbies nachgehen. Andrea Liniger nahm den damals 12-Jährigen und seine jüngere Schwester aus der Schule und erlebte – nach einer anstrengenden Phase der Orientierungslosigkeit – wie ihre Kinder wieder aufblühten. Bastian und Amanda lernten mit Freude, stellten eigenverantwortlich Projekte auf die Beine und eigneten sich dabei spielend auch die Inhalte des Lehrplanes an. Überzeugt vom freien Lernen, bei dem das Kind seinen ureigensten Interessen und Leidenschaften nachgehen kann, gründete die 34-Jährige den ersten Freilernraum der Schweiz in Bern, wo sich Homeschooler aus der ganzen Schweiz treffen. Auch für David Widmer war die Schule ein Ort der Qual. Er interessierte sich leidenschaftlich für Pflanzen und Tiere, verbrachte seine Freizeit im Botanischen Garten und im Tierpark und eignete sich dort ein enormes Wissen an. Doch in der Schule war sein Expertentum nicht gefragt. David wiederum sah keinen Sinn darin, trockene Mathematikaufgaben zu lösen und versteckte sich – in der Hoffnung, dem Unterricht so fernbleiben zu können – immer wieder hinter dem Kaninchenstall und in der Wäscheküche. Als der Schulleiter Davids Eltern eröffnete, ihr Sohn werde wohl nie eine Berufslehre abschließen können, nahmen diese ihren Ältesten und die beiden jüngeren Brüder aus der Schule. David bekam Spaß am Lernen – seine Gärtnerlehre schloss er mit guten Noten ab. „Wenn wir ein Kind zu überzeugen versuchen, etwas zu lernen, das es gerade nicht lernen möchte oder das es im Moment nicht interessiert, ist das Gewalt", sagt der [Freilernexperte] André Stern, der nie eine Schule von innen gesehen hat.

Helen Arnet, Homeschooling – Der andere Weg zur Bildung, www.srf.ch, 25.05.2017

M12 Schulpflicht/Unterrichtspflicht in Deutschland, Österreich und der Schweiz – ein Überblick

Schulpflicht in		
Deutschland	**Österreich**	**Schweiz**
• In Deutschland steht das Schulwesen „unter Aufsicht des Staates" (Artikel 7 GG). • Dieser Bestimmung entsprechend haben alle Bundesländer die Schulpflicht bis zum 9. oder 10. Schuljahr gesetzlich verankert.* • Die Schulpflicht ist eine gesetzliche Regelung, die ab einem bestimmten Alter Kinder, Jugendliche und Heranwachsende dazu verpflichtet, eine Schule zu besuchen. * Ausnahme: Rheinland-Pfalz, hier bis zum 12. Schuljahr	• In Österreich gibt es nur eine Unterrichtspflicht, die außer in den Schulen auch durch die Teilnahme am häuslichen Unterricht erfüllt werden kann. • Verpflichtend ist eine Prüfung durch eine staatliche Kommission am Ende jedes Schuljahres, in der entschieden wird, ob nach Maßgabe des Lehrplans weiter Hausunterricht erteilt werden kann. • Im Falle des Nichtbestehens muss die Schülerin/der Schüler eine Schule besuchen.	• In der Schweiz besteht eine Bildungspflicht oder Unterrichtspflicht, die statt durch Schulbesuch durch Hausunterricht erfüllt werden kann. • Voraussetzung ist die behördliche Bewilligung, in einigen Kantonen auch eine bloße Meldung. Nur Zürich kennt die Voraussetzung einer Lehrerausbildung.

Bearbeiter

M13 Die Schule als Sozialisationsinstanz

a) Unterschied zwischen Kindergarten und Schule

Der Kindergarten hat die Aufgabe, den Sozialisationsprozess der ersten fünf bis sechs Lebensjahre zusammen mit den Eltern zu gestalten und die Kinder auf den Übergang in die Schule vorzubereiten. Mit der Schule beginnt dann der Ernst der Bildungsqualifizierung. Der Übergang von der Erziehungsinstitution Kindergarten in die Bildungsinstitution Schule ist aus diesem Grund in den meisten Gesellschaften ein Wechsel zwischen zwei sozialen Welten, die sich in ihren Umgangsformen und Arbeitsweisen deutlich unterscheiden [...]

Im Kindergarten steht die Förderung der motorischen, sinnlichen und sozialen Kompetenzen eines Kindes im Vordergrund, in der Schule geht es um die Vermittlung von Wissen und kognitiven Fertigkeiten. Der Besuch des Kindergartens ist zwar in fast allen Industrieländern heute zur Regel geworden, aber er ist freiwillig. Der Besuch der Schule hingegen ist in fast allen Ländern, so auch in Deutschland, rechtlich verpflichtend und kann gegenüber Eltern und Kindern im Extremfall mit Polizeigewalt durchgesetzt werden. Damit soll gesichert werden, dass allen Kindern die Wertorientierungen und Verhaltensmuster vermittelt werden, die im öffentlichen Bereich von Arbeit, Behörden, Konsum- und Freizeitinstitutionen vorherrschen. In der Wahrnehmung von Eltern und Kindern kommt der Schule damit ein viel größeres Gewicht als den Vorschuleinrichtungen zu.

Klaus Hurrelmann, Ullrich Bauer, Die Schule als Sozialisationsinstanz und -kontext, in: Einführung in die Sozialisationstheorie – Das Modell der produktiven Realitätsverarbeitung, 11. Auflage, Weinheim und Basel 2015, S. 171

b) Charakter der Schule als organisiertes Bildungssystem

Die schulischen Bildungseinrichtungen sind im Unterschied zur Familie als formale gesellschaftliche Organisationen verfasst, die bei der Ausübung ihrer Funktionen öffentlich kontrolliert werden. Die zentralen sozialen Rollen sind die der professionell geschulten und mit der Leitung des Bildungsprozesses verantwortlich vertrauten Pädagogen und die der Schülerin und des Schülers. Im Unterschied zur Familie steht der professionelle Pädagoge in der Regel einer sehr großen Gruppe von Schülerinnen und Schülern gegenüber und kann nur in Ansätzen eine persönliche und emotionale Beziehung zu jedem Einzelnen von ihnen aufbauen. Umgekehrt haben auch die Schülerinnen und Schüler ihren Lehrkräften gegenüber einen im Vergleich zur Familie sachlichen und nur in Ansätzen persönlichen und emotionalen (gefühlsmäßigen) Kontakt.

Die Schule hat als organisiertes Bildungssystem eine Schulaufsicht, die staatliche Vorgaben umsetzt. Diese werden von der Schulleitung wahrgenommen, die für die Steuerung aller Abläufe innerhalb der Schule zuständig ist. Die eigentliche Bildungsarbeit erfolgt in den Schulklassen, in denen jeweils eine professionelle Pädagogin oder ein professioneller Pädagoge (Lehrerin/Lehrer) einer größeren Gruppe von Schülerinnen und Schülern zugeordnet ist. Die Pädagogin oder der Pädagoge ist von den Vorgaben der Schulleitung abhängig und richtet sein Handeln an Lehrplänen und Leistungstests aus, die feste Lernziele und oft auch spezielle Arbeitsformen zum Erreichen der Lernziele vorgeben. Die Lehrkraft baut zur Gesamtgruppe der Schülerinnen und Schüler ebenso eine Beziehung auf wie zu jedem einzelnen Schüler [...] Die Schülerinnen und Schüler bilden als Kollektiv ein soziales Untersystem („Schülersystem"), in dem viele Interaktionen ablaufen, und sie sind auch in kleineren Netzwerken miteinander verbunden, die freundschaftlichen Charakter haben können („Schülerbeziehungen").

Klaus Hurrelmann, Ullrich Bauer, Die Schule als Sozialisationsinstanz und -kontext, in: Einführung in die Sozialisationstheorie – Das Modell der produktiven Realitätsverarbeitung, 11. Auflage, Weinheim und Basel 2015, S. 172

c) Die vier Ebenen der Sozialisation in der Schule

Ebenen der Bildungs- und Sozialisationsfunktionen der Schule			
1. Ebene	**2. Ebene**	**3. Ebene**	**4. Ebene**
Direkte Person-zu-Person-Beziehung zwischen Lehrkräften und Schülern Jeder Pädagoge interagiert mit den Kindern und Jugendlichen der jeweiligen Schulklasse, um das Wissen, die Einstellungen und die Verhaltensdispositionen der Schülerinnen und Schüler zu beeinflussen.	**Beziehung zwischen dem Lehrer und dem gesamten Kollektiv der Schülerinnen und Schüler** Der Pädagoge muss immer die Interessen und Bedürfnisse der gesamten Gruppe berücksichtigen, wenn er seine gestaltende Rolle beibehalten will. Daraus ergeben sich Grenzen für die Intensität der persönlichen Beziehung zu einzelnen Schülerinnen und Schülern und somit auch für die persönliche Förderung der Leistungen der Schüler.	**Schülerschaft untereinander [...]** Das Kollektiv der Schülerschaft übt Sozialisationsfunktionen aus. Der Anpassungsdruck der Mitschülerinnen und Mitschüler kann in manchen Phasen des Schullebens mehr Einfluss ausüben, als es die von den Pädagoginnen und Pädagogen ausgehenden Impulse vermögen.	**Organisationsstruktur** Die Bildungseinrichtung Schule ist eine große und komplexe Organisation mit formal festgelegten Zuständigkeiten und Verantwortlichkeiten. Diese Organisationsstruktur wirkt auf die Verhaltensweisen aller Menschen ein, die sich in der Schule aufhalten. [...] Kurz: Die Schule als Institution erzieht.

Klaus Hurrelmann, Ullrich Bauer, Die Schule als Sozialisationsinstanz und -kontext, in: Einführung in die Sozialisationstheorie – Das Modell der produktiven Realitätsverarbeitung, 11. Auflage, Weinheim und Basel 2015, S. 172

AUFGABEN

1. Beschreiben Sie:
   a) die Gründe, die dazu geführt haben, dass Eltern sich entscheiden, ihre Kinder nicht am Unterricht in der Schule teilnehmen zu lassen (**M11a-b**).
   b) die Unterrichtsinhalte in den genannten Fallbeispielen (**M11a-b**) sowie die Unterschiede zu den Unterrichtsinhalten in der Schule.
2. Beurteilen Sie in Kleingruppenarbeit die Entscheidungen der Eltern in den Fallbeispielen vor dem Hintergrund Ihrer Erfahrungen über die Sozialisationsprozesse in der Schule.
3. Analysieren Sie die Bestimmungen zur Schulpflicht oder Unterrichtspflicht in Deutschland, Österreich und der Schweiz (**M12**).
4. Beurteilen Sie die unterschiedlichen Regelungen zur Schul- oder Unterrichtspflicht im Hinblick auf Vor- und Nachteile (**M12**).
5. Vergleichen Sie die Aufgaben von Kindergarten und Schule (**M13a**).
6. Charakterisieren Sie mithilfe von **M13b** die Schule als formale gesellschaftliche Institution, indem Sie zentrale Inhalte des Textes notieren.
7. Erklären Sie sich in Partnerarbeit gegenseitig das Schaubild in **M13b**.
8. Stellen Sie die unterschiedlichen Formen der personalen Beziehungen zwischen Lehrkräften und Schülern in der Schule dar (**M13c**).
9. Charakterisieren Sie die unterschiedlichen Sozialisationsfunktionen der Lehrkräfte und der Schülerinnen und Schüler untereinander (**M13c**).
10. Arbeiten Sie die zentralen Unterschiede zwischen der Organisation der Lernprozesse in den Sozialisationsinstanzen Familie (**M11**) und Schule (**M13**) im Hinblick auf die Personen, die den Unterricht erteilen, heraus.

F Aufgaben 1–4
Stellen Sie durch eine Internetrecherche dar, wie die Schulpflicht in anderen Ländern (z. B. USA) geregelt wird und entwickeln Sie ein eigenes Urteil zu den Regelungen.

H Aufgabe 2
Notieren Sie für die Beurteilung die aus Ihrer Sicht wichtigsten Sozialisationsleistungen der Schule auf einer Wandzeitung (→ Methodenglossar).

F Aufgabe 10
Halten Sie die Unterschiede auf einer Wandzeitung (→ Methodenglossar) fest.

M14 Die Funktionen der Schule für die Gesellschaft

Schulen haben drei zentrale Funktionen für die Gesellschaft		
1. Kompetenztraining	2. Integration	3. Platzierung
Schulen übernehmen die Vermittlung von Wissen und Kenntnissen, die für das kompetente Handeln in einer Gesellschaft notwendig und wünschenswert sind. Dazu gehört das Training des intellektuellen wie auch fachlichen Denkens und Kombinierens und der Fähigkeit, sich auf eigene Initiative hin mit Sach- und Lebensproblemen auseinanderzusetzen. Das schulische Lern- und Bildungstraining hat immer auch eine berufsorientierende und -qualifizierende Komponente der Kompetenzvermittlung.	Schulen leisten für die Gesellschaft die Aufgabe der sozialen Integration, indem sie Jugendliche auf die vorherrschenden kulturellen Normen und Werte sowie die gesellschaftlichen Lebens- und Arbeitsbedingungen einstimmen. Sie stellen einen sozialen Mikrokosmos der Gesellschaft her, in dem diejenigen formalen Umgangsformen, Hierarchien, Abhängigkeiten und Erfolgskriterien etabliert werden, die für die soziale Welt außerhalb der Schule typisch sind. Sie fordern ein hohes Maß von Anpassung an die bestehenden sozialen Strukturen.	Schulen vermitteln den Jugendlichen die Prinzipien, nach denen in modernen Gesellschaften beruflicher Status und soziales Prestige vergeben werden. Das Kriterium hierfür sind die individuell erbrachten Leistungen, die nach standardisierten Verfahren gemessen und bewertet werden. Mit der Platzierungs- ist unvermeidlich eine Selektionsfunktion* verbunden, weil je nach Ergebnis der Leistungsmessung unterschiedliche Abschlüsse mit unterschiedlicher Berechtigung für Ausbildungs und spätere Berufslaufbahnen vergeben werden. * Selektion: Auslese, Auswahl

Klaus Hurrelmann, Gudrun Quenzel, Die Bildungsfunktionen der Schule, in: Lebensphase Jugend – eine Einführung in sozialwissenschaftliche Jugendforschung, 13. Auflage, Weinheim und Basel 2016, S. 116 f.

M15 Schule als Vorbereitung auf die Leistungsgesellschaft

Die dritte Funktion [→ M14, Funktion Platzierung] spiegelt den Charakter heutiger Gesellschaften als Leistungsgesellschaften wider, weil sie die junge Generation mit den Spielregeln einer [...] Wettbewerbsgesellschaft vertraut macht, in der im Prinzip nur die individuelle Leistung über die Platzierung im Gefüge der sozialen Privilegien entscheidet. Die Schule gehört zu denjenigen gesellschaftlichen Instanzen, in denen das Leistungsprinzip als Basis der Selektionsfunktion und damit der Vergabe von sozialen Privilegien in klar erkennbarer Form in Kraft ist. Sie vermittelt den Jugendlichen damit Erfahrungen von Erfolg und Misserfolg und bereitet sie so auf die Lebensrealität im Arbeitsleben vor.

Klaus Hurrelmann, Gudrun Quenzel, Die Bildungsfunktionen der Schule, in: Lebensphase Jugend – eine Einführung in sozialwissenschaftliche Jugendforschung, 13. Auflage, Weinheim und Basel 2016, S. 116 f.

M16 Das Leistungsprinzip – ein gesellschaftliches Gestaltungsprinzip

Um zu verdeutlichen, worum es beim Leistungsprinzip im Grunde geht, erscheint es zweckmäßig, an folgende Gegebenheiten zu erinnern:
In jeder Gesellschaft entsteht aus dem Leben und Zusammenleben von Menschen eine Reihe von „Bedürfnissen", die bewältigt werden müssen, wenn das Leben und Zusammenleben erhalten bleiben soll. Einige Bedürfnisse sind in allen Gesellschaften gegeben: So müssen immer Güter und Dienstleistungen erstellt werden; die-

se müssen verteilt werden; es gilt zu klären, was mit Alten, Kranken, Schwachen und generell mit jenen geschehen soll, die sich nicht selbst versorgen können; Menschen, die in das Zusammenleben neu hineinkommen, z.B. die Kinder, müssen mit den Denk- und Verhaltensweisen bekannt gemacht werden, die sie zum Leben in der Gesellschaft benötigen, u.a.m.

Je nachdem, durch wen und wie die Bewältigung dieser Bedürfnisse erfolgt, lassen sich in verschiedenen Gesellschaften jeweils bestimmte „Regel- oder Ordnungssysteme" erkennen, so z.B. ein bestimmtes Produktionssystem, Verteilungssystem, System sozialer Sicherung, Erziehungssystem, usw.

Hinter den tatsächlich feststellbaren Regelungen stehen dabei u.U. bestimmte Regelkonzeptionen, d.h. Modellvorstellungen, wie dies oder jenes geregelt werden soll. [...] Neben Modellvorstellungen von Wirtschaftssystemen, Erziehungssystemen u.a.m. finden sich – und wirken in diese hinein – Vorstellungen darüber, nach welchen Prinzipien bestimmte Teilaspekte gesellschaftlichen Lebens gestaltet werden sollen. [...] Das Leistungsprinzip ist ein Gestaltungsprinzip, das sich zunächst auf die „Verteilungsproblematik", d.h. auf die Zuteilung von Positionen, Einkommen, Chancen u.a.m. bezieht. Es enthält den Gedanken, die individuelle Leistung zum Zuteilungskriterium für materielle und soziale Chancen zu machen. „Die Ausstattung der einzelnen Mitglieder der Gesellschaft mit Einkommen, Vermögen, beruflichen Kompetenzen, Macht und sozialem Ansehen soll sich nach den jeweils erbrachten Leistungen richten [...]."

Karl Martin Bolte, Leistung und Leistungsprinzip, Zur Konzeption, Wirklichkeit und Möglichkeit eines gesellschaftlichen Gestaltungsprinzip – ein Beitrag zur Sozialkunde des Bundesrepublik Deutschland, Opladen 1979, S. 13 f.

M17 Schulische und berufliche Sozialisation

a) Eintrittskarte ins Berufsleben – die Bedeutung schulischer Sozialisation für das künftige Berufsleben

Die soziale Institution „Schule" gehört zur „äußeren Realität" der Lebenswelt Jugendlicher, mit der sie sich auseinandersetzen müssen. In verschiedenen Studien wurden die subjektiven Deutungsmuster dieser Realität, also der „Sinn", den Jugendliche dem Schulbesuch zusprechen, herausgearbeitet. [...] Der Schule wird ein subjektiv nachvollziehbarer Sinn für die eigene Lebensplanung vor allem insoweit zugesprochen, als sie etwas für die Gestaltung und Bewältigung der Zeit nach der Schule leistet. Die gesellschaftliche Auslese- und Platzierungsfunktion der Schule wird von den Jugendlichen erkannt und als notwendig und legitim erachtet. Damit hängt die Einschätzung zusammen, dass das Abschlusszeugnis das eigentlich wichtige Resultat der Lernvorgänge in der Schule sei. [...] Es wird deutlich, dass der Schule von den Jugendlichen in erster Linie eine Trainings- und Platzierungsfunktion zugeschrieben wird [...]. Weil nach ihrer Einschätzung der eigentliche Sinn des Schulbesuchs im Abschlusszeugnis liegt, fühlen sie sich zu einer die späteren Berufs- und Lebenschancen sichernden Verhaltensstrategie gezwungen, die gegenüber den Bildungsinhalten der Schule offen [...] ist. [...] Je besser der Abschluss, desto sinnvoller ist der Schulbesuch. [...] Aus den Bewertungen des schulischen Bildungsgangs vonseiten der Jugendlichen lässt sich ableiten, welch große biografische Bedeutung Misserfolg und Versagen im schulischen Bildungsprozess für sie haben. Erfolge in der Schule gelten den Jugendlichen als guter Ausgangspunkt für eine spätere Berufslaufbahn, Versagensereignisse werden von ihnen als empfindliche Rückschläge hierfür empfunden.

Gering Qualifizierte auf dem Arbeitsmarkt

Gering Qualifizierte finden nur noch wenige und schlecht bezahlte Arbeitsplätze. Bis in das produzierende Gewerbe hinein, dem Bereich, in dem noch Anfang der 1980er Jahre die Hälfte der Arbeitnehmer allenfalls einen Hauptschulabschluss hatte, ist heute ein mittlerer Schulabschluss und eine gute Berufsausbildung Voraussetzung für einen Arbeitsplatz.

Klaus Hurrelmann, Gudrun Quenzel: Die Bildungsfunktionen der Schule, in: Lebensphase Jugend – eine Einführung in sozialwissenschaftliche Jugendforschung, 13. Auflage, Weinheim und Basel 2016, S. 116 f. und 138 f.

[...] Die Anforderungen an Bildung und Qualifizierung haben sich in den letzten zwei Generationen spürbar erhöht. [...] Seit den 1960er Jahren ist in allen hoch entwickelten Ländern zu beobachten, dass einfache, von Wiederholung gekennzeichnete Tätigkeiten zunehmend von Computern und maschinellen Automaten übernommen werden. Wenn das nicht möglich ist, werden sie aus Kostengründen in Länder mit deutlich niedrigerem Lohnniveau ausgelagert. Entsprechend verschieben sich auch die Anforderungen an die Qualifizierung der Berufstätigen.

Klaus Hurrelmann, Gudrun Quenzel, Die Bildungsfunktionen der Schule, in: Lebensphase Jugend – eine Einführung in sozialwissenschaftliche Jugendforschung, 13. Auflage, Weinheim und Basel 2016, S. 116 f. und 138 f.

b) Berufliche Sozialisation

Mit dem Eintritt in den Beruf ergeben sich Veränderungen von Handlungskompetenzen und Selbstdefinitionen. Im Rahmen der betrieblichen Arbeit werden unter Ergebnisdruck neue Einschätzungen der weiteren beruflichen Entwicklungsmöglichkeiten und Karriereperspektiven aufgebaut. Die während der Ausbildung entwickelten Vorstellungen müssen nun auf die vorgefundenen Bedingungen abgestellt werden, was häufig zu schmerzlichen Korrekturen führt. [...] Nicht nur dieser Laufbahneffekt mit seinem biografischen Stellenwert macht die Bedeutung der beruflichen Sozialisation aus, sondern auch der strukturierende Effekt der Art der Arbeitstätigkeit nach Selbstständigkeitsgrad, Typ der Beschaffenheit der Arbeit und Einbindung in eine Betriebshierarchie.

Das „Betriebsklima" mit seiner spezifischen technisch-organisatorischen und kommunikativen Strukturierung bildet über die gesamte Zeit der Erwerbstätigkeit hinweg ein nachhaltig wirkendes Sozialisationsmilieu, einen zentralen Bereich der äußeren Realität, mit vielen persönlichen Kontakten zu Berufskollegen und Abstimmungen von Werten und Lebensansprüchen. [...]

Im Zuge der Einführung von modernen Informations- und Kommunikationstechniken in den Arbeitsalltag verschieben sich die beruflichen Anforderungen in Richtung eines individualisierten Qualifikationsprofils von Erwerbstätigen, verbunden mit der Notwendigkeit einer permanenten Anpassung an veränderte Arbeitsbedingungen. Das setzt die Bereitschaft zur Selbstkontrolle der eigenen Arbeitsleistung voraus.

Allmählich bildet sich hierdurch ein neuer Idealtypus der Erwerbstätigkeit heraus, der dadurch gekennzeichnet ist, dass Berufstätige nicht mehr in erster Linie ihr Arbeitsvermögen im Rahmen von vorstrukturierten Arbeitsplätzen anbieten („verkaufen"), sondern vorwiegend als Auftragnehmer für im Einzelnen vereinbarte Arbeitsleistungen handeln.

Die „Arbeitskraft-Unternehmer", wie sie genannt werden, können [...] und müssen in der Lage sein, den täglichen Arbeitsablauf selbstständig zu planen und zu strukturieren. Das gilt für die zeitliche Ebene ebenso wie für die räumliche, wobei in beiden Fällen ein hohes Ausmaß an Flexibilität charakteristisch ist. An welchem Ort und zu welcher Zeit die vereinbarte Arbeitsleistung erbracht wird, das liegt in Zeiten der Erreichbarkeit über Mobiltelefone und E-Mails im Verantwortungsbereich des Arbeitenden. Ein solches Anforderungsprofil verlangt eine ausgeprägte Fähigkeit zur Selbstmotivation und die Bereitschaft zur fachlichen Flexibilität, verbunden mit einer hohen Sensibilität für sich abzeichnende Veränderungen im Arbeitsablauf.

Arbeitskraft-Unternehmer werden gewissermaßen zu aktiven Maklern der eigenen Fähigkeiten und individuellen Qualifikationen. Die eigene Arbeitskraft wird permanent am wirtschaftlichen Nutzen und am spezifischen Bedarf des Unternehmens orientiert, wobei die persönliche Bewertung des Nutzens stark einfließt.

Typischerweise hat der Arbeitskraft-Unternehmer gegenüber dem klassischen Typus des abhängig Erwerbstätigen viel größere zeitliche und räumliche Freiräume und verfügt über ein deutlich höheres Ausmaß an Autonomie in der Gestaltung seiner Arbeitsabläufe. Er sieht sich allerdings durch die starke Selbstdisziplinierung einem hohen Leistungsdruck ausgesetzt und ist gezwungen, die Fähigkeit des selbst organisierten Arbeitens und Lernens in den Vordergrund seines Lebens zu rücken.

Ebd., S. 178

M18 Hausunterricht: Pro und Kontra

a) Pro: Bildungspflicht, aber kein Schulzwang!

Vater unterrichtet die eigene Tochter – zuhause.

Weil die Eltern Romeike ihre Kinder in Deutschland nicht zu Hause unterrichten dürfen, haben sie in den USA Asyl beantragt. Prompt befand ein amerikanischer Richter, sie würden in Deutschland aufgrund ihres Glaubens verfolgt. Christenverfolgung in Deutschland? Das ist natürlich Quatsch. [...] Doch der Fall lenkt von der entscheidenden Frage in der Homeschooling-Debatte ab: Soll es einen Schulzwang ohne jede Ausnahme geben oder lediglich eine Bildungspflicht? [...]
Auch in Deutschland gibt es Kinder, die mit den starren Strukturen der Schule nicht klar kommen, dort schlecht lernen oder zu gemobbten Außenseitern werden. Wenn in solchen Fällen das häusliche Umfeld eine bessere Bildung gewährleistet, muss es die Möglichkeit des Heimunterrichts geben.
Tatsächlich sind die meisten Homeschooling-Befürworter engagierte Eltern, die sich mehr Gedanken über Bildung und Erziehung machen als die durchschnittliche Bevölkerung. Es gibt keinen wissenschaftlichen Nachweis, dass zu Hause unterrichtete Kinder im Schnitt leistungsschwächer als ihre Altersgenossen oder sozial isoliert wären.
Kinder sind nun mal unterschiedlich gestrickt. Der Staat sollte anerkennen, dass Schule oder schulähnliche Einrichtungen nicht immer die optimale Förderung bieten. Deutschland sollte so liberal wie seine Nachbarn werden und alternative Lernformen zulassen. Ein grundsätzliches Recht auf Heimunterricht würde nicht die Gesellschaft erschüttern. Wenn in Einzelfällen religiöser Fundamentalismus die Entwicklung der Kinder gefährdet, können die Behörden immer noch einschreiten. Am Ende kommt es nur auf eines an: auf das Wohl der Kinder.

Sönke Wiese, Bildungspflicht aber kein Schulzwang!, in: © SternMagazin: Pro und Contra: Sollen wir Homeschooling erlauben?, www.stern.de, Abruf am 12.01.2018

Fundamentalismus
Geistige Haltung, Anschauung, die durch kompromissloses Festhalten an ideologischen oder religiösen Grundsätzen gekennzeichnet ist.

b) Kontra: Hausunterricht – gebt der Schule ihre Schüler wieder!

Zwei Schülerinnen auf dem Schulhof tuscheln miteinander.

Wenn sich Eltern einer Sache sicher sind, dann ist es die: Sie wissen am besten, was gut für ihr Kind ist.
Eltern bestimmen – zumindest in den ersten Lebensjahren – so ziemlich jeden Lebensaspekt ihres Nachwuchses: Was das Kind isst, wie es sich anzieht, was es im Fernsehen sehen darf, wohin es in den Urlaub fährt. Um all das müssen sich Eltern kümmern. Es ist eine große Verantwortung.
Doch eine wachsende Zahl von Eltern versteht ihre Verantwortung anders: Sie wollen uneingeschränkt bestimmen dürfen, in welcher Umgebung ihr Kind unterrichtet wird: staatliche Schule, private Schule oder aber zuhause. Und einige von ihnen fordern auch, bestimmen zu können, wer ihr Kind unterrichtet und auch, was ihm beigebracht werden soll. Haben sie als Verantwortliche nicht alles Recht der Welt dazu?
Nein, das haben sie nicht.
Denn Familien sind Teil einer Gesellschaft. Doch die Verantwortung dafür, dass sich alle Teile dieser Gesellschaft gleichermaßen frei entfalten können, ohne dass das Gefüge auseinander bricht, trägt der Staat. Er ist dafür zuständig, dass in seinen Grenzen Gerechtigkeit und Chancengleichheit herrschen.
Auch wenn einige Eltern das nicht gerne hören werden: Die Schulpflicht trägt dazu bei.
Sie stellt nicht nur sicher, dass alle Kinder Zugang zu Bildung erhalten. Die Schulpflicht garantiert darüber hinaus auch, dass Kinder von Lehrkräften unterrichtet werden, die unter staatlicher Aufsicht und nach einem einheitlichen Muster ausgebildet wurden. Und dank der Schulpflicht nehmen sie an einem Unterricht teil, der nach einheitlichen Lehrplänen strukturiert wird.
Ist das nicht furchtbar autoritär gedacht? Nein, es ist demokratisch gedacht. Lehrerausbildung, Lehrpläne und Schulalltag mögen alles andere als perfekt sein: Aber immerhin stehen sie unter der Kontrolle eines demokratischen Rechtsstaats, über dessen Entwicklung letztlich die Wähler bestimmen: bei Bundestags- und Landtagswahlen [...] Ein Vater, der seine Kinder zuhause selbst erzieht, mag ein lie-

bevoller und guter Lehrer sein. Er könnte seine Kinder aber auch in der Isolation der eigenen vier Wände autoritärer erziehen als jeder studierte Pädagoge. Und er könnte seinen Schützlingen eine Erziehung angedeihen lassen, die mit freiheitlichen Grundwerten nicht das Geringste zu tun hat.
Wie könnte der Staat diesen Unterschied herausfinden? Und wie sollte er solche Erziehungsfehler wieder korrigieren, wenn kein Lehrer mit seiner Fachkenntnis, keine Klassengemeinschaft mit ihrer Meinungsvielfalt mehr in der Nähe ist?
Das Risiko, auf die Schulpflicht zu verzichten, ist einfach zu groß.

Roman Heflik, Gebt der Schule ihre Schüler wieder!, in: © Stern-Magazin: Pro und Contra: Sollen wir Homeschooling erlauben?, www.stern.de, Abruf am 12.01.2018

AUFGABEN

1. Erläutern Sie die verschiedenen Funktionen der Schule und notieren Sie zentrale Aspekte in Ihr Heft (**M13, M14**).

2. Begründen Sie, warum das Leistungsprinzip eng mit der schulischen Sozialisation verbunden ist und beschreiben Sie den Stellenwert des Leistungsprinzips als eines der gesellschaftlichen Gestaltungsprinzipien (**M15, M16**).

3. Werten Sie die Materialien zur schulischen Sozialisation (**M13–M15**) im Hinblick auf die Frage aus, ob diese Materialien Auskunft geben über das Problem des Hausunterrichtes (**M11**).

4. Analysieren Sie den Text bezüglich der Sozialisationsleistungen der Schule (**M17a**) im Hinblick auf die Vorbereitung auf den Beruf, indem Sie die folgenden Aspekte untersuchen:
   a) Bedeutung der Schule aus der Sicht der Jugendlichen für das künftige Leben;
   b) Stellenwert des Zeugnisses;
   c) biografische Bedeutung von Erfolg und Misserfolg in der Schule für das spätere Berufsleben;
   d) Veränderung der Anforderungen an Bildung für künftigen Berufserfolg und
   e) Gründe für die veränderten Anforderungen.

5. Diskutieren Sie in Kleingruppen auf der Basis von **M17a**, welche Anforderungen eine Schule erfüllen muss, um Schülerinnen und Schüler gut auf das Berufsleben vorzubereiten.

6. Analysieren Sie anhand von **M17b**, welche Anforderungen in der modernen Arbeitswelt zunehmend erfüllt sein müssen.

7. Setzen Sie sich in einer Debatte mit den Vor- und Nachteilen des Hausunterrichts auseinander, indem Sie Befürworter und Kritiker in einer Podiumsdiskussion (→ Methodenglossar) miteinander diskutieren lassen (**M11, M12, M18a-b**).
   Ein Teil des Kurses übernimmt jeweils die Rollen der Befürworter und der Kritiker, die anderen Schülerinnen und Schüler bereiten kritische Fragen vor, die Sie den Debattanten stellen wollen. Eine kleine Gruppe kann die Beobachterrolle übernehmen.

F Aufgabe 4
Präsentieren Sie – soweit Sie es wünschen – die Ergebnisse Ihrer Diskussion im Kurs.

H Aufgabe 5
Erkundigen Sie sich bei Ihren Eltern oder in dem Bekanntenkreis Ihrer Eltern, ob die Beschreibung der Arbeitswelt immer zutrifft.

METHODE

Werkzeugkasten Soziologie

I. Worum geht es?

Das Schulfach Sozialwissenschaften umfasst drei wissenschaftliche Disziplinen: Politikwissenschaften, Soziologie und Wirtschaftswissenschaften. Unter Politikwissenschaften und Wirtschaftswissenschaften kann man sich auch ohne tiefere Kenntnisse etwas vorstellen, weil in den Namen der Disziplinen schon deutlich wird, um welche Inhalte es geht. Schwieriger wird es mit der Soziologie. Ohne gesicherte Kenntnisse weiß man zwar, dass Soziologie irgendetwas mit Gesellschaft zu tun hat. Aber was versteht man unter Gesellschaft? Was ist das Anliegen der Soziologie?

Noch komplizierter wird es, wenn man zentrale Begriffe der Soziologie wie Sozialisation und Identität verstehen will. Deshalb gibt es in diesem Kapitel einen „Werkzeugkasten der Soziologie", in dem einige Begriffe der Soziologie erklärt werden.

II. Gehen Sie dabei wie folgt vor:

1. Schritt: Erklärung – was bietet der „Werkzeugkasten Soziologie"?

Der „Werkzeugkasten Soziologie" beginnt zunächst mit den allgemeinen Begriffen „Sozial", „Gesellschaft" und „Soziologie". Im Anschluss daran werden weitere Begriffe aus der Mikrosoziologie („Mikrosoziologie" von griechisch „mikros" = klein) erklärt, die sich auf die kleinsten Einheiten der Gesellschaft wie die einzelnen Menschen (= Individuen) oder wenige Menschen in ihren Wechselbeziehungen untereinander oder in Wechselbeziehung zur Gesellschaft beziehen.

Die Begriffe der Makrosoziologie (von griechisch „makros" = groß), die sich auf größere Einheiten der Gesellschaft wie Klassen, Schichten und Milieus beziehen, werden in der Qualifikationsphase erklärt.

2. Schritt: Anwendung – wie können Sie mit dem „Werkzeugkasten Soziologie" arbeiten?

Sie können auf zweierlei Weise mit dem Werkzeugkasten arbeiten. Für beide Weisen gilt, dass zunächst die allgemeinen Begriffe „Sozial", „Gesellschaft" und „Soziologie" bearbeitet werden.
Dann können Sie entweder die Begriffe des Werkzeugkastens sofort ganz durcharbeiten oder die einzelnen Begriffe auswerten, wenn diese in den einzelnen Unterkapiteln vorkommen.

Auf diese nachfolgenden Begriffe wird verwiesen, wenn sie zum ersten Mal vorkommen: „Sozialisation", „Erziehung als Teil der Sozialisation", „Normen", „Werte", „Rolle", „Rollenkonflikt", „Rollendistanz", „Identität", „(soziale) Gruppe".

Bearbeiter

Hinweis zum „Werkzeugkasten Soziologie"
Die Begriffe des „Werkzeugkastens Soziologie" werden mit dem Kürzel **Wk** nummeriert.

WERKZEUGKASTEN SOZIOLOGIE

Wk1: Begriff „Sozial"

Sozial: *Es gibt zwei Bedeutungsvarianten des Begriffes „Sozial": 1. Einen ethisch-moralischen Begriffsgebrauch; 2. Einen wertneutralen Begriffsgebrauch.*

1. Das ethisch-moralische Verständnis von „Sozial"

Mit „sozial" in diesem Sinne wird eine ethisch-moralische Haltung angesprochen, wie sie beispielsweise nach christlichem Verständnis in den Seligpreisungen der Bergpredigt zum Ausdruck gebracht wird: Es ist „sozial", den Armen und Behinderten zu helfen, [...] kranke und alte Menschen zu besuchen, [...] für Katastrophenopfer oder für die Hungernden in der Dritten Welt zu spenden. Dieses Sinnverständnis unterliegt auch noch [die] Redewendung, wenn wir umgangssprachlich von einem „sozialen Typ" sprechen [...]. Neben diese menschenfreundliche [...] soziale Handlung tritt mit der Entwicklung des modernen Staates, insbesondere mit dem Aufkommen des Industrialismus [...] ein neuer Bedeutungsgehalt: In der sogenannten „sozialen Frage" verdichten sich jetzt Problembündel, die nicht mehr von Einzelnen aufgrund privater ethisch-moralischer Verpflichtung und fürsorglichen Engagements gelöst werden können, sondern einer gemeinschaftlichen politischen Lösung zugeführt werden müssen. Das Wort „sozial" gewinnt damit eine öffentlich-politische Dimension, ausgedrückt etwa in Wortverbindungen wie „Sozialpolitik", „Sozialhilfe", „Sozialreform", „soziale Revolution", „soziale Gerechtigkeit" oder „Sozialstaat".

2. Das wertneutrale Verständnis von „Sozial"

Neben dem moralischen und politischen Gebrauch des Wortes „sozial" im Sinne von „dem Gemeinwohl, der Allgemeinheit dienend, die menschlichen Beziehungen in der Gemeinschaft regelnd und fördernd und den (wirtschaftlich) Schwächeren schützend" (Duden) erfährt dieser Begriff in seiner wissenschaftlichen (soziologischen) Verwendung eine entscheidende Erweiterung des Bedeutungsrahmens. Ausgehend von der Grundtatsache, dass der Mensch als „soziales Wesen" von anderen Menschen in hohem Maße abhängig ist, nur in Gemeinsamkeit vorkommt und nur darin existieren kann, wird als „sozial" hier schlechterdings jedes zwischenmenschliche, wechselseitig orientierte Handeln und Verhalten von Menschen bezeichnet, gleichgültig, ob es sich um „gute" Taten oder „schlechte" Formen des Miteinanderumgehens, um moralische Verbundenheiten oder unmoralische Verhaltensakte handelt. Es bezeichnet also nicht nur Werke der Nächstenliebe und Fürsorge [...], sondern ebenso Akte der Gleichgültigkeit und Ablehnung, der Inhumanität und Grausamkeit, des Wettbewerbs, der Auseinandersetzung oder des offenen Konflikts. In deutlichem Gegensatz zum normativen (als Maßstab dienend) Alltagsgebrauch wird durch die bewusste Ausscheidung von einseitig positiven Bewertungen und Gefühlen der wissenschaftliche Begriff des „Sozialen" wertneutral benutzt. Sozial in diesem Sinne sind nach einer Umschreibung einer der Pioniere der amerikanischen Soziologie, Edward A. Ross (1866-1951) „alle Phänomene, die wir nicht erklären können, ohne dabei den Einfluss des einen Menschen auf den anderen einzubeziehen".

Hans Peter Henecka, Zum Begrifflichen: Was heißt „sozial"?, in: Grundkurs Soziologie, 10. Auflage, Konstanz und München 2015, S. 23 ff.

Wk2: Begriff „Gesellschaft"

Gesellschaft: Allgemein die Bezeichnung für einen Verband von Menschen oder auch von Tieren. Die menschliche Gesellschaft ist ein Gefüge von Einzelpersonen, das mehr oder weniger dauerhaft und organisiert zur Erreichung bestimmter Ziele oder zur Befriedigung bestimmter Bedürfnisse zusammenwirkt. Die Gesellschaftswissenschaft (insbesondere die Soziologie) meint mit dem Begriff Gesellschaft das System, in dem der einzelne Mensch Orientierung und eine bestimmte Ordnung findet. Ohne sie kann der Mensch (als gesellschaftliches Wesen) nicht existieren. Aus der natürlichen Situation heraus schufen die Menschen auf der Grundlage der Familie und Verwandtschaft durch einen bewussteren Zusammenschluss die Gesellschaft.

Dieter Claessens, Karin Claessens, Gesellschaft, in: Gesellschaft – Lexikon der Grundbegriffe, Reinbeck 1992, S. 87

WERKZEUGKASTEN SOZIOLOGIE

Wk3: Begriff „Soziologie"

Soziologie: Wir befinden uns immer schon in einer von Menschen gestalteten und gedeuteten Kultur. Ohne sie ist menschliche Existenz nicht möglich. [...] Die menschlichen Individuen (sind) wie die von ihnen geschaffenen Gemeinschaften bzw. (fachlicher ausgedrückt:) „sozialen Systeme" (von Kleingruppen über Organisationen bis zu ganzen Gesellschaften) zentrale Themen der Soziologie.

Einerseits geht es hierbei der Soziologie um die Erforschung menschlichen Handelns und Verhaltens im Allgemeinen sowie zwischenmenschlicher Interaktionen, Kommunikationen und sozialer Beziehungen im Besonderen; zum anderen untersucht sie die Entstehungsbedingungen sowie die grundlegenden Entwicklungsprozesse und Veränderungen unserer modernen sozialen Welt. [...] Soziologie befasst sich mit dem Zusammenleben der Menschen, ihrem zwischenmenschlichen Handeln und Verhalten und sucht dabei die gesellschaftlichen „Webmuster" und Verknüpfungszusammenhänge – die Strukturen, Funktionen und Prozesse der verschiedenen sozialen Systeme (einschließlich deren Rückwirkungen auf das Individuum) – zu beschreiben, zu analysieren und zu erklären.

Hans Peter Henecka, Wir und die anderen: Das Rätsel der Gesellschaft, in: Grundkurs Soziologie, 10. Auflage, Konstanz und München 2015, S. 13 ff.

Wk4: Begriff „Normen"

a) **Normen:** [Die] Erwartungen in Bezug auf das Handeln oder Nichthandeln der Mitglieder einer Gesellschaft werden Normen genannt. Diese Bezeichnung bringt den mehr oder weniger verpflichtenden Aufforderungscharakter entsprechender Erwartungen zum Ausdruck. [...] Entsprechen wir [...] den jeweiligen Erwartungen nicht, so müssen wir mit negativen Sanktionen (Bestrafungen) rechnen, die je nach Grad und Art der Abweichung auf einer Palette von Klatsch, Verachtung, Hohn und Spott bis zu unmittelbarem physischen Druck reichen können. Umgekehrt hat die Befolgung der Normen positive Sanktionen (Belohnungen) zur Folge, die beispielsweise aus Ansehen, Prestige oder aus einem „guten Ruf" bestehen können.

Hans Peter Henecka, Normen, Werte und Institutionen: Soziale Sinngebungen unseres Handelns, in: Grundkurs Soziologie, 10. Auflage, Konstanz und München 2015, S. 82

b) **Normen:** Schon bei oberflächlicher Betrachtung des sozialen Lebens ist offenkundig, dass es Normen mit sehr unterschiedlicher Verbindlichkeit und Bewusstheit gibt. Am wenigsten bewusst sind Normen in Handlungszusammenhängen, die zu den täglichen Gewohnheiten gehören. Den höchsten Grad an Verbindlichkeit haben Normen, die (straf-)rechtlich verankert sind und deren Einhaltung eingeklagt werden kann: [...] [Es wird die Systematik vorgeschlagen]:
- Einteilung der Normen nach dem Grad des Bewusstseins [...], mit dem sie in der einzelnen Handlung präsent sind;
- Einteilung nach dem Grad der Verbindlichkeit und damit nach der Art (Strenge) der Sanktionen. Grob lassen sich unterscheiden: Muss-Normen (z. B. Gesetze), Soll-Normen (z. B. Sitten), Kann-Normen (z. B. Bräuche, Gewohnheiten).

Bernhard Schäfers, Soziales Handeln und seine Grundlagen; Normen, Werte, Sinn, in: Hermann Korte, Bernhard Schäfers (Hrsg,): Einführung in die Hauptbegriffe der Soziologie, 9. Auflage, Wiesbaden 2016, S. 33

Wk5: Begriff „Werte"

Werte: Die sozialen Normen lassen sich bei genauerer Analyse auf Leitbilder bzw. auf Vorstellungen darüber zurückführen, was von der überwiegenden Mehrheit einer Gruppe oder einer Gesellschaft für richtig und erstrebenswert angesehen wird. Diese mehr abstrakten Ideen werden im soziologischen Sprachgebrauch als Werte bezeichnet und beinhalten die einer Gruppe oder Gesellschaft als Kern ihrer Kultur zugrunde liegenden gemeinsamen Zielsetzungen.

Hans Peter Henecka, Normen, Werte und Institutionen: Soziale Sinngebungen unseres Handelns, in: Grundkurs Soziologie, 10. Auflage, Konstanz und München 2015, S. 83

WERKZEUGKASTEN SOZIOLOGIE

Wk6: Begriff „Sozialisation"

Sozialisation: Die Vermittlung sozialer Normen und Wertvorstellungen erfolgt in einem Prozess, den die Soziologie als Sozialisation bezeichnet. […] Sozialisation […] umfasst […] persönlichkeitsprägende Lernvorgänge, die sowohl das Kleinkind wie auch später noch der Erwachsene durch eigene Erfahrungen machen können. Hierzu zählen auch jene unspezifischen Lernvorgänge […], für die selbst in Gesellschaften mit breit entwickeltem Erziehungswesen keine pädagogische Instanz und keine erzieherischen Maßnahmen als explizite Einwirkungen auszumachen sind. Überhaupt lassen sich solche Einflüsse – denkt man beispielsweise an die prägenden Wirkungen von jugendlichen Freundschaftsgruppen, Fan-Clubs, Reklame, Massenmedien, Interessenorganisationen, politischer Öffentlichkeit usw. – nach pädagogischem Selbstverständnis schwerlich alle sinnvoll als Erziehung oder Ausbildung charakterisieren, während sie indessen zweifellos sozialisierende Prozesse darstellen. […]

Sozialisation begegnet uns damit als ein relativ weit gefasster Begriff, der alle sozialen Geschehensverläufe abbildet, durch die das Individuum, das mit rudimentären Instinkten, aber mit […] großer Plastizität und Lernfähigkeit, also „mit einer enormen Variationsbreite von Verhaltensmöglichkeiten geboren wird, zur Ausbildung seines faktischen, weit enger begrenzten Verhaltens geführt wird – wobei die Grenzen des üblichen und akzeptablen Verhaltens durch die Normen der Gruppe, der es angehört, bestimmt werden". […]

In anderen Worten: Der Begriff Sozialisation bezeichnet einen Vorgang, der aus unendlich vielen Einzelereignissen zusammengesetzt ist, die sich unmöglich nur einem einzigen, z. B. dem pädagogischen Handlungssystem und -feld zuordnen lassen. Sozialisation ist vielmehr allgegenwärtig und beinhaltet alle prozessualen Zusammenhänge, durch die der zunächst nur „biologisch" geborene Mensch allmählich zu einem Mitglied seiner ihn umgebenden Gruppe und Gesellschaft wird.

Hans Peter Henecka, Die Mitgliedschaft in der Gesellschaft: Sozialisation, in: Grundkurs Soziologie, 10. Auflage, Konstanz und München 2015, S. 88 ff.

Wk7: Begriff „Erziehung" als Teil der Sozialisation

„Erziehung" als Teil der Sozialisation: Im Verhältnis zur ohnehin geschehenden Sozialisation kann Erziehung als bewusste „gesellschaftliche Reaktion auf die Entwicklungstatsache" […] verstanden werden, als Reaktion darauf also, dass Kinder die Fähigkeiten erst erwerben müssen, durch die sie zu kompetenten Gesellschaftsmitgliedern werden.

Erziehung lässt sich vor diesem Hintergrund […] als geplante und absichtsvolle Sozialisation bestimmen. Das heißt: Erziehung ist diejenige Teilmenge der Sozialisationsvorgänge, für die das Ziel grundlegend ist, Veränderungen von Personen, insbesondere von Kindern und Jugendlichen, zu bewirken. Damit ist zunächst darauf hingewiesen, dass Erziehung in der Perspektive der Soziologie keineswegs der alleinige, zentrale und einflussreichste Weg ist, auf dem gesellschaftliche Einflüsse auf Heranwachsende ausgeübt werden, sondern eben nur ein bestimmter Ausschnitt des Sozialisationsgeschehens.

Albert Scherr, Sozialisation, Person, Individuum, in: Hermann Korte, Bernhard Schäfers (Hrsg,): Einführung in die Hauptbegriffe der Soziologie, 9. Auflage, Wiesbaden 2016, S. 56

WERKZEUGKASTEN SOZIOLOGIE

Wk8: Begriff „Rolle"

Rolle: Der Alltagssprachgebrauch kennt den Rollenbegriff und benutzt ihn insbesondere im Zusammenhang mit dem Theater und Vorgängen, die als theatralisch empfunden werden („er spielt Theater"; „sie spielt heute Abend wieder einmal die Hauptrolle"); aber auch in vielen Situationen des Alltags wird der Rollenbegriff zur Beschreibung und Interpretation bestimmter menschlicher Verhaltensweisen herangezogen („die Rolle des Polizisten bei der Verkehrsregelung" usw.). Von hier aus ergibt sich auch der beste Zugang zum soziologischen Rollenbegriff. Darunter versteht man nämlich die Verhaltenserwartungen, die mit einer bestimmten gesellschaftlichen Aufgabe verbunden sind. [...] Damit jeder genau weiß, was er bei der Übernahme einer solchen [...] Aufgabe tun soll, werden mit einer solchen Aufgabe die für die sinnvolle Erfüllung dieser Aufgabe notwendigen Erfordernisse (Pflichten) in der Art von Erwartungen, Vorschriften verknüpft. Diese [...] verbundenen Pflichten, die an sie gestellten (informellen) Erwartungen und (formell artikulierten) Anforderungen und Vorschriften, die für den jeweiligen Inhaber einer solchen Position mehr oder weniger verbindlichen Verhaltensregeln, nennt man Rolle. [...]
Wie der Schauspieler im allgemeinen nur ein bestimmtes Repertoire von Rollen lernt, für die er eine Realisierungschance auf der Bühne sieht (er kennt aber auch mehr Parts, als er aktuell benötigt), sieht es auf der „Weltbühne" ähnlich aus: Die Gesellschaftsmitglieder lernen vor allem solche Parts, die sie voraussichtlich einmal spielen werden: die Rolle des Vaters, der Mutter, des Schülers, des Käufers etc. Wie der Schauspieler gewöhnlich nur den Part voll beherrscht, den er für den aktuellen Auftritt in einem bestimmten Spiel braucht, lernt auch das Gesellschaftsmitglied erst im Vollzug bestimmter Rollen, die es aktualisiert (als Vater, als Schüler), deren Anforderungen in vollem Umfang kennen. [...]
Wie im Theater aber die Parts schriftlich fixiert sind, auch wenn das Stück gerade gar nicht gegeben wird, existieren die Rollenerfordernisse im Welttheater auch in Aufzeichnungen (z. B. Gesetzen, Arbeitsplatzbeschreibungen) und in Vorstellungen von Bezugspersonen, ohne dass „Rollenspieler" bereits die betreffenden „Parts" (Positionen) übernommen haben.

Horst Reimann, Bernhard Giesen u.a., Basale Soziologie: Hauptprobleme, 4. Auflage, Opladen 1991, S. 178 ff.

Wk9: Begriff „Rollenkonflikt"

Rollenkonflikt: Bezeichnung für unterschiedlich ausgeprägte Konflikte, denen ein Träger sozialer Rollen aufgrund inkompatibler bzw. widersprüchlicher Rollenerwartungen ausgesetzt ist. Beim Intra-Rollen-Konflikt beinhaltet bereits eine einzige Rolle widersprüchliche Erwartungen. Diese stammen von verschiedenen Rollenpartnern und verdichten sich in Rollensektoren, die eine widerspruchsvolle, konfliktgeladene Rolle ergeben. So stehen z. B. bei der Rolle des Werkmeisters in einem Betrieb die Erwartungen der untergebenen Mitarbeiter in einem gewissen Gegensatz zu jenen der Vorgesetzten.
Beim Inter-Rollen-Konflikt befindet sich der Träger von zwei oder mehr Rollen in der Situation, dass zwischen verschiedenen Rollen Widersprüche oder Unvereinbarkeiten bestehen. So befinden sich in der modernen Gesellschaft viele Frauen in einem Inter-Rollen-Konflikt, die der komplexen Rolle der Hausfrau und Mutter gerecht werden wollen und zugleich im Rahmen ihrer Berufsrolle Karriereerfolg anstreben.

Karl-Heinz-Hillmann, Rollenkonflikt, in: Wörterbuch des Soziologie, 5. Auflage, Stuttgart 2007, S. 758 f.

WERKZEUGKASTEN SOZIOLOGIE

Wk10: „Rollenidentifikation" (Rollenkonformität)

Rollenidentifikation: Die Übereinstimmung einer Person mit einer Rolle, und zwar mit den Tendenzen, dass die betreffende Rolle bejaht und positiv bewertet sowie engagiert „gespielt" wird. Rollenidentifikation begünstigt die Internalisierung (Verinnerlichung) der Rolle, so dass sie als „selbstverständlich", unproblematisch, als Bestandteil der eigenen Persönlichkeit empfunden wird. Der Rolleninhaber verhält sich demzufolge aus eigenem Antrieb heraus, unterbewusst-gewohnheitsmäßig gleichsam automatisch rollenkonform.

Karl-Heinz-Hillmann, Rollenidentifikation, in: Wörterbuch des Soziologie, 5. Auflage, Stuttgart 2007, S. 758

Wk11: Begriff „Rollendistanz"

Rollendistanz: Ein [...] Begriff, der den Sachverhalt bezeichnet, dass der Träger einer Rolle ein ambivalentes, kritisches, zweifelndes Verhältnis zu seiner Rolle haben kann. Rollendistanz beinhaltet das Infragestellen der Legitimität oder des handlungspraktischen Sinns der die Rolle kennzeichnenden Erwartungen. Durch Rollendistanz muss es nicht zu (von einer Rolle) abweichendem Verhalten kommen. Sie meint sowohl globale oder partielle innere Ablehnung der gespielten Rolle als auch eine gewisse Souveränität des Rollenträgers gegenüber seiner Rolle.

Karl-Heinz-Hillmann, Rollendistanz, in: Wörterbuch des Soziologie, 5. Auflage, Stuttgart 2007, S. 758

Wk12: Begriff „Identität"

Identität: Identität ist ein Konzept zum Verständnis von Selbstbildern. Mithilfe des Identitätskonzepts werden sich ständig wandelnde Antworten auf die Frage „Wer bin ich?" gegeben. Identitäten werden in einem Wechselspiel von bestehenden sozialen Strukturen und verändernder Aneignung gebildet. Sie transportieren sowohl Reaktionen auf Vorgegebenes wie auch selbstgestaltete Definitionen.

Katharina Liebsch, Identität und Habitus, in: Hermann Korte, Bernhard Schäfers (Hrsg.), Einführung in die Hauptbegriffe der Soziologie, 9. Auflage, Wiesbaden 2016, S. 84
Hinweis: *In Kapitel 1, M11 findet sich eine ausführlichere Beschreibung von Identität.*

Wk13: Begriff „(Soziale) Gruppe"

(Soziale) Gruppe: Als soziologischen Grundbegriff bezeichnet „Gruppe" die verbreiteste Form sozialer Gebilde, die folgende Merkmale aufweist:
1) eine Mehrzahl von Personen, die eine für die Gruppenmitglieder und für Außenstehende überschaubare, von anderen sozialen Gebilden abhebbare soziale Einheit ergeben;
2) gemeinsame Sprache, die gruppenspezifische Züge annehmen kann (Gruppensprache oder sogar -jargon);
3) gemeinsame Wertorientierungen, Ziele, Interessen und Auffassungen;
4) gemeinsame, gruppenspezifisch ausgeprägte soziale Normen, die mit sozialer Kontrolle und mit Sanktionen verbunden sind;
5) ein System wechselseitig aufeinander bezogener, z.T. unterschiedlich bewerteter und status- bzw. rangmäßig eingestufter sozialer Positionen und Rollen (Rang- und Statusordnung, Positions- und Rollenstruktur), die mit Gruppenmitgliedern besetzt werden müssen;
6) dauerhafte soziale Beziehungen und Interaktionen zwischen den Gruppenmitgliedern sowie ein räumlich, zeitlich und kooperativ gemeinsames Handeln zur Erreichung der Gruppenziele und zur Bewältigung von Aufgaben und Problemen;
7) hinsichtlich der gegenseitigen Orientierung, psychisch-geistigen Verbundenheit und gruppenbezogenen Verantwortungsbereitschaft das Vorhandensein eines Wir-Bewusstseins bzw. -Gefühls (Gruppensolidarität).

Karl-Heinz-Hillmann, Soziale Gruppe, in: Wörterbuch des Soziologie, 5. Auflage, Stuttgart 2007, S. 318 f.

2.4 Wie frei ist der Mensch in der Gestaltung der Rollen? Der soziologische Begriff „Rolle" und seine Ausprägungen

M19 Rollen in einer alltäglichen Situation

a) Ein Fallbeispiel: ein Mercedes fahrender Arbeiter als Vater und Parteimitglied...

> Eine Frau steht am Fenster einer Schule und schaut hinaus. Draußen fährt ein Mercedes vor, in dem ein Mann sitzt. Sie nimmt wahr: ein Autofahrer – ein Mercedesbesitzer. Ein Mann steigt aus, der einen blauen Overall trägt. Sie nimmt wahr: ein Monteur – ein Arbeiter. Der Mann geht auf den Schulhof, auf dem die Schüler gerade Pause haben. Ein Kind rennt auf ihn zu. Sie nimmt wahr: Vater. [...] Der Hausmeister bringt dem Mann ein Bündel Plakate. Sie nimmt wahr: Parteimitglieder. [...] Auch der Mann hat dieses Rollenmuster: Als er hochsieht zur Frau am Fenster, nimmt er wahr: Lehrerin.
>
> *Hermann Müller, in: Sozialisation und Individualität, München 1977, S. 62*

b) Interpretation des Fallbeispiels

Dieses Beispiel zeigt deutlich, wie wir in alltäglichen Beobachtungen oder Begegnungen herauszufinden suchen, in welcher Rolle der andere auftritt [...] Wenn wir seinen „sozialen Ort" kennen, den er in der Gesellschaft oder in einer Gruppe im Verhältnis zu anderen einnimmt, dann wissen wir meist auch, wie er sich verhalten wird und wie wir ihm begegnen müssen. [...]

Sicher sind soziale Wahrnehmungen wie „Mann", „Mercedesbesitzer", „Arbeiter", „Vater", „Parteimitglied" oder „Lehrerin" noch keine ausreichenden Informationen über die Persönlichkeit der beobachteten Menschen. Aber dennoch wird durch derartige Wahrnehmungen oder durch solche Angaben bereits unsere soziologische Fantasie beflügelt. Wir glauben, konkrete Vorstellungen darüber entwickeln zu können, wie sich dieser Mann oder jene Frau mit hoher Wahrscheinlichkeit [...] – weitgehend unabhängig von allen individuellen Besonderheiten – jeweils zu verhalten pflegen.

Hans Peter Henecka, Aspekte und Dimensionen der Sozialisation: Sozialisation als soziale Interaktion, in: Grundkurs Soziologie, 10. Auflage, Konstanz und München 2015, S. 95 f.

M20 Der „homo sociologicus", „soziale Positionen" und „soziale Rollen"

Ralf Dahrendorf (1929–2009), deutscher Soziologe, prägte das Begriffspaar „homo sociologicus".

a) Der „homo sociologicus" als Inhaber einer sozialen Position und sozialen Rolle

Zu jeder Stellung, die ein Mensch einnimmt, gehören gewisse Verhaltensweisen, die man von dem Träger dieser Position erwartet; zu allem, was er ist, gehören Dinge, die er tut und hat; zu jeder sozialen Position gehört eine soziale Rolle. Indem der Einzelne soziale Positionen einnimmt, wird er zur Person des Dramas, das die Gesellschaft, in der er lebt, geschrieben hat. Mit jeder Position gibt die Gesellschaft ihm eine Rolle in die Hand, die er zu spielen hat. Durch Positionen und Rollen werden die beiden Tatsachen des Einzelnen und der Gesellschaft vermittelt; dieses Begriffspaar bezeichnet *homo sociologicus*, den Menschen der Soziologie, und es bildet daher das Element soziologischer Analyse. Von den beiden Begriffen der *Position* und der Rolle ist der der Rolle bei weitem der wichtigere; die Unterscheidung beider ist dennoch nützlich. Während *Positionen* nur Orte in Bezugsfeldern bezeichnen, gibt die Rolle uns die Art der Beziehungen zwischen den Trägern von Positionen und denen anderer

Positionen desselben Feldes an. *Soziale Rollen* bezeichnen Ansprüche der Gesellschaft an die Träger von Positionen, die von zweierlei Art sein können: einmal Ansprüche an das Verhalten der Träger von Positionen (*Rollenverhalten*), zum anderen Ansprüche an sein Aussehen und seinen „Charakter" (*Rollenattribute*). [...] Obwohl die soziale Rolle, die zu einer Position gehört, uns nicht verraten kann, wie ein Träger dieser Position sich tatsächlich verhält, wissen wir doch, wenn wir mit der Gesellschaft, die diese Rolle definiert, vertraut sind, was von ihrem Spieler, erwartet wird. Soziale Rollen sind Bündel von Erwartungen, die sich in einer gegebenen Gesellschaft an das Verhalten der Träger von Positionen knüpfen.

Ralf Dahrendorf, in: Homo Sociologicus – ein Versuch zu Geschichte, Bedeutung und Kritik der Kategorie der sozialen Rolle, 14. Auflage, Opladen, 1974, S. 32 f.

b) Ralf Dahrendorf über „soziale Positionen" und „soziale Rollen"

„Zu jeder Stellung, die ein Mensch einnimmt, gehören gewisse Verhaltensweisen, die man von dem Träger dieser Person erwartet."

„Zu jeder sozialen Position gehört eine soziale Rolle."

„Soziale Rollen bezeichnen Ansprüche der Gesellschaft an die Träger von Positionen, die von zweierlei Art sein können: einmal Ansprüche an das Verhalten der Träger von Positionen (Rollenverhalten), zum anderen Ansprüche an sein Aussehen und seinen Charakter."

Ralf Dahrendorf, in: Homo Sociologicus – ein Versuch zu Geschichte, Bedeutung und Kritik der Kategorie der sozialen Rolle, 15. Auflage, Opladen, 1977, S. 32 f.

M21 Arten von sozialen Positionen

Von seiner wissenschaftlichen Perspektive her lassen sich also für den Soziologen [...] die Menschen vor allem differenzieren nach den sozialen Positionen, die sie im Laufe ihres Lebens einnehmen oder auch gleichzeitig nebeneinander innehaben. Hierbei unterscheidet man:
- zugewiesene oder zugeschriebene Positionen, die wir ohne eigenes Zutun (gewissermaßen „natürlich") erlangen und die z.B. bestimmt werden durch unser Geschlecht (Mann, Frau), durch unser jeweiliges Alter (Kleinkind, Kind, Jugendlicher, Erwachsener, Greis), durch unsere Position in der Herkunftsfamilie (Sohn, Bruder, Tochter, Schwester) und durch unsere Hautfarbe, ethnische Gruppe oder Nationalität;
- erworbene Positionen, wie beispielsweise unsere berufliche Stellung (Lehrer, Auszubildender, Schreinermeister, Versicherungsvertreter, Beamter, Hilfsarbeiter, Ärztin, Friseuse, Sekretärin usw.), unsere Position in der selbst gegründeten Familie (Ehemann, Vater, Ehefrau, Mutter), in Freizeitgruppen (Freund, Freundin, Kegelbruder, Kassierer des Fußballklubs, Jugendtrainer u. Ä.) oder in öffentlichen Organisationen (Parteifreund, Gemeinderat, Kirchenältester, aber auch Patient im Krankenhaus usw. usf.).

Mit den Positionen verbinden sich nicht nur entsprechende soziale Erwartungskomplexe, die rollengemäßes Handeln für die Akteure definieren, sondern auch bestimmte soziale Wertschätzungen. Wiederum unabhängig von der persönlichen Eigenart des Menschen, der eine Position zu einem bestimmten Zeitpunkt innehat, verknüpfen wir allein schon mit der Kenntnis einer bestimmten Position einen höheren oder niedrigeren sozialen Prestigewert. Diesen Prestigewert einer sozialen Position bezeichnet man als Status. So wird beispielsweise der Status eines Chefarztes höher bewertet als der eines Handwerkers.

Nach: Hans Peter Henecka, Die Regieanweisungen der Gesellschaft: Soziale Rollen, in: Grundkurs Soziologie, 10. Auflage, Konstanz und München 2015, S. 104 f.

M22 Erwartungen an die Schüler- und Lehrerrolle

Bearbeiter

M23 Rollenbild der Schülerinnen/Schüler und der Lehrerinnen/Lehrer nach dem nordrhein-westfälischen Schulgesetz vom 15.02.2015

a) Rollenbild von Schülerinnen und Schüler im Schulgesetz

§ 42 Allgemeine Rechte und Pflichten aus dem Schulverhältnis

(2) Schülerinnen und Schüler haben das Recht, im Rahmen dieses Gesetzes an der Gestaltung der Bildungs- und Erziehungsarbeit der Schule mitzuwirken und ihre Interessen wahrzunehmen. [...]

(3) Schülerinnen und Schüler haben die Pflicht daran mitzuarbeiten, dass die Aufgabe der Schule erfüllt und das Bildungsziel erreicht werden kann. Sie sind insbesondere verpflichtet, sich auf den Unterricht vorzubereiten, sich aktiv daran zu beteiligen, die erforderlichen Arbeiten anzufertigen und die Hausaufgaben zu erledigen. Sie haben die Schulordnung einzuhalten und die Anordnungen der Lehrerinnen und Lehrer, der Schulleitung und anderer dazu befugter Personen zu befolgen.

b) Rollenbild von Lehrerinnen und Lehrer im Schulgesetz

§ 57 Lehrerinnen und Lehrer

(1) Lehrerinnen und Lehrer unterrichten, erziehen, beraten, beurteilen, beaufsichtigen und betreuen Schülerinnen und Schüler in eigener Verantwortung im Rahmen [...] der geltenden Rechts- und Verwaltungsvorschriften, der Anordnungen der Schulaufsichtsbehörden und der Konferenzbeschlüsse [...]

(2) Die Lehrerinnen und Lehrer wirken an der Gestaltung des Schullebens, an der Organisation der Schule und an der Fortentwicklung der Qualität schulischer Arbeit aktiv mit. Sie stimmen sich in der pädagogischen Arbeit miteinander ab und arbeiten zusammen.

(4) Lehrerinnen und Lehrer dürfen in der Schule keine politischen, religiösen, weltanschaulichen oder ähnliche äußere Bekundungen abgeben, die geeignet sind, die Neutralität des Landes gegenüber Schülerinnen und Schülern sowie Eltern oder den politischen, religiösen oder weltanschaulichen Schulfrieden zu gefährden oder zu stören. Insbesondere ist ein äußeres Verhalten unzulässig, welches bei Schülerinnen und Schülern oder den Eltern den Eindruck hervorrufen kann, dass eine Lehrerin oder ein Lehrer gegen die Menschenwürde, die Gleichberechtigung nach Artikel 3 des Grundgesetzes, die Freiheitsgrundrechte oder die freiheitlich-demokratische Grundordnung auftritt.

AUFGABEN

1. Erläutern Sie in einem kurzen Blitzlicht, welchen Informationen das Fallbeispiel in **M19a** nach Ihrer Auffassung über Art und Weise, wie Menschen ihnen unbekannte Personen wahrnehmen, enthält.

2. Interpretieren Sie das Fallbeispiel aus **M19a** mithilfe von **M19b** und der Begriffsdefinition „Rolle" (→ S. 70, **Wk8**).

3. Werten Sie **M20a-b** in Partnerarbeit aus, indem Sie ein Schaubild gestalten, das die folgenden Aspekte enthält:
   • Definition der Begriffe „Position" und „Rolle";
   • Erklärung des Begriffs „homo sociologicus" unter Bezugnahme auf die Begriffe „Position" und „Rolle";
   • zweierlei Ansprüche der Gesellschaft an die Träger von Positionen;
   • Erwartungen der Gesellschaft an die Träger von Positionen.
   Erklären Sie Ihr Schaubild jeweils einem anderen Partner.

4. Entwickeln Sie in Stillarbeit/Partnerarbeit vor dem Hintergrund Ihrer eigenen Erfahrungen Beispiele für Erwartungen der Gesellschaft an Träger von sozialen Positionen (Schülerin, Fußballspieler, Mutter, Handwerker, Arzt, Fotografin, Reinigungskraft, u.a.).

5. Präsentieren Sie Ihre Ergebnisse aus Aufgabe 4 im Kurs und begründen Sie Ihre Erläuterungen zu den Verhaltenserwartungen.

6. Arbeiten Sie mithilfe von **M21** den Unterschied zwischen zugewiesenen und erworbenen Positionen heraus und erläutern Sie diesen an den Beispielen aus Aufgabe 4.

7. Erklären Sie den Begriff „Status" (**M21**) im Zusammenhang mit dem Begriffspaar „soziales Prestige".

8. Bewerten Sie den „Status" der von Ihnen ausgewählten Beispiele aus Aufgabe 4 auf einer Prestigeskala und begründen Sie, nach welchen Kriterien Sie die ausgewählten Positionen weiter oben oder weiter unten anordnen.

9. Erklären Sie zusammenfassend den Begriff „Rolle" (→ S. 70, **Wk8**) und halten Sie eine zusammenfassende Definition in Ihrem Heft fest.

10. Entwickeln Sie in Kleingruppenarbeit Vorstellungen zur Schüler- und Lehrerrolle, indem Sie **M22** auf eine große Wandzeitung (→ Methodenglossar) übertragen. Befestigen Sie die Wandzeitung an der Wand/Stellwand und notieren Sie Ihre Vorstellungen erst dann auf der Wandzeitung, wenn Sie sich in der Gruppe auf gemeinsame Formulierungen verständigt haben.

11. Vergleichen Sie Ihre Ergebnisse aus Aufgabe 10 im Kurs und halten Sie wichtige Unterschiede fest.

12. Analysieren Sie in den jeweiligen Kleingruppen **M23** im Hinblick auf das im Schulgesetz NRW enthaltene Rollenbild der Schülerinnen und Schüler und der Lehrerinnen und Lehrer und vergleichen Sie jeweils Ihre Rollenbilder mit den Bestimmungen des Schulgesetzes.

13. Arbeiten Sie aus Aufgabe 10 heraus, welche Bestimmungen des Schulgesetzes von Ihnen bei der Erstellung der Wandzeitungen aus **M23** unberücksichtigt blieben und entwickeln Sie Hypothesen über die Unterschiede.

M24 Die Schülerrolle – ein Schaubild

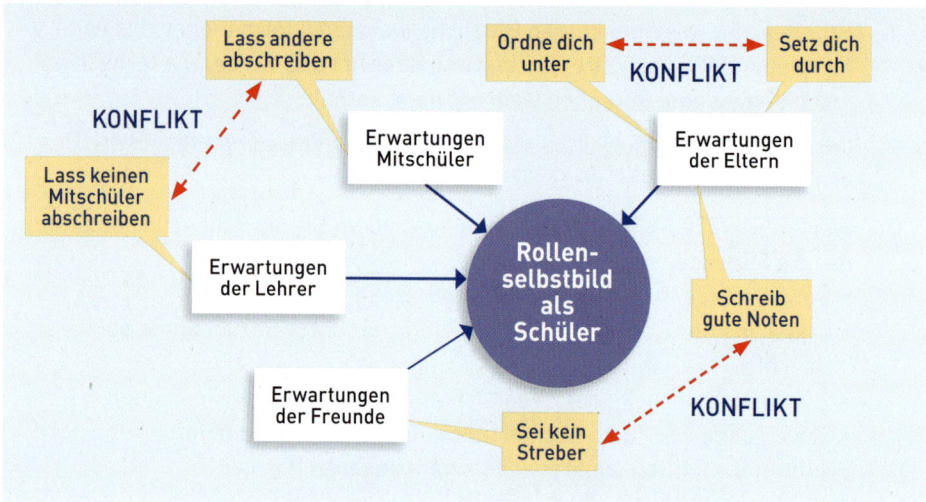

Nach: Ingeborg Prändl, Rollenkonflikte, www.gesellschaft.psycho-wissen.net, Abruf am 15.01.2018

M25 Schülerrolle: Erstellung einer Zusammenfassung

Eine für sein ganzes künftiges Leben außerordentlich bedeutungsvolle Rolle ist die Schülerrolle, mit der weitreichende Erwartungen und z.T einschneidende Kontrollen verbunden sind.

G.M. Rückriem, Der gesellschaftliche Zusammenhang der Erziehung, in: Wolfgang Klafki, u. a. (Hrsg.): Funk-Kolleg Erziehungswissenschaften, Band 1, Frankfurt und Hamburg 1970, S. 267

Sanktionen
In der Soziologie Billigung oder Missbilligung des Verhaltens eines Menschen durch Belohnungen (positive Sanktionen) oder Strafen (negative Sanktionen)

	Weitreichende Erwartungen	Einschneidende Kontrollen (ggf. mit positiven und negativen Sanktionen)
Eltern		
Lehrerinnen und Lehrer	ins Heft	
Mitschülerinnen und Mitschüler		

Bearbeiter

M26 Lehrerrolle: das komplexe Beziehungsgeflecht der Position der Lehrkraft

Die Berufsposition des Lehrers kann nur vollständig beschrieben werden, wenn alle anderen Positionen und Bezugsgruppen in und außerhalb der Organisation Schule angegeben werden, mit denen sie in einem Beziehungsverhältnis steht. Innerhalb der Binnenstruktur der Institution Schule gibt es folgende Positionen, mit denen der Lehrer in einem wechselseitigen Bezug steht:

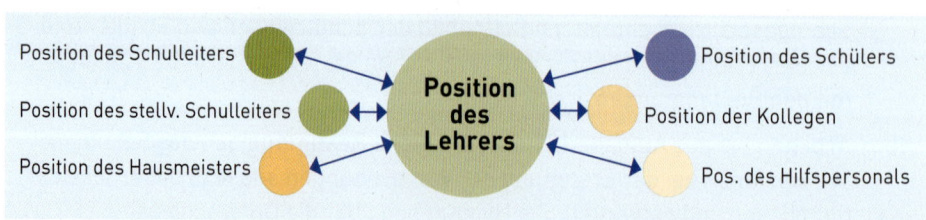

2.4 Wie frei ist der Mensch in der Gestaltung der Rollen?

[Vorangegangenes] Modell stellt die Position des Lehrers in den Mittelpunkt. [...] Es muss beachtet werden, dass die „Gegenpositionen" [...] auch aufeinander bezogen sind. Zwischen allen Positionen besteht Interdependenz. Die Position des Lehrers muss auch in ihrer Beziehung zu Positionen und Bezugsgruppen außerhalb des Binnenraums der Schule gesehen werden. Die Beziehung zu diesen Positionen hat direkte und indirekte Bedeutung für die Position des Lehrers.

Außerhalb des Binnenraums der Schule befinden sich noch weitere Bezugspersonen und Bezugsgruppen, die auf die Position des Lehrers einwirken und somit seine soziale Rolle mitbestimmen: Eltern, Gemeinde, Wirtschaft, politische Parteien, Pädagogische Hochschule, Lehrerverbände, Schulträger, Kirchen usw. Insgesamt stellen [unten in der Grafik stehende] Bezugspersonen und -gruppen an den Lehrer Erwartungen und definieren somit seine soziale Rolle. Am Beispiel der Bezugsgruppen Schüler und Eltern kann besonders deutlich werden, wie unterschiedlich die Rollenerwartungen an den Lehrer sind. Die Fülle der Rollenerwartungen der Bezugspersonen und -gruppen unterscheiden sich nicht nur in ihrer Intensität, sondern auch in ihrer Richtung. Ebenfalls unterschiedlich sind die Möglichkeiten dieser Gruppen, den Lehrer mithilfe angedrohter Sanktionen zu einem bestimmten Verhalten zu zwingen. Bestimmte Verhaltensweisen erwarten alle Bezugsgruppen vom Lehrer (z. B. gesittetes Verhalten) und kontrollieren diese auch, bestimmte Rollenerwartungen sind sogar rechtlich festgelegt (abzuleistende Stundenzahl, Aufsichtspflicht).

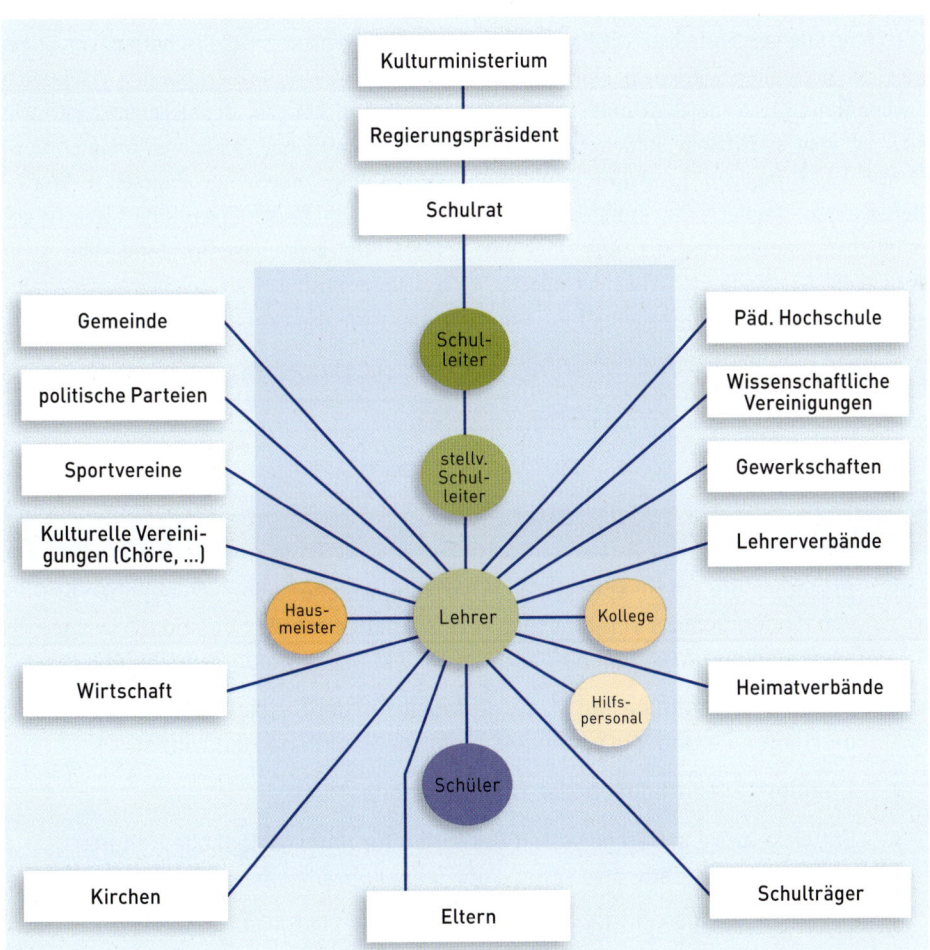

Peter Klose, Das Rollenkonzept als Untersuchungsansätze für die Berufssituation des Lehrers, in: Kölner Zeitschrift für Soziologie und Sozialpsychologie, 23. Jg. 1971, S. 79 ff.

M27 Die Lehrerrolle – eine typische Berufsrolle

Sozialisation (ist) ein Prozess, in dem grundlegende Wertorientierungen erworben werden, die zum erfolgreichen Rollenhandeln erforderlich sind. Um dies zu verstehen, muss man sich klarmachen, dass der Sozialisationsprozess bei Heranwachsenden nicht auf konkrete künftige Rollen vorbereiten kann; denn ob ein Kind später einmal Opernsänger oder Straßenbahnfahrer, Politiker, Textilverkäufer wird, entscheidet sich erst im frühen Erwachsenenalter. Es kommt hinzu, dass Menschen im Laufe ihres Lebens familiäre Situationen und berufliche Tätigkeiten – und damit auch Rollen – wechseln; dies alles kann durch Sozialisation nicht konkret vorbereitet werden; dennoch muss Sozialisation zur Übernahme und zur Ausfüllung dieser Rollen befähigen. [...] Ein Beispiel mag dies verdeutlichen. Die Erwartung an eine Vorzimmer-Sekretärin, störende Besucher freundlich, aber bestimmt abzuweisen, ist eine spezifische Rollenerwartung. Generell ist hingegen die Anforderung an Berufsrollen, sachgerecht, funktional und möglichst emotionsfrei die übertragenen Aufgaben zu erledigen. Während spezifische Formen des Rollenhandelns (im Sinne von Techniken) in den Situationen selbst gelernt werden, müssen generelle Verhaltensorientierungen tiefer in der Persönlichkeit verankert und daher im Sozialisationsprozess längerfristig vorbereitet werden. Die Fähigkeit zum Rollenhandeln wird im Sozialisationsprozess somit vor allem durch den Erwerb allgemeiner, für viele Rollen bedeutsamer Grundorientierungen erworben. [Der amerikanische Sozialisationsforscher] Parsons beschreibt für den öffentlichen Bereich [...] ein solches übergreifendes Wertmuster als *universalistische Orientierung* [...] Er sieht darin jenseits aller sozialen Dynamik ein relativ stabiles und übergreifendes Wertesystem moderner Gesellschaften; die Ausrichtung an der individuellen Leistung, die Erwartung affektiver Neutralität, die Begrenzung von Kommunikation auf die jeweiligen Aufgaben gehören dazu.

Eine Orientierung an solchen Wertmustern ist in komplexen Gesellschaften vor allem erforderlich, um in Berufsrollen erfolgreich agieren zu können. Demgegenüber herrscht in der Familie und in anderen privaten Kontexten eher eine entgegengesetzte Wertorientierung: Beziehungen sind affektiv gefärbt, und Leistungserbringung steht nicht im Vordergrund. Eine solche Wertorientierung wird als partikularistisch bezeichnet.

Klaus-Jürgen Tillmann, Sozialisationstheorien – eine Einführung in den Zusammenhang von Gesellschaft, Institution und Subjektwerdung, Reinbeck 2010, S. 152 f.

AUFGABEN

F Aufgaben 1, 2
Präsentieren Sie Ihre Ergebnisse im Kurs und diskutieren Sie nach einem „Museumsgang" über die jeweiligen Ergebnisse mit den einzelnen Gruppen im Kurs.

H Aufgabe 5
Halten Sie Ihre Ergebnisse an der Tafel oder auf einer Folie fest, um später darauf zurückgreifen zu können.

1. Erläutern Sie am Beispiel der Schülerrolle, welchen unterschiedlichen Erwartungen Schüler von Inhabern verschiedener sozialer Positionen ausgesetzt sind und zu welchen Konflikten es deshalb kommen kann (**M24**).
2. Gestalten Sie mithilfe von **M25** eine Tabelle, in der Sie die Erwartungen der genannten Personengruppen und mögliche Sanktionen eintragen.
3. Erläutern Sie die Schaubilder zur Lehrerrolle (**M26**).
4. Entwickeln Sie in Partnerarbeit Szenarien für unterschiedliche Rollenerwartungen an Lehrkräfte seitens der Träger verschiedener Positionen.
5. Erläutern Sie die spezifischen Erwartungen an die Berufsrolle (**M27**).
6. Diskutieren Sie, inwiefern es sich bei der Lehrerrolle um eine typische Berufsrolle handelt (**M26, M27**).

M28 Rollenkonflikte von Schülerinnen/Schülern und Lehrerinnen/Lehrern

a) Rollenkonflikt eines Schülers

Der Tag beginnt schon äußerst schlecht für Daniel, Schüler der 10. Klasse, als er mal wieder viel zu spät aus den Federn kommt und ohne Frühstück in die Schule hetzt. Beim Bäcker, gleich neben der Schule, kauft er sich noch schnell eine Brezel und erscheint, wie so oft in letzter Zeit, unpünktlich [im Sowi Kurs]. Der Lehrer kennt keine Gnade, denn besonders er verlangt von seinen Schülern Pünktlichkeit und bestellt ihn für heute [...] (nach der letzten Stunde zu einem Gespräch) ein. Während der Stunde möchte sein Nachbar sich mit ihm über das Fußballspiel [...] (Borussia Dortmund) gegen Bayern München unterhalten, aber Daniel will nichts mehr riskieren und passt lieber auf. Er müsste auch mal was für seine mündliche Note tun, hasst es aber andererseits, als Streber dazustehen. Hatte er doch erst letzte Woche dem Hausmeister freiwillig geholfen, was seine Mitschüler mit bissigen Sprüchen kommentierten. Nachdem er auch die letzten Unterrichtsstunden mehr oder weniger erfolgreich hinter sich gebracht hat, fährt er nach Hause, wo schon die Familie mit dem Mittagessen auf ihn wartet. Kaum hat er am Tisch Platz genommen, erfährt er gleich durch den Anruf seines Fußballtrainers, dass das Training auf heute Abend vorverlegt wird. Um diese Zeit ist er doch mit seiner Klassenkameradin Katja verabredet, hinter der er schon lange her ist! Seine Mutter erinnert ihn an den Geburtstag von Tante Gerlinde, der spätnachmittags im Kreise der Familie gefeiert wird und bei dem man sich auch mal blicken lassen sollte. Da piepst auch schon sein Handy mit der Nachricht, dass seine Freunde sich heute Abend mit ihm in der Disco treffen wollen. „Und wie soll ich das alles unter einen Hut bringen?" fragt sich David besorgt.

Schülertext, Dumm gelaufen, www.politikundunterricht.de, Abruf am 15.01.2018

b) Rollenkonflikt eines Lehrers

Nun hat [...] niemand im alltäglichen Leben und Handeln nur eine einzige soziale Position inne. Der Mensch des Alltags – nennen wir ihn Wilhelm Müller – ist ja z. B. nicht nur Lehrer, sondern auch Mann, Ehegatte, Vater, Katholik, Staatsbürger, aktives Mitglied eines Musikvereins u. v. a. Dieser Sachverhalt wird auch als Rollenkonfiguration bezeichnet und lässt sich grafisch wie folgt darstellen: Die mit diesen einzelnen Positionen verknüpften Rollenerwartungen können teilweise miteinander vereinbar sein. Man kann sich aber aufgrund der eigenen Alltagserfahrung sicher gut vorstellen, dass sich aus diesem Nebeneinander von Rollen und der Gleichzeitigkeit unterschiedlicher Erwartungen auch erhebliche Spannungen und schwerwiegende Konfliktlagen ergeben können: Der Lehrer Wilhelm Müller ist vielleicht mit seinem Beruf „verheiratet" und begegnet deshalb den seitens der Familie an ihn als Ehemann und Vater gerichteten Ansprüchen nur unzureichend. Oder er probt mit seinem Musikverein intensiv für verschiedene bevorstehende Konzerte, was ihn an der notwendigen Unterrichtsvorbereitung hindert, die fälligen Korrekturen der Klassenarbeiten verzögert sowie das erwartete kollegiale Engagement beeinträchtigt. Je mehr soziale Positionen Wilhelm Müller im Netzwerk verschiedener sozialer Beziehungen einnimmt, desto wahrscheinlicher wird er den unterschiedlichen, oft auch noch grundsätzlich widersprüchlich formulierten Anforderungen und Erwartungen nicht mehr in vollem Umfang gerecht werden können. Und zwar nicht nur von der zeitlichen Erfüllung der Rollenzumutungen her, sondern auch insbesondere aufgrund verschiedener moralischer Implikationen, die die einzelnen Rollen beinhalten und die die eine oder andere Partei enttäuschen bzw. die eine oder andere Verhaltenserwartung verletzen (müssen).

Hans Peter Henecka, Schwierigkeiten beim Rollenspiel, in: Grundkurs Soziologie, 10. Auflage, Konstanz und München 2015, S. 110 ff.

M29 Typisch Lehrer?

Szene aus dem Film „Club der toten Dichter"

Lehrer auf der Fensterbank während des Unterrichts

AUFGABEN

1. Analysieren Sie den Begriff „Rollenkonflikt" (→ S. 70, **Wk9**) und halten Sie Ihre Definitionen in Ihrem Heft fest.

2. Werten Sie **M28** in arbeitsteiliger Kleingruppenarbeit (3–4 Personen pro Gruppe) aus und bearbeiten Sie jeweils die folgenden Aufgaben:

   Gruppe A (M28a)
   a) Charakterisieren Sie den Schüler Daniel in einem kurzen Porträt.
   b) Analysieren Sie den Rollenkonflikt von Daniel und ordnen Sie den Rollenkonflikt einer der zwei Kategorien von Rollenkonflikten (Intra-Rollen-Konflikt oder Inter-Rollen-Konflikt) in dem Werkzeugenkasten Soziologie „Rollenkonflikt" (→ S. 70, **Wk9**) zu.
   c). Entwickeln Sie Vorschläge, wie Daniel sich in der jeweiligen Konfliktsituation verhalten könnte.

   Gruppe B (M28b)
   a) Charakterisieren Sie den Lehrer Wilhelm Müller in einem kurzen Porträt, indem Sie das Schaubild in **M28b** erläutern.
   b) Analysieren Sie den Rollenkonflikt des Lehrers Müller und ordnen Sie den Rollenkonflikt einer der zwei Kategorien von Rollenkonflikten (Intra-Rollen-Konflikt oder Inter-Rollen-Konflikt) in dem Werkzeugenkasten Soziologie „Rollenkonflikt" (→ S. 70, **Wk9**) zu.
   c) Entwickeln Sie Vorschläge, wie sich Wilhelm Müller in der jeweiligen Konfliktsituation verhalten könnte.

3. Präsentieren Sie Ihre Ergebnisse aus Aufgabe 2 im Kurs.

4. Entwickeln Sie Vorschläge, wie Menschen grundsätzlich mit Rollenkonflikten umgehen sollten (**M27**, **M28**).

5. Analysieren Sie das auf den Bildern in **M29** dargestellte Lehrerverhalten und beantworten Sie die Frage „Typisch Lehrer?".

6. Erläutern Sie die Begriffe „Rollenidentifikation" (→ S. 71, **Wk10**) und „Rollendistanz"(→ S. 71, **Wk11**) und halten Sie die Definitionen in Ihrem Heft fest.

7. Beurteilen Sie, inwieweit sich aus dem dargestellten Verhalten der Lehrer (**M29**) Aussagen über Rollenidentifikation oder Rollendistanz ableiten lassen.

F Aufgabe 5
Stellen Sie mithilfe einer Internetrecherche den Inhalt des bekannten Films „Der Club der toten Dichter" dar und charakterisieren Sie insbesondere die Lehrerrolle.

F Aufgabe 5
Entwickeln Sie weitere Beispiele für Rollenkonflikte.

M30 Rollentheorien

Die Soziologie hat den schon lange verwendeten Begriff „Rolle" (Shakespearezitat auf der Auftaktseite, S. 44) aufgegriffen und soziologische Theorien entwickelt, in denen bestimmte Aspekte der sozialen Wirklichkeit, die mit dem Begriff „Rolle" verbunden sind, systematisch beschrieben und erklärt werden.

Sie haben schon die Theorie des „homo sociologicus" von Ralf Dahrendorf kennengelernt (S. 72, M20). Aber es gibt noch weitere Rollentheorien, die an den Vorstellungen, die auch von Ralf Dahrendorf vertreten werden, anknüpfen und das Rollengeschehen in der Gesellschaft und den Stellenwert des Rollenerlernens in der Sozialisation verschieden interpretieren.

Sie können in M30a-b die strukturfunktionalistische Rollentheorie des amerikanischen Soziologen Talcott Parsons und die Theorie des symbolischen Interaktionismus (George Herbert Mead u. a.) kennenlernen. Die beiden Rollentheorien setzten unterschiedliche Akzente für den Zusammenhang von Gesellschaft und Individuen und das konkrete Rollenhandeln der Individuen.

Bearbeiter

a) Die strukturfunktionalistische Rollentheorie von Talcott Parsons

Die wohl systematischste und konsequenteste Anwendung rollentheoretischer Annahmen auf den Sozialisationsprozess findet sich bei dem amerikanischen Soziologen Talcott Parsons (1902-1979) [...] Im Rahmen seiner allgemeinen [...] Theorie geht Parsons der soziologischen Grundfrage nach, welche Bedingungen erfüllt sein müssen, damit ein Zusammenleben und -wirken von mehreren Menschen möglich ist. Dabei begreift er die Gesellschaften als Systeme, in denen bestimmte *Funktionen* erfüllt sein müssen, damit die *Struktur* des Systems über einen gewissen Zeitraum gesichert bleibt (daher auch: strukturell-funktionale Theorie).

Damit die Mitglieder eines sozialen Systems diese selbstregulativen Bedingungen erfüllen, gibt es nach Parsons zwei Mechanismen, die dies sicherstellen:
- Die Sozialisation der heranwachsenden Individuen, mittels derer sie gleichfalls über die gesellschaftlich notwendigen Verhaltensmuster (Rollen) verfügen und sich ihrer für vorhandene oder neu sich abzeichnende Systemzwecke bedienen können sowie
- die sozialen Kontrollen, die dann einsetzen, wenn von den Rollenerwartungen abgewichen wird.

Von den verschiedenen sozialen Positionen aus gesehen, ist dieser Rollenzwang objektiv unterschiedlich stark und wird auch von den Rollenträgern selbst subjektiv differenziert wahrgenommen. Je mehr das Individuum als Rollenträger sich solche, quasi von „außen" herangetragene Anforderungen zu eigen macht, sie bejaht und sich ihnen unterwirft, umso weniger wird es diese Zumutungen und Erwartungen als zwanghaft empfinden. Überdies ist der Einzelne auf viele Rollenverpflichtungen schon deshalb vorbereitet, weil er sie bereits in früher Kindheit gelernt und in selbstverständlicher Weise verinnerlicht hat. Über diese *Norminternalisierung* werden soziale Verhaltensvorschriften in das Repertoire der Handlungsmuster des Individuums übernommen, so dass sie mehr und

Talcott Parsons (1902-1979) gilt als einer der großen modernen soziologischen Theoretiker und Hauptvertreter der strukturell-funktionalen Theorie.

mehr als subjektiv selbstbestimmt und quasi „natürlich" begriffen werden.

Da parallel dazu auch das Gewissen eine Kontrollfunktion ausübt, erscheint das sozialisierte Individuum – relativ unabhängig von äußeren Zwängen – nicht nur fähig (im kognitiven Sinne), sondern vor allem auch willens (im motivationalen Sinne), sich in entsprechenden Situationen rollenkonform zu verhalten. Im Idealfall besteht somit zwischen den *Rollenerwartungen* und den *Rollenentsprechungen* ein reziprokes Gleichgewicht: Der Mensch ist Lehrer, Facharbeiter, Arzt, Beamter oder Familienvater.

Grundannahme dieser strukturell-funktionalen Rollentheorie ist also nicht nur, dass die Individuen im Sozialisationsprozess ihre Rollen, d. h. insbesondere deren gesellschaftliche Bedeutung und funktionalen Sinn erkennen lernen, um ihre Rollen dann auch „textgetreu spielen" zu können, sondern auch, dass durch Sozialisation die Rollen geradezu zum Bestandteil der Persönlichkeit werden.

Hans Peter Henecka, Rollenübertragung und Rollenübernahme: Traditionelle Prüfsteine für die Effizienz von Erziehung und Sozialisation, in: Grundkurs Soziologie, 10. Auflage, Konstanz und München 2015, S. 120 ff.

b) Der Symbolische Interaktionismus (George Herbert Mead u. a.)

George Herbert Mead (1862–1931) war ein amerikanischer Soziologe und gilt als einer der Hauptvertreter des „Symbolischen Interaktionismus".

* Individuierung
Aktive Auseinandersetzungen mit gesellschaftlichen Erwartungen und Forderungen, aktive Seite der Sozialisation

Kritische Einwände gegen [das] Sozialisations- und Rollenkonzept kamen vor allem von jenen Sozialwissenschaftlern, die [...] an Aussagen über das tatsächliche soziale Alltagshandeln von Menschen interessiert waren. [Diese] Bedenken [...] wurden dabei insbesondere von jenen Soziologen und Sozialpsychologen formuliert, die sich eher der Schule des sogenannten „Symbolischen Interaktionismus" verpflichtet fühlen [...]

Dieser von George Herbert Mead begründete [...] Theorieansatz [...] berücksichtigt zur Erfassung des alltäglichen Normalfalles von sozialem Handeln nämlich stärker die individuierenden* Aspekte des Sozialisationsgeschehens. Das Kernstück dieses Ansatzes ist es, im Spannungsfeld zwischen den rollenmäßigen Begrenzungen und Zwängen der Gesellschaft und den primären Bedürfnissen und Voraussetzungen des Individuums gerade auch jene individuellen Freiheitsräume sozialen Handelns auszumachen und jene menschlichen Grundqualifikationen zu erkennen, die eine relative Autonomie bzw. subjektive Interpretation des Individuums beim Rollenspiel ermöglichen [...].

Die soziologische Grundfrage nach den Entwicklungsgesetzen menschlichen Zusammenlebens beantwortet der Symbolische Interaktionismus mit dem Prinzip einer einvernehmlichen Interpretation über Gegenstandsbedeutungen im Rahmen sozialer Beziehungen, in die sich die Persönlichkeitsentwicklung als Zusammenhang von „Interaktion" und „Selbst"-Entwicklung eingliedern lässt [...].

Diese [...] versucht Mead im amerikanischen Original seiner Schriften mit den Termini „I" und „me" zu erhellen. Beide Begriffe wären im Deutschen mit „ich" wiederzugeben, was jedoch die von Mead beabsichtigte Differenzierung verwischen würde. Mit der grammatikalischen Unterscheidung von „I" als Subjektfall und „me" als Objektfall der ersten Person Singular möchte Mead vielmehr bewusst auf zwei verschiedene Seiten des sozialen Handelns aufmerksam machen. Auf die uns bereits geläufige Theatermetapher bezogen, stellt das „me" die objektive Seite des Rollenspiels dar, das von anderen auf die Aufführungsrichtigkeit und „Werktreue" des "sozialen Textes" hin beobachtet und kontrolliert wird, während das „I" den subjektiven Aspekt, nämlich den Schauspieler in seiner persönlichen Originalität und individuellen Unverwechselbarkeit sowie der schöpferischen Interpretation seiner Rolle, zum Ausdruck bringt. Oder allgemeiner formuliert: Das „me" besteht aus einer Reihe von gesellschaftlich vorbestimmten und normierten Rollen (z. B. Lehrer oder Schüler, Sohn oder Tochter, Katholik oder Protestant) und stellt meine soziale Identität dar, während das nach Verwirklichung meiner genuin eigenen Bedürfnisse drängende „I" das Freiheitspotenzial meines „Selbsts", d.h. meine personale Identität bezeichnet. Das „I" denkt über die zugemuteten oder vorgeschriebenen Rollen nach, sucht sie individuell zu gestalten oder kennt auch Wege, sich unter bestimmten Voraussetzungen dem Zwang oktroyierter, beispielsweise tradierter Kulturmuster zu entziehen.

Aus dieser Konstruktion von „I" und „me" ergibt sich für die Binnenstruktur des Selbst ein labiles Gleichgewicht (von sozialer Identität und personaler Identität, beides bezeichnet die Ich-Identität). [...] Je stärker die Umwelt seitens ihrer Sozialisationsagenturen bestimmte Erziehungsziele verfolgt und z.B. den Wert der sozialen Anpassung und Gleichförmigkeit über den der individuellen Originalität und Kreativität stellt (und derartige Ziele über damit korrespondierende Erziehungspraktiken und Sozialisationskontrollen absichert), umso mehr wird das Individuum gesellschaftlichem Druck ausgesetzt und seine (tendenziell gleichfalls expandierenden) Selbstverwirklichungstendenzen einschränken. Das heißt, der individuelle Gestaltungs- und Einflussbereich des Einzelnen wird entsprechend beschnitten. [...] Einen entgegengesetzten Fall stellt gewissermaßen die ausufernde Tendenz zur Ignoranz gesellschaftlicher Ansprüche und Notwendigkeiten dar, wie sie beispielsweise in extremer Form als soziale Extravaganz, übersteigerter Egozentrismus oder in gesellschaftsfeindlichen, „asozialen" Attitüden („Ich bin das Gesetz!") in Erscheinung treten kann.

Hans Peter Henecka, Sind wir wirklich alle Schauspieler? Zur Kritik und Erweiterung des Rollenmodells, in: Grundkurs Soziologie, 10. Auflage, Konstanz und München 2015, S. 126 ff.

Das Zusammenspiel von „Me" und „I" nach der Rollentheorie von George Herbert Mead

Me
Von der Gesellschaft vorgegebene Rolle
(z.B. die Lehrerrolle allgemein)
= objektive Seite
der Ausfüllung der Rolle

Soziale Identität
Von der Gesellschaft vorgegebenes Bewusstsein, das ein Individuum von sich selbst haben sollte

I
eigene Interpretation der Rolle
(z.B. der Rolle des Lehrers xy)
= subjektive Seite
der Ausfüllung der Rolle

Personale Identität
Das persönlich-individuelle-Bewusstsein, das ein Individuum von sich selbst hat

Ich-Identität
(ein labiles Gleichgewicht von sozialer Identität und personaler Identität)

Bearbeiter

METHODE

Karikaturbearbeitung I

Die Rolle eines Jugendlichen als Schüler

Karikatur: Marie Marcks, 1997

I. Aufgaben

1. **Beschreiben Sie die Karikatur zur Rolle eines Jugendlichen als Schüler.**

2. Analysieren Sie die Aussage des Karikaturisten im Hinblick auf die Rollenerwartungen der abgebildeten Personen an den Jugendlichen.

3. Erörtern Sie die Sicht des Karikaturisten aus der Sicht des Strukturfunktionalismus und des Symbolischen Interaktionismus.

II. Tipps zur Bearbeitung von Aufgabe I

1. Lesen Sie zunächst in den „allgemeinen Hinweisen zur Karikaturbearbeitung" auf S. 367 den Abschnitt „III.1".

2. Lesen Sie noch einmal die Texte **M30a** und **M30b** zur strukturfunktionalistischen Rollentheorie und zum symbolischen Interaktionismus. Das hilft Ihnen bei der Beschreibung der Karikatur, die Darstellung besser zu verstehen.

3. Achten Sie darauf, dass Sie auf der beschreibenden Ebene bleiben und noch keine Hinweise zur Aussageabsicht des Karikaturisten geben.

III. Anleitung zur Beschreibung der Karikatur (AFB I)

1. Beschreiben Sie zunächst den in der Karikatur dargestellten Mechanismus, durch den das Verhalten des Jugendlichen gesteuert wird.

2. Beschreiben Sie dann den Jugendlichen, vor allem seine Haltung und den Gegenstand in seiner Hand.

3. Beschreiben Sie anschließend die Personen links und rechts vom Schüler. Die Personen lassen sich zwei Gruppen zuordnen. Beschreiben Sie diese Personen detailliert und leiten Sie aus der Beschreibung ab, um welche Personen es sich handeln könnte. Stellen sie dar, was alle Personen machen.

Bearbeiter

M31 Analyse eines Fallbeispiels (Konflikte auf der Studienfahrt) mithilfe der theoretischen Annahmen des Strukturfunktionalismus und des Symbolischen Interaktionismus

Der Leistungskurs Erdkunde der Jahrgangsstufe 12 veranstaltet eine Kursfahrt nach Freiburg. Ein Großteil der Schülerinnen und Schüler ist schon volljährig. Als zweite Lehrkraft begleitet die Lehrerin Schäfers die Gruppe.

Die Kursfahrt verläuft im Großen und Ganzen zufriedenstellend. Das Wetter ist gut, das Programm zumindest teilweise interessant. Nur zwischen einem Schüler und Lehrer Bertram entwickeln sich schon in den ersten Tagen zunächst kleinere Konflikte. Schon am zweiten Tag erscheint Schüler Felix morgens nicht pünktlich um 9 Uhr zu einem Tagesausflug. Als Entschuldigung trägt er vor, sein Handywecker habe nicht geklingelt, der Akku sei wohl nicht mehr ganz neu. Allerdings schlafen alle Schülerinnen und Schüler in Dreibettzimmern in der Jugendherberge und Felix muss wohl vom abendlichen Alkoholgenuss so tief geschlafen haben, dass er nicht gehört hat, dass seine Zimmergenossen aufgestanden sind. Als der Lehrer den verschlafenen Schüler weckt, kommt es zu einer Schreierei und gegenseitigen Beleidigungen. Lehrkraft und Schüler meinen, jeweils im Recht zu sein. Lehrer Bertram droht, dass es bei weiterem Fehlverhalten zum Ausschluss von der Kursfahrt kommt. Es sei vorher klar vereinbart worden, dass die Regeln, denen alle zugestimmt hätten, eingehalten werden müssten.

Am nächsten Tag gehen nach einer Fahrt in den Schwarzwald alle Schülerinnen und Schüler in die Disco. Es wird eine großzügige Regelung vereinbart, dass die Schülerinnen und Schüler erst gegen ein Uhr morgens in der Jugendherberge sein müssten. Gegen ein Uhr sind alle Schülerinnen und Schüler mit Ausnahme von Felix in der Jugendherberge. Felix erscheint erst gegen zwei Uhr und wird von einem wütenden Lehrer Bertram empfangen. Nun sei das Maß voll. Noch an demselben Tag könne Felix die Heimfahrt auf eigene Kosten antreten. Felix aber hält sich für unschuldig. Er habe den letzten Bus verpasst. Als die anderen aufgebrochen waren, um den letzten Bus zu bekommen, sei er auf der Toilette gewesen. Deshalb habe er den ganzen Weg von 5 km zu Fuß gehen müssen. Unterwegs habe er gehofft, dass ihm ein Taxi begegne. Das sei aber leider nicht der Fall gewesen. Dafür könne er doch nichts. Die Reaktion von Herrn Bertram sei völlig unangemessen. Er lasse sich das nicht gefallen.

Beim Frühstück nach der kurzen Nacht gibt es Tuscheleien zwischen den Schülerinnen und Schülern des Kurses. Die Kurssprecherin Anna bittet Herrn Bertram und Frau Schäfer schließlich darum, Felix nicht von der Klassenfahrt auszuschließen und eine mildere Strafe zu verhängen. Die Lehrkräfte betonen aber, dass vor der Kursfahrt vereinbart wurde, dass es bei Regelverstößen zu einem Ausschluss von der Fahrt kommen würde. Frau Schäfers ist unsicher, ob die Entscheidung richtig ist. Sie kennt die Kurssprecherin aus ihrer Arbeit als Verbindungslehrerin gut und geht davon aus, dass Anna gute Gründe hat, sich für Felix einzusetzen. Aber sie ist erst seit einem Jahr im Dienst und vertraut dem erfahrenen Kollegen, der den Ruf hat, dass in seinen Klassen Disziplin herrscht. So hat sie nicht den Mut, sich für Felix einzusetzen. Sie kennt Felix aus dem Sportunterricht als fairen Sportler, der aber über ein ausgeprägtes Selbstbewusstsein verfügt.

Am nächsten Morgen bringt Herr Bertram Felix zum Bahnhof und kauft ihm eine Fahrkarte, die später von den Eltern erstattet werden soll.

Bearbeiter

Freiburg im Breisgau

AUFGABEN

Aufgaben 1 und 2 können je nach zur Verfügung stehender Zeit auch arbeitsteilig bearbeitet werden.

H Aufgabe 1
Berücksichtigen Sie bei der Textanalyse die folgenden Aspekte:
- Grundfrage der soziologischen Theorie von Parsons;
- Erläuterung des Begriffs „Strukturfunktionalismus";
- Beschreibung der zwei Mechanismen, damit die Struktur des sozialen Systems gesichert wird;
- optimale Einstellung des Individuums zu den von der Gesellschaft vermittelten Rollen;
- Erläuterung des Begriffs „Norminternalisierung";
- Bedeutung des Gewissens für das rollenkonforme Verhalten des Individuums;
- Verhältnis von Rollenlernen und Persönlichkeit.

1. Analysieren Sie in Partnerarbeit die strukturfunktionalistische Rollentheorie von Talcott Parsons (**M30a**) und halten Sie die Ergebnisse Ihrer Analyse stichpunktartig in einem Thesenpapier fest. Das Thesenpapier soll die Grundlage für einen mündlichen Vortrag sein (→ Aufgabe 4).

2. Analysieren Sie in Partnerarbeit den Text zum Symbolischen Interaktionismus von Herbert Mead (**M30b**) und halten Sie die Ergebnisse Ihrer Analyse stichpunktartig in einem Thesenpapier fest. Das Thesenpapier soll die Grundlage für einen mündlichen Vortrag sein (→ Aufgabe 4). Berücksichtigen Sie bei der Textanalyse die folgenden Aspekte:
   - Beschreibung des unterschiedlichen Untersuchungsansatzes des Strukturfunktionalismus und des Symbolischen Interaktionismus in Bezug auf das Sozialisationsgeschehen;
   - Darstellung des Kernstücks des Symbolischen Interaktionismus;
   - Abgrenzung der unterschiedlichen Begriffe „I" und „Me";
   - Darstellung der Problematik, die sich aus dem labilen Gleichgewicht von „I" und „Me" ergibt.

3. Arbeiten Sie mithilfe des Begriffs „Identität" (→ S. 71, **Wk12**) heraus, was der Symbolische Interaktionismus unter Identitätsentwicklung versteht.

4. Präsentieren Sie Ihre Textanalysen von **M30a-b** aus den Aufgaben 1 und 2 im Kurs, indem Sie in einem Vortrag (→ Methodenglossar) die zentralen Aspekte der beiden Theorien erklären.

5. Vergleichen Sie die unterschiedlichen Schwerpunkte der beiden Theorien im Hinblick auf das Rollenlernen im Sozialisationsprozess.

6. Stellen Sie zunächst die in dem Fallbeispiel (**M31**) handelnden Personen vor und analysieren Sie, welche Rolleninterpretation bei den einzelnen Personen vorherrschend ist.

7. Beurteilen Sie, inwiefern sich die einzelnen Personen rollenkonform nach den Vorstellungen von Parsons (**M31**) verhalten. Begründen Sie Ihre Einschätzung.

8. a) Analysieren Sie die Konflikte zwischen dem Schüler und den Lehrkräften mithilfe der strukturfunktionalistischen Rollentheorie von Parsons und dem Symbolischen Interaktionismus.

   b) Ermitteln Sie unter Bezug auf die theoretischen Annahmen in **M30a-b**, unter welchen Bedingungen die Rollenerwartungen der Gesellschaft (hier die Lehrkräfte) und die Rollenentsprechungen der Rollenträger (hier die Lehrkräfte, die Schülerinnen und Schüler) dem von den jeweiligen Theorien beschriebenen „Idealfall" des Rollenverhaltens entsprechen.

H Aufgabe 8b
Orientieren Sie sich bei der Bearbeitung dieser Aufgabe an den Ergebnissen von Aufgabe 2.

9. Beurteilen Sie vor dem Hintergrund der in den Kapiteln 2.2 und 2.3 erworbenen Kenntnisse über das Rollenlernen im Sozialisationsprozess, wie frei der Mensch bei der Gestaltung der Rollen, die er in verschiedenen Bereichen der Gesellschaft spielt, ist. Beachten Sie insbesondere die Begriffe aus dem Werkzeugkasten Soziologie **Wk10** und **Wk11** auf S. 71 zur Rollenidentifikation und zur Rollendistanz und die Rollentheorien des „Strukturfunktionalismus" und des „Symbolischen Interaktionismus" (**M30a-b**).

2.5 *Vertiefung:* Wie wehre ich mich gegen negative Gruppeneinflüsse? Gefahren und Risiken von Gleichaltrigengruppen

In Kapitel 1 haben Sie erfahren, dass Gleichaltrigengruppen eine bedeutende Rolle im Sozialisationsprozess spielen und Jugendlichen Chancen bieten, Handlungskompetenzen zu entwickeln, die ihnen die Familie nicht bieten kann (→ S. 24, M12). Neben den Chancen gibt es aber auch Risiken und Gefahren, denen Jugendliche in Gleichaltrigengruppen ausgesetzt sind. Der Text in M34 stellt dar, welchen Gefahren Jugendliche durch den Einfluss der Gruppen, zu denen sie gehören, ausgesetzt sein können. Am Ende des Kapitels lernen Sie Strategien kennen, mit denen man sich gegen Gruppendruck wehren kann.
Bearbeiter

M32 Der Mensch ist stets Mitglied von Gruppen

Von der Wiege bis zum Grabe hat der Mensch mit Gruppen zu tun. Vom Augenblick der Geburt an ist er Mitglied irgendeiner Gruppe, und er kann den Einflüssen seiner Gruppenzugehörigkeit niemals entrinnen. In der frühen Kindheit ist die Beziehung zu anderen wegen der Hilflosigkeit und Schwäche des kleinen Menschleins eine Grundbedingung des Lebens. Später wird dann durch den sich ständig erweiternden Aktionsradius des Individuums und infolge der Gesellschaftsstruktur der Kontakt mit anderen fast unvermeidlich. Auch der einsamste Mensch, etwa ein Einsiedler, unterliegt den Einwirkungen irgendeines Gruppenzwanges, sei es auch nur durch seine Zugehörigkeit zu einer Familiengruppe. Selbst wenn er sich anderen zu entziehen sucht, reagiert er in gewissem Sinne auf sie.

Eugene L. Hartley, Ruth E. Hartley, in: Die Grundlagen der Sozialpsychologie. 2. Auflage, Berlin 1969, S. 265

M33 Gruppenzwang als Forschungsthema – das Experiment von Solomon Asch

Anfang 2007 wurde ein in den 1950er-Jahren von dem polnisch-amerikanischen Psychologen Solomon Asch erstmals durchgeführtes Experiment zum Thema Gruppenzwang an der Universität Marburg wiederholt: Dabei betrachteten Teilnehmer gemeinsam eine Grafik mit unterschiedlich langen Linien. Es war immer eine Referenzlinie zu sehen, die in ihrer Länge mit drei weiteren Linien verglichen werden sollte. Allerdings hatten alle „Testpersonen" – bis auf eine wirkliche Versuchsperson – vor dem Experiment Anweisungen erhalten, beim öffentlichen Vergleich der Linien einheitlich die Unwahrheit zu sagen. 1951 hatte sich jeder Dritte von der Gruppe in seiner Meinung beeinflussen lassen, 32 Prozent aller Fehlurteile ergaben sich unter Einfluss von Gruppenzwang. 2007 wurden diese Zahlen bestätigt, wie es auch schon bei Wiederholungen in den 1970er- und 80er-Jahren der Fall gewesen war. Über die Jahrzehnte und Nationen hinweg hat sich also in puncto „Gruppenzwangresistenz" nichts verändert.
Welche Linien sind gleich lang?
In einem psychologischen Experiment geben sechs Studenten in einer Gruppe immer wieder bewusst die gleichen falschen Antworten. Was macht der Siebte? Im Gegensatz zu den sechs anderen ist dieser die eigentliche Testperson. […] Beim Experiment

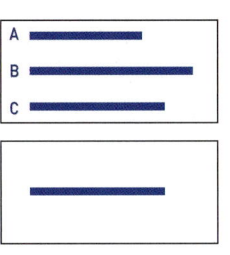

Vorlage des berühmten „Asch-Experiments"

müssen die Versuchspersonen zunächst alleine entscheiden, welche Linie der Vergleichskarte (rechts) genauso lang wie die Linie auf der Standardkarte (rechts) ist. Ergebnis: Nahezu alle Probanden lösen die Aufgabe erfolgreich, die Versuchspersonen antworten [in dem auf S. 87 in der Randspalte stehenden Beispiel] also „C". Im eigentlichen Experiment sitzt die unwissende Testperson mit sechs anderen – über den eigentlichen Zweck des Experiments eingeweihten – Personen zusammen in einem Raum. Nacheinander sollen die Personen nun angeben, welche der Linien die gleiche Länge wie die Ausgangslinie aufweist. In den ersten vier Durchgängen geben alle Eingeweihten und auch die eigentliche Versuchsperson die richtige Antwort. Der interessante Teil des Experiments beginnt, als die Gruppe der sechs anderen im fünften Durchgang geschlossen behauptet, dass in unserem Beispiel „B" dem Strich auf der „Standardkarte" entspricht, also von der Gruppe geschlossen eine falsche Antwort gegeben wird. Der Versuch wird auf diese Weise mehrmals wiederholt.

© *Bundeszentrale für politische Bildung, „Ich weiß, doch was ich sehe...", www.bpb.de, 30.06.2010*

M34 Risiken von Gleichaltrigengruppen

Bedeutung der Gleichaltrigengruppe	Interaktion mit Gleichaltrigen	Sozialisation in der Freundes- und Gleichaltrigengruppe
Die Bedeutung der Gleichaltrigengruppen wächst in dem Maße, wie Familien und Schulen an Einfluss auf den Sozialisationsprozess verlieren. So sehr die Gruppen horizontale, gleichberechtigte Beziehungen zwischen ihren Mitgliedern trainieren und dadurch wichtige Kompetenzen vermitteln, so entsteht durch ihre Intensität auch eine starke negative Dynamik. Schlechter Einfluss, gegenseitiges Hänseln und die Bildung von konkurrierenden Gruppen sind durchaus üblich. [...]	Die zunehmende Interaktion mit Gleichaltrigen führt also nicht automatisch zu besseren sozialen Fähigkeiten bei den jugendlichen Mitgliedern. Der intensiven Dynamik der Gleichaltrigengruppen sind nicht alle Jugendlichen gewachsen. Wenn man als junger Mann oder junge Frau in eine untergeordnete Rolle in der Gruppe hineingerät, kann man schnell Opfer von Stigmatisierung werden, die bis zu schweren Formen dauerhafter Aggression, übler Nachrede und Beleidigung (Mobbing) führen. Die Erfahrung einer Demütigung treibt viele Jugendliche in die soziale Isolation und kann weitreichende Folgen für die weitere Persönlichkeitsentwicklung haben, von Depressionen, Essproblemen bis hin zur Suizidgefährdung, Schulverweigerung oder zur Hinwendung zu einer kriminellen Bande. [...]	Durch die früh einsetzende und sich immer länger ausdehnende Jugendphase wird die Sozialisation in der Freundes- und Gleichaltrigengruppe ständig bedeutsamer. Junge Frauen und junge Männer suchen heute über einen langen Zeitraum hinweg emotionale Unterstützung bei ihren gleichaltrigen Freunden. Damit nehmen allerdings nicht nur solidarische Zuwendungen zu, sondern es steigt auch das Potenzial für Beziehungskonflikte und emotional aufgeladene, aggressive Auseinandersetzungen [...]. Diese Entwicklung wird durch die Erweiterung der Freundeskreise über elektronische Netzwerke beschleunigt. Die Community des Netzwerkes hat viele positive Seiten, weil sie eine freie Gestaltung von Beziehungen und Kontakten unterschiedlichster Form und Dichte ermöglicht. Durch die weltweite Interaktion Heranwachsender über elektronische Medien werden traditionelle soziale Beschränkungen zunehmend aufgelöst. Facebook und andere Portale eröffnen Kommunikationsmöglichkeiten, mit denen räumliche Entfernungen, soziale Herkunft, biologisches Alter und verschiedene Sprachen überwunden werden können.

Klaus Hurrelmann, Gudrun Quenzel, Negative Einflüsse der Gleichaltrigengruppe, in: Lebensphase Jugend – eine Einführung in sozialwissenschaftliche Jugendforschung, 13. Auflage, Weinheim und Basel 2016, S. 177 f.

M35 Wenn die Gruppe Druck macht…

Das Ergebnis des Asch-Experimentes zeigt, dass der Einfluss der Gruppe auf das Individuum nicht zu unterschätzen ist. Das Asch-Experiment offenbart, dass eine Anpassung erfolgt, selbst wenn keine Bedrohung oder Schlechterstellung droht. Auch wenn nicht bewusst und willentlich Druck ausgeübt und Einfluss genommen wird, kann das Verhalten einer Mehrheit das Verhalten und Entscheiden einer Einzelperson beeinflussen. Macht die Mehrheit drei Personen aus, passen sich mehr Einzelpersonen an als bei einer Mehrheit von zwei Personen.
Der so genannte Konformitätsdruck oder auch Gruppenzwang wirkt meist unbewusst, d.h. die beeinflusste Person und auch die beeinflussende Gruppe ist sich der Wirkung der Mehrheit auf den Einzelnen oft gar nicht bewusst und bemerkt dies gar nicht.
Als Mitglied einer Gruppe hat man oft das Gefühl,
- dass die Gruppe etwas von Einem erwartet,
- dass ein bestimmtes Verhalten zulässig oder unzulässig ist,
- dass von der Gruppe Druck auf das eigene Verhalten ausgeübt wird.

Diese wahrgenommenen Erwartungen von der Gruppe an ihre Mitglieder sind oft unausgesprochen und können als ein teils bewusstes und teils unbewusstes Regelwerk bezeichnet werden.
Jede Gruppe hat solche Spielregeln. Diese sind zu einem gewissen Maße notwendig und selbstverständlich, damit das Zusammenarbeiten und -leben in der Gruppe überhaupt funktioniert.
Ein Beispiel hierfür sind Kommunikationsregeln: Man beleidigt den Anderen nicht und lässt ihn ausreden. Sich gewissen Regeln einer Gruppe anzupassen, kann also auch sinnvoll sein, um bspw. eine Aufgabe effizient zu lösen. Problematisch kann es dann werden, wenn eine Person sich der Meinung und den Verhaltenserwartungen einer Gruppe anpasst, obwohl sie eigentlich anders handeln möchte.
In der wissenschaftlichen Forschung hat man unterschiedliche Gründe ermittelt, warum Menschen sich dem Urteil einer Gruppe anpassen:

Ich vertraue dem Urteil der Gruppe, weil ich es selbst nicht besser weiß.	Ich möchte, dass die anderen mich anerkennen und sympathisch finden.
Wenn eine Person unsicher ist und z.B. nicht über das nötige Hintergrundwissen, die relevanten Informationen zu einem Thema verfügt, passt sie sich dem Urteil der Gruppe an. Sie vertraut dem Urteil der Gruppe mehr als dem eigenen und möchte keinen Fehler machen. Dieser Einfluss der Gruppe auf das Urteilen einer Einzelperson wird daher **informativer Einfluss** genannt.	Menschen haben das Bedürfnis, Anerkennung von ihren Mitmenschen zu erlangen. Sie möchten schlicht und einfach gemocht und sympathisch gefunden werden. Das Äußern einer abweichenden Meinung in einer Gruppe birgt die Gefahr, dass Gruppenmitglieder darauf mit Zurückweisung und Kritik reagieren. Die Person erwartet eine negative Sanktion. Das Äußern einer konformen Meinung hingegen führt zu einer positiven Bewertung durch die Mitglieder. Ziel der Einzelperson ist die Vermeidung von Ablehnung und die Aufrechterhaltung der Mitgliedschaft. Denkbar sind zudem positive Sanktionen von der Gruppe wie bspw. Lob, Anerkennung, ein beschleunigter sozialer oder beruflicher Aufstieg. Dieser Einfluss der Gruppe auf das Urteilen der Einzelperson wird **normativer Einfluss** genannt.

Was also tun, wenn man sich nicht traut, in gewissen Gruppen seine Meinung zu äußern? Forscher haben herausgefunden, dass die Anwesenheit von Verbündeten hilft, dem Einfluss der Gruppe zu widerstehen. War beim Asch-Experiment eine zweite Person im Raum, die ebenfalls die korrekte Antwort gab, war die Anzahl derjenigen, die sich konform verhielten, sehr viel geringer. Wenn man also erwartet, in einer Situation von einer Gruppe Druck gemacht zu bekommen, sollte man sich, wenn möglich, einen Verbündeten zur Seite stellen. Oft ist es zudem so, dass selbst, wenn man eine kritische Meinung äußert, dies nicht automatisch bedeuten muss, von der Gruppe zurückgewiesen zu werden. Oft sind die erwarteten Konsequenzen und Befürchtungen im Kopf sehr viel drastischer als die tatsächlichen Folgen.

© Bundeszentrale für politische Bildung, Wenn die Gruppe Druck macht, www.bpb.de, 30.06.2010

M36 Mobbing und seine Folgen…

Was wir gegen negative Gruppeneinflüsse tun können	Mobbing und Cybermobbing hängen meist zusammen	Gemeinsame Haltung von Eltern und Schule hilft	Was Eltern tun können
Nach neuen Untersuchungen der PISA-Studie wird in Deutschland jeder sechste Schüler gemobbt. Jeder zehnte ist Opfer von Lästereien, die sich oft im Netz fortsetzen. […] Was die OECD-Forscher in der erweiterten PISA-Befragung von 2015 herausgefunden haben, sorgt dennoch für Aufsehen: Jeder sechste 15-Jährige (15,7 Prozent) wird mehrmals im Monat Opfer von Mobbing, jeder zehnte erleidet Häme und Spott sowie wird ausgegrenzt. Über jeden Zwölften (7,7 Prozent) verbreiten Mitschüler falsche Gerüchte und Tuscheleien. „Mobbing müssen wir in Deutschland viel stärker thematisieren, weil es hier oft noch an den Rand gedrängt wird", sagte OECD-Direktor Andreas Schleicher. […]	Hänseleien, falsche Gerüchte und Beleidigungen treten laut dem Bericht auch als Cybermobbing zunehmend auf und sind besonders bei Schülern der Sekundarstufe weit verbreitet. Oft werden über soziale Netzwerke, Videoportale oder per Messenger beispielsweise peinliches Bildmaterial und Gerüchte verbreitet oder Fake-Profile angelegt. Beiträge werden beleidigend kommentiert, über private Kommunikationswege erhalten Opfer Beleidigungen und Bedrohungen. Auch das bewusste Ausschließen etwa aus WhatsApp-Gruppen einer Schulklasse kann unter Cybermobbing verstanden werden. […]	Die PISA-Untersuchungen zeigen auch, wie sich die Unterstützung der Eltern auf die Kinder auswirkt. Kindern zuhören, sie loben, ihnen Vertrauen und Respekt entgegen bringen, sei für Mobbing-Opfer besonders wichtig und verringere den Stress sowie den Schmerz, den Kinder durch andere erleiden. […] Das Problem sei, so die OECD, dass viele Eltern vom Mobbing ihrer Kinder nichts wissen. Die Kinder trauen sich auch oft nicht, mit ihren Eltern oder anderen darüber zu sprechen. Notwendig seien deshalb Vorsorgemaßnahmen zwischen Eltern und der Schule. „Eine offene Kommunikation mit Lehrern kann Eltern helfen, mit dem Problem bewusster umzugehen und zu handeln", schreiben die Experten.	In Bezug auf Cybermobbing ist es wichtig, dass Eltern sich darüber informieren, aufmerksam sind und Verhaltensregeln im Netz mit ihrem Kind besprechen. Es geht darum, deutlich zu machen, welche Folgen Cybermobbing haben können und dass Kinder und Jugendliche sensibilisiert werden, sich für andere einzusetzen. Eine gemeinsame Haltung gegen Mobbing hilft. Ist ihr Kind von Cybermobbing betroffen, ist es wichtig, dass Eltern ihr Anliegen ernst nehmen und nachhaken, um die Gruppendynamiken zu verstehen. Doch ist ein pauschales Handy- und Internetverbot nicht sinnvoll. Hilfreich ist eher, den Vorfall mit den Eltern der Beteiligten zu besprechen, sofern diese bekannt sind, oder in der Schule des Kindes zu thematisieren. Falls Eltern konkrete Schritte unternehmen wollen, besprechen sie diese mit dem Kind und beziehen es in ihre Lösungsversuche ein. Ist ihr Kind selbst am Cybermobbing beteiligt, sollten Eltern versuchen, die Gründe zu ermitteln. Ursachen können Unzufriedenheit oder die Suche nach Anerkennung sein. Wichtig ist, dabei die rechtliche Lage sowie die Situation des Opfers zu verdeutlichen und aufzuzeigen, wie unangenehm diese Rolle ist sowie alternative Konfliktlösungen zu nennen. Stellt das Kind auch nach Aufforderung der Eltern das Mobbing nicht ein, können Eltern Sanktionen aussprechen, wie etwa eine Surf- oder Chatpause.

Klaus Hurrelmann, Gudrun Quenzel, Negative Einflüsse der Gleichaltrigengruppe, in: Lebensphase Jugend – eine Einführung in sozialwissenschaftliche Jugendforschung, 13. Auflage, Weinheim und Basel 2016, S. 177 f.

2.5 Vertiefung: Wie wehre ich mich gegen negative Gruppeneinflüsse?

M37 Sechs Tipps gegen Cybermobbing

Eltern können ihrem Kind sechs Punkte zum sicheren Chatten und Umgang mit Störern vermitteln:

Tipps gegen Cybermobbing	Umsetzung / Begründung
Respektvoll sein	Auch online respektvoll sein und Streitigkeiten lieber persönlich sprechen.
Persönliches schützen	Private Daten und Fotos für sich behalten, gerade weil diese auch gegen einen verwendet werden können.
Nicht zurück beleidigen	So vermeidet man weitere Eskalationen.
Störer ignorieren	So ist man ihren Attacken nicht mehr direkt ausgesetzt.
Sich mitteilen	Schwere Beleidigungen den Eltern mitteilen, die sich an den Betreibern, einen Anwalt oder die Polizei wenden können. Wenn der Kummer nicht mit den Eltern besprochen werden kann, helfen Beratungsstellen.
Betroffene unterstützen	Sich nicht an Mobbing beteiligen und Solidarität zeigen.

© Schau hin, Mobbing an Schulen – Was Eltern und Schulen tun können, www.schau-hin.info, 20.04.2017

AUFGABEN

1. Nennen Sie mithilfe des Begriffs „Soziale Gruppe" (→ S. 71, **Wk13**) Beispiele für soziale Gruppen, zu denen Sie, Ihre Eltern oder Großeltern gehören.

2. Erklären Sie, wie der Autor von **M34** begründet, dass der Mensch immer Mitglied von Gruppen ist.

3. Beurteilen Sie, welchen Gruppen Menschen sich nicht entziehen können.

4. a) Erklären Sie das Experiment, das der Psychologe Asch entwickelt hat (**M33**).
   b) Beschreiben Sie die Ergebnisse des Experiments in den Jahren 1951 und in Folgejahren.

5. Entwickeln Sie Hypothesen, mit welcher Begründung Forscher dieses Experiment in verschiedenen Jahren mit verschiedenen Generationen durchgeführt haben.

6. Erläutern Sie die Ergebnisse wissenschaftlicher Forschung zur Wirkung von Gruppendruck (**M36**) und notieren Sie zentrale Aspekte auf einer Wandzeitung (→ Methodenglossar).

7. Diskutieren Sie in Kleingruppen die in **M36a** vorgeschlagenen Maßnahmen zum Umgang mit Gruppendruck und nennen Sie Beispiele aus Ihrem persönlichen Umfeld, wie Sie selbst oder andere Personen sich erfolgreich gegen Gruppendruck gewehrt haben.

8. Beschreiben Sie die Ergebnisse der Pisa-Studie 2015 zum Thema „Mobbing" (**M36**).

9. Diskutieren Sie die vorgeschlagenen Anti-Mobbing Maßnahmen ggfs. vor dem Hintergrund von Maßnahmen, die an Ihrer Schule üblich sind (**M37**).

WISSEN KOMPAKT

Sozial
Wk1

Der Begriff „Sozial" hat zwei Bedeutungen. Er bezeichnet
a) eine moralisch-ethische Haltung gegenüber Menschen in Not und
b) jedes zwischenmenschliche Handeln und Verhalten von Menschen.

Gesellschaft
Wk2

Gesellschaft bezeichnet ein Gefüge von Einzelpersonen, die dauerhaft zusammenleben. Der Mensch kann ohne Gesellschaft nicht existieren.

Soziologie
Wk3

Die Soziologie als Wissenschaft erforscht sowohl das menschliche Handeln und die Beziehungen zwischen den Menschen als auch die Entwicklungsprozesse und Veränderungen der Gesellschaft.

Normen
Wk4

Normen sind Erwartungen der Gesellschaft an das Verhalten und Handeln der Menschen. Je nachdem, ob die Menschen den Erwartungen entsprechen oder nicht, müssen sie mit positiven oder negativen Sanktionen, d. h. Belohnungen oder Strafen rechnen.

Werte
Wk5

Werte bezeichnen Leitbilder oder Vorstellungen, die von der Gesellschaft für richtig oder erstrebenswert gehalten werden.

Sozialisation
Wk6

Als Sozialisation bezeichnet man die Vermittlung sozialer Normen, Werte, Sitten und Bräuche durch die Gesellschaft an das nur mit rudimentären Instinkten ausgestattete Individuum. Sozialisation findet lebenslang statt.

Sozialisationsphasen
M4, M5

Der Sozialisationsprozess wird in vier Phasen unterschieden, die jeder Mensch durchläuft.

1. In der primären Sozialisation (frühe Kindheit) prägen vor allem die Eltern das Kind.
2. Die sekundäre Sozialisation baut auf der primären Sozialisation auf. Als Sozialisationsinstanzen kommen nun Kindergarten, Schule, Freundeskreis, u. a. hinzu.
3. Mit dem Berufseintritt beginnt die tertiäre Sozialisation, in der Berufsleben, Eheschließung, Familie, Freunde oder Vereine die sozialen Beziehungen prägen.
4. Die quartäre Sozialisation bezeichnet den letzten Lebensabschnitt nach dem Berufsaustritt und nachlassender Gesundheit.

Erziehung als Teil des Sozialisationsprozesses
Wk7

Erziehung ist ein Teil des Sozialisationsprozesses. Sie unterscheidet sich von Sozialisation dadurch, dass es sich hier um eine bewusste und zielgerichtete Einwirkung der Sozialisationsinstanzen (d. h. z. B. der Eltern oder Lehrkräfte) auf das Kind oder den Jugendlichen handelt.

Leistungsprinzip
M16

Das Leistungsprinzip beschreibt Kriterien, nach denen in einer modernen Gesellschaft materielle und soziale Chancen verteilt werden, wobei allein die Qualität der Leistung entscheidend für die Bewertung der Leistung ist.

Das Leistungsprinzip ist ein Gestaltungsprinzip, nach dem sich die Ausstattung der Menschen in einer Gesellschaft mit Einkommen, Vermögen, Macht und Ansehen richtet. Es hat gegenüber früheren Zuteilungsprinzipien wie Herkunft und Stand in modernen Gesellschaften eine zentrale Bedeutung.

Rolle
Wk8

Der Begriff Rolle bezeichnet Verhaltenserwartungen der Gesellschaft an die Mitglieder der Gesellschaft, die mit verschiedenen Aufgaben verbunden sind. Erfüllt der Träger einer sozialen Rolle die Verhaltenserwartungen nicht, muss es mit negativen Sanktionen rechnen. Rollen werden im Sozialisationsprozess gelernt.

WISSEN KOMPAKT

Häufig sind die Erwartungen unterschiedlicher gesellschaftlicher Gruppen an die Rollenträger widersprüchlich, so z. B. die Erwartungen der Eltern und der Freunde an die Freizeitgestaltung eines Jugendlichen, der dann in einen Konflikt geraten kann, welchen Erwartungen er entsprechen soll. In diesem Fall handelt es sich um einen Intra-Rollenkonflikt. Gerät eine Person als Träger verschiedener Rollen, z. B. als Mutter oder Arbeitnehmerin, in einen Konflikt, welcher Rolle sie den Vorrang geben soll, spricht man von einem Inter-Rollenkonflikt.

Rollenkonflikt
Wk9

Rollenidentifikation bezeichnet die Übereinstimmung einer Person mit einer Rolle, die bejaht und positiv bewertet wird, die als Bestandteil der eigenen Persönlichkeit angesehen wird.

Rollenidentifikation
Wk10

Von Rollendistanz spricht man, wenn ein Rollenträger ein kritisches, distanziertes Verhältnis zu seiner Rolle hat.

Rollendistanz
Wk11

Das Begriffspaar „homo sociologicus" wurde von dem Soziologen Ralf Dahrendorf geprägt. Es beschreibt, dass zu jeder Position, die eine Person einnimmt, jeweils eine soziale Rolle gehört.
Der „homo sociologicus" ist als Inhaber von sozialen Positionen und sozialen Rollen mit den Ansprüchen der Gesellschaft an ein bestimmtes Rollenverhalten konfrontiert.

Homo sociologicus
M20a

Der Begriff „(soziale) Position" beschreibt einen Platz in der Gesellschaft, an dem sich eine Person oder Personengruppen im Verhältnis zu anderen befinden.
Es wird zwischen zugeschriebenen Positionen, die wir ohne unser Zutun erwerben (z. B. Geschlecht, Alter) und erworbenen Positionen (z. B. Lehrerin, Vater) unterschieden.

(Soziale) Position
M21

Der vor allem von dem amerikanischen Soziologen Talcott Parsons geprägte Strukturfunktionalismus ist eine Rollentheorie, die sich mit den Strukturen des Zusammenlebens von mehreren Menschen beschäftigt. Parsons beschreibt Gesellschaften als Systeme, die bestimmte Funktionen erfüllen müssen, damit die Struktur des Systems gesichert ist. Im Sozialisationsprozess, mit dem entsprechende soziale Kontrollen verbunden sind, lernen die Menschen die gesellschaftlich notwendigen Verhaltensweisen, die für das Funktionieren der Gesellschaft notwendig sind.

Strukturfunktionalismus
M30a

Der von dem amerikanischen Soziologie George Herbert Mead begründete Symbolische Interaktionismus ist eine Rollentheorie, die dem Strukturfunktionalismus kritisch gegenübersteht. Mead betont, dass es im Spannungsfeld zwischen der Erwartungen der Gesellschaft und den Bedürfnissen des Individuums Freiheitsräume gibt, die eine relative Autonomie des Individuums ermöglichen. Um dies zu verdeutlichen, verwendet Mead die Begriffe „I" und „me". Während das „me" die gesellschaftlich normierten Rollen bezeichnet, betont das „I" den subjektiven Aspekt, d. h. die Freiheitsräume und individuellen Bedürfnisse.

Symbolischer Interaktionismus
M30b

Identität ist ein Konzept zum Verständnis von Selbstbildern, mit dessen Hilfe man Antworten auf die Frage „Wer bin ich?" findet.

Identität
Wk12

Eine (soziale) Gruppe ist ein soziales Gebilde von mehreren Personen, die eine soziale Einheit bilden, die z. B. durch dauerhafte soziale Beziehungen (Schulklasse), gemeinsame Interessen (Sportverein) oder politisches Engagement (Parteien, Gewerkschaften, Umweltgruppen) gekennzeichnet sind.

(Soziale) Gruppe
Wk13

KOMPETENZEN PRÜFEN

I. Selbstdiagnose

Ich kann ...	Das kann ich...			Übung durch z. B.
	sehr gut	gut	nicht gut	
Bedingungsfaktoren für eine gelungene Entwicklung in den einzelnen Sozialisationsphasen darstellen (AFB I).				• M4, M5, M6 • Wk6
zentrale Begriffe aus der Sozialisationstheorie erklären (AFB II).				• M4, M5, M6 • Wk6
die Funktionen der Schule als Sozialisationsinstanz beschreiben (AFB I).				• M13a-c, M14
zentrale Begriffe der Rollentheorie erläutern (AFB II).				• M19-M21 • Wk8
das Gesellschaftsbild des „homo sociologicus" darstellen (AFB I).				• M20
Rollenmodelle und -theorien analysieren (AFB II) und den Stellenwert kultureller Kontexte für Interaktion und Konfliktlösung erklären (AFB II).				• M26, M30a-b • S. 86, Aufg. 1, 2
unterschiedliche Formen von Rollenkonflikten mithilfe von Grundbegriffen aus der Rollentheorie analysieren (AFB II).				• M28 • Wk9 • S. 80, Aufg. 2
die strukturfunktionalistische und die interaktionistische Rollentheorie erklären (AFB II) und die Menschen- und Gesellschaftsbilder beider Theorien an einem Fallbeispiel erörtern (AFB III).				• M30a-b, M31 • S. 86, Aufg. 6, 7
den Begriff „soziale Gruppe" erklären (AFB II).				• Wk13
die Wirkungsweise von Gruppendruck erläutern (AFB II) und Gegenmaßnahmen beurteilen (AFB III).				• M33-M37 • S. 91, Aufg. 4-7

II. Kompetenzen anwenden – am Beispiel

Der Prozess der Sozialisation

Gestalten Sie einen Vortrag (→ Methodenglosssar) über den Prozess der Sozialisation unter besonderer Berücksichtigung der folgenden Aspekte: der Mensch als soziales Wesen, die Voraussetzungen für eine gelungene Sozialisation in den ersten Lebensjahren, die Phasen der Sozialisation.

III. Klausurtraining

Die Schulpflicht gehört abgeschafft!

War die Schulpflicht früher noch verständlich, als sie einem Verbot von Zwangsarbeit gleichkam und Kindern das Recht einräumte, lernen zu dürfen anstatt arbeiten zu müssen, so stellt sich heute längst die Frage, warum die freie Entfaltung der kindlichen Persönlichkeit im Rahmen pädagogischer Zwangsmaßnahmen stattfindet. Denn Schulpflicht heißt in Deutschland inzwischen Schulzwang. [...]

Der Schulpflicht liegt eine Geste der Bevormundung, ja, eine übergriffige, rechthaberische Sorge des Staates zugrunde, die weltanschaulich alles andere als neutral ist. Die Schulpflicht unterstellt Eltern Erziehungsunfähigkeit und Kindern Bildungsunwilligkeit, während Lehrer als Staatsdiener Fortschritte der heranwachsenden Untertanen in Sachen Anpassungsfähigkeit herbeiführen sollen. [...]

Bildung lässt sich nicht verhängen wie eine Strafe, nicht verschreiben wie ein Medikament, nicht bestellen wie ein Buch. Nein, Bildung setzt ein Ich voraus, das ein anderer werden will; sie setzt einen freien Menschen voraus, der sich ändern, sich entwickeln, wachsen – schließlich: erwachsen werden will.

Würden freie Schulen und Hochschulen das Ich, das sich bilden will, und nicht das Subjekt, das beschult werden soll, ansprechen, so bekämen diese alten Institutionen eine ganz neue Ausrichtung. Sie würden Schüler und Studierende nicht länger für das Berufsleben zurechtstutzen, sondern sie selbst würden sich andauernd verwandeln lassen von den jungen Menschen, als deren Anwalt sie auftreten und denen sie dabei helfen, mit ihren neuen Fragen und Aufgaben die künftige Arbeits- und Lebenswelt zu prägen.

Eines der Hauptargumente, das für die bestehende Schulpflicht immer wieder angeführt wird, ist ihre Integrationsfunktion. Dank der Schulpflicht sei die Schule noch ein Ort, der die auseinanderdriftende individualistische Gesellschaft zusammenhalte, heißt es. Doch erzwungener Zusammenhalt erzeugt bestenfalls Solidarität unter Leidensgenossen. Integration ist das nicht. Integration beginnt im Zeitalter des Individualismus dort, wo ich selbstbestimmt auftreten und aus freien Stücken die Gemeinschaft mit anderen aufsuchen kann. Ich bin in jede Gesellschaft integrierbar, die sich aus Freiheit heraus bildet und der ich deshalb nicht zwangsläufig angehören muss.

Kurzum: Wenn der Schule in einer freien Gesellschaft eine Integrationsfunktion zukommen soll, müssen wir die Schulpflicht endlich abschaffen.

Philip Kovce, Bildungssystem – Die Schulpflicht gehört abgeschafft!, www.deutschlandfunkkultur.de, 01.08.2017

Philip Kovce (*1986) forscht am Basler Philosophicum sowie an der Seniorprofessur für Wirtschaft und Philosophie der Universität Witten/Herdecke. Er gehört dem Think Tank 30 des Club of Rome sowie dem Forschungsnetzwerk Neopolis an.

Aufgaben

1. Stellen Sie zentrale Funktionen der Schule dar.
2. Analysieren Sie die Position des Autors zur Schulpflicht in Deutschland im Hinblick auf seine kritische Sicht der Funktionen der Schule.
3. Erörtern Sie unter Einbeziehung der Position des Autors Vor- und Nachteile der Abschaffung der Schulpflicht (Kriterium: Wünschbarkeit).

Erwartungshorizonte zu den Aufgaben 1–3

Mediencode: 72060-06

RELIGIONSFREIHEIT MEINUNGSFREIHEIT
FREIE WAHLEN
GRUNDRECHTE OPPOSITION
GEWALTENTEILUNG
RECHTSSTAATLICHKEIT FREIE MEDIEN
UNABHÄNGIGES GERICHT
OPPOSITION PARTEIEN DEMOKRATIE

DEMOKRATIE

MENSCHENRECHTE GRUNDRECHTE
GEWALTENTEILUNG BÜRGERRECHTE
RECHTSSTAATLICHKEIT
UNABHÄNGIGES GERICHT
PARLAMENT MEHRHEITSPRINZIP
DEMOKRATIE RELIGIONSFREIHEIT
VERFASSUNGSMÄSSIGKEIT
FREIE WAHLEN
GRUNDRECHTE OPPOSITION
GEWALTENTEILUNG
FREIE MEDIEN MENSCHENRECHTE
UNABHÄNGIGES GERICHT

DEMOKRATIE

MEINUNGSFREIHEIT
FREIE WAHLEN
GRUNDRECHTE PARLAMENT
GEWALTENTEILUNG
RECHTSSTAATLICHKEIT
PARLAMENT

DEMOKRATIE

PARTEIEN
VERFASSUNGSMÄSSIGKEIT
MENSCHENRECHTE GRUNDRECHTE
BÜRGERRECHTE GEWALTENTEILUNG
RECHTSSTAATLICHKEIT
MENSCHENRECHTE
FREIE MEDIEN
DEMOKRATIE
MEHRHEITSPRINZIP

Warum wird die Demokratie in Deutschland als unverzichtbar betrachtet? Die demokratische Ordnung des Grundgesetzes

3

Der Begriff „Demokratie" kommt ursprünglich aus dem Griechischen und bedeutet wörtlich übersetzt „Herrschaft des Volkes". Ausführlicher ist eine Formel, die von dem amerikanischen Präsidenten Abraham Lincoln 1863 geprägt wurde: „Demokratie ist Herrschaft des Volkes durch das Volk und für das Volk." Die Verfassung, d. h. die grundlegenden Bestimmungen in Deutschland über die Demokratie des Grundgesetzes von 1949, galt zunächst nur für Westdeutschland. Nach dem Beitritt der neuen Bundesländer zur Bundesrepublik Deutschland 1990 gilt die Verfassung, das Grundgesetz, für ganz Deutschland.

Dieses Kapitel beschäftigt sich vornehmlich mit den Bestimmungen des Grundgesetzes für die Demokratie, also mit den „Normen" des Grundgesetzes. Normen sind Regeln, Richtschnüre, Verhaltensanforderungen. Sie bestimmen, wie eine Erscheinung in der Gesellschaft, hier die Demokratie, aussehen soll.
Die „Worttapete" auf der linken Seite soll Sie anregen, sich über den Bedeutungsgehalt von Begriffen, die mit Demokratie zu tun haben, zu vergewissern.

Kompetenzen

Am Ende dieses Kapitels sollen Sie Folgendes können:

- Grund-, Menschen- und Bürgerrechte fallbezogen analysieren;
- kriteriengeleitet auf der Basis der Analyse von zwei Verfassungsartikeln eine Entscheidung eines Gerichtes zur Religionsfreiheit beurteilen;
- die besondere Bedeutung des Artikel 1 (Menschenwürde) vor dem Hintergrund der deutschen Geschichte erklären und zwei Fallbeispiele beurteilen, in denen es um kontroverse Meinungen zur Menschenwürde geht;
- die Verfassungsprinzipien des Grundgesetzes benennen und die einzelnen Prinzipien erläutern;
- eine begründete Stellungnahme zu dem Demokratiekonzept des Grundgesetzes in Abgrenzung von Staaten, in denen die Demokratie im Sinne des Grundgesetzes nicht verwirklicht ist, entwickeln.
- die Aufgabenverteilung zwischen Bund und Ländern und das Konzept des Bundesstaates an einem Beispiel bewerten;
- die ideengeschichtlichen Wurzeln der Demokratie erläutern und beurteilen;
- Verstöße der Kommunikation im Internet im Hinblick auf die Verletzung der Menschenwürde beschreiben und ein Urteil über die Notwendigkeit staatlichen Handelns zur Wahrung der Menschenwürde entwickeln.

WAS WISSEN UND KÖNNEN SIE SCHON?

1. Werten Sie in Kleingruppen mindestens fünf Begriffe zur Demokratie aus und notieren Sie z. B. auf einer Wandzeitung, welche Inhalte Sie mit den Begriffen verbinden. Präsentieren Sie Ihre Ergebnisse im Kurs.

3.1 Die Entstehung des Grundgesetzes und die Grundrechte

M1   Der „Parlamentarische Rat" und das Grundgesetz

Der Parlamentarische Rat bei der Verabschiedung des Grundgesetzes in Bonn

Am 1. September 1948 traten in Bonn 65 Frauen und Männer zum „Parlamentarischen Rat" zusammen. Die Väter und Mütter des Grundgesetzes mussten die richtigen Lehren aus der Vergangenheit in der Zeit der Weimarer Republik und Herrschaft des Nationalsozialismus ziehen, damit Deutschland dauerhaft in Frieden mit seinen Nachbarn leben konnte und von deutschem Boden kein Krieg mehr ausging. Unsere Verfassung, das Grundgesetz der Bundesrepublik Deutschland, umfasst 146 Artikel. Ein wesentlicher Teil ist aber bereits in den Artikeln 1 (Menschenrechte/Grundrechte) und 20 (demokratische Ordnung) enthalten. Diese beiden Grundgesetzartikel dürfen nach Artikel 79 (3) nicht verändert werden. Beide stehen gleichrangig nebeneinander. Der Parlamentarische Rat hat sich vor dem Hintergrund der deutschen Geschichte dafür entschieden, die Unantastbarkeit der Menschenwürde an den Beginn des Grundgesetzes zu stellen. Es war zunächst nur für „Westdeutschland" (amerikanische, britische und französische Besatzungszone) und nicht für „Ostdeutschland" (sowjetische [russische] Besatzungszone) konzipiert. Die Präambel endete mit dem Satz: „Das gesamte Deutsche Volk bleibt aufgefordert, in freier Selbstbestimmung Einheit und Freiheit Deutschlands zu vollenden".

Nach dem Mauerfall bekam das Grundgesetz durch den Einigungsvertrag Gültigkeit für ganz Deutschland. Die Präambel hat seit 1990 den folgenden Wortlaut: „Im Bewusstsein seiner Verantwortung vor Gott und den Menschen, von dem Willen beseelt, als gleichberechtigtes Glied in einem vereinten Europa dem Frieden der Welt zu dienen, hat sich das Deutsche Volk kraft seiner verfassungsgebenden Gewalt dieses Grundgesetz gegeben."

Bearbeiter

M2 Grundrechte im Alltag – verstößt die Schwimmunterrichtspflicht für Muslima gegen das Grundgesetz?

Zwei Schülerinnen im Burkini (rechts) beim Schwimmunterricht

OVG Münster

Das Oberverwaltungsgericht (OVG) Münster ist das oberste Verwaltungsgericht des Landes NRW (→ Organe der Rechtsprechung, M22).

Burkini-Urteil des Bundesverwaltungsgerichts

Die Entscheidung des OVG Münster wurde vom Bundesverwaltungsgericht inhaltlich im September 2013 für einen ähnlich gelagerten Fall aus Hessen bestätigt.

Immer wieder gab es in der Vergangenheit Unsicherheit, wenn muslimische Schülerinnen ihre Befreiung vom Schwimmunterricht beantragt haben. Klärung hat das
5 OVG Münster nunmehr in zwei Entscheidungen von grundsätzlicher Bedeutung gebracht. Es hat bestätigt, dass auch strenggläubigen muslimischen Schülerinnen das Tragen einer den islamischen Bekleidungs-
10 vorschriften entsprechenden Schwimmkleidung in aller Regel zumutbar ist. Seit einigen Jahren gibt es als taugliche Bade- und Schwimmbekleidung für muslimische Mädchen und Frauen etwa einen Badeanzug mit hoch geschlossenem Kragen und 15 fest sitzender Kopfbedeckung (sog. Burkini). Das OVG sieht im Tragen derartiger Schwimmbekleidung eine diskriminierungsfreie Ausweichmöglichkeit, die geeignet ist, einen im Einzelfall auftreten- 20 den Glaubenskonflikt ohne Trennung der Geschlechter und ohne Befreiung von der Unterrichtsteilnahme zu bewältigen.

© 2013–2018 Ministerium für Schule und Bildung des Landes Nordrhein-Westfalen, Teilnahme von muslimischen Schülerinnen am Schwimmunterricht, Abruf am 12.02.2018

M3 Zwei Verfassungsrechte prallen aufeinander (Artikel 4 und 7 GG)

Kern der Problematik ist nach Auffassung verschiedener Gerichte, dass hier zwei Verfassungsrechte aufeinanderprallen: der staatliche Bildungs- und Erziehungsauf-
5 trag (Art. 7 (1) des Grundgesetzes) und die Glaubensfreiheit (Art. 4). [Letztere] beinhaltet auch das Recht, sein gesamtes Verhalten an den Lehren seines Glaubens auszurichten. Dies betrifft auch die von tiefgläubi-
10 gen Moslems als Vorschrift des Korans angesehene Regel, die körperliche Blöße müsse komplett verhüllt werden. [...] Da auf keinen Fall ein Verfassungsgut hinter ein anderes zurücktreten dürfe, betrachtet das Schulministerium den „Burkini" als einen „scho- 15 nenden Ausgleich" zwischen Verfassungsgütern. Mithilfe des „Burkinis" trage eine Schülerin im Schwimmunterricht eine den Bekleidungsvorschriften des Islam entsprechende Kleidung. Deshalb hätten Gerich- 20

Art. 4 GG

(1) Die Freiheit des Glaubens, des Gewissens und die Freiheit des religiösen und weltanschaulichen Bekenntnisses sind unverletzlich.
(2) Die ungestörte Religionsausübung wird gewährleistet.

Art. 7 GG

(1) Das gesamte Schulwesen steht unter der Aufsicht des Staates.

te in mehreren Fällen Anträge von Eltern auf Befreiung vom gemeinsamen Schwimmunterricht von Jungen und Mädchen abgelehnt. [...] Die Eltern begründeten ihre Anträge auch damit, dass „die Betroffene dem Anblick leicht bekleideter Mitschüler ausgesetzt" sei. Zudem sei eine den religiösen Vorschriften gemäße Körperbedeckung nicht möglich. Diese Argumente wiesen die Verwaltungsrichter mit dem Verweis auf den Burkini zurück [...]. Mit diesen jüngeren Urteilen hat sich die Rechtsprechung in Deutschland durchaus verändert – und die Durchsetzung der Pflicht zum Schwimmunterricht eher ermöglicht. 1996 hatte dagegen das Bundesverwaltungsgericht sehr weitreichend zugunsten der Glaubensfreiheit entschieden: Die Richter verlangten von den Schulen, alle zumutbaren organisatorischen Möglichkeiten auszuschöpfen, den Sportunterricht nach Geschlechtern getrennt anzubieten. Bei einem gemeinsamen Unterricht von Jungen und Mädchen seien strenggläubige Muslima vom Schwimm- und Sportunterricht zu befreien, meinten die hohen Richter vor 15 Jahren. Deshalb sieht das Schulministerium den „Burkini" sogar als Chance für mehr Verständnis: „Im gemeinsamen Schwimmunterricht, an dem die Mädchen in ihrer islamkonformen Kleidung teilnehmen, kann Toleranz veranschaulicht und praktisch eingeübt werden."

Peter Szymaniak, Schulministerium NRW sieht Burkini als Chance für Toleranz, www.derwesten.de, 01.07.2011, Abruf am 12.02.2018

M4 Grundrechte-Artikel im Grundgesetz (gekürzt)

Garantie der Grundrechte I: Art. 1 GG

(3) Die nachfolgenden Grundrechte binden Gesetzgebung, vollziehende Gewalt und Rechtsprechung als unmittelbar geltendes Recht.

Garantie der Grundrechte II: Art. 19 GG

(2) In keinem Falle darf ein Grundrecht in seinem Wesensgehalt angetastet werden.

„Ewigkeitsklausel": Art. 79 GG

(3) Eine Änderung dieses Grundgesetzes, durch welche die Gliederung des Bundes in Länder, die grundsätzliche Mitwirkung der Länder bei der Gesetzgebung oder die in den Artikeln 1 und 20 niedergelegten Grundsätze berührt werden, ist unzulässig.

Artikel 1
(1) Die Würde des Menschen ist unantastbar. Sie zu achten und zu schützen ist Verpflichtung aller staatlichen Gewalt.
(2) Das Deutsche Volk bekennt sich darum zu unverletzlichen und unveräußerlichen Menschenrechten als Grundlage jeder menschlichen Gemeinschaft, des Friedens und der Gerechtigkeit in der Welt. [...]

Artikel 2
(1) Jeder hat das Recht auf die freie Entfaltung seiner Persönlichkeit, soweit er nicht die Rechte anderer verletzt und nicht gegen die verfassungsmäßige Ordnung oder das Sittengesetz verstößt.
(2) Jeder hat das Recht auf Leben und körperliche Unversehrtheit. Die Freiheit der Person ist unverletzlich. In diese Rechte darf nur auf Grund eines Gesetzes eingegriffen werden.

Artikel 3
(1) Alle Menschen sind vor dem Gesetz gleich.
(2) Männer und Frauen sind gleichberechtigt. Der Staat fördert die tatsächliche Durchsetzung der Gleichberechtigung von Frauen und Männern und wirkt auf die Beseitigung bestehender Nachteile hin.
(3) Niemand darf wegen seines Geschlechtes, seiner Abstammung, seiner Rasse, seiner Sprache, seiner Heimat und Herkunft, seines Glaubens, seiner religiösen oder politischen Anschauungen benachteiligt oder bevorzugt werden. Niemand darf wegen seiner Behinderung benachteiligt werden.

Artikel 4
(1) Die Freiheit des Glaubens, des Gewissens und die Freiheit des religiösen und weltanschaulichen Bekenntnisses sind unverletzlich.
(2) Die ungestörte Religionsausübung wird gewährleistet. [...]

Artikel 5
(1) Jeder hat das Recht, seine Meinung in Wort, Schrift und Bild frei zu äußern und zu verbreiten und sich aus allgemein zugänglichen Quellen ungehindert zu unter-

richten. Die Pressefreiheit und die Freiheit der Berichterstattung durch Rundfunk und Film werden gewährleistet. Eine Zensur findet nicht statt. [...]

Artikel 8
(1) Alle Deutschen haben das Recht, sich ohne Anmeldung oder Erlaubnis friedlich und ohne Waffen zu versammeln. [...]

Artikel 9
(1) Alle Deutschen haben das Recht, Vereine und Gesellschaften zu bilden.
(2) Vereinigungen, deren Zwecke oder deren Tätigkeit den Strafgesetzen zuwiderlaufen oder die sich gegen die verfassungsmäßige Ordnung oder gegen den Gedanken der Völkerverständigung richten, sind verboten. [...]

Artikel 10
(1) Das Briefgeheimnis sowie das Post- und Fernmeldegeheimnis sind unverletzlich.
(2) Beschränkungen dürfen nur auf Grund eines Gesetzes angeordnet werden. [...]

Artikel 13
(1) Die Wohnung ist unverletzlich.
(2) Durchsuchungen dürfen nur durch den Richter, bei Gefahr im Verzuge auch durch die in den Gesetzen vorgesehenen anderen Organe angeordnet und nur in der dort vorgeschriebenen Form durchgeführt werden. [...]

M5 Grund-, Menschen- und Bürgerrechte

Viele betrachten die Grundrechte als etwas Selbstverständliches, das ihre persönliche Sphäre kaum berührt. Wie die geschichtliche Erfahrung zeigt, sind sie keineswegs selbstverständlich gewährleistet, und sie beeinflussen den Alltag des Einzelnen und das Zusammenleben aller in Staat und Gesellschaft. Grundrechte schützen den Freiheitsraum des Einzelnen vor Übergriffen der öffentlichen Gewalt, es sind Abwehrrechte des Bürgers gegen den Staat. Zugleich sind sie Grundlage der Wertordnung der Bundesrepublik Deutschland. [...] Zu unterscheiden ist zwischen allgemeinen Menschenrechten, die jedem zustehen, und Bürgerrechten, die nur für Staatsangehörige gelten. Menschenrechte sind überstaatliche Rechte, sie gehören zur Natur des Menschen, es sind natürliche, angeborene Rechte. Dazu gehören die meisten Freiheitsrechte oder Grundfreiheiten, wie Freiheit der Person, Meinungsfreiheit, Glaubensfreiheit. Bürgerrechte sind beispielsweise das Recht der Vereinigungs- und Koalitionsfreiheit und der Freizügigkeit. Im Grundgesetz beginnen die Menschenrechte mit den Worten: „Jeder hat das Recht [...]", bei den Bürgerrechten heißt es: „Alle Deutschen haben das Recht [...]."

© *Bundeszentrale für politische Bildung, Dossier Deutsche Demokratie, Bonn 2018, S. 15f., www.bpb.de, Abruf am 12.02.2018*

M6 Grundrechte im Alltag – Fallbeispiele

In den folgenden Fallbeispielen, die sich teilweise an realen Fällen orientieren, handelt es sich vor allem um Beeinträchtigungen der Grundrechte des Bürgers durch den Staat. Im Auftrag des Staates handelt z. B. die Polizei, Lehrkräfte einer Schule, eine Stadtverwaltung u. a. Ob auch einzelne Bürgerinnen und Bürger die Grundrechte anderer Bürgerinnen und Bürger beeinträchtigen können, wird mit dem Begriff „Drittwirkung" der Grundrechte beschrieben. In einigen der unten aufgeführten Fälle handelt es sich nicht um Beeinträchtigungen der Grundrechte durch staatliche Institutionen, sondern um eine „Drittwirkung".

1 Eine Schülerin beklagt sich auf ihrem Facebook-Account über ihren Lehrer, der sie immer wieder schlecht benote, weil er sie nicht leiden könne. Sie fragt ihr „Freunde", ob sie sich über den Lehrer bei der Schulleiterin beschweren solle. Als der Lehrer von der inzwischen breiten virtuellen Diskussion in der Jahrgangsstufe erfährt, stellt er die Schülerin zur Rede. Die Situation eskaliert und die Schülerin droht mit einer Beschwerde. Der Lehrer verliert die Nerven und gibt der Schülerin eine Ohrfeige.

2 Die Polizei durchsucht die Redaktionsräume einer großen Wochenzeitung, beschlagnahmt Aktenordner und Computer und verlangt von dem Chefredakteur die Preisgabe von Informationsquellen.

3 In der Firma „Holzwurm" erhalten Frauen grundsätzlich einen geringeren Stundenlohn als die Männer. Der Chef argumentiert, die Männer seien in der Regel Haupternährer der Familie.

4 Ein Unternehmen stellt keine Gewerkschaftsmitglieder ein, weil die Geschäftsleitung negative Auswirkungen bei möglichen Streikmaßnahmen befürchtet.

5 Die Ordnungsbehörde der Stadt Weilheim untersagt der rechtsradikalen Partei, eine Versammlung zu den deutschen Opfern des Zweiten Weltkriegs abzuhalten.

6 Vor der Diskothek „Starlight" verweigern Türsteher Menschen mit dunkler Hautfarbe den Eintritt.

7 Der Schulleiter einer Schule, die von vielen Schülerinnen und Schülern mit Migrationshintergrund besucht wird, verbietet die russische Sprache auf dem Schulhof.

Bearbeiter

AUFGABEN

1. Erläutern Sie die Entstehungsgeschichte des Grundgesetzes (**M1**).
2. Erklären Sie mithilfe der Grundgesetzartikel 4 und 7 die in **M2** und **M3** dargestellte Problematik des Aufeinanderprallens von zwei Grundrechten.
3. a) Diskutieren Sie im Kurs die Entscheidung des Gerichtes (**M2** und **M3**).
   b) Arbeiten Sie die Gründe heraus, die für und gegen die Kompromisslösung des Gerichtes sprechen.
   c) Entwickeln Sie abschließend ein Urteil über die Auffassung des Schulministeriums, der „Burkini" könne auch ein Beitrag zu mehr Toleranz sein (**M3**).
4. Erläutern Sie, worauf sich die Verfassungsrechte in der Randspalte zu **M3** beziehen.
5. Untersuchen Sie, gegen welche der in **M4** dargestellten Grundrechte in den genannten Beispielen in **M6** verstoßen wird. Begründen Sie im Einzelnen, warum es sich um einen Verstoß gegen eine Bestimmung des jeweiligen Grundgesetzartikels handeln könnte.
6. Ermitteln Sie, in welchen Fällen in **M6** ein Verstoß gegen Menschenrechte und in welchen Fällen ein Verstoß gegen Bürgerrechte vorliegt (**M5, M6**).
7. Kennzeichnen Sie die Fälle, in denen es sich um Grundrechtsverstöße staatlicher Institutionen handelt und die Fälle, in denen es sich Grundrechtverstöße von Mitbürgerinnen und Mitbürgern handelt (**M6**).

M7 Warum das Grundgesetz die Menschenwürde garantiert

„Die Würde des Menschen ist unantastbar. Sie zu achten und zu schützen ist Verpflichtung aller staatlichen Gewalt." [...] Von dieser Menschenwürdegarantie ist derzeit oft
5 die Rede. Denken wir an das Verfassungsgerichtsurteil zum Luftsicherheitsgesetz (mit seinen bemerkenswert mutigen Sätzen), an Charakter und Reichweite des Folterverbots [...]. Ist die Achtung der Menschenwürde
10 hier im Aufwind, wird sie vielleicht überdehnt oder zuweilen auch preisgegeben?
Was bedeutet diese Garantie und warum ist sie ins Grundgesetz gekommen? Für den Parlamentarischen Rat war sie
15 eine bewusste Antwort auf die systematische Menschenverachtung und tausendfache Verletzung der Menschenwürde durch das NS-Regime. Die Menschenwürde sollte künftig unantastbar, ihre Achtung und ihr
20 Schutz das Fundament der neu zu errichtenden Ordnung sein. Und dies nicht nur als allgemeine Proklamation, sondern als verbindliche, normativ verpflichtende Grundentscheidung für alles staatliche Handeln und das Zusammenleben in der Gesell-
25 schaft. [...] Was ist der Inhalt dieser Menschenwürdegarantie? Über ihren Kerngehalt waren sich die Väter und Mütter des Grundgesetzes [...] einig. [...] Dieser Kerngehalt umfasst die Anerkennung und Ach-
30 tung jedes Menschen als eigenständiges Subjekt, als Träger grundlegender Rechte und der Freiheit zur eigenen Entfaltung und verantwortlichem Handeln, den Ausschluss von Entwürdigung und Instrumentalisie-
35 rung nach Art einer Sache, über die beliebig verfügt werden kann. Die so verstandene Garantie ist ein zentraler Gründungsakt, auf dem unsere Verfassungsordnung ruht. Ihr verdanken wir die insgesamt menschen-
40 freundliche Gestalt unserer Rechtsordnung.

Ernst-Wolfgang Böckenförde, Die Garantie der Menschenwürde, in: BLICKPUNKT BUNDESTAG Debatte Ausgabe 04/2006, www.webarchiv.bundestag.de, Abruf am 12.02.2018

M8 „Die Menschenwürde ist unantastbar." Art. 1 Grundgesetz – zwei Fallbeispiele

a) Folter zur Rettung von Menschenleben verletzt Menschenwürde des Täters

Der Entführer ist ein Bekannter der Familie: Der Jurastudent Magnus Gäfgen lockt am 27. September 2002 den elfjährigen Bankierssohn Jakob von Metzler in
5 seine Wohnung in Frankfurt am Main – und erstickt ihn. Anschließend erpresst der 27-Jährige eine Million Euro Lösegeld von den Eltern. Als die Polizei ihn bei der Übergabe am 30. September fasst, behauptet
10 Gäfgen, der Junge lebe noch. Dessen Aufenthaltsort verschweigt er aber. Nach stundenlanger Befragung sind die Beamten keinen Schritt weiter. Sie gehen davon aus, dass das Kind noch am Leben ist. „Die Ge-
15 fahr für Jakob wurde größer und das Zeitfenster für uns wurde immer kleiner", sagt der Polizeibeamte Ortwin Ennigkeit später. Er erhält am 1. Oktober von Frankfurts Polizei-Vizepräsident Wolfgang Daschner die Anweisung, Gäfgen mit Gewalt zu drohen.
20 „Ich hab ihm ganz klipp und klar gesagt, was Herr Daschner vorhat", erinnert sich Ennigkeit. „Wenn er jetzt nicht sagt, wo der Junge ist, dass jemand kommen wird, der ihm Schmerzen zufügen wird." Gäf-
25 gen knickt ein und nennt den Fundort der Leiche. Sie wird nordöstlich von Frankfurt an einem See gefunden. Daschner schreibt noch am selben Tag einen internen Vermerk über seine Anweisung: „Zur Rettung
30 des Lebens des entführten Kindes habe ich angeordnet, dass Gäfgen nach vorheriger Androhung unter ärztlicher Aufsicht durch Zufügung von Schmerzen erneut zu befragen ist." [...]. Gäfgen wird am
35 28. Juli 2003 wegen Mordes aus Habgier zu lebenslanger Haft mit anschließender Sicherheitsverwahrung verurteilt. Die

Magnus Gäfgen entführte und ermordete Jakob von Metzler im Jahr 2002.

Verfilmung des Falls
Der Fall der Entführung des Johann von Metzler durch Markus Gäfgen wurde vom ZDF verfilmt.

Polizisten Daschner und Ennigkeit müssen sich ebenfalls vor Gericht verantworten. Staatsanwalt Wilhelm Möllers ist „der Ansicht, dass die Grenze zwischen erlaubten polizeilichen Vernehmungsmethoden und verbotenen Handlungsweisen überschritten worden ist."

Jede Androhung von Gewalt – auch durch Polizisten – verstößt gegen das Grundgesetz und internationale Konventionen. Der Vorsitzende des Deutschen Richterbundes, Geert Mackenroth, meint jedoch angesichts der Konfliktsituation der Beamten: „Die Frage ist eben, ob es von diesem Grundsatz Ausnahmen gibt." Dawid Danilo Bartelt von der Menschenrechtsorganisation Amnesty International sieht das anders: Die Menschenwürde sei ein Rechtsgut, „das nicht abgewogen werden kann – weder gegen die Menschenwürde eines anderen Menschen noch gegen das Leben eines anderen Menschen." Diese Ansicht vertritt auch das Frankfurter Landgericht und spricht Daschner am 20. Dezember 2004 der Verleitung zu schwerer Nötigung schuldig. Die Stresssituation und Daschners Vermerk werten die Richter als strafmildernd. Er wird lediglich zu einer Geldstrafe auf Bewährung verurteilt.

Dominik Reinle, Stichtag: 20 Dezember 2004 – Urteil im Fall Daschner, www.1wdr.de, 20.12.2014, Abruf am 12.02.2018

b) Das Luftsicherheitsgesetz

Im Januar 2005 trat das Luftsicherheitsgesetz (LuftSiG) in Kraft. Das Gesetz ist vor dem Hintergrund der terroristischen Anschläge vom 11. September 2001 und dem Luftzwischenfall vom 5. Januar 2003, als ein verwirrter Motorsegler über Frankfurt kreiste, entstanden. Durch dieses Gesetz sollte neuen Bedrohungslagen begegnet werden. So sollte die Bundeswehr ermächtigt werden, Waffengewalt gegen Luftfahrzeuge einzusetzen, die das Leben von Menschen bedrohen (§§ 13, 14 LuftSiG). Die abgestuften Bestimmungen des Gesetzes erlaubten es, ein verdächtiges Flugzeug abzudrängen, zur Landung zu zwingen, ihm Waffengewalt anzudrohen, Warnschüsse abzugeben und zuletzt sogar abzuschießen.

Bearbeiter

1 Klage gegen „Abschuss-Gesetz" vor dem Bundesverfassungsgericht (29.01.2005)

Die FDP-Politiker Burkhard Hirsch und Gerhart Baum haben [...] Verfassungsbeschwerde gegen das Luftsicherheitsgesetz eingelegt. Das jüngst verabschiedete Bundesgesetz erlaubt dem Verteidigungsminister, entführte Passagierflugzeuge im Fall eines Terroranschlags abschießen zu lassen. Es verstoße gegen die Grundlagen der Verfassung, „wenn der Staat sich das Recht nehmen will, mit den Tätern einer Straftat auch deren Opfer zu töten", argumentierte der Jurist und frühere NRW-Innenminister Hirsch. Das Leben der Passagiere könne nicht ins Ermessen des Verteidigungsministers gestellt werden.

Dpa, Klage gegen Abschuss-Gesetz, www.taz.de, 29.01.2005, Abruf am 13.02.2018

2 Bundesverfassungsgericht hat entschieden: Kein Abschuss von entführten Flugzeugen (15.02.2006)

Ein von Selbstmordattentätern entführtes Passagierflugzeug darf auch im äußersten Notfall nicht abgeschossen werden. [...] Das gilt auch, wenn das Flugzeug als Waffe eingesetzt werden soll. [...]

Das Luftsicherheitsgesetz verstoße gegen den Schutz der Menschenwürde, stellte das Bundesverfassungsgericht in seinem Urteil fest. Der Schutz der Menschenwürde ist im Artikel eins des Grundgesetzes als zentrale Richtlinie der deutschen Verfassung festgelegt. Der Paragraph 14, Absatz drei, des Luftsicherheitsgesetzes, in dem ein Abschuss geregelt wird, sei auch nicht mit dem Artikel zwei des Grundgesetzes vereinbar, erklärte der Vorsitzende Richter Hans-Jürgen Papier weiter. In diesem Grundgesetz-Artikel wird das Recht auf Leben und die körperliche Unversehrtheit garantiert. Wenn der Staat den Abschuss eines entführten Luftfahrzeuges billige, behandele er die darin sitzenden unschuldigen Passagiere und Besatzungsmitglieder als Objekte, kritisierte Papier. Sie würden damit „verdinglicht und zugleich entrechtlicht". Dies gelte nicht, wenn es sich um den Einsatz eines unbemannten oder nur mit Tätern besetzten Flugzeug handele, stellte Papier zugleich klar.

© ARD-aktuell/tagesschau.de, Bundesverfassungsgericht hat entschieden – Kein Abschuss von entführten Flugzeugen, www.tagessschau.de, 25.08.2007, Abruf am 13.02.2018

METHODE

Dilemma-Diskussion über die Auswirkungen des Luftsicherheitsgesetzes

I. Worum geht es?

Ein moralisches Dilemma beschreibt eine Situation, in der Werte in Konflikt geraten, indem sie den Handelnden zwei völlig entgegengesetzte Handlungen vorschreiben. Ein Dilemma könnte entstehen, wenn ein Bundeswehrpilot unter Missachtung des Luftsicherheitsgesetzes ein von Terroristen entführtes und mit 100 Menschen besetztes Flugzeug abschießt, um 50.000 Menschen in einem Stadion zu retten. Bei der Dilemma-Diskussion geht es ganz vorrangig um die moralische Bewertung des Dilemmas und nicht um eine juristische Bewertung und Urteilsfindung, wie sie in Strafprozessen vorgenommen wird.

II. Gehen Sie dabei wie folgt vor:

1. Schritt: Problemklärung des Dilemmas

Auf der Grundlage von **M8b** ergibt sich die folgende Problemfrage: Darf ein von Terroristen entführtes und mit 100 Passagieren besetztes Flugzeug abgeschossen werden, um das Leben von 50.000 Menschen zu retten?

2. Schritt: Individuelles Spontanurteil

In Einzelarbeit notiert jeder erste Überlegungen auf ein Blatt Papier (ca. 5 Minuten). Diese Überlegungen werden von jedem Kursmitglied vorgetragen und an einer Wandtafel, u.a. befestigt. Zum Schluss wird eine Abstimmung zu der Frage durchgeführt, ob das Flugzeug in dem beschriebenen Fall abgeschossen werden darf oder nicht. Das Ergebnis wird festgehalten.

3. Schritt: Meinungsaustausch in Gruppen

Nun werden Pro-und Kontra-Gruppen von 6–8 Schülerinnen und Schülern gebildet, die Gründe für ihre Meinungen austauschen und am Ende der Debatte die jeweils zentralen Argumente in Thesenform auf getrennten Blättern festhalten.

4. Schritt: Pro- und Kontra-Diskussion im Kurs und abschließendes Urteil

Nach der Debatte in den Gruppen (→ 3. Schritt) werden nun die Argumente nach Pro- und Kontra-Argumenten sortiert an der Wand festgehalten. Daran schließt sich eine Diskussion im Plenum an (Pro-Kontra-Debatte, Fish-Bowl, u.a.) über das Dilemma. Am Ende wird noch einmal abgestimmt und die Ergebnisse werden mit der ersten spontanen Abstimmung (→ 2. Schritt) verglichen.

Bearbeiter

M9 Darf ein Kampfpilot der Bundeswehr ein von einem Terroristen entführtes Flugzeug abschießen? Theater- und Fernsehpublikum stimmen ab...

Der Schriftsteller und Jurist Ferdinand von Schirach hat zu dem viel diskutierten Urteil des Bundesverfassungsgerichts zum Luftsicherheitsgesetz ein Theaterstück geschrieben, das die Zuschauer zu Geschworenen macht. Der folgende Text berichtet von den ersten Aufführungen in Berlin und Frankfurt. Seitdem steht es auf dem Programm vieler Theater. Im Herbst 2016 strahlte die ARD zeitgleich in Deutschland, Österreich und der Schweiz in einem interaktiven Fernsehereignis die Verfilmung des Theaterstücks von Ferdinand von Schirach aus.
Bearbeiter

a) „Terror"- ein Theaterstück über einen (fiktiven) Abschuss eines entführten Flugzeugs

Der Angeklagte Lars Koch, links im Bild (gespielt von Pauline Knof), und die Vorsitzende Richterin Julia Stemberger in Kammerspielen in Wien am 23.11.2017

Unschuldig oder schuldig, wie geht die Sache aus? In Berlin: 255 gegen 207. In Frankfurt: 240 gegen 230. Man wird im Theater künftig öfter über solche Zahlen sprechen, und man wird sie mit den Summen vergleichen, die in anderen Städten herauskamen. Das Stück, von dem hier die Rede ist, wird für Furore sorgen, unter anderem deshalb, weil es sein Publikum spaltet; es schafft Mehrheiten und Minderheiten. Ein Patt ist nicht vorgesehen. Knapp wird die Sache immer ausgehen.

Es ist ein Kampf um Nuancen, aber auch ein Kampf ums Leben. Wir sehen, wie auf der Bühne ein Angeklagter verhört wird. Dann müssen wir, die Zuschauer, das Urteil ermitteln. Der Angeklagte heißt Lars Koch und ist Major der Luftwaffe. Koch schoss mit seinem Kampfjet ein Zivilflugzeug der Lufthansa ab, welches von einem mutmaßlich islamistischen Terroristen entführt worden war. Der Terrorist hatte gedroht, das Flugzeug in der ausverkauften Münchner Allianz Arena zum Absturz bringen. Der Pilot verhinderte das Attentat auf 70.000 Menschen, indem er 164 Menschen tötete (die allerdings, der Logik dieser Konstellation folgend, sowieso gestorben wären). Er wird zum Mann ohne Ausweg, zum Opfer einer Aporie. Macht ihn seine Tat zum Verbrecher oder zum Helden?

Peter Kümmel, 255 gegen 207, www.zeit.de, 10.10.2015, Abruf am 13.02.2018

b) Von Schirachs „Terror": Das interaktive und internationale Fernsehereignis am 17. Oktober 2016 im Ersten

„Terror" wird am 17. Oktober zeitgleich im ORF und im Schweizer Fernsehen ausgestrahlt; Das Besondere: Die Zuschauer stimmen über den Ausgang des Films ab.
5 [...]
Heldentat oder Verbrechen? Der mehrfach ausgezeichnete Schriftsteller und Jurist Ferdinand von Schirach entwirft in „Terror" ein Gedankenexperiment als erschre-
10 ckend aktuelles Gerichtsdrama. Am 17. Oktober kommt die Verfilmung des gleichnamigen Theaterstücks [...] um 20.15 Uhr ins Erste.
Im Anschluss an die Schlussplädoyers der
15 Staatsanwältin und des Verteidigers ist allerdings nicht das Gericht, sondern der Zuschauer aufgefordert, in einer multimedialen Abstimmung zu urteilen.
Volker Herres, Programmdirektor Erstes
20 Deutsches Fernsehen: „Der Zuschauer entscheidet! Das ist das ganz Besondere an diesem Abend. Der Zuschauer entscheidet nicht nur über den Ausgang eines Fernsehfilms, sondern über das Schicksal eines Menschen: schuldig oder nicht schuldig. 25 Der Film involviert ihn, spricht ihn an, macht ihn zur letzten richterlichen Instanz und nimmt ihn in die Verantwortung. Wir wollen damit die Idee von Fernsehen als gesellschaftliches Diskursmedium weiter 30 voranbringen: Der Fernsehfilm, das Publikumsurteil und die Expertendiskussion bei ‚hart aber fair' sind so eng miteinander verknüpft, dass sich daraus eine ganz neue interaktive TV-Form ergibt, auf die 35 ich schon jetzt sehr gespannt bin."
Das Besondere daran: „Terror" wird am 17. Oktober zeitgleich im ORF und im Schweizer Fernsehen ausgestrahlt; die Abstimmungsergebnisse der Länder können 40 direkt miteinander verglichen werden.

BR | DasErste.de, Von Schirachs „Terror": Das interaktive und internationale Fernsehereignis am 17. Oktober im Ersten, www.daserste.de, Abruf am 13.02.2018

c) So haben die Fernsehzuschauer entschieden! Ist Lars Koch schuldig oder nicht schuldig?

DEUTSCHLAND	ÖSTERREICH	SCHWEIZ
13,1 % SCHULDIG	13,1 % SCHULDIG	16 % SCHULDIG
86,9 % NICHT SCHULDIG	86,9 % NICHT SCHULDIG	84 % NICHT SCHULDIG

© BR | DasErste.de, So haben Sie entschieden, www.daserste.de, Abruf am 13.02.2018

AUFGABEN

1. a) Erläutern Sie, warum das Grundgesetz die Menschenwürde garantiert (**M7**).
   b) Analysieren Sie die Fallbeispiele zur Verletzung der Menschenwürde (**M8**).
   c) Diskutieren Sie die Entscheidungen der Gerichte in **M8a-b**.
   d) Entwickeln Sie abschließend ein eigenes Urteil.

2. Beschreiben Sie das im Theaterstück und im Film dargestellte Dilemma, in dem sich Lars Koch in dem konstruierten Fall befindet (**M9a**).

3. Setzen Sie sich mit der im Text gestellten Frage auseinander „Macht ihn seine Tat zum Verbrecher oder zum Helden?" (**M9a**).

4. Begründen Sie Ihr Urteil aus Aufgabe 1d unter Berücksichtigung der Entscheidung des Bundesverfassungsgerichts zum Luftsicherheitsgesetz (**M8b**).

3.2 Demokratie in Deutschland: Die Verfassungsprinzipien im Grundgesetz

M10 Zufriedenheit mit der Demokratie in Deutschland

a) Eine Umfrage aus dem Jahr 2016

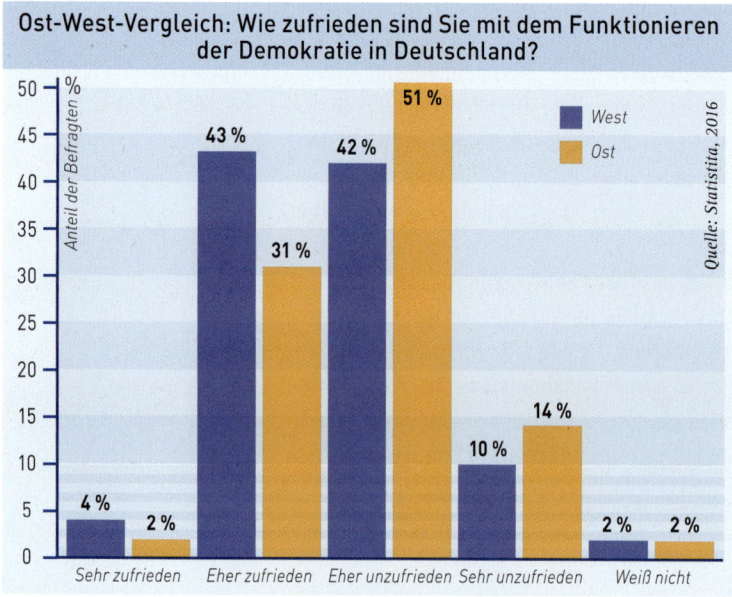

b) Ost-West-Unterschiede – eine Analyse von 2012

Die ostdeutsche Bevölkerung ist insgesamt erheblich demokratieskeptischer als die westdeutsche. [...] Die größere Demokratieskepsis in Ostdeutschland hat drei Hauptursachen: Erstens meinen viele ostdeutsche Bürger, dass ihre Interessen im vereinten Deutschland nicht gebührend zum Zuge kommen. Zweitens spielt die Wertschätzung anderer Ordnungsmodelle eine Rolle, insbesondere die größere Sympathie für die Idee des Sozialismus. Drittens kommt die Überzeugung hinzu, die beste Staatsordnung sei eine, in der die staatlichen Leistungen, insbesondere die Sozialpolitik, stärker ausgebaut werden als in Deutschland.

Manfred G. Schmidt, Einstellung zur Demokratie, www.bpb.de, 31.05.2012, Abruf am 13.02.2018

M11 Artikel 20 GG

(1) Die Bundesrepublik Deutschland ist ein demokratischer und sozialer Bundesstaat.
(2) Alle Staatsgewalt geht vom Volke aus. Sie wird vom Volke in Wahlen und Abstimmungen und durch besondere Organe der Gesetzgebung, der vollziehenden Gewalt und der Rechtsprechung ausgeübt.
(3) Die Gesetzgebung ist an die verfassungsmäßige Ordnung, die vollziehende Gewalt und die Rechtsprechung sind an Gesetz und Recht gebunden. [...]

Verfassungsprinzipien

Verfassungsprinzipien [sind] diejenigen grundlegenden Verfassungsnormen, die den Geist und den Charakter der Verfassung und somit auch des Staates, dessen Ordnung auf ihr beruht, erkennen lassen, besonders hinsichtlich Staats- und der Regierungsform, Rechtsstaatlichkeit, Demokratie und Gewaltenteilung.

Duden Recht A–Z. Fachlexikon für Studium, Ausbildung und Beruf, Verfassungsprinzipien, 3. Aufl., Düsseldorf 2015, S. 484

Demokratie (→ M13-M16)
Republik (→ M17)
Bundesstaat (→ M18-M21)
Rechtsstaat (→ M22)
Sozialstaat (→ M23)

M12 Verfassungsprinzipien des Grundgesetzes im Überblick

M13 Merkmale der Demokratie des Grundgesetzes I: Volkssouveränität, Repräsentativsystem, Mehrheitsprinzip

Volkssouveränität	Repräsentativsystem	Mehrheitsprinzip
Jede staatliche Machtausübung muss durch das Volk legitimiert sein. Die staatlichen Organe müssen entweder, wie die Parlamente, aus Volkswahlen hervorgehen oder, wie die Regierung und die von ihr berufene Verwaltung, von den gewählten Repräsentanten eingesetzt werden. Die Amtsinhaber sind dem Volk bzw. seinen Repräsentanten verantwortlich und können aus ihrem Amt entfernt werden.	Die Verfassungsgeber haben sich für ein (auf Bundesebene) reines Repräsentativsystem entschieden. Das Volk übt die Staatsgewalt nicht direkt aus, sondern überträgt sie durch Wahlen Repräsentanten, den Abgeordneten, die in seinem Auftrag die Entscheidungen im Staat treffen. Die in Art. 20 Abs. 2 GG genannten Abstimmungen sind nur für den Fall einer Neugliederung der Länder vorgesehen. Einer solchen Neugliederung muss die betroffene Bevölkerung durch Volksentscheid zustimmen. Dagegen enthalten fast alle Landesverfassungen Bestimmungen über Volksbegehren und Volksentscheide. Die Entscheidung gegen die Aufnahme von Elementen direkter Demokratie in das Grundgesetz wurde durch die negativen Erfahrungen in der Zeit der Weimarer Republik beeinflusst. In den letzten Jahrzehnten wurden immer wieder Forderungen nach einer direkten Beteiligung der Bürger an den politischen Entscheidungen laut. [...] [Hinweis: Bisher sind auf Bundesebene keine Volksabstimmungen vorgesehen, aber es gibt Bestrebungen, auch auf Bundesebene Volksabstimmungen zu ermöglichen. (→ Kapitel 6.2, S. 207 ff.]	In einer Demokratie gilt der Grundsatz, dass bei Wahlen und Abstimmungen die Mehrheit entscheidet und dass die Minderheit die Mehrheitsentscheidung anerkennt. Sie hat dafür die Chance, bei künftigen Wahlen und Abstimmungen ihrerseits die Mehrheit zu erringen, und kann erwarten, dass dann ihre Entscheidungen respektiert werden. Das Mehrheitsprinzip ist eine Kompromisslösung. Die Entscheidung der Mehrheit muss nicht „richtig" sein. Das Mehrheitsprinzip gewährleistet aber, dass Konflikte friedlich ausgetragen werden.

© Bundeszentrale für politische Bildung, Dossier Deutsche Demokratie, Bonn 2018, S. 15f., www.bpb.de, Abruf am 12.02.2018

M14 Merkmale der Demokratie des Grundgesetzes II: Gewaltenteilung

Durch die Gewaltenteilung werden die Konzentration und der Missbrauch politischer Macht verhindert und die Ausübung politischer Herrschaft begrenzt. Die Teilung der Staatsgewalt soll die Freiheit des Staatsbürgers sichern und ihn vor einem übermächtigen Staat schützen. Die Staatsgewalt wird geteilt zwischen der gesetzgebenden Gewalt (Legislative), der ausführenden Gewalt (Exekutive) und der rechtsprechenden Gewalt (Judikative). Diese Funktionen werden unabhängigen Staatsorganen (Parlamenten, Regierung, Gerichten) zugewiesen. Für die Demokratie in der Bundesrepublik Deutschland trifft die in der nachfolgenden Grafik dargestellte strenge Trennung zwischen Legislative und Exekutive nicht zu. Die Bundesregierung stützt sich auf die Mehrheit des Parlaments („Regierungskoalition"), die den/die Bundeskanzler/in gewählt hat. Viele Ministerinnen und Minister und auch der Bundeskanzler oder die Bundeskanzlerin sind zugleich Mitglieder des Deutschen Bundestags. Man spricht daher von „Gewaltenverschränkung". Der Bundesrat besteht nicht aus Vertretern der Länderparlamente, sondern der Länderregierungen. Die Rechtsprechung bleibt jedoch streng getrennt.

Bearbeiter

Gewaltenteilung
→ Kapitel 4, M14

Bearbeiter

M15 Merkmale der Demokratie des Grundgesetzes III: Die freiheitliche demokratische Grundordnung (FDGO) in der Definition des Bundesverfassungsgerichtes (1952)

FDGO
Freiheitlich demokratische Grundordnung in Deutschland

Die freiheitlich demokratische Grundordnung [lässt sich] als eine Ordnung bestimmen, die unter Ausschluss jeglicher Gewalt- und Willkürherrschaft eine rechtsstaatliche Herrschaftsordnung auf der Grundlage der Selbstbestimmung des Volkes nach dem Willen der jeweiligen Mehrheit und der Freiheit und Gleichheit darstellt. Zu den grundlegenden Prinzipien dieser Ordnung sind mindestens zu rechnen:

- die Achtung vor den im Grundgesetz konkretisierten Menschenrechten, vor allem vor dem Recht der Persönlichkeit auf Leben und freie Entfaltung,
- die Volkssouveränität,
- die Unabhängigkeit der Gerichte,
- die Verantwortlichkeit der Regierung,
- die Gewaltenteilung,
- die Gesetzmäßigkeit der Verwaltung,
- das Mehrparteiensystem und die Chancengleichheit für alle politischen Parteien mit dem Recht auf verfassungsmäßige Bildung und Ausübung einer Opposition.

Bundesverfassungsgericht, Entscheidungen des Bundesverfassungsgerichts, in: BverfGE 2, 12f., Urteil des Bundesverfassungsgerichtes, 23.10.1952

M16 Warum es zur Demokratie keine Alternative gibt – eine Meinung für die Demokratie in Deutschland aus dem Jahr 2013

Nach wie vor gilt der Ausspruch des englischen Staatsmannes Winston Churchill vom 11. November 1947 bei einer Rede im Unterhaus: „Demokratie ist die schlechteste aller Herrschaftsformen – abgesehen von all den anderen Formen, die von Zeit zu Zeit ausprobiert worden sind." Oder, mit einem Demokratieforscher formuliert, „die zweitbeste Demokratie ist immer noch besser als die beste Nicht-Demokratie". Die Demokratie mag nur als das kleinere Übel angesehen werden, vereint aber andererseits so viele Vorteile auf sich, dass sie als die beste bekannte Herrschaftsform bezeichnet werden kann.

15 Einer dieser Vorteile ist ihre Lernfähigkeit, die sie in die Lage versetzt, auch große Herausforderungen zu bestehen, Probleme zu bewältigen und dabei ihre Nachteile so zu verarbeiten, dass sie gestärkt aus Krisen hervorgeht. [...]

Die moderne Demokratie ist gemäßigt, basiert auf Gewaltentrennung, repräsentativer Willens- und Entscheidungsbildung und, ganz entscheidend, auf Recht und Verfassung. Mit der Achtung von Recht und Gesetz, mit unabhängigen Gerichten und einer Verfassungsgerichtsbarkeit kann auch der [...] Gefahr einer Tyrannei der Mehrheit begegnet werden. Individuen und Minderheiten müssen sich nicht bedingungslos einer Mehrheit beugen, die sich ja auch irren kann. Leben, Freiheit und Eigentum genießen den Schutz des Rechtes. Individuelle Freiheit und demokratische Selbstregierung lassen sich in der modernen Demokratie miteinander vereinbaren. Auch für das sogenannte Paradox der Demokratie wurde eine Lösung gefunden. Wird sie als unbegrenzte Mehrheitsherrschaft verstanden, dann hätte diese Mehrheit auch die Möglichkeit, die Demokratie abzuschaffen. Heutige Demokratien errichten Hindernisse der Selbstpreisgabe. Zum einen stößt die schlichte Mehrheitsherrschaft an die Grenzen des Rechtes und der Verfassung, zum anderen versucht die Demokratie schon im Vorfeld, solchen Bestrebungen entgegenzutreten, die eine Abschaffung der Demokratie – sei es mit Gewalt oder auf parlamentarischem Wege – fordern. [...]

Die Demokratie ist die einzige Herrschaftsform, die es den Bürgerinnen und Bürgern erlaubt, Regierende zu sanktionieren, ohne das politische System selbst beseitigen zu müssen. Politische Führung kann ausgewechselt werden, weil es in der Demokratie nur Herrschaft auf Zeit gibt. Die Opposition von heute kann morgen schon Regierung sein, aus einer Minderheit kann eine Mehrheit werden. Transparenz ermöglicht Kontrolle und schützt vor Machtmissbrauch. Konflikte können bewältigt werden, ohne dass die Kontrahenten zu Mitteln der Gewalt greifen müssen. Und vor allem: Nur der Wille der Bürgerinnen und Bürger, artikuliert in Wahlen und Abstimmungen, begründet und legitimiert die Herstellung kollektiv verbindlicher Entscheidungen. Nur die Demokratie bietet den Menschen die Chance, sich umfassend an Willensbildung und Entscheidungsfindung zu beteiligen, ihre Angelegenheiten selbst in die Hand zu nehmen, und das in vielen Weisen: vom Engagement in Parteien über Bürgerinitiativen bis zu Protestaktionen. Denn schon die alten Griechen wussten es, als sie die Demokratie erfanden: Die Politik ist vor allem die Sache der Bürgerschaft.

Hans Vorländer, Demokratie – nach wie vor die beste Herrschaftsform?, www.bpb.de, 06.01.2014

Winston Churchill, Premierminister Großbritanniens von 1940–1945 und 1951–1955 äußerte sich in einer Rede 1947 zur Demokratie.

„Demokratie auf Russisch" – eine Analyse vom September 2016

Mediencode: 72060-07

Aufgabe 3
Demokratie im Erklärfilm

Mediencode: 72060-08

AUFGABEN

1. Analysieren Sie die Meinungsumfrage in **M10a**. Beschreiben Sie den Erklärungsversuch in **M10b** für die Unterschiede zwischen West- und Ostdeutschland.

2. Erklären Sie die im Text des Artikels 20 (**M11**) genannten Verfassungsprinzipien, die im Schaubild in **M12** dargestellt werden. Die einzelnen Begriffe der jeweiligen Verfassungsprinzipien helfen Ihnen bei der Erklärung.

3. Beschreiben Sie die Merkmale der Demokratie des Grundgesetzes (**M13**, **M14**, **M15**).

4. Analysieren Sie, warum der Autor in **M16** meint, dass es zu der Demokratie keine Alternative gibt.

5. Beurteilen Sie, ob der Autor mit seiner Bewertung von Demokratie Recht hat (**M16**).

M17 Staatsform Deutschlands: Die Bundesrepublik Deutschland als Republik

Kaiser Wilhelm II, Staatsoberhaupt des Deutschen Kaiserreiches 1888–1918

Bundespräsident Frank-Walter Steinmeier, Staatsoberhaupt der Bundesrepublik Deutschland seit 2017

Mit Republik ist jede Nicht-Monarchie gemeint: Das Staatsoberhaupt wird nicht durch Erbfolge bestimmt. Die Frage der Staatsform – Republik oder Monarchie – ist demnach weitaus weniger wichtig als die Frage nach der [Herrschafts]form Demokratie oder Diktatur. [...]
Schließlich sagt die jeweilige Staatsform noch nichts über die tatsächlichen Herrschaftsträger und über die Legitimität des Staates aus. [...] Es gibt also demokratische wie nicht-demokratische Republiken. In diesem Sinne ist Republik ein bloßer Formalbegriff, der eine klare Einteilung der Staaten nach diesem Kriterium ermöglicht. Da die Propagierung der Monarchie heute keine Rolle spielt, ist der Begriff Republik weithin ohne Substanz.

Eckhard Jesse, Republik, in: Uwe Andersen, Wichard Woyke (Hrsg.), Handwörterbuch des politischen System der Bundesrepublik Deutschland, 7. Auflage, Wiesbaden 2013, S. 594

M18 Bundesstaat – eine Karikatur zum Bildungsföderalismus

Karikatur: Thomas Plaßmann, Baaske Cartoons, Müllheim, 2008

M19 G8 oder G9 oder beides? Übersicht über die Schulzeit an Gymnasien in den Bundesländern (Stand: April 2018)

1 SCHLESWIG-HOLSTEIN
bietet Wahlfreiheit für die Schulträger, meist die Kommunen. In der Regel bieten die Gymnasien das Turbo-Abi (G8) an.

4 BREMEN:
An den Gymnasien wird in der Regel der G8-Bildungsgang angeboten. Ein Gymnasium im kleinsten Bundesland bietet G9 an. [...]

5 NIEDERSACHSEN
kehrte nach den Sommerferien 2015 als erstes Bundesland komplett zum Abi nach 13 Schuljahren zurück. Leistungsstärkeren Schülern soll aber weiter die Möglichkeit eingeräumt werden, schon nach 12 Jahren das Abitur zu machen.

6 NORDRHEIN-WESTFALEN
Rückkehrmöglichkeit zu G9 für alle Schulen, die sich nicht aktiv für die Beibehaltung von G8 entscheiden; ab dem Schuljahr 2019/20 für Schülerinnen und Schüler der Jahrgänge fünf und sechs.

7 HESSEN
hat mit dem Schuljahr 2013/14 Wahlfreiheit der Gymnasien zwischen G8 und G9 eingeführt. [...] Rund 75 Prozent der neuen Gymnasiasten in Hessen werden das Abitur wieder nach neun Jahren ablegen. Es gibt derzeit noch 29 Gymnasien und drei kooperative Gesamtschulen mit G8-Angebot.

8 RHEINLAND-PFALZ
war als einziges West-Bundesland nicht auf den Zug aufgesprungen, G8 flächendeckend als einzige Gymnasialform einzuführen. Es gibt dort G8-Ganztagsgymnasien, und schon immer gab es für gute Schüler die Möglichkeit, das Abitur nach 8 Gymnasialjahren an einem 9-jährigen Gymnasium abzulegen. Die Regel sind aber 9 Jahre.

9 SAARLAND
Rückkehr zu G9 ab dem Schuljahr 2019/20 für die Schülerinnen und Schüler der Jahrgänge fünf und sechs.

10 BADEN-WÜRTTEMBERG
bleibt auch unter grün-schwarzer Landesregierung grundsätzlich bei G8 und bei 44 Schulversuchen mit G9. [...]

2, 3 HAMBURG/BERLIN:
Eltern, die 13 Schuljahre bis zum Abitur bevorzugen, können ihre Kinder an integrierten Schulformen wie Stadtteilschulen anmelden. An Gymnasien wird das Abitur nach 8 Jahren abgelegt.

12–16 NEUE BUNDESLÄNDER:
Hier wird das Abitur an den Gymnasien in der Regel nach 12 Schuljahren abgelegt.

11 BAYERN
Rückkehr zu G9 mit dem Schuljahr 2018/19 für die Schülerinnen und Schüler der Jahrgänge fünf und sechs.

Dpa, Turbo-Abi oder 13 Jahre Schule G8/G9: Das ist der Stand in den einzelnen Bundesländern, www.ruhrnachrichten.de, 27.10.2016, vom Bearbeiter aktualisiert

Föderalismus

Föderalismus stellt eine politische Ordnung dar, bei der die staatlichen Aufgaben zwischen Gesamtstaat und Einzelstaaten aufgeteilt werden, und zwar so, dass beide politischen Ebenen für bestimmte (verfassungsgemäß festgelegte) Aufgaben selbst zuständig sind. [...] Der föderale Aufbau des deutschen politischen Systems ist in Art. 20 Abs. 1 GG festgelegt.

Klaus Schubert, Martina Klein, Föderalismus, in: Das Politiklexikon, Begriffe, Fakten, Zusammenhänge, Bonn 2016, S. 116 f.

M20 Aufgabenverteilung zwischen Bund und Ländern (Auswahl)

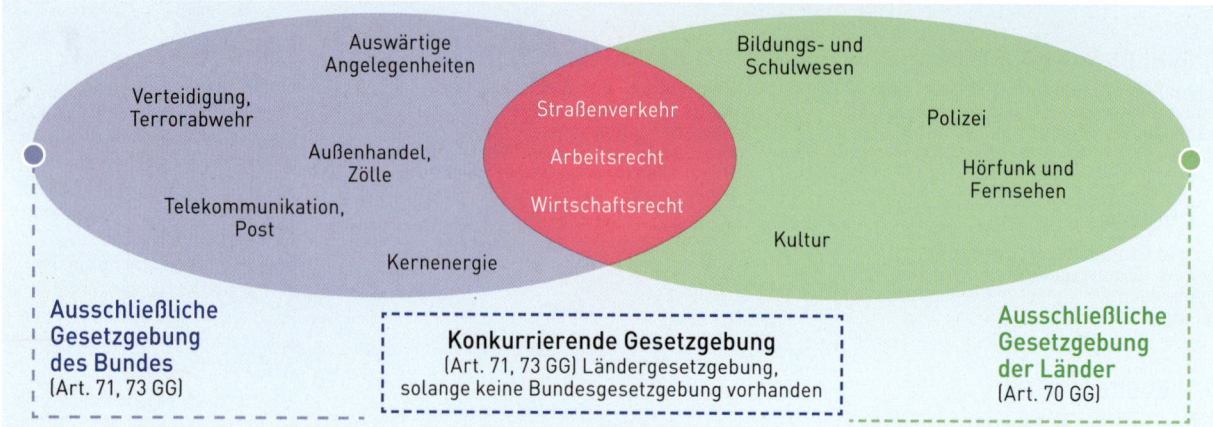

Bearbeiter

M21 Pro und Kontra Bundesstaat

a) Was spricht für den Bundesstaat?

1. Der Bundesstaat beschränkt die Machtkonzentration im Zentralstaat. Die klassische horizontale Gewaltenteilung zwischen Parlament und Regierung ist im heutigen Parteienstaat weitgehend unwirksam geworden, die staatliche Macht liegt in der Hand der Regierung und der sie stützenden Parlamentsmehrheit. Im föderalistischen System sind die staatlichen Aufgaben zwischen Bund und Ländern aufgeteilt. Sie müssen zusammenwirken und kontrollieren sich damit gegenseitig (vertikale Gewaltenteilung). Das geschieht vor allem durch die Mitwirkung des Bundesrates an der Gesetzgebung des Bundes.

2. Der Bundesstaat ermöglicht mehr politische Beteiligung. Die Wähler können von ihrem Stimmrecht doppelt Gebrauch machen, nicht nur alle vier Jahre bei der Wahl zum Bundesparlament, sondern auch bei der Wahl zum Landesparlament.

3. Der Bundesstaat mit seiner Gliederung in kleinere überschaubarere Einheiten sichert mehr Bürgernähe. Das politische Engagement der Bürgerinnen und Bürger wird erleichtert, und ihre Interessen werden wirksamer wahrgenommen, wenn nicht alles von einer fernen Zentrale bestimmt wird, sondern wenn Entscheidungen von Politikern und Verwaltung getroffen werden, die mit den regionalen Verhältnissen vertraut und für die Menschen leichter erreichbar sind.

4. Der Bundesstaat kann reformfreudiger sein. Neuerungen, in einem Land ausprobiert, werden von anderen übernommen, wenn sie sich bewährt haben.

5. Der Bundesstaat verbessert die Chancen der Opposition. Sie kann in den Ländern, in denen sie die Regierung stellt, politische Alternativen zur Bundesregierung anbieten und ihre Regierungsfähigkeit unter Beweis stellen.

6. Der Bundesstaat sorgt für eine breite Reserve an politischem Führungspersonal. In den Parlamenten und Regierungen der Länder können sich Politiker bewähren und für Führungsaufgaben im Bund qualifizieren. [...]

Föderalismus im Erklärfilm

Mediencode: 72060-09

3.2 Demokratie in Deutschland: Die Verfassungsprinzipien im Grundgesetz

b) Was spricht gegen den Bundesstaat?

1	Die Verfechter eines Zentralstaates führen gegen die föderalistische Ordnung ins Feld: Der Bundesstaat ist zu kompliziert. Der Entscheidungsprozess ist schwerfällig. Bund und Länder	müssen langwierige Verhandlungen führen, bis es endlich zu Entscheidungen kommt, die oft nur mühsame Kompromisse darstellen.
2	Der Bundesstaat ist unübersichtlich. Das Zusammenwirken im kooperativen Föderalismus mit den vielen formellen und informellen Gremien verwischt die klare Abgrenzung der Kompeten-	zen und macht Entscheidungsprozesse undurchschaubar. Damit werden die demokratischen Prinzipien der Öffentlichkeit und Transparenz unterlaufen.
3	Der Bundesstaat hat unterschiedliche Lebensverhältnisse zur Folge. Diese Situation kann für die betroffenen Bürger ungünstig sein, etwa, wenn	verschiedene Schulsysteme bei einem Wohnortwechsel nachteilig für die Kinder sind.
4	Der Bundesstaat kostet zu viel Geld. 16 (Landes-)Regierungen, Parlamente und Verwaltungen sind teurer als	die entsprechenden Organe in einem Einheitsstaat.

© Bundeszentrale für politische Bildung, Dossier Deutsche Demokratie, Bonn 2018, S. 15f., www.bpb.de, Abruf am 12.02.2018

AUFGABEN

1. Beschreiben Sie den Stellenwert der Unterscheidung zwischen Monarchie und Republik (M17).
2. a) Beschreiben Sie die Karikatur zum Bildungsföderalismus (M18).
   b) Erläutern Sie die Aussage des Karikaturisten (M18).
   c) Entwickeln Sie ein vorläufiges Urteil zu der Frage, ob die Meinung des Karikaturisten (M18) aus Ihrer Sicht überzeugend ist.
3. Stellen Sie die Dauer der Schulzeit am Gymnasium in den verschiedenen Bundesländern in Tabellenform dar (M19) und interpretieren Sie den Trend der Entwicklung.
4. Erklären Sie mithilfe des Schaubilds in M20, warum die Dauer der Schulzeit in den Bundesländern unterschiedlich sein kann.
5. Arbeiten Sie aus M21 stichpunktartig in Form von Pro- und Kontra-Argumenten die Vor- und Nachteile eines Bundesstaates heraus und stellen Sie diese in einem Schaubild zusammen.
6. Überprüfen Sie zunächst in Kleingruppen, inwiefern sich einzelne Pro- und Kontra-Argumente auf die Schulpolitik in Bezug auf G8 und G9 anwenden lassen. Notieren Sie Ihre Ergebnisse z. B. auf einer Wandzeitung (→Methodenglossar) und vergleichen Sie diese im Kurs (M21).
7. Diskutieren Sie abschließend im Kurs, ob Sie die ausschließliche Zuständigkeit der Länder für die Bildungspolitik für sinnvoll halten oder nicht. Stimmen Sie am Ende der Diskussion (ggf. mithilfe einer Streitlinie) ab.

F Aufgabe 3
Überprüfen Sie, inwieweit die Informationen aus M19 noch aktuell sind.

F Aufgabe 7
Prüfen Sie, inwiefern sich die zuletzt ermittelten Ergebnisse mit den Ergebnissen aus der Beurteilung der Aussage des Karikaturisten (M18) vergleichen lassen.

M22 Rechtsstaat in Deutschland

Organe der Rechtsprechung

- Bundesverfassungsgericht
- Verfassungsgerichte der Länder

Oberste Gerichtshöfe des Bundes
- Bundesgerichtshof
- Bundesarbeitsgericht
- Bundesverwaltungsgericht
- Bundesfinanzhof
- Bundessozialgericht

Gerichte der Länder
- Oberlandesgerichte / Landesarbeitsgerichte / Oberverwaltungsgerichte / Finanzgerichte / Landessozialgerichte
- Landgerichte
- Amtsgerichte / Arbeitsgerichte / Verwaltungsgerichte / Sozialgerichte

Gerichtsbarkeiten: Ordentliche Gerichtsbarkeit · Arbeitsgerichtsbarkeit · Allgem. Verwaltungsgerichtsbarkeit · Finanzgerichtsbarkeit · Sozialgerichtsbarkeit

---

Der Rechtsstaat [...] ist im Grundgesetz [...] ausgestaltet und seitdem fortentwickelt worden. [...] Der Rechtsstaat dient vor allem dem Ziel, die Freiheit zur Entfaltung
5 der Persönlichkeit und die Rechtsgleichheit des Einzelnen zu verwirklichen. Dafür umfasst die Rechtsstaatlichkeit eine Reihe von Bestandteilen:
- Garantie von Grundrechten,
10 • Gewaltenteilung,
- Rechtsbindung aller Staatsorgane, insbesondere Gesetzmäßigkeit der Verwaltung,
- Rechtssicherheit,
15 • umfassenden und effektiven gerichtlichen Schutz gegen Rechtsverletzungen durch die öffentliche Gewalt.

Die *Grundrechte*, die durch das Grundge-
20 setz garantiert und an die die Legislative, die Exekutive und die Rechtsprechung gebunden sind, [...] dienen unmittelbar dem Schutz der Freiheit zur Persönlichkeitsentfaltung und der Rechtsgleichheit.
25 Die *Gewaltenteilung* [...] ist ein wichtiges Gestaltungsprinzip des Staatsaufbaus: Dieses Prinzip fordert die Unterscheidung der Staatsfunktionen – Legislative, Exekutive und Rechtsprechung – und ihre Ver-
30 teilung auf unterschiedliche Staatsorgane zur gegenseitigen Kontrolle und zur Mäßigung der Ausübung von Staatsgewalt. Dies kann nur durch gegenseitige Abhängigkeiten und Einflussmöglichkeiten erreicht
35 werden, nicht durch absolute Trennung der Gewalten voneinander. Die Aufteilung von Staatsfunktionen auf Bund, Länder und Kommunen wirkt ebenfalls im Sinne einer Gewaltenteilung.
40 Die *Rechtsbindung aller Staatsorgane* bei der Ausübung von Staatsgewalt bedeutet, dass die Staatsorgane weder willkürlich, noch wenn es ihnen nützlich oder notwendig erscheint, in die Rechte des einzelnen eingrei-
45 fen dürfen, sondern nur dann, wenn dafür eine Rechtsgrundlage – grundsätzlich ein vom Parlament beschlossenes Gesetz – besteht, die den Eingriff erlaubt. Auch dadurch sollen Freiheit und Gleichheit des Einzelnen
50 so weit wie möglich geschützt werden.
Die *Rechtsbindung der Legislative* bedeutet die Bindung an die verfassungsmäßige Ord-

nung, d.h. an das Grundgesetz, insbesondere an die Grundrechte sowie an die geltenden Gesetze [...] Die *Rechtsbindung der Exekutive* ist vor allem im Grundsatz der Gesetzmäßigkeit der Verwaltung ausgeprägt. Dieser Grundsatz umfasst [...]:

Den *Vorbehalt des Gesetzes*. Alle grundsätzlichen, den Bürger unmittelbar betreffenden Entscheidungen, insbesondere über Eingriffe in Freiheit und Eigentum, dürfen nur durch ein vom Parlament erlassenes Gesetz oder auf Grund eines solchen Gesetzes ergehen. Dadurch wird die Zuständigkeit der Legislative zur Entscheidung über alle für das Gemeinwesen wesentliche Fragen begründet. [...]

Die *Rechtssicherheit* ist ein weiterer wesentlicher Bestandteil der Rechtsstaatlichkeit. Zu ihr gehören die Bestimmtheit, Klarheit und Voraussehbarkeit staatlichen Handelns und auch der Schutz berechtigten Vertrauens auf eine bestehende Rechtslage durch Begrenzung der Rückwirkung von Gesetzen. Der Grundsatz der Verhältnismäßigkeit soll Schutz vor ungeeigneten, nicht erforderlichen und übermäßig belastenden Eingriffen in die Rechte des einzelnen gewähren.

Die Verfassung verbürgt jedermann umfassenden und effektiven Rechtsschutz vor den Gerichten gegen Rechtsverletzungen durch die öffentliche Gewalt. [...] Bei Grundrechtsverletzungen ist außerdem die Verfassungsbeschwerde an das Bundesverfassungsgericht möglich.

Klaus Friedrich Arndt, Wolfgang Heyde, Gebhard Ziller, Legislative, Exekutive, Rechtsprechung – Bund, Länder, Kommunen, Bonn 1993, S. 6 f.

M23 Sozialstaat in Deutschland

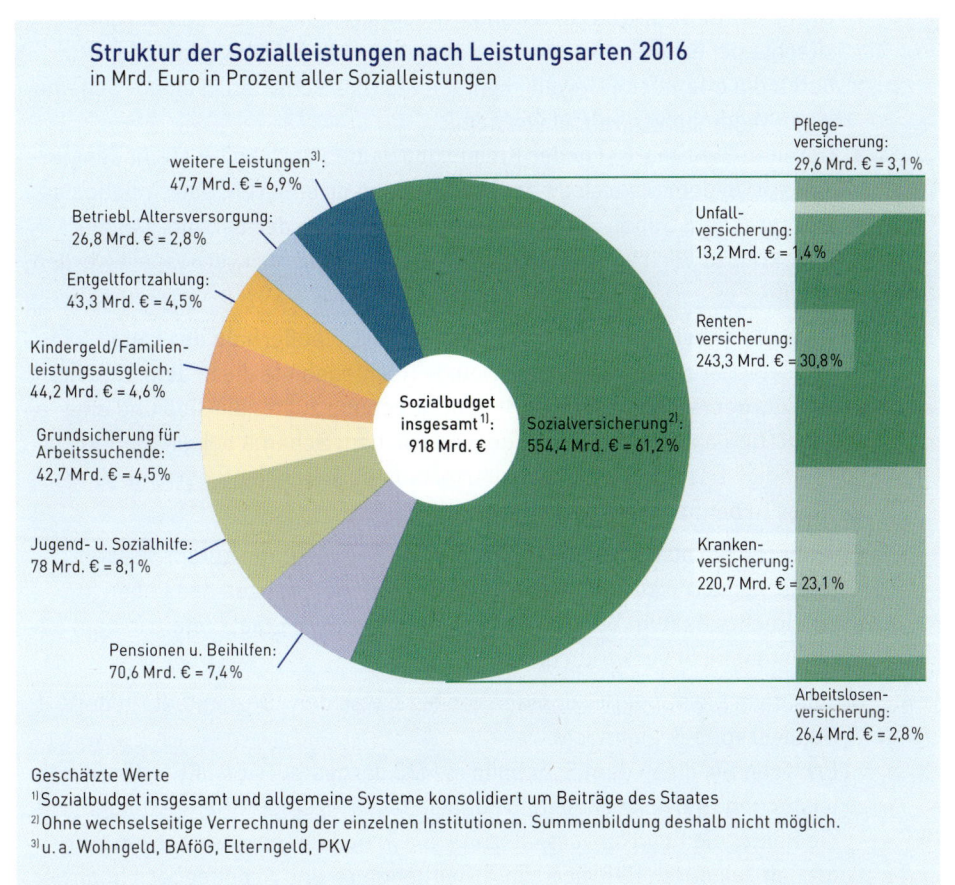

Sozialstaat
Der Sozialstaat wird ausführlich in der Qualifikationsphase behandelt. M23 will eine Grundinformation liefern.

Quelle: Bundesministerium für Arbeit und Soziales, 2017

Hartz IV

Umgangssprachlich für das „Arbeitslosengeld II": Grundsicherung für alle Menschen, die erwerbsfähig und arbeitslos sind oder trotz einer Arbeit staatliche Unterstützung brauchen, um ihre Grundbedürfnisse befriedigen zu können.

[Der Begriff „Sozialstaat" drückt aus], dass sich die Gesetzgebung in unserem Staat auch um soziale Gerechtigkeit und die soziale Sicherheit der Bürger zu kümmern hat, also – kurz gesagt – auch Sozialpolitik zu betreiben hat. Soziale Gesetzgebung hat in Deutschland eine lange Tradition. Ihr historisch ältester Zweig ist die Sozialversicherung. Als erstes Land der Welt führte Deutschland 1883 eine gesetzliche Krankenversicherung für Arbeiter ein. Sie besteht heute für alle abhängig Beschäftigten als Pflichtversicherung (bis zu einer bestimmten Einkommenshöhe). Weitere gesetzliche Versicherungen sind hinzugekommen, die bei Arbeitslosigkeit, Unfall, Arbeitsunfähigkeit, Pflegebedürftigkeit einspringen und im Alter eine Rente zahlen. [...] Zusätzlich finanziert der Staat aus seiner Kasse soziale Leistungen, z.B. Kindergeld, Erziehungsgeld, Wohngeld, Hartz IV. [...] Eine soziale Arbeitsgesetzgebung sorgt u.a. dafür, dass Arbeitnehmer am Arbeitsplatz nicht über Gebühr gefährdet oder belastet und werdende Mütter besonders geschützt werden, dass niemand von heute auf morgen entlassen werden kann, jeder bei Krankheit eine Zeit lang seinen Lohn weiter bezieht.

Eckart Thurich, pocket politik - Demokratie in Deutschland, 4. Aufl., Bonn 2011, S. 105 f.

AUFGABEN

1. Arbeiten Sie in Kleingruppenarbeit die zentralen Informationen von **M22** über den Rechtsstaat in der Bundesrepublik heraus, indem Sie auf einer Wandzeitung (→ Methodenglossar) die folgenden Aspekte darstellen:
   - zentrales Ziel des Rechtsstaats;
   - zentrale Bestandteile des Rechtsstaats (Die fünf Punkte: „Garantie von Grundrechten", „Gewaltenteilung", „Rechtsbindung aller Staatsorgane", „Rechtssicherheit", „gerichtlicher Schutz gegen Rechtsverletzungen durch die öffentliche Gewalt" könnten als Überschriften in einem Schema, einer Mindmap verwendet werden.);
   - Bereiten Sie zunächst in der Kleingruppe einen Vortrag (→ Methodenglossar) vor, in dem Sie sich an der Wandzeitung orientieren, aber möglichst frei sprechen. Geben Sie sich jeweils Feedback in der Gruppe, welche Aspekte des Vortrags gut gelungen sind und was noch verbessert werden könnte.

2. Eine zweite Arbeitsgruppe könnte zeitgleich oder außerhalb des Unterrichts in einer Recherche ermitteln, für welche Rechtsgebiete die in dem Schema in **M22** dargestellten Organe der Rechtsprechung zuständig sind und eine Präsentation anfertigen, die ausgehend von dem Schema beispielhaft (nicht vollständig) einzelne Zuständigkeiten erläutert, z.B. Arbeitsgerichte für Klage eines Arbeitnehmers gegen Kündigung u.a.

3. Diskutieren Sie abschließend im Kurs unter Bezugnahme auf Ihr Wissen über die Verhältnisse in anderen Ländern, welche Chancen das Leben in einem Rechtsstaat im Vergleich zum Leben in einem Staat bieten, in dem ein Rechtsstaat nicht verwirklicht ist.

4. a) Erläutern Sie auf der Grundlage von **M23**, was den „Sozialstaat" in der Bundesrepublik ausmacht.
   b) Erklären Sie die in dem Schaubild in **M23** dargestellte Struktur der Sozialleistungen. Berücksichtigen Sie dabei, dass einzelne Sozialleistungen, wie die Rente, die Krankenversicherung, die Arbeitslosenversicherung zum großen Teil durch Beiträge von Arbeitnehmern und Arbeitgebern finanziert werden.

3.3 Die ideengeschichtlichen Grundlagen der Demokratie des Grundgesetzes

Die Verfassungsprinzipien unseres Grundgesetzes knüpfen an Ideen an, die vor allem im 17. und 18. Jahrhundert von Philosophen und Politikern entwickelt wurden, als die Völker Europas und der USA nach mehr Freiheit und Unabhängigkeit von Fürsten und Königen strebten. Ihre Ideen wurden in der weiteren Geschichte häufig angepasst und konkretisiert.
Bearbeiter

M24 John Locke: Gegen das „Gottesgnadentum"

Zweite Abhandlung über die Regierung (1690)

§ 87 Der Mensch wird, wie nachgewiesen worden ist, mit einem Rechtsanspruch auf vollkommene Freiheit und uneingeschränkten Genuss aller Rechte und Privilegien des natürlichen Gesetzes in Gleichheit mit jedem anderen Menschen oder jeder Anzahl von Menschen auf dieser Welt geboren. Daher hat er von Natur aus nicht nur die Macht, sein Eigentum, das heißt sein Leben, seine Freiheit und seinen Besitz, gegen die Schädigungen und Angriffe anderer Menschen zu schützen, sondern auch jede Verletzung des Gesetzes seitens anderer zu verurteilen und sie so zu bestrafen, wie es nach seiner Überzeugung das Vergehen verdient. [...]

§ 134 Das große Ziel, das Menschen, die in eine Gesellschaft eintreten, vor Augen haben, liegt im friedlichen und sicheren Genuss ihres Eigentums, und das große Werkzeug und Mittel dazu sind die Gesetze, die in dieser Gesellschaft erlassen worden sind. So ist das erste und grundlegende positive Gesetz aller Staaten die Begründung der legislativen Gewalt, so wie das erste und grundlegende natürliche Gesetz, das sogar über der legislativen Gewalt gelten muss, die Erhaltung der Gesellschaft und (so weit es mit dem öffentlichen Wohl vereinbar ist) jeder einzelnen Person in ihr ist. Diese Legislative ist nicht nur die höchste Gewalt des Staates, sondern sie liegt auch geheiligt und unabänderlich in den Händen, in welche die Gemeinschaft sie einmal gelegt hat. Keine Vorschrift irgendeines anderen Menschen, in welcher Form sie auch verfasst, von welcher Macht sie auch gestützt sein mag, kann die verpflichtende Kraft eines Gesetzes haben, wenn sie nicht ihre Sanktion von derjenigen Legislative erhält, die das Volk gewählt und ernannt hat. Denn ohne sie könnte das Gesetz nicht haben, was absolut notwendig ist, um es zu einem Gesetz zu machen, nämlich die Zustimmung der Gesellschaft.

John Locke, Zwei Abhandlungen über die Regierung. Herausgegeben und eingeleitet von Walter Euchner, übersetzt von Hans Jörn Hoffmann, 4. Auflage, Frankfurt/M. 1989, S. 216 ff.

Der englische Arzt und Philosoph John Locke (1632–1704) gehört zu den bedeutendsten Philosophen der englischen Aufklärung. In seinem politischen Hauptwerk, den „Two Treatises on Government" von 1690, wendet er sich gegen damals gängige Herrschaftstheorien des Gottesgnadentums. Locke behauptet, die Grundlage der staatlichen Ordnung sei ein Vertragsverhältnis – der sogenannte Gesellschaftsvertrag – zwischen der Regierung und den Bürgern.

M25 Montesquieu: Gewaltenteilung

Vom Geist der Gesetze (1748)

Die politische Freiheit des Bürgers ist jene Ruhe des Gemüts, die aus dem Vertrauen erwächst, das ein jeder zu seiner Sicherheit hat. Damit man diese Freiheit hat, muss die Regierung so eingerichtet sein, dass ein Bürger den anderen nicht zu fürchten braucht. Wenn in derselben Person oder der gleichen obrigkeitlichen Körperschaft die gesetzgebende Gewalt mit der vollziehenden vereinigt ist, gibt es keine Freiheit; denn es steht zu befürchten, dass derselbe Monarch oder derselbe Senat tyrannische Gesetze macht, um sie tyrannisch zu vollziehen. Es gibt ferner keine Freiheit, wenn die richterliche Gewalt nicht von der gesetzgebenden und vollziehenden getrennt ist. Ist sie mit der gesetzgebenden Gewalt verbunden, so wäre die Macht über Leben und Freiheit der Bürger willkürlich, weil der Richter Gesetzgeber wäre. Wäre sie mit der vollziehenden Gewalt verknüpft, so

Charles-Louis de Secondat, Baron de la Brède et de Montesquieu (1689–1755) gilt als Begründer der modernen Lehre von den drei staatlichen Gewalten und ihrem Verhältnis zueinander.

würde der Richter die Macht eines Unterdrückers haben. Alles wäre verloren, wenn derselbe Mensch oder die gleiche Körperschaft der Großen, des Adels oder des Volkes diese drei Gewalten ausüben würde: die Macht, Gesetze zu geben, die öffentlichen Beschlüsse zu vollstrecken und die Verbrechen oder die Streitsachen der einzelnen zu richten. [...] Da in einem freien Staate jeder, dem man einen freien Willen zuerkennt, durch sich selbst regiert sein sollte, so müsste das Volk als Ganzes die gesetzgebende Gewalt haben. Das aber ist in den großen Staaten unmöglich, in den kleinen mit vielen Misshelligkeiten verbunden. Deshalb ist es nötig, dass das Volk durch seine Repräsentanten das tun lässt, was es nicht selbst tun kann.

Charles de Montesquieu, Vom Geist der Gesetze, in: Ernst Forsthoff (Hrsg.) , 2. Aufl., Tübingen 1992, S. 214ff. (XI. Buch, 6. Kapitel), zitiert nach: www.bpb.de, Abruf am 17.02.2018

M26 James Madison, Federal Papers: Interessenausgleich durch Pluralismus

Unter „Federalists" werden die drei Politiker der amerikanischen Gründungsgeschichte verstanden, die zwischen 1787 und 1788 gemeinsam den Entwurf der Verfassung der Vereinigten Staaten von 1787 verteidigten und deren Ratifizierung forderten: John Jay (1745-1829), Alexander Hamilton (1755-1804) und James Madison (1751-1836). Im nachfolgendem Federalist Paper umreißt Madison die grundsätzliche Rolle des Pluralismus für die politische Willensbildung in einem modernen Flächenstaat, um Demokratie und Freiheit miteinander zu versöhnen.

James Madison (1751 – 1836) war der vierte Präsident der Vereinigten Staaten von Amerika (USA).

Federalist-Artikel Nr. 10 (1788)

Unter den zahlreichen Vorteilen, die eine gut aufgebaute Union verspricht, verdient keiner genauer dargelegt zu werden, als die mögliche Fähigkeit, die Gewalttätigkeit von Faktionen zu beenden und auf Dauer zu kontrollieren. [...] Unter einer Faktion verstehe ich eine Gruppe von Bürgern – das kann eine Mehrheit oder eine Minderheit der Gesamtheit sein –, die durch den gemeinsamen Impuls einer Leidenschaft oder eines Interesses vereint und zum Handeln motiviert ist, welcher im Widerspruch zu den Rechten anderer Bürger oder dem permanenten und gemeinsamen Interesse der Gemeinschaft steht. [...] Der Eifer, unterschiedliche Meinungen in Glaubensdingen, in Fragen des politischen Systems und zu vielen anderen Fragen, theoretisch wie auch praktisch zu vertreten; die Bindung an bestimmte politische Führer, die ehrgeizig um Vorrang und Macht konkurrieren; oder die Bindung an andere Personen, deren Schicksal für die Menschen emotional interessant ist, haben die Menschen in Parteien gespalten, die sich feindselig gegenüberstehen und eher dazu tendieren, die anderen zu schikanieren und zu unterdrücken, als für das Gemeinwohl zusammenzuarbeiten. [...] Diese vielfältigen und widersprüchlichen Interessen zu regulieren, ist die vordringliche Aufgabe moderner Gesetzgebung, die auch Parteigeist und Interessengegensätze in die nötigen und normalen Funktionen eines Regierungssystems einbeziehen muss. [...] Eine Republik, womit ich ein Regierungssystem meine, in dem das Konzept der Repräsentation verwirklicht ist, [...] bietet das Heilmittel, nach dem wir suchen. [...] Je weniger Parteien und Sonderinteressen bestehen, desto häufiger kann sich eine Mehrheit aus derselben Partei bilden. Je weniger Personen eine Mehrheit bilden können und je enger sie beieinander leben, desto leichter fällt es ihnen, ihre Pläne zur Unterdrückung anderer zu koordinieren und ins Werk zu setzen. Vergrößert man das Gebiet, so umfasst es eine größere Vielfalt von Parteien und Interessen, damit aber wird es weniger wahrscheinlich, dass eine Mehrheit des Ganzen ein gemeinsames Motiv hat und die Rechte der anderen Bürger verletzt.

Hamilton, Madison, Jay, Die Federalist-Artikel. Politische Theorie und Verfassungskommentar der amerikanischen Gründungsväter. Herausgegeben, übersetzt, eingeleitet und kommentiert von Angela Adams und Willi Paul Adams, Paderborn u.a. 1994, S. 50ff, zitiert nach: www.bpb.de, Abruf am 17.02.2018

METHODE

Textbearbeitung II

I. Aufgaben

1. Stellen Sie die Autoren der Federal Papers (M26) vor und legen Sie dar, welche Aufgabe sie sich gestellt haben.

2. **Analysieren Sie die Vorstellungen der „Federalists" über eine gute Verfassung.**

3. Begründen Sie, welche Ideen der „Federalists" Sie besonders überzeugen und welche weniger.

II. Tipps zur Bearbeitung von Aufgabe 2

Lesen Sie zunächst in den „allgemeinen Hinweisen zur Bearbeitung von Texten" den Abschnitt „III.2" und machen Sie sich mit den „Schritten der Textanalyse .." auf S. 365 f. vertraut. Auch in einer Analyse werden einzelne Aussagen eines Textes dargestellt und an einzelnen Stellen durch Textverweise (Z. xy) belegt. Eine Analyse geht aber deutlich über eine Textdarstellung hinaus. Beachten Sie bitte die auf S. 364 im Abschnitt „III. 2" genannten Aspekte und wählen Sie aus, welche Aspekte in Ihrer Analyse einen zentralen Stellenwert haben sollen.

III. Anleitung für die Analyse von M26

1. Gehen Sie bei der Bearbeitung von Aufgabe 2 zunächst in einem **Einleitungssatz** global auf den „Artikel Nr. 10" und seine Bedeutung für „eine gut aufgebaute Union" (Z. 2) ein.

2. Im Anschluss an den Einleitungssatz sollten Sie die **Position** und bestimmte Vorstellungen der Autoren über die Interessen und das Verhalten von Menschen, die ab Zeile 6 beschrieben werden, herausarbeiten. Sie sollten in diesem Zusammenhang auch den Begriff „Faktionen" erläutern und die Bedeutung von „Faktionen" für die Durchsetzung von Interessen ermitteln. Dabei ist es wichtig, dass Sie die positiven Aspekte des Zusammenschlusses von Menschen in „Faktionen" für den Einzelnen den negativen Aspekten der Aktivitäten gegnerischer „Faktionen" für dieselbe Person gegenüberstellen und diesen Gegensatz in Ihrer Darstellung akzentuieren.

3. Im dritten Teil Ihrer Analyse sollten Sie den **Argumentationsgang** analysieren, indem Sie u.a. klarstellen, dass die „Federalists" die Lösung des zuvor von Ihnen beschriebenen Problems der Gefährdung des Gemeinwohls für die „vordringlichste Aufgabe moderner Gesetzgebung" (Z.31 f.) halten. Dann erläutern Sie die von den „Federalists" vorgeschlagene Lösung, d.h. eine von den Autoren näher definierte Form der Republik (gemeint ist der Staat) (ab Z. 35 f.) und erklären, wie eine Republik mit den Interessengegensätze der Menschen umgeht. Berücksichtigen Sie in Ihrer Analyse zudem die unterschiedlichen Auswirkungen der Anzahl von Interessengruppen und der Größe der Republik.

4. Im vierten Teil der Analyse sollten Sie die **Argumentationsweise** der Autoren analysieren. Gehen Sie hierbei auf den Sprachstil, die Art des Textes und die Gestaltung der Darstellung ein.

5. Am Ende Ihrer Analyse sollten Sie die **Intention** der Autoren ermitteln. Fassen Sie dabei Ihre Ergebnisse zusammen und berücksichtigen Sie den Titel des Textes „Interessenausgleich durch Pluralismus".

Hilfen für Schritt 2

Bei Schritt 2 können Sie die Begriffe: „Konflikte", „Interessen" und „Gemeinwohl" verwenden und den Begriff „Gemeinwohl" mit eigenen Worten erläutern.

Bearbeiter

M27 Jean Jacques Rousseau – Herrschaft des Gemeinwillens

Der französische Philosoph Jean-Jacques Rousseau (1712–1778) gilt als ein Aufklärer und Vorbereiter der Französischen Revolution. In seiner Schrift „Vom Gesellschaftsvertrag" (1762) knüpfte er an die Theorien von Locke und Montesquieu an, vertrat aber eine ganz andere Theorie von Demokratie als die beiden genannten Autoren. Er bezieht sich ursprünglich – seine Heimatstadt ist Genf – auf kleine politische Einheiten.

Es muss eine Gesellschaftsform gefunden werden, die mit der gesamten gemeinsamen Kraft aller Mitglieder die Person und die Habe eines jeden Mitglieds verteidigt und beschützt; in der jeder Einzelne, mit allen verbündet, nur sich selbst gehorcht und so frei bleibt wie zuvor. […]

[Aus diesem Antrieb entwickelt er die Theorie vom „Gesellschaftsvertrag" (contrat social):]
Jeder von uns unterstellt gemeinschaftlich seine Person und seine ganze Kraft der höchsten Leitung des Gemeinwillens (volonté générale) und wir empfangen als Körper jedes Glied als unzertrennlichen Teil des Ganzen. […]

[Rousseau lehnt deshalb die Gewaltenteilung und eine repräsentative Demokratie ab. Regierung, gewählte Abgeordnete und die Regierten, das Volk, müssen identisch sein:]
Ich behaupte also, dass die Staatshoheit, die nichts anderes als die Ausübung des Gemeinwillens ist, nie veräußert werden kann und sich das Staatsoberhaupt als ein kollektives Wesen nur so durch sich selbst darstellen lässt. Die Macht kann wohl übertragen werden, aber nicht der Wille. Derselbe Grund, aus dem die Staatshoheit unveräußerlich ist, spricht auch für ihre Unteilbarkeit, denn der Wille ist allgemein, oder er ist es nicht; er ist der Ausfluss der Gesamtheit des Volkes oder nur eines seiner Teile. […]

Die Staatshoheit kann aus dem gleichen Grund, der ihre Veräußerung verbietet, auch nicht vertreten werden. Denn die Staatshoheit besteht wesentlich im Gemeinwillen, und dieser lässt sich nicht vertreten; er bleibt derselbe oder er ist ein anderer, ein mittelbares gibt es nicht. Die Abgeordneten des Volkes sind also nicht seine Vertreter und können es gar nicht sein; sie sind nur seine Bevollmächtigten und dürfen nichts beschließen. Jedes Gesetz, das das Volk nicht persönlich bestätigt hat, ist null und nichtig; es ist kein Gesetz.

Das englische Volk meint frei zu sein; es täuscht sich außerordentlich; nur während der Wahlen der Parlamentsmitglieder ist es frei, danach lebt es wieder in Knechtschaft, ist es nichts.

Jean-Jacques Rousseau, Auszüge aus dem Contrat Social, zit. nach J.-J. Rousseau, Politische Schriften, Band 1, Verlag Ferdinand Schöningh, Paderborn 1977, S. 73 ff., Übersetzer: Ludwig Schmidts

AUFGABEN

1. Bearbeiten Sie **M26** mithilfe der Methode „Textbearbeitung II" auf S. 121.
2. Bearbeiten Sie die Texte in **M24–M27** in einem Gruppenpuzzle (→ Methodenglossar). Bilden Sie drei Gruppen (A, B, C), in denen Sie arbeitsteilig jeweils die zentralen Vorstellungen der Philosophen und Politiker (erste Gruppe **M24** und **M25**, zweite Gruppe **M26**, dritte Gruppe **M27**) erarbeiten und thesenhaft auf einer Wandzeitung (→ Methodenglossar) festhalten.
3. Präsentieren Sie Ihre Ergebnisse abschließend im Kurs.
4. Bilden Sie nun neue Gruppen, in denen jeweils ein Mitglied der Gruppen A, B, C vertreten ist. Untersuchen Sie, an welche Vorstellungen der Philosophen und Politiker das Grundgesetz anknüpft. Greifen Sie dabei auf die Materialen in dem Unterkapitel 3.2, **M10–M23,** zurück.

3.4 *Vertiefung:* Die Menschenwürde ist unantastbar – außer im Internet?

M28 Ein Preisausschreiben für Schülerinnen und Schüler des Deutschen Anwaltsvereins

Der Deutsche Anwaltverein (DAV) hat am 27. Mai 2016 die Preisträger des DAV-Schülerwettbewerbs 2015/2016 ausgezeichnet. Schülerinnen und Schüler aller Schularten waren deutschlandweit aufgerufen, sich an dem unter dem Motto „Die Würde des Menschen ist unantastbar – außer im Netz?" stehenden Wettbewerb zu beteiligen. Ziel des DAV ist es, junge Menschen zu einer Reflexion des eigenen Umgangs mit dem Internet anzuhalten und die Auseinandersetzung mit der Menschenwürde in Zeiten des Internets zu fördern. Der Wettbewerb wurde in Kooperation mit dem Deutschen Philologenverband durchgeführt und steht unter der Schirmherrschaft des [ehemaligen] Bundesministers der Justiz und für Verbraucherschutz Heiko Maas. [...]. Ein Abiturient aus Bad Mergentheim erreichte den 2. Platz mit seinem Essay „Braucht ein Neuland keine Verfassung?".

© Deutscher Anwaltverein e.V., Pressemitteilung: DAV-Schülerwettbewerb 2015/2016 „Die Würde des Menschen ist unantastbar – außer im Internet?", www.anwaltverein.de, Abruf am 17.02.2018

M29 Zweiter Preis für Kilian Stenzel: „Braucht ein #Neuland keine Verfassung?"

Auszüge aus „Braucht ein #Neuland keine Verfassung?"

Im Netz ist man schnell sein Geld, seinen Ruf oder seine Würde los, da viele – in den Deckmantel der Anonymität gehüllt – vergessen, dass hinter jedem Bildschirm ein Mensch mit echten Gefühlen steckt, die so komplex sind, dass sie nicht durch Emojis ausgedrückt werden können. Täglich kollidieren Interessen frontal – kein Ort für Kompromisse. Spaß wird auf Kosten der Anderen gemacht – jeder liebt jeden, jeder folgt jedem, jeder hört jedem zu, bis alle auf einmal einen hassen.

Wo bleibt allerdings der Schutz von Privatpersonen, öffentlichen Personen, ethnischen Minderheiten, Flüchtlingen? Müssen wir alle damit rechnen, dass uns jeder Riss in unserem Mantel der Unsichtbarkeit schadet? Dass jede Information, die Google, Facebook, Twitter und Co. von uns sammelt, eine zu viel ist? Dass wir erpresst werden können, weil wir unsere Privatsphäre der Wirtschaft auf dem Silbertablett serviert haben?

Alles Fragen, die eigentlich nicht nur mich, sondern auch den Staat beschäftigen sollten, der nach eigenen Angaben schon auf dem neuen Kontinent „Internetzia" angekommen ist. Bis jetzt verteidigt er die Verfassung nur im realen Leben, jedoch nur in Ausnahmefällen online, wo doch „Meinungsfreiheit" und „Privatsphäre" fließend in „ungehemmte Volksverhetzung" und „anonymisierte Kriminalität" übergehen.

Der Staat muss bei der Verletzung der Menschenwürde im Netz adäquat reagieren. [...]

Und ich erhoffe mir vom Staat, dass er hinsieht, wenn die Menschenwürde und die Privatsphäre von seinen Bürgern und von den Bürgern anderer Länder leidet – ohne dabei zum Überwachungsstaat zu werden.

#Neuland
Der Name des Hashtags „#Neuland" stammt aus einer Äußerung der Bundeskanzlerin Angela Merkel vom Juni 2013, die das Internet als Neuland bezeichnet hat. Hashtags sind Begriffe oder Abkürzungen, die mit dem Hash-Zeichen „#" eingeleitet werden. Sie heißen Tags, weil sie eine Art Etikette an eine Nachricht ankleben, die Zusatzinformationen enthalten. Konkret erlauben Hashtags, alle Nachrichten zu einem bestimmten Thema zum Beispiel auf dem Kurznachrichtendienst Twitter zu gruppieren und eine Art Diskussionsforum zu eröffnen, an dem alle, die denselben Hashtag verwenden, teilnehmen können.

Menschenwürde – das bedeutet für mich, in Frieden leben zu können, ein Recht auf Sicherheit der Person und Sicherheit des eigenen Rufs zu haben, unabhängig von Herkunft oder Geschlecht. Doch genau diese Menschenwürde sehe ich derzeit akut gefährdet, da sie im Internet ungeahndet verletzt werden kann und die Beiträge an der öffentlichen Meinungsbildung teilhaben. „Gutmenschen" gegen „besorgte Bürger". Es herrscht ein Krieg der Meinung. Auf allen Plattformen wird stets derjenige gehört, der virtuell am lautesten schreit und dem möglichst viele zuhören. Solche Blogger erinnern von Zeit zu Zeit an frühere Propheten. Allein schon durch die Funktion des „Folgens" wird hier deutlich: Diesen Menschen wird blind vertraut, ihr Wort ist für die Medien-„Jünger" Gesetz, nebensächlich woher sie ihre Quellen beziehen und unwichtig, wie stupide oder zweifelhaft ihre Botschaften sind. [...]

So ist es nicht verwunderlich, dass dem seriösen Journalismus der Boden unter den Füßen wegrutscht, dass Fehlinformationen sich im Netz wie ein Lauffeuer verbreiten und sofort für bare Münze genommen werden, da durch das Prinzip „liken" und „followen" zu schnell Vertrauen aufgebaut wird. Es gilt: Wer meine Ansicht vertritt, hat Recht – und zwar in letzter Konsequenz, weil niemand gern an sich selbst zweifelt. Wir haben den Zweifel verlernt, um uns sicher zu fühlen. Ich möchte niemandem mehr folgen. Folgen ist bequem, folgen macht abhängig, folgen ist mitunter gefährlich. Deshalb habe ich für mich entschieden „soziale" Netzwerke zu meiden und beschränke mich auf Nachrichtendienste.

Nichtsdestotrotz will ich auch dort Haltung bewahren, meine Meinung äußern und immer aufmerksam und kritisch hinterfragen, was andere äußern. Weiterhin finde ich, wir sollten die menschlichen Umgangsformen auch in der virtuellen Diskussionskultur wahren. Es sollten keine Grenzen überschritten werden, die im echten Leben Geltung haben und im Gesetz verankert sind. Das ist alles, was man im Umgang mit dem Internet beachten sollte: Die Würde des Menschen ist auch hier – im Neuland – unantastbar.

Kilian Stenzel, Braucht ein #Neuland keine Verfassung?, Beitrag zum Wettbewerb „Die Würde des Menschen ist unantastbar – außer im Internet?" des DAV, www.anwaltverein.de, 09.02.2016

M30 Rede des [ehemaligen] Bundesjustizministers Heiko Maas anläßlich des DAV-Schülerwettbewerbs 2015/2016: „Die Würde des Menschen ist unantastbar"

Der ehemalige Justizminister Heiko Maas im November 2017

„Die Würde des Menschen ist unantastbar" – so steht es im ersten Artikel des Grundgesetzes. Was die „Würde" so ganz genau ist, darüber können Philosophen stundenlang diskutieren. Aber wenn die Würde verletzt wird, dann erkennt man das, auch ohne ein Philosoph zu sein. [...]
Im analogen Zeitalter waren nach Schulschluss wenigstens die eigenen vier Wände ein Rückzugsraum; im digitalen Zeitalter kann Cybermobbing die Opfer überall erreichen. Inzwischen müssen Menschen ihre komplette Identität ändern, weil sie kein normales Leben mehr führen konnten – und das alles nur, weil ein Ex-Freund Nacktbilder ins Internet gestellt hat und man diesen

Dreck einfach nicht mehr aus dem Netz rausbekommt.

Es geht aber nicht nur um peinliche Fotos. Es geht auch um die Art, wie wir miteinander streiten und diskutieren. Nicht alle Menschen waren damit einverstanden, dass Deutschland im vergangenen Jahr so vielen Flüchtlingen geholfen hat. Aber statt mit guten Argumenten zu begründen, warum sie das für falsch halten, haben viele Kritiker im Internet einfach nur rumgepöbelt: Da hat etwa ein Mann aus Mecklenburg-Vorpommern bei Facebook geschrieben: Die Menschen sollten bei ihrer Flucht übers Mittelmeer „ersaufen" oder bei „lebendigem Leib verbrennen". [...]

Was im Netz passiert, bleibt nicht nur virtuell. Es hat enorme Auswirkungen auf unser reales Leben. [...] Was können wir alle zum Schutz der Menschenwürde im Netz tun? Was können wir tun, damit wir uns auch im Netz mit mehr Respekt begegnen? [...] Um vor allem Jugendliche gegen Cybermobbing besser zu schützen, hat der Bundestag das Strafgesetzbuch geändert.

Seit 2015 ist es verboten, Fotos zu machen, die andere Menschen hilflos zeigen. Also zum Beispiel Betrunkene, die sich nicht mehr unter Kontrolle haben. Wer peinliche Bilder, die das Ansehen der abgebildeten Person erheblich schädigen können, ins Netz stellt, der kann heute mit Geldstrafe oder bis zu 2 Jahren Gefängnis bestraft werden.

Das Nacktfoto aus der Umkleidekabine oder das Foto von der Prügelei im Pausenhof – das kann die Menschenwürde verletzen und fatale Folgen haben. Deswegen sagen wir: Hier hört der Spaß auf! Das ist kein Streich mehr! Wer so was ins Netz stellt, handelt kriminell! [...] In Deutschland gibt es Meinungsfreiheit, aber keine Freiheit ist grenzenlos. Wer andere Menschen beschimpft und beleidigt oder wer dazu aufruft, Flüchtlingsunterkünfte anzuzünden, der macht sich strafbar. Es ist deshalb keine Zensur, wenn ein Unternehmen darauf achtet, dass es keine Plattform zur Begehung von Straftaten wird. Bislang waren soziale Netzwerke wie Facebook viel zu langsam beim Löschen von Hass-Postings. Aber die Internet-Anbieter haben zugesagt, dass sie rechtswidrige Inhalte künftig innerhalb von 24 Stunden löschen. Ob diese Zusage eingehalten wird, werden wir sehr genau beobachten. [...] Egal, ob auf dem Schulhof, in Foren oder Chats: Wenn jemand gegen Ausländer, Muslime, Juden oder wen auch immer pöbelt, dann muss man ihm widersprechen. Wenn jemand wilde Gerüchte verbreitet, dann muss man ihn mit Fakten aus seriösen Quellen widerlegen. Und wenn jemand Pauschalurteile fällt, ohne konkret zu werden, dann muss man einfordern, dass er auch belegt, was er behauptet.

Heiko Maas, Die Würde des Menschen ist unantastbar – außer im Internet?, www.bmjv.de, 27.05.2016

AUFGABEN

1. Bearbeiten Sie **M29** und **M30** arbeitsteilig in Kleingruppenarbeit.
   Gruppe A
   Analysieren Sie die Positionen des Preisträgers Julian Stenzel (**M29**)
   - bezüglich der unkontrollierten Kommunikation in den sozialen Netzwerken;
   - bezüglich seiner Anforderungen an den Staat,
   - bezüglich seiner persönlichen Einstellung zu sozialen Netzwerken.

   Gruppe B
   Analysieren Sie die Rede des Bundesjustizministers Heiko Maas (**M30**)
   - bezüglich seiner Einschätzung zu den Gefahren im Internet;
   - bezüglich der Darstellung staatlicher Handlungsmöglichkeiten zur Bekämpfung von Mobbing und Beleidigungen.

2. Entwickeln Sie Regeln für das Internet, die Rechte und Pflichten von Bürgern und Unternehmen definieren. Erarbeiten Sie die Regeln in Vierergruppen mithilfe der Methode Placemat (→ Methodenglossar).

F Aufgabe 1
Halten Sie Ihre jeweiligen Gruppenergebnisse auf einer Folie oder Wandzeitung (→ Methodenglossar) fest. Vergleichen Sie diese im Kurs.

F Aufgabe 2
Diskutieren Sie Ihre Ergebnisse im Kurs.

WISSEN KOMPAKT

Grundgesetz
M1

Grundgesetz ist die Bezeichnung für die Verfassung der Bundesrepublik Deutschland. Es wurde am 23. Mai 1949 verkündet und galt zunächst nur für Westdeutschland und ab 1990 für ganz Deutschland. Die Bezeichnung „Grundgesetz" wurde vom Parlamentarischen Rat gewählt, weil es ursprünglich nicht für ganz Deutschland galt. In dem Grundgesetz sind die Grundzüge der Staatsordnung festgelegt.

Grund-, Menschen- und Bürgerrechte
M5

Als Grundrechte werden die Menschenrechte und Bürgerrechte bezeichnet, die jedem Bürger der Bundesrepublik Deutschland zugesichert sind.
- Menschenrechte sind die Rechte, die jedem Menschen in der Bundesrepublik zustehen, gleichgültig, ob er deutscher Staatsangehöriger ist oder nicht.
- Bürgerrechte sind die Rechte, die nur Deutschen zustehen.
- Die Grundrechte schützen jeden einzelnen Menschen gegen Ansprüche und Übergriffe der Staatsgewalt.

Menschenwürde
M7

Artikel 1 Grundgesetz legt fest: „Die Würde des Menschen ist unantastbar. Sie zu achten und zu schützen ist Verpflichtung aller staatlichen Gewalt."
Ausnahmslos jeder Mensch hat demnach ein Recht auf Leben, körperliche Unversehrtheit und Gleichbehandlung vor dem Gesetz; als eigenverantwortliches Wesen soll er außerdem seine Persönlichkeit frei entfalten können, solange er nicht die Rechte anderer verletzt und nicht gegen die verfassungsmäßige Ordnung verstößt. Der Schutz der Menschenwürde steht damit in der Wertordnung der Bundesrepublik Deutschland an oberster Stelle.

Verfassungsprinzipien
M12

Verfassungsprinzipien sind die grundlegenden Verfassungsnormen des Grundgesetzes wie Republik, Demokratie mit Volkssouveränität und Gewaltenteilung, Bundesstaat, Rechtsstaat und Sozialstaat.

Demokratie
M13-M16

Demokratie (griechisch) ist „Herrschaft des Volkes" oder ausführlicher „Herrschaft des Volkes durch das Volk und für das Volk".
Merkmale der Demokratie sind v.a. Volkssouveränität, Repräsentativsystem, Mehrheitsprinzip, Gewaltenteilung.

Es gibt zwei Ausprägungen der Demokratie:
a) Repräsentative Demokratie, bei der die politischen Entscheidungen und die Kontrolle der Exekutive (Regierung) nicht unmittelbar vom Volk, sondern von einer Volksvertretung (Parlament) ausgeübt werden.
b) Direkte Demokratie, bei der Entscheidungen in Abstimmungen direkt vom Volk getroffen werden. Unter den Bedingungen großer politischer Einheiten werden direktdemokratische Elemente heute als Ergänzung repräsentativer Demokratie verstanden (→ Kapitel 6).

Volkssouveränität (M13)
Volkssouveränität bedeutet, dass alle Gewalt vom Volk ausgeht, also jede staatliche Betätigung nur dann gerechtfertigt ist, wenn sie sich auf eine eindeutige Willensäußerung der entscheidungsberechtigten Staatsbürger zurückführen lässt.

WISSEN KOMPAKT

Gewaltenteilung (M14)
Der Idee der Gewaltenteilung liegt die Auffassung zugrunde, dass nur eine klare Trennung der staatlichen Gewalt in Legislative (Parlament), Exekutive (Regierung) und Judikative (Rechtsprechung) und deren wechselseitige Kontrolle der Gefahr von Machtmissbrauch und Willkür vorbeugen kann.

In parlamentarischen Regierungssystemen wie der Bundesrepublik spricht man eher von „Machtverschränkung", weil die Mitglieder der Regierung meistens Mitglieder des Parlaments sind. Die Rechtsprechung bleibt jedoch streng getrennt.

Im Grundgesetz wird an sieben Stellen die „freiheitlich demokratische Grundordnung" beschrieben, aber nicht genau definiert, was sie konkret bedeutet. Das Bundesverfassungsgericht hat dies 1952 nachgeholt.
Demnach gehört zur FDGO: die Achtung vor den im Grundgesetz konkretisierten Menschenrechten, die Volkssouveränität, die Gewaltenteilung, die Verantwortlichkeit der Regierung, die Gesetzmäßigkeit der Verwaltung, die Unabhängigkeit der Gerichte, das Mehrparteienprinzip und die Chancengleichheit für alle politischen Parteien mit dem Recht auf verfassungsmäßige Bildung und Ausübung einer Opposition.

FDGO
M15

Die Bundesrepublik Deutschland besteht aus mehreren Gliedstaaten bzw. Bundesländern – seit 1990 aus insgesamt 16. Diese sind ebenso Staaten wie der Bund, jedoch mit eingeschränkter Souveränität.
Die staatliche Qualität der Länder zeigt sich in ihren eigenen Verfassungen, ihren eigenen staatlichen Organen der Legislative, der Exekutive und der Judikative: den Landtagen, den Landesregierungen und den Verfassungs- und Staatsgerichtshöfen (Art. 28 Abs. 1 GG). Dass die Länder andererseits nur teilsouverän sind, verdeutlicht z. B. die Tatsache, dass sie nicht über ein Verteidigungsministerium und eine eigene Außenpolitik verfügen.

Bundesstaat
M18-M21

Das Rechtsstaatsprinzip bindet die gesamte Staatsgewalt an Recht und Gesetz. Es wird u.a. durch folgende Grundsätze konstituiert:
- Rechtsbindung: Bindung der Legislative an die Grundsätze der Verfassung: Vorrang des Gesetzes gegenüber jeder anderen staatlichen Handlung
- Gesetzesvorbehalt: Handeln der Verwaltung nur auf Grundlage eines Gesetzes
- Rechtssicherheit: Rechtswegegarantie, rechtliches Gehör für jedermann
- Rechtsgleichheit: Gleichbehandlung gleich liegender Sachverhalte
- Verhältnismäßigkeit: Schutz des Einzelnen vor unnötigen staatlichen Eingriffen
- Unabhängigkeit der Gerichte: Freiheit der Rechtsprechung, keine Bindung an Weisungen der Regierung; aber Ausrichtung juristischer Entscheidungen an Recht und Gesetz

Rechtsstaat
M22

Das Sozialstaatsprinzip verpflichtet die staatliche Gemeinschaft zum Schutz von sozial und wirtschaftlich Schwachen. Anders als die anderen Verfassungsprinzipien ist es im Grundgesetz nur als Postulat formuliert und lässt dem Gesetzgeber damit einen großen Gestaltungsspielraum, was die Ausgestaltung des Sozialstaats betrifft.

Sozialstaat
M23

KOMPETENZEN PRÜFEN

I. Selbstdiagnose

Ich kann ...	Das kann ich...			Übung durch z. B.
	sehr gut	gut	nicht gut	
die Begriffe Grund-, Menschen- und Bürgerrechte erklären und an Fallbeispielen herausarbeiten, ob Verstöße gegen diese Rechte vorliegen (AFB II).				• M5, M6 • S. 102, Aufg. 5-7
die besondere Bedeutung des Art. 1 GG (Menschenwürde) vor dem Hintergrund der deutschen Geschichte erläutern (AFB II) und ein Urteil zu den dargestellten Fallbeispielen entwickeln (AFB III).				• M7, M8a-b • S. 107, Aufg. 1-3
die Verfassungsprinzipien des GG benennen (AFB I) und die einzelnen Prinzipien erläutern (AFB II).				• M11, M12
die Vorteile der Demokratie in Abgrenzung von nichtdemokratischen Staaten charakterisieren (AFB II).				• M16 • S. 111, Aufg. 4, 5
die Aufgabenverteilung zwischen Bund und Ländern darstellen (AFB I) und ein Urteil über Vor- und Nachteile eines Bundesstaates am Beispiel von G8/G9 entwickeln (AFB III).				• M20, M21 • S. 115, Aufg. 4-7
die ideengeschichtlichen Grundlagen der Demokratie des GG erklären (AFB II).				• M24-M27
Verstöße der Kommunikation im Internet im Hinblick auf die Verletzung der Menschenwürde beschreiben (AFB I) und ein Urteil über die Notwendigkeit staatlichen Handelns entwickeln (AFB III).				• M28-M30 • S. 125, Aufg. 1, 2

II. Kompetenzen anwenden – am Beispiel

Erstellung eines Vortrags mit anschließender Diskussion

Bereiten Sie in Gruppen oder in Einzelarbeit die folgenden Aufgaben vor:
1. Erklären Sie die Grundprinzipien unseres Grundgesetzes.
2. Bereiten Sie einen kleinen Vortrag (→ Methodenglossar) mit einer Präsentation vor, in der die folgenden Aspekte berücksichtigt werden sollen:
   Grundrechte; die Verfassungsprinzipien des Grundgesetzes; Bundesstaat; Rechtsstaat; Sozialstaat.
3. Formulieren Sie abschließend eine eigene Stellungnahme zu der Frage, ob die Demokratie des Grundgesetzes unverzichtbar ist.

KOMPETENZEN PRÜFEN

III. Klausurtraining

Eckard Jesse: Kritik an der Identitätstheorie

Die von Rousseau geprägte Homogenitätstheorie orientiert sich an einem einheitlichen (homogen) Volkswillen und einem vorgegebenen Gemeinwohl („identitäre" Demokratietheorie). Sie leugnet die Legitimität von Interessenkonflikten. In diesem Verständnis bedeutet Demokratie Identität von Regierenden und Regierten. Das Repräsentationsprinzip wird grundsätzlich missbilligt: Der „Volkswille" könne nicht vertreten werden. Der demokratische Anspruch des Modells, das den politisch aktiven Bürger voraussetzt, sei nicht bestritten – die Gefahren, die ihm innewohnen, liegen jedoch offen zutage. Der Versuch nämlich, die Einheit des Staatsvolkes herzustellen, sie aufrechtzuerhalten und die unterschiedlichen Interessen zu unterdrücken, schlägt im Extremfall in totale Herrschaft um. Daher ist hierfür auch der Begriff „totalitäre Demokratie" geprägt worden.
Der „Führer" oder „die Partei" setzt den einmal als richtig erkannten Gemeinwillen in die Tat um. Abweichungen und oppositionelle Strömungen gelten als Ketzerei. Die Menschen sollen zu ihrem Glück gezwungen werden.

Eckhard Jesse, Was ist Demokratie?, in: Informationen zur politischen Bildung Nr. 227, Parlamentarische Demokratie 1, Bonn 1993, S. 2

„Identitäre" Demokratietheorie
Die „identitäre Demokratie" ist eine Demokratietheorie, die von der Möglichkeit einer völligen Identität zwischen Herrschern und Beherrschten ausgeht und diese anstrebt.

„Totalitäre" Demokratie
Die „totale Demokratie" ist eine Herrschaftsform, die das gesamte politische und gesellschaftliche Leben unterwerfen will.

Ernst Fraenkel: Die Pluralismustheorie

Eine jede totalitäre Diktatur geht von der Hypothese eines eindeutig bestimmbaren, [a priori] vorgegebenen Gemeinwohls aus. [...] Eine jede pluralistische Demokratie [...] beruht vielmehr auf der Hypothese, in einer differenzierten Gesellschaft könne im Bereich der Politik das Gemeinwohl lediglich a posteriori als das Ergebnis eines delikaten Prozesses der divergierenden Ideen und Interessen der Gruppen und Parteien erreicht werden [...]. Die pluralistische Theorie des Gemeinwohls bestreitet keineswegs, dass es weite Gebiete des staatlichen und gesellschaftlichen Lebens gibt, über deren Ordnung ein consensus omnium vorliegt; ja sie betont mit Nachdruck, dass auf die Dauer ein Staat nicht lebensfähig ist, in dem weder über ein Minimum fundamentaler noch über zahlreiche detaillierte Fragen der Wirtschaft, Gesellschaft und Politik eine weitgehende Übereinstimmung besteht. Sie nimmt jedoch den Umstand, dass es weite Gebiete des staatlichen und gesellschaftlichen Lebens gibt, über deren Regelung Meinungsverschiedenheiten zwischen verschiedenen Gruppen existieren, nicht nur mit Gleichmut hin, sondern erachtet dies als unvermeidlich, ja geradezu als ein Indiz eines in Freiheit pulsierenden öffentlichen Lebens.

Ernst Fraenkel, Deutschland und die westlichen Demokratien, erweiterte Ausgabe, Suhrkamp Verlag, Frankfurt 1991, S. 300 f.; Festvortrag zum 45. Dt. Juristentag in Karlsruhe 1964

A priori
(lateinisch) unabhängig, von vornherein

A posteriori
(lateinisch) aus Erfahrung gewonnen

Consensus omnium
(lateinisch) Übereinstimmung aller Menschen in bestimmten Anschauungen

Aufgaben

1. Stellen Sie die Verfassungsprinzipien des Artikels 20 des Grundgesetzes dar.
2. Analysieren Sie die demokratietheoretischen Vorstellungen in den Darstellungen von Jesse und Fraenkel.
3. Erörtern Sie unter Einbeziehung der Kritik der Autoren an der Identitätstheorie die Vorteile einer pluralistischen Demokratie nach dem Modell des Grundgesetzes für die Bundesrepublik Deutschland (Kriterium: Wahrung der Demokratie).

Erwartungshorizonte zu den Aufgaben 1–3

Mediencode: 72060-10

1

2

A BUNDESRAT
B BUNDESREGIERUNG
C BUNDESVERFASSUNGSGERICHT
D BUNDESPRÄSIDENT
E DEUTSCHER BUNDESTAG

3

4

5

Demokratie praktisch: Die Staatsorganisation in Deutschland – wie arbeiten die Verfassungsorgane zusammen?

4

Der Deutsche Bundestag, Bundesrat, Bundesregierung, usw. sind Organe der Staatsorganisation in Deutschland. In diesem Kapitel erhalten Sie Grundinformationen über die Staatsorgane. Weil sie im Grundgesetz, der Verfassung der Bundesrepublik Deutschland, verankert sind, werden sie auch Verfassungsorgane genannt. Sie erfahren, wie die Verfassungsorgane zusammengesetzt sind, welche Aufgaben sie im Einzelnen haben und wie sie bei der Verabschiedung von Gesetzen zusammenarbeiten.

Das Gesetzgebungsverfahren und die Gestaltungsmöglichkeiten der einzelnen Verfassungsorgane werden Ihnen am Beispiel des Integrationsgesetzes, das im Jahre 2016 verabschiedet wurde, präsentiert.
In der Vertiefung haben Sie die Möglichkeit, sich mittels zweier Fallbeispiele mit der Problematik der Fraktionsdisziplin für Abgeordnete zu befassen und der Frage nachzugehen, wie frei die einzelnen Abgeordneten sind, Entscheidungen im Deutschen Bundestag nur nach ihrem Gewissen zu treffen.

Kompetenzen

Am Ende dieses Kapitels können Sie:

- die im Grundgesetz verankerten Aufgaben der Verfassungsorgane beschreiben;
- auf der Grundlage von Fallbeispielen die Arbeitsweisen der Verfassungsorgane im Gesetzgebungsprozess erläutern;
- das Fallbeispiel „Integrationsgesetz" mithilfe des Politikzyklus analysieren und die Gestaltungsmöglichkeiten und den Einfluss der beteiligten Verfassungsorgane und der im Gesetzgebungsverfahren beteiligten Verbände beurteilen;
- die rechtliche Stellung und die Aufgaben des Bundesverfassungsgerichts erläutern;
- die Entscheidungskompetenzen der Bundestagsabgeordneten im Spannungsfeld zwischen Gewissensfreiheit und Fraktionsdisziplin erörtern und eine begründete Stellungnahme entwickeln.

WAS WISSEN UND KÖNNEN SIE SCHON?

1. Ordnen Sie zu und ergänzen Sie, welches Foto auf der linken Seite für welches Verfassungsorgan steht.
2. Bilden Sie Kleingruppen zu den einzelnen Verfassungsorganen und notieren Sie, was Sie über Aufgaben und konkretes Handeln der jeweiligen Verfassungsorgane wissen.
3. Stellen Sie Ihre Ergebnisse im Kurs vor und werten Sie Ihre Ergebnisse hinsichtlich von Aspekten aus, die Sie im Rahmen der Behandlung von Kapitel 4 klären möchten.

4.1 Der Gang der Gesetzgebung am Beispiel des Integrationsgesetzes – die Arbeit der Verfassungsorgane in einem Fallbeispiel

Am 7./8. Juli 2016 beschlossen der Deutsche Bundestag und Bundesrat das „Integrationsgesetz". Es soll anerkannten Flüchtlingen die Integration in den Arbeitsmarkt und die Gesellschaft erleichtern. Am Beispiel des Integrationsgesetzes erfahren Sie in Unterkapitel 4.1., wie ein Gesetz entsteht, welche Verfassungsorgane (Deutscher Bundestag, Bundesrat, Bundesregierung) an der Gesetzgebung und der konkreten Ausgestaltung eines Gesetzes beteiligt sind. In Unterkapitel 4.2 werden die Verfassungsorgane systematisch dargestellt. In Unterkapitel 4.1 gibt es in den Randspalten Querverweise zu der systematischen Darstellung der Verfassungsorgane in Unterkapitel 4.2. Sie können zwischen den Unterkapiteln 4.1 und 4.2 hin- und herspringen, wenn Sie sich bei der Bearbeitung des Fallbeispiels genauer über die Aufgaben der einzelnen Verfassungsorgane informieren wollen.
Bearbeiter

M1 Die Ausgangslage im Sommer 2015 I: 890.000 Flüchtlinge haben im Jahr 2015 Zuflucht in Deutschland gesucht

Flüchtlinge werden am Münchner Hauptbahnhof im Herbst 2015 herzlich begrüßt.

Der Flüchtlingsstrom hat Deutschland unvorbereitet getroffen. Waren es 2013 noch 127.000 Asylanträge, so stiegen diese 2014 auf 202.000. 2015 wurden 890.000 Flüchtlinge registriert. Mit dieser Dimension hatte niemand gerechnet. In den Bundesländern, Städten und Gemeinden, die für die Unterbringung verantwortlich sind, fehlen vielerorts geeignete Unterkünfte. Flüchtlinge mussten in Schulturnhallen, Zelten und Containern untergebracht werden. Beim Bundesamt für Migration und Flüchtlinge (BAMF), das für die Asylverfahren zuständig ist, häufen sich unterdessen Hunderttausende von Anträgen. Von Anfang Januar bis Ende Dezember 2015 wurden 476.000 Asylanträge gestellt. Ende Dezember 2015 lag die Zahl der noch nicht entschiedenen Anträge bei 364.000, davon 337.000 als Erstanträge und 27.000 als Folgeanträge. [...] In der Flüchtlingsfrage bleiben die Deutschen gespalten. Unglaublich ist die Hilfsbereitschaft, mit der die Flüchtlinge begrüßt und unterstützt wurden. Die Bilder vom Münchner Hauptbahnhof Anfang September 2015, als tausende entkräfteter Flüchtlinge willkommen geheißen und versorgt wurden, gingen um die Welt. Andererseits fragen sich die Menschen, ob und wie sich eine derart große Zahl von Flüchtlingen aus einem fremden Kulturkreis in Deutschland integrieren lassen. Angesichts der massiven Angriffe in der Silvesternacht in Köln, Hamburg und Stuttgart, bei denen es zu reihenweisen sexuellen Übergriffen auf Frauen und zu einer Vielzahl von Diebstählen durch Männer mit Migrationshintergrund kam, steigen auch die Ängste und die Verunsicherung in der Bevölkerung. In Deutschland zeichnet sich inzwischen die Tendenz ab, immer stärker zwischen Bürgerkriegsflüchtlingen (vor allem aus Syrien, dem Irak und Afghanistan) auf der einen Seite und Armutsflüchtlingen (vor allem aus den Staaten des Westbalkans, also Serbien, Montenegro, Bosnien-Herzegowina, dem Kosovo, Albanien und Mazedonien) auf der anderen Seite zu unterscheiden. Während Bürgerkriegsflüchtlinge zurzeit mit einer Anerkennung in Deutschland rechnen können, sollen Armutsflüchtlinge möglichst schnell wieder zur Ausreise veranlasst werden.

© *Landeszentrale für politische Bildung, Flüchtlinge in Deutschland, www.lpb-bw.de, Abruf am 19.02.2018*

4.1 Der Gang der Gesetzgebung am Beispiel des Integrationsgesetzes

M2 Die Ausgangslage im Sommer 2015 II

a) Deutscher Bundestag und Bundesrat haben Asylpaket I und II verabschiedet

Am 23. Oktober [2015] trat [...] das erste Asylpaket in Kraft: Es schreibt vor, dass Asylbewerber länger in den Erstaufnahmeeinrichtungen bleiben müssen, erhöht die „Residenzpflicht", also die Zeit, in der sie den zugewiesenen Landkreis nicht verlassen dürfen, auf sechs Monate und führt ein, dass sie statt Bargeld wieder Waren und Lebensmittel erhalten sollten – für verschiedene Gruppen können die Leistungen auch gekürzt werden. Gleichzeitig wurden Albanien, Kosovo und Montenegro zu sicheren Herkunftsstaaten erklärt und Abschiebungen ohne Vorankündigung vorgeschrieben. Zugleich erhielten Flüchtlinge bessere Möglichkeiten, ein Konto zu eröffnen oder schneller Studienförderung wie Bafög zu bekommen. [Am 25.02.2016 wurde das] Asylpaket II verabschiedet [...] – mit einem Verbot des Familiennachzugs auf zwei Jahre auch für viele Jugendliche, die allein nach Deutschland gekommen sind. In besonderen Aufnahmeeinrichtungen sollen zudem Asylverfahren für große Gruppen von Flüchtlingen im Schnellverfahren abgewickelt werden, und nur lebensbedrohlich Kranke sind künftig gegen eine Abschiebung geschützt.

Andrea Dernbach, Asylpakete I und II: Willkommen und Abschiebung für Flüchtlinge, www.tagesspiegel.de, 25.02.2016

Deutscher Bundestag und Bundesrat
- Deutscher Bundestag → Kap. 4.2, M13
- Bundesrat → Kap. 4.2, M16a-b

Familiennachzug vor Asylpaket II
Vor der Verabschiedung des Asylpakets II durften Flüchtlinge mit vorübergehendem Schutz (subsidiärer Schutz) ihre Familien sofort nachholen.

b) Begriffserklärungen: „Subsidiärer Schutz" und „Sichere Herkunftsstaaten"

Subsidiärer Schutz

Der subsidiäre Schutz greift ein, wenn weder der Flüchtlingsschutz noch die Asylberechtigung gewährt werden können und im Herkunftsland ernsthafter Schaden droht. [...]. Als ernsthafter Schaden gilt: die Verhängung oder Vollstreckung der Todesstrafe, Folter oder unmenschliche oder erniedrigende Behandlung oder Bestrafung oder eine ernsthafte individuelle Bedrohung des Lebens oder der Unversehrtheit einer Zivilperson infolge willkürlicher Gewalt im Rahmen eines internationalen oder innerstaatlichen bewaffneten Konflikts.

© *2018 Copyright by Bundesamt für Migration und Flüchtlinge, Subsidiärer Schutz, www.bamf.de, 01.08.2016*

Sichere Herkunftsstaaten

Dies sind Staaten, bei denen aufgrund der allgemeinen politischen Verhältnisse die gesetzliche Vermutung besteht, dass dort weder politische Verfolgung noch unmenschliche oder erniedrigende Bestrafung oder Behandlung stattfindet (§ 29a AsylVfG). Diese Vermutung besteht, solange ein Ausländer aus einem solchen Staat nicht glaubhaft Tatsachen vorträgt, die die Annahme begründen, dass er entgegen dieser Vermutung doch verfolgt wird. „Sichere Herkunftsstaaten" sind die Mitgliedstaaten der Europäischen Union und die in Anlage II des Asylverfahrensgesetzes bezeichneten Staaten (Albanien, Bosnien und Herzegowina, Ghana, Kosovo, Mazedonien, ehemalige jugoslawische Republik Montenegro, Senegal, Serbien).

© *2018 Bundesamt für Migration und Flüchtlinge, Sichere Herkunftsstaaten, www.bamf.de, Abruf am 19.02.2018*

M3 Regierungskoalition bringt Bundesgesetz zur Integration auf den Weg

Am 14. April 2016 stellte die Bundesregierung Eckpunkte für ein neues Integrationsgesetz vor, die die Bundeskanzlerin Merkel mit dem Prinzip des „Förderns und Forderns" umschrieb. Ebenfalls am 14. April 2016 veröffentlichte das für die Ausarbeitung des Gesetzesentwurfs zuständige Ministerium für Arbeit und Soziales einen Referentenentwurf für ein neues Integrationsgesetz. Am 25. Mai stellte die Bundesregierung in ihrer „Meseberger Erklärung" die zentralen Inhalte des neuen Integrationsgesetzes vor, das schon wenige Tage später von den Bundestagsfraktionen der Regierungsparteien CDU/CSU und SPD in den Bundestag eingebracht wurde.

Meseberg Erklärung
Die Bundesregierung (→ Kap. 4.2, M17) tagte in einer Kabinettsklausur (eine ein- oder mehrtägige Tagung des Bundeskabinetts, d.h. der Bundeskanzlerin und der Bundesminister) in dem Gästehaus der Bundesregierung auf Schloss Meseberg in Brandenburg.

> **Meseberger Erklärung zur Integration**
> Kern unserer integrationspolitischen Maßnahmen ist das Prinzip des Förderns und Forderns. Integration ist ein Angebot, aber auch eine Verpflichtung zu eigener Anstrengung. Integration kann nur als wechselseitiger Prozess gelingen. Sie setzt die Aufnahmebereitschaft der einheimischen Bevölkerung voraus, aber auch die Bereitschaft der Zugewanderten, die Menschen, die Gesellschaft und die Regeln des Aufnahmelands zu respektieren und sich um ihre eigene Integration aktiv zu bemühen. [...]
> Mit dem heute beschlossenen Entwurf eines Integrationsgesetzes [...] werden die Fördermöglichkeiten und Pflichten des Einzelnen zielgerichtet definiert und rechtliche Konsequenzen für fehlende oder besondere Integrationsbemühungen klar geregelt. Konkret umfasst sind insbesondere folgende Verbesserungen:

1 Sprach- und Wertevermittlung sind zentrales Fundament für eine erfolgreiche Integration in die Gesellschaft sowie in Bildung, Ausbildung, Studium und Arbeitsmarkt. Daher werden wir die Zugangsmöglichkeiten für die Teilnahme an Integrationskursen verbessern. [...]

2 Mit der Wohnsitzzuweisung wird eine gleichmäßigere Verteilung der Schutzberechtigten ermöglicht. Sie verfolgt gleichermaßen die Ziele der Sicherstellung der Integration, der Vermeidung von integrationshemmender Segregation und der Vermeidung von sozialen Brennpunkten.

Info zu 3: Zusätzliche Arbeitsgelegenheiten aus Bundesmitteln
Gemeint sind Arbeitsgelegenheiten wie sie auch Hartz-IV-Bezieher in Form von „Ein Euro Jobs" (aktuell 1,05 Euro) bekommen. Diese Mittel gibt es zusätzlich zu den Leistungen des Staates, die Arbeitslose oder Flüchtlinge erhalten. Dadurch sollen sie langsam an den Arbeitsmarkt herangeführt werden. Allerdings ist vorgesehen, dass Flüchtlinge nur 0,80 Euro bekommen sollen.

3 [Integrationsmaßnahmen] sollen frühzeitig ansetzen. Mit dem Arbeitsmarktprogramm „Flüchtlingsintegrationsmaßnahmen" werden für Leistungsberechtige nach dem Asylbewerberleistungsgesetz 100.000 zusätzliche Arbeitsgelegenheiten aus Bundesmitteln geschaffen. Dies ermöglicht eine sinnvolle und gemeinnützige Betätigung schon während des Asylverfahrens und bewirkt zugleich eine niedrigschwellige Heranführung an den Arbeitsmarkt. Mit Blick auf die Rückkehrpflichten in ihre Heimat gilt das Programm nicht für Asylbewerber aus sicheren Herkunftsstaaten. [...]

Info zu 4: Ausbildungsförderung nach SGB III (Sozialgesetzbuch)
Flüchtlinge mit einer guten Bleibeperspektive und einer Aufenthaltsgestattung können nach drei Monaten Aufenthalt von den Leistungen profitieren (ausbildungsbegleitenden Hilfen, assistierte Ausbildung und berufsvorbereitende Bildungsmaßnahmen) und nach 15 Monaten Aufenthalt haben sie Anspruch auf Ausbildungsgeld und Berufsausbildungshilfe.
© vbw - Vereinigung der Bayerischen Wirtschaft e.V., Fördermöglichkeiten, www.vbw-bayern.de, Abruf am 19.02.2018

4 Um die Integration in den Arbeitsmarkt noch weiter zu erleichtern, wird [...] für Geduldete ohne Beschäftigungsverbot [...] der Zugang zu Leistungen der Ausbildungsförderung nach dem Dritten Buch Sozialgesetzbuch – befristet bis Ende 2018 – erheblich erleichtert.

Info zu 4+5: Geduldete Flüchtlinge
Solange ein abgelehnter Asylbewerber nicht abgeschoben werden kann, erhält er eine Duldung. Grund kann ein von den Innenministern verhängter Abschiebestopp sein oder das Fehlen von Identitätspapieren (Reisepass). Diese Duldung gilt maximal sechs Monate und kann jederzeit widerrufen werden. [...] Für geduldete Personen gelten erhebliche Einschränkungen von Teilhaberechten wie etwa beim Zugang zum Arbeitsmarkt und sozialen Leistungen. Sie unterliegen ebenfalls der Residenzpflicht.
© Rundfunk Berlin-Brandenburg, Glossar: Asyl, Duldung, Residenzpflicht – was bedeutet was?, www.rbb-online.de, 03.09.2014

5 Wir schaffen zudem mehr Rechtssicherheit für Geduldete und Ausbildungsbetriebe. Künftig erhält der Auszubildende eine Duldung für die Gesamtdauer der Ausbildung. Die bisher bestehende Altersgrenze für den Beginn der Ausbildung wird aufgehoben. Um Missbrauch zu vermeiden, erlischt der Status automatisch bei Abbruch der Ausbildung. Nach erfolgreichem Abschluss der Berufsausbildung erhält der Geduldete eine weitere Duldung für die Dauer von sechs Monaten zur Arbeitsplatzsuche. Für eine anschließende Beschäftigung wird eine Aufenthaltserlaubnis für zwei Jahre erteilt. Im Falle der strafrechtlichen Verurteilung wird die Aufenthaltserlaubnis widerrufen.

6 Der Zugang zum Arbeitsmarkt wird weiter erleichtert. Für einen Zeitraum von drei Jahren wird bei Asylbewerbern und Geduldeten in Abhängigkeit von der regionalen Arbeitslosigkeit und unter Beteiligung der Länder gänzlich auf die Vorrangprüfung verzichtet. Dies ermöglicht zugleich die Zulassung für eine Tätigkeit in der Leiharbeit.

7 Wir haben außerdem Mitwirkungspflichten bei Integrationsmaßnahmen festgelegt. Ablehnung und Abbruch von Flüchtlingsintegrationsmaßnahmen und Integrationskursen ohne wichtigen Grund haben Leistungseinschränkungen im Asylbewerberleistungsgesetz zur Folge.

Info zu 6: Vorrangprüfung: Bevorzugung von Einheimischen bei der Einstellung von Arbeitskräften

8 Auch das Leistungssystem des Asylbewerberleistungsgesetzes haben wir angepasst. Bestimmtes Fehlverhalten ist künftig mit Leistungskürzungen verbunden. Die Verschleierung von einzusetzendem Vermögen wird künftig weiter erschwert.

Info zu 8: Asylbewerberleistungsgesetz (AsylbLG):
Das Asylbewerberleistungsgesetz regelt Leistungen zur Grundsicherung an Ausländerinnen und Ausländer, die sich als Asylsuchende, mit Duldung oder mit bestimmten Aufenthaltserlaubnissen in Deutschland aufhalten.

© Presse- und Informationsamt der Bundesregierung, Meseberger Erklärung zur Integration, www.bundesregierung.de, 25.05.2016

© Informationsverbund Asyl und Migration e.V., Asylbewerberleistungsgesetz (AsylbLG), www.asyl.net, Abruf am 19.02.2018

AUFGABEN

1. Beschreiben Sie die Ausgangslage der Flüchtlingskrise im Jahre 2015 (**M1**).
2. a) Erläutern Sie die in den Asylpaketen I / II verabschiedeten Maßnahmen (**M2a**).
   b) Diskutieren Sie, inwieweit Sie diese Maßnahmen für notwendig und sinnvoll halten.
3. Analysieren Sie die in der Meseberger Erklärung (**M3**) enthaltenen Eckpunkte für ein neues Integrationsgesetz in Kleingruppen. Beachten Sie dabei u. a. die folgenden Aspekte:
   - die Ziele der integrationspolitischen Maßnahmen im Hinblick auf die Zugewanderten und die einheimische Bevölkerung;
   - die Beschreibung der Maßnahmen mithilfe des Begriffpaars „Fordern und Fördern";
   - die Erläuterung der Maßnahmen im Einzelnen.
4. Präsentieren Sie Ihre Ergebnisse aus Aufgabe 3 auf einem Plakat oder einer Folie.
5. Ordnen Sie auf Ihrer Präsentation die einzelnen Maßnahmen den Kategorien „Fordern" und „Fördern" zu.

F Aufgabe 1
Charakterisieren Sie die Flüchtlingskrise im Jahre 2015 in Deutschland und die Haltung der europäischen Nachbarn zur deutschen Flüchtlingspolitik.

4 Demokratie praktisch: Die Staatsorganisation in Deutschland

M4 Der Gang der Gesetzgebung auf Bundesebene

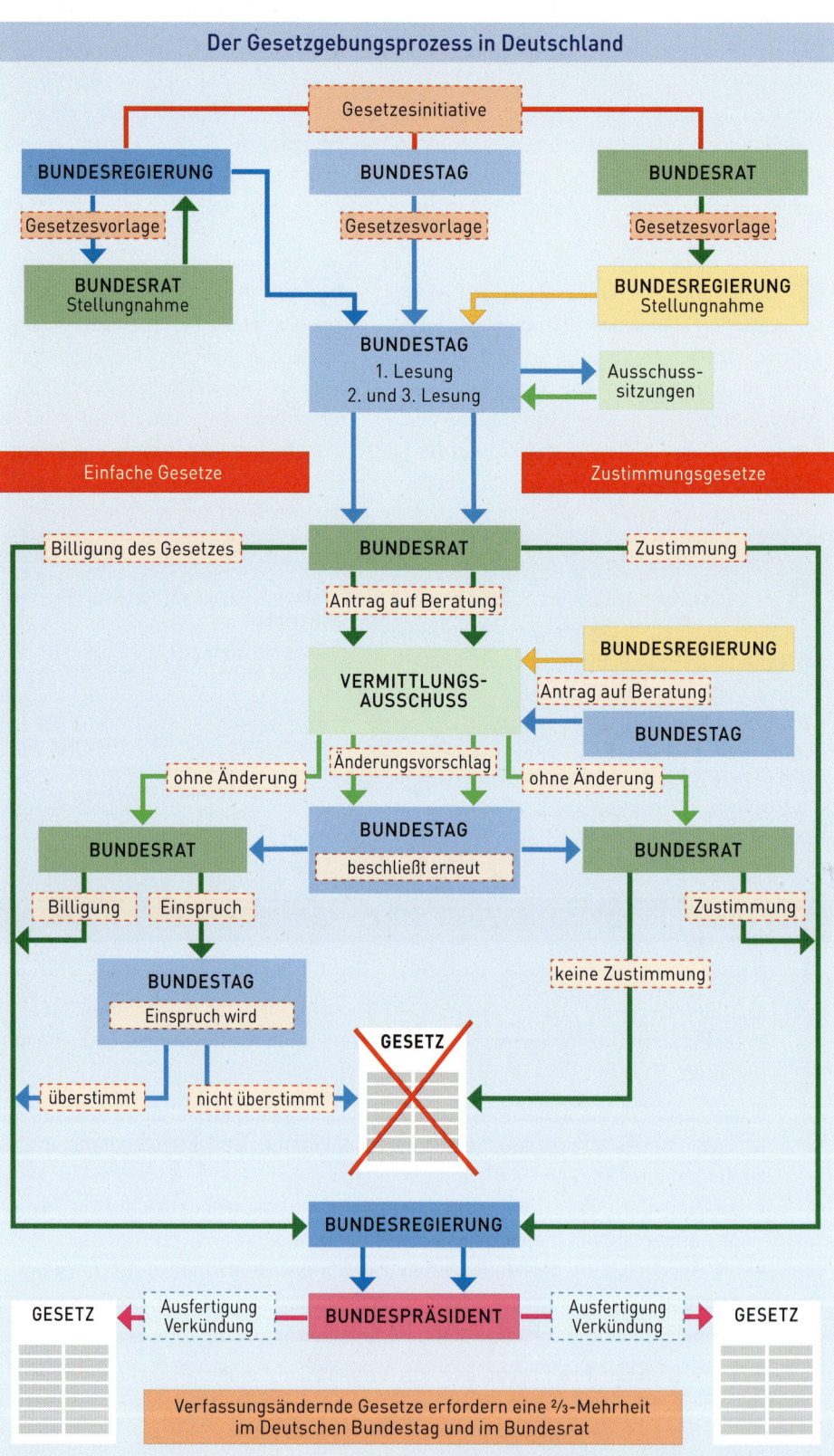

Vermittlungsausschuss

Der Vermittlungsausschuss ist ein Gremium, das zwischen Bundestag und Bundesrat fungiert. Der Vermittlungsausschuss besteht aus 16 Mitgliedern des Bundesrates und ebenso vielen des Bundestages, die entsprechend den Fraktionsstärken benannt sind. Seine Aufgabe liegt darin, einen Konsens zwischen Bundestag und Bundesrat zu finden, wenn vom Bundestag beschlossene Gesetze im Bundesrat keine Mehrheit finden. Weichen Beschlüsse des Vermittlungsausschusses von denen des Bundestages ab, ist eine erneute Beschlussfassung im Bundestag erforderlich. Ist zu einem Gesetz die Zustimmung des Bundesrates erforderlich, so können auch der Bundestag und die Bundesregierung die Einberufung des Vermittlungsausschusses verlangen, um eine Einigung herbeizuführen.

© Deutscher Bundestag, Vermittlungsausschuss, www.bundestag.de, Abruf am 19.02.2018

METHODE

Politikzyklus

I. Worum geht es?

Politik befasst sich immer mit Problemen. Dabei müssen politische Systeme – auch Demokratien – beweisen, dass sie politische Probleme lösen können. Daran wird u.a. der Erfolg von Politik gemessen.
Doch wie läuft diese Problembewältigung ab? Der politische Prozess kann mithilfe von Modellen dargestellt werden, denn die Bearbeitung von Problemen verläuft häufig nach einem ähnlichen Muster. Der Politikzyklus stellt ein solches Modell dar, in dem der Prozess – der zeitliche Ablauf – veranschaulicht wird. Handlungsdruck für die Politiker entsteht, wenn gesellschaftlich relevante Probleme öffentlich diskutiert werden. Dies gelingt dann, wenn viele Menschen oder starke Interessengruppen von diesem Problem betroffen sind. Andere Probleme, von denen nur schwache Gruppen betroffen sind, werden nicht oder kaum wahrgenommen. Ist eine Entscheidung einmal gefallen, wird sie unterschiedlich bewertet. Manchmal ist das Problem gelöst, oftmals aber kann davon keine Rede sein, auch deshalb, weil sich Gesellschaft, Wirtschaft und Politik sehr schnell verändern. In diesem Fall muss die Politik erneut nach Lösungen suchen und der Politikzyklus beginnt von neuem. Deshalb wird Politik auch als eine (endlose) Kette von Versuchen zur Bewältigung politischer Probleme verstanden.

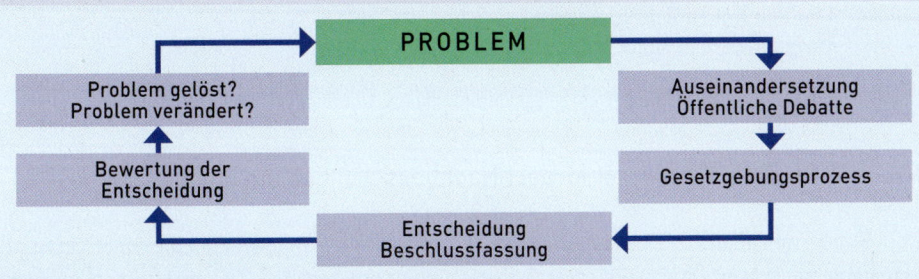

II. Gehen Sie dabei wie folgt vor:

Kategorien	Leitfragen
Problem	Worin besteht das Problem?
Auseinandersetzung, Öffentliche Debatte	Welche Interessenkonflikte und Interessenkonstellationen gibt es? Welche Ziele verfolgen die beteiligten Akteure? Welche Lösungsmöglichkeiten werden diskutiert? Welche Problemdefinition setzt sich am Ende durch?
Gesetzgebungsprozess	Greift der Gesetzgeber das Problem auf? Wie versuchen die Interessen Einfluss auf den Gesetzgebungsprozess zu nehmen?
Entscheidung, Beschlussfassung	Welche Akteure/Interessen konnten sich durchsetzen?
Bewertung der Entscheidung	Welche Akteure bewerten das Ergebnis positiv/negativ?

Bearbeiter

03.06.2016

M5 03.06.2016: Deutscher Bundestag berät den Gesetzesentwurf in erster Lesung

Innenminister Thomas de Maizière (CDU)	Arbeitsministerin Andrea Nahles (SPD)	Opposition	
		Die Linke	**Die Grünen**
[Thomas de Maizière] sprach im Bundestag von einer „Zäsur". Mit dem Gesetz werde den nach Deutschland geflüchteten Menschen mit Bleibeperspektive ein Angebot gemacht. Es werde von ihnen aber auch Einsatzbereitschaft und „Respekt für die gemeinsame Grundlage unserer Gesellschaft" erwartet. Wer dies nicht beachte, „dem wird es in Deutschland nicht gut gehen".	Auch Bundesarbeitsministerin Andrea Nahles (SPD) verteidigte das Gesetz ausdrücklich gegen die Kritik. „Der beste Weg in die Integration ist der Weg in Arbeit", sagte sie in der Debatte. Dafür seien aber große Anstrengungen erforderlich. „Das ist keine Kleinigkeit, das geht nicht mal so nebenher." Den Zuwanderern würden Angebote gemacht. „Es muss dann aber auch Mitwirkungspflichten geben." Damit rechtfertigte sie insbesondere die im Gesetz vorgesehenen Sanktionen für Flüchtlinge, die nicht die von ihnen verlangten Integrationsleistungen erbringen. Optimistisch äußerte sich die Ministerin über die Chancen der Flüchtlinge auf dem deutschen Arbeitsmarkt. 70 Prozent der Unter-30-Jährigen könnten mit Unterstützung zu Leistungsträgern werden, sagte Nahles. [...]	Die Linken-Politikerin Sevim Dagdelen nannte das Maßnahmenpaket im Bundestag ein „Integrationsverhinderungsgesetz". Die Ein-Euro-Jobs für Flüchtlinge sind für sie „ein neues Werkzeug zum Lohndumping".	Die Grünen sehen nach Angaben ihrer Arbeitsmarktpolitikerin Brigitte Pothmer Licht und Schatten in dem Gesetz. Es gebe insbesondere im Bereich Eingliederung in den Arbeitsmarkt „positive Elemente", sagte sie in der Debatte. Insgesamt sei das Gesetz aber zu sehr „durchzogen von dem Geist der Ausgrenzung".

Afp-com, Integrationsgesetz ist für die Opposition ein Ausgrenzungsgesetz, www.welt.de, 03.06.2016

17.06.2016

M6 17.06.2016: Bundesrat fordert Nachbesserungen am Integrationsgesetz

Der Bundesrat dringt auf Nachbesserungen beim geplanten Integrationsgesetz des Bundes. Die Länderkammer forderte in einer am Freitag beschlossenen Stellungnahme Korrekturen an der Wohnsitzauflage für Flüchtlinge, die auf Sozialleistungen angewiesen sind. Die Wohnsitzauflage soll nach dem Willen der Regierung für Ausländer gelten, denen nach dem 1. Januar 2016 eine Anerkennung oder Aufenthaltserlaubnis erteilt wurde. Die Länder wollen diesen Stichtag hinausschieben. [...] Zudem müssten die Voraussetzungen für ein bedarfsdeckendes Angebot an Integrationskursen geschaffen werden. Daneben soll auch anderen Migrantengruppen wie EU-Ausländern und Geduldeten der Zugang zu Integrationskursen erleichtert oder ermöglicht werden.

Afp, Integrationsgesetz: Bundesrat fordert Nachbesserungen am Integrationsgesetz, www.fr-online.de, 17.06.2016

20.06.2016

M7 20.06.2016: Expertenanhörung des Ausschusses für Arbeit und Soziales: Integrationsgesetz stößt auf ein geteiltes Echo

Der Entwurf für ein Integrationsgesetz der Koalitionsfraktionen von CDU/CSU und SPD stößt auf ein geteiltes Echo der Experten. Das ergab eine Anhörung des Ausschusses für Arbeit und Soziales unter Vorsitz von Kerstin Griese (SPD) am Montag, 20. Juni 2016, in dessen Mittelpunkt auch ein Antrag der Fraktion Die Linke und zwei Anträge der Fraktion Bündnis 90/Die Grünen standen. Sowohl die Opposition als auch die Koalition wollen mit ihren Initiativen die Integration von Flüchtlingen erleichtern.

4.1 Der Gang der Gesetzgebung am Beispiel des Integrationsgesetzes

Bundesamt für Migration (BAMF)	Kommunale Spitzenverbände	Deutscher Gewerkschaftsbund	Diakonie Deutschland
Ursula Gräfin Praschma vom Bundesamt für Migration und Flüchtlinge (BAMF) berichtete von einem „beispiellosen Andrang" auf die Integrationskurse [...]. Die 211.000 Anträge auf Zulassung zeigten, dass es eine hohe Eigenmotivation der Geflüchteten gebe. Das Prinzip „Fördern und Fordern", nach dem Flüchtlinge zu einer Teilnahme am Sprachkurs verpflichtet werden können, sei dennoch richtig.	Auch die kommunalen Spitzenverbände befürworten das Gesetzesvorhaben, das mit der Wohnsitzauflage und der Stärkung des Spracherwerbs einige ihrer zentralen Forderungen beinhalte. [...].	Annelie Buntenbach vom Deutschen Gewerkschaftsbund (DGB) [äußerte] (e)rhebliche Bedenken [...] gegenüber der geplanten Schaffung von 100.000 Arbeitsgelegenheiten, die wahrscheinlich zur Kostenreduzierung in Aufnahmeeinrichtungen eingesetzt würden und in Konkurrenz zu regulären Beschäftigungsverhältnissen auf dem lokalen Arbeitsmarkt treten könnten. Kritisch betrachtet der DGB nach ihren Worten zudem die Wohnsitzauflage sowie die Verpflichtung zur Teilnahme am Integrationskurs.	Grundsätzliche Kritik kam von Petra Zwickert von der Diakonie Deutschland – Evangelischer Bundesverband. Sie kritisierte, dass das Gesetz geflüchteten Menschen einen mangelnden Integrationswillen unterstelle sowie „sanktioniere anstatt zu ermutigen".

© Deutscher Bundestag, Integrationsgesetz stößt auf ein geteiltes Echo, www.bundestag.de, 21.06.2016

M8 06.07.2016: Ausschuss für Arbeit und Soziales billigt Integrationsgesetz

06.07.2016

Der Ausschuss für Arbeit und Soziales hat am Mittwochvormittag dem Entwurf der Bundesregierung und der Koalitionsfraktionen CDU/CSU und SPD für ein Integrationsgesetz in geänderter Fassung zugestimmt. Union und SPD stimmten für das Gesetz, die Oppositionsfraktionen Die Linke und Bündnis 90/Die Grünen stimmten dagegen. Sie hatten eigene Anträge zur Integration von Flüchtlingen in den Arbeitsmarkt vorgelegt, die jedoch mit den Stimmen der Koalitionsfraktionen abgelehnt wurden. [...] Geändert wurde der Entwurf unter anderem beim Duldungsstatus von Auszubildenden. Die Koalition einigte sich auf eine Verlängerung des Aufenthaltsrechts einmalig um sechs Monate, wenn ein Flüchtling eine Ausbildung abbricht. Nach der bisherigen Regelung hätte ein Flüchtling die Abschiebung riskiert, wenn er eine Ausbildung abgebrochen hätte. [...] Die Kritik der Opposition blieb trotz der Änderungen deutlich. „Dieses schlechte Gesetz hat sich dadurch nicht wesentlich verbessert", betonte etwa Die Linke. Es trage den Geist, der Flüchtlingen automatisch eine Verweigerungshaltung unterstelle. [...] Bündnis 90/Die Grünen werteten den Änderungsantrag als „eindeutige Verbesserung". Allerdings warnten sie davor, dass unklare Formulierungen im Gesetzentwurf dennoch zu Abschiebungen von Auszubildenden führen könnten. Kritik äußerten die Grünen auch an den Arbeitsgelegenheiten. „Wir wissen doch, dass diese kein Instrument zur Integration in den Arbeitsmarkt sind", hieß es aus der Fraktion.

© Deutscher Bundestag, Ausschuss billigt Integrationsgesetz, www.bundestag.de, 06.07.2016

Ständige Ausschüsse

Die ständigen Ausschüsse sind Teil des Deutschen Bundestages. (→ Kap. 4.2, M13)

M9 07./08.07.2016: Abstimmungen im Deutschen Bundestag und Bundesrat

07./08.07.2016

Am 07. Juli 2016 stimmte der Bundestag in zweiter und dritter Lesung dem Gesetzesentwurf in geänderter Fassung zu. Am 08. Juli 2016 stimmte auch der Bundesrat zu. Er beschloss, keinen Antrag auf Einberufung des Vermittlungsausschusses zu stellen. Am 05. August 2016 wurde das Gesetz nach Ausfertigung durch den Bundespräsidenten im Bundesgesetzblatt veröffentlicht.

Bearbeiter

07.07.2016

M10 07.07.2016: Kritik und Zustimmung nach der Verabschiedung des Gesetzes

a) Kritik von PRO ASYL

- Zwangsweise Wohnortzuweisungen beschneiden die Freizügigkeit von anerkannten Flüchtlingen [...]. Vielerorts werden damit die tatsächlichen Möglichkeiten zur Integration verschlechtert.
- Leistungseinschränkungen enthalten Flüchtlingen ihr Recht auf ein menschenwürdiges Existenzminimum vor, entgegen der Rechtsprechung des Bundesverfassungsgerichts.
- Die Verschärfung des Aufenthaltsrechts wird zu einer großen Unsicherheit unter Flüchtlingen führen.
- Die Verpflichtung zur Ausübung von Ein-Euro-Jobs wird Flüchtlinge prekarisieren ohne ihnen echte Perspektiven auf dem Arbeitsmarkt zu eröffnen.

© Förderverein PRO ASYL e. V., Pressemitteilung: PRO ASYL: „Etikettenschwindel", www.proasyl.de, 07.07.2016

b) Lob und Tadel vom Deutschen Städtetag (22.07.2016)

Der Deutsche Bundestag hat am 7. Juli 2016 nach intensiver Beratung das Integrationsgesetz verabschiedet. Der ursprüngliche Gesetzentwurf wurde in zwei aus unserer Sicht besonders wesentlichen Punkten geändert: In § 12a Abs. 5 Nr. 1a AufenthG-E wurde klargestellt, dass nicht allein das Vorhandensein von angemessenem Wohnraum eine Aufhebung der Wohnsitzverpflichtung auf Antrag des Ausländers rechtfertigt, sondern vor allem die Aufnahme einer sozialversicherungspflichtigen Beschäftigung oder eines Ausbildungs- oder Studienplatzes. Sollte ein Flüchtling eine laufende Ausbildung abbrechen, so kann sein Aufenthaltsrecht gleichwohl einmalig um 6 Monate verlängert werden (§ 60a Abs. 2 Satz 4 AufenthG-E). Nach dem ursprünglichen Entwurf hätte in diesem Falle eine sofortige Ausweisung gedroht. Nicht aufgegriffen wurde bedauerlicherweise der von den kommunalen Spitzenverbänden vorgetragene Wunsch, es bei einer einheitlichen Mehraufwandsentschädigung im Rahmen der Flüchtlingsintegrationsmaßnahmen von 1,05 Euro zu belassen, statt eine mit hohem Verwaltungsaufwand verbundene Absenkung auf 0,80 Euro vorzusehen. Auch wird es bei der von uns kritisierten Einbeziehung der Bundesagentur für Arbeit in die Organisation dieser Maßnahmen bleiben.

http://www.staedtetag.de/dst/extra/fluechtlinge_zuwanderung_und_integration/078680/, 22.07.2016

H Aufgabe 1
Gesetzgebungsverfahren im Erklärfilm

Mediencode: 72060-11

F Aufgabe 3
Ermitteln Sie in einer Internetrecherche weitere Positionsbestimmungen der Parteien und der Verbände (z. B. Kirchen u. a.).

AUFGABEN

1. Erläutern Sie das Schema in **M4**.

2. Werten Sie **M5-M9** im Hinblick auf die Verfassungsorgane aus, die an der Verabschiedung des Integrationsgesetzes beteiligt waren.

3. Analysieren Sie die im Deutschen Bundestag, dem Bundesrat, dem Bundestagsausschuss für Arbeit und Soziales vorgetragenen Argumente und halten Sie diese sortiert nach Pro- und Kontra-Argumenten auf einer Wandzeitung (→ Methodenglossar) fest (**M3-M10**).

4. Analysieren Sie abschließend das Fallbeispiel (**M5-M10**) mithilfe des Politikzyklus auf S. 137.

5. Führen Sie eine Podiumsdiskussion (→ Methodenglossar) durch, in der Vertreter der Regierungsparteien, der Opposition und Vertreter öffentlicher Institutionen sowie unterschiedlicher Verbände (z. B. Kirchen, Gewerkschaften, Unternehmerverbände, Pro Asyl) miteinander diskutieren.

METHODE

Podiumsdiskussion zum Integrationsgesetz: Welchen Gestaltungsspielraum hatten die einzelnen Verfassungsorgane und Verbände bei der Ausgestaltung des Gesetzes?

I. Worum geht es?

Bei einer Podiumsdiskussion diskutieren Personen mit verschiedenen inhaltlichen Positionen kontrovers ein Thema und stellen sich den Fragen von Zuhörern aus dem Publikum.

II. Gehen Sie dabei wie folgt vor:

1. Schritt: Vorbereitung der Podiumsdiskussion

1. Stellen Sie die zentralen Inhalte des Integrationsgesetzes, (→ Meseberger Erklärung, **M3**) und die Änderungen am Ende des Gesetzgebungsprozesses auf einer Wandzeitung (→ Methodenglossar) dar.
2. Sie müssen entscheiden, wer auf dem Podium vertreten ist. Das sollten zumindest die Vertreter der Koalitionsparteien sein, die den Gesetzesentwurf eingebracht haben, der Oppositionsparteien, des Bundesrates und ausgewählter Verbände wie z.B. Pro Asyl, Deutscher Städtetag, Gewerkschaften, Kirchen, u.a. Die Podiumsteilnehmer sollten ihre Positionen gut vorbereiten und wichtige Argumente jeweils stichpunkartig notieren. Beachten Sie, dass Sie auf dem Podium eine Rolle spielen und diese auch stringent durchhalten.
3. Einige Kursteilnehmer beobachten den Ablauf der Podiumsdiskussion im Hinblick auf das Verhalten der Teilnehmer (Schlüssigkeit der Argumente, Fairness, Argumentationsverhalten, u.a.) und entwickeln Kriterien für einen Beobachtungsbogen.
4. Die Diskussionsleitung kann die Lehrkraft übernehmen oder ein Kursmitglied, das mit der Leitung von Podiumsdiskussionen Erfahrung hat.

2. Schritt: Durchführung der Podiumsdiskussion

1. Zunächst führt die Diskussionsleitung in das Thema ein, stellt das Podium vor und nennt die Spielregeln wie z.B. Zeitbegrenzung der Beiträge, Gesamtdauer der Diskussion auf dem Podium, Zeit für Fragen und Beiträge des Publikums, u.a.
2. Anschließend stellen die Diskutanten in einem kurzen Statement jeweils ihre Position zum Integrationsgesetz vor. Danach ist die Diskussion eröffnet.
3. Im zweiten Teil der Podiumsdiskussion darf das Publikum das Wort ergreifen. Es kann Fragen stellen, aber auch eine Meinung zu einzelnen Wortbeiträgen äußern.
4. Nach Beendigung der Diskussion verlassen die Diskutanten ihre Rollen und beschreiben, wie sie mit ihrer Rolle klar gekommen sind. Danach geben die Beobachter ihre Rückmeldungen. Sie achten dabei auf Fairness gegenüber den Diskutanten.

3. Schritt: Diskussion im Kurs über die Gestaltungsmöglichkeiten von Verfassungsorganen und Verbänden bei der Entstehung eines Gesetzes

Abschließend sollten Sie beurteilen, wie Sie die Möglichkeiten der einzelnen Verfassungsorgane und der Verbände einschätzen, Einfluss auf die Verabschiedung des Integrationsgesetzes zu nehmen. Beachten Sie dabei, dass das Bundesverfassungsgericht bisher keine Rolle spielte.

Bearbeiter

4.2 Die Verfassungsorgane der Bundesrepublik Deutschland

Im Zentrum des zweiten Unterkapitels steht ein Überblick über die Verfassungsorgane und ihre im Grundgesetz festgeschriebenen Aufgaben, ihre Zusammensetzung und Legitimation. Hier können Sie auch bei der Bearbeitung der Fallbeispiele immer wieder nachschlagen, wenn Ihnen Informationen zur Erarbeitung und Beurteilung fehlen.

Ein zentrales Merkmal der Demokratie ist die Gewaltenteilung zwischen gesetzgebender Gewalt, vollziehender Gewalt und rechtsprechender Gewalt (→ Kapitel 3, S. 109, M14). Hinsichtlich des deutschen Regierungssystems existiert die Gewaltenteilung zwischen gesetzgebender und vollziehender Gewalt nur noch in abgewandelter Form.

M11 Verfassungsorgane in der Bundesrepublik Deutschland

a) Überblick der Verfassungsorgane

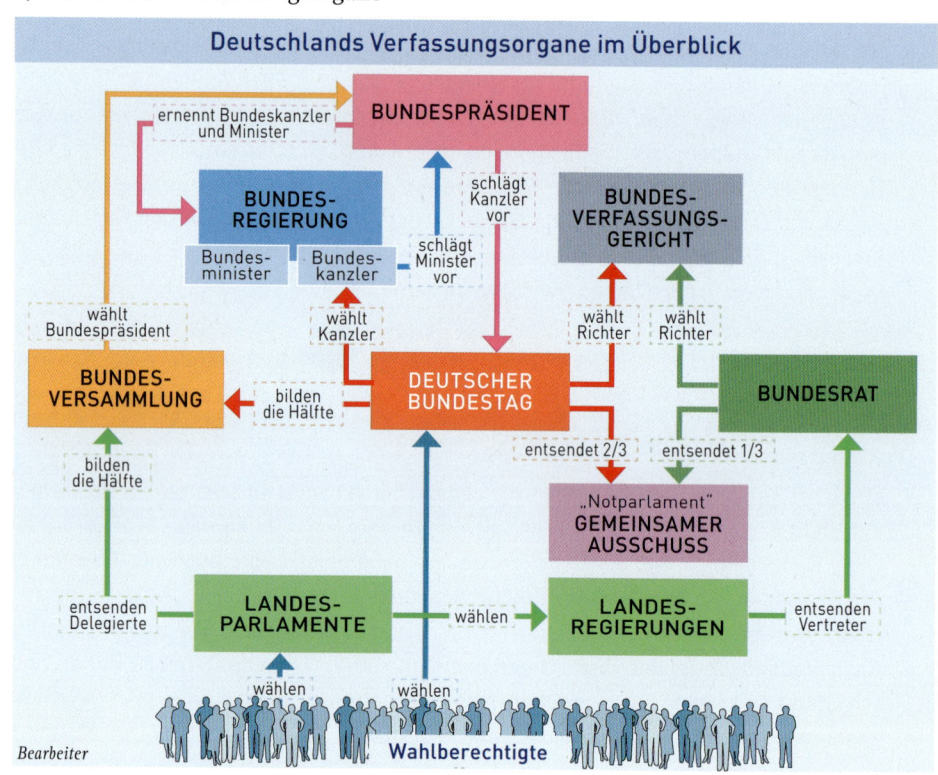

Gemeinsamer Ausschuss

Der Gemeinsame Ausschuss von Bundesrat und Bundestag hat 48 Mitglieder. Er besteht nach Artikel 53a des Grundgesetzes zu zwei Dritteln aus Abgeordneten des Bundestages und zu einem Drittel aus Mitgliedern des Bundesrates. Der Gemeinsame Ausschuss stellt das Notparlament im Verteidigungsfall dar, wenn dem rechtzeitigen Zusammentreten des Bundestages unüberwindliche Hindernisse entgegenstehen. Die Bildung des Gemeinsamen Ausschusses und sein Verfahren werden durch eine Geschäftsordnung geregelt, die vom Bundestag zu beschließen ist und der Zustimmung des Bundesrats bedarf.

© *Deutscher Bundestag, Gemeinsamer Ausschuss, www.bundestag.de, Abruf am 20.02.2018*

b) Erklärungen zu den Verfassungsorganen

Als Verfassungsorgane werden die Staatsorgane bezeichnet, deren Aufgaben und Befugnisse in der Verfassung, also auf der Bundesebene durch das Grundgesetz (GG), bestimmt sind. Ständige Verfassungsorgane der Bundesrepublik Deutschland (oberste Bundesorgane) sind der Deutsche Bundestag (Art. 38 bis Art. 48 GG), der Bundesrat (Art. 50 bis Art. 53 GG), der Bundespräsident (Art. 54 bis Art. 61 GG), die Bundesregierung (Art. 62 bis Art. 69 GG) und das Bundesverfassungsgericht (Art. 93, Art. 94, Art. 99 und Art. 100 GG). Der Gemeinsame Ausschuss (Art. 53a GG) und die Bundesversammlung (Art. 54 GG) sind sog. nichtständige Verfassungsorgane.

© *Bundesministerium des Innern, 2018, Unsere Verfassung, www.bmi.bund.de, Abruf am 20.02.2018*

M12 Zusammensetzung und Besetzung der Verfassungsorgane

Verfassungsorgan	Zusammensetzung	Besetzung
Bundespräsident		
Bundesregierung		
Deutscher Bundestag		
Bundesrat		
Bundesverfassungsgericht		
Gemeinsamer Ausschuss		
Bundesversammlung		

ins Heft

Bearbeiter

M13 Der Deutsche Bundestag: Organisation und Aufgaben

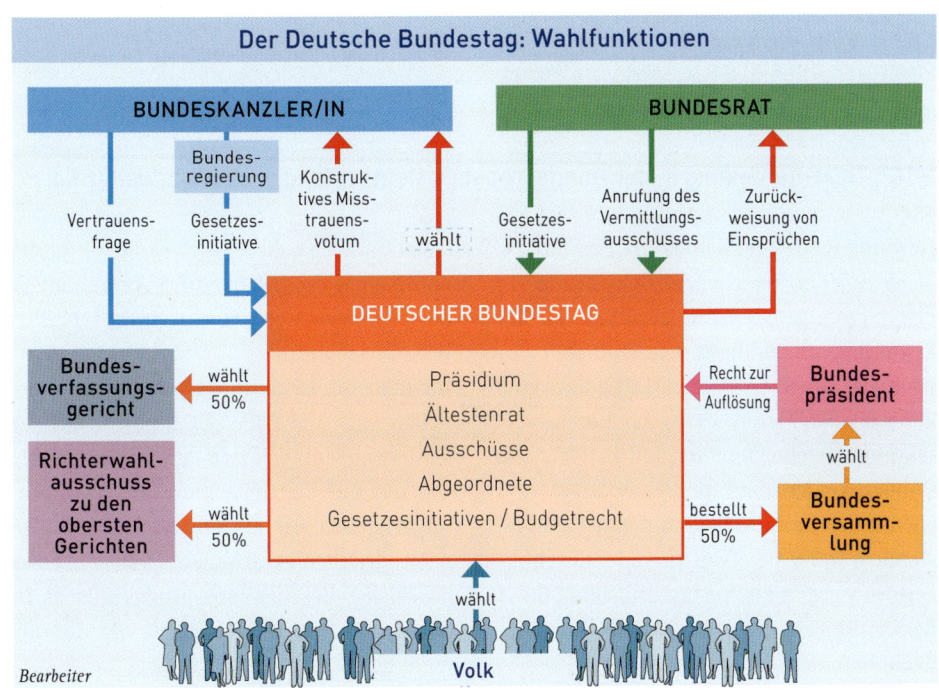

Bearbeiter

Art. 38 Grundgesetz
(1) Die Abgeordneten des Deutschen Bundestages werden in allgemeiner, unmittelbarer, freier, gleicher und geheimer Wahl gewählt. Sie sind Vertreter des ganzen Volkes, an Aufträge und Weisungen nicht gebunden und nur ihrem Gewissen unterworfen.

Der Bundestag ist das einzige oberste Bundesorgan, das direkt vom Volk gewählt wird, und zwar in allgemeiner, unmittelbarer, freier, gleicher und geheimer Wahl. So
5 will es Artikel 38 des Grundgesetzes. [...]
Eine der wichtigsten Aufgaben des Bundestags ist das Beschließen oder Ändern von Gesetzen. Soll ein neues Bundesgesetz entstehen, muss die Initiative von der Regie-
10 rung selbst kommen, vom Bundesrat – also der Ländervertretung – oder „aus der Mitte des Bundestags". In diesem Fall müssen mindestens eine Bundestagsfraktion oder fünf Prozent der Abgeordneten die Gesetzesinitiative unterstützen.
15
Bei der Vorbereitung eines Gesetzesentwurfs kommen wieder die Ausschüsse ins Spiel: Sie leisten die inhaltliche Vorarbeit, um einen Entwurf abstimmungsreif zu machen. Der Bundestag berät dann im Plenum 20

Zustimmungsgesetze

Zustimmungsgesetze sind Gesetze des Bundes, die der Zustimmung des Bundesrates bedürfen (z. B. weil sie die verfassungsrechtlichen Zuständigkeiten der Bundesländer berühren, verfassungsändernden Charakter haben oder völkerrechtliche Verträge darstellen). Wird dem Gesetz vom Bundesrat die Zustimmung verweigert, ist es abgelehnt.

in der Regel in drei Lesungen darüber, danach geht der Gesetzesentwurf zunächst an den Bundesrat. Bei manchen Gesetzen wird die erste Aussprache auch in die Fachausschüsse verlagert. [...] Zustimmungsgesetze, die Belange der Länder betreffen, benötigen die Zustimmung des Bundesrats. Bei Einspruchsgesetzen hat die Länderkammer die Möglichkeit, Einspruch zu erheben. Dieser Einspruch kann vom Bundestag dann wieder überstimmt werden. Werden sich Bundestag und Bundesrat bei einem Gesetz nicht einig, wird der Vermittlungsausschuss angerufen, der versucht, einen Kompromiss zu erreichen.

Ist ein neuer Bundestag gewählt, wählen die Abgeordneten wiederum in geheimer Wahl und ohne vorherige Debatte den Kanzler oder die Kanzlerin. Dies ist in der Regel der Kandidat der stärksten Partei. Abwählen kann der Bundestag den Regierungschef nicht wieder, möglich ist aber ein sogenanntes konstruktives Misstrauensvotum. Dabei spricht die Mehrheit der Abgeordneten dem Kanzler das Misstrauen aus und wählt gleichzeitig einen Nachfolger.

Dies ist bisher einmal geschehen, als 1982 Kanzler Helmut Schmidt durch seinen Nachfolger Helmut Kohl abgelöst wurde. Der Kanzler selbst hat auch die Möglichkeit, von sich aus die Vertrauensfrage zu stellen – dies passiert wesentlich öfter. Steht die Wahl des Bundespräsidenten an, trifft sich die Bundesversammlung, die zur einen Hälfte aus Bundestagsabgeordneten besteht und zur anderen Hälfte aus Personen, die von den Landtagen entsandt werden.

Martina Frietsch, Deutscher Bundestag, www.planet-wissen.de, 03.08.2017

M14 Gewaltenteilung in der Bundesrepublik Deutschland in abgewandelter Form

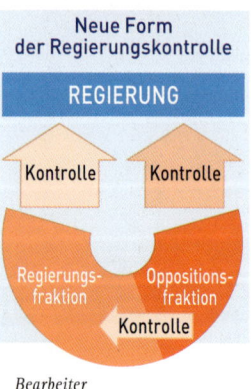

Bearbeiter

Gewaltenteilung ist heute ein Erkennungszeichen jeder wirklichen Demokratie. In erster Linie müssen die Gerichte von der Regierung unabhängig sein und sich nur nach den Gesetzen richten. In Deutschland kann das höchste Gericht, das Bundesverfassungsgericht (Teil der Judikative), den Bundeskanzler (Teil der Exekutive) und ebenso den Bundestag (Teil der Legislative) stoppen, wenn sie etwas tun oder beschließen, was gegen die Verfassung verstößt.

Exekutive und Legislative stehen sich jedoch in einer parlamentarischen [Demokratie] wie der Bundesrepublik Deutschland nicht mehr als Gegenspieler gegenüber. Im Gegenteil: Sie sind personell miteinander verflochten (Gewaltenverschränkung): Eine Parlamentsmehrheit, die Regierungskoalition, wählt einen Abgeordneten zum Regierungschef (Bundeskanzler), der trotzdem zugleich weiterhin Abgeordneter bleibt. Die Regierungskoalition sieht natürlich keine Veranlassung, „ihre" Regierung in erster Linie zu kontrollieren, sie unterstützt sie vielmehr wo sie kann. Denn diese Regierung soll ja die politischen Programme und Vorstellungen der Parlamentsmehrheit in praktische Politik umsetzen.

Die Rolle des Gegenspielers und im Wesentlichen auch die Rolle des Kontrolleurs der Regierung sind dadurch vom Parlament als Ganzem auf die Opposition übergegangen. Insofern ist diese ein unentbehrliches Element des demokratischen Systems. Über das bisher Beschriebene hinaus gibt es in Deutschland weitere Formen der Gewaltenteilung. Staatliche Aufgaben sind zwischen Bund und Ländern verteilt, die Länder sind an der Gesetzgebung des Bundes beteiligt. Im alltäglichen Leben kontrollieren sich konkurrierende Parteien und Verbände gegenseitig. Weil Pressefreiheit herrscht, können außerdem die Massenmedien auf Machtmissbrauch im Staat oder in der Gesellschaft aufmerksam machen – oft mit durchschlagendem Erfolg.

Eckart Thurich, Gewaltenteilung, in: Bundeszentrale für politische Bildung, pocket politik: Demokratie in Deutschland, Bonn 2011

M15 Aufgaben von Regierungsmehrheit und Opposition

M16 Der Bundesrat

a) Überblick des Bundesrates

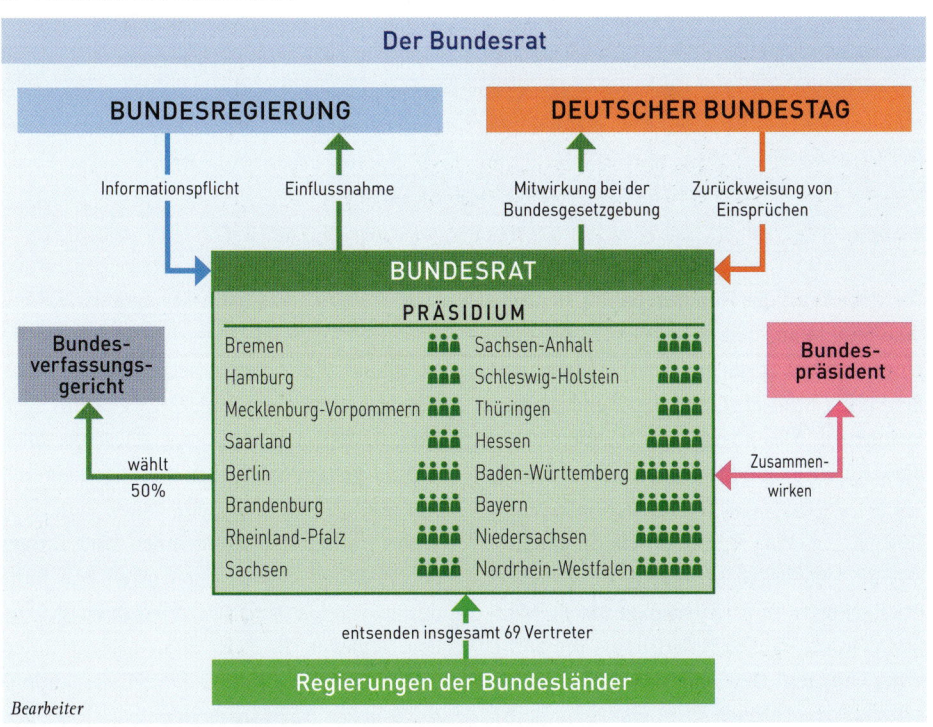

b) Definition des Bundesrates

Der Bundesrat ist [...] das oberste Bundesorgan, durch das „die Länder bei der Gesetzgebung und Verwaltung des Bundes und in Angelegenheiten der Europäischen Union" mitwirken (Art. 50 GG). Ihm gehören 69 Mitglieder an, die nicht vom Volk gewählt, sondern als Vertreter der Landesregierungen (i. d. R. im Ministerrang) an deren Weisung gebunden sind. Die Anzahl der entsandten Mitglieder des Bundesrates variiert entsprechend dem Bevölkerungsanteil der Bundesländer zwischen drei und sechs Vertretern [...] Die Stimmen jedes Landes können nur geschlossen abgegeben werden. Den Vorsitz im Bundesrat führt jeweils für ein Jahr ein vom Bundesrat gewählter Ministerpräsident, der gleichzeitig Stellvertreter des Bundespräsidenten ist. Zu den wichtigsten Aufgaben des Bundesrates zählt es, die Gesetzesvorlagen der Bundesregierung zu prüfen, ggf. zu ergänzen und schließlich an den Bundestag weiterzuleiten.

Martina Klein, Klaus Schubert, Bundesrat, in: Das Politiklexikon, Bonn 2016, S. 59

M17 Die Bundesregierung: die Spitze der Exekutive

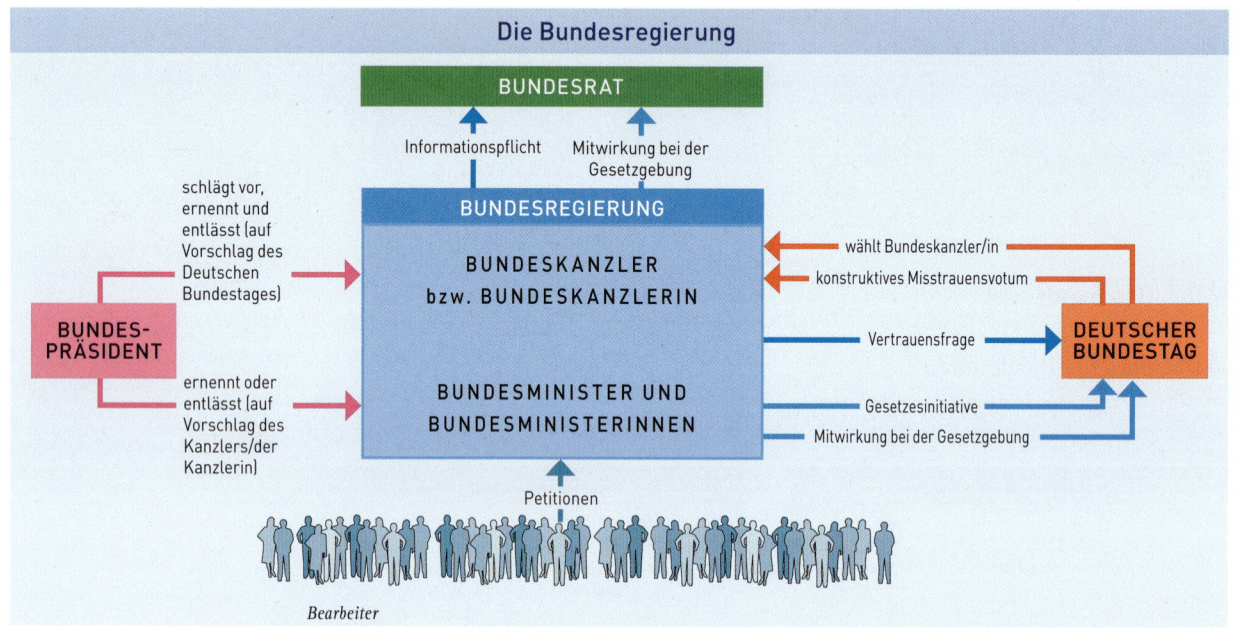

Bearbeiter

Die Regierung der Bundesrepublik Deutschland besteht aus dem Bundeskanzler (zurzeit einer Bundeskanzlerin), der die Richtlinien der Politik bestimmt, und den Bundesministerinnen und Bundesministern, die sich an diese Richtlinien halten müssen, aber im Übrigen ihre Bundesministerien selbstständig führen. [...]. Was die Mehrheit im Bundestag, die Legislative, will, setzt sie als Spitze der Exekutive in praktische politische Maßnahmen um. Zugleich hat sie als die politische Führung Deutschlands die Aufgabe, selbstständig Initiativen zu ergreifen, politische Ziele zu setzen, die Gesamtentwicklung unseres Landes zu steuern und langfristig zu planen. Im Grundgesetz steht, dass der Bundeskanzler vom Bundestag gewählt wird [Art. 63 GG]. Das wird auch selbstverständlich so gehandhabt, aber die Entscheidung, wer Kanzler werden soll, haben praktisch schon vorher die Bürgerinnen und Bürger bei der Bundestagswahl getroffen. Aus Bundestagswahlen sind Kanzlerwahlen geworden, in denen die Parteien den Bürgerinnen und Bürgern ihre Kanzlerkandidaten anpreisen und zur Auswahl stellen.

Der Bundeskanzler ist Chef der Bundesregierung. Er trägt damit auch die Gesamtverantwortung gegenüber dem Parlament. Die Bundesminister werden auf seinen Vorschlag vom Bundespräsidenten ernannt und entlassen. Sie müssen sich an die politischen Richtlinien des Kanzlers halten und können ihn nicht überstimmen. Der Bundestag kann einen einmal gewählten Bundeskanzler nicht ohne weiteres aus dem Amt entfernen. Nur wenn sich eine Mehrheit für die Wahl eines Nachfolgers findet, kann er gestürzt werden (Konstruktives Misstrauensvotum) – dies ist seit 1949 bisher nur einmal der Fall gewesen (Helmut Schmidt 1982). Verlangt der Bundeskanzler von der Regierungskoalition, dass sie ihm in einer Abstimmung ausdrücklich ihr Vertrauen ausspricht, und sie tut das nicht, dann kann der Bundespräsident auf Vorschlag des Bundeskanzlers den Bundestag auflösen und Neuwahlen anordnen. [Art. 68 GG]. Einzelne Bundesminister kann der Bundestag nicht abwählen. Nur wenn der Kanzler gestürzt wird, müssen auch die Bundesminister gehen, und zwar alle.

Der Bundeskanzler verfügt über ein eigenes Amt, das Bundeskanzleramt, die Zentrale der Regierungsarbeit. Damit beobachtet und koordiniert er die Arbeit in den einzelnen Bundesministerien – und kontrolliert sie zugleich. Nach dem Motto, dass man nicht nur Gutes tun, sondern auch darüber reden soll, steuert er zudem die Öffentlichkeitsarbeit der Regierung, und zwar mithilfe des Presse- und Informationsamtes der Bundesregierung. Es untersteht dem Kanzler direkt. Alle bisherigen Bundesregierungen sind Koalitionsregierungen gewesen. Das heißt, mehrere Fraktionen schlossen ein Bündnis (Koalition) und legten in einem Koalitionsvertrag fest, welche Regierungspolitik sie in Zukunft verfolgen wollten. Wie viele Ministerinnen und Minister sie dann in die Bundesregierung entsandten, hing von ihrer Stärke im Parlament ab.

Eckart Thurich, Bundesregierung, in: Bundeszentrale für politische Bildung, pocket politik: Demokratie in Deutschland, Bonn 2011

Richtlinienkompetenz

Nach Artikel 65 Grundgesetz (GG) bestimmt die Bundeskanzlerin die Richtlinien der Regierungspolitik und trägt dafür die Verantwortung. Diese Richtlinienkompetenz umfasst die Vorgabe eines Rahmens für das Regierungshandeln, den die einzelnen Ministerien mit Inhalten ausfüllen. Innerhalb der von der Bundeskanzlerin bestimmten Richtlinien leitet jeder Bundesminister seinen Geschäftsbereich selbstständig und unter eigener Verantwortung. Diese Arbeitsweise heißt Ressortprinzip.

© 2018 Presse- und Informationsamt der Bundesregierung, Aufgaben der Bundeskanzlerin, www.bundeskanzlerin.de, Abruf am 20.02.2018

AUFGABEN

1. Analysieren Sie das Schaubild in **M11** im Hinblick auf Zusammensetzung und Besetzung der Verfassungsorgane und halten Sie Ihre Ergebnisse in einer Tabelle nach dem Muster von **M12** fest.

2. Beschreiben Sie die Aufgaben des Deutschen Bundestages (**M13**) und notieren Sie diese in Ihr Heft.

3. Erläutern Sie auf der Grundlage von **M14** und **M25** in Kapitel 3 (S. 119f.) das klassische Konzept der Gewaltenteilung nach Montesquieu.

4. a) Beschreiben Sie in Partnerarbeit oder in Kleingruppenarbeit das System der Gewaltenteilung in der parlamentarischen Demokratie der Bundesrepublik (**M14, M15**), indem Sie die folgenden Aspekte darstellen: Unterschied zwischen klassischer Gewaltenteilung (**M14, M14 in Kapitel 3**, S. 109f.) und Gewaltenteilung in der Bundesrepublik, die Gewaltenverschränkung, die Rolle von Regierung und Opposition und weitere Formen der Gewaltenteilung.
   b) Präsentieren Sie Ihre Ergebnisse in einem Vortrag (→ Methodenglossar), den Sie durch eine Präsentation ergänzen.

5. Beschreiben Sie die Aufgaben und Gestaltungsmöglichkeiten des Bundesrates mithilfe von **M16a-b**, aber auch **M4, M6** und **M14**.

6. Erläutern Sie mithilfe von **M17** die Aufgaben des Bundeskanzlers/der Bundeskanzlerin und der Bundesregierung.

7. Erklären Sie den Satz „Bundestagswahlen sind Kanzlerwahlen" (**M17**).

M18 Das Bundesverfassungsgericht

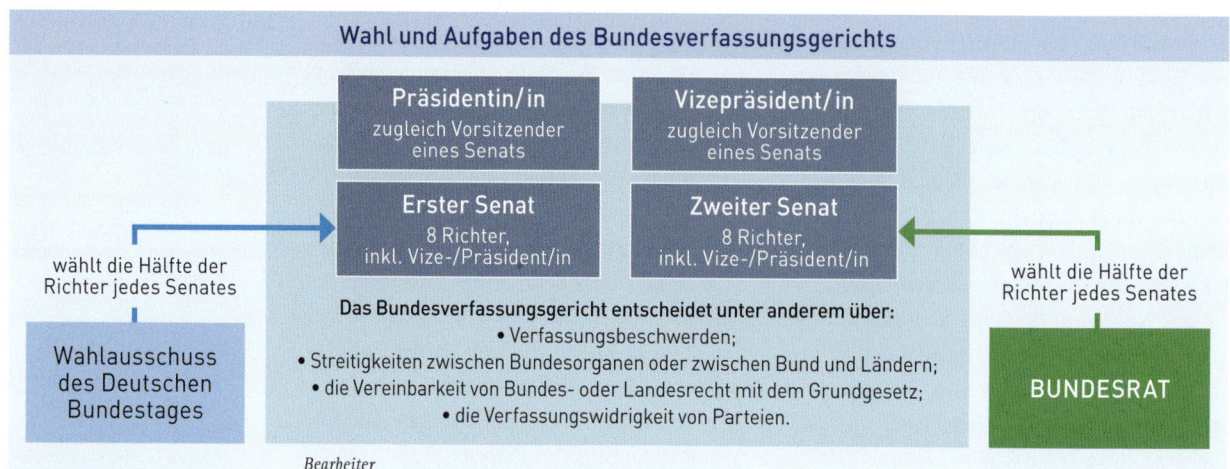
Bearbeiter

Fallbeispiel Erbschaftssteuer: Bundesverfassungsgericht erklärt Gesetz von 2009 für verfassungswidrig

Mediencode: 72060-12

Das Bundesverfassungsgericht ist Gericht und Verfassungsorgan zugleich. Es besteht aus zwei Senaten, denen jeweils acht Richterinnen und Richter angehören. Vorsitzende der Senate sind der Präsident bzw. der Vizepräsident. Jeder Senat hat eigene, genau definierte Zuständigkeiten, entscheidet aber immer als „das Bundesverfassungsgericht". [...] Das Bundesverfassungsgericht in Karlsruhe wacht über die Einhaltung des Grundgesetzes für die Bundesrepublik Deutschland. Seit seiner Gründung im Jahr 1951 hat das Gericht dazu beigetragen, der freiheitlich-demokratischen Grundordnung Ansehen und Wirkung zu verschaffen. Das gilt vor allem für die Durchsetzung der Grundrechte. Zur Beachtung des Grundgesetzes sind alle staatlichen Stellen verpflichtet. Kommt es dabei zum Streit, kann das Bundesverfassungsgericht angerufen werden. Seine Entscheidung ist unanfechtbar. An seine Rechtsprechung sind alle übrigen Staatsorgane gebunden. Die Arbeit des Bundesverfassungsgerichts hat auch politische Wirkung. Das wird besonders deutlich, wenn das Gericht ein Gesetz für verfassungswidrig erklärt. Das Gericht ist aber kein politisches Organ. Sein Maßstab ist allein das Grundgesetz. Fragen der politischen Zweckmäßigkeit dürfen für das Gericht keine Rolle spielen. Es bestimmt nur den verfassungsrechtlichen Rahmen, innerhalb dessen sich die Politik entfalten kann. Die Begrenzung staatlicher Macht ist ein Kennzeichen des modernen demokratischen Verfassungsstaates.

© 2018 Bundesverfassungsgericht, Gericht und Verfassungsorgan, www.bundesverfassungsgericht.de, Abruf am 20.02.2018

M19 Der Bundespräsident – Staatsoberhaupt der Bundesrepublik Deutschland

Theodor Heuss (FDP), BP: 1949 bis 1959
Heinrich Lübke (CDU), BP: 1959 bis 1969
Gustav Heinemann (SPD), BP: 1969 bis 1974
Walter Scheel (FDP), BP: 1974 bis 1979
Karl Carstens (CDU), BP: 1979 bis 1984
Richard von Weizsäcker (CDU), BP: 1984 bis 1994

4.2 Die Verfassungsorgane der Bundesrepublik Deutschland

Roman Herzog (CDU), BP: 1994 bis 1999 — Johannes Rau (SPD), BP: 1999 bis 2004 — Horst Köhler (CDU), BP: 2004 bis 2010 — Christian Wulff (CDU), BP: 2010 bis 2012 — Joachim Gauck (parteilos), BP: 2012 bis 2017 — Frank-Walter Steinmeier (SPD), BP: seit 2017

Der Bundespräsident ist das Staatsoberhaupt der Bundesrepublik Deutschland. [Er] wird von der Bundesversammlung für fünf Jahre gewählt. [...] Der Bundespräsident hat die üblichen Funktionen eines Staatsoberhauptes. Dazu gehören:

Repräsentation	Völkerrechtliche Vertretung	Unterzeichnung von Gesetzen	Begnadigungsrecht	Auflösung des Dt. Bundestages
die Repräsentation der Bundesrepublik Deutschland nach innen und außen: nach innen durch sein öffentliches Auftreten bei staatlichen, gesellschaftlichen und kulturellen Veranstaltungen, durch Reden bei besonderen Anlässen, durch Besuche in den Bundesländern und Gemeinden; nach außen durch Staatsbesuche und den Empfang ausländischer Staatsgäste;	die völkerrechtliche Vertretung der Bundesrepublik Deutschland: durch Unterzeichnung der Verträge mit anderen Staaten, durch förmliche Bestellung (Beglaubigung) der deutschen diplomatischen Vertreter und die Entgegennahme der Beglaubigungsschreiben der ausländischen Diplomaten. Bei der Wahrnehmung weiterer Rechte kann der Bundespräsident nicht selbstständig, sondern nur im Zusammenwirken mit anderen Verfassungsorganen handeln. Seine Anordnungen und Verfügungen „bedürfen zu ihrer Gültigkeit der Gegenzeichnung durch den Bundeskanzler oder durch den zuständigen Bundesminister" (Art. 58 GG). Damit übernehmen diese die politisch-parlamentarische Verantwortung.	Das gilt für die Unterzeichnung (Ausfertigung) von Gesetzen (Art. 82 GG): Gesetze werden vom Bundespräsidenten ausgefertigt und verkündet, das heißt unterzeichnet und im Bundesgesetzblatt veröffentlicht. [...]	Der Bundespräsident übt nach Art. 60 Abs. 2 GG für den Bund das Begnadigungsrecht aus. [...]	Findet der Bundeskanzler bei einer Vertrauensabstimmung keine Mehrheit, kann der Bundespräsident auf Antrag des Bundeskanzlers den Bundestag auflösen (Art. 68 GG). [...]

Die Bedeutung des Bundespräsidentenamtes reicht weit über [seine] formalen Kompetenzen hinaus. Als eine unabhängige, über dem parteipolitischen Streit stehende Persönlichkeit repräsentiert er das Gemeinsame. Er soll Vertrauen vermitteln, moralische Maßstäbe setzen, Ratschläge erteilen, in Kontroversen ausgleichend wirken, nicht zuletzt Würde ausstrahlen.

Horst Pötzsch, Die Deutsche Demokratie. 5. Auflage, Bonn 2009, S. 97-103

AUFGABEN

1. Beschreiben Sie die Aufgaben des Bundesverfassungsgerichts (M18).
2. Erläutern Sie die Aufgaben des Bundespräsidenten (M19).

4.3 *Vertiefung:* Die Abgeordneten des Deutschen Bundestages – nur dem Gewissen unterworfen oder dem Fraktionszwang?

M20 Fraktionszwang im Deutschen Bundestag karikiert: Jeder darf seine Meinung äußern

Karikatur: Martin Erl, 2012

M21 Die Arbeit der Fraktionen im Deutschen Bundestag

Im Parlament schließen sich die Abgeordneten einer Partei zu Fraktionen zusammen, oder, im Fall von CDU und CSU, zu einer Fraktionsgemeinschaft. Dazu muss eine Partei allerdings mindestens fünf Prozent der Sitze im Bundestag haben.

Die Fraktionen dienen einerseits der inhaltlichen Arbeit – die Abgeordneten einer Partei können sich die Arbeit zu bestimmten Themen teilen, die Grundhaltung der Fraktion wird festgelegt. Das bedeutet jedoch nicht, dass alle immer einer Meinung sind. Einen Fraktionszwang gibt es nicht, die Abgeordneten dürfen bei Abstimmungen also von ihrer Fraktion nicht zu einer bestimmten Stimmabgabe gezwungen werden.

Wichtig sind die Fraktionen auch für die Arbeit außerhalb des Plenums: Die Stärke einer Fraktion bestimmt darüber, welche Partei wie viele Mitglieder in Ausschüsse entsenden darf, wer den Vorsitz führt und wie der Ältestenrat des Bundestags zusammengesetzt ist. Wer zu welcher Partei und damit Fraktion gehört, lässt sich auch an der Sitzordnung im Plenarsaal des Bundestages erkennen: Die Abgeordneten einer Fraktion sitzen immer beisammen, der halbrunde Sitzungssaal ist wie eine Torte aufgeteilt.

Martina Frietsch, Deutscher Bundestag, www.planet-wissen.de, 03.08.2017

M22 Abgeordnete zwischen Gewissensfreiheit und Fraktionszwang

Abgeordnete des Bundestages stehen immer wieder vor einem Konflikt, wenn sie in einer Streitfrage anderer Meinung sind als ihre Fraktion: Stimmen sie gemäß ihrer persönlichen Überzeugung im Parlament ab oder folgen sie der Linie der Fraktion?

Das Grundgesetz legt in Artikel 38 eindeutig fest, dass die Abgeordneten an keine Weisungen gebunden „und nur ihrem Gewissen unterworfen" sind. Sie dürfen also zu keinem Abstimmungsverhalten gezwungen werden – auch nicht durch ihre Fraktion. Andererseits betont auch das Bundesverfassungsgericht die Bedeutung der Fraktionen als „maßgebliche Faktoren der politischen Willensbildung". Wenn ein einzelner Abgeordneter politischen Einfluss ausüben und gestalten wolle, brauche er die abgestimmte Unterstützung anderer Abgeordneter, wie sie Fraktionen organisieren.

„Das freie Mandat und die Gleichheit der Abgeordneten werden deshalb durch die Anforderungen der in Fraktionen organisierten parlamentarischen Arbeit mitgeprägt", erklärten die Richter 2004 in einem Urteil. Sie betonen zugleich, dass die Freiheit und Gleichheit der Abgeordneten auch „innerhalb der Fraktion bei Abstimmungen und bei einzelnen Abweichungen von der Fraktionsdisziplin erhalten" bleibe. Auch der Bundestag schreibt in seiner Geschäftsordnung, dass jeder Abgeordnete bei Reden, Abstimmungen und Handlungen „seiner Überzeugung und seinem Gewissen" folgen soll. Gleichzeitig erhalten die Fraktionen aber durch eine Vielzahl von Rechten eine starke Position im Vergleich zu einzelnen Abgeordneten. In der Praxis ergeben sich dadurch verschiedene Möglichkeiten für die Fraktionen, Druck auf Mitglieder aus ihren eigenen Reihen auszuüben, um ein einheitliches Abstimmungsverhalten zu erreichen. Ein Beispiel: Wer in welchem Ausschuss sitzt, entscheiden laut der Geschäftsordnung die Fraktionen. Auch die Fraktionen selbst geben sich Regeln für ihre Zusammenarbeit. In der aktuellen Arbeitsordnung der CDU/CSU-Bundestagsfraktion heißt es einerseits ausdrücklich: „In der CDU/CSU-Bundestagsfraktion gibt es keinen Fraktionszwang. Die Abstimmung ist frei" [...] In einem Zeitungsinterview fasste Unionsfraktionschef Volker Kauder seine Interpretation dieser fraktionsinternen Regeln mit Sicht auf die 60 CDU/CSU-Abgeordneten, die bei der jüngsten Griechenland-Abstimmung nicht der Fraktionslinie gefolgt waren, so zusammen: „Auch die 60 haben unserer Fraktionsordnung zugestimmt, in der steht: Wir diskutieren, streiten und stimmen ab, aber am Schluss muss die Minderheit mit der Mehrheit stimmen. Jeder bestimmt selbst, was für ihn eine Gewissensfrage ist. Aber ich werbe dennoch für Geschlossenheit. Das hat auch mit dem Korpsgeist zu tun, den eine gute Truppe haben sollte."

© ARD-aktuell / tagesschau.de, Konflikt für Bundestagsabgeordnete Freies Mandat vs. Fraktionsdisziplin, www.tagesschau.de, 10.08.2015

M23 Fallbeispiel Fraktionszwang: Drittes Hilfspaket für Griechenland (August 2015)

a) Unionsfraktionschef Kauder droht Abweichlern Konsequenzen an

Unionsfraktionschef Volker Kauder (CDU) hat mit einer scharfen Warnung an Abweichler in den eigenen Reihen für Ärger in seiner Fraktion gesorgt. Kauder sagte der „Welt am Sonntag" mit Blick auf die zahlreichen Nein-Stimmen aus der Unionsfraktion zu neuen Griechenland-Hilfen, dass dies für einzelne Abgeordnete Konsequenzen haben werde. „Die mit Nein gestimmt haben, können nicht in Ausschüssen bleiben, in denen es darauf ankommt, die Mehrheit zu behalten: etwa im Haushalts- oder Europaausschuss."

Kauder weiter: „Die Fraktion entsendet die Kollegen in Ausschüsse, damit sie dort die Position der Fraktion vertreten."

Dpa, Griechenland-Hilfe: Union streitet um ihre Fraktionsdisziplin, www.faz.de, 09.08.2015

b) Einige Abgeordnete kündigen Ablehnung des Hilfspakets an

Bei der Abstimmung über Verhandlungen für weitere Griechenland-Hilfen hatten Mitte Juli insgesamt 60 Abgeordnete von CDU und CSU gegen das von der schwarz-roten Bundesregierung vorgelegte Maßnahmenpaket gestimmt. Einer von ihnen, der CDU-Politiker Christian von Stetten, kündigte an, „selbstverständlich bei seiner ablehnenden Haltung" zu bleiben. „Eine solche Drohung beeindruckt mich überhaupt nicht" [...] Den „Stuttgarter Nachrichten" sagte von Stetten, er könne Kauders Drohung nicht nachvollziehen. „Ich bin ein frei gewählter Abgeordneter und lasse mich in einer solch wichtigen Frage wie der Griechenland-Hilfe von niemandem unter Druck setzen."

kjo/dpa, Ärger in der Union: Kauder-Warnung an die Griechen-Abweichler sorgt für viel Ärger, www.focus.de, 10.08.2015

c) Abstimmung: Deutscher Bundestag bewilligt Griechenlandhilfen – mit Gegenstimmen von CDU/CSU

Insgesamt stimmten 454 Abgeordnete für den Antrag der Bundesregierung, es gab 113 Gegenstimmen und 18 Enthaltungen, wie Bundestagspräsident Norbert Lammert (CDU) bekannt gab.

Die 63 Nein-Stimmen aus der Union sind das bisher deutlichste Signal der Eurohilfen-Gegner an Kanzlerin und Finanzminister. [...] Die Fraktion verfügt über 311 der 631 Sitze im Bundestag.

jok/dpa/AFP, Bundestag: 63 Unionsabgeordnete stimmen gegen drittes Hilfspaket, www.sueddeutsche.de, 27.02.2015

M24 Fallbeispiel Gewissensfreiheit

a) Gesetz zur Sterbehilfe: Koalition will Fraktionszwang aufheben

In der Debatte um ein Sterbehilfe-Gesetz zeichnet sich die Aufhebung der sogenannten Fraktionsdisziplin im Deutschen Bundestag ab. Innerhalb der großen Koalition bestehe in dieser Frage bereits Einigkeit, berichtet die „Frankfurter Allgemeine Zeitung" (FAZ) [...]. Bundesgesundheitsminister Hermann Gröhe (CDU) sagte der FAZ, zwischen ihm und Justizminister Heiko Maas (SPD) gebe es „keinen Dissens", den Fraktionszwang aufzuheben. „Wir sind gemeinsam der Überzeugung, dass dieses existenzielle Thema im Parlament breit diskutiert und entschieden werden soll", sagte Gröhe. [...] Maas hatte sich vor einigen Jahren für die Möglichkeit der Sterbehilfe „in engen Grenzen" ausgesprochen. Gesundheitsminister Gröhe hingegen will sämtliche Formen der geschäftsmäßigen Sterbehilfe verbieten.

Nös, Sterbehilfe-Gesetz: Koalition will Fraktionszwang aufheben, www.aerztezeitung.de, 20.01.2014

b) Einige Abgeordnete kündigen Ablehnung des Hilfspakets an

Geschäftsmäßige Sterbehilfe ist in Deutschland künftig verboten. Der Bundestag stimmte für einen entsprechenden Gesetzentwurf der von einer Abgeordnetengruppe um Michael Brand (CDU) und Kerstin Griese (SPD) vorgelegt worden war. Er erhielt in der Schlussabstimmung 360 von 602 abgegebenen Stimmen. Mit Nein votierten 233 Parlamentarier, 9 Abgeordnete enthielten sich.

© ARD-aktuell/tagesschau.de, Abstimmung im Bundestag Geschäftsmäßige Sterbehilfe wird verboten, www.tagesschau.de, 06.11.2015

AUFGABEN

1. Analysieren Sie die Karikatur (**M20**) und beurteilen Sie spontan, ob der Karikaturist das Thema sachgerecht dargestellt hat.

2. Erläutern Sie die Aufgaben der Fraktionen im Deutschen Bundestag (**M21**).

3. Werten Sie **M22** hinsichtlich der Frage aus, in welchem Maße die Fraktionen Einfluss auf das Abstimmungsverhalten von Bundestagsabgeordneten nehmen können.

4. Analysieren Sie die Fallbeispiele in **M23a-c** und **M24a-b** und entwickeln Sie Argumente, die für oder gegen den Fraktionszwang in den genannten Fällen sprechen.

METHODE

Karikaturbearbeitung II

I. Aufgaben

1. Beschreiben Sie die links stehende Karikatur.
2. **Analysieren Sie die Aussage des Karikaturisten zum Fraktionszwang.**
3. Beurteilen Sie die Karikatur und die Aussage des Karikaturisten.

Karikatur: Gerhard Mester, Baaske Cartoons, Müllheim, 2009

II. Tipps zur Bearbeitung von Aufgabe 2

Lesen Sie zunächst in den „allgemeinen Hinweisen zur Karikaturbearbeitung" auf S. 367 den Abschnitt „III.2".

Beachten Sie, dass eine Karikatur die Absicht hat, durch Übertreibung zum Nachdenken anzuregen.

Da der Informationsgehalt einer Karikatur nur bruchstückhaft ist und eine Analyse konkretes Wissen voraussetzt, müssen Sie bei der Analyse der Karikatur überprüfen, ob Sie über ausreichende Informationen zur rechtlichen Stellung der Abgeordneten verfügen oder ob Sie noch einmal die Texte in **M21 – M24** wiederholen müssen.

III. Anleitung zur Analyse der Karikatur (AFB II)

1. Nachdem Sie in Aufgabe 1 die Karikatur detailliert beschrieben haben, sollten Sie nun in einem Einleitungssatz erläutern, welche Problematik der Karikaturist in seiner Zeichnung ansprechen möchte.
2. Beachten Sie bei Ihrer Analyse die unterschiedliche Größe der Abgeordneten und des Arms. Überlegen Sie, was der Druck des Daumens auf den Kopf der Abgeordneten bedeuten soll. Schauen Sie genau hin, wie das Bein der Abgeordneten dargestellt wird und was daraus zu schließen ist. Interpretieren Sie auch die Haltung der Hände am Rednerpult.
3. Interpretieren Sie die Sprechblase und arbeiten Sie heraus, warum die Abgeordnete den Satz nicht beenden kann. Beachten Sie auch die unterschiedliche Schwärze der Wörter.
4. Erklären Sie zum Abschluss, welche Aussage der Karikaturist zur Stellung des Abgeordneten in seiner Fraktion machen will. Berücksichtigen Sie bei Ihrer Erläuterung die folgenden Aspekte:
   • den Bezug zu Artikel 38 GG und die Sicht des Karikaturisten;
   • die Einbindung der Abgeordneten in Fraktionen und das Urteil des Karikaturisten über den Einfluss der Fraktionen;
   • eine mögliche Begründung, warum der Karikaturist das Thema anspricht.

Bearbeiter

WISSEN KOMPAKT

Gesetzgebungs-prozess
M4

Die Gesetzgebung ist ein langwieriger Prozess, an dem Bundesregierung, Bundestag und Bundesrat mitwirken. Aber auch einzelne Interessengruppen versuchen, über ihre Interessenorganisationen oder die öffentliche Meinung Einfluss zu nehmen.

Das Initiativrecht, ein Gesetz in den Deutschen Bundestag zur Abstimmung zu bringen, haben Bundesregierung, Bundesrat und Bundestag (mindestens fünf Prozent der Abgeordneten). Die meisten Initiativen kommen von der Bundesregierung. Die Entwürfe werden von den Fachministerien ausgearbeitet, vom Kabinett abgesegnet und in den Bundestag eingebracht.

Nach den Beratungen im Plenum (1. Lesung) wird der Entwurf an die Ausschüsse verwiesen. Dort findet eine intensive Beratung statt. Experten können befragt, strittige Themen ausdiskutiert und Kompromisse gefunden werden. Unter anderem versuchen hier Interessenverbände, Gesetze in ihrem Sinne zu beeinflussen.

Der überarbeitete Entwurf kommt zur 2. und 3. Lesung und zur Beschlussfassung ins Plenum zurück. Anschließend wird (bei zustimmungspflichtigen Gesetzen) im Bundesrat beraten und abgestimmt und am Ende muss der Bundespräsident das Gesetz unterzeichnen, damit es in Kraft treten kann.

Ein Gesetz gilt als in Kraft getreten, wenn es im „Bundesgesetzblatt" veröffentlicht wurde.

Vermittlungs-ausschuss
M4, Randspalte

Der Vermittlungsausschuss ist ein gemeinsames Gremium von Deutschem Bundestag und Bundesrat. Er hat die Aufgabe, zwischen dem Deutschen Bundestag und dem Bundesrat zu vermitteln. Der gemeinsame Ausschuss besteht aus je 16 Mitgliedern.

Bundestags-ausschüsse
M8

Ausschüsse des Deutschen Bundestages werden vom Deutschen Bundestag gewählt. Sie erledigen Vorarbeiten für Gesetzesentwürfe, erarbeiten Gesetzesvorlagen oder vereinbaren Kompromisse zwischen den Parteien.

Verfassungsorgane
M11a-b

Die Verfassungsorgane sind die obersten Staatsorgane der Bundesrepublik Deutschland. Dazu gehören der Deutsche Bundestag, der Bundesrat, die Bundesversammlung, der Bundespräsident, die Bundesregierung und das Bundesverfassungsgericht.

Deutscher Bundestag
M13

Der Deutsche Bundestag ist das Parlament der Bundesrepublik Deutschland. Die Mitglieder werden für vier Jahre vom Volk als Abgeordnete gewählt.

Regierungs-koalition
M15, M17

Eine Regierungskoalition ist ein Bündnis von Parteien, die sich für eine bestimmte Zeit zusammenschließen, um eine Regierung zu bilden, die über eine Mehrheit im Parlament verfügt.

WISSEN KOMPAKT

Die Parteien, die im Deutschen Bundestag nicht zu den Regierungsparteien gehören, bilden die Opposition.

Opposition
M15

Durch den Bundesrat sind die 16 Bundesländer an der Gesetzgebung und Verwaltung des Bundes beteiligt und wirken in Angelegenheiten der EU mit. Im Bundesrat sind 69 Vertreter der Landesregierungen versammelt. Jedes Land hat mindestens drei Stimmen. Je nach Einwohnerzahl können dazu noch einmal drei Stimmen hinzukommen. Bei Abstimmungen sind die Landesvertreter gezwungen, ihr Votum geschlossen, also einheitlich abzugeben.

Bundesrat
M16a-b

Die Bundesregierung leitet die Staatsgeschäfte. Sie besteht aus dem Bundeskanzler/der Bundeskanzlerin und den Ministerinnen und Ministern, die zusammen das Kabinett bilden.

Bundesregierung
M17

Der Kanzler/die Kanzlerin bestimmt die Richtlinien der Politik (Richtlinienkompetenz), trägt also die Verantwortung dafür und hat die letzte Entscheidung, z.B. wenn Ministerinnen oder Minister des Kabinetts sich nicht einigen können.

Das Bundesverfassungsgericht (BVerfG) ist der oberste Hüter der Verfassung. Es ist den anderen vier Verfassungsorganen gegenüber selbstständig, unabhängig und gleichgestellt. Die Entscheidungen des BVerfG sind unanfechtbar und müssen von den anderen Organen eingehalten werden.

Bundesverfassungsgericht
M18

Der Bundespräsident ist das Staatsoberhaupt der Bundesrepublik Deutschland. Er wird von der Bundesversammlung für fünf Jahre gewählt. Eine einmalige Wiederwahl ist möglich.

Bundespräsident
M19

Der Bundespräsident ist zuständig für die völkerrechtliche Vertretung der Bundesrepublik Deutschland, die Verkündigung und Ausfertigung der Gesetze. Er hat das Vorschlagsrecht für die Wahl des Bundeskanzlers, ernennt diesen und entlässt ihn auf Wunsch des Bundestages, Er ernennt und entlässt die Minister auf Vorschlag des Bundeskanzlers.

Die Parteien im Deutschen Bundestag schließen sich zu Fraktionen zusammen. Obwohl die Abgeordneten nur an ihr Gewissen gebunden sind, wünschen Fraktionen häufig, dass „ihre" Abgeordneten bei Abstimmungen einheitlich abstimmen.

Gewissensfreiheit der Abgeordneten
M22, M23

Nach Artikel 38 Grundgesetz sind die Abgeordneten des Deutschen Bundestages Vertreter des ganzen Volkes. Sie sind an Aufträge und Weisungen nicht gebunden und nur ihrem Gewissen unterworfen.

Fraktionsdisziplin
M21-M24

KOMPETENZEN PRÜFEN

I. Selbstdiagnose

Ich kann ...	Das kann ich...			Übung durch z. B.
	sehr gut	gut	nicht gut	
die Verfassungsorgane benennen und ihre im Grundgesetz verankerten Aufgaben beschreiben (AFB I).				• M4, M11–M19 • S. 147, Aufg. 1
den Gesetzgebungsprozess und die daran beteiligten Verfassungsorgane erläutern (AFB II).				• M14 • S. 140 Aufg. 1, 2
zentrale Bestimmungen des im Jahre 2016 verabschiedeten Integrationsgesetzes darstellen (AFB I) und unterschiedliche Positionen von Regierung und Opposition erläutern (AFB II und beurteilen (AFB III).				• M5–M9 • S. 140, Aufg. 3 • S. 141, Methode
die Bestimmungen des Grundgesetzes zur Gewissensfreiheit der Abgeordneten darstellen (AFB I), die Bedeutung der Fraktionsdisziplin bei Abstimmungen im Bundestag erklären (AFB II) und im Spannungsfeld zwischen Gewissensfreiheit und Fraktionsdisziplin erörtern (AFB III).				• M20–M24 • S. 152, Aufg. 2, 3 • S. 153, Methode

II. Kompetenzen anwenden – am Beispiel

Karikatur: Ioan Cozacu (Nel), 2016

Aufgaben

1. Beschreiben Sie die Karikatur hinsichtlich der Darstellung des Integrationsgesetzes.
2. Analysieren Sie die Aussage des Karikaturisten.

KOMPETENZEN PRÜFEN

III. Klausurtraining

Volkswahl des Bundespräsidenten?

Pro, von Josef Winkler

Die sogenannte Wahl durch die Bundesversammlung ist eine Farce. Auch wenn es manchmal knapp war – der jeweils gewählte Bewerber stand zu Beginn der Versammlung bereits fest. Die Rolle der Bundesversammlung beschränkt sich darauf, den präsidialen Start ins Amt mehr oder weniger holprig zu gestalten. […] Wir bräuchten endlich einen offenen Wettbewerb um das Amt des Bundespräsidenten. Wir sind seit langem mit einer steigenden Politikverdrossenheit konfrontiert. Den Wunsch vieler Bürgerinnen und Bürger, sich mehr einzumischen, mehr mitzuentscheiden über politische Belange, sollte man als Angebot, nicht als Drohung wahrnehmen. Politische Beteiligung ist nicht statisch für alle Zeiten festgelegt, sondern eben auch den Veränderungen in politischen Willens- und in meinungsbildenden Prozessen unterworfen. Diesem Anliegen sollte Rechnung getragen werden. Deshalb plädiere ich seit einem Jahrzehnt dafür, den Bundespräsidenten direkt zu wählen. Die Vorteile liegen klar auf der Hand: In einem offenen Wettbewerb kämen im Gegensatz zur bisherigen Kür, die vornehmlich in Hinterzimmern erfolgt, Menschen zum Zuge, die echte Diskussionsangebote an das Volk machen. Erst so käme eine tatsächliche (Aus-)Wahl zustande. Ein direkt gewählter Bundespräsident hätte zwar zum einen eine stärkere Legitimation, zum anderen aber auch eine stärkere Verpflichtung dem Volke gegenüber. […] Mehr Kompetenzen braucht der Präsident nicht – aber ein anderes Auswahlverfahren.

Josef Winkler, Volkswahl des Bundespräsidenten? Pro, www.politik-kommunikation.de, Abruf am 19.02.2018

Der Autor war von 2002 bis 2013 Abgeordneter des Deutschen Bundestags für die Partei „Die Grünen".

Kontra, von Gerd Langguth

Gäbe es eine Direktwahl des Bundespräsidenten, entstünde eine monatelange, polarisierende Wahlkampfsituation, die die Menschen spalten würde. Könnte ein Präsident, der sich in einem intensiven Wahlkampf durchgesetzt hat, die Herzen der Bevölkerung erobern? Die Verfassungsväter und -mütter des Grundgesetzes wollten, dass der Bundespräsident möglichst in der gesamten Bevölkerung akzeptiert wird, weshalb auch vorgeschrieben ist, dass in der Bundesversammlung der Präsident ohne Aussprache gewählt wird. […] Ein Bundespräsident sollte kein eigener Machtfaktor sein. Seine wesentliche Aufgabe ist die der Integration des Volkes, die Macht des Wortes. Er ist „Staatsnotar". Er hat auch „Reservefunktionen", etwa bei Schwierigkeiten während der Regierungsbildung oder bei vorgezogenen Wahlen. Ein direkt gewählter Bundespräsident würde hingegen versucht sein, seine dann von ihm in Anspruch genommene „höhere Legitimation" gegenüber dem Kanzler auszuspielen, der ja nur indirekt, durch den Bundestag, gewählt wird. Die Direktwahl des Bundespräsidenten würde also die Machtarithmetik auf Bundesebene verändern. Der Bundespräsident als Oberkanzler – das war von den Schöpfern des Grundgesetzes zu Recht nicht gewollt. Dem Bundespräsidenten sollte so etwas wie die Rolle eines Ersatzmonarchen zukommen.

Gerd Langguth, Volkswahl des Bundespräsidenten? Pro, www.politikkommunikation.de, Abruf am 19.02.2018

Der Autor ist Professor für Politikwissenschaft an der Universität Bonn.

Aufgaben

1. Stellen Sie dar, wie der Bundespräsident gewählt wird und welche Aufgaben er als Staatsoberhaupt der Bundesrepublik Deutschland wahrnimmt.
2. Analysieren Sie vergleichend die Positionen von Josef Winkler und Gerd Langguth zur „Volkswahl des Bundespräsidenten".
3. Erörtern Sie kriteriengeleitet vor dem Hintergrund Ihrer Kenntnisse über die Besetzung der Verfassungsorgane in der Bundesrepublik Vor- und Nachteile der Wahl des Bundespräsidenten durch das Volk (mögliche Kriterien: Durchsetzbarkeit und Wünschbarkeit).

Erwartungshorizonte zu den Aufgaben 1-3

Mediencode: 72060-13

Karikatur: Gerhard Mester, Baaske Cartoons, Müllheim, 2009

Karikatur: Manuel König, 2012

5 „Die Parteien wirken bei der politischen Willensbildung des Volkes mit." Wie gut funktioniert die Parteiendemokratie in Deutschland?

„Die Parteien wirken bei der politischen Willensbildung des Volkes mit" – das ist eine Bestimmung des Grundgesetzes (Artikel 21). Wenn die Rolle der Parteien ausdrücklich im Grundgesetz verankert wurde, dann deutet das daraufhin, dass die Parteien eine wichtige Rolle in der Demokratie in Deutschland spielen sollen. Das sieht man auch, wenn die Medien über politische Ereignisse berichten. Häufig ist von den Parteien die Rede. Dieses Kapitel beschäftigt sich mit den Parteien in Deutschland, den Einstellungen der Bevölkerung zu den Parteien, der rechtlichen Stellung der Parteien und den Unterschieden zwischen den Parteien, wobei nur die Parteien beschrieben werden, die ab 2017 im Bundestag vertreten sind. In der Vertiefung geht es um die Funktion der Medien im demokratischen Prozess, der häufig von den Parteien geprägt ist.

Kompetenzen

Am Ende dieses Kapitels können Sie:

- die Kennzeichen und Grundorientierungen der politischen Parteien beschreiben;
- die Aufgaben, die Funktionen der Parteien erläutern;
- die Parteien in ein Farbschema einordnen, das durch ein Links-Rechts-Schema gekennzeichnet ist;
- verschiedene Formen von Koalitionen zwischen Parteien als Ergebnis von Wahlen beschreiben;
- die Entwicklung der Mitgliederstruktur der Parteien erläutern und Gründe für die sinkende Bedeutung der Volksparteien darlegen;
- beurteilen, inwieweit der Niedergang der Volksparteien eine Gefahr für die Demokratie bedeutet;
- traditionelle, liberale, sozialistische, anarchistische und konservative Grundorientierungen der Parteien ermitteln;
- bedeutsame Programmaussagen der Parteien vor dem Hintergrund von Verfassungsgrundsätzen, sozialen Interessenstandpunkten und demokratietheoretischen Positionen beurteilen;
- Ursachen für und Auswirkungen von Politiker- und Parteienverdrossenheit erläutern;
- die kritische Einstellung zu Politikern und Parteien im Hinblick auf ihre Berechtigung beurteilen und Maßnahmen zur Überwindung von Politiker- und Parteienverdrossenheit erörtern;
- fallbezogen die Funktion von Medien in der Demokratie erläutern und beurteilen, inwieweit die Medien ihre Funktion als Mittler zwischen Politik und Bürgern erfolgreich wahrnehmen;
- die Konfliktlinien im deutschen Parteiensystem darstellen und Ursachen für Veränderungen mithilfe soziologischer Erklärungsansätze erklären.

WAS WISSEN UND KÖNNEN SIE SCHON?

1. Geben Sie die Parteinamen auf dem Bild (→ linke Seite, Mitte) wieder. Was wissen Sie schon über die dargestellten Parteien?
2. Analysieren Sie die Probleme zwischen Bürgern und Parteien, auf die die Karikaturisten auf der linken Seite hinweisen wollen.
3. Beurteilen Sie vor dem Hintergrund Ihrer Kenntnisse über die Parteien in Deutschland, inwieweit die Karikaturisten die Probleme richtig darstellen.

5.1 Mehr Vorteile oder mehr Nachteile? Von der Vorherrschaft der Volksparteien zum Sechsparteiensystem

M1 Parteien im 19. Deutschen Bundestag (seit 2017)

Hinweise zu den Parteien in M1

- In **M1** tauchen Begriffe wie „konservativ", „liberal" usw. auf. Sie werden in **M14a-c** erläutert. In **M1** geht es „nur" um ein vorläufiges Verständnis der Parteien-Unterschiede.
- Die CDU, nur in Bayern nicht aktiv, und die CSU, nur in Bayern aktiv, sind „Schwesterparteien". Als „Unionsparteien" oder „Union" bilden sie im Deutschen Bundestag eine Fraktionsgemeinschaft.
- Bürgerliche Parteien: Sammelbegriff, der im Gegensatz zu den sozialdemokratischen und linken Parteien die konservativ, christlich und liberal orientierten Parteien umfasst.
- Bündnis 90/Die Grünen: Bündnis 90 war in den Jahren 1989/90 ein Zusammenschluss von Bürgerbewegungen und Oppositionsgruppen in der DDR. Nach der deutschen Wiedervereinigung 1990 schlossen sich Bündnis 90 und Die Grünen in Westdeutschland zu der Partei Bündnis 90/Die Grünen zusammen.
- WASG: Wahlalternative Arbeit und soziale Gerechtigkeit, eine Partei, die von 2004 bis 2007 bestand und in der Partei „Die Linke" aufging.
- PDS = Partei des Demokratischen Sozialismus, Nachfolgepartei der SED sowie eine Vorgängerin der Partei „Die Linke".

Christlich-Demokratische Union Deutschlands

Die CDU wurde 1950 als Sammlungspartei des christlich-bürgerlichen Lagers gegründet. Seitdem hat sie außen- und innenpolitischen Schlüsselentscheidungen der Bundesrepublik als Regierungspartei maßgeblich geprägt. Ihr Programm ist von konservativen, liberalen und christlich-sozialen Standpunkten geprägt.

Sozialdemokratische Partei Deutschlands

Trotz ihrer über 150-jährigen Geschichte konnte die SPD erstmals in den 1970er-Jahren bundesweit die stärkste Partei werden. In der Bundesrepublik war sie schon in unterschiedlichen Regierungskoalitionen vertreten und stellte insgesamt 20 Jahre lang den Bundeskanzler. (Sie) hält […] an ihren Grundwerten Freiheit, Gerechtigkeit und Solidarität fest.

DIE LINKE hat sich ab 2005 als parlamentarische Kraft im deutschen Parteiensystem fest etabliert. Entstanden ist sie aus der WASG und der PDS. Damit hat sie ihre Wurzeln sowohl im gewerkschaftsnahen Umfeld und dem Protest gegen die Sozialpolitik der 2000er-Jahre als auch in einer ostdeutschen Regionalpartei, die sich 1990 als Nachfolgerin der DDR-Staatspartei SED gebildet hatte.

DIE GRÜNEN sind aus dem Protest gegen Umweltzerstörung, die Nutzung der Kernenergie und die atomare Hochrüstung entstanden. 1983 gelang der Partei erstmals der Einzug in den Bundestag. Zwischen 1998 und 2005 waren die Grünen Teil einer Bundesregierung mit der SPD. Entgegen ihrer pazifistischen Tradition stimmen die Grünen auch den Auslandseinsätzen der Bundeswehr zu.

Christlich Soziale Union

Die CSU tritt bei Wahlen nur in Bayern an und regierte dort von 1966 bis 2008 und erneut seit 2013 ohne Koalitionspartner. Im Bundestag bildet sie mit der CDU eine gemeinsame Fraktion. Die CSU versteht sich als bürgerlich-konservative Sammlungspartei, beruft sich auf überkonfessionelle christliche Standpunkte und setzt sich für mehr Eigenstaatlichkeit Bayerns ein.

Nach ihrer Gründung 2013 gelang der AfD ein rascher Aufstieg. […] Die Folgen der Eurokrise als zentraler Gründungsimpuls nehmen im Programm breiten Raum ein. Seit Mitte 2015 gewannen national-konservative Positionen gegenüber liberal-konservativen an Gewicht. Bei der Bundestagswahl 2017 zog die AfD zum ersten Mal in den Bundestag ein.

Von 1949 bis 2013 war die FDP ununterbrochen im Bundestag vertreten und an vielen Regierungen beteiligt. Schon vor ihrem Ausscheiden aus dem Bundestag (2013) musste sie seit 2011 auch bei vielen Landtagswahlen Verluste hinnehmen. Als liberale Partei orientiert sich ihr Programm an der individuellen Freiheit des Einzelnen, die vom Staat ermöglicht und geschützt werden muss. Bei der Bundestagswahl 2017 zog sie wieder in den Bundestag ein.

Frank Decker, Torsten Oppelland, Dossier: Parteien in Deutschland, www.bpb.de, Abruf am 22.02.2018

M2 Was ist eine Partei?

Partei bezeichnet eine auf Dauer angelegte Organisation politisch gleichgesinnter Menschen. Parteien verfolgen bestimmte wirtschaftliche, gesellschaftliche etc. Vorstellungen, die (i. d. R.) in Partei-Programmen festgeschrieben sind, sowie das Ziel, Regierungsverantwortung zu übernehmen. [...] Die rechtliche Stellung von Parteien und ihre Anerkennung als tragendes Element der demokratischen Verfassung basieren auf den Regelungen des Art. 21 [Grundgesetz].

Klaus Schubert, Martina Klein, Partei, in: Das Politiklexikon – Begriffe, Fakten, Zusammenhänge, Bonn 2016, S. 231 f.

M3 Artikel 21 GG: Aufgaben der Parteien

(1) Die Parteien wirken bei der politischen Willensbildung des Volkes mit. Ihre Gründung ist frei. Ihre innere Ordnung muss demokratischen Grundsätzen entsprechen. Sie müssen über die Herkunft und Verwendung ihrer Mittel sowie über ihr Vermögen öffentlich Rechenschaft geben.

M4 Funktionen von Parteien in Deutschland

a) Die vier Funktionen der Parteien

Die [...] Tätigkeiten der Parteien [...] lassen sich auf vier wesentliche Funktionen zuspitzen. [...] Die Wahrnehmung aller oder doch eines wesentlichen Teils [dieser] vier Funktionen durch die Parteien macht den bundesrepublikanischen Parteienstaat aus. Generell gilt, dass ein parlamentarisches Regierungssystem ohne starke Parteien nicht auskommt. [...] Parteien bilden gleichsam den Kitt für das [...] politische System.

Funktionen der Parteien in Deutschland

Auswahlfunktion	Vermittlungsfunktion	Interessenausgleichsfunktion	Legitimierungsfunktion
Durch Parteien findet die Rekrutierung und Auswahl der politischen Elite aus der Gesellschaft – vom Ortsrat bis zum Kanzleramt – statt. Was häufig übersehen und moralisierend abgewertet wird: Parteien waren und sind immer [...] Vereinigungen von Bürgern, die Ämter, Posten, Funktionen, Beförderungen und Karrieren zu vergeben haben. Daran ist nichts Anrüchiges. Politisch problematisch (und dann moralisch fragwürdig) ist es, wenn Machtpositionen um ihrer selbst willen erobert werden, es also nicht mehr um die Durchsetzung von Inhalten geht.	Parteien und ihre Vertreter in Parlamenten und Regierungen sind Repräsentanten [...] von spezifischen Interessen, die in der Gesellschaft angelegt sind. [...]	Auch innerparteilich bemühen Parteien sich, gegenläufige und widerstreitende Interessen verschiedener gesellschaftlicher Gruppen, die außerhalb und innerhalb der Partei organisiert sein können, auszugleichen, zwischen ihnen einen Kompromiss zu finden und zugleich eine eigene „parteiliche" Position zu formulieren. Parteien integrieren also die breit gestreuten Gruppeninteressen. [...]	Indem Parteien die Vermittlungs- und die Interessenausgleichsfunktionen wahrnehmen, tragen sie zur Begründung des politischen Systems und zur Konsensstiftung bei. Die bundesrepublikanische Demokratie, der Parteienstaat, bietet Regelungsmechanismen zur Konfliktaustragung zwischen den Parteien und innerhalb der Parteien und damit auch zwischen auseinander gehenden gesellschaftlichen Interessen.

Peter Lösche, Aufgaben und Funktionen, in: Informationen zur politischen Bildung, Parteiensystem der Bundesrepublik Deutschland, Heft 292, Bonn 2013, S. 12 f.

b) Überblick: Aufgaben von Parteien in Deutschland

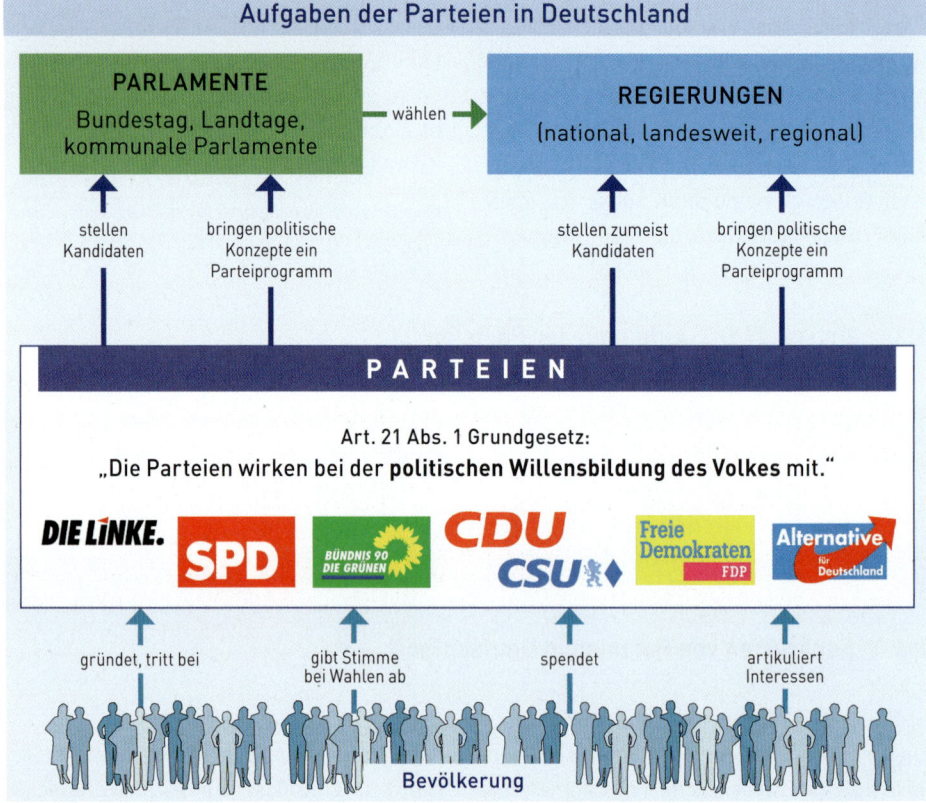

Bearbeiter

AUFGABEN

1. Entwickeln Sie auf der Grundlage von **M1** in Kleingruppenarbeit ein vorläufiges Profil der im 19. Deutschen Bundestag vertretenen Parteien. Orientieren Sie sich an der folgenden Aufgabenstellung:
   a) Lesen Sie in Stillarbeit die Informationen über die Parteien.
   b) Charakterisieren Sie auf der Grundlage von **M1** die einzelnen Parteien mit eigenen Worten. Eine Reihe von Begriffen werden Sie noch nicht genau verstehen können. Sie werden im Unterkapitel 6.2 erklärt. Beziehen Sie sich nur auf für Sie verständliche Textinhalte.
   c) Entwickeln Sie ein Schaubild mit einem Profil der Parteien, das für alle verständlich formuliert ist. Halten Sie Ihre Ergebnisse auf einer Wandzeitung (→ Methodenglossar) fest.
   d) Gestalten Sie mithilfe Ihrer Wandzeitung einen Vortrag, in dem Sie die Parteien präsentieren können.
   e) Präsentieren Sie Ihre Ergebnisse im Kurs.

2. Stellen Sie dar, durch welche Merkmale eine Partei gekennzeichnet ist (**M2**).

3. Analysieren Sie **M3** und **M4a-b** im Hinblick auf die Aufgaben und Funktionen der Parteien.

4. Entwickeln Sie in Partnerarbeit einen Vortrag, in dem das Schaubild in **M4b** erklärt wird. Berücksichtigen Sie dabei die Texte in **M3** und **M4a**.

M5 Die Bezeichnungen der Parteien: rechts und links – Schwarz, Rot, Grün, Gelb, Blau

a) Rechts und links

Was meinen [Personen], wenn sie über andere sagen: „Die ist links" oder „der steht rechts"? Sie bezeichnen die politische Einstellung einer Person. Ob einer „rechts" oder „links" war, kam vor über 200 Jahren tatsächlich darauf an, wo er saß. Ausschlaggebend war die Blickrichtung des Vorsitzenden in der Französischen Nationalversammlung von 1789. [...] Daraus wurden die Begriffe rechts und links für die politische Haltung. Links vom Podium saßen die Radikalen, die den Staat verändern wollten, auf der rechten Seite die Konservativen, die eigentlich wollten, dass alles beim Alten bleibt. So wie uns die Erdkunde [...] sagt, welcher Erdteil wo ist, konnte man die politische Einstellung eines Menschen daran ablesen, wo er sich in der Nationalversammlung niedergelassen hatte [...]. Auch heute noch gibt es rechts und links im Parlament. Linksaußen sitzt die Fraktion „Die Linke", daneben die SPD, gefolgt von den Grünen. Danach die Union und ganz rechts die FDP [Stand: Januar 2012]. So kann man die Abgeordneten zwar eindeutig ihren Parteien zuordnen, aber nicht der genauen politischen Position. Es gibt „Linke", also eher fortschrittliche Mitglieder, in der CDU und „Rechte", Gegner gesellschaftlicher Veränderungen, in der SPD. Man spricht von verschiedenen Flügeln einer Partei. Die Übergänge in politischen Überzeugungen sind fließend – wie in der Gesellschaft.

Christine Schulz-Reiss, Nachgefragt: Politik – Basiswissen zum Mitreden, 5. Auflage, Bindlach 2012, S. 72

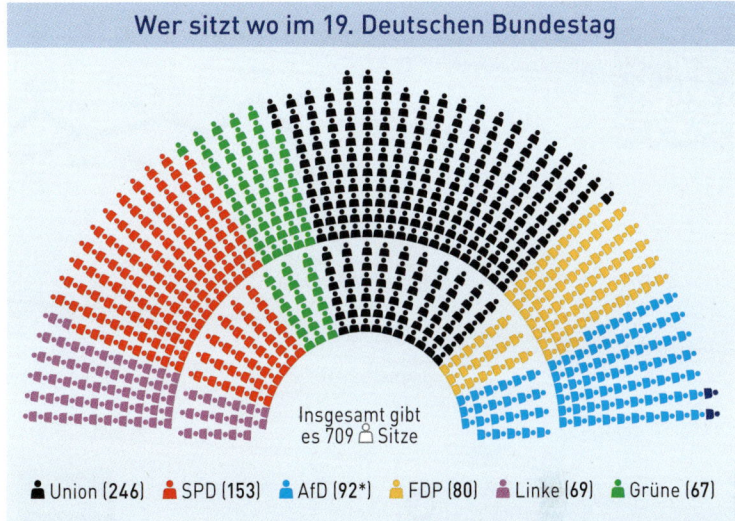

Im 19. Deutschen Bundestag seit September 2017 ist die Sitzordnung wie in der Grafik dargestellt. Die FDP ist unzufrieden mit dieser Sitzordnung, weil sie sich in der Mitte der Parteien einordnet zwischen den Unionsparteien (CDU/CSU) und den Grünen.

* Frauke Petry ist aus der AfD ausgetreten und fraktionslos.
Mario Mieruch hat die AfD-Fraktion am 4. Oktober 2017 verlassen.

b) Schwarz, Rot, Grün, Gelb, Blau – kleine Farbenlehre der Parteien

Wieso aber benutzt zum Beispiel die SPD rote, CDU/CSU schwarze und die FDP (blau-)gelbe Plakate und Symbole? [...]
In der Französischen Revolution trugen die Jakobiner, die radikalste Gruppe der Aufständischen, rote Mützen, wie sie früher die Galeerensklaven auf dem Kopf hatten. Rot wurde zur Farbe der Revolution, später zur Farbe der Sozialisten und Kommunisten, also derer, die sich für die „kleinen Leute" einsetzten. Deshalb ist Rot heute noch die Farbe der Parteien mit „linker" Ausrichtung wie der Sozialdemokratie oder der Linkspartei.
Die Farbe von CDU und CSU hat was mit dem „C" in ihren Namen zu tun: Das steht für christlich [...]. Schwarz ist ein uraltes Symbol für die Leiden Christi und für die Bußfertigkeit.
Grün ist die Farbe der Natur – und deren Schutz ist Hauptanliegen der Grünen-Partei.
Nur die FDP kam zufällig zu ihrem blaugelben Gewand: Diese Farben wurden erstmals 1972 für den Wahlkampf in Baden-Württemberg eingesetzt. Besondere Werte symbolisieren sie nicht, es war nur eine Idee der Werbeagentur. Und weil die Farben ganz gut ankamen, blieb die Partei dabei.

Nach: Christine Schulz-Reiss, Nachgefragt: Politik – Basiswissen zum Mitreden, 5. Auflage, Bindlach 2012, S. 73

Farbe der CDU
Die Farbe „Schwarz" wurde nicht von der CDU/CSU selbst gebraucht, sondern wurde von den Medien diesen Parteien zugewiesen. Das Logo der CDU hat die Farbe „Rot" und das Logo der CSU die Farbe „Blau".

Farbe der AfD
Die Farbe „Blau" war ursprünglich die Farbe der CSU. Heute wird in den Medien die Farbe „Blau" der „Alternative für Deutschland" (AfD) zugeordnet. Diese Zuordnung ist entstanden, weil die Farbe „Blau" die dominierende Farbe in dem Logo der AfD ist (→ M1).

Farbe der FDP
Die FDP gebraucht seit 2015 neben den Farben gelb und blau auch die Farbe Pink (Magenta).

M6 Die Wahlen zum Deutschen Bundestag 1949 – 2017

Das Wahlsystem zum Deutschen Bundestag im Erklärfilm

Mediencode: 72060-14

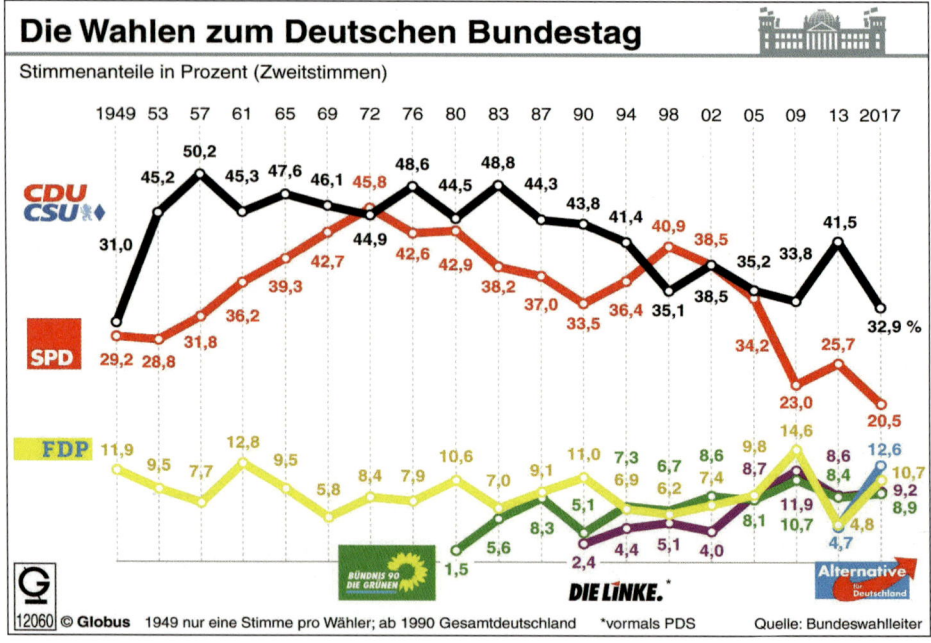

M7 Parteienbündnisse oder Koalitionen (Stand: März 2018)

a) Definition von „Koalitionen"

Unter Koalition im parlamentarischen System Deutschlands wird der Zusammenschluss zweier oder mehrerer Parteien bzw. ihrer Fraktionen zum Zwecke der Bildung und Unterstützung einer Regierung verstanden. Koalitionen werden im parlamentarischen System erforderlich, wenn eine Partei allein nicht die notwendige Mehrheit aller Mandate erreicht hat bzw. über eine zu geringe Mehrheit verfügt. [...] Koalitionen sind zeitlich befristete Bündnisse, die in der Regel für eine Legislaturperiode geschlossen werden. In einer Koalition können die beteiligten Parteien notwendigerweise nicht ihre eigene Programmatik durchsetzen, sondern müssen Kompromisse eingehen. Dabei können die Interessen des kleineren Koalitionspartners/der kleineren Koalitionspartner stärkere Berücksichtigung finden, als es sein/ihr Wählervotum aussagt, wenn er/sie für die Bildung der Koalition unbedingt erforderlich ist/sind.

Wichard Woyke, Koalitionen, in: Uwe Andersen, Wichard Woyke (Hrsg.), Handwörterbuch des politischen Systems der Bundesrepublik Deutschland. 7. Aufl., Heidelberg 2013, S. 333

b) Koalitionen in Deutschland (Stand März 2018)

Im März 2018 gibt es in Deutschland folgende Koalitionen:

1 Große Koalition (Abkürzung GroKo): Bündnis zwischen CDU/CSU und SPD. Diese Bezeichnung ist entstanden, weil die Große Koalition ein Bündnis der beiden stärksten Parteien im Bund und (meistens) in den Ländern darstellt. In den Ländern gibt es eine Große Koalition in Niedersachsen, Mecklenburg-Vorpommern, Sachsen und in dem Saarland. Auf der Bundesebene gibt es seit März 2018 auch eine Große Koalition.

2 Schwarz-Gelb: Ein Bündnis von CDU und FDP. In den Ländern gibt es Schwarz-Gelb in Nordrhein-Westfalen.

3 Rot-Rot-Grün (Abkürzung R2G): Ein Bündnis von SPD, den Linken und den Grünen. Auf der Länderebene gibt es Rot-Rot-Grün in Berlin und in Thüringen.

4 Schwarz-Grün: Ein Bündnis von CDU und den Grünen. Auf der Länderebene gibt es eine solche Koalition in Baden-Württemberg und in Hessen.

5 **Jamaika-Koalition:** Ein Bündnis von CDU, FDP und den Grünen. Diese Bezeichnung ist entstanden, weil die Farben der Landesflagge von Jamaika schwarz, gelb und grün sind. Auf der Länderebene gibt es eine solche Koalition in Schleswig-Holstein. Im November 2017 scheitert ein Versuch, eine Jamaika-Koalition auch auf Bundesebene zu etablieren.

6 **Ampel:** Ein Bündnis von SPD, FDP und den Grünen (Farben: Rot, Gelb, Grün). In den Ländern gibt es die „Ampel" in Rheinland-Pfalz.

7 **Kenia-Koalition:** Ein Bündnis von CDU, SPD und den Grünen, deren Farben mit den Farben der Landesflagge von Kenia (Schwarz, Rot, Grün) übereinstimmen. Eine Kenia-Koalition gibt es in Sachsen-Anhalt.

8 **Rot-Grün:** Ein Bündnis von SPD und den Grünen. In den Ländern gibt es Rot-Grün in Bremen und Hamburg.

Die Auflistung zeigt: Nur die AfD ist in keinem der Parteienbündnisse vertreten, weil keine Partei auf Bundes- und Länderebene ein Bündnis mit der AfD wegen ihrer Programmatik eingehen will.

Bearbeiter

M8 Die Alternative für Deutschland (AfD) – eine Beschreibung

Die Alternative für Deutschland (AfD) wurde am 6. Februar 2013 gegründet. In ihrer Anfangsphase handelte es sich bei der AfD um eine euroskeptische Partei, deren programmatisches Portfolio sich auf die Kritik an der Europäischen Union sowie im Besonderen auf die gemeinsame europäische Währung konzentrierte. Erst im Zuge der europäischen Flüchtlingskrise begannen gesellschafts- und integrationspolitische Themen eine bedeutendere Rolle zu spielen. Die Partei bildete fortan ein immer klareres rechtspopulistisches Profil heraus. Auf Seiten der Mitglieder und Unterstützer war dies bereits in der Gründungsphase angelegt. So fußte die AfD von Beginn an sowohl auf Netzwerken ordoliberaler Ökonomen als auch auf gesellschaftlich-konservativen Kreisen und Gruppen und zog rasch Neumitglieder an, die zum Teil der Neuen Rechten zugeordnet werden können.

Marcel Lewandowsky, Alternative für Deutschland (AfD), in: Frank Decker, Viola Neu (Hrsg.), Handbuch der deutschen Parteien, 3. Auflage, Wiesbaden 2017, S. 161

(Rechts-)Populismus
Eine Politik, die Emotionen, Vorurteile und Ängste der Bevölkerung für eigene Zwecke nutzt und vermeintlich einfache und klare Lösungen für politische Probleme anbietet (→ Kap. 6).

Ordoliberalismus
→ Kapitel 9, M11

AUFGABEN

1. Erklären Sie die Geschichte der Begriffe „links" und „rechts" (**M5a**).
2. Überprüfen Sie, ob die Sitzordnung im Bundestag noch der Sitzordnung der Französischen Nationalversammlung von 1789 entspricht (**M5a**).
3. Erläutern Sie die Bedeutung der Farben, die den im Deutschen Bundestag vertretenen Parteien zugewiesen werden (**M5b, Randspalte zu M5b**).
4. a) Beschreiben Sie die Entwicklung der Stimmanteile der im Deutschen Bundestag vertretenen Parteien seit 1949 (**M6**).
   b) Analysieren Sie die prozentuale Veränderung der Stimmanteile der beiden größten Parteien CDU/CSU und SPD (**M6**).
5. a) Geben Sie wieder, wie der Begriff „Koalition" definiert ist (**M7a**).
   b) Erklären Sie, welche Regierungskoalitionen es in ganz Deutschland im Dezember 2017 in Deutschland gibt (**M7b**).
6. Vergleichen Sie die Zahl der Parteien, die bis Ende 2017 auf Bundes- und Länderebene in Deutschland eine Regierungskoalition gebildet haben (**M7b**).
7. Erklären Sie die AfD-Sonderstellung bei der Koalitionsbildung (**M7a–b, M8**).

F Aufgaben 4a–b
Ermitteln Sie die Jahre, in denen kleine im Deutschen Bundestag vertretene Parteien die Sperrklausel von 5 % überwinden konnten.

F Aufgabe 6
Beschreiben Sie auf der Grundlage einer Recherche den aktuellen Stand der Regierungskoalitionen auf Bundes- und Länderebene und des Rates Ihrer Gemeinde.

METHODE

Statistikbearbeitung I

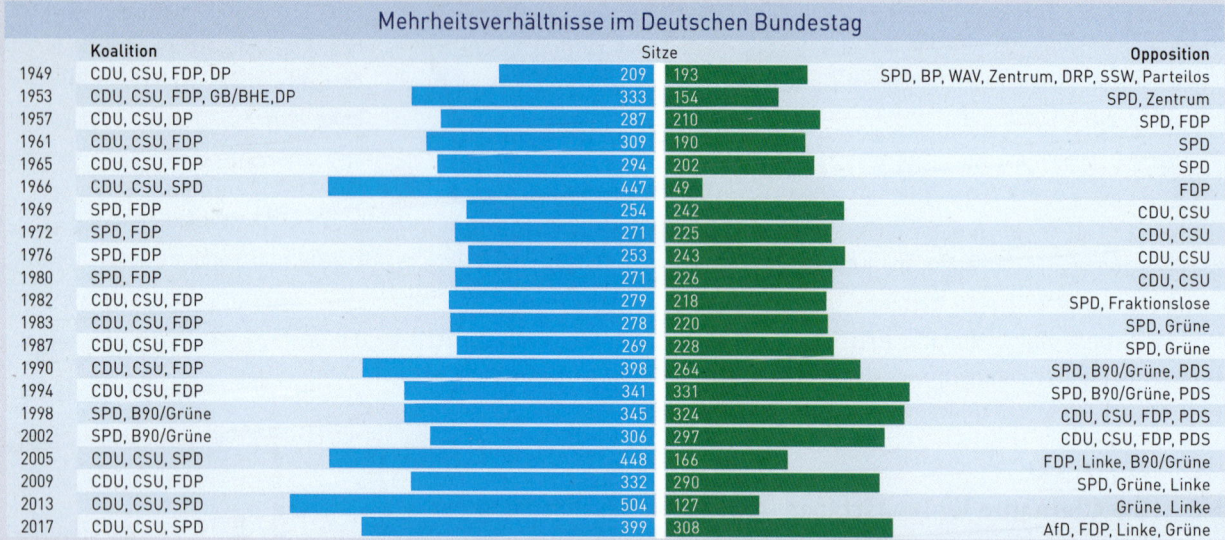

Mehrheitsverhältnisse im Deutschen Bundestag

Jahr	Koalition	Sitze (Koalition)	Sitze (Opposition)	Opposition
1949	CDU, CSU, FDP, DP	209	193	SPD, BP, WAV, Zentrum, DRP, SSW, Parteilos
1953	CDU, CSU, FDP, GB/BHE, DP	333	154	SPD, Zentrum
1957	CDU, CSU, DP	287	210	SPD, FDP
1961	CDU, CSU, FDP	309	190	SPD
1965	CDU, CSU, FDP	294	202	SPD
1966	CDU, CSU, SPD	447	49	FDP
1969	SPD, FDP	254	242	CDU, CSU
1972	SPD, FDP	271	225	CDU, CSU
1976	SPD, FDP	253	243	CDU, CSU
1980	SPD, FDP	271	226	CDU, CSU
1982	CDU, CSU, FDP	279	218	SPD, Fraktionslose
1983	CDU, CSU, FDP	278	220	SPD, Grüne
1987	CDU, CSU, FDP	269	228	SPD, Grüne
1990	CDU, CSU, FDP	398	264	SPD, B90/Grüne, PDS
1994	CDU, CSU, FDP	341	331	SPD, B90/Grüne, PDS
1998	SPD, B90/Grüne	345	324	CDU, CSU, FDP, PDS
2002	SPD, B90/Grüne	306	297	CDU, CSU, FDP, PDS
2005	CDU, CSU, SPD	448	166	FDP, Linke, B90/Grüne
2009	CDU, CSU, FDP	332	290	SPD, Grüne, Linke
2013	CDU, CSU, SPD	504	127	Grüne, Linke
2017	CDU, CSU, SPD	399	308	AfD, FDP, Linke, Grüne

Bearbeiter

I. Aufgaben

1. Stellen Sie die Kernaussagen der oben stehenden Statistik dar.
2. Analysieren Sie die Daten im Hinblick auf die Parteien, die die Regierung und Opposition bildeten.
3. Erörtern Sie die Frage der Chancen und Risiken einer zahlenmäßig großen Regierungskoalition und einer kleinen Opposition.

II. Tipps zur Bearbeitung von Aufgabe 1

1. Lesen Sie zunächst in den Hinweisen zur Bearbeitung von Statistiken auf S. 368 die ersten Abschnitte „I. Stellenwert der Arbeit mit Statistiken" und „II. Klarstellung des inhaltlichen Zusammenhangs".
2. Bei der Bearbeitung der Aufgabe sollten Sie sich an den Hinweisen orientieren. Die folgende Handlungsanleitung gibt Ihnen einen roten Faden, mit dessen Hilfe Sie die Darstellung einer Statistik üben können.

III. Anleitung zur Darstellung der Kernaussagen der Statistik (AFB I)

1. Lesen Sie in den „Allgemeinen Hinweisen zur Statistikbearbeitung" auf S. 368 den Punkt III.1.
2. Nennen Sie das Thema und die Quelle der Statistik.
3. Beschreiben Sie die Darstellungsform der Statistik. Die Darstellung in der Randspalte hilft Ihnen dabei.
4. Stellen Sie dar, was in den Spalten links und rechts der Balken dargestellt wird. Benennen Sie die Bedeutung der einzelnen Jahreszahlen in der Spalte ganz links.
5. Beschreiben Sie die Bedeutung der blauen und grünen Balken und der Zahlen in den Balken.
6. Stellen Sie zentrale Ergebnisse bezüglich der Parteien dar, die in den genannten Zeiträumen die Regierung und die Opposition gebildet haben.

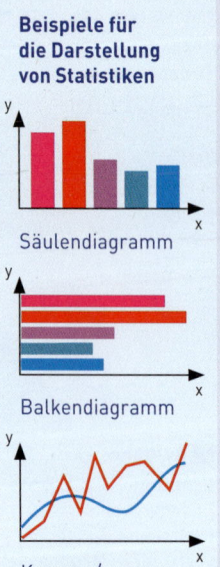

Beispiele für die Darstellung von Statistiken

Säulendiagramm

Balkendiagramm

Kurven-/Liniendiagramm

Kreis-/Tortendiagramm

Bearbeiter

M9 Volksparteien in Deutschland

a) Volksparteien – ein bestimmter Parteientypus: CDU/CSU und SPD

Volkspartei bezeichnet eine politische Organisation von Bürgern, die in der sozialen Zusammensetzung ihrer Mitglieder, Parteiaktivisten und Wähler nicht auf eine
5 Schicht oder Klasse oder eine anders (beispielsweise durch Konfession) definierte Gruppe beschränkt ist, sondern prinzipiell mehrere Schichten und Klassen, Landsmannschaften und Religionen umfasst,
10 mithin als sozial heterogen zu gelten hat. Dies bedeutet aber nicht, dass sich in der Volkspartei spiegelbildlich die Sozialstruktur der Wähler wiederholte [...]. Vielmehr bleibt ein spezifisches soziales Profil durch-
15 aus erhalten [...]. Dabei folgt die Volkspartei den allgemeinen Tendenzen gesellschaftlich-struktureller Veränderungen, die sich auf dem Arbeitsmarkt, in der Bevölkerung und Wählerschaft vollziehen. Volksparteien
20 sind bemüht, möglichst viele Wählergruppen – verschiedene Klassen und Schichten, Konfessionen und Landsmannschaften – mit modernen Werbemethoden gezielt anzusprechen und für sich zu gewinnen.
25 Insbesondere erfolgen Angebote an solche Wählerschichten, die an die eigene Stammwählerschaft grenzen. Präziser formuliert: Die Volkspartei ist eine Massenwähler-, Mitglieder- und Funktionärspartei.

Peter Lösche, Ende der Volksparteien, in: Bundeszentrale für politische Bildung (Hrsg.), Aus Politik und Zeitgeschichte (APuZ), Heft 51, Bonn 2009, S. 6

Hinweise zu M9

- **Volksparteikriterium**

Neben der Heterogenität der Mitglieder und Wählergruppen wird für die Volksparteien meistens auch ein hohes Wahlergebnis als Merkmal genannt. Nach einer Faustregel wird 20 bis 30 % als Mindestgröße genannt.

- **„Schicht" und „Klasse": Definitionen**

Schicht: In jeder Gesellschaft gibt es höher und niedriger bewertete und entlohnte Positionen. Die Soziologie fasst einander ähnliche Positionen zusammen und ordnet sie einer gesellschaftlichen Schicht zu. Hierzu benutzt sie bestimmte Merkmale: z. B. Höhe des Einkommens, Länge der Schul- und Berufsausbildung.

Klasse: Im englisch/amerikanischen Sprachgebrauch ein Begriff für eine soziale Schicht, die sich deutlich feststellbar und beobachtbar gegen eine andere abhebt.

b) Mitgliederentwicklung der Parteien in Deutschland

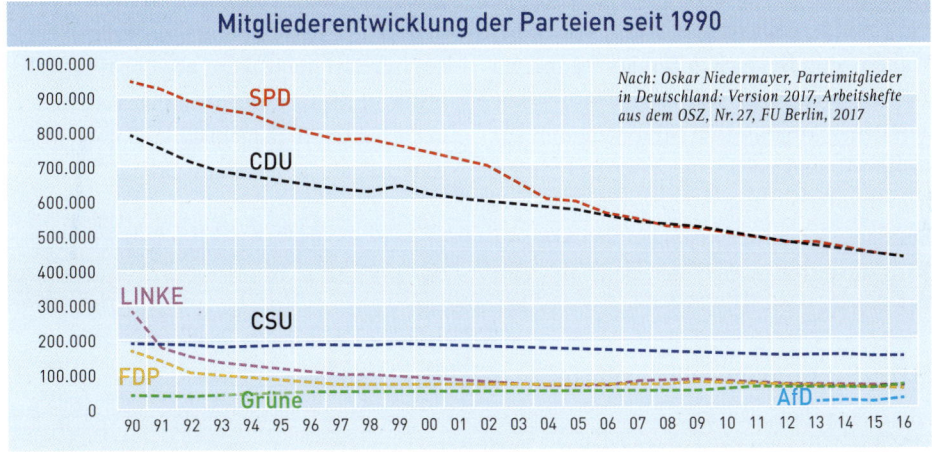

c) Durchschnittsalter der Mitglieder der politischen Parteien am 31.12.2016

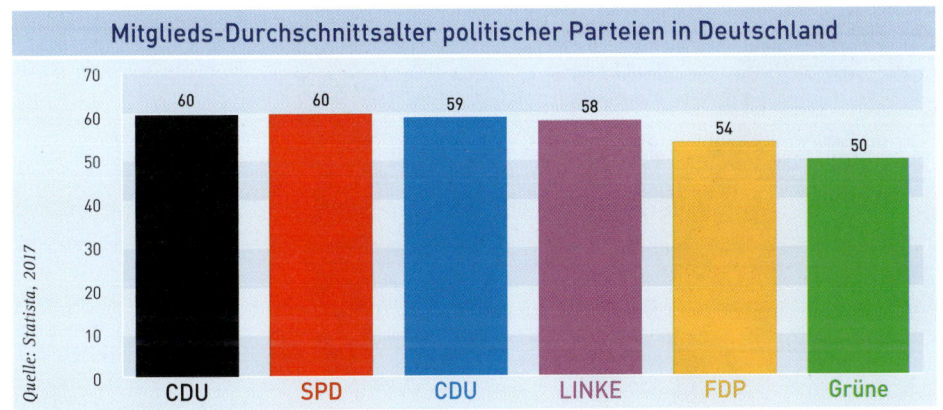

Anteil weiblicher Parteimitglieder der politischen Parteien

Mediencode: 72060-15

M10 Sinkende Bindewirkung der Volksparteien seit den 1970er-Jahren

Ergebnisse der Volksparteien CDU/CSU und SPD bei den Bundestagswahlen (Bt.-Wahl) von 1990 bis 2017 (Zweitstimmen) in Prozent

Bt.-Wahl	CDU/CSU	SPD
1990	43,8	33,5
1994	41,4	36,4
1998	35,1	40,9
2002	38,5	38,5
2005	35,2	34,2
2009	33,8	23,0
2013	41,5	25,7
2017	32,9	20,5

Bearbeiter

Parteienkritikern der 1970er-Jahre war aufgefallen, dass die politische „Bindewirkung" der großen Parteien (CDU/CSU und SPD) nachzulassen begann. Ende der 1980er-Jahre zählte dann [ein Politikwissenschaftler] eine Reihe von Funktionsproblemen der Großparteien auf. [...] Sie hätten Schwierigkeiten, neue Mitglieder zu werben und Führungspersonal hervorzubringen, sie zeigten Organisationsmängel und hätten steigende Geldsorgen. [Ein Parteienforscher beschrieb] die prekäre Lage der Großparteien Anfang der 1990er-Jahre: Sie litten zunehmend unter einer [...] „Mobilisierungs- und Integrationsschwäche, die von einer schweren affektiven Vertrauenskrise begleitet wird". Ausdruck finde die Krise in sinkenden Mitgliederzahlen [...] und einem rapide gesunkenen Parteienvertrauen. [...] Der geschwundene Rückhalt der Volksparteien drückt sich bei Wahlen zum Deutschen Bundestag in dem ab 1976 stetig und seit 2005 deutlich abgefallenen kumulierten Stimmenanteil für CDU/CSU und SPD aus. Während dieser Anteil 2009 auf den niedrigsten Wert seit Bestehen der Bundesrepublik fiel, stieg er 2013 immerhin wieder um mehr als zehn Prozentpunkte [und fiel 2017 rapide ab]. Ein paralleler Trend zeigt sich in den Ländern: Abgesehen von Brandenburg und Sachsen-Anhalt schmolz der gemeinsame Wählerrückhalt für beide großen Parteien zwischen 2005 und 2009 bei allen Landtagswahlen in zum Teil zweistelliger Größenordnung ab. Dieser Schrumpfungsprozess setzt sich seither fort: Bei der Serie von Landeswahlen 2016 kamen CDU und SPD in Baden-Württemberg zusammen auf knapp 40 Prozent, in Sachsen-Anhalt auf gut 40 Prozent, in Mecklenburg-Vorpommern auf etwas mehr als 50 Prozent und in Berlin auf annähernd 45 Prozent. [...] Auch das Ausmaß negativer Bewertung der Bürgernähe [...] von Politikern [...] runden das insgesamt überwiegend durch Distanz, Nichtvertrauen und Zuschreibung geringen Ansehens gekennzeichnete Verhältnis der Bundesbürger zu ihren Parteien und Parteipolitikern ab. Dabei fällt das kritische Gesamtbild in nahezu allen seinen Facetten in Ostdeutschland noch negativer aus als in Westdeutschland.

Everhard Holtmann, Der Parteienstaat in Deutschland – Erklärungen, Entwicklung, Erscheinungsbilder, 2. Auflage, Bonn 2017, S. 143 f.

M11 Schrumpfende Volksparteien: mögliche Ursachen

a) Veränderungen der Volksparteien – karikiert

Karikatur: Klaus Stuttmann, 2016

b) Veränderungen der Traditionsmilieus als zentrale Ursache der nachlassenden Bindewirkung der Volksparteien

Dass die Stammwähler von CDU/CSU und SPD fortwährend weniger geworden sind, ist in der Tat auch eine Folge der in Auflösung begriffenen Traditionsmilieus: Die sozialdemokratische Kernwählerschaft der gewerkschaftlich organisierten Arbeitnehmer hatte sich schon von 1953 bis 1998 auf 14 Prozent der SPD-Wähler fast halbiert. Bei den Unionsparteien machten Katholiken mit hoher Kirchenbindung 1953 noch mehr als 40 Prozent, jedoch 1998 nur noch 13 Prozent der Wählerschaft aus. Wohl können beide Parteien immer noch auf die Bindung ihrer traditionellen Wählerreservoirs rechnen: Bei den Bundestagswahlen 2013 erzielte die SPD bei Gewerkschaftsmitgliedern, und hier insbesondere bei Arbeitern, die relativ meisten Stimmen. Von den praktizierenden Katholiken entschieden sich 72 Prozent für die Unionsparteien. Allerdings beträgt der Anteil aller Katholiken mit hoher Kirchenbindung nicht mehr als zwei Prozent aller Urnenwähler. Ebenso ist der Bevölkerungsteil von Arbeitern mit einem Mitgliedsbuch einer Gewerkschaft inzwischen vergleichsweise überschaubar. Der Niedergang der klassischen Sozialmilieus zeigt beispielhaft, dass gegenwärtige Schwächen der Volksparteien nur bedingt aus Handlungen der parteipolitischen Akteure herrühren. Vornehmlich die Volksparteien sind auf diversen Baustellen des Parteiensystems Betroffene eines sozialstrukturellen [...] Wandels, der sich mit den Prozessbegriffen „Dienstleistungsgesellschaft", „Säkularisierung", „soziale Mobilität" sowie dem strukturellen Problem einer globalen Entgrenzung von Handlungsspielräumen nationalstaatlicher Politik beschreiben lässt. Während der Wandel sich außerhalb der direkten Einwirkungschancen der Politik vollzieht, hat diese gegenwärtig zusätzlich mit einer gesellschaftlich breit verankerten parteien-, politik- und regierungskritischen Grundstimmung zu kämpfen. [...]

Daher ist es angemessen, die Gründe für die Schwächen der Volksparteien nicht vorrangig oder gar ausschließlich in „unbereinigten Strukturschwächen" [...] ihrer selbst zu suchen, sondern die Rahmenbedingungen, unter denen diese Akteure tätig sind, [...] in die Betrachtung einzubeziehen.

Ebd., S. 145 f.

Sozialstruktur
Der Aufbau einer Gesellschaft, aufgegliedert nach Alter, Geschlecht, Familienstand, Konfession, Beruf, Einkommen

Dienstleistungsgesellschaft
Eine Form der hoch entwickelten Gesellschaft, in der nicht mehr die industrielle Fertigung die Arbeits- und Lebensbedingungen bestimmt, sondern ein vielfältig strukturierter Dienstleistungssektor (Tankstellen, Friseure, Reisebüros, Wäschereien, Rechtsanwälte, Banken, Versicherungen usw.).

Säkularisierung
Verweltlichung von religiösen Begriffen und ehemals religiös orientierten Lebensweisen.

Soziale Mobilität
Bewegung zwischen verschiedenen Positionen der Gesellschaft.

M12 Wandel des Parteiensystems zu einem „fluiden Sechsparteiensystem"

Anders als in früheren Jahrzehnten sind die bei Wahlen zum Ausdruck gebrachten Parteistärken indes ein flüchtiges Gut. Die Gunst der Wähler verteilt sich immer weniger nach eingefahrenen Beweggründen und immer häufiger nach situationsbedingtem Kalkül. [...]

Die gewachsene Volatilität des Wählerverhaltens kam in den Landtagswahlen von 2014 bis 2016 voll zum Durchbruch. [...] Beträchtliche Wählergruppen geben traditionelle Parteiloyalitäten auf. Es kommt zu gravierenden Veränderungen auf der parteipolitischen Landkarte, die sich weder mit sachpolitisch begründeten Umorientierungen von „rationalen Wählern" noch durch die klassischen Effekte von Zwischenwahlen [in Deutschland die Landtagwahlen] bei denen jene Parteien Zuwächse erzielen, die auf der nationalen Ebene in der Opposition sind, erklären lassen. Gegen letzteren Effekt spricht der flächendeckende Durchmarsch einer bis dahin nicht parlamentarisch vertretenen Protestpartei in Gestalt der AfD, deren Erfolg aus dem gewohnten Zwischenwahlschema, das zu einem Wähleraustausch innerhalb des etablierten Parteienspektrums führt, ausbricht. Mit Blick auf den Aufstieg der AfD können wir [...] aktuell von einem „fluiden" Sechsparteiensystem sprechen.

Ebd., S. 150 f.

Fluide
Flüssigkeit, flüssiges Mittel

Volatilität
(Lat. volatilis: ‚fliegend', ‚flüchtig') hier: allgemein die Schwankung des Wählerverhaltens

M13 Niedergang der Volksparteien: Gefahr für die Demokratie?

Der Niedergang der Volksparteien CDU/CSU und SPD ist ein Thema der politischen Diskussion seit geraumer Zeit. Die folgende Kontroverse stammt aus dem Herbst 2008. Die wiedergegebenen Argumente sind auch mehr als zehn Jahre später noch aktuell.

a) „Ja, der Niedergang der Volksparteien ist eine Gefahr für die Demokratie" sagt Bernd Ulrich

Bernd Ulrich im Jahr 2015, deutscher Journalist, stellvertretender Chefredakteur der Zeitung „Die Zeit"

Das Wahlvolk ist dabei, die Volksparteien abzuschaffen. […] Die Entwicklung der Mitgliederzahlen komplettiert das erschreckende Bild.

Aber wieso erschreckend? Haben sie sich das nicht selbst zuzuschreiben? Kann sein. Nur, wer sagt, dass Union und SPD selbst schuld seien, der muss auch behaupten: FDP, Grüne, Linkspartei […] machen viel bessere Politik, ihr Zuwachs ist verdient.

Aber Union und SPD sind nicht schlechter als die Kleinparteien, sie tragen zurzeit nur mehr Verantwortung, bieten mehr Angriffsfläche. An ihnen tobt sich eine Gesellschaft aus, die an ihrem Wir irregeworden ist, die immer zerklüfteter und individualisierter ist. Diese Gesellschaft schafft sich eine Parteienlandschaft nach ihrem Geschmack: für jeden etwas, fürs Ganze niemand. […] Reiche Auswahl für eine bunte Gesellschaft!

Doch wird sich schon [in dem Jahr der nächsten Bundeswahl] zeigen: Was zunächst als verfeinerte Selbstbestimmung und als Machtzuwachs des Wählers erscheint, erweist sich am Wahlabend als seine komplette Entmachtung. In einem [Sechs]parteiensystem mit zwei schwachen Volksparteien, wo fast jeder mit jedem koaliert, kann der Wähler keinen Einfluss mehr darauf nehmen, wer hernach regiert. Man wählt FDP und bekommt [den Kanzlerkandidaten der SPD]. Man wählt Grün und bekommt Schwarz, man wählt links und kriegt Merkel. Der Wähler wirft seinen Stimmzettel nicht in eine Wahlurne, sondern in eine Lostrommel. Und Kanzler wird derjenige, der nach der Wahl in den Hinterzimmern am besten kungelt, trickst und täuscht. Es wäre naiv, zu glauben, ein Wahlkampf von [sechs] „multioptionalen" Parteien würde dazu führen, dass endlich über Inhalte statt über Macht geredet würde. Vielmehr müssen alle Parteiprogramme so biegsam sein, dass sie keiner Koalition im Wege stehen. Zudem sind Inhalte allein nicht politisch, sondern langweilig, erst die Kombination von Macht und Sache ergibt echte Politik. […] Jeder Appell zugunsten der Volksparteien braucht einen Adressaten. Drei seien hier genannt.

Zunächst die Volksparteien selbst. Schließlich tragen sie zu ihrem Niedergang einiges bei. Immer noch sitzen sie auf hohem Ross. […] Allerdings muss sich auch der Bürger fragen, ob seine Neigung, nach Geschmack und Tagesform abzustimmen, nicht etwas Luxurierendes und Verwöhntes hat. Zumal wenn er Parteien wählt, die ihm nur noch mehr Wohltaten versprechen […].

Nicht zuletzt sollten sich einige Medien überlegen, ob sie nicht oft zu weit gehen. Die ätzende Kritik an den sogenannten Chaos-Tagen bei [einer der Bundestagsparteien] zeugt von Maßlosigkeit. Wie, bitte schön, hätte es die Partei denn nach diesem Wahldesaster anders machen sollen?

Bernd Ulrich, Niedergang der Volksparteien: Gefahr für die Demokratie?, in: Die Zeit, Heft 42/2008

METHODE

Textbearbeitung III

I. Aufgaben

1. Stellen Sie die Gründe für die sinkende Bindewirkung der Volksparteien dar.
2. Analysieren Sie die Position von Bernd Ulrich zu der These, dass der Niedergang der Volksparteien eine Gefahr für die Demokratie sei.
3. **Erörtern Sie die Position von Bernd Ulrich zum Niedergang der Volksparteien. Nehmen Sie Stellung. Berücksichtigen Sie dabei das Kriterium „Gefahr für die Demokratie".**

II. Tipps zur Bearbeitung von Aufgabe 3

1. Lesen Sie in den „allgemeinen Hinweisen zur Textbearbeitung" auf S. 366 den Abschnitt „III.3".
2. Es wird vorausgesetzt, dass Sie über folgende Kenntnisse verfügen:
   - Merkmale einer Volkspartei;
   - Mitgliederentwicklung der Volksparteien;
   - Gründe für die sinkende Bindewirkung der Volksparteien seit den 70er Jahren;
   - Veränderungen der Traditionsmilieus;
   - Wandel des Parteiensystems zu einem „fluiden Sechsparteiensystem".
3. Es wird erwartet, dass Sie in Aufgabe 1 die Gründe für die sinkende Bindewirkung der Volksparteien (→ **M10** und **M11b**) dargestellt haben.
4. Es wird erwartet, dass Sie die Position des Autors, den Begründungsgang seiner Argumente, seine Argumentationsweise und seine Intentionen analysiert haben. Sie sollten als Ergebnis festgestellt haben, dass für Bernd Ulrich die Zersplitterung des Parteiensystems dazu führt, dass Regierungsbildungen unberechenbar und zufällig („Lostrommel") werden. Dies würde schließlich eine Entmachtung der Wähler und damit eine Gefahr für die Demokratie bedeuten.

III. Anleitung zur kriteriengeleiteten Erörterung und Beurteilung der Position des Autors

1. Stellen Sie in wenigen Sätzen die Argumente des Autors dar, mit denen er seine Einschätzung, dass durch den Niedergang der Volksparteien die Demokratie gefährdet sei, begründet. Beschränken Sie sich aber auf wenige Sätze, denn in Aufgabe 3 sollen Sie nicht noch einmal die Ergebnisse der Textanalyse ausführlich wiederholen, sondern die schon in Aufgabe 2 dargestellten Argumente erörtern und kriteriengeleitet beurteilen.

   Deshalb können Sie auch an der einen oder anderen Stelle auf Ihre Ausführungen in Aufgabe 2 verweisen.

2. An die in Aufgabe 2 dargestellten Argumente sollten Sie Ihre Erörterung anknüpfen, indem Sie begründen, warum Sie den Argumenten von Bernd Ulrich zustimmen oder nicht.

METHODE

Sie können auch Argumenten nur teilweise zustimmen, sollten aber genau erklären, warum das so ist. Sie können sich in Ihrer Argumentation auch auf Argumente anderer Autoren (z.B. auf die Argumente von Tina Hildebrandt → **M13b**) beziehen. Dies sollten Sie dann aber auch kenntlich machen.

3. Zur Vorbereitung des Aufbaus Ihres Argumentationsgangs könnten Sie einzelne Argumente des Autors, auf die Sie näher eingehen wollen, auf einen Zettel notieren und Stichpunkte zur Erörterung und Beurteilung festhalten.
4. Da Sie nicht auf alle Argumente eingehen können, sollten Sie entscheiden, welche Argumente in Bezug auf das Kriterium „Gefahr für die Demokratie" am wichtigsten sind.

Ausgehend von den ausgewählten Aspekten sollten Sie die Erörterung gestalten und zum Schluss Ihre eigene Position zu der Frage, ob Sie selbst auch wie Bernd Ulrich die Auffassung vertreten, dass der Niedergang der Volksparteien die Demokratie gefährde, darstellen.

IV. Beispielsätze für eine gelungene Erörterung und Beurteilung

- Ich habe bei meiner Analyse des Textes von Bernd Ulrich festgestellt, dass der Autor zu dem Ergebnis kommt, dass der Rückgang der Stimmen für die CDU/CSU und die SPD eine Gefahr für die Demokratie bedeutet und dass er dies als „erschreckend" einschätzt.
- Bernd Ulrich vertritt die Auffassung, dass der Rückgang der Stimmenanteile für die Volksparteien dazu führt, dass Wähler ihre Stimme nicht mehr in eine Wahlurne, sondern in eine „Lostrommel" werfen. Diesem Argument kann ich so nicht zustimmen. Ich halte das Bild für nicht angemessen und übertrieben, da die Parteien bei der Regierungsbildung versuchen werden, möglichst viele Punkte aus ihren Wahlprogrammen umzusetzen. So kann der Wähler erwarten, dass die Partei, die er gewählt hat, zumindest einen Teil des eigenen Wahlprogramms umsetzen kann, sofern sie an der Regierung beteiligt ist.
- Bernd Ulrich weist auf Gefahren hin, die ein fluides Sechsparteiensystem für die politische Stabilität mit sich bringt. Er begründet dies – wie ich schon in Aufgabe 2 ausgeführt habe – vor allem damit, dass sich bei dem Versuch, Regierungen zu bilden, vor allem diejenigen durchsetzen, die am besten kungeln, tricksen und täuschen können. Ich bezweifle aber, dass dies so bedeutsam ist, dass es zu einer Gefährdung der Demokratie kommt. Vielmehr verweise ich auf die Argumentation von Tina Hildebrandt, die in einem Artikel in der „Zeit" zu einem völlig anderen Ergebnis kommt und sogar Chancen in dieser Entwicklung sieht.
- Zusammenfassend komme ich nach der Erörterung der Argumente von Bernd Ulrich zu dem Ergebnis, dass ich mich seiner Einschätzung anschließen/nicht anschließen kann, weil ...

Bearbeiter

b) „Nein, der Niedergang der Volksparteien ist keine Gefahr für die Demokratie" sagt Tina Hildebrandt

Die Welt verändert sich [...] nur in der Politik darf sich nichts verändern. [...] Volksparteien müssen 700.000 bis eine Million Mitglieder haben und SPD und CDU/CSU heißen. Sonst ist die Demokratie gefährdet. Ist das nicht eine etwas statische, mutlose Vorstellung von unserem Staatswesen?

Unter einer Volkspartei versteht man in Deutschland, vereinfacht gesagt, eine Partei, die die sowohl soziologisch, also in ihrer Zusammensetzung, als auch inhaltlich, also in ihren Zielen, die Bevölkerung breit repräsentiert, also dem Gemeinwohl besser dient als dies [...] ein-Themen-Parteien könnten und wollten. Beides aber können die beiden deutschen Volksparteien immer weniger für sich reklamieren. [...] Auch in der Sache nutzen die Volksparteien ihre Macht zu oft nicht dazu, das von ihnen selbst als richtig Erkannte durchzusetzen, sondern das, was für die eigene Partei verdaulich ist. Alles Populisten!, lautet der Vorwurf, mit dem die etablierten Parteien gern auf die neuen Kleinen reagieren [...] Das mag in vielen Fällen sogar stimmen, doch sollte man nicht aus dem Auge verlieren, dass hier nicht unparteiische Schiedsrichter sprechen, sondern arrivierte Machthaber, die unliebsame Konkurrenz gern loswerden möchten. [...]

Jeder Großorganismus hat seine Ängste, die Angst der politischen Klasse ist die vor Zersplitterung. [...] Die Folge seien noch weniger berechenbare Wahlergebnisse, noch schwierigere Regierungsbildungen und noch mehr Verdruss bei den Wählern, für die die Stimmabgabe zur Lotterie und jede Regierung zur Hängepartie wird. Erstens ist es aber bereits jetzt so, dass der Wähler vorher nicht weiß, welche Koalition er nach der Wahl bekommt. [...]

Zweitens verweisen die Warner gern auf europäische Länder wie Italien, wo Kleinstparteien zu Regierungsinfarkten [...] geführt haben. Aus ebendiesem Grund gibt es in Deutschland eine Fünf-Prozent-Klausel. [...] Lange Zeit konnten die Volksparteien ihre Dominanz darauf stützen, dass sie dem Gemeinwohl angeblich oder tatsächlich am besten zur Wirkung verhalfen. Der Begriff des Gemeinwohls ist aber brüchig geworden in einer Gesellschaft, die sich – politisch und ökonomisch gewollt – immer mehr in viele kleine Einzelwohle differenziert. [...] Kleine Parteien ernähren sich zwar manchmal [...] vom Verdruss, aber sie erzeugen ihn nicht aus sich. Der Verdruss erzeugt sie. Könnten sie es also besser als die etablierten Volksparteien? Nicht unbedingt, wahrscheinlich sogar eher nicht. Ist es dann nicht doch schlimm, wenn die Großen kleiner werden und mehr kleine mehr bei Regierungsbildungen mitreden? Auch eher nicht.

Entweder sie machen es besser oder jedenfalls nicht schlechter. Oder sie machen es schlechter, dann werden sie bald wieder kleiner werden und abgewählt werden. Bis dahin aber sorgen sie durch ihre blanke Existenz dafür, dass die großen besser werden müssen. Denn Volkspartei zu sein ist eine Aufgabe und ein Anspruch, aber kein verfassungsmäßig garantiertes Grundrecht von CDU und SPD.

Tina Hildebrandt, Niedergang der Volksparteien: Gefahr für die Demokratie?, in: Die Zeit, Heft 42/2008

Tina Hildebrandt, deutsche Journalistin, seit 2004 bei der Zeitung „Die Zeit"

Gemeinwohl

Das allgemeine Wohl betreffend. Politisch-soziologische Bezeichnung für das Gemein- oder Gesamtinteresse einer Gesellschaft, das oft als Gegensatz zum Individual- oder Gruppeninteresse gesetzt wird.

Klaus Schubert, Martina Klein, Allgemeinwohl, in: Das Politiklexikon – Begriffe, Fakten, Zusammenhänge, Bonn 2016, S.128

Populismus

Bezeichnet eine Politik, die Emotionen, Vorurteile und Ängste der Bevölkerung für eigene Zwecke nutzt und vermeintlich einfache und klare Lösungen für politische Probleme anbietet (→ Kapitel 7.4).

Aufgabe 2
Bearbeiten Sie die Daten über den Anteil weiblicher Mitglieder der politischen Parteien, indem Sie die Grafik mithilfe des Smartphones oder eines Tablets/Laptops via QR-Code bzw. Mediencode einsehen (→ QR-Code in der Randspalte zu **M9c**).

AUFGABEN

1. Erklären Sie den Begriff „Volkspartei" (**M9a**).
2. Analysieren Sie in Partnerarbeit die Daten über die Mitgliederentwicklung (**M9b**) und das Durchschnittsalter der im Deutschen Bundestag vertretenen Parteien (**M9c**).
3. Entwickeln Sie Hypothesen über die Gründe der in **M9a-c** dargestellten Befunde.
4. Beschreiben Sie mithilfe des Textes und des Schaubildes in **M10** die Entwicklung der Stimmenanteile der beiden Volksparteien CDU/CSU und SPD seit 1976.
5. Stellen Sie dar, welche Gründe nach Ansicht von Politikwissenschaftlern für die Ergebnisse aus Aufgabe 3 verantwortlich sind (**M11b**) und halten Sie zentrale Aspekte in Ihrem Heft fest.
6. Diskutieren Sie, inwieweit die Aussagen des Karikaturisten in **M11a** berechtigt sind.
7. Überprüfen Sie auf der Grundlage von **M11b** in Partnerarbeit oder Kleingruppenarbeit, inwieweit die in **M10** dargestellten Gründe über die sinkende Bindewirkung der Volksparteien die Veränderungen vollständig erklären, indem Sie die folgenden Aufgaben bearbeiten:
   a) Erklären Sie, welche Traditionsmilieus der SPD und der CDU/CSU an Bedeutung verlieren und welche Gründe dafür möglich sind (**M11b**).
   b) Beurteilen Sie, ob die Aussagen in **M11a-b** den Bedeutungsverlust der Volksparteien zutreffend beschreiben.
   c) Analysieren Sie, welche Verantwortung für den Niedergang der Volksparteien der Politikwissenschaftler Holtmann den „parteipolitischen Akteuren" zuschreibt (**M11b**).
   d) Arbeiten Sie heraus, welche Gründe nach seiner Auffassung für den Wandel ausschlaggebend sind.
   e) Beurteilen Sie abschließend, inwiefern die in **M11b** dargestellten Gründe zutreffend sind.
   f) Entwickeln Sie als Ergebnis der Bearbeitung der Aufgaben 7 a-e einen Vortrag (→ Methodenglossar) über den Bedeutungsverlust der Volksparteien (**M10**, **M11a-b**).
8. Erläutern Sie mithilfe von **M12** den Begriff „fluides Sechsparteiensystem".
9. Begründen Sie vor dem Hintergrund Ihrer Kenntnisse aus der Bearbeitung von **M9–M11a-b**, welche Gründe es für die „Volatilität des Wählerverhaltens" und die Herausbildung eines „fluiden Parteiensystems" gibt.
10. Analysieren Sie in Partnerarbeit die Texte in **M13a-b** im Hinblick auf die Argumente, die Bernd Ulrich (**M13a**) und Tina Hildebrandt (**M13b**) für oder gegen die These vorbringen, dass der Niedergang der Volksparteien die Demokratie gefährde.
11. Gestalten Sie nun in Kleingruppenarbeit jeweils eine Wandzeitung zu den in den Texten in **M13a-b** vertretenen Argumenten. Beschränken Sie sich auf zentrale Aspekte.
12. Diskutieren Sie in einer Pro- und Kontra-Diskussion (→ Methodenglossar) die Kontroverse um den Niedergang der Volksparteien (**M9–M13a-b**).

5.2 Unterscheidbar? Die Grundorientierungen und die Programme der im 19. Deutschen Bundestag (2017) vertretenen Parteien

Unterscheidbar? Die Karikatur in M14 widmet sich der Frage, inwiefern sich die Parteien in ihren Aussagen unterscheiden. Das Unterkapitel 5.2 bietet die Gelegenheit, diese Aussage zu überprüfen. Hier erhalten Sie zunächst grundlegende Informationen über die ideologischen Grundlagen der Parteien in Deutschland (M15). Im Anschluss daran können Sie sich mithilfe von Auszügen aus den Grundsatzprogrammen der im Bundestag vertretenen Parteien einen Überblick verschaffen, wie sich die in den ideologischen Grundlagen deutlich werdenden unterschiedlichen Vorstellungen über die Gestaltung von Politik und Gesellschaft in der Programmatik der Parteien niederschlagen. Man unterscheidet Grundsatzprogramme und Wahlprogramme. Grundsatzprogramme enthalten die grundsätzlichen Forderungen, Ziele und Werte einer politischen Partei, die längerfristig gelten sollen. Wahlprogramme enthalten die kurz- und mittelfristig gesteckten inhaltlichen Ziele einer politischen Partei, die für die Wahlperiode eines Parlaments gelten. Wahlprogramme sind nicht leicht zu analysieren, weil die Auswertung von Wahlprogrammen, z.B. bei der Wirtschafts- und Sozialpolitik, ein gerütteltes Maß von Vorwissen voraussetzt. Deshalb werden im Folgenden nur Auszüge aus den Grundsatzprogrammen der im 19. Deutschen Bundestag vertretenen Parteien wiedergegeben. Sie können mithilfe von M16 überprüfen, welche ideologischen Grundlagen in den Grundsatzprogrammen enthalten sind. In M17 finden Sie eine Tabelle, mit der Sie die Grundsatzprogramme nach bestimmten Kriterien analysieren können. In der Methode auf S. 179 ist zusätzlich eine Anleitung zur Analyse von Wahlprogrammen durch eine Internetrecherche enthalten. Ferner werden die Vorstellungen der Parteien zur Weiterentwicklung der Demokratie in Kapitel 6 aus den Wahlprogrammen zur Bundeswahl 2017 (S. 217, M17) abgedruckt.
Bearbeiter

Ideologie
Ideologie ist die Lehre von den Ideen, d. h. der wissenschaftliche Versuch, die unterschiedlichen Vorstellungen über Sinn und Zweck des Lebens, die Bedingungen und Ziele des Zusammenlebens etc. zu ordnen.

M14 Das „Angebot" der Parteien – karikiert

Bearbeiter

M15 Die zentralen politischen Weltanschauungen: Konservatismus, Liberalismus, Sozialismus

a) Konservatismus

Definition von Konservatismus

Dieser Begriff kommt von dem lateinischen Wort „conservare" und heißt „bewahren". Konservatismus bezieht sich auf Denkweisen und Bewegungen in Politik, Religion oder Gesellschaft. Gemeint ist damit, dass man an überlieferten Werten und Vorstellungen festhält, sie verteidigt und neue Entwicklungen eher kritisch betrachtet. [...] Entstanden ist der Konservatismus im 18. Jahrhundert als Gegenbewegung zu den Umwälzungen der Französischen Revolution.

Gerd Schneider, Christiane Toyka-Seid, Konservatismus, in: Das junge Politiklexikon, Bonn 2017

Kennzeichen konservativen Denkens

- Die göttliche Absicht lenkt die Gesellschaft und das menschliche Gewissen, der einzelne Mensch wie auch die Politik haben sich vor ihr zu verantworten;
- Achtung der Natur als Gottes Schöpfung; daraus resultiert die Pflicht, sie zu bewahren und zu schützen – nicht, sie ausschließlich auszubeuten;
- die feste Überzeugung, dass Eigentum und Freiheit untrennbar miteinander verbunden sind [...];
- die Rolle der Familie als die Keimzelle der Gesellschaft;
- das Vertrauen in die überlieferten Werte und Ansichten [...];
- Skepsis gegenüber dem Zeitgeist und die Überzeugung, dass Reformen zwar notwendig sein können, diese jedoch immer mit Augenmaß und langsam erfolgen müssen.

Tobias Bevc, Politische Theorie, 2. überarbeitete Auflage, Konstanz und München 2012, S. 147

b) Liberalismus

Die charakteristischen Ideen des Liberalismus lassen sich in aller Kürze wie folgt zusammenfassen:
Der Liberalismus geht von der Selbstbestimmungsfähigkeit der Individuen aus, weswegen der Staat auch nur die untergeordnete Rolle eines „Nachtwächters" zu spielen hat, d. h., er soll nur dort eingreifen, wo es nötig ist. Insofern betont er die Bürger- und Menschenrechte des Individuums gegenüber dem Staat und die Bändigung der politischen Herrschaft durch eine Verfassung. Die Liberalen sind der Auffassung, dass die Ökonomie so weit wie möglich frei von staatlichen Regulierungen sein sollte. Sie vertrauen ganz auf die freien Kräfte des Marktes und des Wettbewerbes, die im Zusammenspiel alles optimal regeln, solange sie nur frei sind. Einschränkend muss man hier gerechterweise hinzufügen, dass die Sozialliberalen durchaus gewisse Beschränkungen des freien Marktes befürworten, um beispielsweise ungleiche Ausgangsvoraussetzungen auszugleichen.

Tobias Bevc, Politische Theorie, 2. überarbeitete Auflage, Konstanz und München 2012, S. 196

c) Sozialismus

Der Sozialismus ist eine politische Lehre mit zwei Hauptströmungen. Es gibt einen revolutionären Sozialismus und einen demokratischen Sozialismus. Einige Grundideen des Sozialismus sind schon im 18. Jahrhundert, in der Zeit der Aufklärung, beschrieben worden. In der Französischen Revolution von 1789 wurde dann der Ruf laut: Freiheit, Gleichheit, Brüderlichkeit (heute würden wir statt Brüderlichkeit Solidarität sagen). Der Sozialismus betont die Gleichheit und Brüderlichkeit, während der Liberalismus die Freiheit in den Vordergrund stellt. Aber erst als es im 19. Jahrhundert mit der Industrialisierung immer mehr Armut und Elend unter den Arbeitern gab, entwickelte sich der Sozialismus zu einer Massenbewegung. Seine verschiedenen Ideen wurden nun zu einer politischen Lehre zusammengefasst.

Am Ende des 19. Jahrhunderts vertraten die Arbeiterschaft und die Gewerkschaften den demokratischen Sozialismus, der „gemäßigter Reform-Sozialismus" genannt wurde. Durch eine schrittweise Veränderung sollten die wirtschaftlichen und sozialen Verhältnisse und damit die Lebensbedingungen der Menschen verbessert werden. [...] Aus dieser Bewegung ist die Sozialdemokratische Partei Deutschlands, die SPD, hervorgegangen. Der revolutionäre Sozialismus, der sich als zweite Hauptströmung entwickelte, strebte dagegen einen gewaltsamen Umsturz und einen radikalen Neuanfang in Wirtschaft und Gesellschaft an. [...] Nach der russischen Oktoberrevolution im Jahre 1917 entstand so in der Sowjetunion der „real existierende Sozialismus". Und auch in anderen Staaten wurde das sozialistische System eingeführt. In vielen Ländern führte der (revolutionäre) Sozialismus zur Gewaltherrschaft, in der viele Menschen unterdrückt wurden. [...]

In den demokratischen Staaten Westeuropas gibt es nach wie vor sozialistische und sozialdemokratische Parteien. Sie wollen Vorstellungen des Sozialismus auf der Grundlage der Demokratie verwirklichen.

Gerd Schneider, Christiane Toyka-Seid, Sozialismus, in: Das junge Politiklexikon, Bonn 2017

Anarchie

Es wird manchmal der Anarchismus auch bei den zentralen politischen Weltanschauungen mit einbezogen. Der Anarchismus, der von keiner im Bundestag vertretenden Parteien vertreten wird und eher zum Linksextremismus zuzuordnen (→ Kapitel 7, M7) ist, ist eine politische Ordnungsvorstellung bzw. Utopie, die eine Herrschaft von Menschen über Menschen ablehnt und eine Gesellschaft ohne Autoritäten, staatliche Gewalt, Normen und Gesetze anstrebt.

Nach: Klaus Schubert, Martina Klein: Anarchie, in: Das Politiklexikon. 6. Aufl., Bonn 2016, S. 23

M16 Auszüge aus den Grundsatzprogrammen der im 19. Deutschen Bundestag vertretenen Parteien – via Medien-/QR-Code

Mediencode: 72060-16

Mediencode: 72060-17

Mediencode: 72060-18

Mediencode: 72060-19

Mediencode: 72060-20

Mediencode: 72060-21

Tabelle in M17 zum Ausdrucken

Mediencode: 72060-22

M17 Analyse der Grundsatzprogramme der Parteien – eine Tabelle zum Ausfüllen

	CDU	CSU	SPD	Grüne	Linke	AfD
1. Zentrale politische Weltanschauungen: Konservatismus, Liberalismus, Sozialismus						
2. Politische Ausrichtung (Rechts, Mitte, Links)						
3. Zentrale Wertvorstellungen Freiheit / soziale (Chancen-) Gleichheit / Solidarität / Gerechtigkeit, Rechtsstaat / Leistung / Menschenwürde / Frieden						
4. Politische Ordnung (Demokratie, Stellenwert des Staates)						
5. Wirtschaftssystem (Marktwirtschaft, Zentralverwaltungswirtschaft)						
6. Umwelt, Ökologie, Nachhaltigkeit						
7. Stellenwert der Religion (Christentum, Islam)						
8. Leitkultur						
9. Formen des Zusammenlebens (Familie, Ehe)						

Bearbeiter

AUFGABEN

1. Beschreiben Sie die Aussagen der Karikatur in **M14** zu den Programmen der Parteien.
2. Entwickeln Sie vor dem Hintergrund Ihrer bisherigen Kenntnisse über die Unterschiede zwischen den Parteien ein vorläufiges Urteil, ob die Aussage des Karikaturisten in **M14** zutreffend ist.
3. Erklären Sie zentrale Aspekte der politischen Weltanschauungen (**M15a-c**).
4. Entwerfen Sie eine Mindmap (→ Methodenglossar), in der Sie zentrale Begriffe zu den politischen Weltanschauungen darstellen (**M15a-c**).
5. Vergleichen Sie das Verhältnis von Staat und Individuum im Konservatismus, Liberalismus und Sozialismus in **M15a-c**.
6. Problematisieren Sie, welche Folgen Politik, die sich an den jeweiligen Auffassungen in **M15a-c** orientiert, für Menschen in unterschiedlichen Lebenslagen haben könnten.
7. Bearbeiten Sie **M16** in Kleingruppen: Vergleichen Sie mithilfe eines internetfähigen Endgerätes (Laptop, Smartphone) die jeweils in den QR- und Mediencodes hinterlegten Auszüge aus den Grundsatzprogrammen der im Deutschen Bundestag vertretenen Parteien mithilfe der Tabelle in **M17**, indem Sie die folgenden Aufgaben bearbeiten:
   a) Lesen Sie die Textauszüge in den hinterlegten PDFs in **M16**.
   b) Beschreiben Sie in einem Gespräch in der Gruppe Ihre ersten Eindrücke über Gemeinsamkeiten und Unterschiede zwischen den Parteien.
   c) Analysieren Sie die Textauszüge mithilfe der in **M17** dargestellten Kriterien.
8. Werten Sie in einer Diskussion im Kurs aus, wo Sie die größten Gemeinsamkeiten und Unterschiede zwischen den Parteien sehen (**M14–M17**).
9. Beurteilen Sie, ob die Aussage der Karikatur in **M14** zutreffend ist.

F Aufgaben 7a-c
Bereiten Sie gemeinsam einen Vortrag (→ Methodenglossar) vor, den Sie anschließend bei der Präsentation der Ergebnisse im Kurs halten wollen.

H Aufgabe 7c
Sie können hier arbeitsteilig in der Gruppe verfahren und die Ergebnisse anschließend in der vergrößerten Tabelle (Wandzeitung, andere Präsentationsformen) zusammentragen.

METHODE

Analyse von Wahlprogrammen

I. Worum geht es?

Im Folgenden geben wir Ihnen Hinweise, wie Sie die Wahlprogramme der Parteien anlässlich der letzten und künftigen Bundestagswahlen analysieren können. Eine Schwierigkeit besteht darin, dass bei einer Reihe von Themen Kenntnisse vorausgesetzt werden, die Sie erst in der Qualifikationsphase erwerben können. Deshalb bietet es sich an, dass Sie mithilfe Ihrer Lehrkraft Themen auswählen, für die Sie schon auf Grund des bisherigen Unterrichts über Grundkenntnisse verfügen.

II. Gehen Sie dabei wie folgt vor:

1. Schritt: Möglichkeiten einer Internetrecherche

Es gibt zahlreiche Möglichkeiten, sich über die Wahlprogramme der Parteien zu informieren:

1. Auf den Homepages der Parteien finden Sie die vollständigen Wahlprogramme, die aber teilweise sehr umfangreich sind. Einige Parteien bieten auch eine Kurzfassung an.
2. Eine Zusammenstellung aller Wahlprogramme bietet die Landeszentrale für Politische Bildung Baden-Württemberg.
3. Eine weitere für Sie interessante Möglichkeit bietet der Wahl-O-Mat der Bundeszentrale für Politische Bildung. Es gibt ihn seit 2002. Er wurde schon viele Millionen Mal genutzt. Der Wahl-O-Mat ist ein Frage-und-Antwort-Tool, das zeigt, welche zu einer Wahl zugelassene Partei der eigenen politischen Position am nächsten steht. So können die Nutzer die eigenen Antworten mit denen der Parteien abgleichen, der Grad der Übereinstimmung mit den ausgewählten Parteien wird errechnet.
4. Auch andere Fernsehsender sowie Tages- und Wochenzeitungen bieten Informationen zum Programmvergleich an.

Wahlprogramme bei der „Landeszentrale für politische Bildung Baden-Württemberg"
http://www.bundestagswahl-bw.de/wahlprogramme_btwahl2017.html

Wahl-O-Mat im Internet
https://www.bpb.de/politik/wahlen/wahl-o-mat/166945/wie-funktioniert-der-wahl-o-mat

2. Schritt: Analyse der Wahlprogramme nach zuvor festgelegten Kriterien und Fragestellungen

Mögliche Fragestellungen für die Analyse könnten sein:

1. Wie werden die Wertorientierungen und die Ziele aus den Grundsatzprogrammen in den Wahlprogrammen umgesetzt?
2. Auf welche Weise werden aus den Werten und Grundorientierungen konkrete Zielvorstellungen und Handlungsanleitungen abgeleitet?
3. Welche politischen Leitwörter werden von der Parteien gebraucht?
4. Welche Bereiche des Regierungshandelns stehen im Vordergrund? Wird deutlich, was für die Parteien besonders wichtig ist?
5. Welche Wählergruppen sollen besonders angesprochen werden?
6. Welche Gemeinsamkeiten und Unterschiede gibt es zwischen den Vorstellungen der verschiedenen Parteien?

Bearbeiter

5.3 Haben die Parteien das Vertrauen der Bürger verspielt? Die Einstellungen der Bevölkerung zu den Parteien

M18 Bürgervertrauen in politische Institutionen

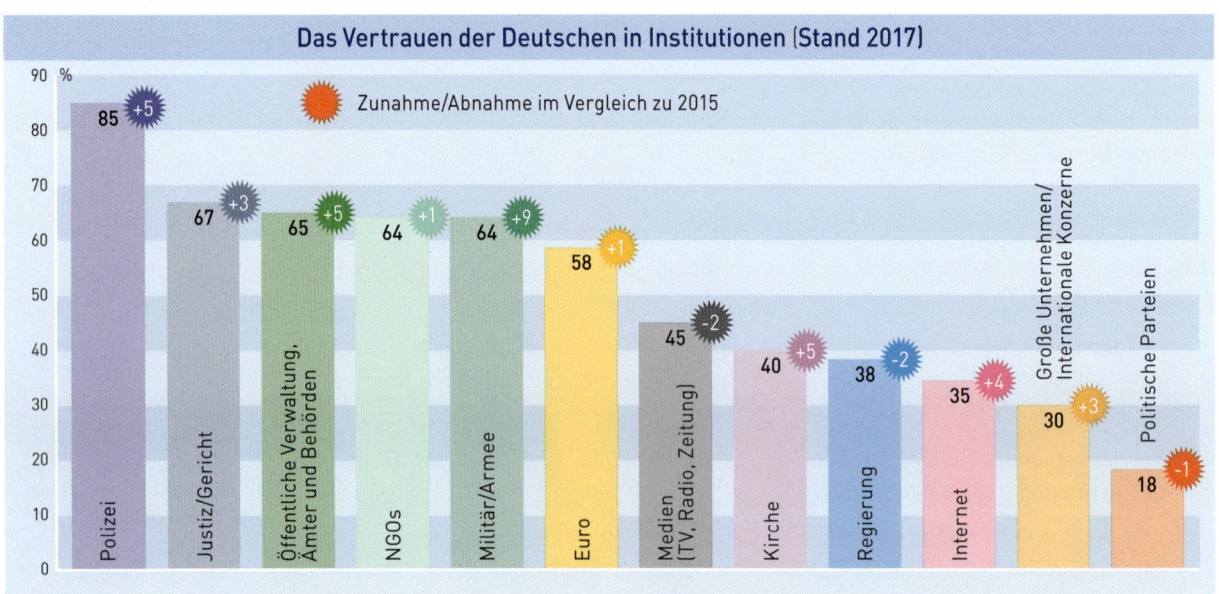

© 2017 GfK Verein, Ergebnisse „Global Trust Report 2017" des GfK Vereins, www.gfk-verein.org.de, 15.03.2017

M19 Politikverdrossenheit und Parteienverdrossenheit

NGO
(Englisch) Nongovernmental organization: Eine nichtgewinnorientierte und auf freiwilliger Arbeit basierende Organisation von Bürgern, die sowohl lokal als auch national oder international organisiert und tätig sein kann. Beispiele: Ärzte ohne Grenzen (medizinische Hilfe in Krisen- und Kriegsgebieten), Greenpeace (Umweltschutzorganisation), NABU (Naturschutzbund Deutschland, setzt sich in vielfältigen Projekten für den Naturschutz ein).

„Politikverdrossenheit" avancierte 1992 zum „Wort des Jahres". An diesem zweifelhaften Ruhm haben auch sprachliche Wendungen wie [...] „Parteienverdrossenheit"
5 teil [...]. Als Ausdrucksform einer parteifernen bis parteifeindlichen Gefühlslage tritt Verdruss über Parteien auch in anderen europäischen Ländern auf: [Parteienverdrossenheit ist] „eine Kurzformel für sich
10 verschlechternde Bewertungen und abnehmendes Vertrauen gegenüber sowie zurückgehende affektive Bindungen an diese etablierten „Parteien der Bundesrepublik" [...]. Für den Parteienstaat ist es ein Warnsignal,
15 wenn sich ein wachsender Teil der Bevölkerung von ihm abwendet. [...]
Offenbar beschreibt Parteienverdruss ein chronisches Krankheitsbild der deutschen politischen Kultur. Vertrauen in Politi-
20 ker und Politik ist das Gegenteil von Politik- und Parteienverdrossenheit. Vertrauen ist zugleich eine Schlüsselgröße der politischen Kultur jeder Demokratie. Unter politischer Kultur verstehen wir, vereinfacht
25 ausgedrückt, die subjektive Sicht der Bürgerinnen und Bürger auf die Politik in allen ihren institutionellen, personellen und inhaltlichen Erscheinungsformen. [...] Die Vertrauensbasis der Politik ist hierzulande
30 porös geworden. Wie Umfragedaten übereinstimmend zeigen, hat sich sowohl die affektivwertbezogene als auch die rationalleistungsbezogene Beurteilung des Parteienstaates seitens der Bevölkerung über
35 die Jahre hinweg stetig verschlechtert. Immer schon nahmen, seitdem das Vertrauen der Bürger in öffentliche Institutionen abgefragt wird, die Parteien den letzten Platz in der Rangskala ein.

Everhard Holtmann, Der Parteienstaat in Deutschland – Erklärungen, Entwicklungen, Erscheinungsbilder, 2. Auflage, Bonn 2017, S. 173 ff.

M20 Politikverdrossenheit – karikiert

Karikatur: Klaus Stuttmann, 2009

M21 Ursachen der Politik- und Parteienverdrossenheit

a) Die Ursachen für den Vertrauensverlust der Parteien
Die Ursachen für den Vertrauensverlust [der Parteien] sind vielfältig. Dazu zählen:

- Das Gefühl, die klassischen Parteien unterscheiden sich nicht in ihren Inhalten.

- Fehlende Transparenz bei politischen Entscheidungsprozessen.

- Wiederholte ‚Vertrauensbrüche', etwa durch Wahlversprechen, die nicht eingehalten werden.

- Der Eindruck, dass Klientelpolitik (Politik im Sinne der Bessergestellten) betrieben oder vordringlich eigene Interessen verfolgt werden.

- Unsicherheiten und Ängste vor der Zukunft, die fehlende Vision einer lebenswerten Zukunft und soziale Ungerechtigkeiten.

- Komplexe politische Zusammenhänge oder Sachverhalte, die nur schwer durchschaubar sind oder von den WählerInnen nicht verstanden werden.

- Persönliche Verfehlungen von PolitikerInnen (wie z.B. plagiierte Doktorarbeiten). Geringe Partizipations- und Mitgestaltungsmöglichkeiten der BürgerInnen bzw. mangelnde Information darüber, wie BürgerInnen sich einbringen können.

- Die mediale Berichterstattung, die sich zunehmend auf Personen, Machtkonstellationen und Skandale und weniger auf Inhalte, Positionen und Sachfragen konzentriert.

Akademie Management und Politik, Politik und Glaubwürdigkeit – So können Parteien und politische Akteure das Vertrauen der BürgerInnen zurückgewinnen!, Bonn 2016, S. 5

b) „Parteienverdrossenheit ist ein Bauchgefühl"

Die in den letzten Jahren wieder stärker gewordene Parteienverdrossenheit hat wesentliche Ursachen und Motive in der Gegenwart. [...] Verdichtet sich [...] in der Öffentlichkeit
5 der Verdacht, Volksferne und Fehlverhalten von Parteipolitikern seien nicht die Ausnahme sondern die Regel, dann erhält eine misstrauische Grundstimmung Nahrung [...]. Während regierende Eliten das politische
10 Geschäft unter sich ausmachen, zieht sich die Mehrheit der Bürgerinnen und Bürger in „eine passive, schweigende, ja sogar apathische Rolle" zurück.
Im Gefolge der deutschen Einigung hat sich die Distanz zwischen Eliten und Bevölke- 15
rung bei der Wahrnehmung von Politik in der Tat vertieft. Dies beschreibt jedoch nur einen, wenngleich wichtigen Aspekt aktueller Parteiverdrossenheit. [...] Da langfristig stabile affektive Parteibindungen stetig 20
schwächer werden, bemisst sich, ob Parteien Gunst gewährt oder versagt wird, umso

Elite
Gruppe einer Gesellschaft, die auf Grund gewisser Bedingungen (Geld, Macht, Herkunft, Ausbildung) Spitzenstellungen in der Gesellschaft einnimmt und damit überhöhten Einfluss auf Entscheidungen ausüben kann.

Dieter Claessens, Karin Claessens, Gesellschaft – Lexikon der Grundbegriffe, Reinbeck 1992, S. 52

Sozialmoralische Grundwerte
Grundwerte die von einer Moral getragen werden, wie Gerechtigkeit, Gleichheit, Fairness.

mehr am Maß des individuellen Vorteils. Dabei geht gerade im Osten Deutschlands ein egoistisches Nutzenkalkül mit der Hochschätzung sozialmoralischer Grundwerte eine besondere Verbindung ein. Das Gefühl, es gehe hierzulande „nicht gerecht zu", ist in Ostdeutschland stärker als im Westen der Bundesrepublik verbreitet. Entsprechend höher fällt dort auch der Schwund an Vertrauen in die Politik aus. Gegenwärtige Parteienverdrossenheit ist folglich eine Mischung von Affekt, Vorurteil, unerfülltem moralischen Anspruch und enttäuschter nutzenorientierter Vorteilserwartung. Man sieht: Trotz aller Versachlichung ist Parteienverdrossenheit eben auch ein Bauchgefühl.

Everhard Holtmann, Der Parteienstaat in Deutschland – Erklärungen, Entwicklungen, Erscheinungsbilder, 2. Auflage, Bonn 2017, S. 191 f.

M22 Vorschläge zur Überwindung der Politikverdrossenheit und Parteienverdrossenheit

a) Vorschläge der Friedrich-Ebert-Stiftung (FES)
Die FES ist eine politische Stiftung, die der SPD nahe steht. Die FES veranstaltet Tagungen zu politischen Themen und verbreitet Publikationen wie Bücher und Broschüren und hat einen Online-Auftritt.

Verfahren und Elemente direkter Demokratie
Gemeint sind Volksabstimmungen auf Bundesebene und innerhalb der Parteien Mitgliederentscheide (→ Kapitel 6).

Präferenzen
Präferenz bezeichnet die Bevorzugung oder die Begünstigung einer Alternative, oder die Vorliebe, die ein Individuum für etwas hat.

Um Vertrauen in politisches Handeln herzustellen, muss Responsivität erzeugt werden. Voraussetzung dafür, dass Vertrauen in die Regierung entsteht, ist also, dass das wahrgenommene Regierungshandeln mit den Präferenzen der BürgerInnen übereinstimmt.
Das nennt man in der Demokratieforschung Responsivität. Das eigentliche Problem ist demzufolge, dass die BürgerInnen sich von den demokratischen Institutionen und ihren RepräsentantInnen nicht mehr gut genug vertreten fühlen. [...] Gutes Regierungshandeln (siehe 1.), verbesserte und einfachere Mitwirkungsmöglichkeiten der BürgerInnen (siehe 2.) und glaubwürdige politische Akteure (siehe 3.) helfen, Vertrauen aufzubauen.

1 PolitikerInnen und Parteien können sich über gutes Regierungshandeln (einen verbesserten Output*) legitimieren. [...] Diese Aufgabe ist nicht nationalstaatlich, sondern nur im europäischen oder transnationalen Rahmen zu lösen.
[*Output: Ergebnisse politischer Entscheidungsprozesse]

2 Ein anderer Weg ist die Stärkung der Input*-Legitimation durch:
• eine Ausweitung von Verfahren direkter Demokratie. Diese dürfen jedoch nicht die Strukturen und Entscheidungen der repräsentativen Demokratie aushebeln oder umgehen.
• Elemente direkter Demokratie, die die Legitimation der Parteien festigen können, wenn sie Grundlage für parteiinterne Richtungsentscheidungen werden. [...]
• eine Kultur der Offenheit in den staatlichen Institutionen, die zu mehr Transparenz [...] führt. [...]
* Eingaben in den politischen Willensbildungs- und Entscheidungsprozess

3 Bei den politischen Akteuren lässt sich Vertrauen mit Glaubwürdigkeit gleichsetzen. Um diese zu erlangen, bedarf es:
• Politikinhalten, die abgeleitet sind aus zugrunde liegenden Werten, formulierten Zielen und Beschreibungen, wie diese Ziele erreicht werden sollen.
• einer gewissen Beständigkeit und Konsistenz in den politischen Positionen, auch gegen Widerstände.
• der Einhaltung von Versprechen.
• einer ehrlichen Kommunikation bzgl. der Zwänge in der Politik und der Grenzen des eigenen Tuns.
• kontinuierlicher Kontakte zu den BürgerInnen auch außerhalb von Wahlkampfzeiten, bei denen man ihnen auch Gehör schenkt.
• ein Mindestmaß an moralischer Integrität.

Katrin Matuschek und Valerie Lange, Politik und Glaubwürdigkeit, in: Friedrich Ebert Stiftung (Hrsg.), Management und Politik, Bonn 2016, S. 13 ff

b) Vorschläge der „Stiftung für die Rechte zukünftiger Generationen"

Aktuell lässt sich in der Politik ein immer weitreichenderer Graben erkennen: Die Älteren machen Politik für die Jüngeren. [...] Die Tendenz ist dabei bei allen Parteien identisch: Das Durchschnittsalter der Mitglieder steigt immer weiter. Zusätzlich zu dieser Überalterung nimmt die Gesamtzahl der Mitglieder weiter ab. [...]

Für die Stiftung der Rechte zukünftiger Generationen steht daher fest: Die Parteien müssen wieder generationengerecht sein und handeln. Dazu müssen sie sich verstärkt auf die Gewohnheiten, Denk- und Arbeitsweise von jungen Menschen einstellen. Nur so kann garantiert werden, dass Vertreter*innen der jungen Generation wieder in Parteien mitarbeiten können und wollen. [...]

> **„Stiftung für die Rechte zukünftiger Generationen"**
> Die Stiftung ist eine unabhängige, nicht parteigebundene Stiftung mit Sitz in Stuttgart. Sie versteht sich als eine „Denkfabrik an der Schnittstelle zwischen Wissenschaft und Politik". Sie hat einen „11-Punkte-Plan" für eine generationengerechte Partei vorgelegt. 7 Punkte werden davon in M22b dargestellt.

1 Alle Macht den Mitgliedern: Damit die Parteien wieder attraktiv für die junge Generation werden, müssen sie endlich ihren Mitgliedern wirkliche Entscheidungsmacht zugestehen [...] Deswegen müssen die Parteien Instrumente wie Urabstimmungen über Kandidat*innen oder Positionen deutlich ausbauen.

2 Zwischenstufe von Mitgliedschaft und Nicht-Mitgliedschaft: Die Parteien brauchen endlich eine Zwischenstufe zwischen Mitgliedschaft und Nicht-Mitgliedschaft. [...] Einen ersten Schritt in die richtige Richtung gehen die SPD, die CSU und die Linkspartei: Sie bieten seit einigen Jahren die Möglichkeit für eine bestimmte Zeit, Gastmitglied zu werden. Dies ist verbunden mit dem Recht, an Mitgliederversammlungen teilzunehmen und dort Rede-, Antrags- und Personalvorschlagsrecht zu erhalten.

3 Öffnung der Strukturen [...]: Wer nicht Mitglied ist, kann oft auch innerhalb von Parteien nicht mitgestalten. Die Parteien müssen daher die Mitarbeit von Nicht-Mitgliedern deutlich ausbauen. Das zunehmende Engagement junger Menschen in NGOs zeigt, dass diese bereit sind, sich themenbezogen zu engagieren. Diese Möglichkeit bieten die Parteien aber bislang kaum an. [...]

4 Ortsgebundenheit auflösen: Ein wichtiges Prinzip der Parteien ist die Ortsgebundenheit. Mitglieder sollen dort aktiv sein, wo sie wohnen/leben. [...] Nach Ansicht der Stiftung für die Rechte zukünftiger Generationen ist das Prinzip der Ortsgebundenheit veraltet. Die heutige junge Generation ist mobiler denn je – darauf sollten sich auch die Parteien einstellen. Außerdem verhindert das Ortsprinzip in vielerlei Hinsicht Innovation sowie eine Form des positiven Konkurrenzkampfes zwischen den Ortsvereinen.

5 Parteitage reformieren [...]: Bundesparteitage [finden] oft nur alle zwei Jahre statt. Diese Zeitspanne bedeutet oft Stillstand, da die Parteimitglieder kaum eine Möglichkeit haben, Entscheidungen herbeizuführen. [...] Die Parteien müssen sich daher neue Formate überlegen, um auch kurzfristige Entscheidungen herbeiführen zu können. Urabstimmungen, Petitionen oder Themenlabore sind Möglichkeiten, die zukünftig das starre und hierarchische Instrument des Parteitages ergänzen müssen.

6 Online-Mitarbeit: Wer häufig umzieht, viel arbeitet oder eine Familie gründet, kann nicht mehrmals pro Woche Sitzungen besuchen. [...] Die Parteien müssen daher die Möglichkeiten der Online-Mitarbeit deutlich und schnell ausbauen. Das Konzept des virtuellen Ortsvereins, das einige Parteien eingeführt haben, ist ein Schritt in die richtige Richtung. Es muss zukünftig auch möglich sein, über Kandidat*innen und Anträge per Mausklick online abzustimmen.

7 Rotation bei den Ämtern [...]: Parteiämter werden aktuell teilweise über Jahrzehnte behalten. Das fördert weder die Innovation noch die Nachwuchsförderung. [...] Deswegen fordert die Stiftung für die Rechte zukünftiger Generationen eine Nachwuchsquote in Parteien und Parlamenten. Bei der Listenaufstellung der Parteien sollten mindestens 20 Prozent der Kandidat*innen auf den vorderen Plätzen unter 35 Jahre alt sein.

Stiftung für die Rechte zukünftiger Generationen (SRzG), Generationengerechte Parteien, www.generationengerechtigkeit.info, Abruf am 26.02.2018

Aufgaben 1–13

Werten Sie Ihre Arbeit mit dem Unterkapitel zur Parteienverdrossenheit aus im Hinblick auf Ihre Positionen zu Maßnahmen, die Politikerinnen und Politiker gegen Politiker- und Parteienverdrossenheit ergreifen könnten. Bereiten Sie ein Gespräch mit einem Politiker oder mehreren Politikern vor.

AUFGABEN

1. Analysieren Sie die Grafik zu dem Vertrauen der Deutschen in die Institutionen (**M18**).
2. Entwickeln Sie in Kleingruppenarbeit Hypothesen über die Gründe für
    a) das große Vertrauen in die Polizei;
    b) das geringe Vertrauen in die politischen Parteien.
   Präsentieren Sie Ihre Ergebnisse im Kurs und notieren Sie Punkte, die mehrfach genannt werden auf einer Wandzeitung (→ Methodenglossar).
3. Erklären Sie mithilfe von **M19** die Begriffe „Politiker- und Parteienverdrossenheit".
4. Analysieren Sie die Karikatur in **M20** im Hinblick auf die Position der dargestellten Personen zur Politikverdrossenheit.
5. Vergleichen Sie die Äußerungen der Personen in der Karikatur mit den Ergebnissen Ihrer Gruppenarbeit aus Aufgabe 2.
6. Beurteilen Sie die Aussage des Karikaturisten im Hinblick auf die Berechtigung der Kritik der Deutschen an der Arbeit der Politikerinnen und Politiker (**M18–M20**).
7. Analysieren Sie die Ursachen für den Vertrauensverlust der Parteien (**M21a**).
8. Problematisieren Sie die genannten Ursachen im Hinblick auf Ursachen, die durch Verhaltensänderungen von Politikerinnen und Politikern geändert werden könnten.
9. Entwerfen Sie in Kleingruppenarbeit Ratschläge zur Überwindung von Parteien- und Politikerverdrossenheit (**M21a-b**).
10. Analysieren Sie die von dem Politikwissenschaftler Holtmann genannten Gründe für die sich vertiefende Politikverdrossenheit nach der deutschen Einigung im Jahre 1990 (**M21b**).
11. Vergleichen Sie die Aussagen von Holtmann zum „Bauchgefühl" (**M21b**) mit der Karikatur in **M20**.
12. Entwickeln Sie Hypothesen über die Unterschiede zwischen Ost/West (**M21b**).
13. Analysieren Sie in arbeitsteiliger Gruppenarbeit **M22a–b**.

    Gruppe A:
    a) Analysieren Sie die Vorschläge der Friedrich-Ebert-Stiftung (**M22a**).
    b) Wählen Sie jeweils fünf Vorschläge aus, die Sie im Hinblick auf die Vorschläge zur Überwindung der Politik- und Parteienverdrossenheit besonders überzeugend finden. Präsentieren Sie diese Vorschläge abschließend auf einer Wandzeitung (→ Methodenglossar).
    c) Notieren Sie weitere Vorschläge, die aus Ihrer Sicht noch fehlen.

    Gruppe B:
    a) Analysieren Sie die Vorschläge der „Stiftung für die Rechte zukünftiger Generationen" (**M22b**).
    b) Wählen Sie jeweils fünf Vorschläge aus, die Sie im Hinblick auf die Vorschläge zur Überwindung der Politik- und Parteienverdrossenheit besonders überzeugend finden. Präsentieren Sie diese Vorschläge abschließend auf einer Wandzeitung (→ Methodenglossar).
    c) Notieren Sie weitere Vorschläge, die aus Ihrer Sicht noch fehlen.

Aufgabe 13

Präsentieren Sie Ihre jeweiligen Gruppenergebnisse im Kurs.

5.4 Die Rolle traditioneller und digitaler Medien als Mittler zwischen Politik und Bürgern: Inwieweit werden die Medien ihrer Aufgabe gerecht?

M23 Aufgabe und Funktion der Medien in der Demokratie: Mittler zwischen Politik und Bürgern

Artikel 5 des Grundgesetzes garantiert die Pressefreiheit und die Freiheit der Berichterstattung. Medien informieren, kontrollieren, kritisieren – setzen aber auch eigene Themen und beeinflussen die öffentliche Meinung.

Für die Teilnahme an Wahlen und an der politischen Meinungsbildung ist ein Mindestmaß an Information über politische Vorgänge erforderlich. Begründete Entscheidungen
5 können von den Bürgerinnen und Bürgern nur auf der Basis einer möglichst unvoreingenommenen Information getroffen werden. In einer modernen Demokratie übernehmen diese Informationsfunktion neben den Publikationen der Parteien und Verbände ins-
10 besondere die Massenmedien. Artikel 5 des Grundgesetzes garantiert die Pressefreiheit und die Freiheit der Berichterstattung durch Rundfunk und Film. Die Pressefreiheit schützt die Medien vor einem Eingriff 15 der staatlichen Gewalt und die Straffreiheit von Meinungsäußerungen. Auf diese Weise dienen die Medien als Mittler zwischen der Politik und den Bürgern – als „Transmissionsriemen" bei der Willensbildung. 20

Bundeszentrale für politische Bildung, Medien, www.bpb.de
28.08.2013

Öffentlich-rechtliche Sendeanstalten

Den öffentlich-rechtlichen Sendeanstalten (z.B. ARD, ZDF und Deutschlandradio) kommt eine besondere Bedeutung zu. Laut Bundesverfassungsgericht sollen sie die Grundversorgung der Bevölkerung mit Informationen und Unterhaltung gewährleisten. Um diese Aufgabe unabhängig vom Staat und wirtschaftlichen Interessen wahrnehmen zu können, werden sie durch Beiträge aller Bürgerinnen und Bürger, Unternehmen und Institutionen finanziert.

Bundeszentrale für politische Bildung, Medien, www.bpb.de 28.08.2013

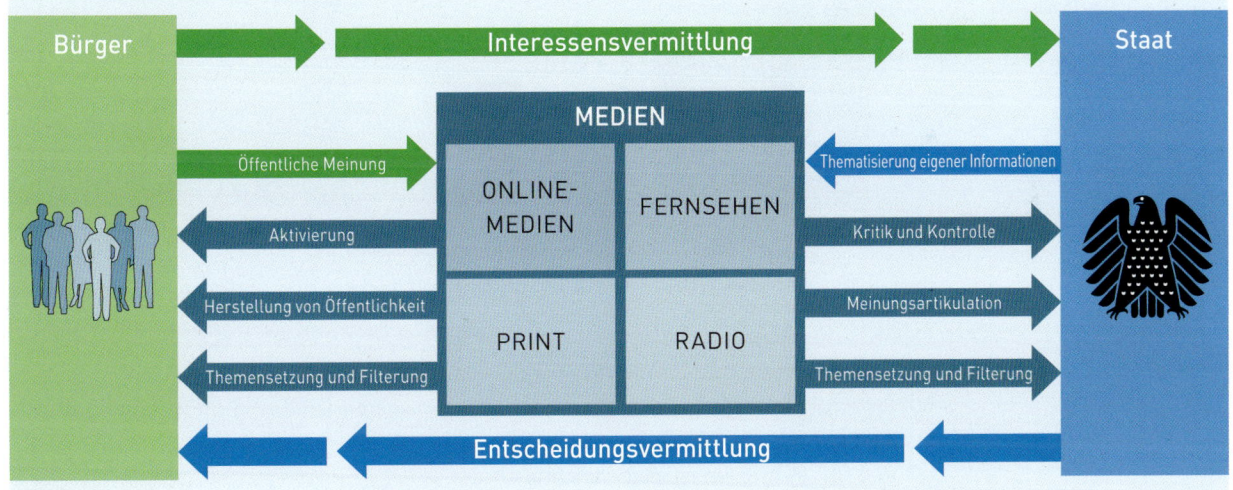

© Bundeszentrale für politische Bildung, Medien, www.bpb.de 28.08.2013

M24 Nachrichtenvermittlung in Deutschland

Das Hans-Bredow-Institut veröffentlicht deutsche Ergebnisse des „Reuters Institute Digital News Report 2017" zur Nachrichtennutzung im internationalen Vergleich.

a) Fernsehen bleibt wichtigste Nachrichtenquelle

Mehr als drei Viertel der erwachsenen Internetnutzer in Deutschland schauen sich Nachrichten im Fernsehen an (77%). Für mehr als die Hälfte ist das Fernsehen die wichtigste Quelle (52%) für Informationen über das Weltgeschehen. Auch über die Hälfte der 18- bis 24-jährigen Onliner schaut regelmäßig Nachrichten im TV (59%), und für jeden Dritten dieser Altersgruppe ist das Fernsehen die wichtigste Ressource für News. Das Nachrichteninteresse in Deutschland ist nach wie vor groß: 94 Prozent der erwachsenen Onliner schauen, lesen oder hören mindestens mehrmals wöchentlich Nachrichten, 87 Prozent tun dies täglich. 70 Prozent sind „überaus" oder „sehr" an Nachrichten interessiert.

© 2017 HANS-BREDOW-INSTITUT, Fernsehen bleibt wichtigste Nachrichtenquelle, www.hans-bredow-institut.de, Abruf am 26.02.2018

b) Nachrichten im TV oder in Zeitungen wird mehr vertraut als Nachrichten in sozialen Medien

Jeder Zweite vertraut den Nachrichten „eher" oder „voll und ganz" (50 %). Menschen, die sich für Nachrichten interessieren, vertrauen diesen eher als Menschen, die kein Interesse an ihnen haben. Auch vertrauen mehr Onliner den Nachrichten, die das Fernsehen (56 %) oder Printmedien (60 %) als wichtigste Quelle nennen, als diejenigen, die das Internet (45 %) oder soziale Medien (33 %) als Hauptressource verwenden. Im internationalen Vergleich befindet sich Deutschland an siebter Stelle der 36 untersuchten Länder mit dem größten Vertrauen.

Ebd.

c) Genutzte, wichtigste und einzige Nachrichtenquelle 2017 (in Prozent)

Hinweise zur Grafik
Die Grafik stammt aus derselben Quelle wie die Untersuchung in M25, allerdings ist sie zwei Jahre älter. Deshalb weichen die Daten etwas voneinander ab.

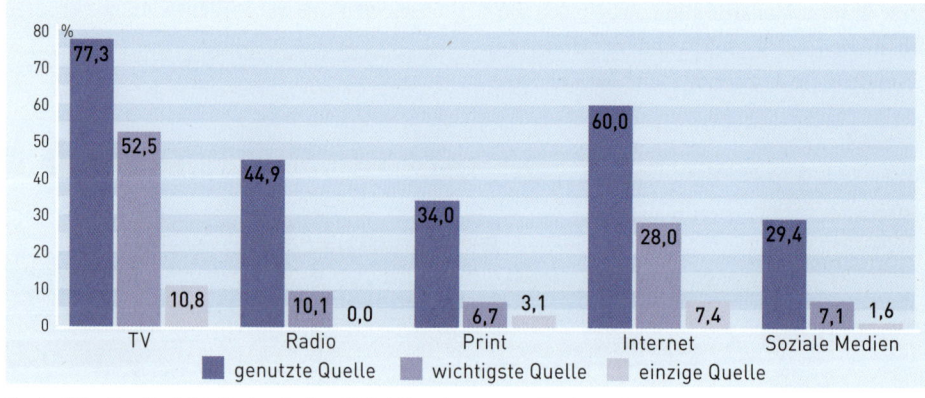

Sascha Hölig, Uwe Hasebrink, Reuters Institute Digital News Survey 2017: Ergebnisse für Deutschland, Hans Bredow Institut, Hamburg 2017, S. 23

d) Nachrichtennutzung im Internet vergleichsweise gering

60 Prozent der Befragten nutzen regelmäßig das Internet für Online-Nachrichten und für 28 Prozent ist es die wichtigste Nachrichtenquelle. In keinem anderen untersuchten Land sind diese Anteile niedriger.

© 2017 HANS-BREDOW-INSTITUT, Fernsehen bleibt wichtigste Nachrichtenquelle, www.hans-bredow-institut.de, Abruf am 26.02.2018

e) Soziale Medien als Nachrichtenquelle nur zusätzlich zu anderen Quellen interessant

Facebook und Co werden zwar von Teilen der Bevölkerung als Nachrichtenquelle genutzt, aber eben nur als eine unter vielen und in der Regel weder als wichtigste noch als einzige Ressource. Soziale Medien werden von 29 Prozent der Onliner als Nachrichtenquelle verwendet. [...] Als wichtigste Ressource für nachrichtenbezogene Informationen werden sie von lediglich 7 Prozent erachtet. Nur 1,6 Prozent der Onliner über 18 Jahre verwenden ausschließlich soziale Medien als Ressource für Nachrichten. Auch unter den 18- bis 24-Jährigen nutzen nur 2,8 Prozent ausschließlich soziale Medien für Nachrichteninhalte.

Ebd.

M25 Die wichtigsten Nachrichten-Quellen im Ländervergleich

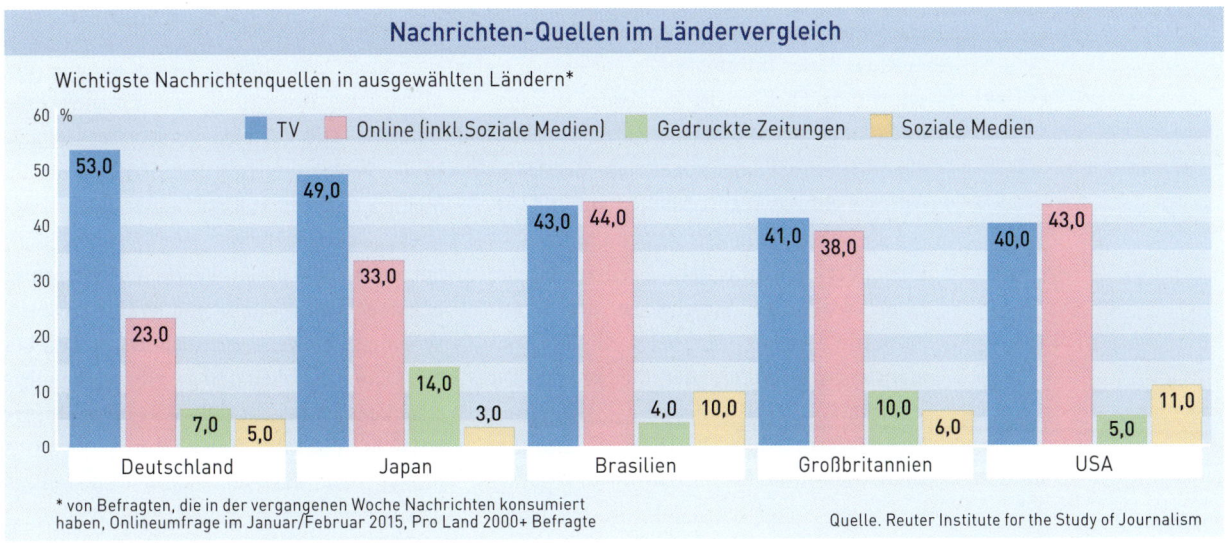

M26 Rolle der Massenmedien im Wahlkampf: Information und Mobilisierung

Wer keinen Medienwahlkampf organisieren kann und nur auf traditionellen Parteienwahlkampf setzt, ist relativ chancenlos. Zwei Funktionen soll der Wahlkampf besonders gut erfüllen: Information und Mobilisierung. Beides ist mithilfe der Massenmedien erreichbar. [...] In den Fußgängerzonen der Einkaufsviertel ist die Vielfalt der Informationsangebote wenige Wochen vor dem Wahltag nicht zu übersehen. Hier trifft das persönlich erlebbare Bild der Partei in der Realität auf das Bild der Partei in den Massenmedien. Doch gemessen an der möglichen Informationsleistung des Fernsehens ist die der lokalen Einzelveranstaltungen eher gering. Darüber hinaus sollen die Wählerinnen und Wähler mobilisiert werden, vorzugsweise in den eigenen Hochburgen. Den Mitgliedern der Parteien und deren Sympathisanten sollen durch die verstärkte Außendarstellung der Parteien weitere Identifikationsmöglichkeiten geboten werden. Auch dabei kann das Medium Fernsehen eine Leitfunktion ausüben. Massenmedien nehmen deshalb in der modernen Wahlkampfplanung einen zentralen Platz ein. [...]

Zu den wichtigsten Hilfen für die Wahlentscheidung zählen jedoch nicht vorrangig die speziellen Informationsbeiträge zur Wahl (beispielsweise Fernsehwerbespots der Parteien) oder zum Wahlkampf. Wichtiger sind die langfristigen Wirkungen, die von den Massenmedien auf die politischen Einstellungen der Wählerinnen und Wähler ausgehen. Sie sagen jedoch nichts über die Richtung der Entscheidungsfindung aus. Langfristig hat das Fernsehen eine indirekte Wirkung auf das Wahlkampfgeschehen. Angesichts der selektiven Wahrnehmung der Zuschauenden kann es, wie die Kommunikationsforschung herausgefunden hat, die vor-

Screenshot des TV-Duells zwischen der Bundeskanzlerin und CDU-Vorsitzenden Angela Merkel und dem SPD-Kanzlerkandidaten und SPD-Vorsitzenden Martin Schulz am 03.09.2017 in Berlin

handenen Meinungen verstärken, aber nur in seltenen Fällen die politischen Einstellungen verändern. [...] Die Parteien gehen vom Einfluss dieser Informationen auf die politischen Einstellungen der Zuschauer aus. Planungsstäbe in den Parteizentralen greifen die Erkenntnisse über angenommene Medieneffekte auf das Wahlverhalten auf und setzen sie in Wahlkampfstrategien um.

Einer der bekanntesten Ansätze in der Medienwirkungsforschung ist der Agenda-Setting-Ansatz. Hierbei steht die Thematisierungsfunktion der Medien bei der Informationsvermittlung im Mittelpunkt. Die Massenmedien bestimmen, worüber wann diskutiert wird. Aufgrund seiner Reichweite spielt bei der Informationsvermittlung das Fernsehen die größte Rolle. In jedem Wahlkampf, aber auch in der Zeit dazwischen, legen die Medien die Themen fest, die einen politischen Handlungsbedarf begründen. Damit ist nicht gesagt, dass die Medien in jedem Einzelfall politische Einstellungen individuell beeinflussen. Doch sie erzielen Wirkungen, indem sie über die öffentliche Bedeutung von Themen entscheiden. Die Parteien versuchen deshalb, in der Wahlkampfzeit ihre Anliegen in die Medien zu bringen. Dabei nutzt es den Parteien, wenn es genau jene Themen sind, bei denen sie einen Vertrauensvorsprung bei den Wählerinnen und Wählern besitzen, beispielsweise Wirtschaftsthemen bei den Unionsparteien und gesellschaftspolitische Themen bei der SPD. Was in den Medien nicht präsent ist, kann kaum wirken. Das besagt nicht, dass sich dadurch Einstellungen ändern, aber es kann für die Wahl ausreichend sein, wenn überhaupt etwas Bestimmtes aktualisiert wird.

Karl-Rudolf Korte, Massenmedien im Wahlkampf, www.bpb.de, 02.06.2017

M27 Die digitale Erfassung von Wählerdaten („Potenzialanalyse")

Katarina Barley, ehemalige Generalsekretärin der SPD

Peter Tauber, ehemaliger Generalsekretär der CDU

Eigentlich kennt Katarina Barley die Stadt Trier sehr gut. Im Trierer Norden, einem Bezirk mit sozialen Problemen, hat die Generalsekretärin der SPD lange gewohnt. Was sie aber bislang nicht wusste, war, in welcher Straße es Menschen mit niedrigen oder mittleren Einkommen gibt, wo besonders viele Rentner oder Studenten wohnen, wer arbeitslos gemeldet ist oder wer bei der Bundestagswahl am 24. September erstmals wählen darf. Wenn Barley jetzt in der „Kampa", der Berliner Wahlkampfzentrale der SPD, eine neue digitale Karte mit den einzelnen Wahlbezirken in Trier aufruft, reicht ein Klick – und schon werden ihr die einzelnen sozialen Gruppen in verschiedenen Farben angezeigt: Rentner sind mit einem blauen Punkt markiert, Familien mit einem grünen, und für Studenten gibt es die Farbe Lila. [...]

Für die Wahlkämpfer, die in den nächsten Monaten an Zehntausende Haustüren klopfen wollen, sind datenbasierte Informationen unverzichtbar. Das Gespräch mit den Wählern wird zwar analog geführt, aber digital vorbereitet. Die wichtigste Frage lautet: Wer wohnt wo? Danach richten sich alle Planungen. Für Sozialdemokraten wäre es verschwendete Zeit, durch Straßen zu ziehen, in denen mehrheitlich Merkel-Anhänger anzutreffen sind. Jede Gruppe hat andere Themen, weil die Zeit knapp ist, sollte die passende Botschaft sofort parat sein. Bei Familien etwa könne sie damit werben, dass Bildung nach dem Willen der SPD künftig von der Kita bis zur Uni kostenfrei sein soll, sagt Barley.

„Wir müssen uns auf unsere Zielgruppen konzentrieren", sagt auch Peter Tauber, der Generalsekretär der CDU. Er hat seinen Leuten Tempo eingeschärft, im Durchschnitt müssen sie 20 Hausbesuche pro Stunde schaffen. Für Kaffee und Kuchen bleibt keine Zeit. Vor allem müssen die Wahlkämpfer aufgrund der Datenanalyse schon vorab wissen, ob sie bei ihren Touren mehrheitlich auf Rentner oder Arbeiter, auf Studenten oder Beamte treffen.

Jeder Kontakt wird von den Wahlkämpfern in einer App verarbeitet, die mit der Parteizentrale verbunden ist und ständig aktualisiert wird. Das geschieht über vorbereitete Listen, die ohne großen Zeitaufwand per Klick ausgefüllt werden. Welche Botschaft kam gut an? Wonach wurde gefragt? Lohnt ein zweiter Besuch? [...] Klar ist, dass die von den Parteien entwickelten Apps mit den soziodemografischen Daten der Wähler von Wahlkampf zu Wahlkampf immer detaillierter werden. Zwar sind noch nicht alle 80.000 Stimmbezirke in Deutschland erfasst, aber das ist nur eine Frage der Zeit. [...] Der Schlüsselbegriff lautet „Potenzialanalyse". Durch die Verknüpfung von Melderegistern, bisherigen Wahlergebnissen, eigenen Erkenntnissen der Parteien und den Daten sozialer Medien ergibt sich ein genaues Bild politischer Stimmungen und Vorlieben. Zwar ist Deutschland wegen des strengeren Datenschutzes noch ein Stück vom sogenannten gläsernen Wähler entfernt. Doch lange kann es nicht mehr dauern, bis persönliche Vorlieben, Hobbys, Alter und Konsumverhalten sich zu einem präzisen Bild zusammenfügen lassen. Auch wenn die Parteien schwören, alle Datenschutzregeln einzuhalten, so rüsten sie doch mit Millionenaufwand zu einem Digitalwahlkampf ganz neuen Ausmaßes.

Sebastian Schell Schmidt, Marcel Wollscheid, Wahl digital: Die Macht der Likes: Wie die sozialen Medien den Wahlkampf mobilisieren, www.focus.de, 13.05.2017

M28 Die Bedeutung sozialer Medien im Wahlkampf

a) Digitale Kampagnen im Wahlkampf

Die Art und Weise, wie Politiker kommunizieren, hat sich grundlegend verändert: Früher verschickten Abgeordnete Pressemitteilungen an die Journalisten; zu ihren Wählern sprachen sie meist nur von Podien herunter. Das tun sie zwar weiter. Zusätzlich aber steht ihnen in den Sozialen Medien eine Plattform zur Verfügung, auf der sie ihre Botschaften ins Land tragen, Debatten beeinflussen und Menschen einnehmen können. Auch im Bundestagswahlkampf spielen die Netzwerke erstmals eine große Rolle: In Wahlkampfzentralen aller Parteien gibt es Strategen, die nur für die digitale Kampagne zuständig sind; doch wie erfolgreich die Kandidaten das Internet einsetzen, hängt stark vom Einzelfall ab. [...] Einige haben noch gar kein Facebook-Profil, bei vielen wirken die digitalen Auftritte ziemlich dilettantisch, manche profitieren von überproportional starken Reichweiten.

Gabriela Keller, Filterblasen, Hass und Hacker: Was die sozialen Medien für die Bundestagswahl bedeuten, www.berliner-zeitung.de, 16.08.2017

b) Parteien nutzen Facebookdaten für den Wahlkampf

Facebook mit seinem riesigen Datenfundus kennt die Neigungen, Interessen und Ängste der Wähler besser als jedes Forschungsinstitut. Inzwischen ist eine ganze Branche entstanden, die Daten verwertbar macht, Datenanalysefirmen, Dateningenieure, Agenturen, die datengetriebene PR anbieten. Auch das Geschäftsmodell der Firma Cosmonauts & Kings stützt sich auf die Daten von Social-Media-Nutzern. „Wir machen datenbasierte politische Kommunikation und Kampagnen. Das ist das, womit wir uns beschäftigen", sagt Jochen König, einer der beiden Firmengründer. [...] Vereinfacht ausgedrückt kann man sagen: Sie helfen ihren Kunden, mit der richtigen Botschaft die richtigen Leute zu erreichen. Dazu nutzen sie die Informationen, die ihre Auftraggeber zur Verfügung stellen; E-Mail-Adressen von Mitgliedern, Telefonnummern oder Social-Media-Daten. [...] Welches die richtigen Instrumente sind, hängt ganz von den Zielen der Kampagne ab: Sollen möglichst viele den Post sehen? Sollen die eigenen Anhänger mobilisiert werden? Oder gilt es, Nutzer zu überzeugen, die anderer Meinung sind? Facebook hat für alles die richtigen Angebote. Schnöller und König entwerfen Anzeigen, testen sie in verschiedenen Zielgruppen, ziehen Schlussfolgerungen. Welcher Ton trifft den Nerv, welche Bilder lösen die gewünschten Reaktionen aus?

Ebd.

M29 „Social Bots" im Wahlkampf 2017 in Deutschland

a) Welchen Einfluss haben Social Bots auf den Wahlkampf?

Welche Themen werden heiß diskutiert? Wer hat viele Anhänger und Leser? So etwas lässt sich bei sozialen Netzwerken wie Twitter scheinbar mühelos erkennen. Aber Social Bots können das Bild verfälschen. Das sind Programme, die automatisch Einträge produzieren und dabei so tun, als ob sie echte Menschen wären. Zum Teil stellen sie eigene Äußerungen ins Netz. Viele verfolgen und bewerten aber auch nur die Einträge von anderen.

Simon Hegelich von der TU München hat ein Programm entwickelt, mit dem solche Social Bots erkannt werden können. Für das MDR-Portal Medien360G hat er im Wahlkampf 160 Millionen politische Tweets ausgewertet. „Wir haben uns jetzt über die letzten sechs Monate angeschaut, wie viele Tweets zum Beispiel zu den Hashtags Merkel und Schulz gesendet wurden. Und da lässt sich ziemlich konstant zeigen, dass zwischen zehn und 15 Prozent der abgesendeten Tweets tatsächlich von Social Bots kommen." Noch krasser ist das Ergebnis bei den Followern der Parteien, also bei den Menschen, die regelmäßig lesen wollen, was CDU, SPD und Co. so twittern. Da geht Simon Hegelich davon aus, dass mehr als die Hälfte automatisch erzeugt wurde – ohne dass echte Menschen dahinter stecken. Den Parteien selbst macht er daraus aber keinen Vorwurf. Keine Partei setze offiziell Social Bots ein, so Hegelich, die automatischen Autoren würden eher von Sympathisanten der Partei eingesetzt. [...]

Bleibt die Frage: Welchen Einfluss haben die automatischen Tweets tatsächlich? Studien sagen: 95 Prozent der Menschen lassen sich durch soziale Netzwerke zumindest kurzfristig nicht beeinflussen. Dann verblieben aber immer noch fünf Prozent, so Hegelich, und das könne, wenn eine Wahl knapp sei, schon entscheidend sein.

Stephan Zimmermann, Bundestagswahl 2017 Welchen Einfluss haben Social Bots auf den Wahlkampf?, www.mdr.de, 14.09.2017

b) Gefahren von Social Bots

Prof. Dr. phil. Stephan Weichert leitet den Studiengang „Digital Journalism" an der Hamburg Media School und lehrt als Professor für Journalismus und Kommunikationswissenschaft an der Hochschule Macromedia, University of Applied Sciences, in Hamburg. Im MEEDIA-Interview erklärt der Medienwissenschaftler, welche Gefahr von „Social-Bots" ausgeht. [...]

Stephan Weichert, Professor für Journalismus in Hamburg

Sie haben den Einsatz solcher Chat-Roboter gerade aus nächster Nähe gesehen. Was kommt da auf uns zu?

Stephan Weichert: Ich halte den Einsatz von Social Bots und generell von Algorithmen im politischen Prozess sowohl gesellschaftlich und ethisch für äußerst bedenklich. Wir können im US-Wahlkampf sehr gut beobachten, wie solche automatisierten Tarnprogramme gezielt zur Stimmungsmache, zu Propagandazwecken und sogar zur Manipulation von Wahlen missbraucht werden. Die Twitter-Armee des Präsidentschaftskandidaten Trump versucht zum Beispiel, den amerikanischen Wählern maschinell erstellte Trending Topics vorzugaukeln oder Unterstützung aus schwierigen Wählerlagern Trumps zu suggerieren.

Hört sich erst einmal nach einen prima PR- und Werbe-Instrument an.

Gefährlich wird es vor allem dann, wenn die journalistischen Medien darauf einsteigen und diese Stimmungsmache unreflektiert kolportieren. Die Automatisierung darf gerade bei der politischen Willensbildung nicht unterschätzt werden, wir sehen daran nämlich, dass ein Kurznachrichtendienst wie Twitter eigentlich nur ein Verbreitungskanal ist, der – wie andere soziale Plattformen – kinderleicht instrumentalisiert werden kann und deshalb auch keine unabhängigen Quellen ersetzen kann.

Sind Social-Bots im Wahlkampf also Fluch oder Segen?

Social Bots mögen zwar für Politiker und ihre Wahlberater praktisch sein, aber sie unterminieren die politische [...] Rationalität. Sie sind in letzter Konsequenz ein perfider Demokratiekiller, weil sie eine potenzielle Gefahr für unser gesamtes Wahlsystem darstellen, das auf politischer Interaktion und sozialer Partizipation beruht. Wenn man die schleichende Automatisierung in den sozialen Netzwerken weiterdenkt, bedeutet es, dass die gesellschaftliche Meinungs- und Willensbildung, aber auch unsere Weltanschauung in den nächsten Jahren ganz wesentlich von dieser Art der Algorithmisierung abhängen könnte. Wir müssen uns als Gesellschaft deshalb fragen: Wollen wir das zulassen? Das größte Problem sehe ich darin, dass sich kaum Transparenz darüber herstellen lässt, welche Urheber hinter den Bots stecken und es unkenntlich ist, von welchen politischen Interessen sie gelenkt werden.

Stephan Weichert im Interview mit Alexander Becker, Medienforscher über Social Media und Wahlkampf: „Lärmende Rhetorik im Netz für Demokratie brandgefährlich", www.meedia.de, 07.11.2016

Trending Topics
Die wichtigsten Themen des Tages; Ereignisse, auf die am häufigsten „Gefällt mir" markiert und kommentiert werden.

AUFGABEN

1. Gestalten Sie mithilfe von **M23** in Partnerarbeit einen Vortrag, indem Sie sich an den folgenden Aspekten orientieren: a) die rechtliche Stellung der Medien in Deutschland (Grundgesetz, Bundesverfassungsgericht), b) die Rolle der Medien als Mittler zwischen Politik und Bürgerinnen und Bürgern, c) die besondere Bedeutung der öffentlich-rechtlichen Sendeanstalten und ihre Finanzierung durch Beiträge und d) die Inhalte des Schaubildes.

2. Analysieren Sie in Stillarbeit oder Partnerarbeit die Ergebnisse der Reuters-Studie (**M24a-e**) aus dem Jahre 2017 zu den Medien und die Grafik in **M24c** unter den folgenden Aspekten:
   a) Nutzung der unterschiedlichen Nachrichtenquellen;
   b) Vertrauen in traditionelle Medien (Fernsehen, Radio, Print-Medien) und digitale Medien (Internet, soziale Netzwerke);
   c) internationaler Vergleich (**M25**);
   d) Vergleich mit dem persönlichen Informationsverhalten.

3. Diskutieren Sie die Ergebnisse aus Aufgabe 2 im Hinblick auf Vor- und Nachteile des Rückgangs der Nutzung von Print-Medien.

4. Entwerfen Sie in arbeitsteiliger Gruppenarbeit einen Bericht über die Nutzung digitaler Medien im Wahlkampf der Parteien, indem Sie in den Gruppen die folgenden Aufgaben bearbeiten:
   Gruppe A (M26): Analysieren Sie, auf welche Weise die Parteien das Fernsehen und seine Möglichkeiten der Massenmobilisierung im Wahlkampf nutzen.
   Gruppe B (M27): Analysieren Sie, auf welche Weise die Parteien digital erfasste Wählerdaten für den Wahlkampf nutzen.
   Gruppe C (M28a-b): Analysieren Sie, auf welche Weise die Parteien Soziale Medien für den Wahlkampf nutzen.
   Gruppe D (M29a-b): Analysieren Sie den Einfluss von Social Bots auf den Wahlkampf (**M29a**). Erläutern Sie die Gefahren von Social Bots (**M29b**).

5. Erörtern Sie Chancen und Probleme der Gestaltung des Wahlkampfes auf der Grundlage traditioneller und digitaler Medien insbesondere im Hinblick auf die Aufgabe der Medien als Mittler zwischen Parteien und Bürgern (**M23-M29a-b**).

6. Beurteilen Sie abschließend, ob die Medien ihrer Aufgabe gerecht werden.

H Aufgabe 1
Prüfen Sie bei der Gestaltung Ihres Vortrages, ob Sie das Schaubild zusammenfassend am Ende Ihres Vortrages erläutern oder ob Sie nur das Schaubild als Grundlage nehmen und einzelne Textaussagen in die Erläuterung des Schaubildes integrieren.

F Aufgabe 2
Präsentieren Sie Ihre Ergebnisse mithilfe eines Vortrags im Kurs.

F Aufgabe 4
Jede Gruppe präsentiert ihre Ergebnisse auf einer Wandzeitung (→ Methodenglossar). Gestalten Sie abschließend mithilfe der Wandzeitungen aller Gruppen eine Präsentation über die Rolle der Medien im Wahlkampf.

5.5 *Vertiefung:* Wie sind die Unterschiede zwischen den Parteien zu erklären? Die Theorie der Konfliktlinien

M30 Wie wählen die Deutschen? Ein soziologischer Erklärungsansatz

Wie wählen die Deutschen? […] Warum geben sie ihre Stimme für eine bestimmte Partei ab? Mit solchen Fragen beschäftigt sich […] Wahlforschung. […] Der soziologische Erklärungsansatz konzentriert sich in seiner Analyse der individuellen Stimmabgabe in erster Linie auf diejenigen Einflüsse, die dem sozialen Umfeld der Wählerinnen und Wähler zugeschrieben werden können. Darunter fallen etwa familiäre, berufliche oder auch gesellschaftliche Loyalitäten. […] Diese […] soziologische Perspektive und Erweiterung hebt ab auf längerfristig stabile Allianzen zwischen bestimmten Bevölkerungsgruppen und politischen Parteien, wie sie in Westeuropa seit dem 19. Jahrhundert zu beobachten sind. […] Seymour M. Lipset und Stein Rokkan entwickelten in ihrer über ein Dutzend Länder berücksichtigenden Untersuchung in den Sechzigerjahren ein […] Modell, mit dessen Hilfe sich die Ausprägungen und auch Veränderungen von Parteiensystemen in ihren Grundzügen erklären lassen. […] Diese zunächst loseren Verbindungen entwickelten sich zu stabilen Parteiorganisationen und verankerten so die genannten Konfliktlinien (cleavages) dauerhaft in den nationalen westeuropäischen Parteiensystemen. Liberale, christdemokratische und auch sozialistische Parteien gehen in ihren Wurzeln auf diese tief greifenden Auseinandersetzungen zurück.

Karl-Rudolf Korte, Wahlen in Deutschland – Grundsätze, Verfahren und Analysen, Bonn, 2017, S. 101, 107f.

M31 Konfliktlinien im deutschen Parteiensystem: 1950er, 1960er Jahre und seit den 1990er Jahren

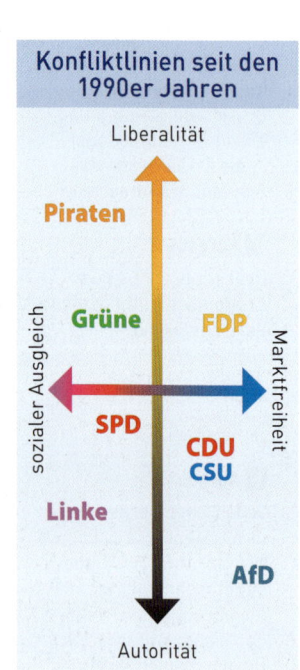

Konfliktlinien in den 1950/1960er Jahren

Mediencode: 72060-23

In jeder Gesellschaft gibt es unterschiedliche Berufe mit jeweils verschiedenen Einkommen und Ansehen, mehrere Glaubensbekenntnisse, mehrere ethnische Gruppen (ethnos = griech. Volksstamm) und verschiedene Weltanschauungen. […] Es liegt nahe, dass sich Menschen mit gleichem Beruf und damit gleicher sozialer Lage, mit gleichem Glaubensbekenntnis oder gleicher Weltanschauung zu einer politischen Partei zusammenschließen, um ihre Auffassungen und Interessen im politischen Raum zu vertreten und durchzusetzen. Historisch sind auch die deutschen Parteien auf der Basis der gesellschaftlichen Konfliktlinien entstanden:
- die SPD als Partei der gewerkschaftlich organisierten Arbeitnehmer und als Ausdruck des Klassenkonflikts Kapital gegen Arbeit;
- die CDU und CSU als Partei der kirchlich gebundenen, vornehmlich katholischen Wählerschaft;
- die FDP als Partei des nicht kirchlich gebundenen mittelständischen Bürgertums.

Diese Konfliktlinien […] prägten das Parteiensystem der Bundesrepublik Deutschland in den fünfziger und sechziger Jahre: […]
- Kapital/Arbeit bzw. Marktfreiheit/soziale Gerechtigkeit und
- religiös/säkular bzw. Kirchenbindung/ohne Kirchenbindung. […]

Die Vereinigung der beiden deutschen Staaten (1990) hat jedoch nicht nur zwei nach völlig anderen Prinzipien organisierte und arbeitende Volkswirtschaften, sondern auch zwei Wahlgebiete mit unterschiedlichem politischen Denken und dementsprechend anderem Wahlverhalten zusammengefügt. So treten im vereinten Deutschland […] frühere Konfliktlinien wie „religiös/nichtreligiös" […] zurück. Die traditionelle Konfliktlinie „Arbeit/Kapital" bzw. „Soziale Gerechtigkeit/Marktfreiheit" besteht zwar weiter, wird jedoch durch den Gegensatz „Libertarismus/Autoritarismus" ergänzt bzw. überlagert.

5.5 Vertiefung: Wie sind die Unterschiede zwischen den Parteien zu erklären?

Was verbirgt sich hinter den Bezeichnungen libertär bzw. autoritär? [...]

- Libertär ([...] umgangssprachlich meist: liberal) bezeichnet eine politische Grundeinstellung, die so wenig wie irgend möglich vom Staat und seinen Instanzen regeln oder durchführen lassen möchte. Sie setzt nicht nur auf die Mündigkeit und Selbstbestimmung jedes Einzelnen, sie vertraut auch auf die dem Menschen eigene Sozialnatur und sein soziales Verantwortungsbewusstsein. Diese würden seinen Egoismus bremsen und verhindern, dass Menschen, die anderen etwas voraus haben, diese Überlegenheit zur Machtausübung und Unterdrückung anderer Menschen ausnutzen.
- Autoritär als Gegenbegriff zu libertär charakterisiert demgegenüber eine politische Grundorientierung, die dem Staat und seinen Instanzen viele, ggf. auch die Freiheit einzelner Individuen einschränkende gesellschaftliche Regelungsbefugnisse übertragen möchte. Sie hält die Menschen für von Natur aus für wenig sozialorientiert und egoistisch. Deshalb wird befürchtet, dass eine Gesellschaft ohne staatliche Schranken und Verpflichtungen nur zur freien Entfaltung einer kleinen Minderheit führen würde und die Mehrheit der Menschen durch diese Minderheit unterdrückt würde.

Hermann Adam, Bausteine der Politik – eine Einführung, Wiesbaden (Verlag für Sozialwissenschaften) 2007, S. 113 ff.

Die Grafik in der Randspalte auf S. 192, aus: Karl-Rudolf Korte, Wahlen in Deutschland – Grundsätze, Verfahren und Analysen, Bonn (Bundeszentrale für politische Bildung, 2017, S. 107

Kosmopolitismus
(Von griech. kosmos und politēs), auch Weltbürgertum, ist eine philosophisch-politische Ideologie, die den ganzen Erdkreis als Heimat betrachtet. Sie steht im Gegensatz zum Nationalismus.

Kommunitarismus
Unter Kommunitarismus (lat. communitas ‚Gemeinschaft') versteht man eine politische Philosophie, die die Verantwortung des Individuums gegenüber seiner Umgebung und seinem Land betont.

M32 Neue Konfliktlinie im Bundestagswahlkampf 2017

Bei der Bundestagswahl 2017 kommt noch eine [...] Konfliktlinie wirkungsmächtig hinzu: das ideologische Konfliktpotenzial zwischen kosmopolitischen und kommunitaristischen Werten. Gemeint ist das Spannungsfeld zwischen globalisierten Weltbürgern und nationalkonservativen Gemeinschaften. Kosmopolitische Einstellungen betonen universelle Verpflichtungen. Kommunitaristische Einstellungen favorisieren hingegen die Zugehörigkeit und Mitgliedschaft in nationalen und kommunalen Kontexten. Letztlich triumphiert im nationalen Kommunitarismus die Volksgemeinschaft gegenüber internationalen Verpflichtungen. [...] Die gesellschaftspolitische Konfliktlinie orientiert sich [...] an den Globalisierungsverängstigten. Solche Wähler fühlen sich entfremdet im eigenen Land.

Karl-Rudolf Korte, Wahlen-Wähler-Wahlen, in: Praxis Politik, 4/2017, S. 7

Globalisierung
Der Begriff verweist auf die Entstehung neuer weltumspannender sozialer Handlungszusammenhänge. Globalisierung umfasst dabei u. a. wirtschaftliche, politische, kulturelle oder die Umwelt und die Arbeitsmärkte betreffende Dimensionen. Globalisierung wird ausführlich in der Qualifikationsphase behandelt.

AUFGABEN

1. Stellen Sie dar, welche Zielsetzungen die Untersuchungen von Lipset und Rokkan in Bezug auf das Wahlverhalten der Wählerinnen und Wähler in über ein Dutzend Ländern verfolgten (**M30**).
2. Erläutern Sie den Begriff „Konfliktlinien" im deutschen Parteiensystem (**M31**).
3. Analysieren Sie in Partnerarbeit **M31** im Hinblick auf die Konfliktlinien der 1950er und 1960er Jahre sowie seit den 1990er Jahren.
4. Stellen Sie dar, welche neue Konfliktlinien seit dem Bundestagswahlkampf 2017 zusätzlich hinzukommen (**M32**).
5. Entwickeln Sie Hypothesen zur Frage, warum die Form und die Anzahl der Konfliktlinien sich in den letzten Jahrzehnten verändert haben (**M29-M32**).

F Aufgabe 3
Erklären Sie sich gegenseitig das Schaubild in der Randspalte zu M31 in einem freien Vortrag.

WISSEN KOMPAKT

Parteien
M1-M5

Parteien sind auf Dauer angelegte Organisationen, die bestimmte Ziele verfolgen, die in Parteiprogrammen festgeschrieben sind. Parteien wollen in Wahlen politische Macht in Parlamenten und Regierungen gewinnen, um ihre Ziele durchzusetzen.

Aufgaben und Funktionen von Parteien
M4a-b

Die Parteien wirken nach Art. 21 GG an der politischen Willensbildung des Volkes mit. Sie haben die folgenden Funktionen:
- Rekrutierung und Auswahl des politischen Personals (Auswahlfunktion);
- Vertretung der Interessen der Bürger in Parlamenten und Regierungen (Vermittlungsfunktion);
- Ausgleich von innerparteilichen und außerparteilichen Interessen und Vermittlung zwischen den Interessen zur Erzielung eines Kompromisses (Interessenausgleichsfunktion)
- Begründung (Legitimierung) des politischen Systems der Bundesrepublik durch die zuvor genannten Vermittlungs- und Interessenausgleichsfunktionen (Legitimierungsfunktion)

Koalitionen
M7a-b

Eine Koalition ist ein Zusammenschluss zweier oder mehrerer Parteien zu einem Parteienbündnis zur Bildung einer Regierung, die über eine Mehrheit in einem parlamentarischen System verfügt. Koalitionen sind zeitlich begrenzte Bündnisse, in denen die einzelnen Parteien ihre Programmatik nicht vollständig umsetzen können, weil sie Kompromisse eingehen müssen.

Volksparteien
M9

Volksparteien rekrutieren sich aus verschieden Bevölkerungsgruppen und möchten mit einem breiten politischen Themenspektrum eine möglichst große Wählerschaft gewinnen. Neben der Heterogenität der Mitglieder und Wählergruppen wird für die Volksparteien meistens auch ein hohes Wahlergebnis als Merkmal genannt. Nach einer Faustregel wird 20% bis 30% als Mindestgröße genannt.

Konservatismus
M15a

Der Begriff kommt vom lateinischen Wort „conservare". Das heißt „bewahren". Konservative halten an überlieferten Vorstellungen und Werten fest und betrachten neuere Entwicklungen eher kritisch. Konservative orientieren sich am christlichen Menschenbild. Sie betonen die Bedeutung der Familie als Keimzelle der Gesellschaft. Sie vertreten die Auffassung, dass Eigentum und Freiheit untrennbar miteinander verbunden sind.

Liberalismus
M15b

Der Liberalismus geht von der Selbstbestimmungsfähigkeit der Menschen aus. Der Staat soll nur dann eingreifen, wenn es nötig ist, z.B. wenn der Wettbewerb bedroht ist. Er soll die Rolle eines „Nachtwächters" spielen. Die „Wirtschaft" solle sich möglichst frei von staatlichen Regulierungen entwickeln. Liberale betonen die Bürger- und Menschenrechte gegenüber dem Staat. Liberalismus ist eine politische Weltanschauung, die der Freiheit des einzelnen Menschen Vorrang gibt vor jeder Form von geistigem, sozialem und politischem Zwang des Staates.

Sozialismus
M15c

Sozialismus ist eine politische Weltanschauung, durch die eine solidarische Gesellschaft geschaffen werden soll, in der die Grundwerte Gleichheit und Freiheit verwirklicht werden. Es gibt zwei Grundströmungen des Sozialismus: den revolutionären und den demokratischen Sozialismus. Der Sozialismus betont die Gleichheit, die Brüderlichkeit und die Solidarität. Seine ideengeschichtlichen Wurzeln liegen in der französischen Revolution. Der demokratische Sozialismus, aus dem sich die SPD entwickelte,

WISSEN KOMPAKT

will durch schrittweise Veränderungen die wirtschaftlichen und sozialen Verhältnisse und die Lebensbedingungen der Menschen verändern. Der revolutionäre Sozialismus strebt dagegen den gewaltsamen Umsturz der Gesellschaft und Wirtschaft an, so wie es in der russischen Revolution 1917 geschehen ist.

Die im Bundestag vertretenen Parteien haben in einem parteiinternen Diskussionsprozess Grundsatz- und Wahlprogramme verabschiedet.
Grundsatzprogramme werden in unregelmäßigen Abständen überarbeitet. Wahlprogramme werden jeweils vor Wahlen neu erstellt. Grundsatzprogramme enthalten grundlegende Forderungen, Ziele und Werte einer Partei, die länger gelten sollen. Wahlprogramme enthalten Ziele für einen kürzeren Zeitraum, die z.B. innerhalb einer Wahlperiode umgesetzt werden sollen.

Parteiprogramme
M16

Politik- oder Parteienverdrossenheit bezeichnet eine negative Bewertung und schwindendes Vertrauen der Bevölkerung gegenüber den Politikern. Es wird unterstellt, dass die Parteien sich nicht mehr voneinander unterscheiden, dass Politiker eigene Interessen verfolgen, dass politische Entscheidungen nicht transparent sind oder dass man Politikern letztlich nicht vertrauen könne.

Politikverdrossenheit
M18-M22a-b

In einer modernen Demokratie haben die Medien neben den Parteien und Verbänden die Aufgabe, die Bürgerinnen und Bürger möglichst unvoreingenommen über politische Ereignisse und politische Vorstellungen der Parteien zu informieren.
Artikel 5 GG garantiert die Pressefreiheit und die Freiheit der Berichterstattung. Die Medien dienen als Mittler zwischen Politik und Bürgern. Neben den traditionellen Medien gewinnen die digitalen Medien auch als Nachrichtenquelle zunehmend an Bedeutung. Zeitungen bieten Apps und E-Paper an, Parteien werben auch in sozialen Netzwerken und nutzen Daten für ihren Wahlkampf. Eine Gefahr besteht darin, dass soziale Netzwerken leicht instrumentalisiert werden können, um falsche Nachrichten zu verbreiten.

Aufgaben der Medien in der Demokratie
M23-M29a-b

Die Wahlentscheidungen von Wählerinnen und Wählern werden auch von bestimmten sozialen Milieus beeinflusst. Konfliktlinien im Parteiensystem bezeichnen Linien, mit denen in der Politikwissenschaft Interessengegensätze zwischen Menschen unterschiedlicher sozialer Milieus, Berufsgruppen, Einkommensgruppen, Glaubensbekenntnissen, ethnischer Volksgruppen, Wertvorstellungen, u.a. beschrieben werden. Konfliktlinien sind Modelle, mit denen in der Politikwissenschaft politische und soziale Erscheinungen erklärt werden sollen.
Bis in die sechziger Jahre in der alten Bundesrepublik prägten recht stabile Konfliktlinien zwischen der SPD als Partei der gewerkschaftlich organisierten Arbeitnehmer, der CDU/CSU als Partei der kirchlich gebundenen vorwiegend katholischen Wählerschaft, der FDP als Partei des nicht kirchlich gebundenen mittelständischen Bürgertums. Seit den neunziger Jahren kommen weitere Konfliktlinien hinzu, einmal die Konfliktlinie zwischen „libertär" (geringer Einfluss durch den Staat) und „autoritär" (großer Einfluss des Staates) und (seit der Bundestagswahl 2017) kosmopolitisch (weltoffen) und kommunitaristisch (auf das eigene Land bezogen) hinzu. Diese Veränderungen hängen im Wesentlichen mit den Veränderungen der Traditionsmilieus in einer sich wandelnden Gesellschaft zusammen, die mit den Stichworten „Dienstleistungsgesellschaft", „Säkularisierung", „Globalisierung" und „soziale Mobilität" beschrieben werden kann (→M11b).

Konfliktlinien (engl. „Cleavages")
M31, M32

KOMPETENZEN PRÜFEN

I. Selbstdiagnose

Ich kann ...	Das kann ich...			Übung durch z. B.
	sehr gut	gut	nicht gut	
die Kennzeichen und Grundorientierungen der politischen Parteien beschreiben (AFB I).				• M1 • S. 162, Aufg. 1
die Aufgaben und die Funktionen der Parteien erläutern (AFB II).				• M4 • S. 162, Aufg. 3
die Parteien in ein Farbschema einordnen, das durch ein Links-Rechts-Schema gekennzeichnet ist (AFB II).				• M5a-b • S. 165, Aufg. 1
verschiedene Formen von Koalitionen zwischen Parteien als Ergebnis von Wahlen beschreiben (AFB I).				• M6a-b
die Entwicklung der Mitgliederstruktur der Parteien erläutern (AFB II) und Gründe für die sinkende Bedeutung der Volksparteien darlegen (AFB I).				• M9a-c, M10, M11 • S. 174, Aufg. 1-7
beurteilen (AFB III), inwieweit der Niedergang der Volksparteien eine Gefahr für die Demokratie bedeutet.				• M13a-b • S. 172, Methode
traditionelle, liberale, sozialistische, anarchistische und konservative Grundorientierungen der Parteien mithilfe von Grundsatzprogrammen der Parteien ermitteln (AFB II).				• M15a-c, M16, M17 • S. 179, Methode • S. 178, Aufg. 1-7
bedeutsame Programmaussagen der Parteien vor dem Hintergrund von Verfassungsgrundsätzen, sozialen Interessensstandpunkten und demokratietheoretischen Positionen beurteilen (AFB III).				• M16
Ursachen für und Auswirkungen von Politikerinnen- und Politiker- sowie Parteienverdrossenheit erläutern (AFB II).				• M18 - M21a-b • S. 184, Aufg. 10
die kritische Einstellung zu Politikern und Parteien im Hinblick auf ihre Berechtigung beurteilen und Maßnahmen zur Überwindung von Politiker- und Parteienverdrossenheit erörtern (AFB III).				• M19 - M22a-b • S. 184, Aufg. 13
fallbezogen die Funktion von Medien in der Demokratie erläutern (AFB II) und beurteilen (AFB III), inwieweit die Medien ihre Funktion als Mittler zwischen Politik und Bürgern erfolgreich wahrnehmen.				• M23, M24 • S. 191, Aufg. 1-3
die Konfliktlinien im deutschen Parteiensystem darstellen (AFB II) und Ursachen für Veränderungen mithilfe soziologischer Erklärungsansätze erklären (AFB II).				• M31, M32 • S. 193, Aufg. 2-4

II. Kompetenzen anwenden – am Beispiel

Entwickeln Sie einen Vortrag, in dem Sie jeweils ein Kurzprofil der im Deutschen Bundestag vertretenen Parteien präsentieren. Berücksichtigen Sie dabei insbesondere die in den Grundsatzprogrammen enthaltenen Grundorientierungen der Parteien.

III. Klausurtraining

Was bedeutet der Niedergang der Volksparteien für die Demokratie?

Die zweite Hälfte des 20. Jahrhunderts war die Blütezeit der Volksparteien. [...] Bei der Bundestagswahl 2017 kamen die beiden Volksparteien nur noch auf 53,4 Prozent der Wählerstimmen. In ihrer Hochzeit 1972 waren es 91,2 Prozent. [...] Die Volksparteien also im Niedergang. Stimmt das? Und wenn ja, wie kam es dazu? Wird der Niedergang anhalten, und was wird er für die Demokratie bedeuten? [...]
Volkspartei ist ein sehr deutscher Begriff. [...] Er impliziert den politischen Anspruch, sich an das ganze Volk zu wenden und nicht nur an bestimmte Klassen, Konfessionen oder sozialmoralische Milieus. Programmatisch beliebig sind die Parteien dieses Typs nicht. Vielmehr schwingt in dem Anspruch einer Volkspartei stets auch die Idee des Allgemeinwohls mit. Beide großen Parteien bewegten sich seit den sechziger Jahren schrittweise auf die Mitte des Parteiensystems zu. Bei der CDU kann das als schleichende „Sozialdemokratisierung", bei der SPD als zunehmende „Verbürgerlichung" beschrieben werden. [...] Welches aber sind die Symptome, die die These des Niedergangs der Volksparteien rechtfertigen? Es sind im Wesentlichen vier: kontinuierlicher und nennenswerter Verlust an Wählerzuspruch; Schrumpfung durch Tod der Mitglieder ohne nennenswerte Neurekrutierung; hohes Durchschnittsalter und anhaltender Vertrauensverlust der (Volks-)Parteien bei den Bürgern [...].
Mit dem Wählerverlust der Volksparteien korrespondierte der Mitgliederschwund. [...] Fragt man nach den Ursachen des Wähler-, Mitglieder- und Vertrauensverlusts der Volksparteien, dann muss man zwischen langfristigen und kurzfristigen, selbst verschuldeten und solchen Ursachen unterscheiden, die sich dem Zugriff der Volksparteien und ihren Führungen entziehen. Seit Mitte der siebziger Jahre des vergangenen Jahrhunderts beginnen sich mit den sozialstrukturellen Verschiebungen die Erfolgsbedingungen der Volksparteien zu verändern [...] Der Niedergang der Volksparteien hat negative wie positive Auswirkungen auf die Demokratie. [D]ie Stimmenanteile der Volksparteien [reichen] nur noch in Ausnahmefällen für Zweiparteienkoalitionen. Generell werden Regierungskoalitionen heterogener, vielschichtiger und instabiler oder münden in klein gewordene Große Koalitionen, die den Niedergang der Volksparteien nur weiter beschleunigen. [...] Die Integrationskraft der politischen Parteien hat nachgelassen. [...] Andererseits erlaubt die Schwächung der Volksparteien eine Pluralisierung des Parteiensystems und ein größeres und spezifischeres Angebot für die Wähler, die nicht mehr das diffusere Gesamtpaket „Volksparteien" nachfragen müssen. [...] Ohne starke Parteien funktionieren repräsentative Demokratien nicht. Parteien haben trotz unzweifelhaften Akzeptanzverlusts aufgrund der allgemeinen und freien Wahl einen Legitimitätsvorsprung gegenüber anderen politischen Akteuren oder Entscheidungsverfahren.

Wolfgang Merkel, Parteiensystem: Niedergang der Volksparteien, www.faz.net, 10.11.2017

Legitimität
Der Begriff „Legitimität" bezeichnet den Glauben an bzw. das Vertrauen auf die Rechtmäßigkeit politischer Herrschaft.
Klaus Schubert, Martina Klein, Legitimität, in: Das Politiklexikon, Bonn 2016, S. 185

Aufgaben

1. Stellen Sie dar, warum die Veränderungen der klassischen sozialen Milieus zu einer nachlassenden Bindung der Wähler an die großen Volksparteien geführt hat.
2. Analysieren Sie die Position des Politikwissenschaftlers Wolfgang Merkel zum Niedergang der Volksparteien.
3. Erörtern Sie ausgehend von der Position des Autors, ob der Niedergang der Volksparteien eine Gefahr für die Demokratie bedeutet.

Erwartungshorizonte zu den Aufgaben 1-3

Mediencode: 72060-24

Volksabstimmung im Schweizer Kanton Glarus: Die Abstimmungen der „Landsgemeinde" Glarus beziehen sich nur auf Fragen, die den Kanton betreffen. Für die ganze Schweiz gibt es andere Verfahren mit einer klaren Frage und Stimmzetteln.

Der Platz vor dem Stadtschloss in Münster/Westf.: Hindenburgplatz oder Schlossplatz?

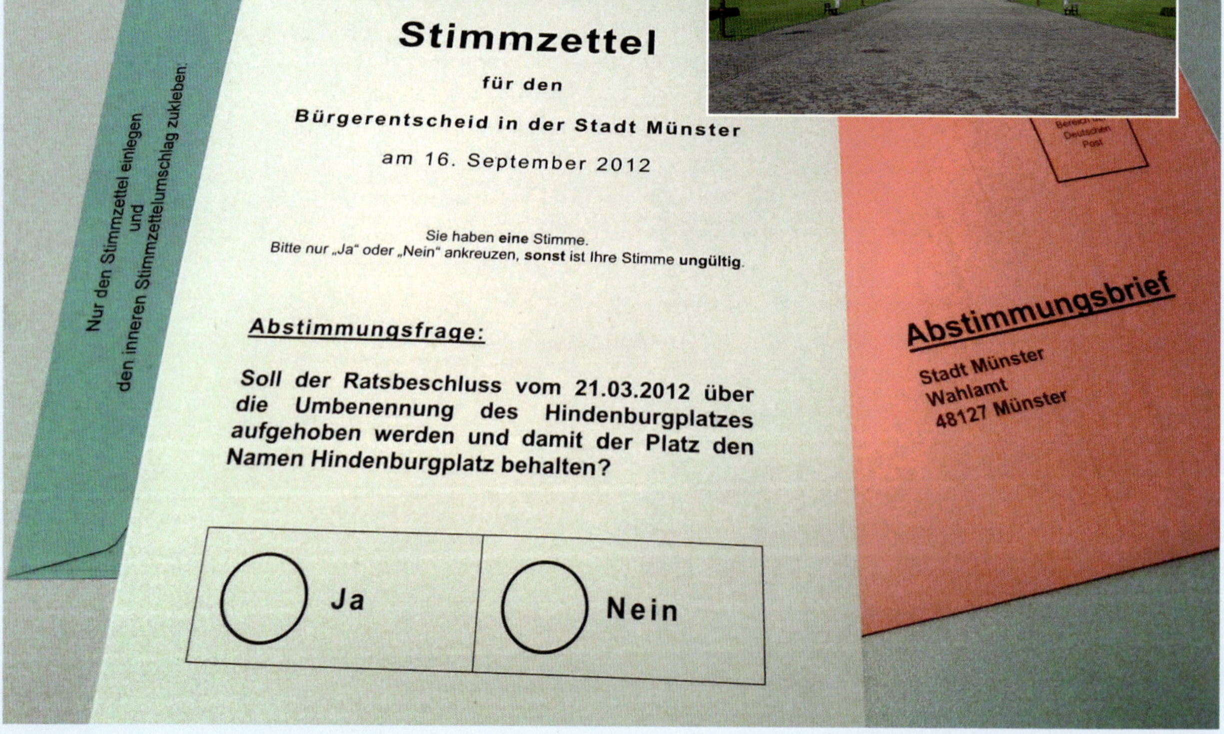

6 Jenseits des Parteienstaats – eine bessere Demokratie durch neue Formen der politischen Partizipation und mehr direkte Bürgerbeteiligung?

Sie haben in Kapitel 3 erfahren, warum die Demokratie in Deutschland als unverzichtbar betrachtet wird. In Kapitel 5 haben Sie die Parteiendemokratie kennengelernt. Aber es gibt noch andere Erscheinungsformen der Demokratie: die direkte Demokratie mit Volksbegehren und Volksabstimmungen.

In Kapitel 6.2 erfahren Sie auch auf der Grundlage von Fallbeispielen, welche Formen direkter Demokratie es in Deutschland in den Kommunen, auf Landes- und Bundesebene gibt und inwieweit die Einführung von mehr direkter Demokratie auf Bundesebene Chancen und Risiken mit sich bringt. Ausgehend von Beispielen direkter Demokratie in der Schweiz können Sie sich ein eigenes Urteil darüber bilden, ob mehr direkte Demokratie auch für Deutschland wünschenswert ist.

Zuvor erhalten Sie in Kapitel 6.1 Informationen über die Einstellung Jugendlicher und junger Erwachsener zur Politik. So haben Sie die Möglichkeit, sich ein Urteil über verschiedene Formen zivilgesellschaftlicher Beteiligung zu bilden und zu beurteilen, wie politisch die heutige Jugend ist.

In der Vertiefung haben Sie die Gelegenheit, sich durch eine Analyse der Aussagen zur Einführung von Verfahren direkter Demokratie auf Bundesebene, die in den Grundsatz- und Wahlprogrammen der im Bundestag vertretenen Parteien enthalten sind, ein Urteil darüber zu bilden, wie groß in nächster Zeit die Chancen auf die Einführung von Volksabstimmungen auf Bundesebene sind.

Kompetenzen

Am Ende dieses Kapitels können Sie:

- Formen des sozialen und politischen Engagements Jugendlicher beschreiben und unter den Perspektiven des engen und weiten Politikbegriffs einordnen;
- Formen sozialen und politischen Engagements im Hinblick auf Wirksamkeit beurteilen;
- die Veränderung politischer Partizipationsmöglichkeiten durch die Ausbreitung digitaler Medien darstellen und erörtern;
- Chancen und Risiken der Entwicklung von E-Demokratie und Petitionen mithilfe sozialer Netzwerke benennen und beurteilen;
- demokratische Möglichkeiten der Vertretung sozialer und politischer Interessen erörtern;
- Verfahren repräsentativer und direkter Demokratie erklären;
- Chancen und Grenzen repräsentativer und direkter Demokratie mithilfe von Fallbeispielen bewerten;
- Programmaussagen von NGOs und Parteien zur Einführung von Volksentscheiden auf Bundesebene darstellen und erörtern.

WAS WISSEN UND KÖNNEN SIE SCHON?

1. Analysieren Sie die Fotos auf der Auftaktseite. Was wissen Sie über die direkte Demokratie in der Schweiz und in Deutschland?
2. Entwickeln Sie ein vorläufiges Urteil, ob neben der repräsentativen Demokratie, in der das Parlament (Deutscher Bundestag) die politischen Entscheidungen trifft, auch Volksabstimmungen in Deutschland möglich sein sollten.

6.1. Formen politischen Engagements junger Menschen – mehr Stärken oder mehr Schwächen?

M1 Aktuelle Shell-Jugendstudie von 2015: Jugendliche interessieren sich wieder mehr für Politik

Das politische Interesse von Jugendlichen in Deutschland ist wieder deutlich gestiegen. Zu diesem Ergebnis kommt die Shell-Jugendstudie. Im Vergleich zum Tiefpunkt mit 30 Prozent im Jahr 2002 sind es jetzt 41 Prozent, die sich selbst als „politisch interessiert" bezeichnen, schreiben die Autoren. Die Aussagen beziehen sich auf die Altersgruppe 12 bis 25 Jahre.

Die Selbsteinschätzung zum politischen Interesse ist eine der zentralen Zeitreihen der Studie. Jugendliche, die sich als politisch interessiert bezeichneten, informieren sich demnach zu 74 Prozent aktiv über Politik. Wer sich hingegen wenig oder gar nicht für Politik interessiere, tue dies nur zu zehn Prozent. Politisches Interesse und politische Kompetenz gingen an dieser Stelle Hand in Hand, schreiben die Autoren. Weiterhin ausgeprägt ist der Studie zufolge die Politikverdrossenheit der Jugendlichen in Deutschland – obwohl die Zufriedenheit mit der Demokratie und der Gesellschaft in Deutschland gestiegen ist. „Nach wie vor unterdurchschnittlich ist das Vertrauen, das Parteien entgegengebracht wird", heißt es in der Studie. Der Aussage „Politiker kümmern sich nicht darum, was Leute wie ich denken" stimmen 69 Prozent der Jugendlichen zwischen 15 und 25 Jahren zu.

ZEIT ONLINE, dpa, sk, Shell-Jugendstudie: Jugendliche interessieren sich wieder mehr für Politik, www.zeit.de, 13.10.2015

Hinweis zur Shell-Studie
Die Shell-Jugendstudie wurde mit 2.558 Jugendlichen zwischen 12 und 25 Jahren durchgeführt. TNS Infratest fragte dabei nach Lebenssituation, Einstellungen und Orientierungen. Seit 1953 wird die Untersuchung im Abstand von drei bis fünf Jahren regelmäßig veröffentlicht.

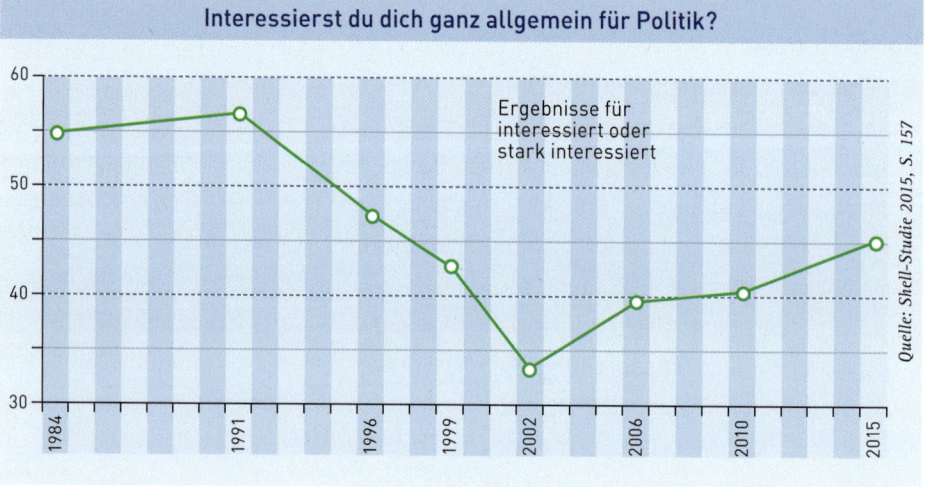

Interessierst du dich ganz allgemein für Politik?
Ergebnisse für interessiert oder stark interessiert
Quelle: Shell-Studie 2015, S. 157

M2 Jugend und Politik – soziales und politisches Engagement: ja, Partei: nein

Sophia Keller [Name geändert] [geht] zwar zur Wahl, kann sich aber nur schwer entscheiden, wo sie ihr Kreuzchen machen soll [...]. [Sie] kann sich nicht vorstellen, ihre kostbare Zeit in den Dienst irgendeiner Partei zu stellen, allein beim Gedanken drehe sich ihr „der Magen um", sagt sie. [...].
Statt über die großen Linien des Weltgeschehens zu philosophieren, möchte die junge Frau anpacken. Dort, wo sie den Ertrag ih-

res Einsatzes unmittelbar sehen kann. „Allein kann man viel mehr bewegen als mit einem störenden Apparat im Hintergrund." Und etwas bewegen, das tut sie. Keller reiste für den ehrenamtlichen Verein Clowns ohne Grenzen, der Kindern in Krisengebieten Lebensfreude schenken will, durch Israel und die Palästinensergebiete und arbeitete ein ganzes Jahr lang für das Frauenrechtszentrum Frieda. Aktuell organisiert sie in Berlin Sprachtandems für Flüchtlinge aus Syrien, die Deutsch lernen möchten.

Die Flüchtlingskrise mobilisiert nicht nur Keller, sondern viele Menschen im ganzen Land. Der Soziologe Tino Bargel erwartet deswegen sogar ein weiter steigendes politisches Interesse, vor allem bei Studenten. Junge Menschen, das zeigten Erhebungen immer wieder, seien sehr solidarisch, allerdings vor allem bei konkreter Bedürftigkeit, sagt Bargel, der zum Thema „Jugend und Politik" forscht. Viele der Freiwilligen, die Kleider sortierten, Sprachunterricht gaben und Asylbewerber zu den Behörden begleiteten, waren tatsächlich Studenten. Klara Sommer [Name geändert] gehörte zu den Ersten, die mithalfen. Als Ende 2013 Hunderte Flüchtlinge im Mittelmeer vor Lampedusa ertranken, beschäftigte sich die Jurastudentin in ihren Vorlesungen gerade mit dem Thema Völkerrecht. „Ich wollte unbedingt helfen", sagt die 24-Jährige. Sie gründete daher zusammen mit einer Kommilitonin die „Refugee Law Clinic", die Asylbewerbern kostenlose Rechtsberatung anbietet.

Allein im vergangenen Jahr bildeten Sommer und ihre Kollegen 30 Studenten zu ehrenamtlichen Rechtsberatern aus. Mehrmals pro Woche helfen sie nun beim Ausfüllen von Anträgen und geben Tipps bei Konflikten mit den Ämtern. Natürlich sei das auch eine Art von politischem Engagement, sagt Sommer. Von der klassischen Politik hält auch sie lieber Abstand. Sie wolle sich eben nicht als Parteimitglied engagieren, sondern als Mensch.

Diese Parteien-Aversion sei ja schön und gut, gibt Soziologe Bargel zu bedenken. Sie berge allerdings eine Gefahr: Beliebigkeit. „Junge Menschen entwickeln zu vielen gesellschaftlichen Themen schnell eine Meinung – verwerfen diese aber genauso schnell wieder, wenn jemand sie vom Gegenteil überzeugt." Kein Wunder, dass es da schwerfällt, sich für das Programm einer einzelnen Partei zu begeistern. Wobei das nicht unbedingt schlecht sein müsse: „Es führt auch dazu, dass junge Menschen weniger ideologisch sind", sagt Bargel. Die alten Feindbilder, die strengen Lagergrenzen zwischen links und rechts hätten ausgedient – und deswegen auch das Interesse, an Wahlen teilzunehmen.

Von Peter Maxwill und Miriam Olbrisch, Jugend und Politik: Engagement ja, Partei nein, www.spiegel.de, 29.05.2016

Sophia Keller, 22 Jahre, engagierte sich für unterschiedliche Projekte. Sie findet die Bundestagsdebatten zu akademisch und abgehoben.

Klara Sommer, 24 Jahre, Jurastudentin, beschäftigte sich in ihren Vorlesungen gerade mit dem Thema Völkerrecht, als Ende 2013 Hunderte Flüchtlinge im Mittelmeer vor Lampedusa ertranken. Seit diesem Zeitpunkt wollte sie helfen.

M3 Junge Leute engagieren sich: Politik ist wieder angesagt!

Politik polarisiert wieder. Ob das nun gut ist oder schlecht: Sicher ist, dass es junge Menschen zwischen 15 und 35 dazu bringt, sich nach Jahren des Desinteresses und dem Rückzug ins Private mit ihr auseinanderzusetzen. Wähnten sie sich zuvor in gemütlicher Sicherheit eines scheinbar krisensicheren, geeinten Europas, rüttelte die Entscheidung einer wenn auch knappen Mehrheit der Briten für den Brexit und spätestens die Wahl Donald Trumps zum amerikanischen Präsidenten viele wach. [...]

Mareike Nieberding gründete am Morgen nach der Wahl Trumps am 9. November 2016 eine Jugendbewegung. Einfach so. Sie schrieb einen Facebook-Post und rief dazu auf, sich wieder zu positionieren. Mittlerweile gefällt 4000 Menschen „Demo". „Die Idee ist, ein neues Wir-Gefühl unter jungen Men-

Mareike Nieberding, 29, Journalistin, gründete die Bewegung „Demo".

Wahl Donald Trumps zum amerikanischen Präsidenten

Am 08.11.2016 wurde der (Immobilien-)Unternehmer Donald Trump zum 45. Präsidenten der Vereinigten Staaten von Amerika gewählt. Seine Wahl löste heftige Reaktionen wegen seiner populistischen Einstellung („America-First-Politik") in den USA und Europa aus.

Brexit

Der Begriff Brexit steht für „Britain + Exit" und meint den Austritt Großbritanniens aus der EU (→ Methode, S. 205).

schen in Deutschland entstehen zu lassen. Wir glauben an Demokratie, die freie Presse und Europa. Und wir dürfen die Politik nicht nur in die Hände der Älteren legen", sagt Mareike Nieberding. Sie ist 29 Jahre alt und Journalistin. Seit November ist „Demo" gewachsen, etwa 20 bis 25 Leute stellen das Kernteam in Berlin, dazu gibt es in vielen Bundesländern Regionalvertreter. [...] Dass gerade die Wahl von Trump zum Präsidenten viele Leute, besonders die Jungen, aufgeschreckt hat, glaubt auch Klaus Hurrelmann, Jugendforscher aus Berlin. Aber auch der Brexit war ein Warnschuss: Wären die jungen Menschen alle zur Wahl gegangen, hätten sie womöglich ihr Interesse an einem Verbleib Großbritanniens in der EU durchsetzen können. [...] „Junge Leute sind bequeme Demokraten", erklärt der Jugendforscher. „Demokratie wird durchweg positiv bewertet, aber parlamentarische Strukturen und Parteien werden skeptisch gesehen. Zu bürokratisch." [...] [Den] Trend zu punktuellem Aktivismus, der nicht Hand in Hand mit einem Parteiprogramm geht, beobachtet auch Hurrelmann. Gerade Initiativen, bei denen man sich nicht verlässlich anmelden muss, sondern einfach mitmachen kann, wenn man will und Zeit hat, haben Zulauf. Das spiegelt sich auch in dem Erfolg von Petitionen oder Demonstrationen [...] wider. Paulina Fröhlich [...] gehört zu den Gründern von „Kleiner Fünf", einer Initiative, die verhindern will, dass rechtspopulistische Parteien mehr als fünf Prozent bei den Bundestagswahlen erzielen. [...] Dass ein Großteil der Aktionen von „Kleiner Fünf" im Internet stattfindet, ist für Paulina Fröhlich kein Minuspunkt. „Es sind ja wahnsinnig viele Leute im Netz unterwegs, viele nehmen da auch ihre Informationen her. Deshalb ist das ein wichtiger Spielplatz für uns", erklärt sie.

Lisa Muckelberg, Junge Leute engagieren sich: Politik ist wieder angesagt, www.faz.net, 08.04.2017

AUFGABEN

1. Begründen Sie Ihre Meinung auf einem Blatt/einer Pappkarte in Stillarbeit zu folgender Aussage:
   a) „Ich kann mir (nicht) vorstellen, mich politisch zu engagieren, indem ich ..."
   b) Vergleichen Sie Ihre Meinungen, indem Sie diese zunächst sortiert an der Wand/Tafel festheften.
   c) Diskutieren Sie abschließend die Einstellungen der Kursmitglieder zu politischem Engagement.

2. Analysieren Sie die Daten der Shell-Jugendstudie 2015 zum politischen Engagement Jugendlicher (**M1**).

3. Analysieren Sie in Gruppenarbeit die Einstellungen der jungen Menschen und der Jugendforscher, indem Sie die folgenden Aufgaben bearbeiten:
   a) Entwickeln Sie ein Profil der Vorstellungen von politischem Engagement von Sophia Keller (**M2**), Klara Sommer (**M2**), Mareike Nieberding (**M3**) und Paulina Fröhlich (**M3**).
   b) Arbeiten Sie heraus, welche Informationen die Jugendforscher Tino Bargel (**M2**) und Klaus Hurrelmann (**M3**) zu den Vorstellungen junger Menschen über sinnvolles politisches Engagement geben.
   c) Vergleichen Sie die Kursergebnisse mit Ihren eigenen Vorstellungen.
   d) Notieren Sie die Profile (Aufgabe 3a) und die zentralen Aussagen (Aufgabe 3b) auf einer Wandzeitung (→ Methodenglossar) (**M2, M3**).
   e) Diskutieren Sie abschließend Ihre präsentierten Ergebnisse im Kurs.

M4 Soziales Engagement ist auch politisch: der enge und weite Politikbegriff

„Politik" kommt von dem griechischen Wort „Polis". So bezeichneten die Griechen im Altertum die fest organisierten Gemeinwesen, die von ihnen zuerst in einzelnen Siedlungen und kleinen abgegrenzten Gebieten zur Ordnung ihres Zusammenlebens entwickelt wurden. „Polis" kann deshalb mit „Stadt, Staat" übersetzt werden. Entsprechend versteht man unter Politik häufig alles menschliche Handeln,

- das auf die Ordnung und Gestaltung des Zusammenlebens, insbesondere des öffentlichen Lebens in einem Staat bzw. einer Stadt oder Gemeinde gerichtet ist oder
- durch das das Verhältnis verschiedener Staaten zueinander geregelt wird.

Politik im engeren Sinne	Politik im weiteren Sinne
Um „Politik im engeren Sinne" handelt es sich z. B., wenn verschiedene Parteien um den größten Einfluss in einem Staat kämpfen oder verfeindete Länder versuchen, Streitigkeiten auf friedlichem Wege zu regeln.	Aber nicht nur im öffentlichen Leben eines Staates oder zwischen verschiedenen Staaten kann es unterschiedliche Interessen geben, können Konflikte auftreten, müssen Regeln des Zusammenlebens gefunden werden. So etwas gibt es auch überall, wo Menschen miteinander zu tun haben, d. h. in den verschiedenen Bereichen und Einrichtungen der Gesellschaft wie z. B. der Familie, einer Jugendgruppe oder der Schule. Deshalb kann der Begriff Politik auch weiter gefasst werden und nicht nur auf den Staat und das öffentliche Leben, sondern auch auf die Regelung menschlichen Zusammenlebens in den verschiedenen Bereichen und Einrichtungen der Gesellschaft bezogen werden. Wenn man in diesem Sinne Fragen des Zusammenlebens in einer Schulklasse, einer Jugendgruppe oder einem Betrieb als politische Fragen begreift, muss jedoch berücksichtigt werden, dass solche Gruppen und Institutionen in starkem Maße durch ihren jeweiligen sachlichen Zweck bestimmt werden, zu dem sie entstanden sind oder gebildet werden: bei der Schulklasse Unterricht und Erziehung, bei der Jugendgruppe vielleicht gemeinsames Spiel, beim Betrieb die Produktion von Gütern und Dienstleistungen.

Bearbeiter

M5 Politisches Engagement der jungen Generation mithilfe der „E-Demokratie"

a) E-Demokratie und E-Partizipation: Eine Begriffsdefinition

Unter E-Partizipation versteht man „Formen politischer Teilhabe, bei denen sich Bürger(innen) elektronischer Informations- und Kommunikationstechnologien bedienen, um mit staatlichen Organen oder untereinander an allen möglichen Stellen politischer Prozesse in Kontakt zu treten" (Grimme-Institut 2011, S. 2). Durch einen Austausch sollen Entscheidungsprozesse transparenter gemacht werden. Es gibt dabei verschiedene Wege der Kommunikation. Zum einen zwischen den Bürgerinnen/Bürgern und der Regierung und zum anderen zwischen den Bürgerinnen/Bürgern untereinander [...].

Grimme-Institut

Das Grimme-Institut ist eine gemeinnützige Forschungs- und Dienstleistungseinrichtung, die sich mit Medien und Kommunikation beschäftigt.

Bürgerinnen/Bürger → Bürgerinnen/Bürger

[Dieser] Kommunikationsweg betrifft die Bürgerinnen und Bürger untereinander und reicht von der Bürgerinitiative auf lokaler Ebene bis hin zu internationalen Protestbewegungen. Campact: Demokratie in Aktion (www.campact.de), und Greenaction (www.greenaction.de) sind Plattformen, auf denen Themen publik gemacht werden. Über den Mitmach-Button kann man als registrierter Nutzer/registrierte Nutzerin eine Petition unterschreiben. Natürlich können solche Aktionen dann wieder auf dem eigenen Profil in einem sozialen Netzwerk verlinkt werden, so dass auf diese Weise ein noch größerer Personenkreis erreicht werden kann.

Regierung → Bürgerinnen/Bürger
Betrachtet man den Kommunikationsweg Regierung → Bürgerinnen/Bürger so denkt man z.B. an Informationsangebote seitens der staatlichen Organe. Über den Regierungsalltag kann man sich z.B. auf Twitter (www.twitter.com) (@RegSprecher) oder auf der Seite der Bundeskanzlerin (www.bundeskanzlerin.de) informieren. Meistens handelt es sich um eine recht einlinige Form der Kommunikation, da der Leser/die Leserin lediglich die Informationen rezipiert.

Bürgerinnen/Bürger → Regierung
Verläuft der Kommunikationsweg in die andere Richtung, so liegt der Fokus darauf, Anliegen seitens der Bürgerinnen und Bürger an die Politikerinnen und Politiker heranzutragen. Hierfür kann man sich z.B. an den Petitionsausschuss des Deutschen Bundestages (https://epetitionen.bundestag.de) wenden. Diese Petitionen (Synonym: Bittschriften, Gesuche) können dann von den Nutzerinnen und Nutzern unterzeichnet und diskutiert werden. Möchte man sich gezielt an einzelne Abgeordnete wenden, so kann man dies auf der Seite www.abgeordnetenwatch.de tun. Der Besucher/die Besucherin der Seite kann das Abstimmungsverhalten des jeweiligen Politikers/der jeweiligen Politikerin nachvollziehen und auch aktiv Fragen an ebendiese/ebendiesen formulieren. Die Politikerinnen und Politiker geben sich alle Mühe eine schnelle und kompetente Antwort zu formulieren.

Bundeszentrale für politische Bildung, E-Partizipation, www.bpb.de, 20.06.2013

b) Fallbeispiel Campact: Mit wenigen Klicks zum Massenprotest

Campact ist eine 2004 entstandene Nichtregierungsorganisation in Deutschland. Ihre Intention ist, den Nutzern ein internetbasiertes Beteiligungsforum mit Protest-E-Mails, die gebündelt als Online-Petitionen an politische Entscheidungsträger gerichtet werden können, zu bieten.

TTIP, CETA
Zwei Freihandelsabkommen der Europäischen Union mit den USA (TTIP) und Kanada (Ceta). Die Verhandlungen zu TTIP wurden nach der Wahl von Donald Trump zum US-Präsidenten im November 2016 ausgesetzt. CETA wurde am 21.09.2017 nach der Zustimmung des Europäischen Parlaments vorläufig in Kraft gesetzt, aber das endgültige Inkrafttreten bedarf noch der Zustimmung der nationalen Parlamente der EU.

Von der ersten Idee bis zum fertigen Protest werden in der Artilleriestraße Kampagnen im großen Stil geplant. Unterstützt wird Campact dabei durch hunderttausende Aktivisten und Spenden von rund 8,9 Millionen Euro.

Mit Online-Petitionen gegen die Handelsabkommen TTIP oder CETA hat sich Campact einen Namen gemacht. Mit 1,9 Millionen Aktivisten und Förderern ist der Verein aus Verden einer der größten Anbieter, wenn es um politischen Protest im Netz geht. Von „Plastik im Meer" bis „Gen-Mais" setzen sich der Verein und seine Sympathisanten für alles ein, was durch eine Petition eine Chance auf Veränderung hat. „Wir nehmen nur Themen, die Aufregung bringen, und alles was machbar erscheint. [...] „Es sind meistens unsere Bündnispartner wie Amnesty International, mit denen wir an neuen Ideen für Kampagnen arbeiten. Wir sind dann diejenigen, die Kampagnen großmachen", erklärt Mitarbeiterin Linda Neddermann. Im ersten Schritt einer neuen Kampagne schicken die inhaltlich verantwortlichen Planer einen Newsletter an einige tausend politisch Interessierte. Findet die E-Mail mindestens eine Resonanz bei fünf Prozent der Testgruppe, wird das neue Thema an 200.000 bis 300.000 Menschen verschickt. „Erst dann gehen wir mit der Kampagne über den Gesamtverteiler von 1,9 Millionen", erklärt Koch. Kommen im letzten Schritt genug Unterschriften zusammen, drucken die Mitarbeiter von Campact diese aus und übergeben sie persönlich an Politiker, Vertreter von Institutionen oder Unternehmen. Campact hat sich dabei längst nicht mehr nur auf Online-Partizipation festgelegt. „Man muss seine Überzeugung auch auf die Straße tragen, das ist uns wichtig", erklärt Koch. Eine Lagerhalle, die sich der Verein vor einigen Jahren dazu gekauft hat, enthält Material für Straßenproteste. [...] Doch wenn Kampagnen-Planerin Neddermann darüber nachdenkt, welches Thema für die 1,9 Millionen Anhänger von Campact spannend sein könnte, ist ihr das Geld nebensächlich. „Ich mache den Job und bin total happy damit, weil ich Politik mache und nicht in einer Partei sein muss", sagt sie.

Andre Beinke, Campact: Mit wenigen Klicks zum Massenprotest, www.weserreport.de, Abruf am 18.02.2018

METHODE

Statistikbearbeitung II

Die Alten haben entschieden

Wahlbetrachtung und -präferenz nach Alter beim Brexit-Referendum

Beim Referendum des Vereinigten Königreichs von Großbritannien am 23. Juni 2016 stimmten 51,89 % der Wähler für den Austritt des Vereinigten Königreichs aus der Europäischen Union („Brexit").

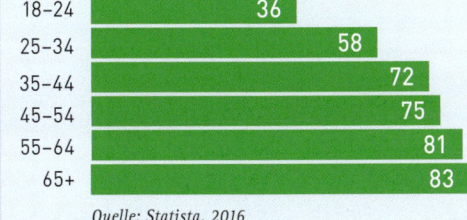
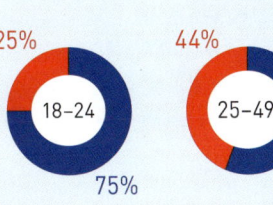
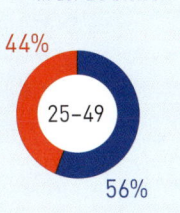
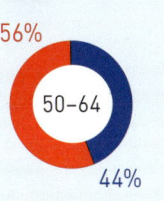
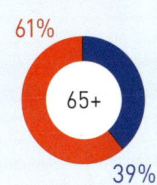

Quelle: Statista, 2016

I. Aufgaben

1. Stellen Sie Thema und Aufbau des Schaubildes dar.
2. **Analysieren Sie das Schaubild zum Referendum des Vereinigten Königreichs von Großbritannien zum EU-Austritt.**
3. Beurteilen Sie die im Schaubild dargestellten Ergebnisse im Hinblick auf das unterschiedliche Abstimmungsverhalten der Altersstufen.

II. Tipps zur Bearbeitung von Aufgabe 2

Lesen Sie zunächst in den „allgemeinen Hinweisen zur Statistikbearbeitung" den Abschnitt III. 2. Auf S. 368.

III. Anleitung zur Analyse des Schaubilds (AFB II)

1. Bei der Analyse des Schaubildes sollten Sie zunächst in einem einleitenden Satz auf das knappe Ergebnis des Referendums (51,98 % für den Brexit) verweisen.
2. Dann sollten Sie den linken Teil des Schaubildes (Wahlbeteiligung nach Altersstufen) analysieren. Heben Sie dabei hervor, dass die Beteiligung am Referendum in den einzelnen Altersstufen höchst unterschiedlich war. Insbesondere die Jüngeren in der Altersstufe von 18–24 Jahren haben sich nur zu 36 % an dem Referendum beteiligt, während die Beteiligung mit zunehmendem Alter auf 83 % gestiegen ist.
3. Als Nächstes analysieren Sie die Kreisdiagramme, die das Abstimmungsverhalten nach Altersstufen darstellen. Auffällig ist, dass die Briten in der jüngsten Altersstufe zu 75 % für einen Verbleib in der EU gestimmt haben. Arbeiten Sie heraus, dass sie noch bis zur Altersstufe von 25–49 Jahren mehrheitlich für den Verbleib in der EU gestimmt haben, während insbesondere die mehr als 65-Jährigen, also die Personen im Rentenalter, zu 61 % für den Ausstieg waren.
4. Fassen Sie am Ende Ihrer Analyse die Ergebnisse aus beiden Teilen des Schaubildes zusammen und ziehen Sie die folgenden Schlussfolgerungen:
   - Angesichts des knappen Gesamtergebnisses würde Großbritannien höchst wahrscheinlich die EU nicht verlassen, wenn mehr jüngere Briten sich an dem Referendum beteiligt hätten.
   - Personen im Rentenalter, die von möglichen negativen Folgen auf dem Arbeitsmarkt und für die gesamte Wirtschaft weniger betroffen sein werden, haben wahrscheinlich wegen der hohen Beteiligung am Referendum letztendlich über den Brexit entschieden.

Reaktionen auf das Ergebnis des Referendums

Mediencode: 72060-25

Bearbeiter

M6 Wahlbeteiligung bei den Wahlen zum Deutschen Bundestag nach Altersgruppen

Alter etwa von ... bis ... Jahren	Wähler/-innen					
	2002	2005	2009	2013	2017	
	in %				in 1.000	in %
	Insgesamt					
Insgesamt	79,1	77,7	70,8	71,5	46.976,3	76,2
10–20	69,9	69,6	62,5	63,7	1.429,3	69,9
21–24	67,7	66,0	58,6	59,6	1.944,2	67,0
25–29	71,6	69,5	60,6	61,6	2.883,7	68,6
30–34	76,2	73,9	64,5	64,8	3.090,7	72,0
35–39	79,2	77,9	68,5	68,1	3.173,3	74,4
40–44	79,6	79,2	71,9	71,8	3.015,5	76,3
45–49	80,6	79,7	72,6	74,0	4.124,0	78,8
50–59	83,4	81,8	74,1	74,7	9.846,5	79,4
60–69	85,7	84,2	79,2	78,7	7.688,5	81,0
70 und mehr	77,7	75,8	72,0	73,7	9.772,5	75,8

Der Bundeswahlleiter, Wahl zum 19. Deutschen Bundestag am 24. September 2017, Heft 4 Wahlbeteiligung und Stimmabgabe der Frauen und Männer nach Altersgruppen, Statistisches Bundesamt, Informationen des Bundeswahlleiters, Januar 2018, S. 11

AUFGABEN

1. Erklären Sie die Begriffe „enger" und „weiter Politikbegriff" (M4).
2. Ordnen Sie die Vorstellungen der jungen Menschen in M2 und M3 jeweils dem engen und weiten Politikbegriff in M4 zu.
3. Erläutern Sie die unterschiedlichen Formen der E-Demokratie und E-Partizipation (M5a).
4. Charakterisieren Sie die Aktivitäten der NGO „Campact" (M5b).
5. Ordnen Sie die Aktivitäten von Campact einer der in M5a beschriebenen Form von E-Demokratie zu.
6. Setzen Sie sich mit den Aktivitäten von Campact auseinander und diskutieren Sie die Stärken und ggfs. auch Schwächen der Mobilisierung über das Internet (M5a–b).
7. Analysieren Sie die Statistik in der Methode auf S. 205 im Hinblick auf die Wahlbeteiligung junger Briten bei der Abstimmung zum Brexit.
8. Diskutieren Sie, ob Sie die Petition zur Wahlwiederholung befürworten (QR-/Mediencode auf S. 205).
9. Werten Sie die Statistik in M6 zum Wahlverhalten der Altersgruppen in Deutschland bei Bundestagswahlen aus.
10. Diskutieren Sie abschließend vor dem Hintergrund Ihrer Kenntnisse, ob die Stärken des politischen Engagements junger Menschen die Schwächen ausgleichen können (M1–M6).

6.2 Volksentscheide auf Bundesebene? Direkte Demokratie im Meinungsstreit

M7 Das Grundgesetz zur demokratischen Herrschaftsform in Deutschland

a) Artikel 20 Grundgesetz

(2) Alle Staatsgewalt geht vom Volke aus. Sie wird vom Volke in Wahlen und Abstimmungen und durch besondere Organe der Gesetzgebung, der vollziehenden Gewalt und der Rechtsprechung ausgeübt.

b) Einschätzungen des Artikels 20 GG

1 „Das Demokratieprinzip verlangt, dass alle Staatsgewalt auf förmliche Willensbekundungen des Volkes zurückgeht (Art. 20 Abs. 2 GG), auf Wahlen oder Abstimmungen. Praktisch geschieht dies durch die Wahl des Bundestages [...].
Das Grundgesetz kennt mit Ausnahme der Länderneugliederung (Art. 29 GG) keine Volksabstimmung, kein Plebiszit über Sachfragen."

Udo Di Fabio, Einführung in das Grundgesetz, in: Grundgesetz, 42. Auflage, München 2010 S. XV

2 „Die Formulierung in Art. 20 Abs. 2 GG, dass alle staatliche Gewalt vom Volke ausgehe und vom Volk in Wahlen und Abstimmungen [...] ausgeübt werde, bedeutet nach der übereinstimmenden Interpretation der Verfassungsrichter, dass neben den Wahlen auch andere Formen der Beteiligung an der Staatsgewalt wie Volksinitiativen, Volksbegehren und Volksentscheide durch das Grundgesetz gedeckt sind. Einigkeit besteht auch darüber, dass die Schöpfer des Grundgesetzes einem eindeutig repräsentativen System den Vorzug gegeben haben. In den Länderverfassungen, vor allem denen jüngeren Datums, sind plebiszitäre Elemente eingebaut."

Gert-Joachim Glaeßner, Politik in Deutschland, 2., aktualisierte Auflage, Wiesbaden 2006, S. 499 f.

M8 Repräsentative Demokratie und direkte Demokratie

a) Repräsentative Demokratie

Repräsentative Demokratie bezeichnet eine demokratische Herrschaftsform, bei der die politischen Entscheidungen und die Kontrolle der Exekutive (Regierung) nicht unmittelbar vom Volk, sondern von einer Volksvertretung (Parlament) ausgeübt werden.
Die Ausübung der demokratischen Rechte der Bevölkerung ist in der repräsentativen Demokratie daher auf die Beteiligung an Wahlen und die Mitwirkung in Parteien, Verbänden und Initiativen beschränkt; über unmittelbare Entscheidungsbefugnisse verfügen nur die Volksvertretungen. [...] Das Grundgesetz begründet eine repräsentative Demokratie und ein parlamentarisches Regierungssystem.
Nur der Bundestag wird (auf Bundesebene) direkt gewählt.

Klaus Schubert, Martina Klein, Repräsentative Demokratie, in: Das Politiklexikon – Begriffe, Fakten, Zusammenhänge, 6. Auflage, Bonn 2016, S. 259 f.

b) Direkte Demokratie

1 Ursprünglich bezeichnet direkte Demokratie im Gegensatz zur repräsentativen Demokratie die unmittelbare Herrschaft des Volkes, wie sie im 18. Jh. von Jean-Jacques Rousseau [→ Kapitel 3, S. 122, M27] idealtypisch konzipiert wurde. [...] Unter den Bedingungen moderner Gesellschaften und großer politischer Einheiten werden direktdemokratische Elemente heute als Ergänzung repräsentativer Demokratie verstanden. Beide Demokratieformen sind aus dieser Perspektive gleichrangig und komplementär. Direktdemokratische Entscheidungen können die Annahme von Verfassungen, Verfassungsänderungen, den Beschluss von Gesetzen oder die Auflösung von Parlamenten zum Gegenstand haben. Sie werden durch eine Regierung oder ein Parlament „von oben" eingeleitet (Referendum) oder durch die Bürger „von unten" als Volksgesetzgebung initiiert (Plebiszit).

Rainer Bovermann, Direkte Demokratie, in: Uwe Andersen, Wichard Woyke (Hrsg.), Handwörterbuch des politischen Systems der Bundesrepublik Deutschland. 7. Aufl., Heidelberg 2013, S. 182

Direkte Demokratie in der Schweiz

Die direkte Demokratie der Schweiz zeichnet sich dadurch aus, dass neben den direktdemokratischen (Volksinitiative, Referendum) auch repräsentative Elemente (z. B. Parlamente) existieren.

2 Direkte Demokratie (auch: plebiszitäre Demokratie) bezeichnet eine demokratische Herrschaftsform, bei der die politischen Entscheidungen unmittelbar vom Volk (z. B. in Volksversammlungen und durch Volksabstimmung) getroffen werden und lediglich Ausführung und Umsetzung der Entscheidung einer Behörde überlassen werden. Grundlegende Maxime der direkten Demokratie ist es, den Volkswillen so unverfälscht wie möglich in politische Entscheidungen münden zu lassen. [...] In verschiedenen Verfassungen und Gesetzen (sind) (z. B. dt. Bundesländer und Gemeindeordnungen [...]) direktdemokratische Elemente (Volksbefragung, Volksentscheid bzw. Bürgerentscheid etc.) vorgesehen.

Klaus Schubert, Martina Klein, Direkte Demokratie, in: Das Politiklexikon – Begriffe, Fakten, Zusammenhänge, 6. Auflage, Bonn 2016, S. 88 f.

M9 Zustimmung der Bürger zu Verfahren direkter Demokratie

Bundesweite Volksentscheide?
Würden Sie die Möglichkeit von Volksentscheiden auf Bundesebene befürworten oder ablehnen?
Befragte in Prozent (Stand 2016)

Vollbefürworter	44
Eher-befürworter	31
Eher-nicht-befürworter	10
Überhaupt-nicht-befürworter	5
Weiß nicht	9

YouGov, www.yougov.com, 14.10.2016

Rückläufige Wahlbeteiligungen [...] und wachsende Stimmenanteile für Außenseiterparteien spielen der Forderung nach mehr direkter Demokratie in die Hände. Sie liefern Belege für die tatsächliche oder behauptete Krise der repräsentativen parteiendemokratischen Institutionen, die durch die plebiszitären Verfahren geheilt oder wenigstens gelindert werden soll. In dieselbe Richtung weist der massive Protest gegen infrastrukturelle Großprojekte, der den Politikern heute an vielen Orten der Republik entgegenschlägt. Er wird (auch) als Folge mangelnder oder zu spät einsetzender Bürgerbeteiligung betrachtet. Fragt man die Bürger selbst, ob sie mehr unmittelbare Beteiligungsrechte wünschen, ist die Zustimmung überwältigend; in der Regel liegt sie bei um die 80 Prozent. Dies spiegelt sich zwar nur zum Teil in der Nutzung der Verfahren wider, die bis heute in den einzelnen Ländern und Kommunen sehr unterschiedlich ausfällt. Die Gründe für den zurückhaltenden Gebrauch sind jedoch erklärbar und stehen zur hohen Wertschätzung der direkten Demokratie nicht unbedingt in Widerspruch. Sie liegen zum einen in den vom Verfassungsgeber aufgebauten Verfahrenshindernissen, die die Anwendbarkeit der Verfahren und deren Erfolgschancen beeinträchtigen, zum anderen in den individuellen Verhaltenskalkülen der Bürger.

Frank Decker, Der Irrweg der Volksgesetzgebung, Bonn 2016, S. 11 f.

M10 Direkte Demokratie in Nordrhein-Westfalen (NRW)

Landesebene	Ziele	Hürden
Volksinitiative	Befassung des Landtags mit einem politischen Sachthema oder Gesetzesentwurf	Unterzeichnung durch mindestens 0,5 Prozent der stimmberechtigten Deutschen in NRW
Volksentscheid	Gesetzesbeschluss	Mehrheit der abgegebenen Stimmen inkl. 15% Zustimmung aller Stimmberechtigten, ja/nein-Entscheidung gefordert, Verfassungsänderung 50% Beteiligung bei 66% Zustimmung
Bürgerbegehren	Bürgerentscheid	Zulässigkeitsprüfung, 3–10% Unterschriften je nach Gemeindegröße, Kostendeckungsvorschlag
Bürgerentscheid	Kommunale Entscheidung	20% Zustimmungsquorum, ja/nein ist vorgeschrieben, Kostendeckungsvorschlag, Briefwahl

M11 Fallbeispiel aus der kommunalen Ebene: Bürgerentscheid in Münster – Hindenburgplatz oder Schlossplatz?

a) Der Gegenstand des Bürgerentscheids

Der Rat der Stadt Münster hat am 21.03.2012 in öffentlicher Sitzung den Beschluss gefasst, dass der Hindenburgplatz den Namen Schlossplatz erhalten soll. Gegen die Umbenennung richtet sich der im Folgenden vorgestellte Bürgerentscheid.

© Stadt Münster, Bürgerentscheid am 16. September 2012, www.stadt-muenster.de, Abruf am 01.03.2018

Schlossplatz oder Hindenburgplatz? Diese Frage spaltet die Bürger Münsters.

b) Positionsbestimmungen der Bürgerinitiative „Pro Hindenburgplatz"

Sehr geehrte Mitbürger von Münster,

stimmen Sie beim Bürgerentscheid bitte dafür, dass der Hindenburgplatz seinen Namen behält: **JA zum Hindenburgplatz!** Anders als bei sonstigen Wahlen haben Sie die Chance, eine direkte Entscheidung zu treffen und nicht nur zwischen Kandidaten zu wählen. Verzichten Sie nicht auf diese seltene Gelegenheit. […] Die Mitbürger wissen: Der Hindenburgplatz wird nicht nur von den Älteren als zu Münster gehörig […] empfunden; er ist Tradition und Heimat aller Münsteraner. Nur sie sehen nicht ein, dass das, was 85 Jahre galt, nun wie bei einer Bilderstürmerei als falsch aufgegeben werden soll. Man kann geschichtlichen Personen nur gerecht werden, wenn man bedenkt, in welchen Zeiten sie lebten und vor welchen Problemen sie standen: verlorener Krieg, Wirtschaftskrise, 1932 ca. 5,5 Mio. Arbeitslose […] Im Bürgerbegehren haben sich 15.123 Personen gegen die Umbenennung ausgesprochen. Damit war das Bürgerbegehren erfolgreich und die Umbenennung des Hindenburgplatzes ohne Kosten für Stadt und Anlieger suspendiert. Da die Ratsmehrheit aber das Bürgerbegehren zurückgewiesen und damit diesen Bürgerentscheid herbeigeführt hat, entstehen der Stadt Münster nun unnötig Kosten in Höhe von 285.000 €. Diese Geldverschwendung können Sie mit Ihrer Entscheidung

„JA zum Hindenburgplatz"

rügen.

Ebd., S. 36

Bürgerinitiative

Bürgerinitiative bezeichnet den (in der Regel) parteiunabhängigen Zusammenschluss von Personen, die öffentlich gemeinsame Interessen und Ziele, meist bezogen auf ein Einzelprojekt, verfolgen. […] In Deutschland entstanden die ersten Bürgerinitiativen Ende der 1960er-Jahre.

Klaus Schubert, Martina Klein, Bürgerinitiative, in: Das Politiklexikon – Begriffe, Fakten, Zusammenhänge, 6. Auflage, Bonn 2016, S. 259 f.

c) Positionsbestimmungen der im Rat vertretenen Parteien

Die Position der „CDU-Ratsfraktion"

Als CDU halten wir es nach dieser langen und intensiven Diskussion für den besten Weg, dass alle Bürgerinnen und Bürger direkt über die Frage abstimmen können, wie der zentrale Platz im Herzen Münsters in Zukunft heißen soll. Jeder kann nun zwischen diesen beiden Positionen abwägen. Eine moralische Bewertung dieser Entscheidung lehnt die CDU daher ab.

Ebd., S. 37

Die Position der „SPD-Ratsfraktion"

Die SPD hat im Rat für die Umbenennung von Münsters größtem Platz in Schlossplatz gestimmt und empfiehlt Ihnen, diesen Ratsbeschluss beim Bürgerentscheid zu unterstützen.
Bitte beteiligen Sie sich an der Abstimmung und stimmen Sie mit „Nein". […] Hindenburg hatte als General im Ersten Weltkrieg maßgebliche Verantwortung für Giftgaseinsätze, völkerrechtswidrige U-Boot-kriegsführung und vieles andere. […] Wir haben die Umbenennung unterstützt, nicht, weil wir unsere Geschichte vergessen wollen, sondern weil wir die Geschichte der Opfer seiner Entscheidungen nicht vergessen haben.

Ebd., S. 38

Die Position von „Die Grünen/GAL"

Wenn wir uns heute an Hindenburg erinnern, dann an eine „Unheilsfigur": Hindenburg hat bis zu seinem Tode aktiv an der Zerschlagung der jungen parlamentarischen Republik teilgenommen. [...] Hindenburg ist nicht von Hitler verführt worden, es bestand auch politisch keine Notwendigkeit, Hitler zu fördern, Hindenburg wollte Hitler! [...]. Er unterschrieb das Ermächtigungsgesetz [...].

Ebd., S. 39

Die Position der „FDP-Fraktion"

Die FDP-Ratsfraktion [...] lehnt [...] das Bürgerbegehren zur Rückbenennung des Schlossplatzes ab. [...] Statt einen „Retter der Nation" erkennt man heute den Reichspräsidenten als einen „Mann, der seine Befugnisse ausgenutzt hat, um aus einem parlamentarisch-demokratischen einen autoritären Staat zu formen".

Ebd. S. 40

Die Position der Ratsfraktion „Die Linke"

Die Ratsfraktion Münster lehnt eine Rückbenennung des Schlossplatzes entschieden ab. Denn eine solche käme – gewollt oder ungewollt – einer erneuten Ehrung des ehemaligen Reichspräsidenten Hindenburg gleich. [...] Außer Frage steht, dass Paul von Hindenburg ein aktiver Gegner der Demokratie war. Insbesondere als Reichspräsident hat er massiv zum Scheitern der Weimarer Republik beigetragen. [...] Der Gewerkschaftszerschlagung, der umfassenden Gleichschaltung des Staates, der Verfolgung und Ermordung politisch Andersdenkender stellte sich Hindenburg als Reichspräsident nicht in den Weg.

Ebd., S. 41

d) Wahlergebnis Bürgerentscheid am 16.09.2012

Frage: Soll der Ratsbeschluss vom 21. März 2012 über die Umbenennung des Hindenburgplatzes aufgehoben werden und damit der Platz den Namen Hindenburgplatz behalten?

Wahlbeteiligung	Ja-Stimmen	Nein-Stimmen
40,2 %	40,6 %	59,4 %

Ebd., S. 15

AUFGABEN

1. Erläutern Sie mithilfe von **M7a–b** die Interpretation des Artikels 20 (2) GG im Hinblick auf die Frage, inwieweit das Grundgesetz neben den Wahlen auch Abstimmungen zulässt.

2. Erklären Sie auf der Grundlage von **M8a–b** die Merkmale der repräsentativen und der direkten Demokratie.

3. Analysieren Sie **M9** im Hinblick auf die Einstellung der Bürger zu mehr direkter Demokratie.

4. Diskutieren Sie im Kurs, ob Sie selbst die Einführung bundesweiter Volksentscheide befürworten. Begründen Sie Ihre Meinung.

5. Werten Sie **M10** im Hinblick auf die Bestimmungen zur direkten Demokratie in NRW auf kommunaler Ebene und auf Landesebene aus.

6. Analysieren Sie in Gruppenarbeit das Fallbeispiel zum Bürgerentscheid in Münster (**11a–d**), indem Sie die folgenden Aspekte berücksichtigen:
a) der Gegenstand des Bürgerentscheids, b) die Voraussetzungen, die für die Durchführung eines Bürgerentscheids notwendig sind (**M10**) und das Verfahren, c) die unterschiedlichen Positionen der Bürgerinitiative „Pro Hindenburgplatz" und der im Rat vertretenen Parteien, d) das Wahlergebnis des Bürgerentscheids, e) Ihre persönliche Meinungen zur Abstimmungsfrage des Bürgerentscheids.

7. Diskutieren Sie die Ergebnisse der Gruppenarbeit (→ Aufgabe 6) im Kurs.

H Aufgabe 2
Halten Sie die Unterschiede in einer Tabelle fest.

F Aufgaben 6a–d
Notieren Sie Ihre Ergebnisse auf einer Wandzeitung (→ Methodenglossar).

M12 Fallbeispiel aus der Landesebene: Volksentscheid – Bayern bekommt striktes Rauchverbot

a) Ergebnis des Volksentscheids

Bayern führt als erstes Bundesland in der Gastronomie ein Rauchverbot ohne Ausnahmen ein. Bei einem Volksentscheid stimmte am Sonntag die Mehrheit der Wähler dafür, das Qualmen in Gaststätten, Kneipen und Bierzelten komplett zu verbieten. Das Gesetz tritt am 1. August [2010] in Kraft.

Nach dem vorläufigen amtlichen Endergebnis stimmten 61,0 Prozent der Wähler dafür. Die bisherige Rauchverbotsregelung erlaubte das Qualmen in Nebenräumen von Wirtshäusern, in kleinen Einraumkneipen und in Bierzelten.

Die Wahlbeteiligung lag nach dem vorläufigen Endergebnis bei 37,7 Prozent und damit deutlich niedriger als bei Landtags- oder Bundestagswahlen üblich. Es musste aber kein bestimmtes Mindest-Quorum erreicht werden – die einfache Mehrheit war ausreichend.

Christina Ruten, Volksentscheid: Bayern bekommt striktes Rauchverbot, www.diepresse.de, 05.07.2010

Plakat für das Rauchverbot in Gaststätten

b) Wie kam es zum Volksentscheid?

Dem Volksentscheid war ein langer Streit vorausgegangen. Zunächst hatte der Landtag Ende 2007 mit CSU-Mehrheit bereits ein striktes Rauchverbot eingeführt, das Anfang 2008 in Kraft trat – aber nicht lange Bestand hatte: Nach ihren herben Verlusten bei den Kommunalwahlen im März 2008 nahm die CSU Bierzelte vorläufig wieder vom Rauchverbot aus. Im Sommer 2009 beschloss die neue CSU/FDP-Koalition weitere Aufweichungen und nahm Nebenräume von Wirtshäusern, kleine Einraumkneipen und Bierzelte dauerhaft vom Rauchverbot aus. Dagegen wandten sich Rauchgegner mit einem Volksbegehren – und hatten Erfolg: Ende 2009 unterstützten mehr als zehn Prozent der Wahlberechtigten die Initiative – deshalb kam es zum Volksentscheid.

dpa, Volksrepublik Bayern, www.faz.net, 03.07.2010

Plakat gegen das Rauchverbot in Gaststätten

c) Wer hat den Volksentscheid initiiert?

Das Volksbegehren war von einem breiten Bündnis aus ÖDP, SPD, Grünen, dem Bund Naturschutz sowie Ärzte- und Nichtraucherverbänden getragen worden. Die Gegner eines ausnahmslosen Rauchverbots hatten sich im Bündnis „Bayern sagt Nein" organisiert, das zu einem großen Teil von der Zigarettenindustrie mitfinanziert wurde. Knapp 9,4 Millionen Menschen waren zu dem Volksentscheid am Sonntag aufgerufen.

Christoph Trost, Volksentscheid: Bayern bekommt striktes Rauchverbot, www.zeit.de, 04.07.2010

M13 Fallbeispiel aus der nationalen Ebene: die direkte Demokratie in der Schweiz

a) Bestimmungen zur direkten Demokratie in der Schweiz

In der Schweiz kann das Volk auf allen drei politischen Ebenen umfassend direkt mitwirken: in den Gemeinden, den Kantonen und vor allem auch auf Bundesebene. Dies ist bisher einmalig in der Welt. Die Schweiz ist damit das funktionierende Beispiel einer halbdirekten Demokratie. Die Volksvertretungen bestehen weiter. Das Volk kann ihre Sachentscheidungen jedoch korrigieren. [...].

Die direktdemokratischen Instrumente auf Bundesebene

Obligatorisches Verfassungsreferendum

Jede vom Parlament beschlossene Verfassungsänderung wird dem Volk zur Abstimmung unterbreitet. Eine Vorlage ist angenommen, wenn die einfache Mehrheit der Abstimmenden sich dafür ausspricht [...] Allerdings ist das „Ständemehr" notwendig. Dies bedeutet, dass auch in einer Mehrheit der Kantone das Volk zustimmen muss [...].

Fakultatives Gesetzesreferendum

50.000 Stimmberechtigte (das entspricht ca. 1 %) oder acht Kantone können verlangen, dass ein vom Parlament beschlossenes Bundesgesetz dem Volk zu Abstimmung vorgelegt wird. Zum Sammeln der Unterschriften stehen 100 Tage zur Verfügung. Solange tritt das Gesetz nicht in Kraft. Das Gesetz ist angenommen, wenn die einfache Mehrheit der Abstimmenden dafür ist.

Volksinitiative

Im Wege der Volksinitiative können 100.000 Stimmberechtigte (das entspricht 2 %) einen ausgearbeiteten Entwurf für eine Verfassungsänderung vorlegen. [...] Das Parlament spricht eine Empfehlung aus, ob die Initiative angenommen oder abgelehnt werden soll. Es darf auch der Initiative einen Gegenentwurf gegenüberstellen.

Hermann K. Heußner, Otmar Jung (Hrsg.), Mehr Demokratie wagen – Volksentscheide und Bürgerentscheide: Geschichte, Praxis, Vorschläge, 2. Auflage, München 2009, S. 115 ff.

b) Politisches System der direkten Demokratie in der Schweiz verantwortlich für späte Einführung des Frauenwahlrechts

Plakataktion für das Referendum zum Frauenwahlrecht in der Schweiz vom 05.02.1971

1971 führte die Schweiz das Frauenwahlrecht auf Bundesebene ein – als vorletztes Land in Europa (in Liechtenstein wurde es 1984 eingeführt), und lange nach der Türkei, Afghanistan oder Haiti. 66 Prozent der stimmberechtigten Männer hatten sich am 7. Februar vor 40 Jahren in einer Volksabstimmung dafür ausgesprochen. [...] Dass ausgerechnet eine der ersten Demokratien so lange gebraucht hat, um ihren Bürgerinnen das Wahlrecht zu gewähren, liegt am politischen System der Schweiz: Fragen, die die Bundesverfassung betreffen, müssen vom Volk entschieden werden – im Fall des Frauenwahlrechts also von Männern. [...] 1959 wurde die Einführung des Frauenwahlrechts in einem ersten Referendum mit zwei Dritteln der Stimmen abgelehnt. Als die Schweiz in den sechziger Jahren die Menschenrechtskonvention des Europarats nur unter dem Vorbehalt unterschreiben wollte, dass die Gleichstellung der Geschlechter für sie nicht gelte, war der internationale Protest so groß, dass eine neue Abstimmung vorbereitet wurde. Diesmal hatte sie Erfolg. [...] Bis wirklich alle Schweizerinnen wählen durften, vergingen nach der Volksabstimmung übrigens noch einmal 19 Jahre. Im Kanton Appenzell Innerrhoden sind Frauen erst seit November 1990 wahlberechtigt. Diesmal entschied nicht das Volk, sondern das Schweizer Bundesgericht – gegen den Willen der Stimmbürger.

Lilith Volkert, Schweiz: 40 Jahre Frauenstimmrecht: „Vermännlicht" durch den Urnengang, www.sueddeutsche.de, 08.02.2011

c) 22. September 2013: Schweizer wollen Wehrpflicht behalten: Volksinitiative der Gruppe „Schweiz ohne Armee" scheitert

Die Schweiz hält an der allgemeinen Wehrpflicht fest. In einer Abstimmung am Sonntag wandte sich eine deutliche Mehrheit von mehr als 70 Prozent gegen die Abschaffung des obligatorischen Militärdienstes. Die Initiative scheiterte bereits zum dritten Mal. [...] Bei der Volksabstimmung am Sonntag sprachen sich 73,2 Prozent gegen die Abschaffung aus. „Das Volk steht zur Miliz und zur Wehrpflicht", sagte der Präsident der Schweizerischen Offiziersgesellschaft, Denis Froidevaux, in einer ersten Reaktion. Man müsse dennoch über Reformen nachdenken wie zum Beispiel darüber, ob künftig nicht auch Frauen und Ausländer zum Militär sollten. Die Initiative zu dieser Volksabstimmung war von der Gruppe für eine Schweiz ohne Armee (GSoA) gekommen, die seit Ende der 1980er Jahre bereits zweimal mit solchen Referenden gescheitert war. Die Initiative will statt des bisherigen Systems kein Berufsheer, sondern eine Freiwilligenmiliz aus Männern und Frauen. An Argumenten habe es nicht gefehlt, sagte GSoA-Sprecher Nikolai Prawdzic. Die Gefühle seien aber stärker gewesen als die Fakten: „Es gehört anscheinend zum Selbstverständnis der Schweiz, dass die Wehrpflicht bestehen bleibt." Selbst die Linken hätten Angst vor dem Wegfall der demokratischen Kontrolle über die Armee gehabt.

Die Gegner der Volksinitiative hatten befürchtet, dass die Abschaffung der Wehrpflicht die Sicherheit und das staatspolitische Selbstverständnis gefährden würde. Der Bundesrat argumentierte, dass kein anderes Land Erfahrung mit einer Freiwilligenmiliz habe. Auch sei nicht klar, wie viele Freiwillige dann zur Armee gehen würden.

©Süddeutsche.de/dpa/schma/mkoh, Volksabstimmung Schweizer wollen Wehrpflicht behalten, www.sueddeutsche.de, 22.09.2013

d) 21. Mai 2017: Schweizer stimmen für Energiewende: Fakultatives Gesetzesreferendum erfolgreich „Schweiz ohne Armee" scheitert

Die Volksabstimmung gegen das von der Regierung vorgelegte Gesetz kam durch eine Initiative der rechtspopulistischen Schweizer Volkspartei (SVP) zustande. Obwohl die SVP selbst mit zwei Ministern an der Regierung beteiligt war, lehnte sie das Gesetz und den Ausstieg aus der Atomenergie ab.

Die Schweizer haben bei ihrer Volksabstimmung über ein neues Energiegesetz mitsamt Atomausstieg ein klares Ja abgegeben. Nach Angaben des Schweizer Fernsehens stimmten 58,2 Prozent für die Energiewende. Damit ist der Bau neuer Atomkraftwerke in der Schweiz verboten. [...] Das neue Gesetz soll Anfang 2018 in Kraft treten. Sein Ziel ist es, die Versorgung bis zum Jahr 2050 schrittweise auf erneuerbare Energieträger umzustellen und den Energieverbrauch bis 2035 im Vergleich zum Jahr 2000 fast zu halbieren. Die fünf bestehenden Kernkraftwerke sollen am Netz bleiben, solang sie sicher sind. Eine Initiative der Grünen, die einen Ausstieg bis 2029 festschreiben wollten, hatten die Schweizer im vergangenen Herbst abgelehnt. Knapp 60 Prozent des Schweizer Stroms kommen schon aus nachhaltigen Quellen, überwiegend aus der Wasserkraft. Die Gesetzesvorlage der Regierung war von weiten Teilen der bürgerlichen und linksgrünen Parteien unterstützt, aber von Konservativen wie der Schweizerischen Volkspartei (SVP) abgelehnt worden. Die Wirtschaft war gespalten. Gegner der Strategie hatten eine Gefährdung der Energieversorgung und ausufernde Kosten befürchtet und zudem kritisiert, dass die Energiewende vor allem von Kleinkunden gestemmt würde und Großabnehmer finanziell entlastet würden.

ZEIT ONLINE; dpa, AFP, Reuters, ae, Volksabstimmung: Schweizer stimmen für Energiewende, www.zeit.de, 21.05.2017

M14 Pro und Kontra: Volksentscheide auf Bundesebene in Deutschland

Pro: Philipp aus Köln

Philipp aus Köln, 17 Jahre, ist für Volksentscheide auf Bundesebene.

1. Alle Staatsmacht geht vom Volke aus, so steht es im Grundgesetz. Hierzulande ist geregelt, dass wir alle paar Jahre Vertreter einer Partei ins Parlament wählen, die dort unsere Interessen vertreten sollen. Doch reicht es wirklich, alle möglichen Angelegenheiten von den gewählten Parlamentariern bestimmen zu lassen?
2. In Deutschland wäre eine direkte Demokratie zugegebenermaßen recht schwer umzusetzen. Bei der Vielzahl an politischen Abstimmungen und den rund 60 Millionen wahlberechtigten Bürgern wäre sie nicht nur mit einem großen organisatorischen Aufwand verbunden, sondern auch kostspielig.
3. Gleichwohl sollte es dem Bürger möglich sein, politisch direkter mitzureden, nämlich in Form von Volksentscheiden auf Bundesebene. Auf kommunaler Ebene sind Volksentscheide schon weit verbreitet. Die Abwahl des Duisburger Oberbürgermeisters Adolf Sauerland, der für die Katastrophe bei der Loveparade 2010 verantwortlich gemacht wurde, oder die Zustimmung zum Tiefbahnhof Stuttgart 21 waren Volksentscheide, die auch bundesweit für Aufsehen sorgten.
4. Durch Volksentscheide auf Bundesebene hätten die Bürger intensiver Teil am politischen Leben, die Akzeptanz politischer Entscheidungen würde erhöht. Politiker wären gezwungen, genauer auf das zu hören, was die Mehrheit der Bürger will.
5. Kritiker von Volksentscheiden führen immer wieder ins Feld, die Demokratie würde durch sie gefährdet und politische Rattenfänger hätten leichtes Spiel. Schaut man sich allerdings in Europa um, so zeigt sich, dass es in vielen Ländern – von Schweden über Frankreich bis in die Schweiz – Volksentscheide gibt, ohne dass diese das politische System gefährdet hätten.
6. Vielmehr würde durch Volksabstimmungen auf Bundesebene der vielfach beklagten Politik(er)verdrossenheit entgegengewirkt und das Bewusstsein erhöht, die Gesellschaft mitgestalten zu können.
7. Gerade auch bei Themen höchster Wichtigkeit, wie [...] bei der Energiewende [...] sollten die Bürgerinnen und Bürger – nach umfassender Aufklärung über Folgen der Entscheidungsmöglichkeiten – abstimmen dürfen. Schließlich entscheidet sich darüber in erhöhtem Maße unser aller Zukunft.

Kontra: Vicky aus Düsseldorf

Vicky aus Düsseldorf, 18 Jahre, ist gegen Volksentscheide auf Bundesebene.

1. Stuttgart 21 oder der Ausstieg aus der Atomkraft – diese Themen haben in der deutschen Bevölkerung für Diskussionen gesorgt und die Rufe nach mehr „direkter Demokratie" laut werden lassen. Nicht die Politiker, sondern die Bürger sollen wichtige politische Entscheidungen treffen, so die Forderung. Der Weg dorthin führt über sogenannte Volksentscheide. Die Idee klingt gut, schadet aber unserer Demokratie.
2. Wer die Volksentscheide als Medizin für die Politikverdrossenheit und Verbesserung unserer Demokratie sieht, sollte sich den Beipackzettel mit den Nebenwirkungen durchlesen. Denn die sind nicht ganz ohne.
- Nach den schlechten Erfahrungen mit Volksentscheiden während der Weimarer Republik haben die „Väter" des Grundgesetzes 1949 aus gutem Grund

auf direktdemokratische Elemente weitgehend verzichtet.
- Unsere Demokratie ist auf dem Prinzip der Repräsentation aufgebaut. Wir wählen denjenigen, der unsere Ansichten vertritt. Durch die Wahl geben wir in gewisser Weise Verantwortung an Politiker ab, die sich somit über komplizierte Sachverhalte den Kopf zerbrechen sollen.
3. Dem Durchschnittsbürger fehlt es oft am nötigen Fachwissen. Volksentscheide auf Bundesebene würden aber diese Kompetenz des Bürgers voraussetzen. Geübte Populisten und „Rattenfänger" würden durch Volksentscheide an Einfluss gewinnen, ihre einfachen Botschaften würden eine sehr viel breitere Wirkung entfalten, als dies heute möglich ist.
4. An den Volksentscheiden beteiligen sich in der Regel nur diejenigen, die von der jeweiligen Thematik betroffen sind. Volksentscheide spiegeln also nur vor, sie würden die Meinung des Volkes wiedergeben. Es besteht vielmehr die Gefahr, dass gut organisierte Minderheiten der Mehrheit ihre Meinung aufzwingen.
5. Volksentscheide wären überhaupt nur dann auf Bundesebene sinnvoll, wenn sie von einer öffentlichen Debatte begleitet werden, wenn der Bevölkerung also die Chance gegeben würde, sich im Vorfeld ausreichend zu informieren. Zwar spiegeln Volksentscheide die Volkssouveränität wider, dennoch darf nicht jede politische Frage durch sie entschieden werden."

© Schekker – das Jugendmagazin!, Pro/Contra Volksentscheide auf Bundesebene, www.schekker.de, zitiert nach: Franz Josef Floren, Politik, Gesellschaft, Wirtschaft, Pro und Kontra Volksentscheide auf Bundesebene, Braunschweig, Paderborn, Darmstadt 2014, S. 66

AUFGABEN

1. Werten Sie **M12** im Hinblick auf die Vorgeschichte des Volksentscheids und das Ergebnis des Volksentscheids in Bayern aus.
2. Ermitteln Sie, ob der Volksentscheid auch nach den Bestimmungen des Landes NRW zum Erfolg geführt hätte (**M10**, **M12**).
3. Diskutieren Sie, inwieweit Sie die Hürden in NRW für den Erfolg von Volksentscheiden für richtig halten oder nicht (**M10**).
4. Erläutern Sie Ebenen und direktdemokratische Instrumente auf Bundesebene in der Schweiz (**M13a**).
5. Entwickeln Sie in Gruppenarbeit auf der Grundlage der in **M13b–d** dargestellten Fallbeispiele ein Urteil, ob Sie die Einführung direktdemokratischer Instrumente auch in Deutschland für sinnvoll halten, indem Sie folgendermaßen verfahren:
   a) Beschreiben Sie die Fallbeispiele in **M13b–d**.
   b) Entwerfen Sie eine Tabelle, in der Sie ausgehend von den einzelnen Fallbeispielen Vorteile und Nachteile von Volksabstimmungen gegenüberstellen.
   c) Beurteilen Sie in einem abschließenden Statement auf der Grundlage Ihrer Tabelle die direkte Demokratie in der Schweiz.
   d) Stellen Sie die Ergebnisse Ihrer Gruppenarbeit im Kurs dar.
6. Nehmen Sie mithilfe der Argumente in **M14** Stellung zu der Frage: Soll es Volksentscheide auf Bundesebene geben?

H Aufgabe 6
Volksentscheide im Erklärfilm

Mediencode: 72060-26

6.3 *Vertiefung:* Auf dem Weg zur direkten Demokratie auf Bundesebene: Wie konsequent bemühen sich die Parteien um die Einführung von Volksabstimmungen?

M15 Die Nichtregierungsorganisation (NGO) „Mehr Demokratie e. V."

a) Vorstellung von „Mehr Demokratie"

Die IDEE (Initiative Demokratie Entwickeln) entstand 1989. Das Programm wurde später zum Namen: „Mehr Demokratie".
Der Verein hat mehr als 10.000 Mitglieder. „Mehr Demokratie" ist heute die größte Nichtregierungsorganisation für direkte Demokratie weltweit. Sie führt Kampagnen, bietet Beratung z. B. für Bürgerinitiativen an und wertet Gesetzentwürfe zu Demokratiethemen wissenschaftlich aus.
Themen waren z. B.
- Einführung bundesweiter Volksbegehren und Volksentscheide
- Reformen direkter Demokratie auf Kommunal- und Landesebene
- Reformen des Wahlrechts und des Parlamentarismus
- Demokratisierung der Europäischen Union
- Ausbau der Informationsfreiheit
- Stärkung der Bürgerbeteiligung

„Mehr Demokratie" hat die folgende Bilanz an Aktivitäten aufzuweisen.
- 35 Volksbegehren und Volksinitiativen initiiert
- insgesamt rund 5 Millionen Unterschriften bei Aktionen, Volksinitiativen und Verfassungsbeschwerden gesammelt
- mit 125.000 Unterstützer/innen gemeinsam mit Campact und foodwatch die größte Verfassungsbeschwerde der deutschen Geschichte initiiert
- in rund 30 Fällen bessere Mitbestimmungsrechte für Bürgerinnen und Bürger erkämpft und als „demokratisches Gewissen" undurchsichtige und unfaire Regelungen angeprangert
- regelmäßige Berichte und Rankings zur direkten Demokratie und zum Wahlrecht
- eigene Zeitschrift „mdmagazin"

© *Mehr Demokratie e. V., Profil von Mehr Demokratie e. V., www.mehr-demokratie.de, Abruf am 05.03.2018*

b) Intention eines Gesetzentwurfes von „Mehr Demokratie" zum Volksentscheid auf Bundesebene

Für die Einführung des bundesweiten Volksentscheids hat „Mehr Demokratie" einen Gesetzentwurf zur Änderung des Grundgesetzes ausgearbeitet und in einer Mitgliederurabstimmung beschlossen. Außerdem wurde ein Ausführungsgesetz (Bundesabstimmungsgesetz) erarbeitet. Damit schlägt „Mehr Demokratie" zugleich vor, wie der bundesweite Volksentscheid konkret ausgestaltet werden soll. Das Instrument soll fair geregelt sein und von den Bürgerinnen und Bürgern auch genutzt werden können. Gleichzeitig soll der Dialog zwischen den Bürgerinnen und Bürgern und dem Bundestag befördert werden. „Mehr Demokratie" novelliert [verändert] damit seinen eigenen Entwurf aus dem Jahr 2001. In dem [...] vollständig überarbeiteten Vorschlag [→ M16] sind vor allem Erfahrungen aus der Schweiz und den USA sowie aus der Praxis der direkten Demokratie in den deutschen Bundesländern eingeflossen.

Mehr Demokratie e.V. (Hrsg.), Volksentscheid – endlich bundesweit, in: Ders., Gesetzentwurf, Berlin 2013, S. 3

M16 Vorschlag von „Mehr Demokratie" für ein Gesetz zur Einführung von Volksentscheiden auf Bundesebene

Die dreistufige Volksgesetzgebung plus fakultative und obligatorische Referenden

1. Volksinitiativen, Volksbegehren und Volksentscheide (Volksgesetzgebung)
Hier kommt der politische Vorschlag aus der Mitte des Volkes. Bis der Vorschlag Gesetz werden kann, sind drei Stufen zu überwinden: Volksinitiative, Volksbegehren und Volksentscheid.

⬇

2. Volksbegehren, mit denen verlangt werden kann, Gesetzentwürfe und Entscheidungen des Bundestages per Volksentscheid zu überprüfen (fakultative Referenden)
Gesetze, die vom Bundestag verabschiedet werden, sollen erst nach 100 Tagen in Kraft treten. Wird in dieser Zeit ein Volksbegehren gegen das Gesetz gestartet und kommen 500.000 Unterschriften zusammen, muss das Gesetz vors Volk. Erst wenn das Gesetz bei einem Volksentscheid die Mehrheit der Stimmen erhält, tritt es in Kraft – wenn nicht, dann nicht.

⬇

3. Verpflichtend stattfindende Volksentscheide, wenn Kompetenzen auf die EU übertragen werden und wenn das Grundgesetz geändert werden soll (obligatorische Referenden)
Änderungen des Grundgesetzes, die der Bundestag beschlossen hat, müssen zwingend vom Volk bestätigt werden. Gibt der Bundestag Kompetenzen auf EU-Ebene ab, muss auch hier das Volk zustimmen.

Ebd., S. 4

Konkreter Vorschlag für die Volksgesetzgebung (zu 1.)
Bürgerinnen und Bürger erarbeiten einen Gesetzentwurf oder einen politischen Vorschlag. Dabei können sie das zum Thema machen, was auch Sache des Bundestages ist.
Für eine Volksinitiative sind 100.000 Unterschriften zu sammeln. Eine Sammlungsfrist gibt es nicht. Der Vorschlag wird im Bundestag binnen sechs Monaten behandelt. Die Initiative hat Rederecht. Lehnt der Bundestag den Vorschlag ab, kann innerhalb von 18 Monaten ein Volksbegehren beantragt werden. Bestehen Zweifel an der Verfassungsgemäßheit des Vorschlages, kann die Bundesregierung oder ein Drittel des Bundestages das Bundesverfassungsgericht anrufen.
Für ein Volksbegehren sind eine Million Unterschriften notwendig, für grundgesetzändernde Volksbegehren 1,5 Millionen. Sammlungsfrist: neun Monate.
Volksentscheid
Der Bundestag kann einen Alternativvorschlag mit zur Abstimmung stellen. An alle Haushalte geht ein Abstimmungsheft. Es entscheidet die einfache Mehrheit. Grundgesetzändernde Volksentscheide benötigen außerdem das „Ländermehr", eine Mehrheit in den Bundesländern.

M17 Positionen der Parteien im Deutschen Bundestag zur direkten Demokratie, insbesondere zu Volksabstimmungen auf Bundesebene

Die folgenden Materialien enthalten sowohl Auszüge aus den Grundsatzprogrammen der Parteien als auch aus den Wahlprogrammen für die Bundestagswahl 2017.

Partei	Auszug aus dem Wahlprogramm zur Bundestagwahl 2017	Auszug aus dem Partei-Grundsatzprogramm
CDU	*In dem Wahlprogramm von CDU für die Bundeswahl 2017 (Regierungsprogramm 2017–2021) ist keine Aussage zur direkten Demokratie enthalten.*	Demokratische Beteiligung des Bürgers drückt sich in Wahlen und Abstimmungen, aber auch in vielfältigen Formen des bürgerschaftlichen Engagements aus. […] Wir bekennen uns zur repräsentativen Demokratie, die politische Führung und demokratische Verantwortung miteinander verbindet. Repräsentative Demokratie schließt Elemente unmittelbarer Demokratie nicht aus. Diese können das repräsentative System auf den regionalen Ebenen sinnvoll ergänzen. © CDU, Das Grundsatzprogramm, www.cdu.de, 04.12.2007, S. 84 und 88

Partei	Auszug aus dem Wahlprogramm zur Bundestagwahl 2017	Auszug aus dem Partei-Grundsatzprogramm
CSU	*In dem Wahlprogramm von CSU für die Bundeswahl 2017 (Regierungsprogramm 2017–2021) ist keine Aussage zur direkten Demokratie enthalten.*	Die CSU möchte künftig auch im Bund das Volk bei grundlegenden Fragen für Land und Menschen direkt beteiligen. Insbesondere bei nicht zu revidierenden Weichenstellungen und bei europäischen Fragen von besonderer Tragweite soll die Bevölkerung in Abstimmungen entscheiden. Wir wollen, dass das Grundgesetz durch das deutsche Volk auch auf dem Weg von Volksbegehren und Volksentscheid mit Zweidrittel-Mehrheit geändert werden kann. Der Wesenskern der Verfassung, der Grundrechte und der föderalen Ordnung sind davon ausgenommen. © CSU, Die Ordnung: Grundsatzprogramm der Christlich-Sozialen Union, www.csu-grundsatzprogramm.de, 05.11.2016 S. 32
SPD	Zur Unterstützung der parlamentarischen Demokratie wollen wir direkte Demokratiebeteiligung auf Bundesebene stärken.	Der Verbindung von aktivierendem Staat und aktiver Zivilgesellschaft dient auch die direkte Mitsprache der Bürgerinnen und Bürger durch Volksbegehren und Volksentscheide. In gesetzlich festzulegenden Grenzen sollen sie die parlamentarische Demokratie ergänzen, und zwar nicht nur in Gemeinden und Ländern, sondern auch im Bund. Wo die Verfassung der parlamentarischen Mehrheit Grenzen setzt, gelten diese auch für Bürgerentscheide. ©SPD, Grundsatzprogramm der Sozialdemokratischen Partei Deutschlands, www.archiv.spd-berlin.de, 28.10.2007, S. 32 f.
B 90/ Grüne	„Demokratie lebt auch vom Vertrauen in die Wähler*innen, deshalb wollen wir GRÜNE Elemente direkter Demokratie auch in der Bundespolitik stärken. Wir wollen Volksinitiativen, Volksbegehren und Volksentscheide in die Verfassung einführen.	Ergänzend zur parlamentarischen Demokratie wollen wir die direkte Demokratie, von der kommunalen bis zur Bundesebene, ausbauen. Die direktdemokratischen Instrumente sollen so bürgerfreundlich gestaltet sein, dass es zu einer lebendigen demokratischen Praxis kommt. Sie sollen laufend überprüft und verbessert werden. © Die Grünen, Die Zukunft ist grün: Grundsatzprogramm von Bündnis 90/Die Grünen, www.gruene.de, 17.03.2002
FDP	Demokratische Mitbestimmung unterhalb der repräsentativen Demokratie. [...] Wir stärken [...] den probeweisen Ausbau von Instrumenten der direkten Demokratie auf kommunaler Ebene und Landesebene.	Unsere freiheitlich-demokratische Grundordnung geht vom souveränen und mündigen Bürger aus. Dabei vertrauen wir auf die Vernunft jedes Einzelnen. Die repräsentative Demokratie sollte deshalb um direktdemokratische Elemente ergänzt werden. In den Bundesländern konnten in der Vergangenheit erste Erfahrungen damit gesammelt werden. Diese Verfahren sollen ausgebaut und verbessert werden. Wir Liberalen setzen uns darüber hinaus für die Einführung von Volksbegehren und Volksentscheiden auch auf der Ebene des Bundes ein. © FDP, Verantwortung für die Freiheit. Karlsruher Freiheitsthesen der FDP für eine offene Bürgergesellschaft, www.fdp.de, 22.04.2012, S. 73
Die Linke	Demokratie bedeutet mehr, als alle vier Jahre Wahlen abzuhalten oder im Parlament abzustimmen. Wir wollen die Demokratie ausweiten: indem wir mehr direkten Einfluss von Bürgerinnen und Bürgern auf politische Entscheidungen schaffen. Wir brauchen	DIE LINKE kämpft [...] für die Durchsetzung von Demokratie und Rechtsstaatlichkeit [...], für mehr direkte Demokratie unter anderem in Form von Volksabstimmungen [...]. Die Bundesrepublik Deutschland bedarf der Erneuerung als demokratischer und sozialer Rechtsstaat. Deshalb muss die repräsentative parlamentarische Demokratie durch direkte Demokratie erweitert werden. Der Volksentscheid soll dafür ein wichtiges Mittel werden. [...] Die Bundesrepublik Deutschland bedarf der Erneuerung als demokratischer und

6.3 Vertiefung: Auf dem Weg zur direkten Demokratie auf Bundesebene

Partei	Auszug aus dem Wahlprogramm zur Bundestagwahl 2017	Auszug aus dem Partei-Grundsatzprogramm
Die Linke	mehr direkte Demokratie und Volksentscheide auch auf Bundesebene.	sozialer Rechtsstaat. Deshalb muss die repräsentative parlamentarische Demokratie durch direkte Demokratie erweitert werden. Der Volksentscheid soll dafür ein wichtiges Mittel werden. © *Die Linke, Programm der Partei die Linke, www.die-linke.de, 23.10.2011, S. 7 und 46*
AfD	Wir wollen dem Volk das Recht geben, den Abgeordneten auf die Finger zu schauen und vom Parlament beschlossene Gesetze zu ändern oder abzulehnen. [...] Das Volk soll auch die Möglichkeit erhalten, eigene Gesetzesinitiativen einzubringen und per Volksabstimmung zu beschließen.	Die AfD setzt sich dafür ein, Volksentscheide in Anlehnung an das Schweizer Vorbild auch in Deutschland einzuführen. Wir wollen dem Volk das Recht geben, über vom Parlament beschlossene Gesetze abzustimmen. [...] Gesetzesinitiativen aus dem Volk haben eigene Gesetzesvorlagen zum Gegenstand und können durch die Stimmbürger angestoßen werden. Ohne Zustimmung des Volkes darf das Grundgesetz nicht geändert und kein bedeutsamer völkerrechtlicher Vertrag geschlossen werden. Das Volk muss das Recht haben, auch initiativ über Änderungen der Verfassung selbst zu beschließen. Besonders der Abgabe nationaler Souveränität an die EU und andere internationale Organisationen über die Köpfe der Bürger hinweg ist hierdurch der Riegel vorgeschoben. [...] Abstimmungsfragen finanzieller Natur sind ausdrücklich erlaubt. ©*AfD, Programm für Deutschland. Das Grundsatzprogramm der Alternative für Deutschland, www.afd.de, 01.05.2016, S. 9*

AUFGABEN

1. Charakterisieren Sie Selbstverständnis und Aktivitäten der Nichtregierungsorganisation „Mehr Demokratie" (**M15a-b**).

2. Erläutern Sie die einzelnen Punkte des Gesetzentwurfes von „Mehr Demokratie" zur Einführung des Volksentscheids auf Bundesebene (**M16**).

3. Vergleichen Sie den Gesetzentwurf in **M16** mit den Bestimmungen zur direkten Demokratie in der Schweiz (**M13a**).

4. Nehmen Sie zu dem Gesetzentwurf in **M16** Stellung, indem Sie sich in einer Positi-onslinie (→ Methodenglossar) aufstellen. Begründen Sie Ihre Entscheidung für Ihre jeweilige Position.

5. Analysieren Sie in Gruppenarbeit die Positionen der im Deutschen Bundestag vertretenen Parteien zur direkten Demokratie (**M17**), indem Sie
   a) die auf einer Wandzeitung (→ Methodenglossar) zentralen Positionen zur direkten Demokratie festhalten.
   b) eine kurze Beurteilung der Einstellung der einzelnen Parteien zur Einführung von direkter Demokratie auf Bundesebene formulieren.

6. Entwerfen Sie ein Szenario für eine Debatte, in der Vertreter der einzelnen Parteien zunächst miteinander über den Gesetzesentwurf von „Mehr Demokratie" diskutieren und im zweiten Teil der Debatte das Publikum miteinbeziehen.

F Aufgabe 5b
Vergleichen Sie Ihre Ergebnisse abschließend im Kurs.

WISSEN KOMPAKT

Enger und weiter Politikbegriff
M4

Der enge Politikbegriff bezieht sich auf das menschliche Handeln,
- das auf die Ordnung und Gestaltung des Zusammenlebens, insbesondere des öffentlichen Lebens in einem Staat bzw. einer Stadt oder Gemeinde gerichtet ist oder
- durch das Verhältnis verschiedener Staaten zueinander geregelt wird.

Der weite Politikbegriff bezieht sich auf die Regelung menschlichen Zusammenlebens
- in allen Bereichen und Einrichtungen der Gesellschaft,
- in denen es Einflussnahme und der Durchsetzung von Interessen gibt und
- in denen Konflikte auftreten und Regeln gefunden werden müssen.

E-Demokratie
M5

E-Demokratie: neue Formen der Bürgerbeteiligung über das Internet.

E-Partizipation
M5

E-Partizipation: Formen politischer Teilhabe, bei denen sich Bürger(innen) elektronischer Informations- und Kommunikationstechnologien bedienen, um mit staatlichen Organen oder untereinander an allen möglichen Stellen politischer Prozesse in Kontakt zu treten (Grimme-Institut).

Repräsentative Demokratie
M8a

Repräsentative Demokratie bezeichnet eine demokratische Herrschaftsform, bei der die politischen Entscheidungen und die Kontrolle der Exekutive (Regierung) nicht unmittelbar vom Volk, sondern von einer Volksvertretung (Parlament) ausgeübt werden.

Direkte Demokratie
M8b, M10

Direkte Demokratie bezeichnet eine demokratische Herrschaftsform, bei der die politischen Entscheidungen unmittelbar vom Volk (z. B. in Volksversammlungen und durch Volksabstimmung) getroffen werden.

Volksbegehren, Volksinitiative
M10, M13, M17

Das Volksbegehren / die Volksinitiative sind ein Instrument der direkten Demokratie. Die Namen leiten sich vom sogenannten Initiativrecht also dem Recht, Vorschläge und Gesetzesentwürfe in ein Parlament zur Beschlussfassung einzubringen, ab.

Volksentscheid, Volksabstimmung
M8a-b, M9, M12, M15, M16

Gemeint sind hier Entscheidungen von Gesetzgebungsfragen durch eine Volksabstimmung.

Volksgesetzgebung
M16

Ein Sammelbegriff von Volksinitiative/Volksbegehren und Volksentscheid

KOMPETENZEN PRÜFEN

I. Selbstdiagnose

Ich kann ...	Das kann ich...			Übung durch z. B.
	sehr gut	gut	nicht gut	
Formen des sozialen und politischen Engagements Jugendlicher beschreiben (AFB I) und unter den Perspektiven des engen und weiten Politikbegriffs einordnen (AFB II).				• M1-M4 • S. 202, Aufg. 2, 3
unterschiedliche Formen sozialen und politischen Engagements im Hinblick auf Wirksamkeit beurteilen (AFB III).				• M2, M5a-b
die Veränderung politischer Partizipationsmöglichkeiten durch die Ausbreitung digitaler Medien darstellen (AFB I) und erörtern (AFB III).				• M5a-b • S. 206 Aufg. 6
Chancen und Risiken der Entwicklung von E-Demokratie und Petitionen mit Hilfe sozialer Netzwerke benennen (AFB I) und beurteilen (AFB III).				• M5b • S. 206 Aufg. 6
demokratische Möglichkeiten der Vertretung sozialer und politischer Interessen erörtern (AFB III).				• M8a-b
Verfahren repräsentativer und direkter Demokratie erklären (AFB II).				• M8a-b, M10 • S. 210, Aufg. 5
Chancen und Grenzen repräsentativer und direkter Demokratie auf der Grundlage von Fallbeispielen bewerten (AFB III).				• M12, M13a-d, M14a-b • S. 215, Aufg. 5
Programmausagen von NGOs und Parteien zur Einführung von Volksentscheiden auf Bundesebene darstellen (AFB I) und erörtern (AFB III).				• M15a-b, M17 • S. 219, Aufg. 4, 5

KOMPETENZEN PRÜFEN

II. Kompetenzen anwenden – am Beispiel
Zufriedenheit mit der Demokratie der jungen Menschen

Hinweise zur Tabelle
- Datengrundlage: 2.075 repräsentativ ausgewählte Jugendliche im Alter von 14 bis 29 Jahren.
- FES –Jugendstudie: FES = Friedrich-Ebert-Stiftung, eine der SPD nahestehende politische Stiftung. Die Studie ist entstanden in Kooperation der Friedrich-Ebert-Stiftung mit dem Deutschen Jugend-Institut (DJI).

Alter	Zufriedene Demokraten	Distanzierte	Unzufriedene Demokraten
14–17 Jahre	60	6	17
18–21 Jahre	52	6	17
22–25 Jahre	42	4	25
26–29 Jahre	39	7	23
Weiblich	49	3	29
Männlich	45	9	14
Maximal Mittlere Reife	37	12	23
FH-Reife/Abitur	47	4	22
Schülerin	60	6	15
West	49	5	20
Ost	39	8	28
Gesamt (Durchschnitt	**47**	**6**	**21**

Quelle: FES-Jugendstudie 2015
Wolfgang Gaiser, Martina Gille, Johann de Rijke, Einstellungen junger Menschen zur Demokratie, in: Aus Politik und Zeitgeschichte „Repräsentation in der Krise" 66. Jg. Heft 40-42 2016, S. 39

Aufgaben

1. Stellen Sie das Thema und den Aufbau der Statistik dar.
2. Analysieren Sie den unterschiedlichen Grad der Zufriedenheit mit der Demokratie der in der linken Spalte dargestellten Gruppen.
3. Erörtern Sie das von Ihnen ermittelte Maß der Zufriedenheit mit der Demokratie in Deutschland.

III. Klausurtraining

Brauchen wir mehr direkte Demokratie?

Pro: Man muss den Menschen im Land mehr zutrauen (Simon Plentinger)
„Wir sind doch nicht blöd" – Wer meint, wir Bürgerinnen und Bürger wären nicht kompetent genug, um über Inhalte zu entscheiden, liegt falsch. Längst haben wir uns in den Bundesländern *gegen* Zigarettenqualm und *für* den Umbau eines Bahnhofes entschieden und damit erfolgreich Schlussstriche unter lange Diskussionen gesetzt. Echte Demokratie eben.

Mag sein, dass das Grundgesetz nicht eingeplant hat, dass wir das auch auf Bundesebene tun. Doch wie groß ist da der Unterschied wirklich? Das Grundgesetz stammt außerdem aus einer Zeit, in der wir viel weniger Möglichkeiten hatten, an Informationen zu kommen. *Diese* Zeiten sind vorbei. Und zwar nicht nur für die hochgebildete Elite, sondern für den Großteil der Bevölkerung. Tagtäglich lesen, hören, schauen und klicken wir uns durch Argumente – lernen über Pro, Contra und die Folgen. Und wir diskutieren. Nur entscheiden dürfen wir nicht.

Wir müssen uns auf die Lotterie von Namen und Farben alle vier Jahre beschränken. Am Ende stehen jedes Mal Vertreter, die auch nicht immer auf *allen* Gebieten Experten sind und auch nicht immer *das* durchsetzen, was unsere Mehrheit will. Sinkende Wahlbeteiligung und Politikverdrossenheit entstehen so erst. Wer das beklagt, muss den Menschen im Land *mehr* zutrauen und sie bei wichtigen Fragen miteinbeziehen.

Unsere Demokratie ist erwachsen genug, um *echte* Mehrheitsentscheidungen zu verkraften. Sie braucht solche gemeinsamen Entscheidungen sogar. Denn Wahlversprechen und Beschlüsse der Vorgängerregierung gehen nach der Wahl schnell über Bord. Nach Volksentscheidung dürfte das schwerer fallen.

Simon Plentinger und Steffen Jenter, Pro und Contra Volksentscheide: Brauchen wir mehr direkte Demokratie?, www.br.de, 16.11.2016

Kontra: Wir brauchen nicht mehr Volkentscheide, wir brauchen mehr Menschen, die sich für die Politik entscheiden (Steffen Jenter)

Es gibt tatsächlich zu wenig politische Beteiligung in Deutschland, aber die Einführung von bundesweiten Volksentscheiden wird da nicht helfen. Nach ihnen rufen meist zwei Gruppen: Politiker, die sich vor einer unangenehmen Entscheidung drücken wollen oder Populisten, die darauf hoffen, auf diese Weise platte Lösungen durchzudrücken. Mehr davon wäre im Zeitalter von Trump, Pegida und Facebook-Hetze fatal.

Nein, die Konsensmaschine Parlament ist gut für unser Land. Das mühsame, das zähe Ringen um den Kompromiss – es mag manchmal ermüdend sein, aber wir sind gut damit gefahren. Und die vielbeschworene Beteiligung, sie findet ja statt – über die Parteien, über Mitgliederentscheide, über Bürgerinitiativen, über Ausschüsse, über Expertenanhörungen. Es ist gut, dass unsere Gesellschaft diesen mühsamen Weg geht und wir nicht einfach Ja oder Nein ankreuzen.

Wir brauchen nicht den täglichen Brexit. Demokratie ist nicht die Diktatur der Mehrheit, sondern auch der Schutz der Minderheiten. Wir haben noch immer viel zu wenige Bürger, die wählen gehen und erst recht viel zu wenige, die sich selbst politisch engagieren. Es fehlt an den Jungen, die sich in Parteien engagieren und es fehlt an den Erfahrenen, die bereit sind, ihren gut bezahlten Job in der Wirtschaft aufzugeben und sich für das Gemeinwesen zu engagieren. Nein, wir brauchen keine bundesweiten Volksentscheide, wir brauchen mehr Menschen, die sich für die Politik entscheiden.

Ebd.

Pegida
Kurzform für „Patriotische Europäer gegen die Islamisierung des Abendlandes" wird als (rechts-)populistische Organisation bezeichnet.

Brexit
Bei einem Referendum des Vereinigten Königreichs (Großbritannien) am 23. Juni 2016 stimmten 51,89 % der Wähler für den Austritt des Vereinigten Königreichs aus der Europäischen Union („Brexit").

Aufgaben

1. Stellen Sie den Unterschied von repräsentativer Demokratie und direkter Demokratie dar.
2. Analysieren Sie die Pro- und Kontra-Positionen zur direkten Demokratie in den vorliegenden Texten.
3. Nehmen Sie unter Berücksichtigung der Position der Autoren Stellung zu der Ausgangsfrage „Brauchen wir mehr direkte Demokratie?".

Erwartungshorizonte zu den Aufgaben

Mediencode: 72060-27

Wir wollen nicht ein Stück vom Kuchen, wir woll'n die ganze Bäckerei.

Macht kaputt, was euch kaputt macht!

Wenn Wahlen etwas ändern würden, wären sie längst verboten.

Keine Macht für niemand!

Enteignet Eigentümer!

Gegen Staat und Kapital – Alles für alle überall!

Kein Gott – kein Staat – kein Mietvertrag!

Grenzen auf, überall, bringt Europa jetzt zu Fall!

Bambule, Randale – Linksradikale.

Fight The System!

Legal, illegal, scheissegal!

1

Das Bundeskriminalamt bittet um Ihre Mithilfe
+ + + FAHNDUNG + + + FAHNDUNG + + + FAHNDUNG + + + FAHNDUNG + + +

Mordanschläge und Banküberfälle durch eine rechtsterroristische Tätergruppierung in Deutschland

- 2000 – 2006: Acht türkische/türkischstämmige und ein griechisches Mordopfer
- 2001 u. 2004: Sprengstoffanschläge in Köln
- 2007: Mord und Mordversuch an zwei Polizisten in Heilbronn
- 1999 – 2011: Bewaffnete Banküberfälle im gesamten Bundesgebiet

Tatverdächtige

Böhnhardt, Uwe *01.10.77 †04.11.11 (Aufnahmen 2011 und 2007)

Mundlos, Uwe *11.08.73 †04.11.11 (Aufnahmen 2007 und 2009)

Zschäpe, Beate *02.01.75, in Haft (Aufnahmen 2011)

2

3

Gedenken nach den Terroranschlägen in Berlin 19.12.2016

Pegida-Aufmarsch in Dresden

4

7 Wie wehrhaft ist die Demokratie in Deutschland? Bedrohungen der Demokratie durch Extremismus und Populismus

Auch wenn die Mehrheit der Menschen in Deutschland Demokratie für unverzichtbar hält (→ Kapitel 3), lehnt ein Teil der Bevölkerung die Demokratie nach dem Grundgesetz ab. Kaum eine Woche vergeht, in der die Medien nicht über Aktivitäten rechts- und linksextremistischer sowie islamistischer Gruppen in Deutschland berichten.

Extremismus bedeutet die prinzipielle, unversöhnliche Gegnerschaft gegenüber Ordnungen, Regeln und Normen des demokratischen Verfassungsstaates. Aus diesem Grunde werden Parteien oder Gruppen, die eine Gefahr für die freiheitlich-demokratische Grundordnung (FDGO) darstellen, vom Verfassungsschutz beobachtet und ggfs. nach Regeln des Rechtsstaates (Grundgesetz und weitere Gesetze) verboten.

Populismus bezeichnet alltagssprachlich eine Politik, die Emotionen, Vorurteile und Ängste der Bevölkerung für eigene Zwecke nutzt und vermeintlich einfache und klare Lösungen für politische Probleme anbietet. Die Bewertung ist in der Regel negativ. Populismus ist nicht automatisch extremistisch. Ob Populismus eine Gefahr für die Demokratie in Deutschland bedeutet, ist gegenwärtig häufig Gegenstand kontroverser politischer Diskussionen. Was die Ursachen des Populismus sind und wie man das Phänomen des Populismus bewerten kann, erfahren Sie in der Vertiefung.

Kompetenzen

Am Ende dieses Kapitels können Sie:

- darstellen, wie extremistische Gruppen in Deutschland durch ihre Aktivitäten und Überzeugungen gegen Verfassungsgrundlagen des Grundgesetzes verstoßen;
- analysieren, welche Überzeugungen nicht den Grundsätzen der FDGO entsprechen;
- den Begriff der „wehrhaften Demokratie" erklären;
- empirische Untersuchungen im Hinblick auf die Verbreitung extremistischer Vorstellungen in der Mitte der Gesellschaft auswerten und die zentralen Ergebnisse der Untersuchungen problematisieren;
- mögliche Ursachen der zunehmenden Radikalisierung eines Teils der Gesellschaft benennen;
- vor dem Hintergrund der Werte des Grundgesetzes Handlungsstrategien gegen die Desintegrationsprozesse in der Gesellschaft (fehlende Eingliederung in die Gesellschaft) beurteilen;
- den Begriff „Populismus" erläutern;
- beurteilen, ob Populismus eine Gefahr für die Demokratie sein kann.

WAS WISSEN UND KÖNNEN SIE SCHON?

Bilden Sie Viererkgruppen und fertigen Sie aus einem DIN A-3-Papier oder einer Wandzeitung ein Placemat an (→ Methodenglossar) und
a) schreiben Sie in die Mitte des Placemats als Überschrift „Bedrohungen der Demokratie durch Extremismus und Populismus";
b) werten Sie dann in Einzelarbeit zunächst die Bilder und Sprüche auf der linken Seite aus und notieren Sie Ihre Überlegungen in Ihr Feld;
c) vergleichen Sie Ihre Darstellungen in der Gruppe und
d) entwickeln Sie anschließend eine gemeinsame Darstellung im mittleren Feld.

F Aufgaben a–d
Präsentieren Sie Ihre Ergebnisse im Kurs.

7.1 Rechter, linker und islamistischer Extremismus – eine Gefahr für die Demokratie?

M1 Definitionen von Extremismus und Radikalismus

Oberflächensymptome
Symptome oder Kennzeichen, die nur die Oberfläche einer bestimmten Einstellung betreffen.

a) Definition von Extremismus
Im politischen Sinne bedeutet Extremismus die prinzipielle, unversöhnliche Gegnerschaft gegenüber Ordnungen, Regeln und Normen des demokratischen Verfassungsstaates sowie die fundamentale Ablehnung der mit ihm verbundenen gesellschaftlichen und ökonomischen Gegebenheiten. Extremistische Einstellungen basieren i.d.R. auf grundsätzlicher Ablehnung gesellschaftlicher Vielfalt, Toleranz und Offenheit und stellen häufig den Versuch dar, die aktuellen politischen, ökonomischen und sozialen Probleme auf eine einzige Ursache zurückzuführen.

b) Definition von Radikalismus
Radikalismus bedeutet im weitesten Sinne eine Einstellung, die die politischen, sozialen etc. Probleme nicht an den Oberflächensymptomen behandeln, sondern an deren Ursprung (radix = lat.: Wurzel) ansetzen will. Im engeren Sinne bezeichnet Radikalismus ein kompromissloses Beharren auf Grundpositionen, das sich gegenüber den Einstellungen und Werten anderer intolerant verhält und demokratische Grundwerte (insbesondere Gleichheit und Vielfalt) letztlich ablehnt, wie z.B. der Links- bzw. Rechtsradikalismus, der gewaltsame Handlungen befürwortet.

Klaus Schubert, Martina Klein: Extremismus und Radikalismus, in: Das Politiklexikon. 6. Aufl., Bonn 2016, S.113 und 251

M2 Verwendung der Begriffe „rechts" und „links"

Politische Einstellungen – Ursprünge von „links" und „rechts"
Die politischen Einstellungen „rechts" und „links" gehen auf die Sitzverteilung in der französischen Abgeordnetenkammer von 1789 zurück. Die Parteien, die für den Erhalt der damaligen politischen Verhältnisse eintraten, saßen vom Präsidenten aus gesehen auf der rechten Seite. Jene Parteien, die eine Veränderung der politischen Verhältnisse anstrebten, saßen vom Präsidenten aus gesehen links (→ Kapitel 5, M5).

Die heutige Verwendung der Begriffe [rechts und links] ist teilweise verwirrend. [...] Die Meinungsforscherin Noelle-Neumann hat beschrieben, was Menschen unter rechten und was sie unter linken Werten verstehen. Als linke Werte gelten danach: Gleichheit, Gerechtigkeit, Nähe, Wärme, Formlosigkeit, das „Du", Spontaneität, das Internationale und Kosmopolitische. Ihnen stehen als rechte Werte gegenüber: Betonung der Unterschiede, Autorität, Distanz, geregelte Umgangsformen, das „Sie", Disziplin, das Nationale.
In der Wirtschaft sind linke Werte: staatliche Planung, öffentliche Kontrolle, rechte Werte: Privatwirtschaft und Wettbewerb. Freiheit verstehen Linke zuerst als Freiheit von Not. Der Staat soll sich um soziale Sicherheit und Geborgenheit kümmern. Rechte verstehen Freiheit umgekehrt zuerst als Freiheit von staatlicher Gängelung und staatlichem Zwang. Sie schätzen Anstrengung, Risikobereitschaft, Eigenaktivität. Das zentrale linke Anliegen ist Solidarität mit den Schwächeren.

Eckart Thurich, Rechts-Links-Schema, www.bpb.de, Abruf am 07.03.2018

M3 Fallbeispiele Rechtsextremismus

a) Rechtsextremisten greifen vor einer Flüchtlingsunterkunft Polizisten an
Nur unter Polizeischutz haben im sächsischen Heidenau Flüchtlinge ihre Notunterkunft in einem Baumarkt beziehen können. Rechtsradikale Demonstranten hatten vor dem früheren Baumarkt Beamte mit Steinen, Flaschen und Böllern beworfen. Die Polizisten gingen mit Reizgas gegen die zum großen Teil betrunkenen Demonstranten vor.

7.1 Rechter, linker und islamistischer Extremismus – eine Gefahr für die Demokratie?

Am Samstag teilte die Polizei mit, dass 31 Polizisten verletzt worden seien, einer von ihnen schwer. [...]

In Heidenau, das in der Nähe von Dresden liegt, hatte am Samstag kurz vor ein Uhr morgens ein erster Bus mit Asylsuchenden verspätet das Gebäude erreicht. Bis zum Morgen kamen dann zwei weitere Busse an. Zuvor hatten Einsatzkräfte der Polizei eine Straßenblockade auf der Bundesstraße 172 aufgelöst, mit der die Rechtsradikalen einen Einzug von Asylbewerbern in das Gebäude verhindern wollten. [...]

Am frühen Freitagabend hatten zunächst mehrere hundert Menschen gegen die Aufnahme von Asylbewerbern in Heidenau demonstriert, Rechtsextremisten und „besorgte Bürger". Sie zogen grölend durch die Stadt. Vor dem Haus von Bürgermeister Jürgen Opitz (CDU) riefen sie „Volksverräter".

[...] Zu dem Marsch hatte unter anderem die rechtsextreme NPD aufgerufen, außerdem die von ihr gesteuerte Anti-Asyl-Initiative „Heidenau - Hört zu". Im Anschluss daran blockierten dutzende Demonstranten die Bundesstraße vor dem früheren Baumarktgebäude. Auf den beiden jeweils knapp 3000 Quadratmeter großen Etagen des Baumarkt-Gebäudes sollen künftig bis zu 600 Menschen unterkommen.

Matthias Meissner, Flüchtlinge in Heidenau : Brauner Mob hetzt weiter gegen Asylsuchende, www.tagesspiegel.de, 22.08.2015

Polizei sichert am 21.08.2015 den ehemaligen Praktiker Baumarkt in Heidenau (Sachsen) gegen Übergriffe von Gegnern der Asylunterkunft. In dem seit 2013 leerstehenden Baumarkt in einem Gewerbegebiet sollten in der Nacht zum Samstag etwa 250 Neuankömmlinge untergebracht werden.

b) Zwei weitere Fallbeispiele – via Medien-/QR-Code

1

Auf einer Demonstration von Rechtsextremisten in Köln im Oktober 2014 kommt es zu Gewaltszenen gegen die Polizei.

Text: „Auseinandersetzungen zwischen Rechtsextremisten und Polizei in Köln im Oktober 2014"

Mediencode: 72060-28

2 Hassmails und Morddrohungen für eine Lehrerin

Langsam fährt Lamya Kaddor vor die Friedrich-Althoff-Schule in Dinslaken. [...] Aber sie wendet und fährt weiter. Es ist nicht mehr alles so, wie es sein sollte. [...] Seit Ende September (2016) bekommt sie eine Flut von Hassmails aus dem rechten Lager.
Wüste Gewaltfantasien sind dabei, Sätze wie „Nachts kommen wir dich holen", etliche ...

Text: „Hassmails und Morddrohungen für eine Lehrerin"

Mediencode: 72060-29

M4 Der „Nationalsozialistische Untergrund" (NSU)

Der NSU-Prozess I

Beate Zschäpe und vier mutmaßliche Unterstützer bzw. Gehilfen des Nationalistischen Untergrunds (NSU) sind im Prozess vor dem Münchner Oberlandesgericht (OLG) angeklagt, zehn Morde, mindestens 15 Banküberfälle und zwei Sprengstoffanschläge zwischen den Jahren 2000 und 2007 begangen zu haben. Eine Polizistin, ein griechischer und acht türkischstämmige Kleinunternehmer zählten zu den Mordopfern.

Der NSU-Prozess II

Der Prozess findet seit dem 06.05.2013 statt. Die Urteilsverkündigung wird vermutlich im Frühjahr 2018 stattfinden.

a) Der NSU: Personen und Hintergründe

Eisenach am 4. November 2011. Als sich Polizisten einem Wohnwagen nähern, in dem sie zwei flüchtige Bankräuber vermuten, fallen zwei Schüsse. In dem brennenden Caravan entdeckt die Polizei schließlich die Leichen der mutmaßlichen Täter, die anscheinend ihr Wohnmobil angezündet und anschließend Selbstmord begangen haben. Bald aber stellt sich heraus, dass man nicht nur zwei Bankräubern, sondern der größten rechtsextremen Mordserie in der Geschichte der Bundesrepublik auf die Spur gekommen ist. Die Ereignisse werden zum Wendepunkt im Umgang mit rechter Gewalt und der militanten Neonaziszene. Weder der Verfassungsschutz noch ausgewiesene Szenekenner hatten bis dahin derart kaltblütige und gut organisierte Mordanschläge rechter Terroristen in Deutschland für möglich gehalten.

Mehr als 13 Jahre lang haben Uwe Böhnhardt, Uwe Mundlos und Beate Zschäpe aus dem Untergrund heraus gemordet, gebombt und mehr als ein Dutzend Banken überfallen. Kurz nach dem Selbstmord ihrer beiden Komplizen zündete Zschäpe das Versteck der Gruppe in Zwickau an und stellte sich wenige Tage später der Polizei. Bald stellten die Ermittler fest: Die blutige Spur der Terrorgruppe „Nationalsozialischer Untergrund" (NSU) zieht sich quer durch die ganze Republik. Acht türkisch- und ein griechischstämmiger Kleinunternehmer sowie eine Polizistin wurden laut Anklage von dem Trio erschossen. Doch weder Polizei noch Verfassungsschutz vermuteten hinter den Taten ein rechtsextremes Motiv. Hunderte Beamte ermittelten jahrelang in die falsche Richtung. Die Ermittler hätten selbst dann noch am vermuteten Tatmotiv „organisierte Kriminalität" festgehalten, als „Spur um Spur in diese Richtung ergebnislos blieb", kritisierte 2013 [im Deutschen Bundestag] der NSU-Untersuchungsausschuss. „Die wenigen Merkmale, die tatsächlich alle Opfer gemeinsam haben [...] konnten sie mit keiner bekannten kriminellen Organisation in Konflikt bringen. Nur eine rassistische Tatmotivation traf tatsächlich auf alle Opfer zu", lautet das Fazit des Ausschusses. [...]

1995 gründen Mundlos, Zschäpe und Böhnhardt gemeinsam mit Ralf Wohlleben und Holger Gerlach die „Kameradschaft Jena". Schnell steigen sie in der Szene-Hierarchie auf und nehmen an Neonazi-Aufmärschen und -Aktionen in ganz Deutschland teil. Kurze Zeit später schließen sie sich der zu damals bundesweit größten und gefährlichsten Nazi-Kameradschaft „Thüringer Heimatschutz" (THS) an. 1996 beginnt das Trio mit seinen Bombenbasteleien.

Im November 2011 hatten die Ermittler in den Trümmern der Zwickauer Wohnung die Tatwaffen entdeckt, außerdem die Pistole der ermordeten Polizistin. Damit war schlagartig klar geworden, dass hinter den zehn Morden die bis dahin völlig unbekannte Terrorgruppe stand. Auf der Flucht aus ihrer Zwickauer Wohnung hatte Zschäpe noch an 15 Adressen ein grausames Bekenner-Video verschickt. Der viertelstündige Film zeigt den menschenverachtenden Hass, der die Täter antrieb. „Taten statt Worte" fordern die Neonazis darin. Mit einem Mix von Szenen des Zeichentrickfilms „Der rosarote Panther", selbst aufgenommenen Fotos der blutüberströmten Leichen und zynischen Kommentaren verhöhnten die Terroristen ihre Opfer – und ließen erkennen, dass die Mordserie nach zehn Toten eigentlich noch nicht hatte beendet sein sollen: Neben den Fotos der Ermordeten blieben weitere Bilderrahmen für zukünftige Opfer frei.

Johannes Radke, Der „Nationalsozialistische Untergrund" (NSU), www.bpb.de, 16.10.2013

7.1 Rechter, linker und islamistischer Extremismus – eine Gefahr für die Demokratie?

b) Die Verbrechen des NSU – im Überblick

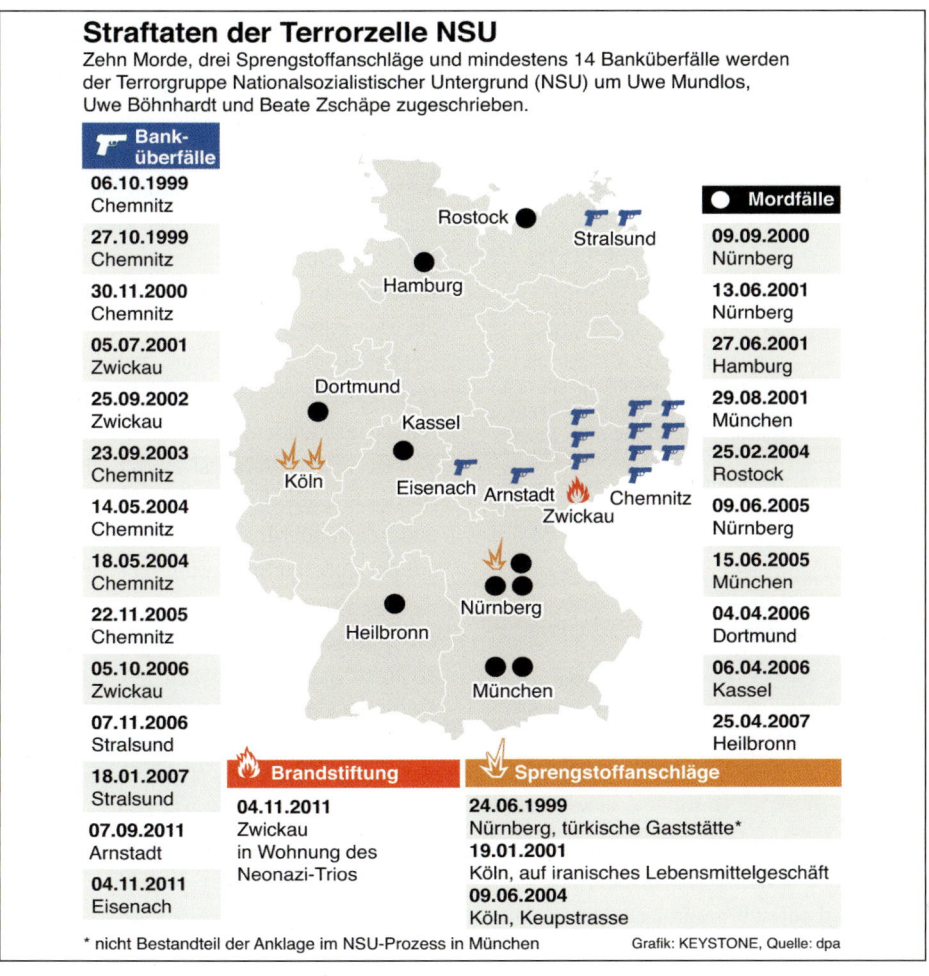

M5 Was ist Rechtsextremismus?

Der Rechtsextremismus stellt in Deutschland kein ideologisch einheitliches Gefüge dar. Vielmehr tritt er in verschiedenen Ausprägungen nationalistischer, rassistischer und antisemitischer Ideologieelemente und mit unterschiedlichen, sich daraus herleitenden Zielsetzungen auf. Dabei herrscht die Auffassung vor, die Zugehörigkeit zu einer Ethnie, Nation oder Rasse entscheide über den Wert eines Menschen. Dieses rechtsextremistische Werteverständnis steht in einem fundamentalen Widerspruch zum Grundgesetz, welches die Würde des Menschen in den Mittelpunkt stellt.

Neben diesen Ideologiefragmenten verbindet Rechtsextremisten in aller Regel ihr autoritäres Staatsverständnis, in dem der Staat und das nach ihrer Vorstellung ethnisch homogene Volk als angeblich natürliche Ordnung in einer Einheit verschmelzen. Gemäß dieser Ideologie der „Volksgemeinschaft" sollen die staatlichen Führer intuitiv nach dem vermeintlich einheitlichen Willen des Volkes handeln. In einem rechtsextremistisch geprägten Staat würden somit wesentliche Kontrollelemente der freiheitlichen demokratischen Grundordnung, wie das Recht des Volkes, die Staatsgewalt in Wahlen auszuüben, oder das Recht auf Bildung und Ausübung einer parlamentarischen Opposition, fehlen.

Unverzichtbare Ideologieelemente für die überwiegende Mehrheit der deutschen Rechtsextremisten stellen der – offen, un-

Antisemitismus
Judenfeindlichkeit

Ethnie
Volksgruppe

> **Hilfen zu den Begriffen „Nationalismus", Rasse/Rassismus" und „Ideologie"**
>
> **Nationalismus**
> Nationalismus bezeichnet eine Ideologie, die die Merkmale der eigenen ethnischen Gemeinschaft (z. B. Sprache, Kultur, Geschichte) überhöht, als etwas Absolutes setzt und in dem übersteigerten (i.d.R. aggressiven) Verlangen nach Einheit von Volk und Raum mündet.
>
> **Rasse/Rassismus**
> Die (politische, soziale) Rasse unterstellt eine Homogenität biologischer Rassen aufgrund äußerlicher Unterschiede von Menschen (wie z. B. der Hautfarbe). Den so konstruierten Gruppen werden fälschlicherweise bestimmte Wesenszüge und Charaktereigenschaften zugeschrieben. Diese werden in Bezug auf die eigene Gruppe überhöht und in Bezug auf andere Personen oder Gruppen abgewertet. Der Rassismus fördert damit das eigene Überlegenheitsgefühl und erzeugt Vorurteile, Ablehnung und Feindseligkeit gegenüber anderen Menschen und führt zu sozialer Ausgrenzung.
>
> **Ideologie**
> Ideologie ist (im neutralen Sinne) die Lehre von den Ideen, d. h. der wissenschaftliche Versuch, die unterschiedlichen Vorstellungen über Sinn und Zweck des Lebens, die Bedingungen und Ziele des Zusammenlebens etc. zu ordnen. Aus diesen Bemühungen entstanden historisch unterschiedliche Denkschulen. Im politischen Sinne dienen Ideologien zur Begründung und Rechtfertigung politischen Handelns.
>
> *Alle Begriffe nach: Klaus Schubert, Martina Klein, in: Das Politiklexikon. 6. Aufl., Bonn 2016*

terstellend oder verbrämt geäußerte – Antisemitismus […] dar. Letzteres steht für eine ideologisch motivierte Umdeutung historischer Tatsachen, die eine verfälschende Geschichtsbetrachtung propagieren.

In den vergangenen Jahren hat das Aktionsfeld der „Islamfeindlichkeit" als eine moderne Form der Fremdenfeindlichkeit für die rechtsextremistische Szene an Bedeutung gewonnen. Hierbei versuchen Rechtsextremisten, Überfremdungsängste und Vorurteile gegenüber der Religion des Islams bzw. Muslimen zu erzeugen oder bestehende Ressentiments zu schüren, um die öffentliche Meinung in ihrem Sinne zu beeinflussen. Rechtsextremisten verfolgen mit ihrer fremden- und islamfeindlichen Agitation die Idee einer „Volksgemeinschaft", die als Gegenmodell zur offenen, pluralistischen Demokratie präsentiert wird. Sie propagieren das drohende Aussterben des deutschen Volkes, einen „Volkstod" durch Geburtenrückgang und Abwanderung auf der einen und Zuwanderung und „Überfremdung" auf der anderen Seite. Zum rechtsextremistischen Personenspektrum zählen subkulturell geprägte Rechtsextremisten, Neonazis sowie […] rechtsextremistische Parteien. Zu diesen gehören etwa die „Nationaldemokratische Partei Deutschlands" (NPD), die „Bürgerbewegung pro NRW"* („pro NRW") oder die Parteien „DIE RECHTE" und „Der III. Weg"**, die sich in den letzten Jahren als Sammelbecken für Neonazis etabliert haben.

© 2018 Bundesamt für Verfassungsschutz, *Was ist Rechtsextremismus?*, www.verfassungsschutz.de, Abruf am 08.03.2018

*Pro NRW: Die Bürgerbewegung pro Nordrhein-Westfalen (Kurzbezeichnung: Pro NRW) ist eine rechtsextreme und verfassungsfeindliche deutsche Kleinpartei.

**Der III. Weg: Der III. Weg (auch: Der Dritte Weg) ist eine rechtsextremistische Kleinpartei in Deutschland.

AUFGABEN

1. Erklären Sie die Begriffe „Extremismus" und „Radikalismus" und die Unterscheidung von „rechts" und „links" (**M1, M2,** und **Kapitel 5, M5**).

2. Beschreiben Sie (ggfs. in arbeitsteiliger Gruppenarbeit) die in **M3a–b, M4a–b** dargestellten Fallbeispiele extremistischer Gewalt. Notieren Sie zentrale Aspekte auf einer Wandzeitung (→ Methodenglossar) und präsentieren Sie diese im Kurs.

3. a) Analysieren Sie in Gruppenarbeit **M5** im Hinblick auf zentrale Merkmale extremistischer Gewalt (Täter, Motive, politische Einstellungen).
   b) Übertragen Sie Ihre Ergebnisse in eine Tabelle. Sie benötigen diese Tabelle auch noch für die Bearbeitung von **M7** und **M9**.
   c) Präsentieren Sie Ihre Ergebnisse im Kurs.

H Aufgabe 2
Tipps für die Gruppe, die **M4a–b** bearbeitet:
- Entstehung und Aktivitäten der Gruppe
- Informationen über die Mordopfer und weitere Straftaten
- mögliche Gründe für den Wendepunkt im Umgang mit rechter Gewalt

M6 Fallbeispiele Linksextremismus

a) Anschlag auf Tagungsort des OSZE-Gipfels in Hamburg

Eine Gruppe Unbekannter hat in der Nacht zum Sonntag in Hamburg einen Farb- und Brandanschlag auf die Messehallen im Karolinenviertel verübt. Dort soll in einein-
5 halb Wochen das Außenministertreffen der 57 Mitgliedsstaaten der OSZE stattfinden. Die laut Zeugen etwa 30 bis 50 überwiegend vermummten Akteure warfen am „Eingang Süd" an der Karolinenstraße Farbbomben
10 und Steine gegen die Fensterfront des Eingangsportals und entzündeten nach Feuerwehrangaben zwei selbst gebaute Barrikaden aus Müllcontainern, Reifen und einem Motorrad auf der Straße.
15 Durch die Hitze der Flammen zerbarsten Glasscheiben der Eingangstüren. Feuerwehrleute löschten die Flammen nach Angaben eines Sprechers nach 15 Minuten. Als die Einsatzkräfte von Feuerwehr und Poli-
20 zei eintrafen, waren die Akteure bereits geflüchtet. Um eine Verfolgung zu erschweren, hatten sie sogenannte Krähenfüße, also spitze Metallteile, auf der Straße verstreut. Über das linke Internetportal Indymedia
25 hat sich eine Gruppierung unter der Überschrift „Hurra, die Messe brennt" zu der Attacke bekannt und führt auch stadtentwicklungspolitische Aspekte als Begründung auf. „Wir haben uns zu dieser Abrissinitiative entschieden, da wir die Messe, 30 die sich als Messe zur Welt versteht, ebenso grundsätzlich ablehnen wie die dort geplanten Herrschaftstreffen", heißt es in der Erklärung. [...]
Immer wieder seien Wohnquartiere der 35 Messeerweiterung zum Opfer gefallen, die Messe sei Motor für Gentrifizierung gewesen und „schwelte in der Vergangenheit lange als Abrissbirne über den Köpfen der Anwohner/innen".

Taz, Anschlag auf Hamburger Messehallen, Baldiger OSZE-Tagungsort brennt, www.taz.de, 27.11.2016

> **OSZE**
>
> Organisation für Sicherheit und Zusammenarbeit in Europa. Mit ihren 57 Teilnehmerstaaten in Nordamerika, Europa und Asien ist die OSZE die weltweit größte regionale Sicherheitsorganisation. Sie arbeitet daran, dass mehr als eine Milliarde Menschen in Frieden, Demokratie und Stabilität leben können.
>
> © Organisation für Sicherheit und Zusammenarbeit in Europa, Was ist die OSZE?, www.osce.de, 30.08.2016

> **Hinweis zu „G20-Staaten"**
>
> Forum für die Weiterentwicklung des internationalen Wirtschafts- und Finanzsystems. Es wurde 1999 auf Betreiben der USA gegründet. Neben den G-7-Staaten (Deutschland, Frankreich, Großbritannien, Italien, Japan, Kanada und USA) und der EU gehören ihm Australien und die Schwellenländer Argentinien, Brasilien, China, Indien, Indonesien, Mexiko, Saudi-Arabien, Südafrika, Süd-Korea, Türkei an.
>
> © Bundeszentrale für politische Bildung, G-20-Staaten, www.bpb.de, Abruf am 08.03.2018

b) Gewalt als Protest gegen „Gentrifizierung"

Sie kommen nachts in Kleingruppen – und mit Gewalt: Linksautonome, die ihre Ziele akribisch ausspähen und planmäßig angreifen. Schnelle, taktisch inszenierte Grup-
5 pengewalt mit großer öffentlicher Wirkung. So wie Ende Mai in der Alten Jakobstraße im grundsanierten Berliner Bezirk Mitte. Nachdem die Autonomen in Kleingruppen durch die Straße gezogen waren, brannten
10 vier Autos. Barrikaden aus Autoreifen und Baumaterial standen in Flammen, Fensterscheiben des verhassten Energieriesen Vattenfall waren durch Steinwürfe demoliert. An umliegenden Häuserfassaden waren
15 Farbbomben zerplatzt. [...]
Seit etwa fünf Jahren gibt es den Trend dezentraler Aktionen, mit denen niemand rechnen kann. Gewalt gegen symbolträchtige Objekte wie Jobcenter, Gerichte und andere Behörden, die man für die Gänge- 20 lung sozial Benachteiligter verantwortlich macht. Die Schäden gehen in Millionenhöhe. Auf Bildern von Überwachungskameras einer Adidas-Boutique in Mitte oder eines Luxusneubaus am Prenzlau- 25 er Berg sind sportliche, schwarz gekleidete Vermummte zu erkennen, die an der Fensterfront entlanglaufen und mit Hämmern blitzschnell das Glas zerstören. Und an vielen Neubauten zeigen sich die hart- 30 näckigen Spuren bunter Farbbomben. Für Linksautonome sind das legitime Markierungen, um auf den steigenden Mietendruck hinzuweisen.

> **(Links)Autonome**
>
> Nach eigenen Gesetzen („autonom") lebende Linksextremisten, die sich für eine sozialistische Revolution einsetzen und als Fernziel eine „herrschaftsfreie Gesellschaft" durch eine Selbstorganisation des Zusammenlebens anstreben (→ M6).

Feuerwerkskörper werden bei einer Demonstration linker Gruppen am 06.02.2016 in Berlin in der Rigaer Straße gezündet.

Gentrifizierung

Gentrifizierung (engl.: niedriger Adel) wird die Sanierung bestimmter großstädtischer Viertel mit der Kündigung ärmerer Mieter und dem Zuzug von wohlhabenderen Bevölkerungsgruppen genannt.

„Eine Farbbombe an irgendeinem Neubau ist aus meiner Sicht nicht das große Ding, wenn die Leute wütend sind, weil sie aus ihren Wohnungen vertrieben werden", sagt einer der Bewohner der Rigaer Straße 94 im Szeneviertel Friedrichshain. Zwar hat sich in dem Konflikt um die strittige Teilräumung seines Wohnhauses zuletzt eine Welle linker Gewalt entzündet, von der die ganze Stadt, auch das politische Berlin, erfasst wurde. Aber der Kampf der Autonomen ist größer als die Rigaer Straße: „Wir sehen uns als Teil des Kampfes gegen Gentrifizierung, aber im großen Ganzen natürlich gegen den Kapitalismus", sagt der junge Mann in entschlossenem Tonfall. „Es geht nicht nur um die Rigaer Straße, es ist ganz Berlin. Überall werden Leute entmietet, rausgeschmissen, wird teuer saniert, und Luxuswohnungen gebaut. Und natürlich entstehen da Spannungen", erklärt er den Zusammenhang zwischen sozialer Schieflage und Gewalt, die für ihn ein „Ausdruck von Solidarität" ist. Gewalt ist Solidarität. Brennende Autos sind Solidarität. […] Auch die 123 verletzten Polizisten gelten dem Autonomen als „Ausdruck von Solidarität", die nach Angriffen während der Demonstration gegen die Teilräumung am 9. Juli in Friedrichshain gezählt wurden. […] Unter dem Jubel und im Schutz zahlreicher Mitläufer, die lautstark ihren „Hass" gegen die Polizisten skandierten. Zwar betonen Menschen aus der Unterstützerszene, auch Autonome selbst, dass einzig Gewalt gegen Sachen politisch legitimiert sei. Aber Polizisten sind die Ausnahme. Ihnen wird die Menschenwürde abgesprochen, wenn man sie zu „Schweinen" abwertet, wie in der Szene üblich.

Olaf Sundermeyer, Linksextremismus: Die Legende von der guten Gewalt, www.zeit.de, 14.07.2016

M7 Was ist Linksextremismus?

Kapitalismus
→ Kapitel 9, M17a–b

Faschismus
Hier: rechtsextremes, offen rassistisches und fremdenfeindliches Gedankengut

Sozialismus/ Anarchismus
→ Kapitel 5.2, M15c

Kommunismus
Eine Wirtschafts- und Gesellschaftsordnung, bei der die Abschaffung des privaten Eigentums und die Bildung von Gemeineigentum im Fokus stehen.

Kommunisten, Anarchisten und Autonome stellen die Hauptströmungen des Linksextremismus dar. Sie unterscheiden sich in einigen Punkten stark voneinander, sind sich aber in ihrer grundsätzlichen Kritik am Kapitalismus einig. Ob diese auch immer als extremistischer Angriff auf die freiheitlich-demokratische Grundordnung der Bundesrepublik zu werten ist, darüber herrscht keinesfalls Einigkeit unter den Experten. Im Unterschied zum Rechtsextremismus teilen sozialistische und kommunistische Bewegungen die liberalen Ideen von Freiheit, Gleichheit, Brüderlichkeit. Sie verstehen darunter aber etwas anderes als zum Beispiel das Grundgesetz. In ihrer Gesellschaftsauffassung entwickeln sich diese Werte vielmehr nur in einer sozialistischen Gesellschaftsordnung, die auch durch eine Revolution errichtet werden kann oder muss. So unterschiedlich sie auch ausgerichtet sein mögen, verstehen sich doch alle linksextremistischen Organisationen als „antifaschistisch". Damit ist allerdings nur teilweise der Kampf gegen Rechtsextremismus gemeint.
Gemeinsam ist linksextremistischen Gruppen die Ausdehnung des Faschismus-Begriffes auch auf demokratische Einrichtungen wie unter anderem die Angriffe gegen Polizisten zeigen.

© Brandenburgische Landeszentrale für politische Bildung, Gefahr von links?, www.politische-bildung-brandenburg.de, Abruf am 08.03.2018

M8 Beispiele islamistisch motivierter Gewalt in Westeuropa ab 1970 und in Deutschland ab 2016

a) Terroranschläge im Jahr 2016

Ziel terroristischer Anschläge ist es, möglichst viele Menschen zu töten. So nehmen die Terroristen Orte ins Visier, an denen sich viele Zivilisten aufhalten wie bei der Anschlagsserie in Paris, bei der u. a. ein Stadion und eine Konzerthalle betroffen waren. Auch Flughäfen wie bei den Anschlägen in Brüssel und Istanbul sind Ziele von Attacken. Oder aber werden Anschläge gezielt auf Einrichtungen und Personen verübt, die nach Ansicht der Terroristen als islamkritisch, islamfeindlich gelten, wie etwa jüdische Einrichtungen, Politiker und Botschaften westlicher Länder. [...]

1 Eine 15-Jährige Deutsch-Marokkanerin hat am 26. Februar 2016 im Hauptbahnhof Hannover einen Bundespolizisten angegriffen. Der Messerangriff der 15-jährigen Deutsch-Marokkanerin Safia S. hat nach Erkenntnissen der Bundesanwaltschaft einen terroristischen Hintergrund gehabt.

© Bundesarbeitsgemeinschaft Politische Bildung Online, Islamistische Terroranschläge in Europa, www.politische-bildung.de, 01.12.2016

2 Am 18. Juli 2016 verletzte ein als minderjährig und unbegleitet registrierter Flüchtling fünf Menschen in einer Regionalbahn bei Würzburg mit einem Beil und einem Messer, vier davon schwer. Der Täter wurde in der Folge von einem Spezialeinsatzkommando (SEK) der Polizei erschossen. Die Ermittlungsbehörden gehen von einer islamistisch motivierten Tat aus.

Ebd.

3 Am 16. April 2016 wurde ein Sprengstoffanschlag auf das Gebetshaus der Sikh-Gemeinde Gurdwara Nanaskar in Essen verübt. Als mutmaßliche Täter wurden knapp eine Woche später zwei als salafistisch eingestufte Jugendliche aus dem Ruhrgebiet festgenommen.

Ebd.

4 Der Sprengstoffanschlag von Ansbach am 24. Juli 2016 war ein Selbstmordattentat in der Altstadt von Ansbach in Bayern. Dabei verletzte der mutmaßlich islamistisch motivierte Täter am späten Abend mit einem Sprengsatz mindestens 15 Personen und erlitt selbst tödliche Verletzungen. Der Attentäter war ein 27-jähriger syrischer Flüchtling.

Ebd.

5 Mitte Dezember [2016] wird bekannt, dass ein zwölfjähriger Junge in Ludwigshafen in Rheinland-Pfalz versucht haben soll, Anschläge auf den dortigen Weihnachtsmarkt zu verüben. Auf die Spur kommen ihm die Behörden über einen mit Nägeln präparierten Brand- oder Sprengsatz. Zwei Mal scheitert sein tödliches Unterfangen – ob er am Ende zögerte oder seine selbstgebastelten Bomben nicht funktionierten, ist nicht bekannt. Der Junge soll religiös radikalisiert sein und über einen Messenger-Dienst Anweisungen vom IS erhalten haben. Ermittelt wird gegen ihn jedoch nicht, weil er strafunmündig ist.

Johanna Bruckner, Anschlag auf Berliner Weihnachtsmarkt: 2016 – Jahr des Terrors für Deutschland, www.sueddeutsche.de, 20.12.2016

6 19. Dezember: Anschlag auf Berliner Weihnachtsmarkt. Ein Unbekannter steuert (später als der Tunesier Anis Amri identifiziert) am 19. Dezember 2016 einen [...] gekaperten Lkw auf den Weihnachtsmarkt am Berliner Breitscheidplatz – mindestens zwölf Menschen kommen ums Leben, Dutzende (56) werden zum Teil schwer verletzt. (Amri wurde am 23. Dezember nach einer europaweiten Fahndung in der Nähe von Mailand von einem Polizisten bei einer Personenkontrolle erschossen.)

Ebd.

b) Überblick: Terroropfer in Westeuropa

Hinweis zur Grafik

In der Grafik sind auch nicht-islamistische Attentate dargestellt (z. B. die Attentate in München und Norwegen). Die neuesten Attentate ab 2015 sind von islamistischen Attentätern verübt worden.

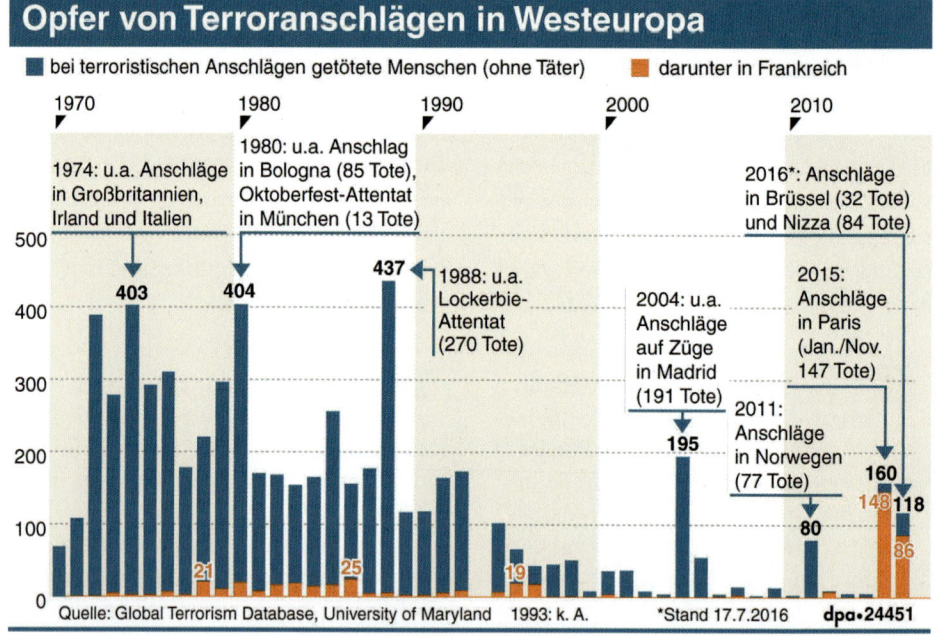

M9 Islamismus und Salafismus: Missbrauch der Religion des Islams für politische Zwecke

Der Islamismus in Deutschland ist kein einheitliches Phänomen. Allen Ausprägungen gemeinsam ist der Missbrauch der Religion des Islams für die politischen Ziele und
5 Zwecke der Islamisten. Islamistische Ideologie geht von einer göttlichen Ordnung aus, der sich Gesellschaft und Staat unterzuordnen haben.

Dieses „Islam"-Verständnis steht im Widerspruch zur freiheitlichen demokratischen 10 Grundordnung. Verletzt werden dabei vor allem die demokratischen Grundsätze der Trennung von Staat und Religion, der Volkssouveränität, der Gleichstellung der Geschlechter sowie der religiösen und der sexu- 15 ellen Selbstbestimmung. Die verschiedenen Ausprägungen des Islamismus unterscheiden sich nicht nur in ihren ideologischen Prämissen, sondern auch in den Mitteln, mit denen sie ihre Ziele erreichen wollen. Grup- 20 pierungen wie die „Islamische Gemeinschaft Millî Görüs e. V." (IGMG) lehnen Gewalt ab. Sie versuchen mit politischen Mitteln, ihren Mitgliedern ein, nach ihrer Interpretation, islamkonformes Leben in Deutschland zu ermöglichen. Organisationen wie die HAMAS 25 [...] dagegen, die stark auf ihre Herkunftsregionen ausgerichtet sind, befürworten Gewalt als ein mögliches Mittel und wenden es dort auch an. Eine besonders radikale Strömung

---

Hinweise zu den Begriffen: „Islam" und „Islamismus"

Islam:
Der arabische Begriff „Islam" (Hingabe, Unterwerfung) bezeichnet eine Religion, deren wichtigster Grundsatz der Glaube an den einen Gott und seinen Propheten Muhammad ist. Weitere Glaubensvorstellungen und Verhaltensregeln waren von Anfang an Gegenstand teils heftiger Diskussionen, denn der Koran und die Sunna (Taten und Sprüche des Propheten) können auf unterschiedliche Weisen verstanden werden.

Islamismus:
„Islamismus" ist ein Sammelbegriff für verschiedene politische Ideologien, die davon ausgehen, dass man auf der Grundlage von Koran und Sunna die Regeln einer Gesellschaft ableiten könne. [...] Ihr Ziel ist es, einem idealisierten frühen Islam wieder Geltung zu verschaffen. In Deutschland wird der Islamismus in der öffentlichen Diskussion häufig mit Terrorismus in Verbindung gebracht. Tatsächlich sind einige Zielvorstellungen des politischen Islams mit einem Gesellschaftssystem wie in Deutschland nur schwer in Einklang zu bringen – so lehnen Islamisten beispielsweise die rechtliche Gleichstellung von Mann und Frau ab. [...] Eine deutliche Mehrheit der Muslime in Deutschland wie im Rest der Welt lehnt eine islamische Staatsideologie ab.

© Bundeszentrale für politische Bildung 2012, Was ist der Unterschied zwischen Islam und Islamismus, www.bpb.de, Abruf am 08.03.2018

7.1 Rechter, linker und islamistischer Extremismus – eine Gefahr für die Demokratie?

innerhalb des Islamismus stellt der Salafismus dar. Salafisten versuchen, den Islam der ersten drei Generationen von Muslimen, den sogenannten „rechtschaffenen Altvorderen" (as-salaf as-salih), unverändert in der heutigen Zeit zu praktizieren. Das salafistische Spektrum in Deutschland reicht von politischen Salafisten, die Gewalt – zumindest in Deutschland – ablehnen, bis hin zu jihadistischen Salafisten, die Gewalt global befürworten und einsetzen. Die Grenzen zwischen beiden sind fließend. Die auch Jihadisten [eine militant extremistische Strömung des Islamismus] genannten islamistischen Terroristen propagieren und praktizieren terroristische Gewalt als das primäre Mittel zur Durchsetzung ihrer Ziele. Die wichtigsten islamistisch-terroristischen Organisationen sind der „Islamische Staat" in Syrien und dem Irak sowie weiterhin „al-Qaida" und ihre regionalen Ableger.

© Bundesamt für Verfassungsschutz, Was ist Islamismus?, www.verfassungsschutz.de, Abruf am 08.03.2018

Hamas
Die Bezeichnung Hamas steht als Abkürzung für „Harakat al Mukawamah al Islamijah" (islamische Widerstandsbewegung) und bedeutet im Arabischen zugleich „Glaubenseifer". Die Organisation will im gesamten Gebiet Palästina einen islamischen Staat errichten. Sie betrachtet Israel als besetztes Gebiet und will den jüdischen Staat beseitigen. Die Hamas kämpft für ihre Ziele auch mit Gewalt.

© tagesschau.de, Palästinenser-Organisation Was ist die Hamas?, www.tagesschau.de, 16.11.2012

M10 Verbot der salafistischen Vereinigung „Die wahre Religion"

Nach monatelangen Ermittlungen verbot Bundesinnenminister Thomas de Maizière (CDU) am Dienstag die Vereinigung „Die wahre Religion", die unter dem Motto „Lies!" zahlreiche Koran-Verteilaktionen organisiert hatte. [...]
De Maizière sagte, rund 140 junge Islamisten seien nach einer Radikalisierung durch „Lies!" in die Kampfgebiete der Terrormiliz Islamischer Staat (IS) gereist. „Das mussten wir unterbinden." Die Ausgereisten seien im Zusammenhang mit dem scheinbar harmlosen Verteilen von Koranen etwa in Fußgängerzonen radikalisiert worden. [...]
Nach den jüngsten Festnahmen von Terrorverdächtigen sei es nun darum gegangen, der Propaganda den Boden zu entziehen. De Maizière warf der Vereinigung vor, dazu aufgerufen zu haben, für den Islamischen Staat zu kämpfen und zu morden. „Sie glorifiziert also Mord und Terror", kritisierte er. „Die wahre Religion" wende sich gezielt an Jugendliche. „Ein solches Handeln können und wollen wir in unserem Land nicht dulden." Deutschland sei eine wehrhafte Demokratie. „Wir wollen auch nicht, dass Terrorismus aus Deutschland exportiert wird."

© heute.de, Salafistisches Netzwerk „Die wahre Religion" verboten: De Maiziere nennt Deutschland wehrhafte Demokratie, www.heute.de, 28.11.2016

Islamischer Staat
Islamischer Staat ist eine seit 2003 aktive terroristisch agierende sunnitische Miliz mit zehntausenden Mitgliedern.

al-Qaida
al-Qaida ist ein loses, weltweit operierendes Terrornetzwerk meist islamistischer Organisationen, das seit 1993, meist in Verbindung mit Bekennerschreiben, zahlreiche Terroranschläge in mehreren Staaten verübt hat.

AUFGABEN

1. Beschreiben Sie (ggfs. in arbeitsteiliger Gruppenarbeit) die in **M6a-b** und **M8a-b** dargestellten Fallbeispiele extremistischer Gewalt. Notieren Sie zentrale Aspekte auf einer Wandzeitung (→ Methodenglossar).

2. a) Analysieren Sie in Gruppenarbeit **M7** und **M9** im Hinblick auf zentrale Merkmale extremistischer Gewalt (Täter, Motive, politische Einstellungen).
   b) Übertragen Sie Ihre Ergebnisse in eine Tabelle.
   c) Werten Sie Ihre Analyse im Hinblick auf Gemeinsamkeiten und Unterschiede extremistischer Gewalttaten und der politischen Einstellungen der Täter aus.
   d) Präsentieren Sie Ihre Ergebnisse im Kurs.

3. Analysieren Sie die Gründe, die zu einem Verbot der salafistischen Vereinigung „Lies mich" durch den Bundesinnenminister geführt haben (**M10**).

4. Entwickeln Sie ein vorläufiges Urteil, wie extremistische Gewalttaten verhindert werden könnten. Notieren Sie Ihre Ergebnisse.

H Aufgaben 1–2
Erweitern Sie Ihre Wandzeitungen/Tabellen aus Aufgabe 2 und 3 von S. 230.

F Aufgaben 1–4
Stellen Sie Ergebnisse aus einer Internetrecherche zu aktuellen extremistischen Vorfällen dar.

7.2 Das Grundgesetz und das Konzept der „wehrhaften Demokratie" – das NPD-Verbot im Meinungsstreit

Sie haben schon in Kapitel 7.1 Informationen über extremistische Gewalt erhalten. In diesem Unterkapitel können Sie das Konzept der „wehrhaften Demokratie" nach dem Grundgesetz kennen lernen und den Verlauf und das Ergebnis des Verbotsverfahrens der NPD, das vom Bundesrat im Dezember 2012 – Urteilsverkündigung durch das Bundesverfassungsgericht im Januar 2017 – eingeleitet wurde, bewerten.

M11 „Wehrhafte Demokratie": Konzept und Verankerung im Grundgesetz

Deprivation
Mangel, Verlust, Entzug von etwas Erwünschtem

Art. 79 GG
(3) Eine Änderung des Grundgesetzes, durch welche die Gliederung des Bundes in Länder, die grundsätzliche Mitwirkung der Länder bei der Gesetzgebung oder die in den Artikeln 1 und 20 niedergelegten Grundsätze berührt werden, ist unzulässig.

a) Das Konzept der „wehrhaften Demokratie"

Die Machtergreifung der Nationalsozialisten [...] hat nicht nur in Deutschland, sondern in der ganzen Welt unendliches Leid ausgelöst. In Politik und Wissenschaft wurde deshalb nach dem Zweiten Weltkrieg verstärkt darüber diskutiert, ob und wenn ja wie sich vermeiden lässt, dass sich eine derartige Katastrophe wiederholt. [...] Wenn man davon ausgeht, dass es in jeder Gesellschaft einen gewissen Prozentsatz von Menschen mit harter rechtsextremer politischer Gesinnung gibt, die auch durch noch so intensive politische Bildungsmaßnahmen nicht „umerzogen" werden können und sich in einer modernen Gesellschaft ökonomische und soziale Deprivation von Menschen als Folge schnellen sozialen Wandels nicht verhindern lassen, dann stellt sich die Frage, wie politisch negative Folgen [...] verhindert werden können. Das ist das Grundproblem, vor dem jede moderne Demokratie steht. [...] Inhaltlich lässt sich die „streitbare Demokratie" auf die Kurzformel bringen: „Keine Freiheit für die Feinde der Freiheit". Das bedeutet: Eine streitbare Demokratie wehrt sich aktiv gegen diejenigen politischen Kräfte, die die Demokratie abschaffen wollen. Während in der Weimarer Republik die Verfassung mit einer Zwei-Drittel-Mehrheit beliebig verändert werden durfte, ist dies nach Artikel 79 (3) des Grundgesetzes der Bundesrepublik Deutschland nicht mehr möglich.

Hermann Adam, Bausteine der Politik – eine Einführung, Wiesbaden 2007, S. 186-191

b) „Wehrhafte Demokratie" im Grundgesetz verankert

Unaufhebbarer Kern der Verfassung: Art. 79 (3)	Zum Schutz der Verfassung einschränkbare Grundrechtsartikel
• Würde des Menschen (Art. 1 GG), • Demokratie-, Rechts-, Bundesstaats- und Sozialstaatsprinzip (Art. 20 GG)	• Die Freiheit der Lehre wird an die Treue zur Verfassung gebunden – Art. 5 (3). • Vereinigungen, deren Zwecke oder deren Tätigkeit den Strafgesetzen zuwiderlaufen oder die sich gegen die verfassungsmäßige Ordnung oder gegen den Gedanken der Völkerverständigung richten, sind nach Art. 9 (2) GG verboten. [...] • Parteien, die nach ihren Zielen oder nach dem Verhalten ihrer Anhänger darauf ausgehen, die freiheitliche demokratische Grundordnung zu beeinträchtigen oder zu beseitigen oder den Bestand der Bundesrepublik zu gefährden, sind nach Art. 21 (2) verfassungswidrig. Über die Verfassungswidrigkeit entscheidet das Bundesverfassungsgericht. • Auch viele Vereine wurden nach Art. 9 (2) GG verboten [...] Doch sowohl Parteien als auch Nicht-Parteien, d.h. Vereine, tauchen unter anderem Namen und in anderen Orten wieder neu auf. *Ebd.*

M12 Voraussetzungen für ein Parteienverbot

Nach Art. 21 Abs. 2 Grundgesetz (GG) sind Parteien verfassungswidrig, die nach ihren Zielen oder nach dem Verhalten ihrer Anhänger darauf ausgehen, die freiheitliche demokratische Grundordnung zu beeinträchtigen oder zu beseitigen oder den Bestand der Bundesrepublik Deutschland zu gefährden, verfassungswidrig und können durch das Bundesverfassungsgericht verboten werden. Dies ist der Fall, wenn eine Partei nicht nur eine verfassungsfeindliche Haltung vertritt, sondern diese Haltung auch in aktivkämpferischer, aggressiver Weise umsetzen will. Es genügt für ein Parteiverbot also nicht, dass oberste Verfassungswerte in der politischen Meinungsäußerung in Zweifel gezogen, nicht anerkannt, abgelehnt oder ihnen andere entgegengesetzt werden. Die Partei muss vielmehr planvoll das Funktionieren der freiheitlichen demokratischen Grundordnung beseitigen wollen.

© Bundesministerium des Innern 2017, Parteienrecht, www.bmi.bund.de, Abruf am 08.03.2018

M13 Die NPD – eine rechtsextreme Partei

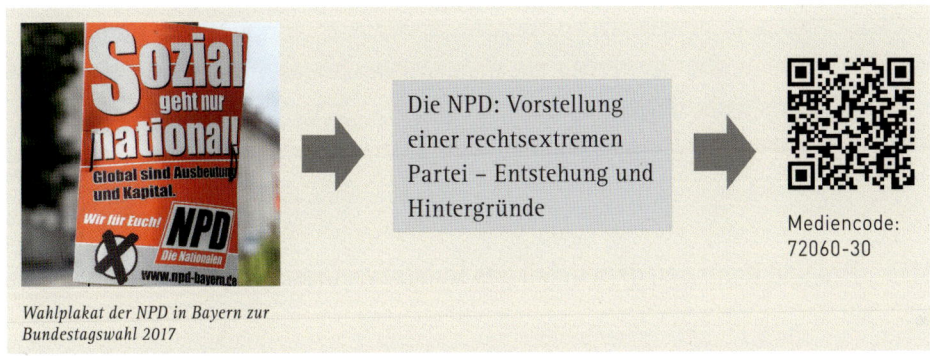

Wahlplakat der NPD in Bayern zur Bundestagswahl 2017

Mediencode: 72060-30

M14 Das Verbotsverfahren gegen die NPD (2013-2017) – Stationen des Verfahrens vor der Entscheidung des Bundesverfassungsgerichtes

1 14. Dezember 2012: Der Bundesrat beschließt [...] nahezu einstimmig, einen neuen Anlauf für ein Verbot der NPD zu nehmen. Das Bundesverfassungsgericht in Karlsruhe soll erneut über die Frage der Verfassungswidrigkeit der NPD entscheiden. Seinen Beschluss begründete der Bundesrat mit der festen Überzeugung, dass es sich bei der NPD um eine verfassungswidrige Partei handelt. Sie sei nach ihren Zielen und dem Verhalten ihrer Anhänger darauf ausgerichtet, die freiheitlich demokratische Grundordnung zu beeinträchtigen und sogar zu beseitigen. [...] Der Bundesrat bezeichnet die NPD als Partei, die eine antisemitische, rassistische und ausländerfeindliche Einstellung hat und mit dem Nationalsozialismus wesensverwandt ist. Dies lasse sich anhand der von den Innenministern von Bund und Ländern erstellten umfangreichen Materialsammlung belegen.

2 Februar 2013: Bundesratspräsident Winfried Kretschmann bestellt [...] die Professoren Dr. Christoph Möllers und Dr. Christian Waldhoff (Juristische Fakultät der Humboldt-Universität zu Berlin) als Prozessbevollmächtigte des Bundesrates für das NPD-Verbotsverfahren [...]. Diese bereiten die Klageschrift vor.

3 3. Dezember 2013: Die Bevollmächtigten reichen die Klageschrift beim Verfassungsgericht in Karlsruhe ein.

4 7. Dezember 2015: Das Bundesverfassungsgericht beschließt, die Verhandlung über die Anträge des Bundesrates durchzuführen [...].

5 3. November 2016: Das Bundesverfassungsgericht teilt mit, dass der Zweite Senat am Dienstag, 17. Januar 2017 um 10 Uhr sein Urteil verkünden wird.

© 2018 Bundesrat, NPD-Verbotsantrag in Karlsruhe eingereicht: Verfahrensschritte, www.bundesrat.de, Abruf am 08.03.2018

M15 Urteil des Bundesverfassungsgerichts zum Verbotsverfahren gegen die NPD (17.01.2017) – ein Zeitungsbericht

Die NPD ist eine verfassungsfeindliche Partei, bleibt aber dennoch erlaubt, weil sie zu klein und unbedeutend zur Durchsetzung ihrer Ziele ist. Das hat das Bundesverfassungsgericht in einem historischen Urteil entschieden. Danach kann eine Partei nur dann verboten werden, wenn „konkrete Anhaltspunkte von Gewicht" dafür vorliegen, dass sie überhaupt die Möglichkeit zu einer Beeinträchtigung der freiheitlichen demokratischen Grundordnung hat.

Bei der NPD ist diese Schwelle nach Einschätzung des Zweiten Senats nicht erreicht: In den Landesparlamenten sei sie gar nicht mehr vertreten, auf kommunaler Ebene sei sie ebenfalls ohne nennenswerten Einfluss. Auch außerhalb der Parlamente konnte das Gericht, das im März drei Tage lang über den vom Bundesrat vorgelegten Antrag verhandelt hatte, keine auch nur regionale Dominanz der rechtsextremen Partei feststellen. Die Anschläge auf Asylbewerberheime lassen sich dem Urteil zufolge nicht der NPD zuordnen – obwohl sie „durch ihre menschenverachtende Agitation an der Schaffung eines ausländerfeindlichen Klimas beteiligt ist". [...]

Gerichtspräsident Andreas Voßkuhle machte deutlich, dass gar nicht viel zu einem Verbot gefehlt hätte. Nach ihren Zielen strebe die NPD die Beseitigung der freiheitlichen demokratischen Grundordnung an. Ihr politisches Konzept missachte die Menschenwürde aller, die der von ihr ethnisch definierten „Volksgemeinschaft" nicht angehörten. Zudem sei die NPD mit dem Nationalsozialismus „wesensverwandt". Weil die politisch wie gesellschaftlich marginalisierte NPD aber keine Chance auf eine Umsetzung ihrer Ziele habe, „bedarf es des präventiven Schutzes der Verfassung durch ein Parteiverbot als schärfste und überdies zweischneidige Waffe des demokratischen Rechtsstaats gegen seine organisierten Feinde nicht", sagte Voßkuhle. „Das Parteiverbot ist kein Gesinnungs- oder Weltanschauungsverbot."

Wolfgang Janisch, Karlsruhe lehnt NPD-Verbot ab, in: Süddeutsche Zeitung, 18.01.2017, S.1

M16 Pro und Kontra zu dem Urteil des Bundesverfassungsgerichts

a) Das Urteil ist richtig – von Heinrich Wefing

Nein, dieser Dienstag war kein tragischer Tag für die Demokratie. Die Entscheidung des Bundesverfassungsgerichts, die NPD nicht zu verbieten, ist kein Ausdruck von Verzagtheit oder gar Resignation. Es ist ein Akt der Souveränität, Ausweis des Zutrauens in die demokratische Auseinandersetzung.

Das Grundgesetz verfolgt eine anspruchsvolle Konzeption der „wehrhaften Demokratie". Die Verfassung privilegiert die Parteien, und zwar: alle Parteien, weil sie in der parlamentarischen Demokratie eine herausragende Rolle spielen. Das Grundgesetz räumt auch der Meinungsfreiheit eminente Bedeutung ein, dem politischen Diskurs insgesamt, dem durchaus harten, polemischen, zugespitzten Streit der Überzeugungen und Ideale.

Zugleich aber, und das ist kein Widerspruch, soll sich die Demokratie des Grundgesetzes gegen ihre Feinde zur Wehr setzen [...] Dieses Spannungsverhältnis lässt sich nicht auflösen, man kann es nur gestalten. [...]

Die NPD, daran lässt das Gericht auf dreihundert Seiten keinen Zweifel, ist nach ihrem Programm, ihren Absichten und Äußerungen eine widerliche, intolerante, rassistische, antidemokratische, kurz eine verfassungsfeindliche Partei.

Aber verfassungsfeindliche Ideen und Programme allein genügen eben nicht.

Ein Parteiverbot ist keine Gesinnungsprüfung. [...]

Es muss auch eine gewisse Wahrschein-

Heinrich Wefing, stellv. Ressortleiter im Ressort Politik, DIE ZEIT

lichkeit bestehen, dass die verfassungsfeindliche Partei ihre Ziele durchsetzen kann, in den Parlamenten oder auf der Straße. Und genau daran fehlt es im Fall der NPD. Die Partei ist bedeutungslos, sie ist intellektuell bankrott, faktisch pleite, sie hat kaum noch Mitglieder, keinen einzigen Sitz in einem Landesparlament, sie ist nicht mehr kampagnenfähig, und die Führung im rechten Spektrum haben längst andere Kräfte übernommen. Mit anderen Worten: Die NPD ist zu jämmerlich, um verboten zu werden. Sicher, für Bürgerrechtler und Aktivisten, die sich, zumal in Ostdeutschland, alten und neuen Nazis entgegenstemmen, mag das Urteil bitter sein. Menschen, die beschimpft, bedroht, attackiert werden und sich womöglich im Stich gelassen fühlen: Warum weiter für die Demokratie einstehen, wenn die NPD jetzt „Sieg" grölt?

Wer aber das Urteil nur etwas genauer liest, findet für solchen Defätismus keinen Anlass. Im Gegenteil, die Richter fordern geradezu, dass alle Mittel des Polizeirechts und des Strafrechts gegen Hasser, Hetzer und Gewalttäter eingesetzt werden. Mehr noch, sie regen ziemlich deutlich an, verfassungsfeindliche Parteien von der staatlichen Finanzierung auszuschließen. Kurz, der Kampf gegen Rechtsaußen ist nicht zu Ende. Er müsse vielmehr eher noch härter geführt werden, lässt sich dem Urteil entnehmen. [...]

Das Urteil enthält aber auch eine Botschaft an all die [...] Verschwörungstheoretiker, die so gern behaupten, hierzulande herrsche Meinungsterror, eine Gesinnungsdiktatur, würden abweichende Ansichten vom „Establishment" unterdrückt. Das Karlsruher Urteil beweist das Gegenteil. Die Richter haben noch einmal bekräftigt, dass der Diskurs in der Demokratie offen sein muss, weit offen. Dazu gehört auch, radikale Positionen zu ertragen, sogar solche, die das Grundgesetz infrage stellen. Die Freiheit gilt erst einmal und in weiten Grenzen selbst für die Feinde der Freiheit.

Heinrich Wefing, Das Urteil ist richtig, in: Die Zeit, Nr. 4, 19.1.2017, S. 1

Diskurs
Erörterung, Diskussion

Defätismus
Eine Haltung, in der man nicht an einen Erfolg oder guten Ausgang von etwas glaubt.

b) Das Urteil ist falsch – von Heribert Prantl

Im alten römischen Recht galt der Rechtssatz: „Um Kleinigkeiten muss sich der Richter nicht kümmern." Dieser pragmatische Satz ist nun das ungeschriebene Motto des Bundesverfassungsgerichts im Urteil über die NPD. Mit diesem Satz lassen sich die dreihundert Seiten zusammenfassen, mit denen es die höchsten Richter ablehnen, die rechtsextreme Partei zu verbieten. Die NPD gilt den Richtern zwar als verfassungsfeindlich; ausdrücklich wird die Wesensverwandtschaft mit der NSDAP festgestellt. Aber die NPD ist den Richtern nicht groß, nicht einflussreich, also nicht gefährlich genug, um sie zu verbieten; die NPD habe nicht genügend Wirkkraft. Würde die NPD bei Wahlen die Prozente erreichen, die derzeit die AfD erreicht – die Richter hätten sie wohl verboten. Für die Richter ist ein Verbot aufgrund Verfassungswidrigkeit eine Frage der Zahl: Es zählen Wahlergebnisse, es zählt nicht der Wille der Partei, Grundordnung und Grundwerte zu beseitigen; es zählt nur, ob sie auch die realistische Möglichkeit hat, dieses Ziel zu erreichen. Eine solche Zählung ist falsch: Eine Demokratie, die sich erst wehrt, wenn es hochgefährlich wird, ist keine wehrhafte, sondern eine naive Demokratie. Mit der Parteiendemokratie verhält es sich wie mit einem Pilzgericht: Ein giftiger Pilz kann das ganze Essen verderben.

Es mag sein, dass sich Richter um Kleinigkeiten nicht kümmern müssen. Aber es ist keine Kleinigkeit, wenn eine Partei

Heribert Prantl, Mitglied der Chefredaktion der Süddeutschen Zeitung

Hass sät. Es ist keine Kleinigkeit, wenn sie Millionen Menschen aus Deutschland vertreiben will. Es ist keine Kleinigkeit, wenn die Hetze gegen Menschen Parteiprogramm ist. Wenn dies unter dem Schutz des Parteienprivilegs geschehen kann, nährt das Gewalt. Gewiss: Die staatlichen Institutionen in Deutschland sind gefestigt und stark genug, um eine verfassungsfeindliche Partei auszuhalten. Aber die Menschen, gegen die Neonazis hetzen, sind es nicht; sie sind verletzlicher als der Staat. Ein Verbot der NPD wäre vorbeugender Opferschutz gewesen.

Natürlich schaltet ein Verbot den Rechtsextremismus nicht aus. Dieser verschwindet nicht, wenn eine Partei, die ihn propagiert, verboten wird. Der Rechtsextremismus bleibt da, er löst sich nicht mit der Partei auf. Wer aber mit dieser Begründung auf ein Parteiverbot verzichtet, der könnte ja auch auf Strafgerichte verzichten: Auch Kriminalität löst sich mit den Urteilen, die Kriminelle bestrafen, nicht auf. Gleichwohl sind Strafurteile ein Beitrag gegen die Verrohung und für die Zivilität einer Gesellschaft.

Die NPD hätte verboten werden können und müssen – nicht, obwohl sie derzeit klein und bei Wahlen unbedeutend ist, sondern gerade deswegen. Niemand hätte beim Verbot behaupten können, dass da eine Art Konkurrentenschutz für die anderen Parteien betrieben wird. An einer kleinen, zerstrittenen, aber bösartigen Partei hätte gezeigt werden können, dass es eine Linie gibt, die eine Partei, ob klein oder groß, nicht überschreiten kann, ohne das Parteienprivileg zu verlieren. Es hätte gezeigt werden können, dass eine Partei, ob klein oder groß, nicht unter dem Schutz dieses Privilegs aggressiv kämpferisch gegen das Grundgesetz und seine Grundwerte auftreten darf.

Karlsruhe hätte am Beispiel der kleinen NPD sagen können: Da wird eine Linie weit überschritten. [...] Ein Parteiverbot wäre ein Akt der Prävention gewesen. Karlsruhe hat sich dieser Prävention verweigert.

Herbert Prantl, NPD-Verfahren: Braun bleibt, in: Süddeutsche Zeitung, 18.01.2017 S. 4

AUFGABEN

1. Erläutern Sie unter Bezug auf die einschlägigen Grundgesetzartikel das Konzept der „wehrhaften Demokratie" und bewerten Sie dieses Konzept vor dem Hintergrund der deutschen Geschichte (M11a-b).

2. Analysieren Sie M12 im Hinblick auf die Voraussetzungen für ein Parteienverbot unter Berücksichtigung der Informationen zur freiheitlich-demokratischen Grundordnung (→ Kapitel 3, S. 110, M15).

3. Stellen Sie in knapper Form die Geschichte des NPD-Verbotsverfahrens dar (M14).

4. Arbeiten Sie in Gruppenarbeit heraus, mit welchen Argumenten das Bundesverfassungsgericht das Verbot der NPD ablehnt (M15) und stellen Sie die zentralen Begründungen für eine Befürwortung bzw. Ablehnung des Urteils dar (M16a-b).
Notieren Sie Ihre Argumente in Thesenform auf einer Wandzeitung. Präsentieren Sie Ihre Ergebnisse im Kurs.

5. Setzen Sie sich in einer Pro- und Kontra-Diskussion (→ Methodenglossar) mit den Argumenten auseinander und entwickeln Sie ein eigenes Urteil zu der Entscheidung des Bundesverfassungsgerichts (M11-M16a-b).

F Aufgabe für eine kleine Gruppe
Erarbeiten Sie eine Präsentation, in der Sie die Entstehungsgeschichte und Informationen über das Grundsatzprogramm der NPD sowie die Unterschiede zwischen Grundsatzprogramm und Parteiorgan darstellen. Entwickeln Sie Fragen für eine Diskussion im Kurs zu verfassungsfeindlichen Programmpunkten der NPD, die unter Ihrer Leitung stattfinden soll (M13).

7.3 Extremistische Tendenzen in der Mitte der Gesellschaft – Bedrohung für die Demokratie?

Die Beobachtung extremistischer Aktivitäten, die Gefahren für unsere Demokratie bedeuten, ist Aufgabe staatlicher Institutionen, wie dem Verfassungsschutz und der Polizei. Ziel ist es, die freiheitlich-demokratische Grundordnung zu verteidigen und Gefahren abzuwehren. Aber alles staatliche Handeln in diesem Bereich bedarf einer Bevölkerung, die sich mit den Grundwerten des Grundgesetzes (Kapitel 3) identifiziert. Sie haben bereits in Kapitel 7.1 erfahren, dass die Demokratie im Sinne des Grundgesetzes auch in Deutschland nicht selbstverständlich ist. Wenn man „Integration" als eine gesellschaftliche und politische Eingliederung von Menschen in eine Gesellschaft und in ein politisches System (im Sinne des „Dazugehörens") versteht, ist die fehlende politische Integration ein Problem für die Demokratie. Man spricht dann von „Desintegration". Je größer solche „Desintegrationserfahrungen" der Menschen sind, je mehr sie also erfahren oder auch nur befürchten, nicht mehr „dazuzugehören", desto deutlicher werden bei ihnen Einstellungen der „Gruppenbezogenen Menschenfeindlichkeit" – desto deutlicher reagieren sie mit Ausgrenzung, Herabsetzung, Verachtung gegenüber bestimmten Gruppen. Im Alltag kann man solche Desintegrationserfahrungen wenig feststellen, aber mit Befragungen das Phänomen erfassen. Das Unterkapitel 7.3 beschäftigt sich mit der Frage, wie weit extremistische Vorstellungen in unserer Gesellschaft verbreitet sind.

M17 „Mitte-Studie" der Universität Leipzig (Juni 2016)

An der Universität Leipzig wird von den Soziologen Oliver Decker und Elmar Brähler seit dem Jahr 2002 regelmäßig eine Studie zur Verbreitung „autoritärer und rechtsextremer" Einstellungen in Deutschland durchgeführt.

a) Ausländerfeindlichkeit und Befürwortung einer rechtsautoritären Diktatur

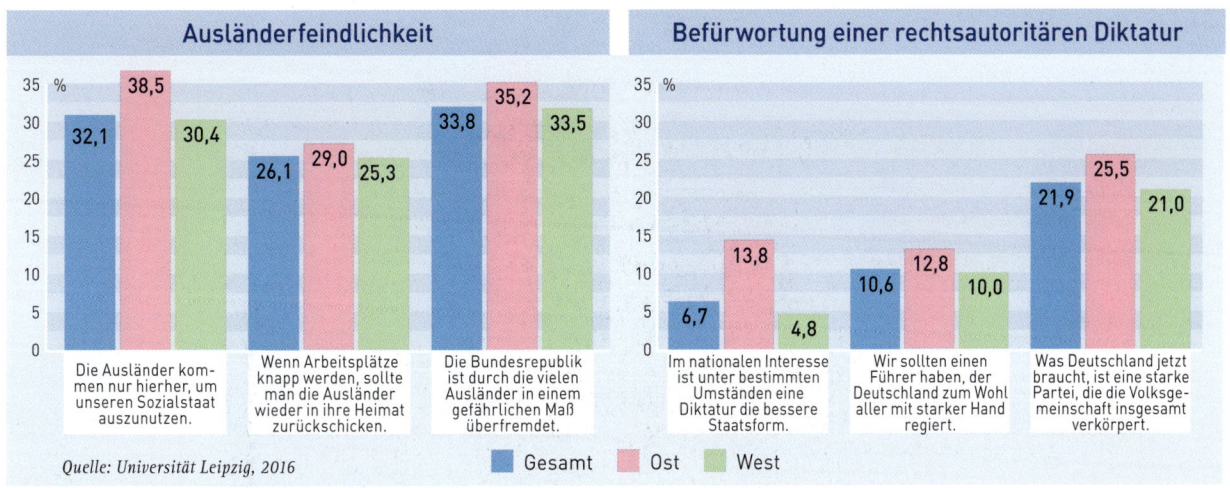

Quelle: Universität Leipzig, 2016

b) Interview von tagesschau.de mit dem Leiter der Studie

tagesschau.de: Leben wir in einem rassistischen und gewalttätigen Land?
Oliver Decker: Nein, aber rechtsextreme und antidemokratische Einstellungen treten in letzter Zeit viel offener in Erscheinung. Ein Grund dafür ist, dass sich viele Menschen bedroht fühlen und diese diffuse Bedrohung bestimmten Gruppen zuge-

schrieben wird – etwa Flüchtlingen, Moslems oder Sinti und Roma. Das hat mit der Realität meist nichts zu tun – kein Flüchtling wohnt im Luxushotel, wie viele [...] behaupten, auch ist Deutschland nicht in seiner Existenz bedroht. Aber zu sagen, dass es so ist, erlaubt es den Menschen, massiv gegen diese gefühlte Bedrohung vorzugehen – auch mit Gewalt. Und in dieser Phase befinden wir uns gerade, dass sich solche Einstellungen immer offener Bahn brechen.

tagesschau.de: Das schlägt sich auch in der Zahl der Straftaten nieder: Die Polizei zählte 2015 mehr als 1000 Straftaten gegen Flüchtlingsunterkünfte. Warum verlieren Menschen immer häufiger jegliche Hemmungen?

Decker: Diese Täter glauben, dass sie eine Auffassung exekutieren, die die meisten Menschen teilen. Und ihr rechtsextremes Weltbild gestattet es ihnen dann, Gewalt gegen Menschen anzuwenden, die sie zwar als schwach, aber in der Menge doch als Bedrohung wahrnehmen.

Oliver Decker im Interview mit Alexander Steininger, Mitte-Studie zu Rechtsextremismus: „Der hässliche Deutsche wohnt nicht nur im Osten", www.tagesschau.de, 15.06.2016

Establishment
Schicht der politisch, wirtschaftlich oder gesellschaftlich einflussreichen Personen (Eliten)

M18 „Mitte-Studie" der Friedrich-Ebert-Stiftung (November 2016): gespaltene Mitte – feindselige Zustände – rechtsextreme Einstellungen

a) Ergebnisse der Mitte-Studie im Überblick
Im Jahr 2016 hat die FES-Mitte-Studie erstmals auch die Zustimmung und Ablehnung neurechter Einstellungen in der Bevölkerung in Deutschland erfasst.

Neurechte Einstellungen 2016 (Angaben in Prozent)						
Anti-Establishment*	n = 917	trifft überhaupt nicht zu	stimme eher nicht zu	stimme eher zu	stimme voll und ganz zu	trifft voll und ganz zu
Die Regierung verschweigt der Bevölkerung die Wahrheit.	880	20,5	15,3	21,6	19,1	23,5
Die regierenden Parteien betrügen das Volk.	883	32,1	20,2	19,4	12,7	15,7
Aufruf zum Widerstand	918					
Man muss sich gegen die aktuelle Politik wehren.	904	30,3	18,3	19,5	16,2	15,8
Es ist Zeit, mehr widerstand gegen die aktuelle Politik zu zeigen.	912	30,1	20,2	20,5	12,3	17,0
Unterstellung eines Meinungsdiktats*	1.890					
In Deutschland darf man nichts Schlechtes über Ausländer sagen, ohne gleich als Rassist beschimpft zu werden.	1.860	16,9	11,6	16,6	19,3	35,6
In Deutschland kann man ncht mehr frei seine Meinung äußern, ohne Ärger zu bekommen.	1.873	40,8	17,3	13,9	111,9	16,1
Islamverschwörung*	892					
Der Islam hat in Deutschland zu viel Einfluss.	865	32,4	23,2	18,1	26,4	
Die deutsche Gesellschaft wird durch den Islam unterwandert.	875	36,7	23,2	19,0	21,1	
Nationale Rückbesinnung gegen die EU*	929					
Deutschland wäre ohne die EU besser dran.	901	48,6	17,5	15,3	7,2	11,4
Deutschland muss sich mehr auf sich selbst besinnen.	922	26,6	13,5	19,5	16,4	24,0

Legende * Zur Erfassung dieses Konstrukts wurde eine fünfstufige Antwortskala vorgelegt, bei der nur die Endpole benannt wurden.

Nach © FES, Neurechte Einstellungen, www.fes.de, Abruf am 20.04.2018

b) Die Mitte-Studie in der Analyse

Verschwörungsmythen in Bezug auf eine vermeintliche Unterwanderung durch den Islam, die Behauptung eines Meinungsdiktats, eine Beschimpfung des „Establishments" als illegitim, verlogen und betrügerisch, die Forderung nationaler Rückbesinnung gegen die EU und der Aufruf zum Widerstand gegen die aktuelle Politik bilden ein zusammenhängendes neurechtes Einstellungsmuster, das von fast 28% der Bevölkerung vertreten wird. Je weiter rechts die Befragten sich selbst positionieren, desto eher vertreten sie auch diese Form neurechter Einstellungen. [...]

40% aller Befragten meinen, die deutsche Gesellschaft würde durch den Islam unterwandert. Mehr als jede/r Vierte (28%) denkt: „Die regierenden Parteien betrügen das Volk", ebenso viele beklagen: „In Deutschland kann man nicht mehr frei seine Meinung äußern, ohne Ärger zu bekommen." (28%) und fordern: „Es ist Zeit, mehr Widerstand gegen die aktuelle Politik zu zeigen" (29%). Dagegen ist die Stimmung in der Bevölkerung im Hinblick auf die Geflüchteten deutlich positiver, als vielfach unterstellt.

Die Mehrheit der Bevölkerung äußert sich im Sommer 2016 wohlwollend oder zumindest in der Tendenz positiv zur Aufnahme von Geflüchteten in Deutschland. Über die Hälfte der Befragten (56%) findet die Aufnahme gut, weitere 24% zumindest „teils-teils" gut und ist optimistisch, dass es der Gesellschaft gelingt, die aktuelle Situation zu bewältigen.

Nur 20% finden es explizit „eher nicht" oder „überhaupt nicht" gut, dass Deutschland viele Flüchtlinge aufgenommen hat. Eine kleine Minderheit fühlt sich persönlich durch Flüchtlinge in ihrer Lebensweise (6%) bzw. finanziell (7%) bedroht, allerdings befürchtet rund ein Viertel der Befragten ein Absinken des Lebensstandards in Deutschland. „Wir sollten der lauten Minderheit der Fremdenfeinde in den gesellschaftlichen Debatten nicht so viel Raum geben, sondern der demokratisch gesinnten Mehrheit mehr Aufmerksamkeit schenken", sagt Beate Küpper vom Autorenteam der Studie. Und Herausgeber Ralf Melzer von der Friedrich-Ebert-Stiftung ergänzt: „Politische Bildung heißt auch, diejenigen zu unterstützen und zu qualifizieren, die sich für unsere Grundwerte, Mitmenschlichkeit und Vielfalt engagieren. Konfliktträchtig sind die weitverbreiteten muslimfeindlichen Einstellungen (19%) und die Zustimmung zu Vorurteilen gegenüber asylsuchenden Menschen; sie stiegen von 2014 (44%) auf 50% in 2016. Stabil hoch sind auch Zustimmungen zu negativen Meinungen über langzeitarbeitslose Menschen; sie werden von fast der Hälfte aller Befragten geteilt (49%).

Mit Blick auf Unterschiede in demografischen Gruppen fallen signifikante Unterschiede zwischen ost- und westdeutschen Befragten auf: Fremdenfeindlichkeit, Muslimfeindlichkeit, die Abwertung von Sinti und Roma, asylsuchenden und wohnungslosen Menschen sind im Osten signifikant stärker ausgeprägt.

Andreas Zick, Mitautor der Studie [...]: „Deutschland befindet sich in einer Zerreißprobe: Während sich viele von [...] (rechten) Meinungen leiten lassen und aggressiver gegen Eliten und vermeintlich Fremde geworden sind, sind andere bereit, sich noch mehr für die Integration zu engagieren."

© Friedrich-Ebert-Stiftung, Pressemitteilung: Studie zeigt Stabilität rechtsextremer und -populistischer Einstellungen, www.fes.de, 21.11.2016

Im Auftrag der Friedrich-Ebert-Stiftung wird seit 2002 im Zwei-Jahres-Rhythmus die Verbreitung rechtsextremer Einstellungen in Deutschland empirisch erfasst. Auf Grundlage bundesweiter Repräsentativerhebungen entsteht so ein Barometer antidemokratischer Einstellungen in Verbindung mit Ursachenanalysen und Interventionsstrategien.

„Neue Rechte"

Die „neue Rechte" ist eine politische Einstellung, die nicht an Nationalsozialismus oder die NPD angeknüpft, sondern an Ängste der Bevölkerung gegen den Islam und weiterer Bedrohungen.

M19 Studie der Freien Universität Berlin zur Verbreitung von Linksextremismus

Wissenschaftler der Freien Universität Berlin präsentieren Ergebnisse eines Forschungsprojektes zu demokratiegefährdenden Potenzialen des Linksextremismus

Staatliches Gewaltmonopol

Die vom modernen Staat wahrgenommene ausschließliche Befugnis, auf seinem Staatsgebiet physische Gewalt (körperliche Zwangsgewalt) einzusetzen oder ihren Einsatz zuzulassen. Das Gewaltmonopol ist ein wesentlicher Teil der inneren Souveränität eines Staates.

© Bundeszentrale für politische Bildung, Staatliches Gewaltmonopol, in: Duden Recht A-Z. Fachlexikon für Studium, Ausbildung und Beruf. 3. Aufl. Berlin 2015, S. 218

Linksextreme Einstellungen sind einer Studie von Wissenschaftlern der Freien Universität Berlin zufolge in Deutschland weit verbreitet. So kam in einer repräsentativen Umfrage [...], bei der die Befragten Aussagen über Demokratie und Gesellschaft bewerten sollten, häufig eine kritische Haltung gegenüber der praktizierten Demokratie in Deutschland zum Ausdruck. [...]
Die Forscher ermittelten [...], dass ein Sechstel der Gesamtbevölkerung (Westdeutschland: 14 Prozent; Ostdeutschland: 28 Prozent) eine linksradikale/linksextreme Grundhaltung hat. Dabei weisen vier Prozent ein nahezu geschlossenes linksextremes Welt- und Gesellschaftsbild auf, 13 Prozent stimmen überwiegend den jeweiligen Facetten eines linksextremen Einstellungsmusters zu. Die durchschnittliche Zustimmung zum Einsatz politisch motivierter Gewalt – sei es gegen Personen oder Sachen oder als Gegengewalt – gegen die als strukturell empfundene Gewalt „des Systems" – lag in der Umfrage bei sieben Prozent. Von den als linksextrem eingestuften Personen befürworten 14 Prozent Gewaltanwendung.
Das für die Wissenschaftler erstaunlichste und für sie nicht zu erklärende Ergebnis ergab sich bei der Frage nach dem staatlichen Gewaltmonopol. Nur knapp die Hälfte sprach sich für seine Beibehaltung aus; 46 Prozent waren für seine Abschaffung.

Monika Deutz-Schroeder, Klaus Schroeder, Studie: Linksextreme Einstellungen sind weit verbreitet, www.fu-berlin.de, 23.02.2015

AUFGABEN

Aufgabe 1a-e
Bei der Bearbeitung der Schaubilder in **M17** hilft Ihnen die nebenstehende Methode „Statistikbearbeitung III".

1. Stellen Sie in arbeitsteiliger Gruppenarbeit zentrale Ergebnisse der Studien in **M17-M19** zum Thema Extremismus dar, indem Sie die unten genannten Aspekte bearbeiten. Recherchieren Sie ggfs. weitere Informationen über die jeweiligen Studien im Internet. Notieren Sie Ihre Ergebnisse auf einer Wandzeitung (→ Methodenglossar), Folie, Powerpoint, u.a. Folgende Aspekte können Ihre Darstellung zum Thema Extremismus strukturieren:
   a) Autoren, Auftraggeber, Untersuchungsgegenstand/Thema und Verfahren der Durchführung der Studie;
   b) Darstellung, worauf sich die jeweiligen Einstellungen der als extremistisch bezeichneten Befragten beziehen;
   c) Ausmaß der erhobenen extremistischen Einstellungen (übersichtliche Darstellung in Form von Schemata, Tabellen, Mind-Maps, u.a.);
   d) Zusammenfassung zentraler Befunde in Stichpunkten;
   e) Bewertung der Ergebnisse durch die jeweilige Arbeitsgruppe;
   f) Entwicklung von Vorschlägen, auf welche Weise Staat und Gesellschaft auf die erhobenen Befunde reagieren sollten.
2. a) Präsentieren Sie Ihre Ergebnisse aus Aufgabe 1 im Kurs.
   b) Entwickeln Sie Vorschläge zum Umgang mit extremistischen Tendenzen.
3. Prüfen Sie, inwieweit die Studien einen Beleg für Desintegrationserfahrungen liefern und welche Desintegrationsphänomene im Vordergrund stehen (**M17-M19**).
4. Diskutieren Sie die Vorschläge der Arbeitsgruppen aus Aufgabe 2b zum Umgang mit extremistischen Tendenzen.

METHODE

Statistikbearbeitung III

I. Aufgaben

1. Stellen Sie Thema und Aufbau der Schaubilder in **M17** auf S. 241 zu der Mitte-Studie der Universität Leipzig dar.
2. Analysieren Sie die in **M17** dargestellten Ergebnisse der Studie im Hinblick auf den Untersuchungsgegenstand der Studie (autoritäre und rechtsextreme Einstellungen).
3. **Erörtern und beurteilen Sie die in den Schaubildern dargestellten Ergebnisse der Mitte-Studie in M17.**

II. Tipps zur Bearbeitung von Aufgabe 3

1. Es wird vorausgesetzt, dass Sie in Aufgabe 1 auf dieser Seite herausgearbeitet haben, dass in **M17** die Ergebnisse der Mitte-Studie zur Verbreitung von autoritären und rechtsextremen Einstellungen auf der Grundlage der Items (Untersuchungsaspekte) „Ausländerfeindlichkeit" und „Befürwortung einer rechtsautoritären Diktatur" dargestellt werden, wobei die beiden Items jeweils in drei Fragen aufgeschlüsselt sind. Befragungsergebnisse werden in drei Gruppen: Gesamt, Ost und West dargestellt.

2. Es wird weiterhin vorausgesetzt, dass Sie die in den Schaubildern dargestellten Ergebnisse der Befragung erläutert und die Ergebnisse von Ost und West verglichen haben. Sie sollten festgestellt habe, dass ca. ein Drittel der Befragten eine ablehnende oder kritische Einstellung zu Ausländern hat, wobei die Unterschiede zwischen Ost und West nicht sehr groß sind bei einer etwas größeren negativen Haltung Ausländern gegenüber im Osten.

Deutlich anders zwischen Ost und West fallen die Ergebnisse in Bezug auf die Einstellung zu einer Diktatur aus. Allerdings sind die Unterschiede zwischen Ost und West bezüglich des Wunsches nach einer starken Führung und einer einzigen starken Partei deutlich geringer.

3. Lesen Sie in den „allgemeinen Hinweisen zur Statistikbearbeitung" auf S. 368 den Abschnitt III.3.

III. Anleitung zur Erörterung und Beurteilung der in den Schaubildern dargestellten Daten

1. Stellen Sie in einem Einleitungssatz zunächst den Bezug zu den Ergebnissen Ihrer Analyse her.

2. Sie sollten sich ggfs. noch einmal die Definitionen für Rechtsextremismus in M5 durchlesen, um beurteilen zu können, welche Antwortmöglichkeiten in den beiden Schaubildern eindeutig auf eine rechtsextreme Einstellung schließen lassen und welche weniger.

3. Dann sollten Sie ausgehend von den in den Schaubildern dargestellten empirischen Befunden erörtern, wie Sie die Ergebnisse der Studie im Hinblick auf autoritäre und rechtsextreme Einstellungen in Deutschland beurteilen.

4. Entwickeln Sie im Rahmen Ihrer Stellungnahme Argumente, die die Unterschiede zwischen Ost und West erklären können. Beachten Sie dabei die unterschiedlichen politischen Systeme in Ost und West bis 1990 und die ökonomischen Folgen des Zusammenbruchs der DDR für die Menschen in Ostdeutschland.

5. Beurteilen Sie abschließend, ob Sie alle vorgegebenen Antwortmöglichkeiten für geeignet halten, Aufschluss über autoritäre und rechtsextreme Einstellungen der Bevölkerung in Ost und West zu gewinnen.

Bearbeiter

7.4 Vertiefung: Populismus – unvereinbar mit der Demokratie?

In der Einleitung des Kapitels 7 wurde Populismus schon vorläufig erklärt: „Populismus bezeichnet alltagssprachlich eine Politik, die Emotionen, Vorurteile und Ängste der Bevölkerung für eigene Zwecke nutzt und vermeintlich einfache und klare Lösungen für politische Probleme anbietet." In diesem Unterkapitel 7.4 wird erklärt, was das Wesen des Populismus ausmacht, was die Ursachen des Populismus sind und wie man Populismus beurteilen kann.

M20 Erscheinungsformen des Populismus in Deutschland: Beispiel „Pegida"

a) Pegida begeht dritten Jahrestag

Anhänger der Pegida-Bewegung stehen am 28.10.2017 während einer Kundgebung auf dem Theaterplatz in Dresden (Sachsen). Das islamfeindliche Bündnis feiert in Dresden den dritten Jahrestag.

Pegida
Pegida (kurz für: Patriotische Europäer gegen die Islamisierung des Abendlandes) wird als (rechts-)populistische Organisation bezeichnet. Sie veranstaltet seit dem 20. Oktober 2014 in Dresden Demonstrationen gegen eine von ihr behauptete Islamisierung und die Einwanderungs- und Asylpolitik Deutschlands und Europas. Ähnliche, deutlich kleinere Demonstrationen finden, zum Teil durch rechtsextreme Personen oder Gruppierungen angemeldet und organisiert, in weiteren Städten statt (u. a. in Leipzig, Berlin, Köln, Braunschweig).

b) Analyse der Pegida

Die am 31. Januar 2016 veröffentlichte Analyse „Pegida. Aktuelle Forschungsergebnisse des Göttinger Instituts für Demokratieforschung" verdeutlicht, wie sich Pegida in Ausrichtung und Zusammensetzung seit den ersten Demonstrationen im Oktober 2014 verändert und radikalisiert hat. Grundlage der Studie war eine nicht repräsentative Querschnittsumfrage unter Pegida-Anhängern vom 30. November 2015 in Dresden mit 600 schriftlichen Rückläufen von 800 verteilten Fragebögen. [...] Die Unzufriedenheit mit dem Funktionieren der Demokratie in der Bundesrepublik („eher unzufrieden" und „sehr unzufrieden") liegt unter Pegida-Anhängern bei fast 90 Prozent. Rund 20 Prozent sind prinzipiell gegen die Demokratie als Idee. Über 90 Prozent der Befragten misstrauen der Bundeskanzlerin, dem Bundespräsidenten, den öffentlichrechtlichen Medien und der EU. Rund 60 Prozent zeigen ein gewisses Verständnis für Gewalt in ihrem Umfeld. Gleichzeitig besteht eine Mehrheit auf Recht und Ordnung, eine deutsche Leitkultur und politische Selbstbestimmung Deutschlands. Minderheitenschutz, Gleichstellung und kultureller Vielfalt können sie dagegen kaum etwas abgewinnen. Über 93 Prozent wünschen sich „mehr aufrechte Patrioten" in hohen Staatsämtern. Ihre Wut und [...] Abwehr richten sich gegen den Islam als Religionsgemeinschaft, gegen praktizierende Moslems und den nordafrikanisch-arabischen Kulturkreis. 41 Prozent der Pegida-Demonstranten sprechen prinzipiell allen Menschen ein Recht auf Asyl in Deutschland ab.

Seit Anfang Februar 2016 liegt eine weitere [...] Studie zu den Anhängern der Pegida-Bewegung und ihren Auftritten im Internet vor. Die Autoren analysieren die Kommentare und Interaktionen, die auf der Facebook-Seite der Bewegung im Jahr 2015 eingetragen wurden. Die Analyse einer Zufallsauswahl von 1000 Kommentaren ergab, dass die Aussagen über Flüchtlinge, Migranten und Muslime durchgängig auf Abwertung [...] und Schuldzuweisungen abzielen. Flüchtlinge werden als Opportunisten dargestellt, die nicht wirklich vor Krieg oder Armut fliehen, sie seien faul und primitiv, es handele sich um Kriminelle (darunter Gewalttäter, Vergewaltiger und Betrüger).

In anderen Äußerungen werden Flüchtlinge pauschal als eine Gefahr dargestellt, weil sie Invasoren seien oder das Land zerstören wollten. In diesem Zusammenhang ist häufig von „Islamisierung" (als feindlicher Eroberung durch Invasoren) die Rede. [...] Der Islam wird in den Kommentaren ohne jegliche Differenzierung als gewalttätig, terroraffin und menschenverachtend dargestellt.

Hajo Funke, Von Wutbürgern und Brandstiftern, AFD – Pegida – Gewaltnetze, Berlin 2016, S. 49 ff.

M21 Was ist Populismus?

Populismus ist ein Begriff, der in der politischen und der politikwissenschaftlichen Diskussion nicht einheitlich gebraucht wird. Jan-Werner Müller, Professor für Politikwissenschaft an der Universität Princeton (USA) hat eine Definition vorgelegt, die häufig zitiert wird. In einem Interview mit der Wochenzeitung „Die Zeit" erläutert Müller seine Definition.

a) Interview der Wochenzeitung „Die Zeit" vom September 2016 über Populismus mit Jan-Werner Müller

ZEIT Wissen: Woran erkennt man einen Populisten [...]?
Müller: Daran, dass jemand behauptet, er und nur er beziehungsweise nur er und seine Partei seien die einzig legitimen Vertreter des wahren Volkes. [...] Entscheidend ist eine antipluralistische Haltung. [...]

Wie kommt es zur Ablehnung von Pluralismus?
Zunächst einmal ist Pluralismus nur eine Kurzformel dafür, dass wir in einer modernen Demokratie damit zurechtkommen müssen, als freie und gleiche Bürger auf einigermaßen faire Weise mit Leuten zusammenzuleben, die zum Teil ganz anders sind als wir. Wir müssen akzeptieren, dass auch Menschen, deren Lebensstil uns nicht immer gefällt, Teil der Gesellschaft sind und mitbestimmen können. Hinzu kommt, dass Gesellschaften immer vielfältiger geworden sind und zum Beispiel Minderheiten und Frauenrechte anerkennen. Manche wollen das nicht. [...].

Wo verläuft die Grenze zwischen der politischen Überzeugung eines Demokraten und Populismus?
Natürlich geht auch in der Demokratie jeder davon aus, dass er recht hat, und darum möchte auch jeder seine Vorstellungen durchsetzen. Der Unterschied ist: Man akzeptiert, dass man vielleicht doch falsch liegt, und man akzeptiert, dass Opposition prinzipiell legitim ist. [...] Wenn die Grundannahme lautet: „Wer gegen mich ist, gehört nicht dazu", bedeutet das: Man braucht auf die Gegner keine Rücksicht zu nehmen. Man kann mit ihnen machen, was man will. Man muss keine Minderheitenrechte mehr respektieren, ebenso wenig die Verfassungsgerichte, die ja im Zweifelsfalle dazu da sind, verwundbare Minderheiten zu schützen. Das ist der entscheidende Unterschied zu jemandem, der zwar auch eine möglichst große Mehrheit haben möchte, aber die anderen immer noch als legitime Minderheit anerkennt. [...]

Ist denn unser demokratisches Modell mit gewählten Repräsentanten das einzig wahre, oder wäre eine direktere Herrschaft des Volkes besser?
Repräsentative Demokratie ist nicht das einzig Wahre, aber im Moment ja auch nicht das Einzige, was wir haben. Wenn Sie demonstrieren gehen, Meinungsartikel veröffentlichen oder bloggen, sind das auch Beiträge zur Demokratie. Doch wir leben nun mal in relativ großen Gebilden. Wenn es darum geht, kollektiv bindende Entscheidungen zu treffen, müssen wir aus diesen ganzen komplizierten und nervigen demokratischen Prozessen irgendwie etwas herauskristallisieren, um es umzusetzen. Und das können nur Repräsentanten.

Aber abstimmen könnte das Volk schon öfter?
Ich bin nicht prinzipiell gegen Volksbefragungen. Aber es ist eine Illusion, zu meinen, mit Volksbefragungen könne man zumindest zeitweise völlig aus der Logik der repräsentativen Demokratie aussteigen. Denn wer stellt die Frage, über die abgestimmt wird? Wer organisiert die Kampagnen? Das sind doch im Zweifelsfalle wieder Repräsentanten. „Das Volk" als autonomen politischen Akteur – das gibt es gar nicht.

Jan-Werner Müller, Politikwissenschaftler, forscht an der Universität Princeton in New Jersey, USA, über Populismus.

Jan-Werner Müller im Interview mit Katrin Zeug und Niels Boeing, Populismus: „Der Spuk geht nicht so schnell vorbei", www.zeit.de, 04.09.2016

Antipluralismus

Pluralismus ist ein zentrales Leitbild moderner Demokratien, deren politische Ordnung und Legitimität ausdrücklich auf der Anerkennung und dem Respekt vor den vielfältigen individuellen Meinungen, Überzeugungen, Interessen, Zielen und Hoffnungen beruhen. Antipluralismus ist das Gegenteil.

b) Zusammenhängende Definition von Populismus

- [Populismus] ist keine umfangreiche Ideologie (im neutralen, rein deskriptiven Sinn) wie Sozialismus, Liberalismus oder auch Neoliberalismus und Konservatismus) [...]. Aber der Populismus hat eine spezifische und identifizierbare innere Logik: Populisten sind nicht nur antielitär, sondern grundsätzlich antipluralistisch. Ihr Anspruch lautet stets: Wir – und nur wir – vertreten das wahre Volk. Und ihre politischen Unterscheidungen laufen unweigerlich auf ein moralisches richtig oder falsch hinaus [...] Kein Populismus ohne moralisch aufgeladene Polarisierung.
- Aus Kritik an den falschen Repräsentanten wird dann schnell Fundamentalkritik an demokratischen Institutionen schlechthin. Da Populisten die schweigende Mehrheit (eigentlich: alle) vertreten, kann mit den Institutionen etwas nicht in Ordnung sein, da die Populisten sonst ja längst an der Macht wären.
- Populisten spielen dieses [...] Volk systematisch gegen die bestehenden Institutionen aus. Ihre Vorstellung eines wahren, moralisch reinen Volkes ist empirisch nicht widerlegbar.
- Populisten sind keine reinen Protest- oder Verweigerungsparteien und damit keineswegs schon per definitionem [aufgrund der Definition des Begriffs] unfähig zu regieren. Sie regieren dann freilich gemäß der inneren Logik des Populismus: Sie und nur sie repräsentieren das wahre Volk; so etwas wie eine legitime Opposition kann es gar nicht geben.
- Konkret heißt dies, dass Populisten den Staat vereinnahmen [...]: In einer Demokratie soll das Volk „seinen" Staat in Besitz nehmen; Wohltaten sollen an das einzig wahre Volk gehen und nicht an diejenigen, die gar nicht dazugehören; oppositionelle Stimmen in Medien und Zivilgesellschaft seien das Sprachrohr ausländischer Mächte.

Jan Werner Müller, Was ist Populismus?, Berlin 2016, S. 129 ff.

M22 Abgrenzung von Extremismus und Populismus

Der folgende Text bezieht sich auf Parteien, aber die Unterscheidung von Extremismus und Populismus ist auch für andere politische Bewegungen wie Pediga gültig.

	Extremismus	Populismus
Ideologieform	Antipluralistisch, Ablehnung liberaler Demokratie	Ideologische Flexibilität, antipluralistisch und antiliberale Elemente
Grundsätzliche Position zum demokratischen System	Anti-System-Haltung	„Anti-Establishment"- Haltung (systemimmanent)
Vorstellungen zur Umgestaltung des demokratischen Systems	Diktatur / autoritäre Herrschaft	Formen direkter Demokratie, Stärkung präsidentieller Elemente

Nach: Lars Rensmann, Populismus und Ideologie, in: Frank Decker (Hrsg.), Populismus – Gefahr für die Demokratie oder nützliches Korrektiv?, Wiesbaden 2006, S. 68 f.

Parteienfamilien konstituieren sich wesentlich über ihre politische Ideologie. [...] Der populistische Typus ist [...] von extremistischen, offen antidemokratischen und verfassungsfeindlichen Parteien abzugrenzen [...] Allerdings sind bei den Extremisten Strategien und Stilmittel vorfindbar, die auch für populistische Akteure typisch sind: Freund-Feind-Denken, rigide Abgrenzungen, eine Gewaltmetaphernsprache, Verschwörungstheorien oder die Beschwörung des „verratenen Volkes". Doch gibt es zunächst [...] Differenzen in Grad und ideologischem Gehalt, die auch eine grundsätzliche [...] Differenzierung zwischen populistischen und extremistischen Akteuren sinnvoll machen. Die Ideologieform (national-)populistischer Parteien erscheint weniger geschlossen, flexibler und anpassungsfähiger bzw. moderater als die rechtsextremer Parteien [...] Dies schlägt sich ideologisch sowohl im Hinblick auf die Position zum demokratischen politischen System (eher: Anti-Establishment als Anti-Systemorientierung), als auch in der politisch-strategischen Ausrichtung nieder. Populistische Parteien stehen zur [...] Demokratie in einem komplexen Verhältnis. Sie üben Kritik [...] an den Institutionen und Praktiken repräsentativer Demokratie, sind aber nicht grundsätzlich außerhalb des demokratischen politischen Spektrums zu verorten, wie dies bei den extremistischen Akteuren der Fall ist. Ihre institutionellen Forderungen zielen auf den Einsatz von Plebisziten [...], nicht aber auf eine Diktatur oder autoritäre Herrschaft. Dennoch existiert eine innere Neigung populistischer Ideologie zum Extremismus, und zwar wegen der genannten antipluralistischen [...] Orientierungen sowie des Konzeptes einer autoritären Führungsfigur.

Lars Rensmann, Populismus und Ideologie, in: Frank Decker (Hrsg.), Populismus – Gefahr für die Demokratie oder nützliches Korrektiv?, Wiesbaden 2006, S. 68 f.

Ideologie
→ Kapitel 5.2, Randspalte zum Einführungstext

M23 Meinungen zum Thema „Populismus"

Bundeskanzlerin Angela Merkel, CDU (2016)
Populismus und politische Extreme nehmen [...] zu. Demokratische Streitkultur, die wir brauchen, die wir auch in diesem Hause praktizieren [...] muss selbstverständlich sein, damit müssen wir uns auseinandersetzen. Aber es muss im Geiste des Respekts vor der Würde des jeweils anderen stattfinden. Das ist das Wesentliche, und das passiert eben an vielen Stellen nicht mehr.

Rede in der Haushaltsdebatte des Bundestags am 23.11.2016, Das Parlament, 66. Jahrgang, Nr. 48, Debattendokumentation, S. 3

Konrad Adam, deutscher Journalist, Publizist und Politiker AfD (2013)
Wenn unsere Volksvertreter ihre Aufgabe darin sehen, das Volk zu entmündigen, sollten wir selbstbewusst genug sein, den Vorwurf des Populismus als Auszeichnung zu betrachten. Und alle Welt daran erinnern, dass die Demokratie insgesamt eine populistische Veranstaltung ist, weil sie das letzte Wort dem Volk erteilt: dem Volk, wie gesagt, nicht seinen Vertretern.

Konrad Adam, in einer Rede auf dem Gründungsparteitag der AFD, zitiert nach: Jan Werner Müller, Was ist Populismus?, Berlin 2016. S. 12

Malu Dreyer, Ministerpräsidentin von Rheinland-Pfalz, SPD (2016)
Fasst man zusammen, was getan werden kann, um auf den Aufstieg des Rechtspopulismus angemessen zu reagieren, dann ergeben sich erste Ansätze: Erstens: Es ist wichtig, den Wütenden nicht lediglich ihre Wut vorzuwerfen, sondern danach zu fragen, woher diese Wut rührt. Zweitens: Demokratinnen und Demokraten müssen den permanenten, begründeten Widerspruch gegen dumpfen Rassismus engagiert leisten. Drittens: Mehr Teilhabe für alle an Wachstum und Wohlstand sind zu erreichen. Viertens: Die ausgleichende Stärke der Demokratie muss genutzt und vermittelt werden. Die Annäherung an die richtige Antwort auf den Aufstieg des Rechtspopulismus impliziert, dass Demokratinnen und Demokraten zu Lobbyisten der Demokratie werden. Sie müssen Haltung zeigen, nicht selbst rhetorisch die Wütenden ausgrenzen und vor allem substanzielle politische Alternativen formulieren. Nicht der Inhalt der Antworten muss einfacher werden, aber die Antworten müssen klarer werden.

Malu Dreyer und Alexander Schweitzer, Rechtspopulismus: Mit Haltung für Demokratie kämpfen, www.fr-online.de, 13.09.2016

>
> **Jan-Werner Müller, Politikwissenschaftler (2016)**
> Statt moralisch zu diskreditieren, sollten liberale Demokraten aber erst einmal dis‑
> 5 kutieren – und sei es, um Fakten gerade zu rücken. In Fällen, in denen Populisten Volksverhetzung betreiben oder gar zur Gewalt aufrufen, greift das Strafrecht. In allen anderen jedoch – so persönlich unangenehm oder politisch unappetit‑
> 10 lich dies auch sein mag – muss man nun mal die Ansprüche, und nicht nur die vermeintlichen Ängste, der Bürger ernst nehmen.
>
> *Jan Werner Müller, Was ist Populismus?, Berlin 2016, S. 131*

AUFGABEN

1. Analysieren Sie in Kleingruppenarbeit **M20a-b** zu der rechtspopulistischen Bewegung Pegida und notieren Sie Stichpunkte zu folgenden Aspekten auf eine Folie/Wandzeitung, u. a.: Entstehungsgeschichte, Bedeutung von Pegida in Dresden, Aktionsformen, Einstellungen zur Demokratie, ihren Repräsentanten und ihrer Politik. Präsentieren Sie Ihre Ergebnisse im Kurs.
2. Problematisieren Sie die Vorstellungen von Pegida vor dem Hintergrund Ihrer Kenntnisse über zentrale Bestimmungen des Grundgesetzes (Menschenrechte, Verfassungsprinzipien) (**M20b**, **Kapitel 4: M4, M7, M13, M17**).
3. Analysieren Sie in Einzelarbeit **M21a-b** im Hinblick auf die in **M21a** genannten zentralen Aspekte zur Kennzeichnung des Populismus: antielitär, antipluralistisch, Vorstellungen über das wahre Volk, sein Verhältnis zum Staat und die Rolle der Opposition. Notieren Sie Ihre Ergebnisse in Ihr Heft.
4. Vergleichen Sie die Ergebnisse Ihrer Analyse zu **M21a-b** in Kleingruppen:
   a) Entwickeln Sie auf der Grundlage Ihrer Analyse eine Tabelle, in der Sie die politischen Vorstellungen der Populisten den von Jan Werner Müller (**M21b**) genannten Kernelementen einer demokratischen Ordnung (**Kapitel 4: M10-M14**) gegenüberstellen.
   b) Entwerfen Sie einen Stichwortzettel mit dessen Hilfe Sie Ihre Ergebnisse im Kurs in einem möglichst freien Vortrag präsentieren können.
5. Diskutieren Sie im Kurs, welche Gefahren populistische Bewegungen für die Demokratie in Deutschland bedeuten könnten.
6. a) Analysieren Sie mithilfe von **M22** Unterschiede und Gemeinsamkeiten zwischen Extremismus und Populismus.
   b) Erläutern Sie die Unterschiede auch unter Bezug auf Ihre Ergebnisse zu **M21** aus Aufgabe 3.
7. a) Analysieren Sie die in **M23** dargestellten Meinungen zum Populismus.
   b) Arbeiten Sie Gemeinsamkeiten und Unterschiede aus den Meinungen in **M23** heraus.
8. Diskutieren Sie, welche der in **M23** genannten Argumente Sie überzeugen und welche nicht. Entwickeln Sie Kriterien zur Beurteilung der einzelnen Argumente.

F Aufgabe 2
Werten Sie Informationen aus der Presse oder dem Internet bezüglich populistischer Bewegungen in NRW oder Ihrer Heimatstadt aus und stellen Sie Ihre Ergebnisse in einem Referat (→ Methodenglossar) dar.

Zusatzmaterial: Populismus in Europa: Überblick über populistische Parteien in Europa und die Motive der Wählerinnen und Wähler

Mediencode: 72060-31

WISSEN KOMPAKT

Extremismus ist allgemein gekennzeichnet durch eine schroffe Ablehnung jeglicher Zugeständnisse an andere Meinungen. Im politischen Sinne bedeutet Extremismus die Gegnerschaft gegenüber den Ordnungen, Regeln, Normen des demokratischen Verfassungsstaats. Radikal bedeutet ein Phänomen an der „Wurzel" (lat. Radix = Wurzel) zu packen im Sinne von gründlich, rücksichtslos. Politisch ist Radikalismus ein kompromissloses Beharren auf Grundpositionen, das sich gegenüber den Einstellungen und Werten anderer intolerant verhält und demokratische Grundwerte wie Vielfalt (Pluralismus) ablehnt.

Extremismus / Radikalismus
M1

Verbindendes Kennzeichen von Rechtsextremismus sind nationalistische, rassistische und antisemitische Einstellungsmuster. Damit verbunden ist die Auffassung, dass die Zugehörigkeit zu einem Volk, einer Nation oder Rasse über den Wert eines Menschen entscheidet. Rechtsextreme haben ein autoritäres Staatsverständnis. Sie lehnen demokratische Entscheidungsverfahren ab und sehen das Heil der ethnisch homogenen Volksgemeinschaft in einer starken Führerpersönlichkeit. Rechtsextreme Einstellungen stehen im fundamentalen Widerspruch zum Grundgesetz, welches die Würde des Menschen unabhängig von seiner Herkunft in den Mittelpunkt stellt und demokratische Entscheidungsverfahren vorsieht.

Rechtsextremismus
M5

Verbindendes Kennzeichen von Linksextremismus ist die starke Kritik am „Kapitalismus". Linksextremisten (Kommunisten, Anarchisten, Autonome) lehnen den demokratischen Staat ab und orientieren ihr politisches Handeln zwar an den liberalen Werten Gleichheit, Freiheit und Brüderlichkeit, wollen aber auch mit Mitteln der Gewalt eine sozialistische Gesellschaftsordnung errichten. Die Ablehnung des staatlichen Gewaltmonopols hat zur Folge, dass sie Gewalt als legitimes Mittel gegen Sachen wie Personen (insbesondere der Polizei) betrachten.

Linksextremismus
M7

Islamismus ist ein Sammelbegriff für verschiedene politische Ideologien, die davon ausgehen, dass man auf der Grundlage des Korans eine politische und gesellschaftliche Ordnung gestalten könne. Den unterschiedlichen Ausprägungen des Islamismus gemeinsam ist der Missbrauch der Religion des Islam für politische Ziele, d.h. die Errichtung einer islamischen Gesellschafts- und Rechtsordnung. Militante Islamisten glauben, ihre Ideen mit Gewalt durchsetzen zu dürfen, und interpretieren die im Koran enthaltene Aufforderung zum „heiligen Krieg" (Jihad) abweichend von anderen islamischen Rechtsauffassungen als Pflicht zum Kampf gegen die Ungläubigen.

Islamismus
M9

Der Kerngedanke der „Wehrhaften Demokratie" lautet: Keine Freiheit für die Feinde der Freiheit. Ausgehend von den Erfahrungen des Nationalsozialismus enthält das Grundgesetz eine Reihe von Bestimmungen, die die Demokratie vor den Kräften schützt, die die demokratische Ordnung abschaffen wollen.

Wehrhafte Demokratie
M11a-b

Populismus bezeichnet alltagssprachlich eine Politik, die Emotionen, Vorurteile und Ängste der Bevölkerung für eigene Zwecke nutzt und vermeintlich einfache und klare Lösungen für politische Probleme anbietet. Populismus ist durch die Ablehnung von Pluralismus, von Meinungsvielfalt und Meinungsstreit gekennzeichnet. Typisch für Populisten ist ein Freund-Feind-Denken und die Diffamierung von Politikern als Teil eines Establishments, das die Interessen und Bedürfnisse des Volkes verrät. Populistische Parteien üben Kritik an den Institutionen und Praktiken der repräsentativen Demokratie, sind aber nicht grundsätzlich außerhalb des demokratischen Spektrums zu verorten wie es bei den Rechts- und Linksextremisten der Fall ist.

Populismus
M21

KOMPETENZEN PRÜFEN

I. Selbstdiagnose

Ich kann ...	Das kann ich...			Übung durch z. B.
	sehr gut	gut	nicht gut	
die Begriffe „Extremismus" und „Radikalismus" erläutern (AFB II).				• M1 • S. 230, Aufg. 1
Beispiele für Aktivitäten rechts- und linksextremistischer Gruppen sowie islamistischer Terrorgruppen darstellen (AFB I).				• M3a-b, M4, M6 • S. 230, Aufg. 2
rechts- und linksextremistische Ideologiefragmente hinsichtlich der darin enthaltenen Vorstellungen über Staat und Gesellschaft erläutern (AFB II).				• M5, M7 • S. 230, Aufg. 3a • S. 235, Aufg. 2a
das Konzept der wehrhaften Demokratie erklären (AFB II).				• M11
Voraussetzungen für ein Parteienverbot darstellen (AFB I) und die Entscheidung des BVerfG zum Verbot der NPD beurteilen (AFB III).				• M12 • S. 240, Aufg. 2
Ergebnisse empirischer Studien zur Verbreitung extremistischer Vorstellungen in der Mitte der Gesellschaft darstellen und erläutern (AFB II).				• M17, M18 • S. 245, Methode
den Begriff Populismus im Hinblick auf seine Kernelemente erklären (AFB II).				• M21 • S. 250, Aufg. 3
den Unterschied zwischen Extremismus und Populismus herausarbeiten (AFB II).				• M22
den Stellenwert von Globalisierungsängsten im Hinblick auf das Erstarken rechtspopulistischer Parteien beschreiben (AFB I).				• M22
unterschiedliche Positionen zum Populismus darstellen (AFB I).				• M23
beurteilen, inwieweit Populismus eine Gefahr für die Demokratie sein kann (AFB III).				• M 20 - M23 • S. 250, Aufg. 5

II. Kompetenzen anwenden – am Beispiel

Kundgebung der islamfeindlichen Pegida-Bewegung auf dem Wienerplatz am Hauptbahnhof in Dresden (Sachsen) im Jahr 2017

Aufgaben

1. Beschreiben Sie das Foto im Hinblick auf die Positionen der Pegida-Bewegung zur Politik in Deutschland.
2. Vergleichen Sie die Aussagen auf den Transparenten mit Ihnen bekannten Aussagen der Pegida.
3. Beurteilen Sie die Aussagen auf den Transparenten im Hinblick auf Motive und Ursachen des Populismus in Deutschland und Europa.

III. Klausurtraining

Wehrhafte oder streitbare Demokratie – wie ist sie gerechtfertigt?

Die Idee einer „streitbaren" oder auch „wehrhaften" Demokratie wird in der Politikwissenschaft [...] schon seit den 1930-iger Jahren diskutiert. Darauf weist der Politologe Hans-Gerd Jaschke hin.

Unter dem Eindruck der geringen und erfolglosen Gegenwehr gegen den Aufstieg des Nationalsozialismus in der Endphase der Weimarer Republik stellte sich die Frage, wie eine Demokratie beschaffen sein müsse, die sich erfolgreich gegen die politischen Extreme von links und rechts zur Wehr setzen könne. Es sollten Vorkehrungen in der Verfassung und in Einzelgesetzen getroffen werden, um den politischen Extremismus bekämpfen und abwehren zu können.

Das Problem, das bis heute besteht: Wie viel Freiheit verträgt eine Demokratie und wie viel Sicherheit braucht sie? Zu viel Freiheit, so Jaschke, eröffne auch extremistischen und antidemokratischen Kräften politischen Spielraum. Zu viel Sicherheit hingegen, zu viele Verbote etwa, erdrosseln die individuellen Freiheitsrechte und höhlen die Demokratie von innen aus. Über das Verhältnis beider Prinzipien wurde und wird in der Bundesrepublik heftig gestritten, weil in den Prinzipien der „wehrhaften Demokratie" auch die Einschränkung von Grundrechten, etwa das Recht auf freie Meinungsäußerung, angelegt ist.

Der Parlamentarische Rat, der 1948/49 das Grundgesetz der Bundesrepublik erarbeitete, nahm ausdrücklich Bezug auf die Erfahrungen der Weimarer Republik. Nicht noch einmal sollte es Verfassungsgegnern gelingen, das demokratische System derart zu demontieren. Die Idee der „wehrhaften Demokratie" ist daher im Grundgesetz der Bundesrepublik verankert und durch verschiedene Artikel festgeschrieben. [...] Es kommt immer wieder die Frage auf, ob Demokratie wehrhaft sein darf. Stehen Verfassungsschutz und Parteiverbot nicht im Widerspruch zur freiheitlich demokratischen Ordnung? Muss eine Demokratie Holocaustleugner, Verfassungsfeinde und religiöse Fundamentalisten tolerieren? Die Meinungen darüber sind geteilt. Ja, das muss eine Demokratie aushalten, lautet eine Ansicht. Denn wenn sie extreme Meinungen nicht aushält, was unterscheidet sie dann noch von autoritären Regimen? Außerdem sei gerade das Parteiverbot ein ungeeignetes Mittel, mit Extremismus umzugehen. Das Argument ist nicht von der Hand zu weisen, denn mit einem Verbot hört das Problem in der Regel nicht plötzlich auf. Im Gegenteil, die Erfahrung hat gezeigt, dass die Betroffenen nach anderen Wegen suchen und ihre Aktivitäten im Geheimen fortsetzen. Das macht es für die Öffentlichkeit schwieriger, sie wahrzunehmen. Andere hingegen halten Toleranz für begrenzt. Sie befürchten, dass sich die Geschichte der Weimarer Republik wiederholt, die sich im Rückblick von ihren Feinden regelrecht auffressen lassen hat. [...] Auf Parteiverbote kann die Demokratie vielleicht verzichten. Aber auf wehrhafte Bürger, die verfassungsfeindliche Meinungen nicht tolerieren, ist sie notwendigerweise angewiesen.

Tanja Zakrzewski, Wehrhafte Demokratie, www.politische-bildung-brandenburg.de, Abruf am 12.03.2018

Hans-Gerd Jaschke, deutscher Politikwissenschaftler, forscht über Extremismus.

Aufgaben

1. Stellen Sie das Konzept der „streitbaren" oder auch „wehrhaften" Demokratie dar.
2. Analysieren Sie den Text im Hinblick auf die Positionen zur „streitbaren" oder auch „wehrhaften" Demokratie.
3. Erörtern Sie die unterschiedlichen Positionen zur Frage, ob die Demokratie wehrhaft sein darf. Nehmen Sie kriteriengeleitet Stellung (Kriterium: Wünschbarkeit).

Erwartungshorizonte zu den Aufgaben 1-3

Mediencode: 72060-32

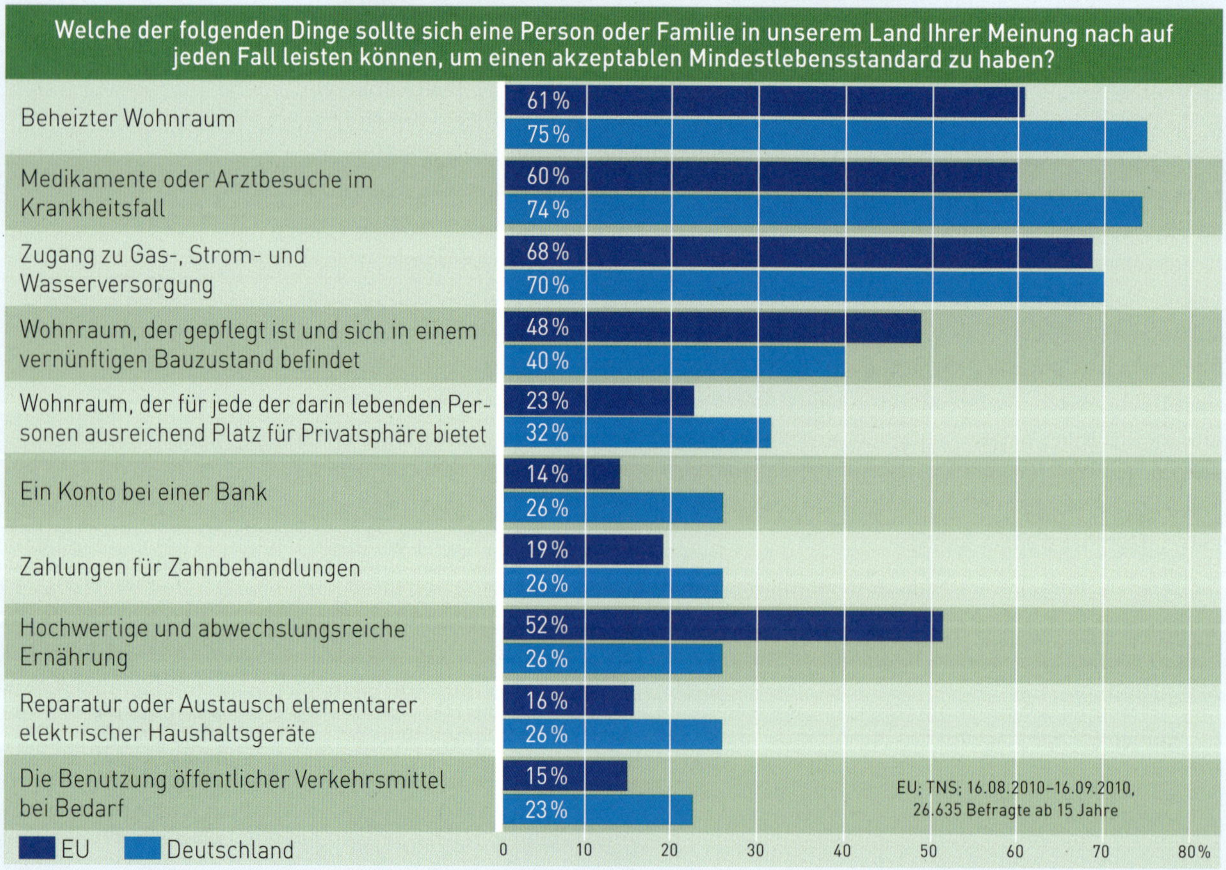

Welche der folgenden Dinge sollte sich eine Person oder Familie in unserem Land Ihrer Meinung nach auf jeden Fall leisten können, um einen akzeptablen Mindestlebensstandard zu haben?	
Beheizter Wohnraum	61% (EU) / 75% (Deutschland)
Medikamente oder Arztbesuche im Krankheitsfall	60% / 74%
Zugang zu Gas-, Strom- und Wasserversorgung	68% / 70%
Wohnraum, der gepflegt ist und sich in einem vernünftigen Bauzustand befindet	48% / 40%
Wohnraum, der für jede der darin lebenden Personen ausreichend Platz für Privatsphäre bietet	23% / 32%
Ein Konto bei einer Bank	14% / 26%
Zahlungen für Zahnbehandlungen	19% / 26%
Hochwertige und abwechslungsreiche Ernährung	52% / 26%
Reparatur oder Austausch elementarer elektrischer Haushaltsgeräte	16% / 26%
Die Benutzung öffentlicher Verkehrsmittel bei Bedarf	15% / 23%

EU; TNS; 16.08.2010–16.09.2010, 26.635 Befragte ab 15 Jahre

Quelle: ©Statista 2018, European Commission

8 Steuert der „Wirtschaftsbürger" seine Bedürfnisse autonom? Wirtschaftliche Tätigkeit als Grundlage menschlicher Existenz

Alles, was Menschen eingerichtet haben und tun, um ihren Bedarf an Gütern und Dienstleistungen zu befriedigen, nennt man zusammenfassend „Wirtschaften". Das erste Unterkapitel beschäftigt sich mit dem Verhältnis von Bedürfnissen der Menschen und der Tatsache, dass die Güter und Dienstleistungen nicht unbegrenzt zu Verfügung stehen sowie mit dem Modell des „homo oeconomicus" und den Leistungen des Modells bzw. seiner Grenzen. Im zweiten Unterkapitel geht es um die Kaufentscheidungen der Konsumenten und das Handeln der Produzenten, durch Informationen und Werbung auf diese Entscheidungen Einfluss zu nehmen. Thema der Vertiefung ist die Frage, wie die Verbraucherpolitik des Staates aussehen und mit welchen staatlichen Vorschriften das Ziel des mündigen Verbrauchers angestrebt werden sollte.

Kompetenzen

Am Ende dieses Kapitels können Sie:
- die volkswirtschaftlichen Grundbegriffe Bedürfnisse, Bedarf, Knappheit, Güter, ökonomisches Prinzip erklären und die Möglichkeit der Bedürfnisbefriedigung in Deutschland nach 1945 im Wandel der Zeit beschreiben;
- die in der Maslowschen Pyramide dargestellte Bedürfnishierarchie erläutern;
- das Spannungsverhältnis zwischen der Knappheit von Ressourcen und wachsenden Bedürfnissen erklären und bewerten;
- die Bedeutung ökonomischer Modelle zur Beschreibung der Wirklichkeit sowie das Modell des homo oeconomicus erklären;
- die volkswirtschaftliche Annahme von der Unendlichkeit der Bedürfnisse problematisieren und eine Stellungnahme zu zwei Fallbeispielen zum bewussten Konsumverzicht entwickeln;
- die Leitbilder der Konsumenten- und Produzentensouveränität beschreiben und auf dem Hintergrund eigener Erfahrungen erörtern;
- verschiedene Formen von Marketingstrategien der Unternehmen darstellen und vor dem Hintergrund eigener Erfahrungen problematisieren;
- Möglichkeiten von ethisch verantwortlichem und nachhaltigem Handeln von Konsumenten und Produzenten auf der Grundlage empirischer Untersuchungen und Fallbeispielen darstellen;
- unterschiedliche Positionen zu der staatlichen Verbraucherpolitik erläutern und bewerten.

WAS WISSEN UND KÖNNEN SIE SCHON?

1. Analysieren Sie das Märchen von dem Schlaraffenland (→ S. 254, M1 auf S. 256).
2. Begründen Sie, warum das Schlaraffenland ewig ein Märchen bleiben wird.
3. Werten Sie das Schaubild auf S. 254 aus. Analysieren Sie, wie die Erwartungen der Deutschen und der EU-Bürger an einen akzeptablen Mindestlebensstandard sind. Bilden Sie Hypothesen, wie sich die Unterschiede zwischen den Deutschen und den EU-Bürgern erklären lassen.

8.1 Die Perspektive der Wirtschaftswissenschaften: Unendliche Bedürfnisse und knappe Güter – warum die Menschen wirtschaften müssen

M1 Das Märchen vom Schlaraffenland: Güter ohne Anstrengung unbegrenzt verfügbar

Hört zu, ich will euch von einem guten Lande sagen, dahin würde mancher auswandern, wüsste er, wo selbes läge und eine gute Schiffsgelegenheit. [...] Um jedes Haus steht ein Zaun, der ist von Bratwürsten geflochten. [...] Alle Brunnen sind voll Malvasier und andre süße Weine, auch Champagner, die rinnen einem nur so in das Maul hinein, wenn er es an die Röhren hält. [...] Die Fische schwimmen in dem Schlaraffenlande obendrauf auf dem Wasser, sind auch schon gebacken oder gesotten [...]. Das könnt ihr glauben, dass die Vögel dort gebraten in der Luft herum fliegen, Gänse und Truthähne, Tauben und Kapaunen, Lerchen und Krammetsvögel, und wenn es zu viel Mühe macht, die Hand danach auszustrecken, dem fliegen sie schnurstracks ins Maul hinein. Die Spanferkel geraten dort alle Jahre überaus trefflich; sie laufen gebraten umher und jedes trägt ein Tranchiermesser im Rücken, damit, wer da will, sich ein frisches saftiges Stück abschneiden kann.

Die Käse wachsen in dem Schlauraffenlande wie die Steine, groß und klein; die Steine selbst sind lauter Taubenköpfe mit Gefülltem, oder auch kleine Fleischpastetchen. Im Winter, wenn es regnet, so regnet es lauter Honig in süßen Tropfen, da kann einer lecken und schlecken, dass es eine Lust ist, und wenn es schneit, so schneit es klaren Zucker, und wenn es hagelt, so hagelt es Würfelzucker, untermischt mit Feigen, Rosinen und Mandeln.

Ludwig Bechstein: Deutsches Märchenbuch 1845

M2 Bedürfnisse in Deutschland nach 1945 im Wandel der Zeiten

a) Hunger in Deutschland nach dem Ende des Zweiten Weltkrieges

Die vorrückenden US-amerikanischen Truppen kontrollieren die Verteilung von Lebensmitteln an die deutsche Zivilbevölkerung im März 1945

b) „Wirtschaftswunder" im Nachkriegsdeutschland erfüllt den Traum vom neuen Leben

Sich endlich einmal satt essen und eine Wohnung haben, so lauteten die Wünsche der Nachkriegszeit. Die Normalität sollte wieder beginnen – nach dem Krieg, nach der Zeit der wirtschaftlichen und politischen Ungewissheit. [...] Ein neues Jahrzehnt fängt an: die 50er – in die Geschichte der Bundesrepublik geht es ein als das Jahrzehnt des Wirtschaftswunders. [...] In den Jahren 1950 bis 1963 nimmt die Industrieproduktion real um 185 Prozent zu. [...] Der VW Käfer wird ein Symbol für das Wirtschaftswunder. Das millionste Exemplar rollt als vergoldetes Sondermodell im Werk Wolfsburg 1955 vom Band. Auch der Elektrobereich boomt: Waschmaschinen, Kühlschränke, Fernsehgeräte und Radioapparate sind Verkaufsschlager. [...] Ab Mitte der 50er Jahre steigt auch die private Kaufkraft an, während die Lebenshaltungskosten stagnieren. Also bleibt mehr Geld übrig für den Konsum. Die Deutschen gerieten in einen wahren Kaufrausch: Möbel, Autos, Reisen, Elektrogeräte. [...] Die Massenfertigung von Konsumgütern verbilligt die Preise für ehemals unerschwingliche Dinge wie Radios, Fernseher oder Waschmaschinen. Die Bundesregierung unterstützt den Traum vom „Häuschen im Grünen" mit zinsgünstigen Baukrediten. An dem wachsenden Wohlstand haben alle Anteil: auch die Arbeiter und – nach einer Rentenreform 1957 – die Alten. Soziale Sicherheit, Vollbeschäftigung – in den 50er Jahren bilden sich die Maßstäbe für eine Lebensqualität, die heute als selbstverständlich gilt.

Zwei Ausprägungen der Lust am Konsum sind die „Fresswelle" und die neue „Reiselust". Ging es nach dem Krieg vor allem darum, satt zu werden, futtern sich in den 50er Jahre viele Deutsche „Wohlstandsbäuche" an. [...] Reisen machen Lust auf exotische Kost. Überhaupt das Reisen: In den 50er Jahren scheint für viele Bundesbürger der Urlaub wieder in den Bereich des Möglichen zu rücken.

Hildegard Kriwet, Deutsche Geschichte: Wirtschaftswunder, www.planet-wissen.de, 13.08.2014

c) Ausstattung der Haushalte mit Konsumgütern im Wandel der Zeit

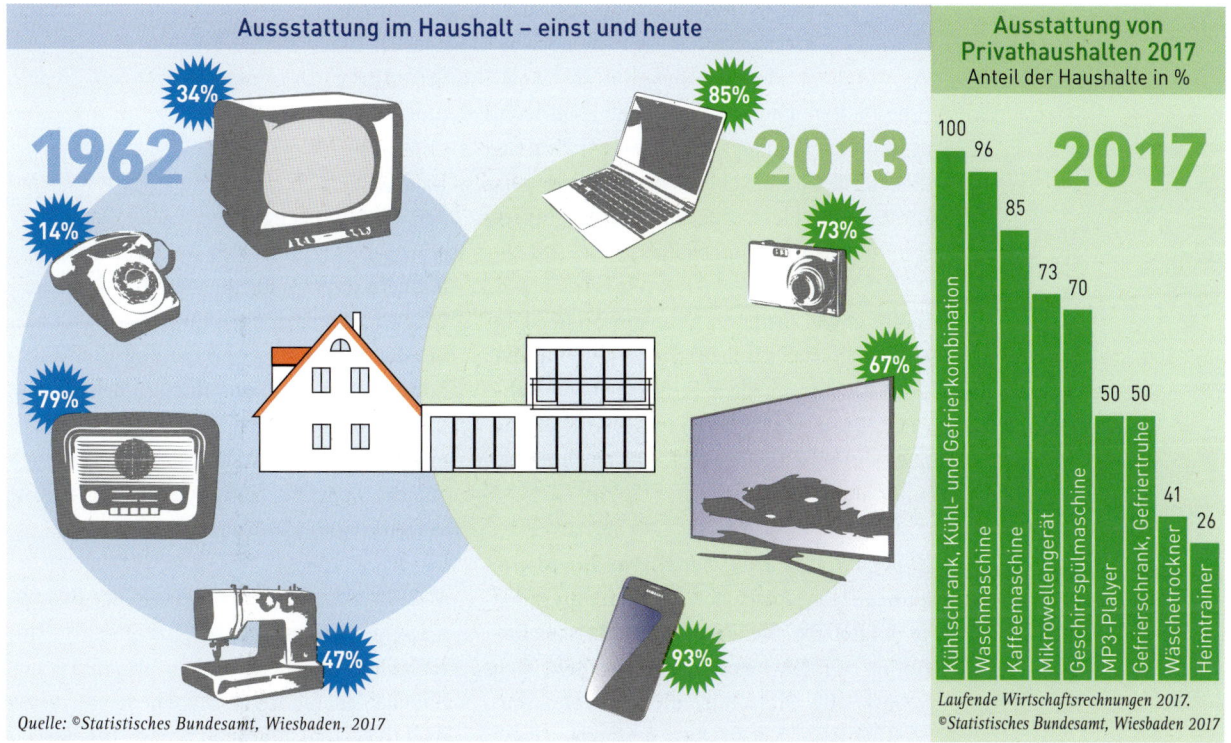

Quelle: ©Statistisches Bundesamt, Wiesbaden, 2017

Laufende Wirtschaftsrechnungen 2017.
©Statistisches Bundesamt, Wiesbaden 2017

Volkswirtschaftslehre (VWL)
Teilgebiet der Wirtschaftswissenschaften, das sich mit den wirtschaftlichen Aktivitäten eines Staates, eines Staatenverbundes oder der ganzen Welt befasst. Das andere Teilgebiet der Wirtschaftswissenschaften ist die Betriebswirtschaftslehre (BWL), das sich mit der Organisation und der Steuerung von Unternehmen befasst.

M3 Jeder Mensch hat vielfältige Wünsche: Bedürfnisse und Güter als ökonomische Grundbegriffe

In Wünschen kommt das Gefühl eines Mangels zum Ausdruck. Mangelgefühle, die mit dem Bestreben verbunden sind, den empfundenen Mangel zu beseitigen, werden als Bedürfnis bezeichnet. Bedürfnisse beziehen sich auf unterschiedliche Lebensbereiche, wie z.B.
- Nahrung, Wohnung, Kleidung,
- Schlaf, Sexualität, Gesundheit,
- Sicherung von Arbeitsplatz und Einkommen,
- Freizeit, Geselligkeit, Unterhaltung, soziale Kontakte,
- Freundschaft, Liebe, Zuneigung,
- Anerkennung, Bestätigung, Selbstverwirklichung.

Bedürfnisse, für deren Befriedigung wirtschaftliches Handeln nötig ist, sind Gegenstand der Volkswirtschaftslehre. [...] Die Befriedigung von Bedürfnissen erfolgt durch Güter (z. B. Brot, Kleidung, Kinobesuch).

[...] Die meisten Güter sind nicht von Natur aus und im Überfluss vorhanden. Bei Gütern, die
- nur begrenzt zur Verfügung stehen,
- deren Herstellung Kosten verursachen und
- die deswegen einen Preis haben,

handelt es sich um wirtschaftliche Güter.

Freie Güter stehen dagegen unbegrenzt zur Verfügung. Da für ihre Bereitstellung keinerlei Anstrengung erforderlich ist, fallen auch keine Kosten an. Die Güter haben daher auch keinen Preis. Die zunehmende Umweltverschmutzung zeigt aber beispielsweise, dass mit Gütern, die keinen Preis haben, nicht sorgsam umgegangen wird. So kann es dazu kommen, dass ursprünglich freie Güter (z. B. frische Luft) im Laufe der Zeit zu knappen Gütern werden.

Victor Lüpertz, Problemorientierte Einführung in die Volkswirtschaftslehre, Braunschweig 2013, S. 9 und 12

M4 Die Bedürfnispyramide von Abraham Maslow: Hierarchie der Bedürfnisse

Zu Abraham Maslows bekanntester Leistung im Bereich der Psychologie zählt wohl dessen Bedürfnispyramide, einem Stufenmodell der menschlichen Motivationen. Diese Pyramide wurde von ihm in insgesamt fünf Stufen unterteilt.

In der ersten Stufe an unterster Stelle sieht er die physiologischen Grund- und Existenzbedürfnisse wie z. B. ausreichend Nahrung, Wärme etc. Sie sind seiner Auffassung nach die grundlegendsten und mächtigsten unter allen Bedürfnissen.

In der zweiten Stufe der Hierarchie innerhalb der Maslow'schen Bedürfnispyramide folgen die Sicherheitsbedürfnisse. Darunter versteht man die Sicherheit, den Schutz, die Stabilität, die Geborgenheit, Freiheit von Angst, das Verlangen nach Strukturen, Ordnungen, Grenzen, Regeln und Gesetzen.

Nach dem Sicherheitsbedürfnis folgen auf der dritten Ebene die sozialen Bedürfnisse. Wenn die untersten beiden Ebenen der Bedürfnispyramide befriedigt sind, verlangt der Mensch nach Zuneigung und Liebe, nach sozialer Anerkennung und Zugehörigkeit. Dieser Hierarchie der Bedürfnisse folgt dann die vierte Ebene mit Anerkennung und Wertschätzung sowie letztendlich auf der obersten fünften Stufe die Selbstverwirklichung eines jeden Menschen.

Maslow sieht in seiner Theorie der Bedürfnispyramide erhebliche funktionale Unterschiede zwischen den verschiedenen Ebenen. Je niedriger die Ebene ist, umso wichtiger sind die Bedürfnisse für das eigentliche Überleben. Deshalb unterscheidet er zwischen Defizitbedürfnissen (niedrigen Bedürfnissen) und Wachstumsbedürfnissen (höheren Bedürfnissen). Erstere müssen auf jeden Fall erfüllt sein, damit der Mensch zufrieden ist, letztere führen neben Zufriedenheit letztendlich zum Glück.

Die Wachstumsbedürfnisse, wie also z. B. das Streben nach Selbstverwirklichung, treten erst dann in den Vordergrund, wenn die Defizitbedürfnisse erfüllt sind. Durch sie erfolgt schließlich die Verstärkung der eigenen Individualität.

Ramona Gawlick-Internetdienstleistungen, Abraham Maslow: Bedürfnispyramide – Definition und Erklärung, www. abraham-maslow.de, Abruf am 12.03.2018.

Bedürfnispyramide nach Maslow
- Selbstverwirklichung
- Anerkennung und Wertschätzung
- Sozialbedürfnis
- Sicherheit
- Grund- und Existenzbedürfnisse

AUFGABEN

1. a) Geben Sie den Inhalt des Auszugs aus dem Märchen „Schlaraffenland" von Ludwig Bechstein (M1) wieder. Setzen Sie sich mit der Frage auseinander, warum in dem Märchen von Bechstein ausschließlich Nahrungsmittel zur Ausstattung des Schlaraffenlands gehören.
   b) Stellen Sie in einem Referat (→ Methodenglossar) verschiedene Beispiele des Märchens vom Schlaraffenland dar.

2. Vergleichen Sie die Wünsche der hungernden Bevölkerung in Deutschland nach dem Ende des Zweiten Weltkriegs mit den Fantasien der Menschen im Schlaraffenland (M2a).

3. Werten Sie M2b im Hinblick auf die neuen Konsummöglichkeiten für breite Schichten der Bevölkerung in der Zeit des Wirtschaftswunders aus und berücksichtigen Sie die folgenden Aspekte:
   - Entwicklung der Industrieproduktion und der Einkommen;
   - Neuanschaffungen der Haushalte in der Zeit des Wirtschaftswunders;
   - soziale Situation und Lebensstandard der Menschen in der Nachkriegszeit.

4. Vergleichen Sie die Informationen in M2c zu der Ausstattung der Haushalte mit Konsumgütern zwischen 1962 und 2017. Interpretieren Sie die Daten im Hinblick auf die Ausstattung der Haushalte mit hochwertigen Konsumgütern.

5. a) Erläutern Sie die ökonomischen Grundbegriffe „Bedürfnisse" und „wirtschaftliche Güter" (M3).
   b) Beschreiben Sie den Unterschied zwischen „wirtschaftlichen Gütern" und „freien Gütern" (M3).

6. a) Erläutern Sie die Bedürfnispyramide von Maslow (M4) mithilfe des Textes im Hinblick auf die von Maslow entwickelte Hierarchie der Bedürfnisse.
   b) Diskutieren Sie, welche Bedürfnisse mit wirtschaftlichen Gütern befriedigt werden können und welche Bedürfnisse auf andere Weise erfüllt werden müssen.

Hinweis zu Aufgabe 1
Beachten Sie, dass es Märchen mit einer ähnlichen Thematik schon seit der Antike gibt. Im Mittelalter gab es in Frankreich und in Deutschland eine Reihe verschiedener Versionen.

F Aufgabe 3
Stellen Sie in einem Bericht über Gespräche/Interviews mit Ihren Großeltern oder anderen Zeitzeugen dar, wie diese das Wirtschaftswunder in Deutschland erlebt haben und welche Bedürfnisse sie vielleicht zum ersten Mal erfüllen konnten.

M5 Güterknappheit als Ursache des Wirtschaftens

Meerwasser, Luft, Sand und Sonne sind freie Güter. Strandkörbe hingegen sind – ebenso wie die Freizeit, die nötig ist, um die Körbe nutzen zu können – knappe Güter. Das Spannungsverhältnis zwischen den als unbegrenzt angenommen Bedürfnissen und den knappen Gütern ist die Antriebskraft allen wirtschaftlichen Handelns und damit die Ursache für die Produktion von Gütern.

Victor Lüpertz, Problemorientierte Einführung in die Volkswirtschaftslehre, Braunschweig 2013, S.13

M6 Das ökonomische Prinzip: Mangel an Gütern zwingt zum Wirtschaften

Gehen wir davon aus, dass die Bedürfnisse größer sind als die Befriedigungsmöglichkeiten, also die zur Verfügung stehenden Güter. Das dann entstehende Spannungsverhältnis zwingt den Menschen zum Wirtschaften. Versucht der Mensch, dieses Problem bewusst (mit Verstand = rational) zu lösen, handelt er nach dem ökonomischen Prinzip.

Das ökonomische Prinzip lässt sich auf dreierlei Weise ausdrücken:
- Mit gegebenen Mitteln ist der größtmögliche Erfolg zu erzielen (Maximalprinzip).
- Ein geplanter Erfolg ist mit dem geringsten Einsatz an Mitteln anzustreben (Minimalprinzip, Sparprinzip).
- Es gilt, einen möglichst großen Überschuss an Erfolg über den Mitteleinsatz zu erlangen (allgemeine Formulierung).

Ein einzelner Verbraucher handelt dann z. B. nach dem wirtschaftlichen Prinzip, wenn er sein Nettoeinkommen (= gegebene Mittel) so verwendet, dass er einen höchstmöglichen Nutzen erzielt (Nutzenmaximierung). Ein Unternehmen richtet sich dann nach dem ökonomischen Prinzip, wenn es mit den geplanten Kosten je Periode einen größtmöglichen Gewinn zu erzielen trachtet (Gewinnmaximierung).

Gernot B. Hartmann, Volks- und Weltwirtschaft, Rinteln 2013, S. 21

Milderung des Spannungsverhältnisses zwischen begrenzten Mitteln und unbegrenzten Bedürfnissen durch Anwendung des ökonomischen Prinzips

Begrenzte Möglichkeiten der Güterbeschaffung und -bereitstellung → Spannungsverhältnis ← Unbegrenzte Bedürfnisse der Menschen

Aus dem Spannungsverhältnis zwischen den unbegrenzten subjektiven Bedürfnissen und den begrenzten objektiven Mitteln (Gütern) ergibt sich der Zwang, zu wirtschaften.

M7 Das Modell des „homo oeconomicus"

In jeder Wirtschaftsordnung gibt es das „ökonomische Prinzip" (→ M6). Es macht keine Aussagen zu den Motiven, mit denen ein Mensch die ihm zur Verfügung stehenden Mittel für bestimmte Güter einsetzt. Er kann Güter für sich selbst erwerben oder auch aus altruistischen Gründen für andere. Auch der „homo oeconomicus" (ein ausschließlich „wirtschaftlich" denkender Mensch) setzt zur Erreichung seiner Ziele das ökonomische Prinzip ein, er tut es aber ausschließlich aus eigennützigen Gründen. Ziel ist es, seinen eigenen materiellen Nutzen zu maximieren. In den folgenden Texten erfahren Sie zunächst, weshalb in den Wirtschaftswissenschaften – genauso wie in den Naturwissenschaften – mit Modellen gearbeitet wird, um ökonomische Prozesse und Verhaltensweisen zu erklären. Ein Beispiel für ein solches Modell ist das Modell des „homo oeconomicus" (M7b). Das Modell ist nicht unumstritten. In M7c lernen Sie eine kritische Beurteilung dieses Modells kennen.

a) Ökonomische Modelle

Ökonomen bemühen sich, ihr Gebiet mit wissenschaftlicher Objektivität zu behandeln. Sie betreiben die Erforschung der Volkswirtschaft in ziemlich derselben Weise, wie ein Physiker die Materie und ein Biologe das Leben untersucht: Sie entwerfen Theorien, sammeln Daten und versuchen dann aufgrund der Daten, ihre Theorie zu bestätigen oder zu verwerfen. [...] Biologielehrer im Gymnasium lehren die Grundlagen der Anatomie mit Nachbildungen des menschlichen Körpers aus Plastik. [...]
Selbstverständlich sind diese Plastikmodelle keine wirklichen menschlichen Körper, und niemand würde das Modell als eine lebende Person ansehen. Derartige Modelle sind stilisiert, und sie lassen viele Details weg. Trotz dieser Realitätsferne – eigentlich wegen dieses Abstands zur Wirklichkeit – ist das Studium des Modells nützlich, um zu lernen, wie der menschliche Körper funktioniert.
Auch Ökonomen gebrauchen Modelle, um etwas über die Welt zu lernen. Aber statt Plastik werden bei der Modellierung Diagramme und Gleichungen verwendet. Wie im Plastikmodell des Biologielehrers fehlen viele Einzelheiten, damit man das Wesentliche besser sieht [...].
[...] Die saubere Modellierung ökonomischer Zusammenhänge beinhaltet immer die Entscheidung darüber, welche Merkmale der Realität im Modell abgebildet werden müssen und welche Merkmale eher unwichtige Details sind. Die Entscheidung darüber, welche Merkmale notwendigerweise berücksichtigt werden müssen und auf welche Merkmale verzichtet werden kann, hängt entscheidend davon ab, für welchen Zweck das Modell genutzt werden soll.

N. Gregory Mankiw, Mark. P. Taylor, Grundzüge des Volkswirtschaftslehre, 5. Auflage, Stuttgart 2012 S. 23 ff., Übersetzer: Marco Herrmann und Adolf Wagner

b) Das ökonomische Modell des „homo oeconomicus"

Der „homo oeconomicus" ist ein gedankliches Modell aus der Wirtschaftstheorie. Es beschreibt einen
- rein wirtschaftlich denkenden Menschen,
- mit uneingeschränkt rationalem Verhalten,
- der ausschließlich den eigenen Nutzen maximieren will.

Diese Vorstellung soll dabei helfen, einfache wirtschaftliche Vorgänge (Kauf, Verkauf, Produktion, Konsum usw.) zu erklären.
Dabei wird ganz bewusst auf die Berücksichtigung vieler realer Einflüsse etwa auf das tatsächliche Kaufverhalten (z.B. Alter, Einkommen, Stimmung, Zweck des Kaufes, Dringlichkeit usw.) verzichtet, um allgemeine wirtschaftliche Gesetzmäßigkeiten und Zusammenhänge beschreiben zu können.
[...] Der „homo oeconomicus" beschreibt also nicht das Kaufverhalten einer einzelnen Person, sondern er erklärt nur, wie sich bei Betrachtung einer sehr großen Zahl von Fällen die Mehrheit der Käufer verhalten würde. Das Modell des Homo oeconomicus wird heute stark kritisiert, da es das menschliche Verhalten sehr unzureichend und einseitig erfasst.

Wochenschau, 63. Jahrgang, September/Oktober 2012, 2. akt. Auflage, 2016, S. 9

c) Kritik an dem Modell des „homo oeconomicus"

„Derzeit wird in der etablierten wirtschaftswissenschaftlichen Lehre angenommen, dass jeder ein „homo oeconomicus" ist: ein rational handelndes, selbstbezogenes und vornehmlich auf materielle Zugewinne ausgerichtetes Individuum. [...]
Das fundamentale Problem dieses Ansatzes ist, dass der „homo oeconomicus" falsch abbildet, wie sich Menschen verhalten. Sie sind eben nicht ausschließlich rational, weil Verhalten vor allem durch Emotionen und Erfahrungen gesteuert wird. Sie sind nicht nur selbstbezogen, weil auch Fairness, Leidenschaft und Fürsorge im Menschen verankert sind. Und weil Präferenzen maßgeblich von den sozialen Gruppen abhängen, in denen wir uns bewegen. Auch treibt uns nicht nur Materielles an, sondern persönliche Beziehungen sind uns wichtig, unsere soziale Einbindung. [...]
Das Menschenbild des „homo oeconomicus" ist nicht nur ein vereinfachendes theoretisches Konstrukt für ökonomische Modelle. Sondern, wo es sich aus der Wissenschaft heraus einschleicht in Politik, Unternehmenswelt und Gesellschaft, verinnerlichen Menschen das Bild vom „homo oeconomicus" und handeln zunehmend danach. Je mehr wir uns auf Allokation und Verteilung fokussieren, desto mehr tritt das Bestreben nach weitreichendem Wohlergehen in den Hintergrund. [...] Warum tun wir uns das an? Erstens, weil wir uns an dieses Schema

Präferenzen
Vorlieben

Allokation
Zuweisung von finanziellen Mitteln

gewöhnt haben, zweitens, weil es die anderen um uns herum auch tun, und drittens, weil wir systematisch überschätzen, wie viel mehr Zufriedenheit uns das nächste Auto, Handy oder die Designer-Handtasche bringt.

Was bringt uns denn wirklich nachhaltig Erfüllung? Studien aus einer Reihe von Disziplinen – etwa Psychologie [...], Soziologie – haben dazu inzwischen Erkenntnisse geliefert. Über Zeiten, Länder und Kulturen hinweg sind dafür folgende Faktoren wichtig: durch eigene Aktivität erreichte persönliche Erfolge; das Erkennen, Erweitern und Einsetzen unserer persönlichen Stärken; Selbstbewusstsein und Respekt für andere; erfüllende persönliche Beziehungen und ein soziales Zugehörigkeitsgefühl. Wichtig ist zudem, anderen zu geben und deren Glück zu steigern. Solche positiven Lebenserfahrungen entwerten sich nicht, weil man sich daran gewöhnt. Im Gegenteil: Sie schaffen dauerhaftes Wohlergehen für sich selbst – und für andere. [...] Wir müssen uns fragen, welche Bereiche unseres Lebens durch Marktkräfte bestimmt werden und ob dies immer sinnvoll ist. Wenn wir im Glauben an den „homo oeconomicus" immer mehr Entscheidungen durch Marktprozesse steuern lassen, könnten wir andere Motivationen wie Verantwortungsbewusstsein, Mitgefühl und Vertrauen verdrängen, die uns womöglich mehr Lebenserfüllung bringen könnten. Mit dem Leitbild des „homo oeconomicus" alleine werden wir als Ökonomen nicht Wege zu nachhaltigem Wohlergehen aufzeigen können. Wir brauchen ergänzende Konzepte, die andere im Menschen verankerte Triebkräfte wie soziale Einbindung, Vertrauen und Mitgefühl nutzen. Dazu werden wir gemeinsam mit anderen Disziplinen forschen müssen, die sich mit den Grundlagen menschlichen Verhaltens befassen.

Dennis J. Snower, Adieu Homo oeconomicus, in: Süddeutsche Zeitung, 11./12 Oktober 2014, S. 24

Dennis J. Snower ist Präsident des Instituts für Weltwirtschaft in Kiel.

M8 Der Unterschied zwischen Bedürfnissen und Bedarf

In einer Marktwirtschaft erfolgt die Befriedigung individueller Bedürfnisse dadurch, dass solche Güter am Markt nachgefragt und gekauft werden, an denen Bedarf besteht. Als Bedarf werden die zur Befriedigung eines Bedürfnisses geeigneten Güter bezeichnet. Der Bedarf wird erst dann zur Nachfrage, wenn die notwendige Kaufkraft (z. B. Geld) vorhanden ist.

Victor Lüpertz, Problemorientierte Einführung in die Volkswirtschaftslehre, Braunschweig 2013, S. 11

M9 Wirklich immer „unendliche" Bedürfnisse?

Die Wirtschaftswissenschaften gehen von „unendlichen" Bedürfnisse und knappen Gütern (M3, M5) aus. Weil wir nicht im „Schlaraffenland" wohnen, sind die Güter, außer den freien Gütern wie z. B. Luft, immer knapp. Güter können wegen der Begrenztheit der für die Güterherstellung notwendigen Ressourcen nicht in unendlicher Menge bereitgestellt werden. Folglich ist ein wirtschaftlicher Umgang mit knappen Ressourcen notwendig. Wirtschaften bedeutet somit das planvolle Handeln bezogen auf den sparsamen Umgang mit den knappen Ressourcen bzw. beschränkten Gütermengen, um möglichst eine hohe Bedürfnisbefriedigung zu erreichen (M6). Es gibt aber auch Zweifel, ob Bedürfnisse wirklich für alle Menschen „unendlich" sind, wie die folgenden Fallbeispiele in M9a-b zeigen.

a) Ein Tourist und ein Fischer oder „Anekdote zur Senkung der Arbeitsmoral"

Ein Hafen an der westlichen Küste Europas (Südfrankreich, Spanien oder Portugal). Dort fotografiert ein Tourist ziemlich aufdringlich einen Fischer, der sich nach getaner Morgenarbeit in sein Boot gelegt hat und dösend die aufkommende Tageswärme genießt. Der Tourist verwickelt den Einheimischen in ein Gespräch und schlägt ihm vor, seine Zeit effizienter zu nutzen. Würde er zwei-, drei-, ja viermal am Tag ausfahren, könnte er sich dank des größeren Ertrags bald einen Motor für seinen ärmlichen Kahn kaufen und schließlich sogar ein kleines maritimes Unternehmen gründen: Sie würden ein kleines Kühlhaus bauen, vielleicht eine Räucherei, später eine Marinadenfabrik, mit einem eigenen Hubschrauber rundfliegen, die Fischschwärme ausmachen und Ihren Kuttern per Funk Anweisungen geben. Sie könnten die Lachsrechte erwerben, ein Fischrestaurant eröffnen, den Hummer ohne Zwischenhändler direkt nach Paris exportieren [...] „Und dann", sagt er, aber wieder verschlägt ihm die Erregung die Sprache. Der Fischer klopft ihm auf den Rücken, wie einem Kind, das sich verschluckt hat. „Was dann?", fragt er leise. „Dann", sagt der Fremde mit stiller Begeisterung, „dann könnten Sie beruhigt hier am Hafen sitzen, in der Sonne dösen – und auf das herrliche Meer blicken." „Aber das tue ich ja schon jetzt", sagt der Fischer, „ich sitze beruhigt am Hafen und döse, nur Ihr Klicken hat mich dabei gestört."

Manfred Koch, Faulheit – eine schwierige Disziplin, Springe (Klampen Verlag) 2012, S. 9 f.

b) Porträt eines „Aussteigers" – eine Reportage vom 28.06.2016

Günther Hamkers Telefon hat immer noch eine Wählscheibe. Der 75-Jährige hat das Aussteiger-Leben perfektioniert. Er hat die Entschleunigung erreicht, von der viele in einer digitalen Hektik-Welt träumen. Wenn Günther Hamker beim Kochen merkt, dass ihm ein Ei fehlt, kann er nicht schnell in den nächsten Supermarkt laufen. Der 75-Jährige lebt seit 54 Jahren in einer Waldhütte an den Bodensteiner Klippen im Harz. Sein Wasser stammt aus einem selbst angelegten Brunnen, Strom erzeugt er mit Windkraft und Solarenergie, für seine Öfen hackt er selber Holz. Telefonieren klappt, wenn nicht gerade ein Baum auf die Freileitung gefallen ist. Auch der Handyempfang ist schwach.

15 Minuten fährt er über holprige Forstwege ins nächste Dorf, bei Eis und Schnee ist das gar nicht möglich.

Als Einsiedler sieht sich Hamker aber nicht. „Ich habe viele Freunde und Bekannte, auch wenn nur ein bis zwei Mal pro Woche jemand zu mir hochkommt", erzählt er an einem schönen Sommertag bei einer Tasse Tee aus selbst angebauter Minze.

Die Bezeichnung Aussteiger mag der weißhaarige Mann mit dem wettergegerbten Gesicht ebenso wenig.

„Als ich 1962 hierherzog, wusste man noch gar nicht, was das ist." Bis 2003 bewirtschaftete Hamker seinen 80 Hektar großen Wald, den er wie die Holzhütte als 13-Jähriger von seinem Großvater geerbt hatte. Inzwischen hat der Waldbauer seinen Forst verkauft, besitzt aber noch ein Wohnrecht auf Lebenszeit.

In seiner urigen Hütte scheint die Zeit stehen geblieben zu sein. Der Herd wird mit Holz befeuert, das schwarze Telefon hat noch eine Wählscheibe. Vieles stammt aus Haushaltsauflösungen und vom Trödelmarkt. An den Wänden hängen historische Karten und Familienfotos vom Anfang des 20. Jahrhunderts.

„Ich habe ein Leben lang von Abgelegtem gelebt", sagt Hamker. Freunde schenkten ihm ihren ausrangierten Fernseher oder ihr altes Laptop. Ein Smartphone wurde ihm auch schon angeboten, aber das will Hamker nicht. Der Waldbewohner geht sparsam mit Ressourcen um und lebt den Minimalismus. [...] Die Entschleunigung, von der so viele träumen, hat Hamker längst erreicht. Am Vormittag geht er mit seinem Pflegehund Remo in den umliegenden Höhenzügen spazieren. Um Fitnesstraining muss er sich wegen der regelmäßigen körperlichen Arbeit nicht kümmern. Zur Entspannung hört er klassische Musik – „am liebsten Chopins Klavierkonzerte" – und liest.

Einsam fühlt sich der Aussteiger nicht. „Während meines Studiums in Göttingen in einem Mehrfamilienhaus war ich isolierter", erzählt er. Wochenlanges Schmuddelwetter schlage ihm allerdings aufs Gemüt. Doch an diesem Tag scheint die Sonne, und der Wald wirkt idyllisch, nicht bedrohlich. Hamker sitzt vor dem Eingang seiner Hütte unter der mehr als 30 Meter hohen Kastanie, die er selbst als Kind gepflanzt hat. Die Vögel zwitschern. Ein kleiner Siebenschläfer taucht plötzlich auf und schnappt sich eine Aprikose vom Obstteller. Schon nach einer halben Stunde wirkt die Umgebung auf Besucher entspannend.

Erst am Abend setzt sich Günther Hamker wieder in sein altes Auto, um den Berner Sennenhund Remo seinem Besitzer Hansjörg Spörri zurückzubringen. Der Gartenbauunternehmer aus Bockenem kennt den Einsiedler seit fast 35 Jahren. „Er ist ein besonderer Mensch und braucht diese Abgeschiedenheit", sagt Spörri. „Es ist nicht vorstellbar, ihn in eine Stadtwohnung zu verpflanzen."

Christina Sticht, Dieser Einsiedler wohnt seit 54 Jahren allein im Wald, www.welt.de, 28.06.2016

AUFGABEN

1. a) Erläutern Sie den Unterschied zwischen „freien Gütern" und „knappen Gütern" (**M5**).
   b) Entwickeln Sie Hypothesen, warum die Wirtschaftswissenschaften von unbegrenzten Bedürfnissen und knappen Gütern ausgehen.

2. a) Erklären Sie das ökonomische Prinzip mithilfe des Schaubildes in **M6**.
   b) Erläutern Sie, warum der Mensch – geht man von der Knappheit der Güter aus – zum „Wirtschaften" gezwungen ist.
   c) Beschreiben Sie, auf welche Weise Verbraucher und Unternehmen nach dem wirtschaftlichen Prinzip handeln, um möglichst erfolgreich zu sein.

3. Erläutern Sie, warum die Ökonomen und die Naturwissenschaftler mit Modellen arbeiten (**M7a**).

4. a) Stellen sie das Modell des „homo oeconomicus" (**M7b**) dar.
   b) Erklären Sie mithilfe von **M6**, der Einleitung zu **M7** und **M7b** den Unterschied zwischen „ökonomischem Prinzip" und „homo oeconomicus".

5. a) Stellen Sie in Partnerarbeit dar, welche fundamentalen Probleme das Modell des „homo oeconomicus" aus der Sicht des Autors hat (**M7c**).
   b) Vergleichen Sie Ihre Ergebnisse im Kurs.
   c) Setzen Sie sich mit den Argumenten des Autors auseinander und nehmen Sie zu den einzelnen Argumenten Stellung (**M7c**).

6. Erklären Sie den Unterschied zwischen Bedürfnissen und Bedarf (**M8**).

7. Bearbeiten Sie die Fallbeispiele in **M9a–b** in arbeitsteiliger Gruppenarbeit.
   Gruppe 1:
   a) Charakterisieren Sie das Verhalten des Fischers in der Erzählung von Heinrich Böll (**M9a**).
   b) Arbeiten Sie heraus, inwiefern der Fischer nicht nach dem „ökonomischen Prinzip" handelt.
   c) Beurteilen Sie das Verhalten des Fischers.

   Gruppe 2:
   a) Charakterisieren Sie das Leben von Günther Hamker (**M9b**) im Hinblick auf seine Wohnung und seine Konsumgewohnheiten.
   b) Beurteilen Sie das Verhalten von Günther Hamker.

8. a) Stellen Sie die Ergebnisse der Gruppenarbeit aus Aufgabe 7 im Kurs dar.
   b) Diskutieren Sie gemeinsam, ob die Annahme der Wirtschaftswissenschaften, dass Bedürfnisse unendlich sind, zutrifft.

8.2 Konsumenten – souverän oder fremdbestimmt? Das Leitbild der Konsumentensouveränität

Die meisten Menschen können sich nicht vorstellen, auf moderne Konsumgüter zu verzichten. Sie orientieren sich an der Werbung, Verbraucherinformationen und an Erfahrungen ihrer Freunde, um ihre Kaufentscheidungen zu treffen. Die Produzenten bieten Informationen an, versuchen Kunden zum Kaufen ihrer Ware zu bewegen. Das 2. Unterkapitel beschäftigt sich mit der Frage, ob die Konsumenten ihre Kaufentscheidungen souverän oder fremdbestimmt treffen.

M10 Das Zustandekommen einer Kaufentscheidung

Konsumenten treffen wöchentlich eine Vielzahl von Kaufentscheidungen bzw. nutzen täglich Ge- und Verbrauchsgüter, für deren Kauf sie sich irgendwann entschieden haben, um Bedürfnisse nach Nahrung, Wärme, Gesundheit, Sicherheit, Geborgenheit, Liebe, sozialer Anerkennung, Anregung und persönlicher Entfaltung zu befriedigen. Diese Bedürfnisse können mit immateriellen und materiellen Gütern befriedigt werden, die sich selbst herstellen lassen oder in vielfältigen Bezugsquellen zu unterschiedlichsten Preisen und Qualitäten zu haben sind. Nahrung lässt sich sammeln oder jagen, im eigenen Garten oder auf dem Balkon anbauen, im Discounter, Supermarkt, Wochenmarkt, Biomarkt, beim Bauern oder im Feinkostgeschäft kaufen. Sie kann als zubereitete Speise zuhause, in der Kantine, am Kiosk oder im Nobelrestaurant als Dienstleistung verzehrt werden. [...] Ob man sein Nahrungsbedürfnis mit Wasser und Brot, mit Sauerkraut und Kartoffelpüree oder mit Kaviar und Champagner befriedigt, ist nicht unabhängig von den persönlichen Voraussetzungen, aber ebenso wenig von den kulturellen Einflüssen. [...] Auch wenn auf den ersten Blick manche Bedürfnisse durch käufliche Güter nicht befriedigt werden können, ist das oft nur die halbe Wahrheit. So wird die Befriedigung von Bedürfnissen immer mehr zu einem Bedarf nach Konsum, der Geld erfordert und von außen durch die Bereitstellung eines entsprechenden Angebots beeinflusst wird. Wüssten die Konsumenten, welche Bedürfnisse sie mit welchen Mitteln am besten befriedigen könnten, wäre schon eine wichtige Vorbedingung für eine rationale Kaufentscheidung erfüllt, um die Mittel in ein vernünftiges Verhältnis zu den Zielen zu setzen. Aber selbst das ist schwierig genug. Die Güter unterscheiden sich erheblich in Kaufpreis und Qualität, die Kaufpreise divergieren nach Anbietern, Saison sowie nachgefragter Menge. [...] Geringere Preise können sich trotz qualitativer Gleichwertigkeit der Produkte dadurch ergeben, dass bei der Produktion die Umweltbelastung nicht mit ins Kalkül gezogen wurde oder die Produktionskosten durch problematische Arbeitsbedingungen, Niedriglöhne oder durch Kinderarbeit gering gehalten wurden.

Birgit Weber, Konsum in der Sozialen Marktwirtschaft, www.bpb.de, Abruf am 13.03.2018

M11 Konsumentensouveränität und Produzentensouveränität

1 Konsumentensouveränität:
[Konsumenten] sorgen mit ihren Entscheidungen dafür, dass die benötigten Güter zu günstigen Preisen und guter Qualität produziert

2 Produzentensouveränität:
Der Verbraucherforscher Gerhard Scherhorn wies schon vor mehr als 30 Jahren auf die Einschränkungen dieser Konsumentensouveränität hin. Danach sind Konsumenten abhängig vom Ange-

werden und so das Interesse an Gewinnmaximierung in die gewünschten Bahnen gelenkt wird. Konsumenten belohnen durch ihre Kaufentscheidungen die Produzenten der Güter, die ihren Bedürfnissen am ehesten entsprechen. Sie bestrafen diejenigen, deren Produkte sie wegen überhöhter Preise, nicht ansprechender Eigenschaften oder schlechter Qualität nicht kaufen. Ob die Konsumenten es wollen oder nicht, ob sie rational oder irrational handeln, ob sie über ihre Käufe nachdenken oder nicht, sie nehmen immer eine sanktionierende [bewertete] Funktion ein. So bestimmen sie die Produktionsergebnisse auf den Märkten mit. Das ist die Grundidee der Konsumentensouveränität. Deren idealtypische Vorstellungen sind mit einer komplexen und widersprüchlichen Realität konfrontiert.

bot, und die Konkretisierung ihres Bedarfs nach bestimmten Gütern wird von den Anbietern beeinflusst. So träfen die Produzenten die Produktionsentscheidungen und versuchten aus Gewinnmaximierungs- und Selbsterhaltungsinteressen über Marketingstrategien die Aufmerksamkeit der Konsumenten auf ihre Produkte zu lenken. Bei dieser „Produzentensouveränität" haben die Konsumenten keine aktive, sondern eher eine reaktive Funktion: Sie können ihren Bedarf einschränken oder Produkte, Anbieter und Hersteller wechseln. Sie können aber auch ihren Widerspruch entweder direkt beim Anbieter oder über Medien und Verbraucherorganisationen deutlich machen. Abwanderung (Exit) oder Widerspruch (Voice) sind nach dem Soziologen und Volkswirt Albert O. Hirschman zwei grundlegende Reaktionsmöglichkeiten, deutlich zu machen, dass die angebotene Qualität nicht den Wünschen entspricht. Dazu muss die Mehrheit der Konsumenten fähig und bereit sein, Marktleistungen angemessen zu bewerten und entsprechend zu handeln. [...] Aber sind die Konsumenten mit diesen Entscheidungen nicht überfordert?
Ebd.

M12 Künstliche Bedarfsweckung durch Werbung

Künstliche Welten in der Mode-Werbung

Die Werbung erfüllt nicht nur eine Informationsfunktion im Hinblick auf die beworbenen Produkte. Vielmehr spielt sie auch bei der Entstehung von Bedürfnissen und Bedarf eine wichtige Rolle. Die künstlich durch Werbung geschaffenen „Moden" und „Trends" erzeugen einen sozialen Druck, dem sich modebewusste Käufer (insbesondere Jugendliche) nicht entziehen können. Kinder und Jugendliche sind daher die perfekte Zielgruppe für Werbeexperten: Sie legen Wert auf „Coolness" und Gruppenzugehörigkeit, definieren sich über die „richtigen" Klamotten und das aktuellste Styling und behaupten dieses Markenbewusstsein auch gegenüber ihren Eltern (z. B. Rucksack statt Schultasche, Sportschuhe statt Straßenschuhe aus Leder, Handy, Markenkleidung). Dabei wird auch die Unerfahrenheit und Leichtgläubigkeit von Kindern und Jugendlichen in unverantwortlicher Weise genutzt (z. B. angeblich gesundheitsfördernde Süßigkeiten). „Unmodische Produkte" gelten aufgrund der Werbung als unbrauchbar, obwohl sie noch funktionsfähig sind.

Victor Lüpertz, Problemorientierte Einführung in die Volkswirtschaftslehre, Braunschweig 2013, S. 11

M13 Die tägliche Verführung…

Längst beschäftigen Firmen ganze Abteilungen damit, unsere Seele zu ergründen. Der Konsument ist eines der am besten erforschten Lebewesen des Planeten. Im Auftrag der Markenforschung wird er in Kernspintomografen geschoben, wo er Fotos von Shampooflaschen ansehen oder Getränke durch einen Schlauch schlürfen soll, während Hirnforscher die Vorgänge unter seiner Schädeldecke inspizieren. Man setzt ihm Spezialbrillen auf und lässt ihn vor Regalen auf und ab gehen, um seine Pupillenbewegungen zu vermessen. In den USA wird er beim Einkaufen von speziellen Kameras gefilmt, die sein Alter und Geschlecht erkennen. Mancherorts verraten sogar schon Wärmekarten, wie er sich durch ein Geschäft bewegt, vor welchen Produkten er stehen bleibt. Und manchmal beobachten ihn die Marketingforscher sogar in freier Wildbahn. Als der Konzern Unilever vor einigen Jahren eine neue Kampagne für die Deos und Duschgels der Marke Axe auflegte, befragten die Marketingstrategen nicht nur weltweit 12.000 Jungen und Männer zu ihren Sexfantasien und Flirtstrategien, sie begleiteten sogar Testpersonen in die Kneipe, um ihr Paarungsverhalten zu studieren. All das, um die ideale Zielgruppe zu ermitteln, der man einreden konnte, Axe sei der Schlüssel zum Erfolg bei Frauen. Die Strategie ist offenbar so wirkungsvoll, dass Unilever immer wieder großflächig Anzügliches plakatiert.

Stefanie Schramm und Claudia Wüstenhagen, Konsumverhalten: Die tägliche Verführung, www.zeit.de, 10.04.2012

Ausschnitt aus einem Werbefilm der Marke Axe beim Superbowl in den USA im Jahre 2014

M14 So beeinflussen soziale Netzwerke Kaufentscheidungen

Bereits jede zweite Kaufentscheidung (51,3 Prozent) eines deutschen Verbrauchers wird durch Inhalte, die andere in sozialen Netzwerken gepostet haben, beeinflusst. In der Altersgruppe der 18 bis 34-Jährigen geben sogar 70 Prozent an, dass Social-Media-Inhalte Einfluss auf ihre Käufe ausüben. Zu diesem Ergebnis kommt die Studie „Connected Commerce 2015" der Digitalagentur DigitasLBI. Dabei spielt Facebook mit 29,9 Prozent die wichtigste Rolle, gefolgt von Youtube (26,5 Prozent) und Google Plus, das in zehn Prozent der Fälle zu einem Kaufanreiz führt. Die größten Kaufanreize entfalten der Studie zufolge Marketingmaßnahmen wie klassische Werbeinhalte (34 Prozent) sowie gezielte Promotion und Kampagnen (31 Prozent). Aber auch Statusmeldungen von Freunden und Bekannten üben Einfluss auf die Kaufentscheidung aus (29 Prozent). Die Fanpage einer Marke überzeugt 23 Prozent der Verbraucher von einem Produkt und 17 Prozent lassen sich von sogenannten Influencern zum Kauf eins Produktes verführen. Als wichtigsten Grund für das Teilen eines Produktkaufs geben die Verbraucher an, dass sie einfach ihre Freunde darüber informieren möchten (42 Prozent). 38 Prozent wollen ein bestimmtes Sonderangebot in ihrem Freundeskreis bekannt machen und 35 Prozent nennen Stolz als Grund für die Veröffentlichung eines Kaufs. 13 Prozent geben an, ihre Freunde mit derartigen Posts beeindrucken zu wollen. […] „Das Zusammenspiel von Content-Marketing und digitaler Werbung kann eine große Schubkraft entfalten, sofern werbetreibende Unternehmen sich dies mittels intelligenten Kampagnen zunutze machen", meint Anke Herbener, CEO von DigitasLBi in Deutschland und der Schweiz.

Till Dziallas, Social Media: So beeinflussen soziale Netzwerke Kaufentscheidungen, www.internetworld.de, 09.11.2015

M15 Mobile Commerce: Eine Journalistin beschreibt, wie Werbung über das Smartphone in Zukunft aussehen könnte

Wearable

Wearable ist ein Computer, der während der Anwendung am Körper des Benutzers befestigt ist.

Key Pousttchi hat seit Anfang 2015 den neuen Lehrstuhl für Wirtschaftsinformatik und Digitalisierung an der Universität Potsdam inne. Key Pousttchi gilt als einer von Europas führenden Experten im Bereich Mobile Business, also dem Wirtschaftszweig, der sich mit den Entwicklungen von und mit mobilen Endgeräten wie Smartphones beschäftigt.

Smartwatches

Eine Smartwatch ist eine digitale Armbanduhr, die über ein flaches, eckiges oder rundes Display verfügt und ähnlich wie ein modernes Handy bedient und mit diesem verbunden werden kann. Sie zeigt Zeit und Datum an, misst den Puls, zählt die Schritte und vermittelt Informationen aller Art.

Oliver Bendel, Smartwatch, www.wirtschaftslexikon.gabler.de, Abruf am 13.03.2018

Es ist 12 Uhr 13, ich habe Mittagspause und Hunger. Ich verlasse das Verlagsgebäude des Tagesspiegels am Anhalter Bahnhof und laufe Richtung Potsdamer Platz. Ssst,
5 ssst – das Wearable an meinem Handgelenk sendet mir eine Pushnachricht: Zu meiner Linken befindet sich ein Italiener, der hervorragende Pizzen macht. Genau
10 meine Kragenweite, ich liebe Thunfisch-Pizza. Mein Wearable weiß das schon
15 lange – weil es mit meinem Smartphone gekoppelt ist und scannt, welche Apps ich nutze, wo ich
20 mich oft aufhalte, nach was ich im Internet suche. Deshalb lotst es mich in die Pizzeria. Oder? Na ja, teilweise deshalb. Mein Wearable hat auch herausgefunden, dass sich im Lokal gerade der Mann meines Lebens auf-
25 hält, den ich besser gestern als heute kennenlernen sollte.

Utopie, Dystopie, totaler Blödsinn? „Rein technisch gesehen ist das alles schon möglich", sagt Key Pousttchi [...]. Ginge es nach
30 ihm, dann wird sich „das Marketing in den kommenden fünf Jahren stärker verändern als in den kompletten 40 Jahren zuvor". Die Gründe dafür stecken bei jedem von uns in der Hosentasche. Oder schmiegen sich an
35 unsere Handgelenke. Smartphones, Smartwatches, Wearables, Phablets – sie alle sammeln Daten, mal mehr, mal weniger nah am Körper. Diese Daten sind für Marketingexperten und Werber unfassbar interessant
40 und wichtig. „Was im Moment passiert", sagt Pousttchi, „ist eine Marketingrevolution." Denn Marketing und Werbung mussten bisher vor allem eines: Überzeugen um jeden Preis. Die Überzeugungskraft wird
45 nicht ganz schwinden, aber sie wird in Zukunft nicht mehr so relevant sein. Denn jeder Kunde wird Werbung erhalten, die so spezifisch und extrem gut auf ihn zugeschnitten ist, dass er das beworbene Produkt ohnehin kaufen will. „,Kennen Sie
50 Kunden, denen dieses Buch gefallen hat, kauften auch...'? Smartphones erlauben eine dramatisch bessere Variante davon", sagt Pousttchi. Die „dramatisch bessere Variante" ist vor allem schlauer.
55 Wer bisher einen neuen Fernseher kaufte, wurde danach mit Angeboten für weitere Fernseher überhäuft. Strategischer Unsinn – der Kunde hatte ja bereits ein neues Gerät. Künftig wird das nicht mehr passie-
60 ren. Stattdessen verraten die Daten, dass der Kunde den neuen Fernseher vor der vergangenen Fußballweltmeisterschaft gekauft hat. Das heißt, es macht viel mehr Sinn, ihm auch vor der kommenden WM einen neuen anzu-
65 bieten. [...] Die Werbung wird dem Kunden künftig Dinge empfehlen können, von denen er noch gar nicht weiß, dass er sie will, braucht oder kaufen wird. Warum? „Stellen Sie sich jemanden vor, der weiß, wer Sie sind,
70 wer Ihre Freunde sind, mit wem Sie besonders oft kommunizieren, wonach Sie im Netz gesucht haben – und wonach Sie nachts alleine im Hotelzimmer gesucht haben. Stellen Sie sich jemanden vor, der außerdem ih-
75 ren Puls kennt – und die Gelegenheiten, bei denen er sich erhöht. Außerdem kann dieser Jemand Rückschlüsse aus Ihrem bisherigen Verhalten auf Ihr Verhalten in Zukunft ziehen. Das bedeutet: Er weiß irgendwann
80 genau, ob Sie als Kunde auf niedrige Preise achten oder eher darauf, dass Produkte lange Garantie haben. Er weiß sogar, ob es hilfreich ist, Sie in ein Geschäft mit besonders hübschen Verkäuferinnen zu lotsen." [...]
85 Woran die Datensammler und Werber derzeit außerdem noch scheitern, ist genau die Technik, die sie sich eigentlich zu Nutzen machen wollen. Nicht jeder Smartphoneuser hat dauerhaft sein GPS aktiviert, ganz im Gegenteil.
90 Viele schalten den Dienst absichtlich ab, um nicht zu viel ihres Bewegungsprofils zu ver-

raten. Auch Bluetooth spielt bisher – zumindest in Deutschland – eine eher unbedeutende Rolle. Sogenannte Beacons, die feststellen können, wo sich ein Kunde im Laden befindet und ihn direkt zu Produkten lotsen kann. Beacons sind aber auf Bluetooth angewiesen. „Wenn ich etwas prophezeien müsste, würde ich sagen, dass Bluetooth bereits in der nächsten Smartphonegeneration nicht mehr deaktivierbar sein wird", sagt Pousttchi. Eine weitere Möglichkeit, die besonders in deutschen Schnäppchenjägergefielden funktionieren müsste: „Sie versprechen dem Kunden Bonuspunkte, wenn er sich einloggt und sein Bluetooth aktiviert. Für Bonuspunkte tut der Deutsche alles." Es ist 12 Uhr 13, ich habe Mittagspause und Hunger. Ich verlasse das Verlagsgebäude des Tagesspiegels am Anhalter Bahnhof und laufe Richtung Potsdamer Platz. Mein Smartphone steckt in meiner Hosentasche, ich habe es auf lautlos gestellt. An meinem Handgelenk zeigt eine Uhr die Uhrzeit an, billiges Quartzmodell, ohne Kalender, ohne alles, vor allem: Ohne – ssst, ssst – Pushnachrichten. Ich laufe am Italiener vorbei, weiter zum nächsten Bäcker. Die Thunfischpizza und der Mann meines Lebens: Vielleicht nur eine raffinierte Illusion.

Tatjana Kerschbaumer, Mobile Commerce: Smartphone-Werbung: „Ssst, ssst" ist das neue „Kauf mich", www.tagesspiegel.de, 03.07.2015

Bluetooth
Datenschnittstelle mit Funkübertragung für Kurzstrecken

Phablets
Ein Phablet, gelegentlich auch Smartlet genannt, ist ein besonders großes, internetfähiges Mobiltelefon.

AUFGABEN

1. Erläutern Sie in einem Vortrag (→ Methodenglossar) das Zustandekommen einer Kaufentscheidung (**M10**), indem Sie folgende Aspekte berücksichtigen:
   - Erläuterung des Begriffs „Bedürfnisse" unter Rückgriff auf die Bedürfnispyramide von Maslow (**M4**);
   - Möglichkeiten, Bedürfnisse zu befriedigen am Beispiel von Nahrung,
   - Erklärung der Aussage, dass die Bedürfnisbefriedigung immer mehr zum „Bedarf" von Konsum werde;
   - Ursachen für mögliche Probleme, rationale Kaufentscheidungen zu treffen.

2. a) Erläutern Sie die „Grundidee der Konsumentensouveränität" (**M11**).
   b) Erklären Sie, weshalb die idealtypischen Vorstellungen von Konsumentensouveränität nicht vollständig der Wirklichkeit entsprechen (**M11**).
   c) Erläutern Sie den Begriff „Produzentensouveränität" und die Rolle der Konsumenten im Hinblick auf das Angebot der Produzenten.

3. a) Diskutieren Sie die in **M11** gestellte Frage, ob die Mehrheit der Konsumenten zu einer angemessenen Bewertung der Marktleistung fähig sei.
   b) Stellen Sie Ihre Meinung in einer Positionslinie (→ Methodenglossar) dar.
   c) Begründen Sie jeweils Ihre Position.

4. a) Werten Sie (in Gruppenarbeit) **M12–M14** im Hinblick auf folgende Aspekte aus:
   - Werbestrategien zur Entstehung von Bedürfnissen/Bedarf bei Jugendlichen;
   - Verfahren, die Werbewirksamkeit ihrer Produkte herauszufinden;
   - die Bedeutung der sozialen Netzwerke bei Kaufentscheidungen.
   b) Vergleichen Sie die Informationen in **M12–M14** mit Ihren Erfahrungen.
   c) Diskutieren Sie im Kurs, inwiefern Sie die dargestellten Methoden der Unternehmen positiv oder negativ finden.

5. a) Geben Sie die zentralen Inhalte von **M15** bezüglich des Zukunftsszenarios „Möglichkeiten der Werbung über das Smartphone" wieder.
   b) Beurteilen Sie Chancen und Risiken dieser neuen Möglichkeiten.

F Aufgabe 1
Stellen Sie Ihren Vortrag im Kurs oder der Gruppe vor, wenn Sie die Aufgabe in Gruppenarbeit vorbereitet haben.

H Aufgabe 4
Bearbeiten Sie die Aufgabe in Kleingruppen.

M16 Konsumentensouveränität, Konsumentenfreiheit, Konsumentenbeteiligung und Verbraucherpolitik

Nach dem Leitbild der Konsumentensouveränität führen Konsumenten den Produkten, Unternehmen und Märkten Kaufkraft zu oder verweigern sie, so dass die Produktion gezwungen ist, sich an ihren Bedürfnissen auszurichten. [...] Das Leitbild der Konsumentenfreiheit geht davon aus, dass Konsumenten fähig und in der Lage sind, im Rahmen des Konsumgüterangebots nach Maßgabe ihres verfügbaren Einkommens frei zu wählen – und dass dies ihnen Selbstverwirklichung ermöglichen soll. [...] Das Leitbild der Konsumentenfreiheit (setzt) darauf, dass die Konsumenten über ihren Bedarf reflektieren und über kollektive Widerspruchs- und Abwanderungsaktionen ihre Sanktionsmacht wahrnehmen. [...] Nach dem Leitbild der Konsumentenbeteiligung sollen schließlich Verbraucher aus ihrer reaktiven Rolle gebracht und frühzeitig an Produktionsentscheidungen beteiligt werden. Verbraucherpolitik kann den Wettbewerb stärken, die Verbraucher mit Informationen und Schutzrechten versorgen und sie dazu befähigen, diese auch wahrzunehmen und durchzusetzen. [...] Der Wettbewerb muss aber nicht nur intensiviert, sondern auch gestaltet werden, um der Verschleierung von Preisen und Qualitäten entgegenzuwirken. Dies erfolgt beispielsweise durch das Preisauszeichnungsgesetz oder Kennzeichnungsverordnungen. [...] Eine Verbraucherpolitik, die einseitig auf Wettbewerbspolitik setzt, verbessert aber noch nicht die Transparenz. Hierbei helfen Verbraucherinformationen über Marken, Preise, Händler und Qualitäten, zum Beispiel die Lebensmittel- und Textilkennzeichnung, die Einteilung in Handels- und Güteklassen, die Vergabe von Prüfsiegeln und Güteszeichen, die Pflicht, den Grundpreis zu kennzeichnen und die Preisangabenverordnung. Weitere Maßnahmen sind die Stärkung der Verbraucherinformation und -beratung über Warentests, Verbrauchersendungen in Radio und Fernsehen und Verbraucherzentralen. Damit diese Maßnahmen Wirkung erzielen, müssen sie auch genutzt und interpretiert werden. Gerade bei alltäglichen Gütern neigen Verbraucher aber eher dazu, gewohnheitsmäßig zu handeln, und nutzen Verbraucherinformationen nur begrenzt. [...]
Der Verbraucherschutz verbessert die Rechtsstellung des Verbrauchers und soll ihn vor unfairen Anbieterpraktiken sowie vor Gesundheitsgefährdungen bewahren. Geeignete juristische Instrumente sind beispielsweise das Gesetz gegen unlauteren Wettbewerb, das vor Irreführung schützen soll, das Gesetz zur Regelung allgemeiner Geschäftsbedingungen, das vor nachteiligen Vertragsbedingungen bewahren soll, das Gesetz zum Widerruf von Haustürgeschäften, das auf den Schutz vor Kaufverleitung zielt, sowie der Schutz vor Betrug auf Grundlage des Bürgerlichen Gesetzbuchs. [...] Damit die Verbraucher ihre Chancen nutzen können, bedarf es sowohl der Verbraucherbildung als auch der Verbraucherorganisation. Erstere zielt auf informierte und kritische Verbraucher, die ihre Konsumentenrolle verantwortlich und selbstbestimmt wahrnehmen. Verbraucherorganisationen ermöglichen erst die Durchsetzung allgemeiner Verbraucherinteressen.

© Industrie- und Handelskammer Osnabrück, Gesetz gegen den unlauteren Wettbewerb, www.osnabrueck.ihk24.de, Abruf am 14.03.2018

Bio-Siegel beim Gemüsestand in einem Supermarkt

Gesetz gegen den unlauteren Wettbewerb (UWG)

Das Gesetz gegen den unlauteren Wettbewerb (UWG) bildet den Rahmen, innerhalb dessen zulässige Werbung möglich ist. Wer etwa über Wochen hinweg einen Räumungsverkauf wegen Geschäftsaufgabe bewirbt, ohne das Geschäft zu schließen, oder ein falsches Firmenjubiläum ankündigt, setzt sich nach wie vor der Gefahr aus, wegen Irreführung auf Unterlassung in Anspruch genommen zu werden.

M17 Der kritische Konsument: „Wo kommt meine Ware her?"

Verbraucher in Deutschland sind ausgesprochen kritische Konsumenten: Die überwiegende Mehrheit, 87 Prozent, schaut vor dem Kauf genau hin und informiert sich über Herkunft und Herstellung eines Produktes. Bei frischen Lebensmitteln ist der Wunsch nach Rückverfolgbarkeit besonders ausgeprägt. Gerade bei Fleisch wollen die Befragten wissen, wo die Ware herkommt. Bei Obst und Gemüse sind es 84 Prozent. Aber auch beim Kauf von Konsumgütern wollen Verbraucher mehr über die Lieferkette eines Produktes, seinen Weg von der Herstellung bis ins Regal, wissen. Das gilt in erster Linie für Elektronik und Kleidung – 70 bzw. 68 Prozent der Verbraucher sind in diesen Segmenten Informationen zur Rückverfolgbarkeit wichtig. Das zeigt die PwC-Verbraucherumfrage „Rückverfolgbarkeit als Kaufargument?", für die 1.000 Verbraucherinnen und Verbraucher ab 16 Jahren in Deutschland befragt wurden. [...]

Das meiste Vertrauen schenken Verbraucher den unabhängigen Prüfinstituten – das bestätigen 63 Prozent der Befragten, nur knapp gefolgt von den Verbraucherzentralen mit 62 Prozent. Mit deutlichem Abstand werden an dritter Stelle mit 40 Prozent Qualitäts- und Gütesiegel genannt. [...]

Wenn Verbraucher nach Informationen zu Lebensmitteln suchen, interessieren sie sich vor allem für Angaben zum Herkunfts- und Herstellungsort des Produktes, wie 53 Prozent der Teilnehmer bestätigen.

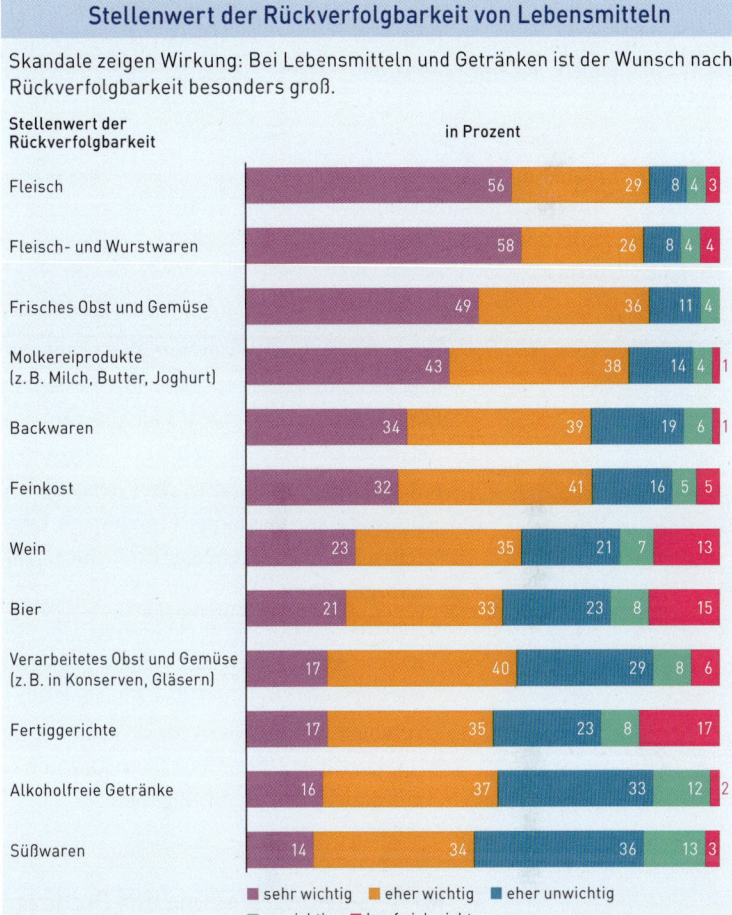

Aspekte wie Regionalität und Produktionsbedingungen spielen dabei eine wesentliche Rolle.

© 2018 MEEDIA GmbH & Co. KG, Der kritische Konsument: „Wo kommt meine Ware her?", www.absatzwirtschaft.de, 22.01.2016, Januar 2016

M18 Nachhaltiges Handeln bei Kaufentscheidungen der Konsumenten im Zeitvergleich

Das Bundesumweltministerium und das Umweltbundesamt lassen seit dem Jahr 1996 alle zwei Jahre Bürgerinnen und Bürger in einer repräsentativen Umfrage nach ihrer Einschätzung der Umweltqualität sowie zu aktuellen Themen der Umweltpolitik befragen. [...] Die gestiegene Bedeutung des Klimaschutzes spiegelt sich auch im Konsumverhalten der Befragten wider. Dazu drei Beispiele:

1 Im Jahr 2014 gaben 39 Prozent (%) der Befragten an, schon einmal Ökostrom bezogen zu haben. 2012 behaupteten 20 % der Befragten, Ökostrom zu beziehen. Im Jahr 2008 gaben dies nur drei % der Befragten an.

2 Im Jahr 2014 gaben 46 % der Befragten an, beim Kauf von Haushaltsgeräten immer besonders energieeffiziente Geräte zu wählen. Hinzu kommen 25 %, die häufig zur energieeffizientesten Alternative greifen. Im Jahr 2012 lag der Anteil derjenigen, die beim Kauf auf energieeffiziente Geräte achten, bei 52 %. Dies stellte gegenüber 2010 ein Rückgang um 13 Prozentpunkte dar.

3 Acht Prozent der Befragten gaben in 2014 an, finanzielle Ausgleichszahlungen für selbstverursachte Klimagase zu leisten. Die Zahl bleibt damit gegenüber 2012 fast konstant. Wenn man allerdings nur diejenigen Befragten betrachtet, für die die freiwillige Kompensation von Flugreisen der eigenen Angabe nach überhaupt relevant war, steigt der Wert 2014 auf etwa 18 %. [...]

Die statistische Auswertung der Umfragedaten zeigt, dass Menschen mit geringem Einkommen in einigen Bereichen weniger umweltorientiert handeln als Menschen
5 mit höheren Einkommen. Drei Beispiele:
- Befragte mit geringem Einkommen kaufen seltener Bio-Lebensmittel und nachhaltigen Fisch.
- Haushaltsgeräte und Leuchtmittel mit
10 hoher Energieeffizienz werden umso eher gekauft, je höher das Haushaltseinkommen ist.
- Die Häufigkeit des Fleischkonsums sinkt mit zunehmendem Einkommen.

In anderen Bereichen sind es dagegen eher 15 Menschen mit geringem Einkommen, die sich umweltschonend verhalten. Zwei Beispiele:
- Öffentliche Verkehrsmittel nutzen Menschen mit geringem Einkommen über- 20 proportional oft.
- Bei Papierprodukten kaufen Menschen mit geringem Einkommen häufiger die ökologisch verträgliche Variante.

© *Bundesministerium für Umwelt, Naturschutz, Bau und Reaktorsicherheit (BMUB), Umwelt-bewusstsein und Umweltverhalten, www.umweltbundesamt.de, 25.04.2017*

M19 Selbstdarstellung des Produzenten

Das Unternehmen TRIGEMA Inh. W. Grupp e. K. [...] wurde 1919 gegründet und ist Deutschlands größter Hersteller von Sport- und Freizeitbekleidung. [...] TRIGEMA und
5 Wolfgang Grupp, alleiniger Geschäftsführer und Inhaber in dritter Generation, stehen dabei für modernste Technik, für soziale und wirtschaftliche Verantwortung und für den Erhalt des Produktionsstandortes
10 Deutschland.
Es ist eine Frage der Einstellung und Zielsetzung, weswegen sich TRIGEMA bis heute erfolgreich an diesem Standort behaupten kann. TRIGEMA betrachtet Wirtschaft als
15 etwas, das den Auftrag hat, den Wohlstand einer Gemeinschaft zu sichern. Denn nur wer Arbeit hat, kann Güter kaufen. Und nur wenn Güter gekauft werden, ist auch Arbeit da. Eine Wirtschaft, die diese Wechselwirkung vergisst, gefährdet den Wohlstand ih- 20 rer Gemeinschaft zugunsten einiger weniger Profiteure.
Vom Garn bis zum versandfertigen Produkt realisiert das Unternehmen alle Produktionsstufen im eigenen Haus. Es macht 25 TRIGEMA zu einer Gemeinschaft aus engagierten Mitarbeitern mit dem gemeinsamen Ziel, gute Produkte erfolgreich zu entwickeln, damit die Arbeitsplätze und die qualifizierten Kräfte auch zukünftig TRIGEMA 30 [...] bleiben.
TRIGEMA setzt auch ökologische Standards: Modernste Wasch- und Bleichanlagen ermöglichen eine umweltfreundliche Herstellung, firmeneigene Kraftwerke ver- 35 sorgen den Betrieb mit umweltschonend erzeugtem Strom. Alle Behandlungsprozesse in der Herstellung entsprechen den stren-

gen Richtlinien des Öko-Tex-Standards 100. Der Verbraucher profitiert von schadstofffreien und hautverträglichen Produkten. Seit 2006 produziert TRIGEMA [...] die ökologischsten Textilien der Welt. Gesunde und umweltfreundliche Sport- und Freizeitbekleidung aus 100% BIO-Baumwolle [...] Dieses Konzept, entwickelt in Zusammenarbeit mit dem internationalen Umweltinstitut EPEA, ist angelehnt an das System der Natur. Es basiert auf geschlossenen Kreisläufen, die keine Abfälle erzeugen und die wertvollen und begrenzten Rohstoffe für uns und zukünftige Generationen erhalten. Diese Kleidungsstücke sind zu 100% kompostierbar und hinterlassen daher keinerlei Rückstände, die nicht natürlich abgebaut werden können. [...]

Regelmäßig wird TRIGEMA für seine Innovationsstärke und sein soziales Engagement ausgezeichnet. So wurde das Unternehmen unter anderem 2006 von der Initiative „Ja-zu-Deutschland" zur Firma des Jahres gewählt. Ein Beweis dafür, dass wirtschaftlicher Erfolg und gesellschaftliche Verantwortung sich nicht ausschließen. Seit 1969 gibt es im Unternehmen weder Kurzarbeit noch betriebsbedingte Entlassungen. Jährlich bildet TRIGEMA in den Bereichen Produktion, Verwaltung und Vertrieb 40-50 junge Menschen aus. Den Kindern der 1200 TRIGMEA-Mitarbeiter wird nach ihrem Schulabschluss ein Ausbildungsplatz oder Arbeitsplatz garantiert.

Werbung im Fernsehen von TRIGEMA

TRIGEMA produziert ausschließlich in Deutschland. Fair, innovativ und ökologisch.

Was sagt der Inhaber Herr Grupp dazu? "Ich werde auch in Zukunft die Verantwortung für Mitarbeiter und Umwelt übernehmen!" „TRIGEMA" – 100% Made in Germany"

© Trigema, Das Unternehmen Trigema, www.trigema.de, Abruf am 23.04.2018

AUFGABEN

1. Erläutern Sie das Leitbild der Konsumentensouveränität/-freiheit (**M16**).
2. Stellen Sie die Aufgaben der Verbraucherpolitik dar (**M16**, Randspalte).
3. Analysieren Sie in Gruppenarbeit **M17** und **M18** im Hinblick auf
   - das Verbraucherverhalten bezüglich der Auswahl von Lebensmitteln;
   - die Veränderungen nachhaltigen Verbraucherverhaltens zwischen 2008, 2012 und 2014;
   - Unterschiede zwischen Verbrauchern mit höherem oder geringerem Einkommen.
4. a) Analysieren Sie in Partnerarbeit das Beispiel der deutschen Firma TRIGEMA im Hinblick auf ethisch verantwortliches und nachhaltiges Handeln des Unternehmens (**M19**).
   b) Stellen Sie die Informationen des Textes geordnet nach „ethisch/sozialer Verantwortung des Unternehmens" und „nachhaltige/ökologische Produktion der Textilien" in Tabellenform dar.
5. Diskutieren Sie das Konzept des Unternehmens im Hinblick auf eine mögliche Vorbildfunktion für andere Unternehmen (**M19**).

H Aufgabe 2
Berichten Sie u. a. darüber, welche eigenen Erfahrungen Sie selbst bezüglich von Verbraucherinformationen (Tests, Stiftung Warentest, Internetforen, u.a.) verfügen.

F Aufgabe 2
Berichten Sie an einem Beispiel über eine Verbraucherinformation einer von Ihnen ausgewählten Institution.

8.3 *Vertiefung:* Wie können „mündige Verbraucher" unterstützt werden? Eine Kontroverse zur Verbraucherpolitik

In der Volkswirtschaftslehre geht man mehrheitlich davon aus, dass der Konsument sich in erster Linie bei Kaufentscheidungen nach dem Prinzip des persönlichen Nutzenmaximierung leiten lässt. Allerdings ist er auch frei, ökologische und ethische Kriterien bei der Auswahl von Gütern anzuwenden. Es wird unterstellt, dass er als mündiger Verbraucher nach eigenen Kriterien frei entscheiden kann und dazu auch in der Lage ist. Ob das wirklich so ist, ist Gegenstand einer kontroversen Debatte in der Vertiefung.

M20 „Der Verbraucher ist nicht dumm, die Politik nicht seine Nanny" – Thesen zur Verbraucherpolitik

1 Verbraucher sind nicht dumm: [Der Verbraucher] ist (aus Sicht der Politik) wohl ein ziemlicher Trottel: irrational, gefühlsgesteuert und kennt seine langfristigen Interessen nicht. Deshalb müsse er von der Politik immer umfassender erzogen, informiert oder gelenkt werden. Aber: Menschen sind nicht so dumm, wie [die Politik] behauptet. Die heutige Verbraucherpolitik stellt ganz grundsätzlich unsere Fähigkeit infrage, autonom und frei handeln zu können. Gegen diesen bevormundenden Geist gilt es Widerstand zu leisten. [...]

2 Politiker sind keine Erzieher: Gerade bei Verbraucherfragen spielen sich Politiker gerne als „Kümmerer" auf, die uns vor allen möglichen Gefahren schützen wollen. Am Ende kommen oft nicht mehr als Symbolpolitik, Aktionismus und mehr Regeln und Gesetze raus. [...]

3 Die Industrie ist nicht böse: Unsere Lebensmittel und Konsumartikel sind heute so sicher und hochwertig wie nie zuvor. Gleichzeitig ist aber auch das Misstrauen gegenüber der Industrie, die diese Produkte herstellt, so groß wie nie. Obwohl die Bevölkerung statistisch gesehen immer gesünder und älter wird und an vielen vermeintlichen Gefahren nichts dran ist, glauben immer mehr Menschen an das simplifizierende Märchen einer „bösen" Wirtschaft, die uns alle mit ihren Produkten übervorteilen oder vergiften wolle. Aber weder ist Konsum etwas Schlechtes noch sind es industriell hergestellte und für breite Massen erschwingliche Lebensmittel und Konsumgüter. [...]

4 Werbung ist Werbung: Werbung dient dazu, Produkte attraktiv darzustellen und zum Kauf zu animieren. [...] Es sollte allein dem Werbetreibenden überlassen bleiben, welche Botschaften, Weltbilder oder Meinungen er mit seiner Kampagne transportiert.

5 Konsum ist keine Krankheit: Es ist populär, die Konsumgesellschaft für allerlei Übel verantwortlich zu machen. Ein Übermaß an Konsummöglichkeiten mache uns unglücklich und krank. [...] Aber Konsum ist keine Krankheit und keine Sucht. Jeder entscheidet für sich selbst, ob ihn Verzicht glücklich macht oder Überfluss. Jeder sollte das Recht haben, unbelästigt konsumieren zu können, was ihm schmeckt.

6 Verbraucherschutz statt Verbrauchersteuerung: Starker Verbraucherschutz ist eine Errungenschaft. Es ist positiv, dass Konsumenten vor Betrug geschützt und Produktsicherheit sowie Produktqualität behördlich geprüft werden. Heutige Verbraucherpolitik geht leider oft über diesen klassischen Verbraucherschutz hinaus und versucht Ziele aus Bereichen wie Umwelt, Soziales und Gesundheit zu verfolgen. Dies sind wichtige politische Themen. Deshalb sollten sie offen diskutiert und nicht durch die Hintertür der Konsumregulierung behandelt werden.

Johannes Richardt, 12 Thesen: Der Verbraucher ist nicht dumm, die Politik nicht seine Nanny, www.welt.de, 09.01.2017

M21 „Der Verbraucher ist längst nicht so mündig wie behauptet" – Thesen zur Verbraucherpolitik

1 „Mündige Verbraucher" sind das Ziel, nicht die Realität: Verbraucher sind nicht dumm. Aber abhängig von Informationen. Allzu oft werden Fakten verschleiert, in 1,2 Millimeter kleinen Lettern versteckt oder ganz vorenthalten. Woher unsere Lebensmittel kommen? In welchen Produkten Pferdefleisch statt Rind war? Wir erfahren es in der Regel nicht. Bevormundung findet statt durch Nichtinformation. Verbraucherpolitik muss Verbraucher mündig machen. [...]

2 Verhältnis- statt Verhaltensprävention: Niemand soll uns sagen, was wir einkaufen, wie viel Schokolade wir essen dürfen. Verbraucherpolitik muss uns in die Lage versetzen, bewusste Entscheidungen zu treffen. [...] Echte Verbraucherpolitik muss nicht das Verhalten des Einzelnen ändern, wohl aber die Verhältnisse zum Besseren.

3 Qualitätswettbewerb statt Preiswettbewerb: Steht ein billiger Joghurt neben einem teuren, so können wir die Preise schnell vergleichen. Doch woher kommt die Milch? Wie gut wurden die Kühe gehalten? Lohnt es, mehr Geld für das teurere Produkt auszugeben? Das sehen wir nicht. Weil Transparenz Mangelware ist, tobt bei Lebensmitteln ein Preis-, aber kaum ein Qualitätswettbewerb. In einer Zeit, in der jedes Fleisch aus „artgerechter Haltung", jede Gurke aus „kontrolliertem Anbau" kommt und jedes Fertiggericht laut Siegel „nachhaltig" ist, muss Politik überprüfbare Informationen zur Qualität verbindlich vorschreiben.

4 Es gibt rote Linien: Die Freiheit des Marktes muss einige wenige Grenzen haben: Kinder sind besonders zu schützen. Durch ein Umfeld, das gesunde Ernährung fördert statt ungesunde: ausgewogene Essensangebote in Kitas und Schulen und: ja, auch ein Verbot von Werbung, die darauf abzielt, Kindern nur noch mehr Süßigkeiten anzudienen. Auch Lebensmittelsicherheit und die Zustände in der Tierhaltung dürfen nicht dem Wettbewerb unterliegen. Erzeuger müssen sichere Produkte liefern, Nutztiere tiergerecht halten. Beides hat seinen Preis – Verbraucher müssen ihn zahlen.

5 Wir brauchen nicht mehr Gesetze: Nicht mehr Gesetze sind erforderlich, sondern bessere. Nicht mehr Bürokratie, sondern weniger. Würden Behörden über die Ergebnisse von Lebensmittelkontrollen und Analysen informieren – das Bürokratiemonster Verbraucherinformationsgesetz wäre hinfällig.

6 Beim Essen geht es um Interessen: Unternehmen sind nicht böse, sie haben Interessen. Legitime wohlgemerkt, aber eben: Interessen. Die Politik verschließt davor die Augen. [...] Entwickelt [die Politik] ihre Pläne zur Übergewichtsprävention in gemeinsamen Plattformen mit Mars und Ferrero, dann wird vieles dabei herauskommen – nur nichts, was den Geschäftsinteressen der Süßwarenindustrie zuwiderläuft. Verbraucherpolitik muss sich von Wirtschaftsförderungspolitik emanzipieren.

Martin Rücker, Der Verbraucher ist längst nicht so mündig wie behauptet, www.welt.de, 17.01.2017

AUFGABE

Gestalten Sie zum Abschluss des Unterkapitels eine Podiumsdiskussion (→ Methodenglossar) zum Thema „Soll die Freiheit des mündigen Verbrauchers verteidigt werden?"
Bereiten Sie die Diskussion mithilfe von **M20** und **M21** vor. Besetzen Sie das Podium jeweils mit drei Vertretern einer Verbraucherorganisation und eines Interessenverbandes der Nahrungsmittelindustrie (z. B. Verband der Zuckerproduzenten, u. a.). Weitere drei Schülerinnen und Schüler nehmen eine Beobachterrolle ein und bewerten die Diskussion von vorher festgelegten Kriterien (Sachlichkeit, Überzeugungskraft, Fairness, u. a.).

Tipps zu den Rollen

Die Teilnehmer bekommen fiktive Namen und werden mit Frau oder Herr angesprochen. Die Diskussionsleitung können zwei Schülerinnen und Schüler übernehmen, die sich gut auf beide Positionen vorbereiten müssen, damit sie in der Lage sind, die Diskussion „leiten", d. h. Ergebnisse zusammenfassen, neue Aspekte ansprechen, u. a.

WISSEN KOMPAKT

Bedürfnis
M3

In wirtschaftlicher Hinsicht ist Bedürfnis das Gefühl eines Mangels, dem abgeholfen werden muss. Jeder Mensch hat verschiedene Bedürfnisse nach Nahrung, Wohnung, Kleidung, Schlaf, Anerkennung etc.

Gut, Güter
M3

In wirtschaftlicher Hinsicht ist ein Gut ein materielles oder immaterielles Mittel zur Befriedigung von menschlichen Bedürfnissen. Es gibt freie und wirtschaftliche Güter, die der Befriedigung von Bedürfnissen dienen. Freie Güter wie Luft und Licht sind unbeschränkt vorhanden, während wirtschaftliche Güter (Nahrung, Kleidung) knapp sind. Zu ihrer Befriedigung ist wirtschaftliches Handeln notwendig. Die Volkswirtschaftslehre unterscheidet zwischen Konsumgütern (Gemüse, Kühlschränke) und Investitionsgütern (Maschinen, Werkzeuge).

Bedürfnispyramide
M4

Die Bedürfnispyramide wurde von dem Psychologen Abraham Maslow entwickelt. Er unterteilt die menschlichen Bedürfnisse in fünf Stufen. In der ersten Stufe sieht er die Grundbedürfnisse nach Nahrung und Wärme etc., die die Existenz des Menschen sichern. Dann folgen die Bedürfnisse nach Sicherheit (2.Stufe), soziale Bedürfnisse (3. Stufe), Anerkennung (4. Stufe) und Selbstverwirklichung (5.Stufe). Für Maslow müssen zunächst die Grundbedürfnisse, die das Überleben sichern, befriedigt werden. Erst wenn diese erfüllt sind, treten die anderen Bedürfnisse in den Vordergrund.

Knappheit von Gütern
M5

Ein Teil der Güter wie z.B. Luft oder Gemüse aus dem eigenen Garten ist frei, während andere Güter mit Geld auf dem Markt gekauft werden müssen. Da Geld knapp ist, können Menschen nicht alle Güter, für die Bedarf besteht, kaufen.

Ökonomisches Prinzip
M6

Das Spannungsverhältnis zwischen den als unbegrenzt angenommenen Bedürfnissen und den knappen Gütern zwingt die Menschen zum Wirtschaften. Es gilt, mit den gegebenen Mitteln möglichst viele Güter kaufen zu können (Maximalprinzip) sowie die gewünschten Güter mit möglichst wenigen Mitteln (Minimalprinzip) zu erwerben. Ein Verbraucher handelt nach dem ökonomischen Prinzip, wenn er mit seinem Einkommen einen möglichst hohen Nutzen erzielen kann.

Homo oeconomicus
M7a-c

Der „homo oeconomicus" ist ein gedankliches Modell, das unterstellt, dass der Mensch rein wirtschaftlich denkt, sich rational verhält und ausschließlich den eigenen Nutzen verfolgt, d.h. nach dem ökonomischen Prinzip handelt. Dabei betrachtet das Modell des „homo oeconomicus" nicht das Kaufverhalten eines einzelnen Menschen, sondern das Verhalten der Mehrheit der Käufer. Das Modell wird häufig als unzureichend und einseitig kritisiert, weil Menschen häufig nicht nur nach ökonomischen Gesichtspunkten handeln, sondern beim Kauf einer Ware auch nach anderen Kriterien (z.B. nach persönlichen Vorlieben) entscheiden.

Ökonomisches Modell
M7a

Ein Modell ist ein vereinfachtes Abbild der Wirklichkeit. Die Ökonomie arbeitet wie andere Wissenschaften auch mit Modellen, die ökonomische Prozesse und Verhaltensweisen von Menschen erklären sollen. Die Darstellung ökonomischer Zusammenhänge beruht dabei auf der Auswahl einzelner Merkmale, die im Modell abgebildet werden sollen. Dabei ist es besonders wichtig, Merkmale auszuwählen, die Zusammenhänge und Verhaltensweisen schlüssig erklären können. Modelle sind nie ein getreues Abbild der Wirklichkeit, sondern

WISSEN KOMPAKT

blenden einzelne Merkmale aus, lassen Details weg. So stellt das Modell des „homo oeconomicus" zwar das wahrscheinliche Verhalten eines Großteils der Käufer dar, blendet aber aus, dass es auch Menschen gibt, für die ökonomische Kriterien nachrangig sind.

Bedarf ist in wirtschaftlicher Hinsicht das Verlangen, eine bestimmte Ware oder Dienstleistung käuflich zu erwerben. In einer Marktwirtschaft werden die zur Befriedigung von Bedürfnissen geeigneten Güter und Dienstleistungen als Bedarf bezeichnet. Der Bedarf wird zur Nachfrage, wenn die notwendige Kaufkraft für das Gut bzw. die Dienstleistung vorhanden ist.

Bedarf
M8

Konsumentensouveränität als Leitbild der Verbraucherpolitik versteht den Konsumenten als vollständig informiertes und rational handelndes Wirtschaftssubjekt. Konsumenten belohnen durch ihre Kaufentscheidungen die Produzenten, die zu günstigen Preisen eine gute Qualität bieten und bestrafen diejenigen, die schlechte Waren zu überhöhten Preisen verkaufen. Dadurch bestimmen die Konsumenten die Produktionsergebnisse auf dem Markt. Allerdings wird die Souveränität der Konsumenten eingeschränkt durch ein begrenztes Angebot und durch Marketingstrategien der Produzenten, die die Käufer zum Erwerb einer Ware verführen, die nicht den Kriterien des günstigsten Preises und der höchsten Qualität entspricht. Gegensatz: Produzentensouveränität.

Konsumentensouveränität
M11

Produzentensouveränität geht davon aus, dass Produzenten ihr Handeln durch ihre eigenen Entscheidungen bestimmen. Produzentensouveränität bedeutet dann, dass in einer Marktwirtschaft die Produzenten frei entscheiden können, welche Waren sie produzieren und anbieten. Die Produzenten treffen in der Regel ihre Produktionsentscheidungen nach dem Prinzip der Gewinnmaximierung mithilfe von Marketingstrategien. Die Konsumenten können nur reagieren. Das schließt aber nicht aus, dass Produzenten bei der Produktion und Vermarktung von Waren sich an ethischen Entscheidungen (Umweltschutzmaßnahmen bei der Produktion, Vermeidung von Verpackungsmüll) orientieren. Gegensatz: Konsumentensouveränität.

Produzentensouveränität
M11

Marketingstrategien sind Maßnahmen oder Verhaltenspläne der Produzenten und Verkäufer, die Konsumenten mithilfe von Werbung dazu bringen wollen, sich für eine bestimmte Ware zu entscheiden. Häufig wird kritisiert, dass durch Werbung erst künstliche Bedürfnisse geschaffen und Verbraucher manipuliert werden. Die Unternehmen beschäftigen zum Teil ganze Abteilungen, die auf der Grundlage von Marktforschung Strategien entwickeln, eine Ware möglichst erfolgreich zu vermarkten.

Marketingstrategien
M12, M13

Verbraucherpolitik umfasst die Maßnahmen und Entscheidungen, die darauf abzielen, das Verbraucherinteresse gegenüber den Anbietern zu stärken. Verbraucherpolitik hat das Ziel, die Konsumenten bei ihrer Kaufentscheidung zu beraten, die Verbraucher mit Informationen zu versorgen und sie auf ihre Schutzrechte hinzuweisen. So geht es z. B. darum, Käufern auf der Grundlage unabhängiger Tests Informationen über Preise und Qualität einer Ware anzubieten oder durch Prüfsiegel und Gütezeichen Lebensmittel zu kennzeichnen. Verbraucherschutz soll die Rechte der Verbraucher stärken, sie vor unfairen Angeboten schützen und vor Gesundheitsgefahren bewahren.

(Staatliche) Verbraucherpolitik
M16

KOMPETENZEN PRÜFEN

I. Selbstdiagnose

Ich kann ...	Das kann ich...			Übung durch z. B.
	sehr gut	gut	nicht gut	
die volkswirtschaftlichen Grundbegriffe Bedürfnisse und Bedarf, Knappheit, Güter, ökonomisches Prinzip erklären (AFB II).				• M2 – M6 • S. 259, Aufg. 5a-b • S. 264, Aufg. 1-3
die in der Maslowschen Pyramide dargestellte Bedürfnishierarchie erläutern (AFB II) und die Möglichkeiten der Bedürfnisbefriedigung in Deutschland nach 1945 im Wandel der Zeit beschreiben (AFB I).				• M2, M4 • S. 259, Aufg. 2, 6
das Spannungsverhältnis zwischen der Knappheit von Ressourcen und wachsenden Bedürfnissen erklären (AFB II) und bewerten (AFB III).				• M5, M6
die Bedeutung ökonomischer Modelle zur Beschreibung der Wirklichkeit sowie das Modell des homo oeconomicus erklären (AFB II) und seine Tragfähigkeit im Hinblick auf die Beschreibung der ökonomischen Realität in Auseinandersetzung mit kritischen Stellungnahmen zum Modell bewerten (AFB III).				• M7a-c • S. 264, Aufg. 3-5
die volkswirtschaftliche Annahme von der Unendlichkeit der Bedürfnisse problematisieren (AFB III) und eine Stellungnahme zu zwei Fallbeispielen zum bewussten Konsumverzicht entwickeln (AFB III).				• M9 • S. 264, Aufg. 7, 8
die Leitbilder der Konsumenten und Produzentensouveränität beschreiben (AFB I) und auf dem Hintergrund eigener Erfahrungen erörtern (AFB III).				• M11 • S. 269, Aufg. 2, 3
verschiedene Formen von Marketingstrategien der Unternehmen darstellen (AFB I) und vor dem Hintergrund eigener Erfahrungen problematisieren (AFB III).				• M12 – M14 • S. 269, Aufg. 4
Möglichkeiten von ethisch verantwortlichem und nachhaltigem Handeln von Konsumenten und Produzenten auf der Grundlage empirischer Untersuchungen und von Fallbeispielen darstellen (AFB I) und diskutieren (AFB III) und eigenes verantwortliches und nachhaltiges Handeln erörtern AFB III).				• M17 – M19 • S. 273, Aufg. 3, 4
unterschiedliche Positionen zu der staatlichen Verbraucherpolitik erläutern (AFB II) und bewerten (AFB III).				M20, M21

II. Kompetenzen anwenden – am Beispiel

Entwickeln Sie einen Vortrag (→ Methodenglossar) für Ihren Kurs zum Thema „Warum wir nicht im Schlaraffenland leben können." In dem Vortrag sollten Sie die folgenden Begriffe verwenden: *Bedürfnisse, Knappheit wirtschaften, ökonomisches Prinzip, homo oeconomicus, souveräne Konsumenten und Produzenten, nachhaltige und ethisch verantwortliche Kaufentscheidungen.*

III. Klausurtraining

Thema: Überforderte Konsumenten?

[E]s ist die Werbung, die – entwickelt durch hoch qualifizierte Psychologen – den Konsumenten beizubringen versuchen, was sie konsumieren sollen. Werbung wirkt oft als systematische Gehirn- und Seelenwäsche. [...] Bei Lebensmitteln oder Kleidung muss man bekanntlich in aller Regel deutlich höhere Preise
5 zahlen, wenn man ethisch verantwortungsvoll konsumieren will. Dies ist für Konsumenten mit niedriger oder mittlerer Kaufkraft, zumal für Schüler, Lehrlinge und Studierende und auch für solche Familien, bei denen die Kosten für den Grundbedarf einen großen Teil des Einkommens auffressen, oft nicht finanzierbar. [...] Auch wenn also Konsumenten über eine starke ethische Motivati-
10 on und die nötige Kaufkraft für einen verantwortungsbewussten Konsum verfügen sollten, haben sie oft keine Chance, diesem Verantwortungsbewusstsein entsprechend auch zu handeln [...], weil es bei vielen Produkten gar keine ökologisch und sozial akzeptablen Alternativen gibt. In vielen Lebensmittelläden gibt es nur Milch, die Hunderte von Kilometern auf dem Buckel hat und nur von Kü-
15 hen aus Massentierhaltung stammt. Wo Nischen für ein ökologisch und sozial verträgliches Konsumverhalten existieren, sollten sie nicht ignoriert werden. Diese Nischen sind aber offenbar sehr begrenzt. „Du hast fast keine Chance, aber nutze sie!", muss also der Leitspruch lauten. Das ist allein schon ein Gebot der persönlichen Glaubwürdigkeit. Wer aber den Konsumenten für das ökologisch und sozial verträgliche
20 Wirtschaften verantwortlich macht, tut dies in der Regel aus dem Vertrauen auf die Ideologie von der Souveränität des Konsumenten. Diese Ideologie von der Konsumentensouveränität wird durch jeden Appell zum ethischen Konsumieren erneut bekräftigt. Zunächst ist es ziemlich zynisch, jemanden für ein Verhalten, zu dem er keine Alternative hat, verantwortlich zu machen. Und dieser Zynismus hat zudem Langzeitwirkungen. Er erzeugt
25 auf Dauer Abstumpfungseffekte. Wer ständig zur Moral aufgefordert wird, aber dieser Aufforderung aus den aufgeführten Gründen nicht nachkommen kann, der wird moralisch irgendwann gleichgültig. Er wird sich mit dem Gegensatz zwischen moralischem Anspruch und unmoralischer Realität abfinden. Und ein Gewissen, das nicht mehr ernst genommen wird, wird sich über kurz oder lang auch nicht mehr melden, und zwar auch dann nicht,
30 wenn tatsächlich einmal Verhaltensalternativen existieren sollten und das Gewissen dringend gebraucht würde.
Kurz: Konsumentenerziehung, die den Konsumenten als moralisches Wesen erreichen will, erreicht das Gegenteil: die Abspaltung der Moral vom realen Verhalten.

Fritz Reheis, Überforderte Konsumenten, überfordertes Marketing, überforderte Märkte, Beitrag für den 3. Bamberger Hochschultag für ökosoziale Marktwirtschaft (24.– 25. 06.2015), www.uni-bamberg.de, Abruf am 14.03.2018

Fritz Reheis, deutscher Sozialwissenschaftler

Aufgaben

1. Stellen Sie die Grundideen der Konsumenten- und Produzentensouveränität dar.
2. Analysieren Sie die Position des Autors im Hinblick auf die Konsumentensouveränität.
3. Erörtern Sie die Einschätzung des Autors zur Verantwortung des Konsumenten für ökologisch und sozial verträgliches Wirtschaften (mögliche Kriterien: Nachhaltigkeit, Umsetzbarkeit).

Erwartungshorizonte zu den Aufgaben 1-3

Mediencode: 72060-33

Karikatur: Thomas Plaßmann, 2000

9 Wirtschaftliche Effektivität und sozialer Ausgleich: Sind die beiden Ansprüche der Sozialen Markwirtschaft vereinbar?

Ein Wochenmarkt und Ebay, ein Online-Marktplatz, sind Beispiele für Märkte. Der Markt ist ein zentrales Element unserer Wirtschaftsordnung. Das erste Unterkapitel beschäftigt sich ganz allgemein mit der Marktwirtschaft, der Preisbildung und der Rolle des Wettbewerbes.

In den Staaten, in denen die Wirtschaftsordnung marktwirtschaftlich geprägt ist, kann es verschiedene Ausprägungen einer Marktwirtschaft geben. In Deutschland herrscht das Leitbild der „Sozialen Marktwirtschaft" vor.

Was die Bezeichnung „Soziale Marktwirtschaft" bedeutet, ob die Bezeichnung „Soziale Marktwirtschaft" die richtige Bezeichnung für unsere Wirtschaftsordnung ist oder ob der Begriff „Kapitalismus" eine bessere Alternative wäre und welche Kontroversen es für die Ausgestaltung der „Sozialen Marktwirtschaft" gibt, erfahren Sie in dem zweiten Unterkapitel. Thema der Vertiefung ist eine weitere kontroverse Debatte zu der Frage, ob heute die Soziale Marktwirtschaft „neoliberal" ist.

Kompetenzen

Am Ende dieses Kapitels können Sie:

- die Ordnungselemente eines marktwirtschaftlichen Systems benennen und den Zusammenhang zwischen Marktpreis und Wert von Gütern und Arbeit beurteilen;
- das Marktmodell und die Herausbildung des Gleichgewichtspreises beschreiben;
- Rationalitätsprinzip, Selbstregulation und den Mechanismus der „unsichtbaren Hand" als Grundannahmen liberaler marktwirtschaftlicher Konzeptionen erklären;
- die Preisbildung in unterschiedlichen Marktformen erläutern;
- Grenzen des Marktsystems erläutern und aufgrund von Modellannahmen beurteilen;
- mithilfe des erweiterten Wirtschaftskreislaufs die Beziehungen zwischen den Akteuren am Markt erläutern;
- die normativen Annahmen der Sozialen Marktwirtschaft erläutern;
- Notwendigkeit und Grenzen ordnungs- und wettbewerbspolitischen staatlichen Handels erläutern und die Zielsetzungen beurteilen;
- kontroverse Gestaltungsvorstellungen zur Sozialen Marktwirtschaft analysieren und im Hinblick auf ökonomische Effizienz, soziale Gerechtigkeit und Partizipationsmöglichkeiten beurteilen.

WAS WISSEN UND KÖNNEN SIE SCHON?

1. Beschreiben Sie, was Sie auf einem Wochenmarkt (→ S. 280, Bild 1) bezüglich des Warenangebots, der Preisgestaltung und des Verhaltens der Verkäufer und Käufer beobachten können und notieren Sie Ihre Ergebnisse auf im Kurs ausgehängten Wandzeitungen. Werten Sie Ihre Notizen geordnet nach Kategorien aus.
2. Vergleichen Sie das Zustandekommen des Preises auf dem Wochenmarkt und auf der Internetplattform Ebay (→ S. 280, Bild 1+3).
3. a) Entwickeln Sie auf der Grundlage Ihres Vorwissens ein vorläufiges Verständnis der Begriffe „Soziale Marktwirtschaft" und „Kapitalismus".
   b) Analysieren Sie die Aussage der Karikatur (→ S. 280, Bild 2).

9.1 Die „freie Marktwirtschaft" – Wohlstand für alle durch das „System der natürlichen Freiheit"?

M1 Märkte und Wettbewerb – Definition

Ein Markt besteht aus Gruppen potenzieller Käufer und Verkäufer eines Guts. Die Gruppe der potenziellen Käufer bestimmt die Nachfrage nach dem Gut, die Gruppe der Verkäufer das Güterangebot. [...] Man sieht es z. B. am Markt für Eiscreme in einer bestimmten Stadt. [D]ie Gruppen der Nachfrager und Anbieter von Eiscreme (bilden) einen Markt. [...] Marktpreis und Mengen werden nicht von einem einzelnen Verkäufer oder Käufer bestimmt. Vielmehr ergeben sich die umgesetzten Mengen und der Marktpreis durch alle Marktteilnehmer und ihr Zusammenwirken auf dem Markt. Im Markt für Eiscreme herrscht – wie in den meisten Märkten einer Marktwirtschaft – viel Wettbewerb [...] Aus diesen Gründen können der Preis und die verkaufte Menge für Eiscreme nicht von einem einzelnen Verkäufer oder Käufer beeinflusst werden. Stattdessen ergeben sich Preis und Menge im Zusammenspiel aller Käufer und Verkäufer auf dem Markt.

N. Gregory Mankiw, Mark P. Taylor, Grundzüge der Volkswirtschaftslehre, 5. überarbeitete und erweitere Auflagen, Stuttgart 2012, S. 77 f., Übersetzer: Marco Herrmann, Adolf Wagner

M2 Prämissen (Voraussetzungen) für einen vollkommenen Markt

Wenn der Wettbewerb auf einem Markt für Eiscreme ausschließlich nach dem Preismechanismus (der Prozess der automatischen Preisbildung durch das Zusammenspiel von Angebot und Nachfrage) funktionieren soll, müssen bestimmte Voraussetzungen erfüllt sein:

Homogenität	Markttransparenz	Keine räumlichen, zeitlichen oder persönlichen Präferenzen	Marktverhalten
Das angebotene Eis muss vollkommen gleich sein (Qualität, Sorten, Präsentation, u.a.).	Alle Eiskäufer müssen einen vollen Überblick über alle Angebote haben.	Die Eiskäufer dürfen nicht wegen geringerer Entfernung, Sympathie für einen Eisverkäufer oder Ausstattung eines Eiscafés, u. a. Vorlieben entwickeln.	Die Eiskäufer müssen flexibel sein, d. h. erhöht ein Verkäufer den Preis, muss der Käufer bei einem anderen Anbieter Eis kaufen.

Wenn eine Prämisse nicht erfüllt ist, haben wir es mit einem unvollkommenen Markt zu tun. Das ist in der Wirtschaft meistens der Fall.

Bearbeiter

M3 Die Entstehung des Marktpreises durch das Zusammenwirken von Angebot und Nachfrage

In den folgenden Tabellen und Schaubildern wird auf der Ebene eines ökonomischen Modells (→ S. 261, M7a) die Entstehung des Gleichgewichtspreises für Eiscreme dargestellt. In dem Beispiel sind die Verkäufer exemplarisch Mario und Klaus und die Käufer exemplarisch Katrin und Nicole.

a) Die Nachfrage von Eiscreme

1 Menge der Eiskugeln, die Katrin bei einem bestimmten Preis kaufen würde

Preis von Eiscreme (€ je Kugel)	Nachfragemenge von Eiscreme (Kugeln)
0,00	12
0,50	10
1,00	8
1,50	6
2,00	4
2,50	2
3,00	0

2 Darstellung der Nachfrage von Katrin in einer Nachfragekurve

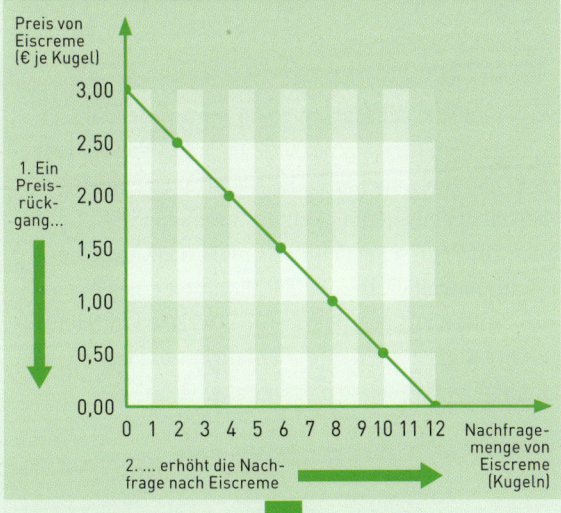

3 Nachfrage von Katrin und Nicole

Preis von Eiscreme (€ je Kugel)	Nachfragemenge (Kugeln)		
	Katrin	Nicole	Markt
0,00	12 +	7 =	19
0,50	10	6	16
1,00	8	5	13
1,50	6	4	10
2,00	4	3	7
2,50	2	2	4
3,00	0	1	1

Hinweis: In dem Modell stehen Katrin und Nicole stellvertretend für den gesamten Markt als Käufer. In Wirklichkeit gibt es natürlich sehr viel mehr Käufer.

b) Das Angebot an Eiscreme

1 Marios Angebot an Eiscremekugeln

Preis von Eiscreme (€ je Kugel)	Angebotsmenge von Eiscreme (Kugeln)
0,00	0
0,50	0
1,00	1
1,50	2
2,00	3
2,50	4
3,00	5

2 Darstellung des Angebots von Mario in einer Angebotskurve

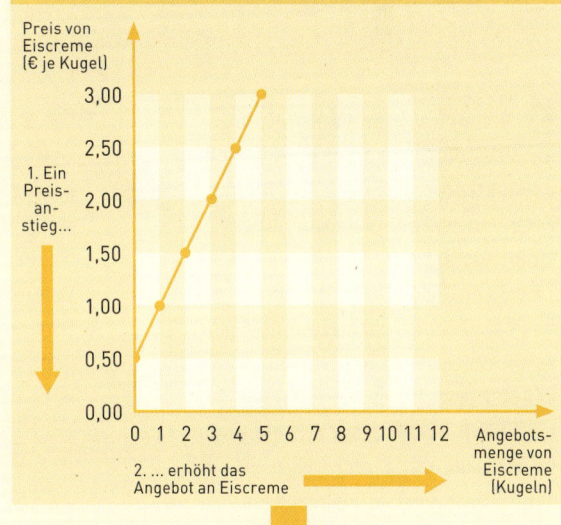

3 Angebot von Mario und Klaus

Preis von Eiscreme (€ je Kugel)	Angebot (Kugeln)		
	Mario	Klaus	Markt
0,00	0 +	0 =	0
0,50	0	0	0
1,00	1	0	1
1,50	2	2	4
2,00	3	4	7
2,50	4	6	10
3,00	5	8	13

Hinweis: In dem Modell stehen Mario und Klaus stellvertretend für den gesamten Markt als Verkäufer. In Wirklichkeit gibt es natürlich sehr viel mehr Verkäufer.

c) Angebot und Nachfrage zusammen: Der Gleichgewichtspreis

Das Schaubild (zum Gleichgewichtspreis) zeigt die Marktangebotskurve und die Marktnachfragekurve. Dabei gibt es einen Punkt, bei dem sich Angebotskurve und Nachfragekurve schneiden; dieser Punkt heißt Marktgleichgewicht. Der Preis, bei dem sich die beiden Kurven schneiden, heißt Gleichgewichtspreis, und die zugeordnete Menge heißt Gleichgewichtsmenge.

Im Beispiel des Schaubilds [...] beträgt der Gleichgewichtspreis € 2, pro Kugel, und die zugehörige Gleichgewichtsmenge ist 7 Stück (Kugeln Eis) [...]. Beim Gleichgewichtspreis ist die Menge, die Nachfrager kaufen wollen und können genau gleich der Menge, die Anbieter verkaufen wollen und können [...] Nachfrager haben ihre Kaufabsichten verwirklicht, Anbieter haben ihre Verkaufspläne erfüllt. Selbstverständlich sind es die einzelnen Entscheidungen und Handlungen von Anbietern und Nachfragern, die Märkte in Richtung auf das Marktgleichgewicht führen. Um das zu erkennen, braucht man sich nur zu vergegenwärtigen, was geschieht, wenn der Preis nicht mit dem Gleichgewichtspreis übereinstimmt:

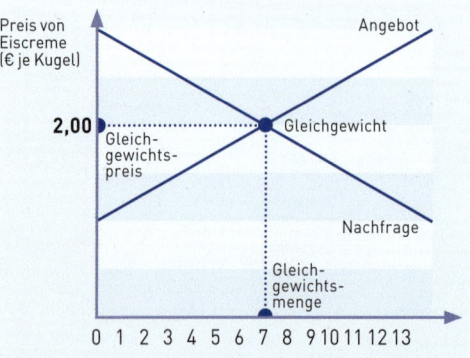

1 Nehmen wir zunächst einmal an, dass der Preis über dem Gleichgewichtspreis liegt [...] Zu einem Preis von € 2,50 pro Kugel übersteigt die angebotene Menge (10 Kugeln) die nachgefragte Menge (4 Kugeln). Es besteht ein Mengenüberschuss, und zwar ein Angebotsüberschuss: Die Anbieter sind beim herrschenden Preis nicht in der Lage, die Menge abzusetzen, die sie verkaufen möchten. Wenn ein Angebotsüberschuss besteht, z. B. auf dem Markt für Eiscreme, werden die Produzenten und Anbieter von Eiscreme feststellen, dass sich ihre Kühlregale immer mehr mit Eiscreme füllen, die sie [...] nicht absetzen können. Sie reagieren auf den Angebotsüberschuss durch Preissenkungen, die zu einem Anstieg der Nachfrage und einem Rückgang des Angebots führen. Die Preise werden so lange fallen, bis das Gleichgewicht erreicht ist.

2 Stellen wir uns nun vor, der Marktpreis läge aus irgendeinem Grund zunächst unter dem Gleichgewichtspreis [...] In diesem Fall beträgt der Preis € 1,50 pro Kugel, und die Nachfragemenge übersteigt die Angebotsmenge. Es herrscht eine Güterknappheit: Die Nachfrager können zum herrschenden Preis nicht die Menge bekommen, die sie kaufen wollen. Dies ist die Situation eines Nachfrageüberschusses. Sofern auf dem Markt für Eiscreme ein Nachfrageüberschuss auftritt, stehen die Käufer Schlange, um Eiscreme zu bekommen, und einige von ihnen gehen leer aus.

3 Damit führt das Verhalten der zahlreichen Nachfrager und Anbieter den Marktpreis automatisch hin zum Gleichgewichtspreis. Sobald der Markt sein Marktgleichgewicht erreicht, sind die Nachfrager und Anbieter als Käufer und Verkäufer zufrieden; es gibt keine Kräfte, die den Preis nach oben oder nach unten bewegen. Wie schnell das Marktgleichgewicht erreicht wird, ist von Markt zu Markt unterschiedlich. Es kommt darauf an, wie rasch sich Preise ändern oder ändern lassen. Auf den meisten freien Märkten sind Angebotsüberschüsse und Nachfrageüberschüsse nur temporär gegeben [...]. Tatsächlich ist dieses Phänomen der Preisanpassung in der Praxis so sehr beherrschend, dass man ein Gesetz von Angebot und Nachfrage postuliert: Der Preis eines beliebigen Guts passt sich in der Weise an, dass dadurch Angebots- und Nachfragemengen zur Übereinstimmung gelangen.

N. Gregory Mankiw, Mark P. Taylor, Grundzüge der Volkswirtschaftslehre, 5. Auflage, Stuttgart 2012, S. 81–95, Übersetzer Marco Herrmann, Adolf Wagner

AUFGABEN

1. Erläutern Sie mithilfe der Informationen von **M1** am Beispiel des Marktes für Eiscreme in Ihrer Stadt/Gemeinde, warum der Preis für Eiscreme nicht durch einen Verkäufer bestimmt werden kann.

2. a) Erklären Sie Ihrem Nachbarn, was unter Prämissen für einen vollkommenen Markt zu verstehen ist (**M2**).
   b) Werten Sie gemeinsam mit Ihrem Nachbarn Ihre Kaufentscheidung bezüglich der Preiserhöhung in Ihrem Lieblingseiscafé im Hinblick auf die Frage aus, ob Sie sich ausschließlich am Preis orientieren würden.
   c) Ermitteln Sie anschließend die Ergebnisse im Kurs, indem Sie Ihre Entscheidungen sortiert nach Kategorien clustern.
   d) Bewerten Sie zusammenfassend das Kaufverhalten des Kurses.

3. a) Begründen Sie in Partnerarbeit, warum in den folgenden Beispielen kein vollkommener Markt vorliegt und gegen welche Prämisse verstoßen wird:
   - Im Eiscafé A wird bei der Eisherstellung nur Biomilch verwendet.
   - In einer Großstadt wie Köln gibt es Hunderte von Eisanbietern.
   - Eine Käuferin interessiert sich nicht für den Preis von Eis, da sie bei kleineren Einkäufen nicht auf den Preis achten muss.

   b) Erklären Sie die Aussage in **M2**, dass wir es in der Wirtschaft meistens mit einem unvollkommenen Markt zu tun haben.

4. Stellen Sie die Funktion von ökonomischen Modellen dar (**M7a auf S. 261**).

5. Analysieren Sie in Partnerarbeit die Entstehung des Marktpreises (**M3a-c**) am modellhaften Beispiel des Eiscreme-Marktes, indem Sie wie folgt vorgehen:
   - Beschreiben Sie zunächst mithilfe der Tabelle (**M3a**) und der Nachfragekurve die Nachfrage von Katrin. Erklären Sie den Verlauf der Nachfragekurve im Koordinatensystem und das Verhältnis von Preis und nachgefragter Menge.
   - Stellen Sie anschließend die Nachfrage von Katrin und Nicole (die hier modellhaft für alle Nachfrager stehen) in einem Koordinatensystem nach dem oben dargestellten Muster dar und erläutern Sie sich die Kurve gegenseitig.
   - Beschreiben Sie dann mithilfe der Tabelle und der Angebotskurve das Angebot von Mario (**M3b**). Erklären Sie den Verlauf der Angebotskurve im Koordinatensystem und das Verhältnis von Preis und angebotener Menge.
   - Stellen Sie anschließend das Angebot von Mario und Klaus (die hier modellhaft für alle Anbieter stehen) in einem Koordinatensystem nach dem oben dargestellten Muster dar und erläutern Sie sich die Kurve gegenseitig.
   - Erklären Sie das Schaubild zur Entstehung des Gleichgewichtspreises (**M3c**) und erläutern Sie die Begriffe „Gleichgewichtspreis" und „Gleichgewichtsmenge".
   - Übertragen Sie das Schaubild in Ihr Heft (kariertes Papier) und ermitteln Sie angebotene und nachgefragte Menge bei einem Preis von 1,50 und 2,50 für eine Kugel Eis. Zeichnen Sie den Nachfrageüberschuss und den Angebotsüberschuss jeweils in die Grafik ein. Erläutern Sie, warum das Verhalten zahlreicher Nachfrager und Anbieter auf einem Markt automatisch zum Gleichgewichtspreis führt.

6. Beurteilen Sie abschließend, inwiefern Sie durch die Bearbeitung des „Modells der Entstehung des Marktpreises" durch das Zusammenwirken von Angebot und Nachfrage neue Erkenntnisse gewonnen haben.

Aufgabe 1
Setzen Sie sich in Stillarbeit mit der Frage auseinander, wie Sie sich verhalten würden, wenn der Preis für ein Eis bei Ihrem Lieblingseiscafé um 20 % steigen würde. Notieren Sie Ihre Entscheidung auf ein Blatt.

Aufgabe 3a
Entwickeln Sie weitere Beispiele und stellen Sie diese im Kurs vor.

Merkantilismus
Bezeichnung für eine durch massive Staatseingriffe in die Wirtschaft gekennzeichnete Wirtschaftspolitik während der Zeit des Absolutismus zwischen dem 16. und 18. Jahrhundert. Ziel war die Steigerung der nationalen Wirtschaftskraft und die Erhöhung der Staatseinkünfte, z. B. durch die Erhebung von Schutzzöllen und die Förderung der frühindustriellen Produktion.

Duden Wirtschaft von A bis Z: Grundlagenwissen für Schule und Studium, Beruf und Alltag. 6. Aufl., Mannheim 2016, S. 33

M4 Die Ursprünge der „freien Marktwirtschaft"

In der zweiten Hälfte des 18. Jahrhunderts begannen sich die wirtschaftlichen und sozialen Verhältnisse im Zuge der Industrialisierung tief greifend zu verändern. Die Erfindung der Dampfmaschine ermöglichte einen rasanten Ausbau der Produktion und in der Textilindustrie setze ein regelrechter „Erfindungsboom" ein. Die Epoche des Wirtschaftsliberalismus beginnt Ende des 18. Jahrhunderts, der Merkantilismus wird durch die Wirtschaftsordnung der freien Marktwirtschaft abgelöst. Das war eine revolutionäre Änderung des Wirtschaftssystems. Universelle Gleichheit aller Menschen, ewiger Frieden und Wohlstand aller Nationen wurde angestrebt. Im Vordergrund stand das Individuum und seine ungehinderte freie Entfaltung und Selbstbestimmung. Der Staat sollte diese Rechte schützen. Man war davon überzeugt, dass die Durchsetzung der Freiheit auf dem Gebiet der Wirtschaft einen ungeheuren Aufschwung der Wirtschaft und eine allgemeine Harmonie der Interessen herbeiführen würde.

Jasmin Bezler, Die berühmten volkswirtschaftlichen Theorien des Adam Smith und Christoph Friedrich Griebs Einschätzung, www.adv-boeblingen.de, Abruf am 14.03.2018

M5 Die ideologischen Grundlagen der freien Marktwirtschaft: Das System der natürlichen Freiheit

Basis des Wirtschaftsliberalismus ist Adam Smiths Werk „Der Wohlstand der Nationen" aus dem Jahre 1776. Der Wirtschaftsliberalismus ist die Übertragung von Werten und Prinzipien der Aufklärung und des Liberalismus auf die Ökonomie.

Adam Smith (1723-1790) legte mit seinem Werk „Der Wohlstand der Nationen" aus dem Jahr 1776 die Basis des Wirtschaftsliberalismus. Adam Smith gilt als Begründer der modernen Wirtschaftslehre.

Der Einzelne ist stets darauf bedacht herauszufinden, wo er sein Kapital, über das er verfügen kann, so vorteilhaft wie nur irgend möglich einsetzen kann. Und tatsächlich hat er dabei den eigenen Vorteil im Auge und nicht etwa den der Volkswirtschaft. Aber gerade das Streben nach seinem eigenen Vorteil ist es, das ihn ganz von selbst oder vielmehr notwendigerweise dazu führt, sein Kapital dort einzusetzen, wo es auch dem ganzen Land den größten Nutzen bringt. Erstens ist jeder bestrebt, viel von seinem Kapital möglichst in der nächsten Umgebung und folglich zur Unterstützung des einheimischen Gewerbes zu investieren, natürlich immer vorausgesetzt, er kann damit die übliche Kapitalverzinsung, zumindest nicht sehr viel weniger als diese, erzielen. [...] Zweitens wird jeder, der sein Kapital zur Unterstützung der eigenen Volkswirtschaft investiert, notwendigerweise bestrebt sein, die wirtschaftliche Aktivität so zu lenken, dass ihr Ertrag den größtmöglichen Wert erzielen kann. [...]
Nun ist aber das Volkseinkommen eines Landes immer genauso groß wie der Tauschwert des gesamten Jahresertrages oder besser, es ist genau dasselbe, nur anders ausgedrückt. Wenn daher jeder Einzelne so viel wie nur möglich danach trachtet, sein Kapital zur Unterstützung der einheimischen Erwerbstätigkeit einzusetzen und dadurch diese so lenkt, dass ihr Ertrag den höchsten Wertzuwachs erwarten lässt, dann bemüht sich auch jeder Einzelne ganz zwangsläufig, dass das Volkseinkommen im Jahr so groß wie möglich werden wird.
Tatsächlich fördert er in der Regel nicht bewusst das Allgemeinwohl, noch weiß er, wie hoch der eigene Beitrag ist. Wenn er es vorzieht, die nationale Wirtschaft anstatt die ausländische zu unterstützen, denkt er eigentlich nur an die eigene Sicherheit, und

wenn er dadurch die Erwerbstätigkeit so fördert, dass ihr Ertrag den höchsten Wert erzielen kann, strebt er lediglich nach eigenem Gewinn. Und er wird in diesem wie auch in vielen anderen Fällen von einer unsichtbaren Hand geleitet, um einen Zweck zu fördern, den zu erfüllen er in keiner Weise beabsichtigt hat. Auch für das Land selbst ist es keineswegs immer das schlechteste, so dass der Einzelne ein solches Ziel nicht bewusst anstrebt, ja, gerade dadurch, dass er das eigene Interesse verfolgt, fördert er häufig das der Gesellschaft nachhaltiger, als wenn er wirklich beabsichtigt, es zu tun. Alle, die jemals vorgaben, ihre Geschäfte dienten dem Wohl der Allgemeinheit, haben meines Wissens niemals etwas Gutes getan. [...]

Gibt man daher alle Systeme der Begünstigung und Beschränkung auf, so stellt sich ganz von selbst das einsichtige und einfache System der natürlichen Freiheit her. Solange der Einzelne nicht die Gesetze verletzt, lässt man ihm völlige Freiheit, damit er das eigene Interesse auf seine Weise verfolgen kann und seinen Erwerbsfleiß und sein Kapital im Wettbewerb mit jedem anderen oder einem anderen Stand entwickeln oder einsetzen kann. Der Herrscher (das Staatsoberhaupt) wird dadurch vollständig von einer Pflicht entbunden, bei deren Ausübung er stets unzähligen Täuschungen ausgesetzt sein muss und zu deren Erfüllung keine menschliche Weisheit oder Kenntnis jemals ausreichen könnte, nämlich der Pflicht oder Aufgabe, den Erwerb privater Leute zu überwachen und ihn in Wirtschaftszweige zu lenken, die für das Land am nützlichsten sind. Im System der natürlichen Freiheit hat der Souverän lediglich drei Aufgaben zu erfüllen, die sicherlich von höchster Wichtigkeit sind, aber einfach und dem normalen Verstand zugänglich: Erstens die Pflicht, das Land gegen Gewalttätigkeit und Angriff anderer unabhängiger Staaten zu schützen, zweitens die Aufgabe, jedes Mitglied der Gesellschaft so weit wie möglich vor Ungerechtigkeit oder Unterdrückung durch einen Mitbürger in Schutz zu nehmen oder ein zuverlässiges Justizwesen einzurichten, und drittens die Pflicht, bestimmte öffentliche Anstalten und Einrichtungen zu gründen und zu unterhalten, die ein Einzelner oder eine kleine Gruppe aus eigenem Interesse nicht betreiben kann, weil der Gewinn ihre Kosten niemals decken könnte, obwohl er häufig höher sein mag als die Kosten für das ganze Gemeinwesen.

Adam Smith, Der Wohlstand der Nationen. Eine Untersuchung seiner Natur und seiner Ursachen, aus dem Englischen übertragen von H. C. Recktenwald, Deutscher Taschenbuch Verlag, München 1978, S. 369-71, S. 582

Aufklärung

Aufklärung bezeichnet eine ideengeschichtliche Epoche in Europa [...], in der sich die Vernunft (Rationalität), ihr richtiger Gebrauch und vernunftbegründete Ordnungen als Maßstab menschlichen Strebens und wissenschaftlicher Forschung durchsetzten.

Klaus Schubert, Martina Klein, Aufklärung, in: Das Politiklexikon. 6. Aufl. Bonn 2016, S. 31

(Wirtschafts-) Liberalismus

Liberalismus ist eine politische Weltanschauung, die die Freiheiten des einzelnen Menschen in den Vordergrund stellt und jede Form des geistigen, sozialen, politischen oder staatlichen Zwangs ablehnt. [...] Der wirtschaftliche Liberalismus betrachtet [...] das Privateigentum (insbesondere an den Produktionsmitteln), den freien Wettbewerb und den Freihandel als grundlegende Voraussetzungen für die Schaffung gesellschaftlichen Wohlstands.

Ebd., S. 189 f.

AUFGABEN

1. Erläutern Sie, zu welchen Veränderungen die Industrialisierung ab der zweiten Hälfte des 18. Jahrhunderts führte (**M4**).

2. Entwickeln Sie ein vorläufiges Urteil zu der Frage, inwieweit eine „universelle Gleichheit aller Menschen, ewiger Frieden und Wohlstand aller Nationen" durch die freie Marktwirtschaft erreicht worden ist (**M4**).

3. Analysieren Sie in Kleingruppenarbeit den Text von Adam Smith (**M5**), indem Sie nach der Klärung von Verständnisfragen ein Schaubild mit der Überschrift „Das System der natürlichen Freiheit" entwickeln,
   • in dem Sie den Nutzen dieses Systems für das einzelne Individuum und die Volkswirtschaft eines Landes in Tabellenform gegenüberstellen;
   • die Aufgaben des „Herrschers" erläutern;
   • das Prinzip der „unsichtbaren Hand" erklären und dabei auch die Begriffe „Einzelinteresse" und „Allgemeinwohl" verwenden und
   • einen Vortrag (→ Methodenglossar) zu Darstellung des „Systems der natürlichen Freiheit" einüben.

M6 Wirtschaftsordnungen im Vergleich

a) Die Marktwirtschaft als Wirtschaftsordnung

Die Marktwirtschaft ist die Wirtschaftsordnung der Bundesrepublik Deutschland und der westlichen Industrieländer, in Deutschland in der besonderen Ausprägung der „Sozialen Marktwirtschaft" (siehe M11 – M13; die Nachteile der freien Marktwirtschaft werden in M10 erklärt). Der folgende Text und das Schaubild beschreiben die Merkmale der Marktwirtschaft generell als Wirtschaftsordnung (ohne die besondere Ausprägung in Deutschland) im Vergleich zu anderen Wirtschaftsordnungen.

Kommunismus
Grundlegende Idee des Kommunismus ist die Abschaffung des privaten Eigentums und die Bildung von Gemeineigentum.

Kapitalismus
Grundlegende Idee des Kapitalismus ist die Fokussierung auf das Privateigentum an Produktionsmitteln. Der Kapitalismus überlässt im „Idealfall" den gesamten Steuerungsprozess dem Markt (→ M17).

Sozialismus
→ Kapitel 5, S. 176, M15c.

Die Wirtschaftsordnung ist neben der Rechts- und Sozialordnung das wichtigste Element der alle Bereiche des menschlichen Zusammenlebens umfassenden Gesellschaftsordnung. Das in der jeweiligen Gesellschaftsordnung vorherrschende gesellschaftspolitische Leitbild hat entscheidenden Einfluss auf die Wirtschaftsordnung. Als zwei extrem unterschiedliche Auffassungen vom Wesen des Menschen stehen sich dabei Individualismus (Individuum (lat.): der einzelne Mensch) und Kollektivismus (Kollektiv (lat.): Gruppe, Gemeinschaft) gegenüber. Der Individualismus sieht den Menschen als Ausgangs- und Mittelpunkt allen gesellschaftlichen Lebens. Sein oberstes Ideal ist die freie Entfaltung aller Anlagen, Kräfte und Interessen des Einzelnen. Diesem Menschenbild entspricht als Staats- und Gesellschaftsauffassung der Liberalismus.

Der Kollektivismus sieht dagegen den Einzelnen vor allem und zuerst als ein der Gemeinschaft (Kollektiv) untergeordnetes Wesen. Das beinhaltet die Auffassung, die Gemeinschaft habe eigenständige, übergeordnete Interessen, die möglicherweise von den Interessen des Einzelnen abweichen und gegen dessen Willen durchgesetzt werden müssen. [Diesem Menschenbild entspricht als Staats- und Gesellschaftsauffassung, von denen der Kommunismus als extremste Form angesehen wird] der Sozialismus in seinen verschiedenen Ausprägungen. Die gesellschaftspolitische Grundentscheidung zwischen Individualismus und Kollektivismus bestimmt weitgehend auch alle anderen wesentlichen Elemente einer Wirtschaftsordnung.

Volker Happe, Gustav Horn, Kim Otto, Das Wirtschaftslexikon, Begriffe – Zahlen – Zusammenhänge, Bonn 2012, S. 192

b) Idealtypische Wirtschaftsordnungen im Überblick

Merkmale der idealtypischen Wirtschaftsordnungen im Vergleich		
Freie Marktwirtschaft	**Merkmale**	**Zentralverwaltungswirtschaft**
Individualismus	Leitideen hinsichtlich der Stellung des Einzelnen in der Gesellschaft	Kollektivismus
Liberalismus	aus der Leitidee entwickelte gesellschaftspolitische Auffassung	Sozialismus
Privateigentum (private Verfügungsmacht) an den Produktionsmitteln (Kapitalismus)	Eigentumsordnung	Gemeineigentum an den Produktionsmitteln (sozialisiertes Eigentum)
Einzelwirtschaftliche Planung durch die Unternehmen (Produktionspläne) und Haushalte – dezentrale Planung, Lenkung und Steuerung des Wirtschaftsprozesses zur Abstimmung der Einzelpläne durch den Preismechanismus	Aufstellung und Koordination der Wirtschaftspläne (Lenkungsprinzip)	Aufstellung eines zentralen Gesamtplans durch eine zentrale Planungsbehörde, Lenkung und Steuerung des Wirtschaftsprozesses durch die Planungsbehörde
Schutz der Freiheiten der Bürger durch Festsetzung und Überwachung eines Ordnungsrahmens („Nachtwächterstaat")	Rolle des Staates	Uneingeschränkte wirtschaftliche und politische Macht des Staates

Victor Lüpertz, Problemorientierte Einführung in die Volkswirtschaftslehre, Braunschweig 2013, S. 261 f.

M7 Marktformen in einer Marktwirtschaft

In unserem Beispiel des Eiscrememarktes (→ M1-M3) gibt es viele Anbieter und Nachfrager. Die Wirtschaftswissenschaften nennen diese Marktform Polypol. Im folgenden Schema werden die weiteren möglichen Marktformen dargestellt. Ob es viele oder wenige Anbieter gibt, hat Auswirkungen auf den Wettbewerb und damit die Preisbildung.

Nachfrager	Anbieter		
	viele	wenige	einer
viele	Polypol z. B. Supermarkt, Bäckerei	Angebotsoligopol z. B. Strommarkt, Mineralölmarkt	Angebotsmonopol z. B. Wasserwerke
wenige	Nachfrageoligopol z. B. Molkereien, Winzergenossenschaften	Zweiseitige Oligopol z. B. Flugzeugmarkt, Reedereien	
einer	Nachfragemonopol z. B. Autobahnbau		Zweiseitiges Monopol z. B. einziger Hersteller eines BMW-Scheinwerfers

Bearbeiter

Poly	**Oligo**	**Mono**
Viel	Wenig	Allein

Marktformen im Erklärfilm

Mediencode: 72060-34

M8 Preisbildung in unterschiedlichen Marktformen

Monopol: Das Besondere bei der Preisbildung im Monopol ist, dass oftmals ein alleiniger Monopolist die Festsetzung der Preise in den Händen hat. Er kann ziemlich alleine festlegen, wie hoch der Preis für sein angebotenes Gut sein soll. Doch wird ein Monopolist zu gierig [...], dann fangen die Nachfrager an, sich einzuschränken und verzichten mitunter auf das Gut. Außerdem bietet sich für die Nachfrager die Möglichkeit, zu Ersatzgütern zu greifen.

Oligopol: Etwas weniger dramatisch ist die Situation im Falle des Oligopols als Marktform. Hier gibt es wenige Anbieter und dafür viele Nachfrager. Da es beim Oligopol mehrere Mitbewerber gibt, kommen auch verschiedene Strategien zur Preisbildung zum Einsatz. Eine Strategie ist der direkte Wettbewerb über Preissenkungen. Senkt Anbieter A den Preis und Anbieter B zieht nach, entsteht eine sogenannte ruinöse Konkurrenz. Für den Nachfrager bietet diese Preisbildung natürlich den Vorteil, dass sie von einem stets günstigen Preis profitieren können. Die Anbieter setzen sich jedoch der Gefahr aus, in finanzielle Engpässe zu geraten. Im schlimmsten Fall entwickelt sich ein solches Oligopol mit der Zeit in ein Monopol. Eine andere zumeist illegale Strategie sind Preisabsprachen. Die Konkurrenten sprechen sich hier ab und erhöhen gemeinsam den Preis. Dies ist für den Verbraucher natürlich sehr von Nachteil und zudem natürlich verboten.

Polypol: Die Marktform des Polypols trifft in den meisten Volkswirtschaften wohl am häufigsten auf. Bei einem Polypol wird der Preis durch die ständige Wechselwirkung zwischen Angebot und Nachfrage gebildet. Im Idealfall pendelt sich der Preis dabei beim Gleichgewichtspreis ein. Grundsätzlich unterscheidet man dabei noch zwischen der vollkommen und der unvollkommen Konkurrenz bei der Marktform des Polypols. Für den Verbraucher ist diese Marktform in der Regel nur vorteilhaft.

© Rechnungswesen-verstehen, Preisbildung im Monopol & Oligopol, Polypol, www.rechnungswesen-verstehen.de, Abruf am 15.03.2018

M9 Der Ordnungsrahmen einer freien Marktwirtschaft

- Das Privateigentum an den Produktionsmitteln (z. B. Maschinen, Transportmittel, Boden) ist Voraussetzung dafür, dass sich die Unternehmen bei der Aufstellung und Verwirklichung ihre Produktionspläne frei entscheiden können.

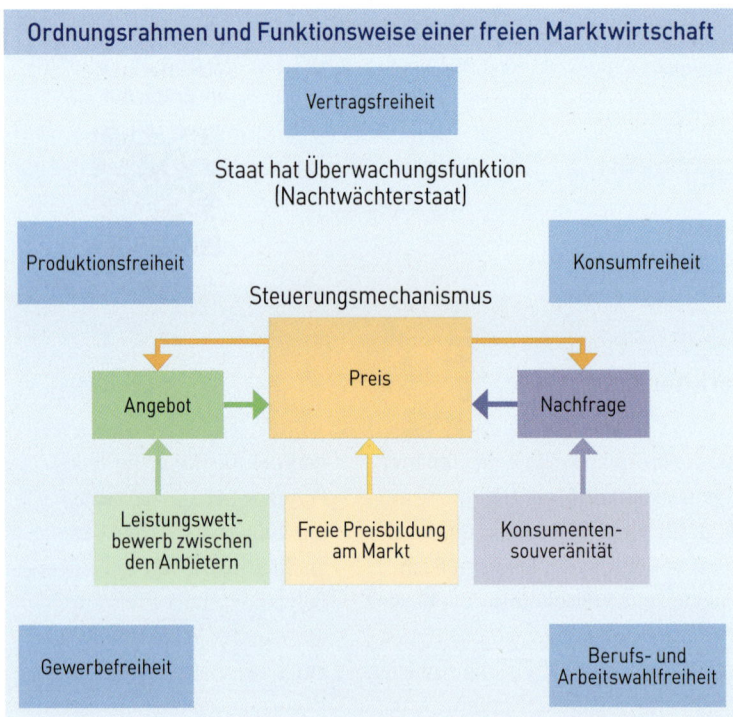

- Die **Vertragsfreiheit** ermöglicht es den Vertragspartnern, beliebige Verträge abzuschließen und deren Inhalt selbst zu bestimmen [...] Der Staat muss Rechtssicherheit garantieren, damit die Vertragspartner ihre Ansprüche notfalls mit staatlicher Hilfe (z. B. Gerichte, Polizei) durchsetzen können.
- Die **Gewerbefreiheit** ermöglicht es jedem Produzenten, ein beliebiges Gewerbe zu betreiben und sich am Markt frei zu betätigen. [...] Marktzutrittsschranken würden zu einer Verringerung des Wettbewerbs führen und die Entstehung marktbeherrschender Unternehmen fördern. Die Gewerbefreiheit umfasst auch die freie Wahl von Beruf und Arbeitsplatz.
- Die **Produktionsfreiheit** ermöglicht es jedem Produzenten, selbst darüber zu entscheiden, was und wie viel er produzieren will.
- Die **Konsumfreiheit** ermöglicht es jedem Konsumenten, selbst darüber zu entscheiden, wie er sein Einkommen verwenden und was er in welchem Umfang kaufen will.

Victor Lüpertz, Problemorientierte Einführung in die Volkswirtschaftslehre, Braunschweig 2013, S. 263 f.

M10 Fehlentwicklungen der rein marktwirtschaftlichen Ordnung

Das Modell der freien Marktwirtschaft beschreibt eine idealtypische Wirtschaftsordnung, die nur unter ganz bestimmten Bedingungen funktionsfähig ist. In der Realität kann eine rein marktwirtschaftliche Lenkung des Wirtschaftsprozesses zwar zu effizienten und kostengünstigen Ergebnissen führen, die aber häufig nach heutigen Gerechtigkeitsvorstellungen unsozial sind.

Im 19. Jahrhundert gab es insbesondere in England eine auf dem Prinzip des Liberalismus beruhende Wirtschaftsordnung. Die damit einhergehende Wirtschaftspolitik, die auch als Laissez-faire-Liberalismus oder Manchester-Liberalismus bezeichnet wird, war durch eine äußerst starke Zurückhaltung des Staates (Nachtwächterstaat) geprägt. Eine ausschließlich an den Eigeninteressen der Menschen orientierte Wirtschaftsordnung, die nur durch den Marktmechanismus gelenkt wird, kann aber zu erheblichen Fehlentwicklungen führen. Der von A. Smith in diesem Zusammenhang behauptete Wohlstand für die gesamte Gesellschaft tritt keineswegs in allen Fällen ein.

Insbesondere folgende Mängel machen staatliche Eingriffe in das Wirtschaftsgeschehen einer Marktwirtschaft notwendig:

Fehlentwicklungen einer rein marktwirtschaftlichen Wirtschaftsordnung	
Unsoziale Einkommens- und Vermögensverteilung	Da die Voraussetzung zur Einkommens- und Vermögenserzielung […] in der Realität ungleich verteilt sind, ist eine ungleiche Einkommens- und Vermögensverteilung die zwangsläufige Folge einer freien Marktwirtschaft. Es besteht die Tendenz, dass Arme immer ärmer und Reiche immer reicher werden.
Soziale Missstände durch Versagen des Arbeitsmarktes	Befürworter der freien Marktwirtschaft behaupten, es würde sich automatisch Vollbeschäftigung einstellen. Statt […] Vollbeschäftigung können sich auf einem freien Arbeitsmarkt vielmehr Marktmacht der Arbeitgeber, starke Abhängigkeit der besitzlosen Arbeitnehmer und ein Lohnniveau unterhalb des Existenzminimums einstellen. […]
Einschränkung des Leistungswettbewerbs zwischen den Anbietern	[…] Durch die Ausnutzung der Vertragsfreiheit zum Zweck von unerlaubten Absprachen zwischen Unternehmen zur Ausschaltung des Wettbewerbs können Kartelle und Monopole entstehen, die zu einer weiteren Konzentration von wirtschaftlicher und politischer Macht führen. Wettbewerbsbeschränkungen machen das entscheidende Koordinations-, Motivations- und Kontrollsystem einer Marktwirtschaft funktionsunfähig.
Unterversorgung mit öffentlichen Gütern und Überbeanspruchung von Umweltgütern	Ohne wirtschaftliche Einflussnahme des Staates kommt es in einer Marktwirtschaft zu einer Unterversorgung mit öffentlichen Gütern (z.B. Infrastruktur, Gesundheits- und Bildungswesen), da solche Güter nicht oder nicht im erwünschten Umfang von privaten Anbietern über den Markt bereit gestellt werden. Auch bei der Nutzung von Umweltgütern liegt ein solches Marktversagen vor.
Wirtschaftskrisen	Kritiker […] behaupten, dass ein rein marktwirtschaftliches System u.a. aufgrund einer Tendenz zur Überproduktion regelmäßig wiederkehrende Wirtschaftskrisen auslöst. […] Konjunkturschwankungen werden als Beleg dafür herangezogen, dass die […] behauptete Tendenz zur Vollbeschäftigung ohne staatliche Eingriffe […] nicht besteht. […] Befürworter […] behaupte[n], dass gerade die staatliche Einflussnahme auf den Wirtschaftsprozess die Wirtschaftsschwankungen erst hervorruft.

Victor Lüpertz, Problemorientierte Einführung in die Volkswirtschaftslehre, Braunschweig 2013, S. 268

AUFGABEN

1. a) Werten Sie in Partnerarbeit **M6a-b** hinsichtlich unterschiedlicher Merkmale der „freien Marktwirtschaft" und der „Zentralverwaltungswirtschaft" aus.
   b) Erläutern Sie, inwiefern die Ideen von Adam Smith (**M5**) mit den im Schaubild (**M6b**) dargestellten Begriffen übereinstimmen.
2. Analysieren Sie das Schaubild in **M7** und entwickeln Sie in Partnerarbeit weitere Beispiele, indem Sie im Internet recherchieren.
3. a) Stellen Sie die Preisbildung in unterschiedlichen Marktformen in einem Schaubild dar (**M8**).
   b) Erläutern Sie die Mechanismen der Preisbildung, inklusive der Vor- und Nachteile (**M8**).
4. Erklären Sie den Ordnungsrahmen der „freien Marktwirtschaft" (**M9**).
5. Stellen Sie die Fehlentwicklung einer rein marktwirtschaftlichen Wirtschaftsordnung dar (**M10**).
6. Beurteilen Sie abschließend, inwieweit aus dem System der natürlichen Freiheit durch die Verfolgung des Eigeninteresses automatisch das Allgemeinwohl resultiert (**M6-M10**).

F Aufgabe 1
Gestalten Sie einen Vortrag (→ Methodenglossar), in dem Sie die Wirtschaftsordnung der DDR darstellen und die Unterschiede zur Marktwirtschaft der Bundesrepublik Deutschland erläutern.

F Aufgabe 5
Stellen Sie in einem Vortrag (→ Methodenglossar) dar, zu welchen Fehlentwicklungen die industrielle Revolution in England und Deutschland geführt hat.

Hinweis zur Unterkapitelüberschrift

Die Überschrift verwendet ein Zitat der Bundeskanzlerin Angela Merkel aus einer Generaldebatte im Deutschen Bundestag am 07.09.2016

9.2 Die Soziale Marktwirtschaft als Wirtschaftsordnung der Bundesrepublik Deutschland: Eine Ordnung, die mit wirtschaftlicher Stärke die Schwächsten auffängt?

M11 Die Einführung der Sozialen Marktwirtschaft in Deutschland nach dem Zweiten Weltkrieg

Die maßgeblichen Köpfe der Sozialen Marktwirtschft in Deutschland

Der deutsche Ökonom Alfred Müller-Armack (1901-1978) prägte den Begriff der „Sozialen Marktwirtschaft" und unterstützte Ludwig Erhard u.a. als Staatssekretär im Wirtschaftsressort dabei, das Konzept nach dem Krieg politisch umzusetzen.

Walter Eucken (1891-1950), deutscher Wirtschaftswissenschaftler, Mitbegründer der Freiburger Schule; einer Schule von Wirtschaftswissenschaftlern, die einen Liberalismus vertraten, der ein Konzept für ein wrtschaftliches Wirtschaftssystem mit einem durch den Staat geschaffenen Ordnungsrahmen vorsah.

Ludwig Erhard (CDU), (1897-1977), Bundeswirtschaftsminister 1949-1963, Bundeskanzler 1963-1966

Die Konzeption der Sozialen Marktwirtschaft, die die deutsche Nachkriegsgeschichte maßgeblich prägen sollte, entstand nach Kriegsende nicht auf dem Reißbrett, sondern
5 wurzelte in den geistigen Vorarbeiten, z.B. von Alfred Müller-Armack, der in seinem 1947 veröffentlichten Buch „Wirtschaftslenkung und Marktwirtschaft" erstmals den Begriff der Sozialen Marktwirtschaft verwendete, oder der ordoliberalen Freiburger
10 Schule um Walter Eucken. Eine entscheidende Rolle spielte Ludwig Erhard, der sich während seiner wissenschaftlichen Laufbahn seit Ende der 1920er Jahre ebenfalls intensiv mit Fragen einer freiheitlichen und wettbe-
15 werblich organisierten Wirtschaftsordnung befasst hatte. Mit seinem Namen wird zudem die politische Umsetzung der Sozialen Marktwirtschaft verbunden, die bereits vor der Gründung der Bundesrepublik Deutsch-
20 land 1949 begann. Der marktwirtschaftliche Neuanfang begann mit der Währungsreform und den damit gekoppelten Wirtschaftsreformen in den westlichen Besatzungszonen im Juni 1948. Die Geburt der D-Mark war
25 die notwendige Bedingung für einen Neuanfang. Aber erst mit der mutigen Entscheidung Ludwig Erhards, die Währungsreform mit marktwirtschaftlichen Reformen zu koppeln, entwickelte sich die wirtschaftliche
30 und gesellschaftliche Dynamik, die in den folgenden Jahren oft als „deutsches Wirtschaftswunder" verklärt wurde.

Lars Vogel, Soziale Marktwirtschaft: Politische Umsetzung, Erosion und Handlungsbedarf, www.kas.de, Abruf am 15.03.2018

Alfred Müller-Armack über den Staat in der Sozialen Marktwirtschaft

„Die Soziale Marktwirtschaft fordert keinen schwachen Staat, sondern sieht in einem starken demokratischen Staat die Voraussetzung für das Funktionieren dieser Ordnung".

M12 Die Grundzüge der Sozialen Marktwirtschaft

Die Soziale Marktwirtschaft stellt den Versuch einer möglichst optimalen Verknüpfung zweier Säulen dar. Die eine Säule betont die Selbstständigkeit des Individuums,
5 die Entfaltung seiner Interessen, Freiheiten und Leistungsmöglichkeiten. Die andere Säule betont die Belange des Gemeinwesens, der Menschenwürde sowie der sozialen Sicherheit und Gerechtigkeit.
Erfüllungsort für die erste Säule ist der 10 Markt. Ein von Freiheit und Leistungsstreben geprägter Markt, auf dem sich die Prei-

se nach Angebot und Nachfrage bilden, verspricht hohe Effizienz bei der Entwicklung, Herstellung und Verteilung von Gütern. Für die Anliegen der zweiten Säule muss – da der Markt sie nicht erfüllen kann – eine andere Instanz sorgen. Das kann letztlich nur der Staat sein.

Der Dualismus von Markt und Staat zieht sich wie ein roter Faden durch die Diskussion um die Ausgestaltung der Sozialen Marktwirtschaft. Dabei wird dem Staat keineswegs die Rolle eines „Nachtwächters" zugewiesen; er soll vielmehr die geeigneten Rahmenbedingungen schaffen (und diese auch schützen) und bestimmte Ziele durch Eingriffe in die Wirtschaft aktiv anstreben. [...] Zu den unverzichtbaren Bestandteilen des Leitbildes gehören weiterhin das Privateigentum (auch an Produktionsmitteln) und dezentrale Entscheidungsstrukturen. Den einzelnen Wirtschaftssubjekten wird ein hohes Maß an selbstbestimmten Entfaltungsmöglichkeiten zugebilligt; im Gegenzug wird von ihnen aber auch Verantwortung im Umgang mit ihrer Freiheit eingefordert.

Hans-Jürgen Albers u.a., Volkswirtschaftslehre, Haan-Gruiten 2013, S. 190

M13 Aufgaben des Staates in der Sozialen Marktwirtschaft

Die Soziale Marktwirtschaft ist eine Marktwirtschaft – aber nicht nur. Ihre Grundpfeiler und zugleich die regulierenden Stellschrauben sind „Markt" und „Staat". Was der Markt regeln kann, soll der Markt regeln. Was der Markt aber nicht oder nicht in der gesellschaftlich gewünschten Form regeln kann, soll der Staat übernehmen, zumindest gesellschaftlich konform steuern. Die Offenheit der Leitidee erlaubt es, aus gesellschaftlichen, (koalitions)politischen oder sonstigen Gründen an den Stellschrauben zu drehen und mal die Rolle des Marktes oder mal die Rolle des Staates stärker zu betonen. Insofern deckt die Soziale Marktwirtschaft ein breites Spektrum zwischen wirtschaftlicher Freiheit und staatlicher Lenkung ab. [...] Für die Justierung der regulierenden Stellschrauben „Markt" und „Staat" gilt der Grundsatz: „So viel Markt wie möglich, so viel Staat wie nötig". Der Markt übernimmt vor allem eine Koordinationsfunktion. Er ist der Ort, an dem Nachfrage und Angebot zusammengeführt und abgestimmt werden und an dem sich Preise bilden. Kernaufgabe des Gütermarktes ist dabei die bestmögliche Versorgung der Menschen mit Gütern. Bestmöglich heißt: ausreichende Menge bei guter Qualität und angemessenem Preis. Kernaufgabe des Arbeitsmarktes ist die bestmögliche Versorgung der Menschen mit Arbeit und der Betriebe mit Arbeitskräften. Notwendige Bedingung für das Funktionieren der Märkte, im engeren Sinne für die Erfüllung der Marktfunktionen, ist freier Wettbewerb zwischen unabhängigen und möglichst zahlreichen Marktteilnehmern. Die Wirtschaftstheorie arbeitet zur Darstellung von Marktabläufen unter solchen Bedingungen mit dem Modell der vollkommenen Konkurrenz. In der Realität sind Märkte jedoch in der Regel unvollkommen. [...] Wenn die Allokation durch Märkte nicht bestmöglich funktioniert, [...] wird von Marktversagen gesprochen. Neben den bereits genannten wettbewerbsmindernden Faktoren gilt dies vor allem für die Bereitstellung öffentlicher Güter und für Marktverzerrungen durch das Auftreten externer Effekte. [...] Marktversagen zeigt in aller Regel einen staatlichen Eingriffs- und Regulierungsbedarf an.

Marktversagen liegt vor, wenn die Koordination über den Markt nicht zu einer op-

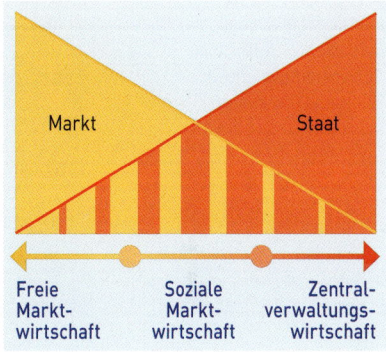

Unvollkommene Märkte
→ S. 290, M10

Externe Effekte

Von externen Effekten wird gesprochen, wenn Verursacher und Träger von Kosten (negative externe Effekte bzw. externe Kosten) oder Nutzen (positive externe Effekte bzw. externe Nutzen) auseinanderfallen. Sind die Allgemeinheit oder die Umwelt Träger anderweitig verursachter „Kosten", entstehen soziale Kosten.

Hans-Jürgen Albers u.a., Volkswirtschaftslehre, Haan-Gruiten Verlag 2013, S. 193 f.

Allokation
Zuweisung oder Verteilung finanzieller oder anderer Mittel

timalen Allokation der Ressourcen, zu Marktverzerrungen und externen Effekten führt. Wichtigste ordnungspolitische Aufgabe des Staates ist die Sicherung des Wettbewerbs. Dieser Aufgabe dienen Gesetze (v. a. Gesetz gegen Wettbewerbsbeschränkungen, Gesetz gegen unlauteren Wettbewerb) und Institutionen (u. a. Bundeskartellamt, Monopolkommission).
Ebd. S. 193 f.

M14 Ist die (Soziale) Marktwirtschaft erfolgreich?

Bisher beschränkte sich in diesem Kapitel die Darstellung der (Sozialen) Marktwirtschaft auf die Ebene der Konzeptionen und der Vorschriften („normative Ebene"). Die normative Ebene sagt nichts über die Realität der (Sozialen) Marktwirtschaft aus. Diese Realität wird ausführlich in der Qualifikationsphase in Band 2 dargestellt, weil die Realität der (Sozialen) Marktwirtschaft so komplex ist, dass sie in einem Kapitel in der Einführungsphase nicht dargestellt werden kann. Aber einige Aspekte dieser Realität werden in M14 und in Kapitel 11 behandelt.

a) Schaubilder der „Stiftung Marktwirtschaft" (2009)

Hinweise zur „Stiftung Marktwirtschaft"
Die Stiftung Marktwirtschaft ist eine wirtschaftsliberal orientierte Denkfabrik, der vorrangig liberale Wirtschaftswissenschaftler angehören.

1 Beispiel für den Erfolg der Sozialen Marktwirtschaft in Deutschland seit 1949

Durchschnittlicher Bruttolohn	Von 0,65€ auf 15,55€
Lebenserwartung	Plus 13 Jahre
Zahl der Arbeitsunfälle	Minus 60%
Wöchentliche Arbeitszeit	Statt 48,2 jetzt 38,3 Stunden
Urlaub	Meist 30 statt 12 Urlaubstage
Für 250g Butter	Heute 5 statt 73 Minuten Arbeit (1:14,6)
Für 1 Fahrrad	Heute 23 Stunden statt 139 Stunden (1:6)
Für 1 Auto	Heute 1472 statt 5136 Stunden (1:3,5)

Quelle: IW-Köln, Statistisches Bundesamt, Institut für Arbeits- und Berufsforschung, 2009

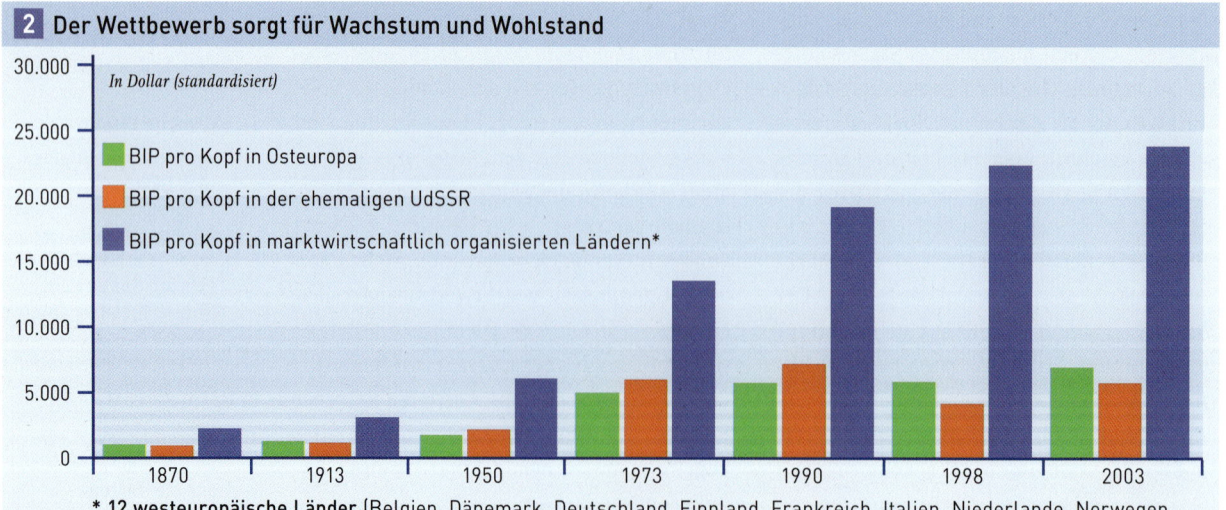

2 Der Wettbewerb sorgt für Wachstum und Wohlstand

* 12 westeuropäische Länder (Belgien, Dänemark, Deutschland, Finnland, Frankreich, Italien, Niederlande, Norwegen, Österreich, Schweden, Schweiz, Vereinigtes Königreich), **die USA und Japan**.

© Stiftung Marktwirtschaft, Argumente Marktwirtschaft, www.stiftung-marktwirtschaft.de, Abruf am 15.03.2018

b) Bilanz des Sozialstaates – eine Analyse von dem Generalsekretär eines Wohlfachverbandes (März 2017)

Ein so komplexes System wie der deutsche Sozialstaat ist nicht nach einem umfassenden Plan entworfen worden. Manches ist bewusst politisch gestaltet worden, aber niemand, der hierfür Verantwortung trug, war in der Lage, das Gesamtsystem sozialstaatlicher Interventionen zu überschauen. Das ist für komplexe soziale Systeme ebenso normal wie unvermeidlich. Die Sozialpolitiker sind nicht Architekten, sondern Handwerker, die sich bemühen, das verwinkelte Gebäude des Sozialstaats funktionstüchtig zu halten. Eine Politik des Stückwerks erkennt dies an. Sie verspricht nicht völlig andere Verhältnisse, sondern realisierbare Schritte zur Lösung konkreter Probleme. [...]

Es gibt in Deutschland einen starken Sozialstaat, ein ausgebautes Bildungssystem, vielfältige Angebote der Kinder- und Jugendhilfe, differenzierte Beratungsdienste, ein gutes medizinisches System, eine aktive Arbeitsmarktpolitik. Es gibt somit ein ausgebautes Netz, das Menschen beisteht, wenn sie Unterstützung brauchen. Das Problem unseres Sozialstaats ist nicht, dass er notwendige Hilfen verweigert, sondern dass er nicht wirksam genug ist, das Entstehen von Notlagen zu verhindern. [...] Im Hilfesystem selbst verhindern aufgesplittete Zuständigkeiten die Hilfe aus einer Hand. [...] Konflikte um die Kostenverteilung zwischen den politischen Ebenen hemmen auch Innovationen, deren Wirksamkeit nicht bestritten wird.

Georg Cremer, Was ist gerecht? Die Belange der Armen werden rhetorisch missbraucht, www.faz.net, 13.03.2017

Der Autor ist Generalsekretär des Deutschen Caritasverbandes, der Wohlfahrtsverband der römisch-katholischen Kirche.

M15 Akteure im Wirtschaftssystem – der einfache Wirtschaftskreislauf

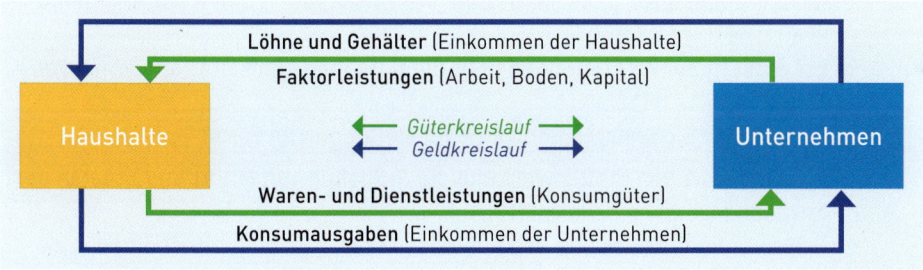

M16 Akteure im Wirtschaftssystem – der erweiterte Wirtschaftskreislauf

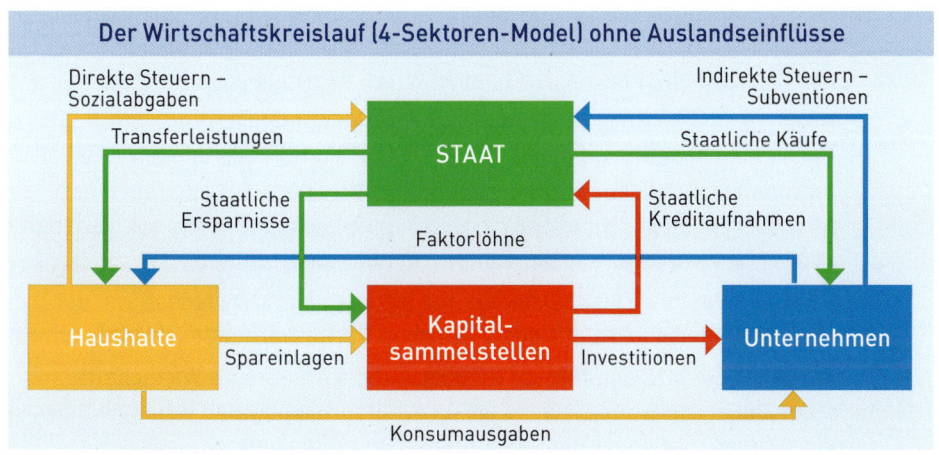

Der einfache und erweiterte Wirtschaftskreislauf

Das Modell des einfachen Wirtschaftskreislaufs beschränkt sich auf die Beziehungen zwischen den Sektoren Konsumenten und Produzenten. Der Wirtschaftskreislauf stellt die wesentlichen Geldströme und Güterströme zwischen beiden dar. Einflüsse von Staat, Kreditinstituten, Kapitalsammelstellen sowie des Auslands werden dabei nicht betrachtet.

Der erweiterte Wirtschaftskreislauf nimmt diese Sektoren hingegen auf. In der Realität geben die Haushalte nämlich nicht ihr ganzes Einkommen für Konsum aus, sondern sparen einen Teil. Es werden auch nicht alle Güter verbraucht, sondern zum Teil auch für Investitionszwecke genutzt. Dies wird im erweiterten Wirtschaftskreislauf ebenso berücksichtigt wie die Akteure Staat und Ausland.

Die Ersparnisse der Haushalte, des Staates und der Unternehmen (z. B. Rücklagen) fließen dem Sektor Vermögensveränderung (Bankensystem, Anleihe- und Aktienmarkt, Investmentgesellschaften ...) zu, sie erhalten dafür Zinsen. Vom Sektor der Vermögensveränderung werden die Ersparnisse zur Finanzierung von Investitionen an Unternehmen und als Kredite an den Staat weitergegeben. Der staatliche Sektor konsumiert Güter der Unternehmen, stellt öffentliche Güter bereit und leistet Transferzahlungen an Unternehmen und Haushalte (z. B. Subventionen und Sozialleistungen). Dem Staat fließen andererseits Mittel von Unternehmen und Haushalten (z. B. in Form von indirekten und direkten Steuern, Gebühren und Sozialabgaben) zu. Nimmt man zum erweiterten Wirtschaftskreislauf noch die Transaktionen mit dem Ausland in das Kreislaufmodell mit auf, so spricht man vom Wirtschaftskreislauf einer offenen Volkswirtschaft. Haushalte und Unternehmen können z. B. Faktoreinkommen aus dem Ausland beziehen und umgekehrt. Es können Sparleistungen vom Ausland in den Sektor Vermögensveränderung fließen und umgekehrt. Waren und Dienstleistungen können exportiert und importiert werden. Der Kreislauf einer offenen Volkswirtschaft berücksichtigt also auch die Ein- und Ausfuhr von Kapital, Waren und Dienstleistungen.

Bearbeiter

AUFGABEN

F Aufgabe 1
Stellen Sie in einem Referat die Währungsreform und die Einführung der DM als Währung für Westdeutschland dar.

1. Beschreiben Sie den Beginn der Sozialen Marktwirtschaft (**M11**).
2. a) Erläutern Sie die Grundzüge der Sozialen Marktwirtschaft (**M12**).
   b) Charakterisieren Sie die Rolle des Staates in der Sozialen Marktwirtschaft.
3. a) Bewerten Sie zunächst in Kleingruppen die Position von Müller-Armack (**M12, Randspalte**), dass die Soziale Marktwirtschaft einen starken demokratischen Staat fordere.
   b) Entwickeln Sie Vorstellungen über die Aufgaben eines starken demokratischen Staates (**M12**).
   c) Diskutieren Sie anschließend ihre Vorstellungen im Kurs.
4. a) Erläutern Sie den Stellenwert und die Aufgaben von Markt und Staat in der Sozialen Marktwirtschaft (**M13**).
   b) Erklären Sie mithilfe des Schaubildes in **M13**, was die „Offenheit der Leitidee" für die Ausgestaltung der Sozialen Marktwirtschaft bedeutet.

Hinweis zu Aufgabe 5a
Gemeint sind zentrale Informationen über:
„die Entwicklung von Wohlstand und Lebensstandard der Sozialen Marktwirtschaft in Deutschland seit 1948",
„die Entwicklung des BIP in marktwirtschaftlich organisierten Ländern im Vergleich zur ehemaligen UdSSR und osteuropäischen Ländern (In den Staaten Osteuropas war das Wirtschaftssystem bis zum Fall der Mauer im Jahre 1989 eine Zentralverwaltungswirtschaft)."

5. a) Analysieren Sie in Gruppenarbeit die Materialien zu **M14a** im Hinblick auf die Erfolge der Sozialen Marktwirtschaft.
   b) Problematisieren Sie die aus den Tabellen ermittelten Informationen im Hinblick auf die Aussagekraft für die Entwicklung des Wohlstands einzelner Gruppen und Personen. Stellen Sie Ihre Ergebnisse im Kurs vor.
6. a) Bewerten Sie im Kurs die Ergebnisse aus den Aufgaben 5a–b.
   b) Entwickeln Sie ein vorläufiges Urteil, ob der Wettbewerb in modernen marktwirtschaftlichen Systemen zu mehr Wohlstand für alle führt und formulieren Sie abschließend ein Urteil über die Ausprägung des Sozialen in der Marktwirtschaft in der Bundesrepublik Deutschland.

Hinweis zu Aufgabe 5b
Beachten Sie, dass einige Länder über keine sozialstaatlich ausgeprägte Marktwirtschaft verfügen.

7. Vergleichen Sie Ihre Einschätzungen zur Sozialen Marktwirtschaft mit der Bilanz des Generalsekretärs des Deutschen Caritasverbandes (**M14b**).
8. Analysieren Sie **M15** und **M16** im Hinblick auf die Akteure im Wirtschaftssystem und erläutern Sie jeweils die Aktivitäten von privaten Haushalten, Unternehmen, Staat und Kapitalsammelstellen (Banken).

M17 Ist die Soziale Marktwirtschaft eine kapitalistische Wirtschaftsordnung?

Die Wirtschaftsordnung der Bundesrepublik Deutschland, die Soziale Marktwirtschaft, wird manchmal auch als Kapitalismus oder als eine kapitalistische Wirtschaftsordnung bezeichnet, wobei es unterschiedliche Vorstellungen darüber gibt, was Kapitalismus eigentlich bedeutet und ob der Begriff noch zeitgemäß ist. Da in der gegenwärtigen Diskussion um die Ausgestaltung der Sozialen Marktwirtschaft der Begriff Kapitalismus häufig gebraucht wird, geben die folgenden Texte (M17a-c) Informationen über die unterschiedlichen Sichtweisen von Kapitalismus.
Bearbeiter

a) Kapitalismus aus historischer Perspektive

Kapitalismus [ist] der unter den Produktions- und Arbeitsbedingungen des ausgehenden 18. Jahrhunderts und des beginnenden 19. Jahrhunderts [vor allem von Karl Marx, → Randspalte] geprägte Begriff für eine Wirtschafts- und Gesellschaftsordnung, in der das private Eigentum an den Produktionsmitteln (Fabrikhallen, Maschinen, Anlagen), das Prinzip der Gewinnmaximierung und die Steuerung der Wirtschaft über den Markt typisch ist. Das wirtschaftliche und soziale Zusammenleben in der damaligen Gesellschaft wurde weitgehend von den Interessen der Kapitaleigentümer bestimmt. Im Kapitalismus ist Kapitalbesitz die Voraussetzung für die Verfügungsgewalt über die Produktionsmittel, was das Weisungsrecht über die Arbeitskraft der abhängig Beschäftigten einschließt. Die Masse der Arbeiter ist überwiegend besitzlos und von den verhältnismäßig wenigen Kapitalbesitzern wirtschaftlich abhängig. [...] Der Ausdruck Kapitalismus taucht heute umgangssprachlich vielfach im Zusammenhang mit den westlichen Industriestaaten auf, wenn von diesen als „kapitalistischen Ländern" gesprochen wird. Dabei wird der Begriff Kapitalismus oft mit dem Begriff Marktwirtschaft [...] gleichgesetzt und davon ausgegangen, dass allein Privateigentum an den Produktionsmitteln kennzeichnend für eine kapitalistische Gesellschaftsordnung ist. Das Privateigentum an den Produktionsmitteln ist jedoch nur ein Kennzeichen einer modernen, marktwirtschaftlichen Wirtschaftsordnung. Seit dem Ende des 19. Jahrhunderts wurden die Wirtschaftsordnungen der westlichen Industrieländer durch eine große Anzahl von Sozial- und Wirtschaftsgesetzen ständig den veränderten Wirtschafts- und Gesellschaftsbedingungen entsprechend reformiert und ihrer Zeit angepasst. Der Staat greift immer dann lenkend in das Marktgeschehen ein, wenn dies z. B. aus sozialer oder wettbewerbsrechtlicher Sicht geboten erscheint. Darüber hinaus sorgen starke Gewerkschaften für eine Vertretung der Interessen der abhängig Beschäftigten gegenüber den Arbeitgebern. Gerade in den westlichen Industrieländern mit marktwirtschaftlicher Wirtschaftsordnung hat der wirtschaftlich-technische Fortschritt zu erheblichen sozialen Fortschritten geführt und auch dafür gesorgt, dass sich in großen Teilen der Bevölkerung solide Wohlstandsverhältnisse entfalten konnten.

Bernd Kirchner, u.a., Duden Wirtschaft von A bis Z: Grundlagenwissen für Schule und Studium, Beruf und Alltag. 6. Aufl., Mannheim 2016. S. 26

Kapitalismus nach Karl Marx

Für Karl Marx (*1818, † 1883) steht der Kapitalismus geschichtlich zwischen Feudalismus (Wirtschafts- und Gesellschaftsform, die von einer adligen Oberschicht beherrscht wird) und dem Sozialismus. Nach Karl Marx führt die totale Abhängigkeit der Arbeiter, die außer ihrer Arbeitskraft nichts besitzen, was sie verkaufen könnten, zu deren Ausbeutung, da die Kapitaleigentümer (Kapitalisten) den Arbeitern den von ihnen im Produktionsprozess erwirtschafteten Mehrwert in Form des Profits aus den verkauften Erzeugnissen vorenthalten. Die Ausbeutung der Arbeiter, verbunden mit einer Spaltung der Gesellschaft in Kapitalisten und Besitzlose, sowie die ungehemmt wirkenden Gesetze des Kapitalismus (z. B. ruinöse Konkurrenz, Verelendung breiter Massen) wird nach Karl Marx am Ende zur revolutionären Erhebung der Arbeiterklasse und zur Beseitigung der kapitalistischen Produktionsweise führen. Der Sozialismus ist damit das höhere Gesellschaftssystem, das zwangsläufige Ergebnis kapitalistischer Wirtschafts- und Gesellschaftsbedingungen.

Bernd Kirchner, u.a., Duden Wirtschaft von A bis Z: Grundlagenwissen für Schule und Studium, Beruf und Alltag. 6. Aufl., Mannheim 2016. S. 26

b) Vorteile des Begriffs „Kapitalismus"

Die Wortwahl *(Kapitalismus)* mag zunächst erstaunen, gilt es doch als „links" oder gar „marxistisch", den Begriff *Kapitalismus* zu verwenden. Diese Phobie *(Angst)* ist jedoch typisch deutsch. In den USA wird der Ausdruck *Kapitalismus* völlig selbstverständlich verwendet. [...] Der Begriff *Kapitalismus* hat den Vorteil, dass er präzise beschreibt, was die heutige Wirtschaftsform auszeichnet: Es geht um den Einsatz von Kapital mit dem Ziel, hinterher noch mehr Kapital zu besitzen, also einen Gewinn zu erzielen. Es handelt sich um einen Prozess, der exponentielles Wachstum erzeugt.

Exponentielles Wachstum
Unbegrenztes Wachstum

Ulrike Herrmann, Der Sieg des Kapitals, München 2016, S. 9

c) Der Begriff Kapitalismus ist in den westlichen Industrieländern überholt

Rückblickend betrachtet zeigt sich [...], dass die Gesellschafts- und Wirtschaftsverhältnisse, wie sie Karl Marx zu seiner Zeit vorfand, mit den gegenwärtigen Produktionsbedingungen und einer an demokratischen und rechtsstaatlichen Werten orientierten Gesellschaft heutiger westlicher Industriestaaten nicht zu vergleichen sind. Der Begriff Kapitalismus beschreibt deshalb die heute existierende marktwirtschaftliche Wirtschaftsordnung der westlichen Industrieländer nicht richtig, da der Kapitalismus in seiner reinen Ausprägung seit Langem überholt ist.

Bernd Kirchner, u.a., Duden Wirtschaft von A bis Z: Grundlagenwissen für Schule und Studium, Beruf und Alltag. 6. Aufl., S. 26

M18 Das Unbehagen am Kapitalismus (ein Zeitungsartikel über eine Allensbach-Umfrage aus dem Jahre 2012)

In den letzten Monaten gab es auffällige Signale einer neuen grundlegenden Kritik an Wirtschaft und Banken bis hin zu Zweifeln an der Zukunftsfähigkeit des Wirtschaftssystems. [...] Was genau bedeutet diese Zustimmung, wogegen richtet sich das Unbehagen? In dem Wirtschaftslexikon von Gabler wird Kapitalismus als „historisierende und wertende Bezeichnung für die neuzeitlichen kapitalistischen Marktwirtschaften mit dominierendem Privateigentum an Produktionsmitteln und dezentraler Planung des Wirtschaftsprozesses" beschrieben. Aber haben die Kritiker ernsthaft im Sinn, das Privateigentum in der Wirtschaft in Frage zu stellen, einer zentralen Planung der Wirtschaft das Wort zu reden und die auf freiem Unternehmertum fußende Marktwirtschaft zur Disposition zu stellen? Für die große Mehrheit der Bevölkerung sind Kapitalismus und Marktwirtschaft nicht das Gleiche. Entsprechend fällt die Reaktion auf pauschale Zweifel an der Zukunftsfähigkeit des Wirtschaftssystems sehr unterschiedlich aus, je nachdem ob der Begriff Kapitalismus oder aber Marktwirtschaft eingesetzt wird. [...] [D]ie Assoziationen zu Kapitalismus ähneln in weiten Teilen den Gedanken, die die Bürger mit Marktwirtschaft verbinden. Die große Mehrheit assoziiert mit beiden Begriffen Gewinnstreben, Gier, soziale Ungleichgewichte, jedoch auch Privateigentum, Unternehmergeist und Leistung, ebenso Wirtschaftskrisen, aber gleichzeitig Wachstum und Wohlstand. Kapitalismus wird mehr

Quelle: Institut für Demoskopie Allensbach, 2012

9.2 Die Soziale Marktwirtschaft als Wirtschaftsordnung der Bundesrepublik

als die Marktwirtschaft mit sozialer Ungleichheit, Ausbeutung und Gier assoziiert, Marktwirtschaft stärker mit Fortschritt, Freiheit, Wachstum und Verantwortungsgefühl. In den letzten zwei Jahrzehnten haben sich die Verbindungen mit beiden Begriffen, besonders ausgeprägt aber mit dem Kapitalismus verändert. 1992, als die Erinnerung an die Rivalität von Kapitalismus und Sozialismus noch lebendig war, assoziierten 48 Prozent der Bürger Kapitalismus mit Freiheit, heute nur noch 27 Prozent. Assoziationen mit Fortschritt sind im selben Zeitraum sogar von 69 auf 38 Prozent zurückgegangen, die Verbindungen mit Ausbeutung dagegen von 66 auf 77 Prozent gestiegen. Vergegenwärtigt man sich, dass die große Mehrheit der Bevölkerung das deutsche Wirtschaftssystem durchaus als ein kapitalistisches einordnet und eine grundlegende Kritik an der Marktwirtschaft auf eine sehr diffuse Reaktion trifft, liegt es nahe, die Signale der letzten Monate als Beginn einer breiteren systemkritischen Bewegung zu deuten.

Renate Köcher, Allensbach-Umfrage: Das Unbehagen am Kapitalismus, www.sueddeutsche.de, 23.02.2012

AUFGABEN

1. Analysieren Sie in arbeitsteiliger Gruppenarbeit die unterschiedlichen Definitionen des Begriffs „Kapitalismus".

   Durchführung der Gruppenarbeit
   Gruppe A:
   a) Analysieren Sie den in der Zeit der industriellen Revolution (Ende des 18./Beginn des 19. Jahrhunderts) insbesondere von Karl Marx geprägten Begriff „Kapitalismus" im Hinblick auf das Verhältnis von Kapitalisten und Arbeitern (**M17a** und **Informationen in der Randspalte**).
   b) Erläutern Sie, zu welchen ökonomischen und sozialen Verhältnissen der Kapitalismus in der Zeit der industriellen Revolution geführt hat.

   Gruppe B:
   a) Analysieren Sie die unterschiedlichen Verwendungen für den Begriff „Kapitalismus" (**M17a-c**).
   b) Erläutern Sie, wie in **M17a** der Begriff „Kapitalismus" von dem Begriff „Soziale Marktwirtschaft" abgegrenzt wird.
   c) Vergleichen Sie die Bewertungen der Autoren von **M17b** und **M17c**.

   Auswertung der Gruppenarbeit:
   d) Stellen Sie jeweils Ihre Gruppenergebnisse im Kurs vor.
   e) Diskutieren Sie, worauf zu achten ist, wenn der Begriff „Kapitalismus" in der aktuellen Diskussion über die Wirtschaftsordnung der westlichen Industrieländer verwendet wird.
   f) Entwickeln Sie ein vorläufiges Urteil im Hinblick auf die Frage, ob die Wirtschaftsordnung der Bundesrepublik kapitalistisch ist.

2. Analysieren Sie die Studie von Allensbach in Partnerarbeit (**M18**) im Hinblick auf „die unterschiedliche Wahrnehmung der Begriffe ´Kapitalismus´ und ´Soziale Marktwirtschaft´", „die Einschätzung der Frage, ob Deutschland ein kapitalistisches System hat", „Assoziationen (hier Werturteile) zu den Begriffen Kapitalismus und Marktwirtschaft (Gemeinsamkeiten und Unterschiede)", „die Veränderung der Bewertung des Begriffs Kapitalismus seit den neunziger Jahren" und „die abschließende Einschätzung des Autors von **M18**".
   Notieren Sie Ihre Ergebnisse auf einer Wandzeitung (→ Methodenglossar).
   b) Vergleichen Sie Ihre Ergebnisse im Kurs.
   c) Diskutieren Sie die Ergebnisse und formulieren Sie ein eigenes Urteil.

Hinweis zu Aufgabe 1 für die Gruppen A und B
Notieren Sie jeweils Ihre Ergebnisse auf einer Folie, die später vervielfältigt wird.

F Aufgabe 1, Gruppe A
Ergänzen Sie die Informationen aus **M17a** auf der Grundlage von Kenntnissen aus dem Geschichtsunterricht oder durch im Internet recherchierte Informationen über den Frühkapitalismus in Deutschland.

H Aufgabe 2
Beachten Sie, dass auch in den Ergebnissen der Befragung die Problematik der unterschiedlichen Interpretation des Begriffes „Kapitalismus" deutlich wird.

M19 Ottmar Issing: Einstellung der Deutschen zur Sozialen Marktwirtschaft enttäuscht

Otmar Issing, ehemaliger Chefvolkswirt der Europäischen Zentralbank und Botschafter der INSM (Initiative Neue Soziale Marktwirtschaft)

Die Teilung Deutschlands hat [...] ein Experiment zwischen zwei Regimes geschaffen, in dem die Überlegenheit der Marktwirtschaft in einer Weise demonstriert wurde, die jeden Zweifel an unserer Wirtschaftsordnung ausschließen sollte, damals wie heute. Dabei haben Ostdeutsche, also gerade diejenigen, die Jahrzehnte unter dem eklatanten Versagen der Planwirtschaft gelitten haben, bis heute nur sehr bedingt ihren Frieden mit der Marktwirtschaft machen können. Aber auch in Deutschland insgesamt fällt die Zustimmung zu unserer Wirtschaftsordnung alles andere als überwältigend aus. [...] Auch wenn es den meisten nach eigener Einschätzung privat gut geht, dominiert doch immer wieder in Befragungen die Sorge, dieser Wohlstand könne in der Zukunft gefährdet sein und nur der Staat könne am Ende Sicherheit vor sozialem Abstieg, vor Arbeitslosigkeit und sonstigen Gefahren garantieren. So kann es nicht verwundern, wenn als eine der wichtigsten Errungenschaften der ehemaligen DDR die Sicherheit des Arbeitsplatzes an vorderster Stelle genannt wird. Mit welchen Kosten diese „Sicherheit" erkauft wurde, gerät darüber ebenso in Vergessenheit wie das daraus resultierende beklagenswert niedrige Niveau des Lebensstandards und der am Ende völlige Bankrott des Systems, der durch die Wiedervereinigung im letzten Moment überdeckt wurde. Es liegt mir völlig fern, die Gefahr der Wiederholung der sozialistischen Planwirtschaft auf gesamtdeutschem Boden an die Wand zu malen. Aber gerade vor dem Hintergrund der Erfahrungen in Deutschland muss die Einstellung der Deutschen zur Sozialen Marktwirtschaft enttäuschen. Für die Zukunft unserer Wirtschaftsordnung verheißt das jedenfalls nichts Gutes. [...]
Die Soziale Marktwirtschaft überlässt [...] den Einzelnen nicht einfach seinem Schicksal. Das hat ihr Kritik von den Anhängern der „reinen" Marktwirtschaft eingetragen, die Maßnahmen der Sozialpolitik grundsätzlich skeptisch gegenüberstehen. [...] Die soziale Komponente, systemgerecht praktiziert, beruht auf zwei Säulen. Zum einen der Fürsorge für alle, die aus unverschuldeten Gründen nicht in der Lage sind, für ihren Lebensunterhalt zu sorgen. Zum anderen kann allein die Wettbewerbswirtschaft ein wirtschaftliches Niveau sichern, das generelle staatliche Fürsorge nicht nur überflüssig macht, sondern auch als hinderlich für private Verantwortung sieht. [...]
„Sinn der Sozialen Marktwirtschaft ist es, das Prinzip der Freiheit auf dem Markt mit dem des sozialen Ausgleichs zu verbinden" – so Alfred Müller-Armack, auf den der Begriff zurückgeht. In diesem Sinne hebt die Soziale Marktwirtschaft der Idee nach den Konflikt zwischen einem fürsorglichen Staat und dem angeblich unsozialen Markt auf. Dazu bedarf es jedoch nicht nur eines starken Staates, sondern auch des Engagements und Vertrauens der Bürger für bzw. in diese Wirtschaftsordnung.

Ottmar Issing, Ordnungspolitik: Die Deutschen und die Marktwirtschaft, www.insm-oekonomenblog.de, 09.12.2014

M20 Gemeinsame Verantwortung heißt, die Soziale Marktwirtschaft nachhaltig weiterzuentwickeln (2013)

Eine Initiative des Rates der EKD und der Deutschen Bischofskonferenz für eine erneuerte Wirtschafts- und Sozialordnung

Als nach dem Zweiten Weltkrieg in Deutschland die Soziale Marktwirtschaft begründet wurde, war es das Ziel, „das Prinzip der Freiheit auf dem Markte mit dem des sozialen Ausgleichs zu verbinden" (Alfred Müller-Armack). [...] Auch durch die Rückbesinnung auf dieses Ziel hat Deutschland die Finanzmarkt- und Wirtschaftskrise der Jahre 2007–2009 ohne größere wirtschaftliche und soziale Verwerfungen überstanden. Damit hat sich gezeigt, dass die Grundidee der Sozialen Marktwirtschaft nicht nur unter moralischer Perspektive, sondern auch unter dem Aspekt nachhaltigen gesellschaftlichen Erfolgs nach wie vor richtig ist [...].

Gleichzeitig darf nicht vergessen werden, dass die Soziale Marktwirtschaft kein statisches Modell ist, sondern immer wieder an die sich wandelnden wirtschaftlichen und sozialen Bedingungen angepasst werden muss. [...] Die Krisenjahre haben auch gezeigt, dass es Deutschland besser als anderen Industrieländern gelungen ist, sich auf die Herausforderungen der Globalisierung einzustellen. [...] Zugleich dürfen wir aber nicht die Augen davor verschließen, dass nicht alle Menschen in unserem Land an diesem Wohlstand teilhaben. Wie in den meisten OECD-Ländern, so hat auch in Deutschland in den letzten 30 Jahren die ungleiche Verteilung von Einkommen und Vermögen zugenommen. Offensichtlich ist es noch nicht hinreichend gelungen, eine Antwort darauf zu finden, wie unter den Bedingungen der Globalisierung ein gerechter und fairer sozialer Ausgleich in der Sozialen Marktwirtschaft des 21. Jahrhunderts organisiert werden kann.

Eine besondere sozialpolitische Herausforderung liegt darin, dass es nach wie vor eine große Gruppe von Menschen in unserer Gesellschaft gibt, die dauerhaft von der Teilhabe an Erwerbsarbeit und damit von sozialen Aufstiegschancen ausgeschlossen sind. Eine derartige soziale Exklusion ist nicht nur in moralischer, sondern auch in volkswirtschaftlicher Hinsicht ein Problem. Es ist deshalb eine vordringliche Aufgabe der Sozialpolitik im 21. Jahrhundert, die soziale Aufstiegsmobilität zu fördern. Hierbei kommt dem Bereich der Bildung eine Schlüsselrolle zu. Denn Bildungspolitik ist vorsorgende Sozialpolitik. [...] Nicht nur in den Kirchen wird heute betont, dass das Ziel der Steigerung des materiellen Wohlstandes, das in den letzten Jahrzehnten in der Gesellschaft im Zentrum gestanden hat, in eine neue Balance mit der Steigerung des „Beziehungswohlstands" gebracht werden muss. Dazu gehört auch mehr Aufmerksamkeit für die Pflege und Fortentwicklung sozialer Beziehungen, für Erziehung, liebevolle Zuwendung und die Förderung der Gemeinschaft wie für eine Beziehung zur Schöpfung, die nicht von Ausbeutung gekennzeichnet ist, sondern von Achtung. Das berührt die ökologischen Herausforderungen des 21. Jahrhunderts, insbesondere den Klimawandel und die Notwendigkeit der Fortentwicklung der Sozialen Marktwirtschaft zur ökologisch-sozialen Marktwirtschaft. Unser gegenwärtiges Wohlstandsmodell ist aufgrund der Begrenztheit der vorhandenen natürlichen Ressourcen und der Grenzen der Belastbarkeit des Planeten nicht weltweit verallgemeinerbar und damit in gewisser Weise fragwürdig.

Evangelische Kirche in Deutschland (EKD) (Hrsg.), Gemeinsame Verantwortung für eine gerechte Gesellschaft, www.ekd.de, Abruf am 15.03.2018

M21 Siemens-Chef Joe Kaeser fordert „Soziale Marktwirtschaft 2.0"

Kaeser [...] sucht das Gespräch mit Politikern und Journalisten. So reiste er zur Winterklausur der CSU im Kloster Seeon und sprach über seine Sorgen um die Zukunft. Nicht um die von Siemens, sondern um die unserer Welt- und Gesellschaftsordnung. Die größte Gefahr sei der aufsteigende Populismus. Er führe zu Nationalismus, Protektionismus, Intoleranz – zum Ende von Freihandel und internationaler Zusammenarbeit. Fatal, nicht nur für die exportorientierte deutsche Wirtschaft. [...]. Hinzu kommen für ihn vier weitere Entwicklungen: globale Migration, Klimawandel, Industrie 4.0 und die Unkultur des Shareholder-Value, wonach Unternehmen nur an kurzfristige Gewinnorientierung und Opportunismus denken. Fakto-

Industrie 4.0
Projekt der Bundesregierung, das auf eine Verzahnung von Produktion und modernster Informations- und Kommunikationstechnik abzielt.

Shareholder Value
Die kurzfristigen Interessen der Aktionäre sind wichtiger als die langfristige Entwicklung des Unternehmens und die Sicherung der Arbeitsplätze (→ Kapitel 10, M7b).

*Joe Kaeser, * 1957, heißt eigentlich Josef Käser und ist seit 2013 Vorstandsvorsitzender der Siemens AG (Stand: 2018).*

ren, auf die Politik, Wirtschaft und Gesellschaft Antworten finden müssen. Und weil Kaeser glaubt, seine könnten auch anderen helfen, bewirbt er sie in Politik, Medien und nun auf der Hauptversammlung in München. Kaeser fordert eine „Soziale Marktwirtschaft 2.0". Sie soll flexibler auf die veränderten Anforderungen der Globalisierung und Digitalisierung reagieren, die Arbeitnehmer dabei stärker einbinden und fit machen für den Wandel. [...]

In seinem Konzept der Marktwirtschaft 2.0 ist die Politik Partner: Sie muss die Rahmenbedingungen schaffen, um auf Digitalisierung, Klimawandel, Migration reagieren, ja sie nutzen zu können. Gründerkompetenzen müssten schon in Schulen vermittelt werden. Außerdem müsse eine Unternehmenskultur gefördert werden, die weniger auf spontane „Likes" und kurzfristige Gewinne schiele, sondern Wert lege auf eine langfristige Wertschöpfung – auch, indem sie die Mitarbeiter am Kapital der Konzerne beteiligt. Weltweit hängen mehr als vier Millionen Arbeitsplätze direkt oder indirekt an Siemens. Sein Unternehmen sieht Kaeser als Blaupause für eine grenzüberschreitende Unternehmenskultur.

Er will vormachen, wie sich mit seinem ganzheitlichen Ansatz Wirtschaft und Gesellschaft flexibel der veränderten (Arbeits-)Welt anpassen können, so dass am Ende die Zahl der Gewinner die der Verlierer übersteigt.

© heute.de, Siemens Chef Joe Kaeser fordert soziale Marktwirtschaft 2.0, www.heute.de, 01.02.2017

AUFGABEN

1. Analysieren Sie in arbeitsteiliger Gruppenarbeit
   a) den Text von Otmar Issing (**M19**) im Hinblick auf
      - seine Darstellung im Hinblick auf der Konzeption und des Erfolgs der Sozialen Marktwirtschaft in Deutschland;
      - seine Position zur Skepsis der Deutschen gegenüber der Sozialen Marktwirtschaft und entwerfen Sie ein Schaubild, auf dem Sie seine Position darstellen.
   b) den Text des Rates der EKD und der Deutschen Bischofskonferenz (**M20**)
      - im Hinblick auf die Darstellung der Konzeption und des Erfolgs der Sozialen Marktwirtschaft insbesondere zur Bewältigung der Finanzkrise;
      - im Hinblick auf die Position der evangelischen und katholischen Kirche zu den gegenwärtigen sozialpolitischen Herausforderungen, auf die die Soziale Marktwirtschaft eine Antwort finden müsse. Entwerfen Sie ein Schaubild, auf dem sie die Position der Kirchen darstellen.
   c) den Text über die Position von Joe Kaeser (**M21**)
      - über die Gefahr des aufsteigenden Populismus und vier weitere Entwicklungen und erläutern sie jeweils die einzelnen Punkte mit eigenen Worten;
      - über das Konzept der Sozialen Marktwirtschaft 2.0 im Hinblick auf die Kernprinzipien der Sozialen Marktwirtschaft. Entwerfen Sie ein Schaubild, in dem Sie die Position von Joe Kaeser darstellen.

2. Erklären Sie die im Kurs ausgehängten Schaubilder, indem Sie die jeweiligen Positionen zur Sozialen Marktwirtschaft verdeutlichen.

3. Diskutieren Sie die drei Positionsbestimmungen kriteriengeleitet im Hinblick auf die Kriterien „ökonomische Effizienz", „soziale Gerechtigkeit" und „Nachhaltigkeit".

9.3 *Vertiefung:* Ist die Soziale Marktwirtschaft neoliberal? Eine Debatte über die Ausgestaltung der Sozialen Marktwirtschaft in Deutschland

In den vorangegangenen Unterkapiteln haben Sie schon die Grundzüge der Sozialen Marktwirtschaft und den Begriff „Kapitalismus" als eine Alternative kennengelernt. Es gibt aber eine aktuelle Diskussion über die Frage, ob der „Neoliberalismus" eine Gefahr für die Soziale Marktwirtschaft bedeutet.

M22 Was bedeutet „neoliberal"?

[B]edeutende Denker und Politiker [erfanden] vor rund 70 Jahren einen neuen Liberalismus, eben den Neoliberalismus. Die Bürger sollten weiter frei sein, sich zu entwickeln
5 und nach Wohlstand zu streben. Aber der Staat sollte dafür sorgen, dass es fair zugeht. Er sollte streng kontrollieren, dass nicht ein paar Unternehmen zu mächtig werden und junge Firmen mit tollen Ideen einfach zer-
10 stören. Der Wettbewerb zwischen den Ideen sollte sich entwickeln, und die beste sollte gewinnen. Ebenso sollte der Staat ein stabiles Netz aufspannen für arbeitslose oder kranke Menschen, die ins Leere zu fallen
15 drohen. Herauskommen sollte ein Land, in dem der Arme nicht arm bleiben muss, wenn er sich bemüht, und der Reiche nicht reicher wird, wenn er gar nichts leistet.
Diese Idee vom Neoliberalismus wurde
20 zur Grundlage für das, was die Deutschen ihre „Soziale Marktwirtschaft" nennen. [...] Merkwürdig, wie der Ausdruck „Neoliberalismus" seine Bedeutung verändert hat. Die Neoliberalen, das waren eigentlich die Gründer der Sozialen Marktwirtschaft, 25 heute aber soll der Begriff oft solche Leute bezeichnen, die dieser Sozialen Marktwirtschaft den Rücken kehren wollen.

Uwe Jan Heuser, Wirtschaft für Kinder: Was bedeutet „neoliberal"?, www.zeit.de, 25.11.2010

> **Hinweis zur Bedeutungsänderung des Begriffs „Neoliberalismus"**
> Der Neoliberalismus war Mitte des vergangenen Jahrhunderts eigentlich dazu gedacht, die Unternehmen stärker zu überwachen und allen Menschen zu neuen Chancen zu verhelfen. „Liberalismus" ohne „Neo" – das ist die Lehre von der Freiheit. Einst wurde sie erfunden, weil Könige und andere Herrscher die Bürger unterdrückten. Die einzelnen Bürger sollten die Möglichkeit erhalten, sich frei zu entwickeln. Zu lernen, was sie wollten, und die Arbeit anzustreben, zu der sie Lust hatten. Sich zu treffen und zu verbünden, mit wem sie wollten, Firmen zu gründen, wenn es ihnen passte.
>
> Bloß im wahren Leben entwickelte sich dann auch ein Problem: Manche Unternehmen wurden größer und größer, und weil sie kaum kontrolliert wurden, verdrängten sie andere Unternehmen oder kauften sie einfach auf. Sie wurden zu mächtig und kümmerten sich zu wenig um ihre Arbeiter und ihre Kunden. Viele Arbeiter dagegen verdienten zu wenig, und wer keine Arbeit hatte oder krank wurde, dem fehlte schnell das Nötigste zum Leben. Die Folge: Die allzu freie Gesellschaft zerfiel in Arm und Reich, Mächtig und Ohnmächtig. Sie brauchte neue Regeln.
> *Uwe Jan Heuser, Wirtschaft für Kinder: Was bedeutet „neoliberal"?, www.zeit.de, 25.11.2010*

M23 Die Soziale Marktwirtschaft als Ordnung der Freiheit und sozialen Verantwortung

Rede des Bundespräsidenten Joachim Gauck anlässlich der Festveranstaltung zum 60. Jubiläum des Walter Eucken Instituts in Freiburg

[E]in Freiburger Ökonom [entwarf] gemeinsam mit seinen Mitstreitern [...] eine Ordnung, in der der Staat so viel wie irgend möglich dem freien Spiel des Wettbewerbs
5 überlässt – aber keinesfalls das Setzen der Regeln selbst. [...] Eine Ordnung, die auf „das Anliegen der sozialen Gerechtigkeit" zielte und – zur Erfüllung dieses Anliegens – auf den höchstmöglichen wirtschaftspolitischen Wirkungsgrad. 10

Joachim Gauck, Bundespräsident von 2012-2017.

Protektionismus
Bezeichnung für alle Instrumente der Handelspolitik (Zölle, Einfuhrverbote) [...] ausschließende Produktanforderungen und Standards, die heimische Produzenten vor konkurrierenden Importen schützen sollen.

Volker Happe, Gustav Horn, Kim Otto, Protektionismus, in: Das Wirtschaftslexikon, Begriffe – Zahlen – Zusammenhänge, Bonn 2012, S. 256

Wer dies im Hinterkopf hat, kann es übrigens nur höchst merkwürdig finden, dass der Begriff „neoliberal" heute so negativ besetzt ist. Schließlich wandten sich Eucken und seine Mitstreiter selbst als sogenannte „Neoliberale" genau gegen dieses reine „Laissezfaire", das dem Neoliberalismus heute so häufig unterstellt wird. [...] Und doch halten viele Deutsche die marktwirtschaftliche Ordnung zwar für effizient, aber nicht für gerecht. Mit Marktwirtschaft assoziieren sie – laut einer aktuellen Umfrage – „gute Güterversorgung" und „Wohlstand", aber auch „Gier" und „Rücksichtslosigkeit" [...].

[E]s lohnt, zu erklären, was Wettbewerb vor allem ist, jedenfalls dann, wenn er fair ist: Dann ist er eine öffnende Kraft. Er bricht althergebrachte Privilegien und zementierte Machtstrukturen auf und bietet dadurch Raum für mehr Teilhabe, mehr Mitwirkung. Er bietet – auch im Falle des Scheiterns – idealerweise eine zweite und weitere Chancen. Und wenn er richtig gestaltet ist, dann ist er auch gerecht. Ungerechtigkeit gedeiht nämlich gerade dort, wo Wettbewerb eingeschränkt wird: durch Protektionismus, Korruption oder staatlich verfügte Rücksichtnahme auf Einzelinteressen, dort, wo die Anhänger einer bestimmten Partei bestimmen, wer welche Position erreichen darf, oder wo Reiche und Mächtige die Regeln zu ihren Gunsten verändern und damit willkürlich Lebenschancen zuteilen. [...]

Was die Finanz- und Schuldenkrise bewirkt hat, das weiß jeder junge Arbeitsuchende in Spanien und Griechenland. An dieser Krise sehen wir sehr gut, was Freiheit erweitert und was sie einschränkt. Beim Stichwort „Krisenpolitik" denken wir an Rettungspakete für Banken und Staaten, die [...] aus stattlichen Summen bestanden, an Reformprogramme, die unausweichlich wurden. [...] Warum passiert das? Weil vor der Krise etwas nicht gestimmt hat. Der Ordnungsrahmen der Finanzmärkte hat nahezu weltweit nicht gewährleistet, dass Banken ihre Risiken auf ein verantwortbares Maß begrenzten und für ihre Verluste hafteten. Banken besitzen Macht, weil sie zum Scheitern zu groß sind – oder scheinen? Staaten geraten in Abhängigkeit, weil sie Reformen nicht rechtzeitig durchgeführt haben, zu viele Ansprüche bedient haben und ihre Schulden zu groß geworden sind. Auch hier: das Gegenteil von Freiheit. Nun wird an vielen Stellen reformiert. Oft geht es dabei um mustergültige ordnungspolitische Anliegen, darum, Machtstrukturen aufzubrechen, Privilegien zu schleifen und darum, dass für Verluste haftet, wer sie verursacht: also um Wettbewerb, Freiheit, um Verantwortung.

Joachim Gauck, Festveranstaltung zum 60. Jubiläum des Walter Eucken Instituts, www.bundespraesident.de, 16.01.2014

M24 Wilfried Herz: Gauck lobt den Neoliberalismus zu Unrecht

Es ist schon verwunderlich, worüber sich unser Bundespräsident wundert – dass viele Deutsche „die marktwirtschaftliche Ordnung zwar für effizient, nicht aber für gerecht" halten. Mit der Marktwirtschaft würden sie, klagt Joachim Gauck, zwar eine „gute Güterversorgung" und „Wohlstand" assoziieren, aber auch „Gier" und „Rücksichtslosigkeit". [...] Doch es [...] sind eher schlechte Erfahrungen mit der Marktwirtschaft, die die verbreitete Skepsis verursacht haben. Wenn Entlassungen von Beschäftigten stets mit dem Argument begründet werden, es müsse die Wettbewerbsfähigkeit gewahrt oder wiederhergestellt

M25 Til Knipper: Warum Gauck Recht hat

Es ist immer eine Frage der Definition: Wenn man unter dem Begriff Neoliberalismus nur versteht, dass Gewinne privatisiert und Verluste sozialisiert werden, dass Investmentbanker in London und New York in den vergangenen Jahren teilweise Boni von 80 Millionen Euro im Jahr erhalten haben, sie gleichzeitig die Märkte, auf denen sie aktiv waren, zu ihren Gunsten manipuliert haben oder seit Jahren die Gehälter der Vorstände in die Höhe schießen, während die Einkommen der Arbeitnehmer gleichzeitig stagnieren, dann wäre eine Lobrede des Bundesprä-

werden, wenn mit demselben Argument von Arbeitnehmern Bescheidenheit bei Löhnen gefordert wird und soziale Ansprüche gekürzt werden, gleichzeitig aber Chefs ihre Einkommen exorbitant steigern – kurzum: wenn die Besitzstände vieler über Jahre geschmälert, während die Besitzstände weniger ausgeweitet werden, dann darf sich eigentlich niemand wundern, wenn Argwohn und Zweifel an der bestehenden Wirtschaftsordnung wachsen. Gauck hat ja Recht, dass Freiheit in der Gesellschaft und Freiheit in der Wirtschaft zusammengehören. [...] Aber es gibt eben auch ein Zuviel an Freiheit in der Wirtschaft, das gefährlich werden kann. Gerade das Ereignis, das die Freiheit vieler in Deutschland und in anderen Staaten wirklich bedroht hat und immer noch bedroht, hat seine Ursache nicht an zu viel, sondern an viel zu wenig staatlichen Regelungen: die globale Finanzkrise. [...] Die Folgen sind bekannt: Zerstörungen von Wohlstand und Zukunftschancen gigantischen Ausmaßes, wirtschaftlicher Abschwung und zusätzliche Millionenheere von Arbeitslosen, neue gewaltige staatliche Schuldenberge, unter deren Lasten noch künftige Generationen zu leiden haben. Und da greift die Diagnose von Gauck zu kurz oder gar in die Irre, dass Staaten in Abhängigkeit geraten seien, weil sie Reformen nicht rechtzeitig durchgeführt, zu viele Ansprüche bedient hätten und deshalb ihre Schulden zu groß geworden seien. [...] Was aber völlig fehlte in Gaucks Rede [...], ist das Thema Verantwortung. Ohne die Verantwortung für die Folgen des eigenen Tuns in der Gesellschaft kann es keine Freiheit geben. [...] Klar, Verantwortungsgefühl kann der Staat, der Gesetzgeber nicht dekretieren. Aber dafür ein Klima in der Wirtschaft zu bereiten, hätte der Bundespräsident seine Rede nutzen können. Diese Chance hat er leider verpasst.

Wilfried Herz, Freiheitsdebatte: Gauck lobt den Neoliberalismus zu Unrecht, www.cicero.de, 20.01.2014

Der Autor ist ehemaliger Leiter des Wirtschaftsressorts der Wochenzeitung Die Zeit.

sidenten Joachim Gauck auf einen so verstandenen Neoliberalismus tatsächlich ein Skandal. [...] Nicht umsonst gilt Eucken als einer der Väter der in der Bundesrepublik seit Jahrzehnten so erfolgreichen Sozialen Marktwirtschaft, die Ludwig Erhard dann fast im Alleingang politisch durchsetzte. Eucken und die von ihm begründete „Freiburger Schule" wandten sich entschieden gegen das komplett freie Spiel der Kräfte, den „Laissezfaire"-Kapitalismus angelsächsischer Prägung und den von ihm propagierten Nachtwächterstaat. Das Neue am „Neo"-Liberalismus, wie Eucken ihn verstand, war ja gerade, dass Regeln eingeführt werden sollten, um die potenziell zerstörerischen Kräfte eines unregulierten Marktes zu zähmen. [...] Die Diskussion, die Gauck angestoßen hat, ist [...] brandaktuell. Denn die Skepsis in Deutschland gegenüber Marktwirtschaft und Wettbewerb ist nach wie vor erstaunlich groß. Wir sehen gerne die Risiken, aber selten die Chancen des Wettbewerbs. Dabei hat Gauck recht, wenn er sagt: „Ungerechtigkeit gedeiht nämlich gerade dort, wo Wettbewerb eingeschränkt wird, durch Protektionismus, Korruption oder staatlich verfügte Rücksichtnahme auf Einzelinteressen." Gauck verschweigt in seiner Rede auch nicht die Exzesse der Finanzindustrie der vergangenen Jahre, sondern weist daraufhin, dass weltweit eine Diskussion eingesetzt hat, die Märkte neu zu regulieren. Es stimmt auch nicht, dass Gauck sich in seiner Rede nicht mit dem Thema der Verantwortung auseinandersetzt. Er weist darauf hin, dass im Ergebnis dieser Regulierungsdiskussion derjenige für Verluste haften soll, der sie verursacht hat.

Til Knipper, Neoliberalismus-Debatte: Warum Gauck recht hat?, www.cicero.de, 21.01.2014

Der Autor leitet das Cicero-Ressort Kapital. Vorher arbeitete er als Finanzredakteur beim Handelsblatt.

AUFGABEN

1. Erläutern Sie den Begriff „neoliberal" im Hinblick auf die ursprüngliche Bedeutung und den Wandel des Begriffes (M22).

2. Analysieren Sie die Rede des ehemaligen Bundespräsidenten Joachim Gauck (M23) im Hinblick auf a) seine Interpretation des Begriffs „neoliberal", b) sein Urteil über eine negative Besetzung des Begriffs „Neoliberalismus", c) sein Urteil über den Ordnungsrahmen der Finanzmärkte vor der Finanzkrise bezüglich der mit der Marktwirtschaft verbundenen Freiheit.

3. Analysieren Sie in arbeitsteiliger Gruppenarbeit die Argumente, mit denen die Autoren von M24 und M25 die Position von Gauck kritisieren bzw. loben und notieren Sie zentrale Aspekte auf einer Wandzeitung (→ Methodenglossar).

F Aufgaben 1-3

Setzen Sie sich in einer Pro- und Kontra-Debatte mit der Einschätzung von Gauck, dass die Soziale Marktwirtschaft eine Ordnung der Freiheit und der sozialen Verantwortung sei, auseinander.

WISSEN KOMPAKT

Markt
M1-M3

Ein Markt besteht aus einem – realen (z. B. Wochenmarkt) und fiktiven (z. B. eine Auktionsplattform) – „Ort", an dem eine Gruppe von Käufern und Verkäufern eine Ware oder Dienstleistung nachfragen, bzw. anbieten. Der Markt ist dabei nicht an einem bestimmten Ort gebunden, sondern steht für das Zusammentreffen von Angebot und Nachfrage. Die Preise auf dem Markt werden nicht von den einzelnen Verkäufern/Käufern oder von dem Staat festgesetzt, sondern die abgesetzte Menge und der Marktpreis bilden sich im Zusammenspiel aller Marktteilnehmer heraus.

Marktmodell
M1-M3

Das Marktmodell ist ein ökonomisches Modell, in dem die Entstehung des Gleichgewichtspreises durch das Zusammenspiel von Angebot und Nachfrage dargestellt wird.

Vollkommener Markt
M2

Der vollkommene Markt setzt voraus, dass die folgenden Prämissen erfüllt sind: Homogenität der Waren, Markttransparenz, keine zeitlichen und räumlichen Präferenzen, Marktverhalten der Käufer und Verkäufer. Diese Bedingungen sind in der Realität selten erfüllt. Deshalb ist der vollkommene Markt ein zur Veranschaulichung dienendes ökonomisches Modell.

Gleichgewichtspreis
M3c

Der Gleichgewichtspreis ist der Preis, bei dem im Marktmodell die Angebotskurve die Nachfragekurve schneidet. Beim Gleichgewichtspreis stimmen die angebotene und die nachgefragte Menge überein.

Wirtschaftsordnung
M6a-b

Die Wirtschaftsordnung ist neben der politischen Ordnung, der Rechts- und Sozialordnung ein wichtiges Element einer Gesellschaft. Sie umfasst die Summe der Rahmenbedingungen, in denen sich die wirtschaftlichen Aktivitäten abspielen. Entscheidend ist, wie das Verhältnis von Privateigentum und Staatseigentum geregelt ist und ob die wirtschaftlichen Aktivitäten durch einen Markt oder durch einen staatlichen Plan koordiniert werden.

Marktformen
M7

Marktformen beschreiben das Verhältnis von Anbietern und Nachfragern auf einem Markt.
- Monopol: Es gibt nur einen Anbieter für eine Ware (Wasserwerk) oder sie wird nur von einem Nachfrager (Autobahnen) nachgefragt.
- Oligopol: Es gibt wenige Anbieter (Mineralöl) oder wenige Nachfrager (Flugzeuge).
- Polypol: Es gibt viele Anbieter (Speiseeis) und viele Nachfrager (Eiskäufer).

Marktwirtschaft
M6, M7, M8

Eine Wirtschaftsordnung, in der der Markt eine zentrale Rolle bei der Ordnung des Wirtschaftens spielt. Es gibt privates Eigentum und die wirtschaftlichen Aktivitäten werden dezentral über den Markt geregelt. Es herrscht freier Wettbewerb, freie Preisbildung und Konsumfreiheit.

Freie Marktwirtschaft
M9, M10

Die freie Markwirtschaft ist eine Modellvorstellung der Wirtschaftsordnung. Das Modell der freien Markwirtschaft ist in Deutschland nach dem Zweiten Weltkrieg als (überholtes) Gegenmodell zum Modell der Sozialen Marktwirtschaft definiert worden. In der freien Markwirtschaft hat jeder Wirtschaftsbürger volle Selbstverantwortung und wirtschaftliche Entscheidungsfreiheit ohne Eingriffe des Staates.
Der Staat hat in der freien Marktwirtschaft vorwiegend eine Überwachungsfunktion. Er hat die Aufgabe, die Bürger zu schützen und für Rechtssicherheit zu sorgen, damit die Vertragspartner notfalls ihre Ansprüche auch vor Gericht durchsetzen können („Nachtwächterstaat").

WISSEN KOMPAKT

Die Soziale Markwirtschaft ist eine Modellvorstellung einer Wirtschaftsordnung, die allgemein als die Wirtschaftsordnung der Bundesrepublik Deutschland seit 1949 bezeichnet wird. Aufbauend auf den wirtschaftspolitischen Vorstellungen der „Freiburger Schule" (Alfred Müller-Armack, Walter Eucken), die wirtschaftliche Freiheit mit sozialer Sicherheit und Gerechtigkeit verbanden, begann der Wirtschaftsminister Ludwig Erhard in der 1949 gegründeten Bundesrepublik diese Ideen in konkrete Politik umzusetzen. Der entscheidende Unterschied zu der freien Markwirtschaft ist, dass der Staat aktiv darauf einwirkt, dass es einen ausreichenden Wettbewerb gibt und eine aktive Wirtschafts-, Konjunktur- und Sozialpolitik betreibt. Die Zielsetzung der Sozialen Marktwirtschaft ist ein größtmöglicher Wohlstand bei bestmöglicher sozialer Absicherung. Das Spannungsverhältnis von Markt und Staat prägt heute die Diskussion um die Ausgestaltung der Sozialen Marktwirtschaft.

Soziale Marktwirtschaft
M11–M14

Der einfache Wirtschaftskreislauf ist ein Modell, das die Beziehungen der Geld- und Güterströme zwischen den Sektoren Produzenten und Konsumenten darstellt.

Einfacher Wirtschaftskreislauf
M15

Der erweiterte Wirtschaftskreislauf ergänzt den einfachen Wirtschaftskreislauf um die Sektoren Staat und Kapitalsammelstellen (Banken).

Erweiterter Wirtschaftskreislauf
M16

Wenn heute der Begriff „Kapitalismus" verwendet wird, ist häufig die Wirtschaftsordnung der Sozialen Marktwirtschaft gemeint, wobei es unterschiedliche Vorstellungen darüber gibt, was Kapitalismus eigentlich bedeutet, da es unterschiedliche Definitionen von Kapitalismus gibt.

Kapitalismus
M17a–c, M18

- Kapitalismus aus historischer Perspektive: Karl Marx prägte den Begriff „Kapitalismus" im 19. Jahrhundert und bezeichnete damit eine Wirtschaftsordnung, in der die Kapitaleigner (Kapitalisten) über das Privateigentum an Produktionsmitteln (Maschinen, Grundstücke usw.) verfügen und ihnen gegenüber die besitzlosen Arbeiter (Proletarier) nur über ihre Arbeitskraft verfügen, die sie an die Kapitalisten verkaufen müssen, um ihr Leben zu finanzieren. Zum Zwecke der Gewinnmaximierung werden die Proletarier von den Kapitalisten ausgebeutet. Die totale Abhängigkeit der Proletarier und ihre Ausbeutung führt nach Karl Marx zur sozialistischen Revolution und zur Beseitigung des Kapitalismus, zur Einführung des Sozialismus und letztendlich zum Kommunismus.
- Kapitalismus aus heutiger Sicht: Heute wird häufig von den westlichen Industrieländern als kapitalistischen Ländern gesprochen, wobei Kapitalismus auch mit Marktwirtschaft gleichgesetzt wird. Allerdings unterscheidet sich die heutige Marktwirtschaft und insbesondere die Soziale Marktwirtschaft der Bundesrepublik Deutschland deutlich von den von Karl Marx beschriebenen Verhältnissen zu Beginn der industriellen Revolution. Der Staat greift heute lenkend in die Wirtschaft ein, wenn das aus sozialen oder wettbewerbspolitischen Gesichtspunkten geboten ist. Starke Gewerkschaften sorgen dafür, dass Arbeitnehmerinteressen vertreten werden.

Ursprünglich war der Begriff „Neoliberalismus" ein Begriff, der die Freiheit und Selbstverantwortung der Wirtschaftsbürger betont und gleichzeitig die aktive Rolle des Staates (wie bei der Sozialen Marktwirtschaft) hervorhebt. Seit den 90er Jahren ist der Begriff „Neoliberalismus" ein Kampfbegriff, der in der wirtschaftspolitischen Diskussion Marktfundamentalismus und fehlende soziale Sensibilität anprangert.

Neoliberalismus
M22–M25

KOMPETENZEN PRÜFEN

I. Selbstdiagnose

Ich kann ...	Das kann ich...			Übung durch z. B.
	sehr gut	gut	nicht gut	
Privateigentum, Vertragsfreiheit und Wettbewerb als wesentliche Ordnungselemente eines marktwirtschaftlichen Systems benennen (AFB I) und den Zusammenhang zwischen Marktpreis und Wert von Gütern und Arbeit beurteilen (AFB III).				• M1 – M3a-c • S. 285, Aufg. 2-5
das Marktmodell und die Herausbildung des Gleichgewichtspreises durch das Zusammenwirken von Angebot und Nachfrage beschreiben (AFB I).				• M3a-c • S. 285, Aufg. 5
Rationalitätsprinzip, Selbstregulation und den Mechanismus der „unsichtbaren Hand" als Grundannahmen liberaler marktwirtschaftlicher Konzeptionen vor dem Hintergrund historischer Bedingtheit erklären (AFB II).				• M4, M5 • S. 287, Aufg. 3
die Preisbildung in unterschiedlichen Marktformen erläutern (AFB II).				• M8 • S. 291, Aufg. 3
Grenzen der Leistungsfähigkeit des Marktsystems erläutern (AFB II) und aufgrund von Modellannahmen beurteilen (AFB III).				• M10 • S. 291, Aufg. 5
mithilfe des erweiterten Wirtschaftskreislaufs die Beziehungen zwischen den Akteuren am Markt erläutern (AFB II).				• M16 • S. 296, Aufg. 8
die normativen Annahmen der Sozialen Marktwirtschaft gemäß dem Sozialstaatsprinzip des Grundgesetzes erläutern (AFB II).				• M12 • S. 296, Aufg. 3a-c
Notwendigkeit und Grenzen ordnungs- und wettbewerbspolitischen staatlichen Handels erläutern (AFB II) und die Zielsetzungen beurteilen (AFB III).				• M13 • S. 296, Aufg. 4a-b
kontroverse Gestaltungsvorstellungen zur Sozialen Marktwirtschaft analysieren (AFB II) und im Hinblick auf ökonomische Effizienz, soziale Gerechtigkeit und Partizipationsmöglichkeiten beurteilen (AFB III).				• M19 – M21 • S. 302, Aufg. 1-3

II. Kompetenzen anwenden – am Beispiel

Die Preisbildung auf dem Markt durch das Zusammenwirken von Angebot und Nachfrage

Entwerfen Sie auf einem Blatt Papier ein Preis-Mengen-Diagramm, in dem Sie zunächst den Gleichgewichtpreis für ein Kilo Tomaten bei 3,50 Euro einzeichnen. Erläutern Sie anschließend mithilfe des Diagramms den Angebotsüberschuss bei einem Preis von 4,50 Euro und den Nachfrageüberschuss bei 2,50 Euro. Zeichnen Sie die den jeweiligen Überschuss in das Diagramm ein. Erklären Sie abschließend am Beispiel des Preises für Tomaten auf einem Wochenmarkt, warum der Preis sich um den Gleichgewichtspreis herum einpendelt.

KOMPETENZEN PRÜFEN

III. Klausurtraining

Politischer Hintergrund der Sozialen Marktwirtschaft – Leitbild der Sozialen Marktwirtschaft

1. Die Soziale Marktwirtschaft basiert auf den Funktionen eines beweglichen und sich dynamisch entwickelnden Marktes.
2. Die Soziale Marktwirtschaft ist angetreten mit dem Anspruch, durch den marktwirtschaftlichen Prozess nicht nur die Gütererzeugung anzuheben, den Bereich persönlicher freier Gestaltungsmöglichkeiten für die Einzelnen zu erweitern, sondern auch soziale Fortschritte zu bringen.
3. Die Soziale Marktwirtschaft fordert keinen schwachen Staat, sondern sieht in einem starken demokratischen Staat die Voraussetzungen für das Funktionieren dieser Ordnung. [...]
4. Garant des sozialen Anspruchs der Marktwirtschaft ist nicht nur der Markt [...]. Der Staat hat vielmehr die unbestrittene Aufgabe, über den Staatshaushalt und die öffentlichen Versicherungen die aus dem Markt resultierenden Einkommensströme umzuleiten und soziale Leistungen, wie Kindergeld, Mietbeihilfen, Renten, Pensionen, Sozialsubventionen und so weiter, zu ermöglichen. Das alles gehört zum Wesen dieser Ordnung, und es wäre eine Farce [hier: Unsinn], nur den unbeeinflussten Marktprozess zu sehen, ohne seine vielfältige Einbettung in unsere staatliche Ordnung zu beachten. Das bedeutet keineswegs ein Hinüberwechseln aus dem Markt in den staatlichen Bereich [...]. Es muss die Grenze eingehalten werden, deren Überschreitung eine Störung der Marktvorgänge bewirkt.
5. Neben den engeren Aufgaben der Wettbewerbssicherung und den weiteren Aufgaben des sozialen Schutzes steht der Staat [...] vor Aufgaben der Gesellschaftspolitik, um die [...] Lebensumstände für alle zu verbessern. [...] Ich nenne Erweiterung der Vermögensbildung, Verbesserungen der Investitionen im Bereich des Verkehrs, des Gesundheitswesens, Aufwendungen für Bildung und Forschung, Schutz gegen die wachsende Verschlechterung vieler Umweltbedingungen, Städtebauförderung.
6. Die Ordnung der Sozialen Marktwirtschaft schließt also alle Ziele, die wir auch für eine weitere Zukunft ins Auge zu fassen haben, ein. Sie bleibt insofern Marktwirtschaft, als sie darauf besteht, dass das durch freie Betätigung aller Gruppen gesicherte Privateigentum, eine gesicherte Rechtsordnung und stetes Wirtschaftswachstum auch [...] in der Zukunft die besten Grundlagen bieten, um die Fülle der vor uns stehenden Aufgaben im staatlichen und privaten Bereich zu fördern. [...] Die Soziale Marktwirtschaft ist ein Stil, der ein festes Formprinzip mit der Fülle der Gestaltungsmöglichkeiten im Einzelnen verbindet.

Alfred Müller-Armack, Unser Jahrhundert der Ordnungsexperimente, in: Genealogie der sozialen Marktwirtschaft. Frühschriften und weiterführende Konzepte, 2. Aufl., Bern/Stuttgart 1981, S. 150

Alfred Müller-Armack (1901-1978), deutscher Ökonom prägte den Begriff der Sozialen Marktwirtschaft.

Aufgaben

1. Stellen Sie die Grundannahmen der freien Marktwirtschaft und die Fehlentwicklungen einer rein marktwirtschaftlichen Ordnung dar.
2. Analysieren Sie das von Müller-Armack geprägte Leitbild der Sozialen Marktwirtschaft und arbeiten Sie die Unterschiede zur freien Marktwirtschaft heraus.
3. Erörtern Sie ausgehend von den Aussagen des Textes, inwieweit das Leitbild der Sozialen Marktwirtschaft in Deutschland erfolgreich umgesetzt werden konnte.

Erwartungshorizonte zu den Aufgaben 1-3

Mediencode: 72060-35

Karikatur: Gerhard Mester, Baaske Cartoons, 2015

"Dieser Betrieb wird bestreikt" steht am 04.10.2017 in Brieselang (Brandenburg) am Tor der Zalando Logistics SE & Co. KG. Der Online-Modehändler wird bestreikt, da die Tarifverhandlungen für die Beschäftigten in Brandenburg Anfang September abgebrochen wurden.

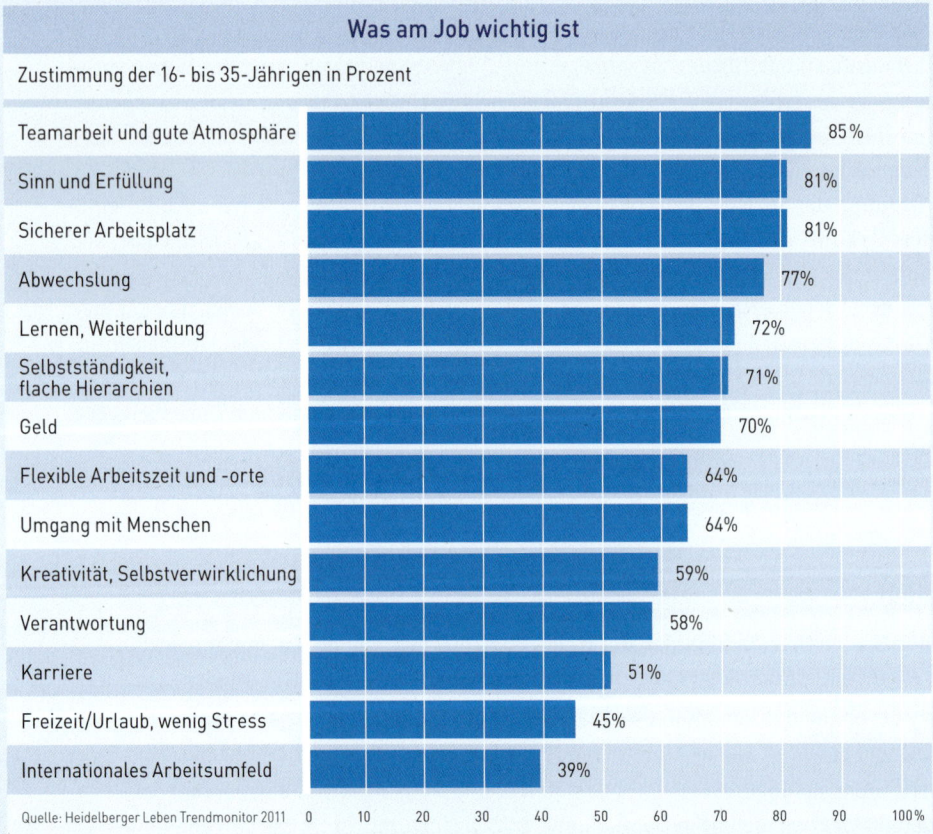

Was am Job wichtig ist

Zustimmung der 16- bis 35-Jährigen in Prozent

Kategorie	Prozent
Teamarbeit und gute Atmosphäre	85%
Sinn und Erfüllung	81%
Sicherer Arbeitsplatz	81%
Abwechslung	77%
Lernen, Weiterbildung	72%
Selbstständigkeit, flache Hierarchien	71%
Geld	70%
Flexible Arbeitszeit und -orte	64%
Umgang mit Menschen	64%
Kreativität, Selbstverwirklichung	59%
Verantwortung	58%
Karriere	51%
Freizeit/Urlaub, wenig Stress	45%
Internationales Arbeitsumfeld	39%

Quelle: Heidelberger Leben Trendmonitor 2011

10 Arbeitgeber und Arbeitnehmer: miteinander oder gegeneinander? Der Betrieb als wirtschaftliches und soziales System

Der Betrieb ist die Arbeitsstätte für die Mehrheit der Erwerbstätigen. Betriebe sind organisierte Wirtschaftseinheiten, in denen Produkte und Dienstleistungen produziert und erbracht werden. Sie sind ein wirtschaftliches und soziales System. Sie wollen wirtschaftlich erfolgreich sein, d.h. Gewinne erzielen. Gleichzeitig ist ein Betrieb ein soziales System mit Arbeitgebern und Arbeitnehmern, Untergebenen und Vorgesetzten, Geschäftsleitung und Betriebsrat, Betriebsangehörigen und Kunden. Dieses Kapitel beschäftigt sich mit dem Betrieb als wirtschaftliches und soziales System. Besonderes Augenmerk liegt auf dem Verhältnis von Arbeitgebern und Arbeitnehmern.

Das erste Unterkapitel behandelt die organisatorische Seite des Betriebs: Strukturen, Kernfunktionen und Prozesse des Betriebs. Das zweite Unterkapitel geht der Frage nach, ob hohe Gewinne und umwelt- und arbeitnehmerfreundliches Wirtschaften vereinbar sind. Das dritte Unterkapitel thematisiert die Mitbestimmung von Arbeitnehmervertretungen und Gewerkschaften im Betrieb. In der Vertiefung wird schließlich die Frage aufgeworfen, ob es bestimmte „Leitplanken" für Streiks geben sollte.

Kompetenzen

Am Ende dieses Kapitels können Sie:

- Strukturen, Kernfunktionen und Prozesse im Betrieb/Unternehmen als ökonomisches und soziales System darstellen und an Fallbeispielen erläutern;
- Unternehmenskonzepte wie den Stakeholder- und Shareholder Value-Ansatz sowie Social und Sustainable Entrepreneurship darstellen und im Hinblick auf Arbeitnehmer- und -geberinteressen beurteilen;
- die gesetzlichen Grundlagen der Mitbestimmung und die Rolle von Gewerkschaften darstellen und die unterschiedlichen Aufgaben und Interessen von Betriebsräten, Gewerkschaften und Arbeitgebervertretern erläutern;
- unterschiedliche Standpunkte zur Bewertung der Mitbestimmung in deutschen Unternehmen erörtern;
- die Grundprinzipien der Koalitionsfreiheit und der Tarifautonomie erläutern und im Hinblick auf Effizienz und Verteilungsgerechtigkeit beurteilen;
- die Grundprinzipien der Entlohnung und der Tarifpolitik erläutern und lohnpolitische Konzeptionen in der politischen Auseinandersetzung problematisieren.

WAS WISSEN UND KÖNNEN SIE SCHON?

1. Bilden Sie Kleingruppen und tauschen Sie sich über Ihre betrieblichen Erfahrungen aus den Betriebspraktika und Ferienjobs aus. Berichten Sie ggfs. auch über Erfahrungen Ihrer Eltern oder Geschwister.
2. Analysieren Sie die Karikatur auf der linken Seite und erläutern Sie, welches Problemfeld angesprochen wird.
3. Analysieren Sie die Tabelle auf der linken Seite im Hinblick auf die Erwartungen der Befragten an die berufliche Tätigkeit in den Betrieben und vergleichen Sie das Ergebnis mit Ihren betrieblichen Erfahrungen.
4. Stellen Sie dar, was Sie über Streiks (ggfs. aus eigener Erfahrung) wissen?

10.1 Wie sind Betriebe organisiert? Strukturen, Kernfunktionen und Prozesse im Betrieb als wirtschaftliches und soziales System

M1 Die beiden Hauptkomponenten der Unternehmen und Betriebe: Unternehmen und Betriebe als ökonomische und soziale Systeme

Was ist der Unterschied zwischen Betrieben und Unternehmen?

Als Unternehmen gilt die kleinste rechtliche Einheit, die aus handels- und/oder steuerrechtlichen Gründen Bücher führen und einen Jahresabschluss aufstellen muss.
Ein Betrieb ist einer rechtlichen Einheit zugeordnet. Somit kann ein Unternehmen aus einem oder mehreren Betrieben bestehen. Im Gegensatz zum Unternehmen gelten Betriebe als örtlich gebundene Einheiten.

© *Statistisches Bundesamt (Destatis), 2018, Was ist der Unterschied zwischen Betrieben und Unternehmen?, www.destatis.de, Abruf am 21.03.2018*

Unternehmen produzieren Güter und Dienstleistungen für den Fremdbedarf. Sie wirtschaften selbstständig und sind darauf ausgerichtet, Gewinne zu erzielen. Ohne dass es ihr direktes Handlungsmotiv ist, dienen sie der Befriedigung von Bedürfnissen Dritter. Sie sind in den Wirtschaftskreislauf eingebunden und als Marktteilnehmer mit vielfältigen Märkten verflochten. So tragen sie zur Güterversorgung, zur Einkommensentstehung und zur Bereitstellung von Arbeitsplätzen bei. Um Güter und Dienstleistungen zu „produzieren" und „bereitzustellen", müssen sie die dafür erforderlichen Ressourcen auf Beschaffungs-, Arbeits- und Geldmärkten besorgen, diese in Güter und Dienstleistungen umwandeln und sie schließlich auf Absatzmärkten anbieten.

Unternehmen sind komplexe ökonomische Systeme, die in Konkurrenz mit anderen um die Gunst Dritter unter Unsicherheit handeln. Um ihre Ziele zu realisieren, benötigen sie eine adäquate Organisation. Gewinn und Verlust sind dabei die steuernden, wenngleich auch nicht die alleinigen Entscheidungskriterien: Denn schließlich steht bei dauerhaften Verlusten die Existenz eines Unternehmens auf dem Spiel. Unternehmen sind aber auch komplexe soziale Systeme, in denen Menschen mit unterschiedlichen Interessen agieren, die miteinander in Einklang zu bringen sind. [...] Ohne die Berücksichtigung der Bedürfnisse, Interessen und Ideen der Beschäftigten wirtschaften Unternehmen unterhalb ihrer Möglichkeiten, aber auch ethische Erwägungen erfordern, die im Unternehmen tätigen Menschen nicht allein als bloßen Produktionsfaktor zu begreifen und wie eine am Arbeitsmarkt erworbene Ware zu behandeln.

Birgit Weber, Unternehmen und Produktion, in: Bundeszentrale für politische Bildung (Hrsg.), Informationen zur politischen Bildung, Nr. 293/2007, S. 4

M2 Unternehmensrechtsformen in Deutschland

Unternehmen lassen sich auf verschieden Arten voneinander differenzieren. Die Rechtsform definiert die juristischen Rahmenbedingungen eines Unternehmens. Die Entscheidung, in welcher Rechtsform man ein Unternehmen gründet, sollte daher wohl bedacht sein. Denn hierdurch wird festgelegt, wer im Falle von Misserfolg die Haftung trägt, wie die Gewinne verteilt werden und wer das Unternehmen leitet.

Merkmale einzelner Unternehmensformen in tabellarischer Übersicht

Mediencode: 72060-36

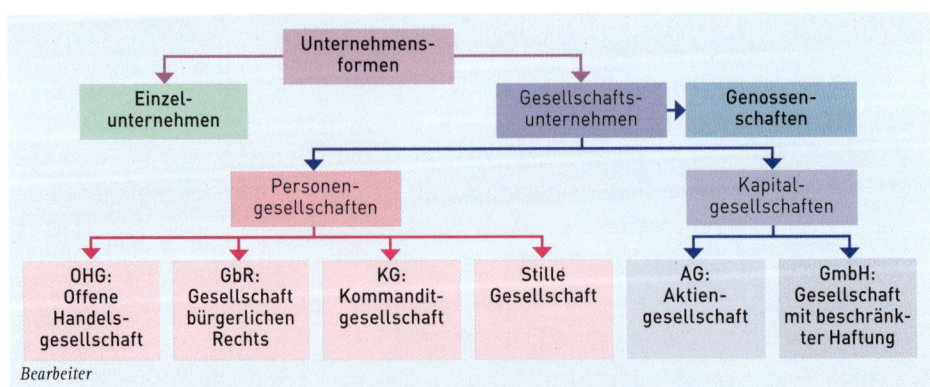

Bearbeiter

M3 Anzahl der Unternehmensrechtsformen in Deutschland

Rechtsformen	Unternehmen[1]				
		davon mit ... bis ... sozialpflichtigen Beschäftigten			
	Insgesamt	0 bis 9[2]	10 bis 49	50 bis 249	250 und mehr
Einzelunternehmer	2 159 708	2 094 176	63 007	2 446	79
Personengesellschaften (z. B. OHG, KG)	391 703	323 450	52 845	12 610	2 798
Kapitalgesellschaften (GmbH, KG)	705 790	511 172	145 080	40 157	9 381
sonstige Rechtsformen	218 992	182 937	26 561	7 122	2 372
insgesamt	3 476 193	3 111 735	287 493	62 335	14 630

Stand: 30.09.2017.
[1] Unternehmen mit steuerbarem Umsatz aus Lieferung und Leistungen und/oder mit sozialversicherungspflichtig Beschäftigten im Berichtsjahr 2016.
[2] Einschließlich Unternehmen ohne sozialpflichtig Beschäftigte 2016, aber mit steuerbarem Umsatz aus Lieferungen und Leistungen 2016.

© Statistisches Bundesamt (Destatis), 2018, Unternehmensregister, www.destatis.de, Abruf am 21.03.2018

Unternehmensrechtsformen im Erklärfilm

Mediencode: 72060-37

M4 Hauptfunktionen und Prozesse in Unternehmen

Nachdem Sie die beiden Hauptkomponenten der Struktur der Unternehmen/Betriebe kennengelernt haben, beschäftigen sich die folgenden Materialien mit den Funktionen eines Betriebes/Unternehmens: Kernfunktionen der Geschäftsleitung: → M5, Funktionen der Fertigung: → M6, M7

1. Geschäftsleitung
- Leitung des Unternehmens
- Aufgaben gliedern sich in Anordnungs-, Entscheidungs- und Kontrollbefugnis
- Gibt die Gesamtplanung vor (strategische Planungsfunktion)
- Legt die Organisationsstruktur fest
- Festlegung der Unternehmensziele und der Unternehmenspolitik
- Koordinierung der großen betrieblichen Teilbereiche Besetzung der obersten Führungsstellen

2. Entwicklung, Konstruktion und Planung

3. Lagerung: Halbfabrikate- und Fertigfabrikatelager
Zielsetzung der Lagerhaltung: Gewährleistung einer hohen Lieferbereitschaft, Minimierung der Kapitalbindung, Minimierung der Lagerkosten, Geringe Transportzeiten und Kosten, Niedrige Fehlmengenkosten, Geringe Stillstandszeiten

4. Fertigung: Die Fertigung wird häufig in die Vorfertigung und in die Montage gegliedert.

5. Absatz/Marketing: Umfasst alle Tätigkeiten und Maßnahmen, die den Verkauf der betrieblichen Leistung betreffen [...].

6. Verwaltung / 7. Beschaffung / 8. Finanzierung

© OAK - Online Akademie GmbH & Co. KG, Was sind die Hauptfunktionen in Unternehmen?, www.fachwirt-weiterbildung.de, Abruf am 21.03.2018

M5 Kernfunktion „Geschäftsleitung"

a) Aufgaben der „Geschäftsleitung"

Je nach Größe und Rechtsform eines Unternehmens ist auch dessen personelle Führung ausgestaltet. In Aktiengesellschaften ist ein kompletter Vorstand für die Unternehmensführung verantwortlich, der sich wiederum in einzelne Teilbereiche (Marketing, Personal, Produktion, etc.) gliedert. In Klein- und mittelständischen Unternehmen wird die Unternehmensführung meist nur von ein bis drei Personen übernommen. Die Aufgaben des Führungspersonals sind jedoch immer gleich: im Vordergrund steht die strategische Unternehmensplanung. Im Rahmen dessen analysiert die Unternehmensführung etwa die Konkurrenz und den Markt, um darauf aufbauend geeignete Maßnahmen für den zukünftigen Erfolg durchführen zu können. Stellen die Manager beispielsweise fest, dass die Nachfrage für ein Produkt stark sinkt, wird die Entwicklung neuer Produkte in Auftrag gegeben. [...] Die Führung eines Unternehmens lässt sich nach unterschiedlichsten Maximen gestalten. In der Regel zielt die Unternehmensführung darauf ab, einen möglichst hohen Gewinn zu erzielen. In den vergangenen Jahren sind aber auch Aspekte wie umweltfreundliches und arbeitnehmerorientiertes Wirtschaften zunehmend in den Fokus [...] geraten.

© Rechnungswesen-verstehen.de, Unternehmensführung, www.rechnungswesen-verstehen.de, Abruf am 21.03.2018

b) Leitbild des Unternehmens: Fallbeispiel RITTER-SPORT (Auszüge)

Viele Unternehmen geben sich ein Leitbild, in dem unternehmenstypische Werte und Geschäftsgrundsätze festgehalten werden, an denen sich das Handeln von Unternehmensleitung und Mitarbeitern ausrichten soll. Die Leitungsaufgabe der Geschäftsleitung wird in der Fachliteratur mit dem Begriff „Führung" bezeichnet.

Führung: Führung vereint unsere Stärken zum gemeinsamen Erfolg. Führungskräfte stellen die Aufgabe und nicht sich selbst in den Mittelpunkt. Wir erreichen unsere Unternehmensziele gemeinsam. Basis unserer Führung ist die Unternehmensstrategie mit den RITTER-SPORT-eigenen Werten.
- Wir führen nachvollziehbar und konsequent.
- Wir schaffen eine positive und ergebnisorientierte Arbeitsatmosphäre.
- Wir erzielen Ergebnisse, indem wir unseren Mitarbeiterinnen und Mitarbeitern Orientierung durch messbare Ziele geben.
- Wir ermöglichen und fordern selbstständiges und eigenverantwortliches Handeln auf einem klar definierten „Spielfeld".
- Wir benennen eindeutige Aufgaben, Kompetenzen und Verantwortungen. Wir geben und erwarten offenes und konstruktives Feedback.
- Wir fördern unsere Mitarbeiterinnen und Mitarbeiter und nutzen deren Potenziale.

© Alfred Ritter GmbH & Co. KG, Unser Leitbild – Alfred Ritter Schokoladenfabrik, www.ritter-sport.de, Abruf am 21.03.2018, S. 23 f.

M6 Kernfunktion „Fertigung"

a) Maschinen- und Robotereinsatz bei der Fertigung von Produkten

1	Roboter im Einsatz: Zahl der Industrieroboter weltweit	
	Weltweit	In Deutschland
2007	994 264	139 650
2012	1 235 389	161 988
2014	1 480 778	175 768
2018 (Prognose)	2 327 000	216 800

Quelle: IW Köln, IFR, Jäger u. a., 2016

Arbeiter in der Produktionshalle einer computergesteuerten Stahlfräsmaschine

Teamroboter schweißen zusammen ein Automobilteil in einer Montagehalle bei Köln.

b) Industrie 4.0: Was Sie über die Produktion der Zukunft wissen müssen

Die erste industrielle Revolution wurde durch die Einführung der Dampfmaschine und die Mechanisierung von Handarbeit im 18. Jahrhundert ausgelöst, die zweite durch die elektrifizierte Massenfertigung zu Beginn des 20. Jahrhunderts. Die dritte folgte durch den Einsatz von Elektronik und Computertechnik zur Fertigungs- und Produktionsautomatisierung in den vergangenen Jahrzehnten. Jetzt wachsen in der Produktion die reale und die virtuelle Welt zusammen und deshalb spricht man von Industrie 4.0 – oder auch von der Vierten Industriellen Revolution.

Die zunehmende Digitalisierung und Vernetzung verändert die komplette industrielle Produktionskette. Der weltweite Datenbestand explodiert regelrecht. [...] Marktforscher rechnen damit, dass der weltweite Umsatz mit industrieller Automatisierung zwischen 2013 und 2018 von rund 160 Milliarden Euro auf rund 195 Milliarden Euro steigen wird. Allein die deutsche Industrie will bis 2020 jährlich rund 40 Milliarden Euro in Industrie-4.0-Anwendungen investieren. Schon heute ist in Deutschland der industrielle Anteil an der gesamten Wirtschaftsleistung mehr als doppelt so hoch wie etwa in Großbritannien, Frankreich oder den USA.

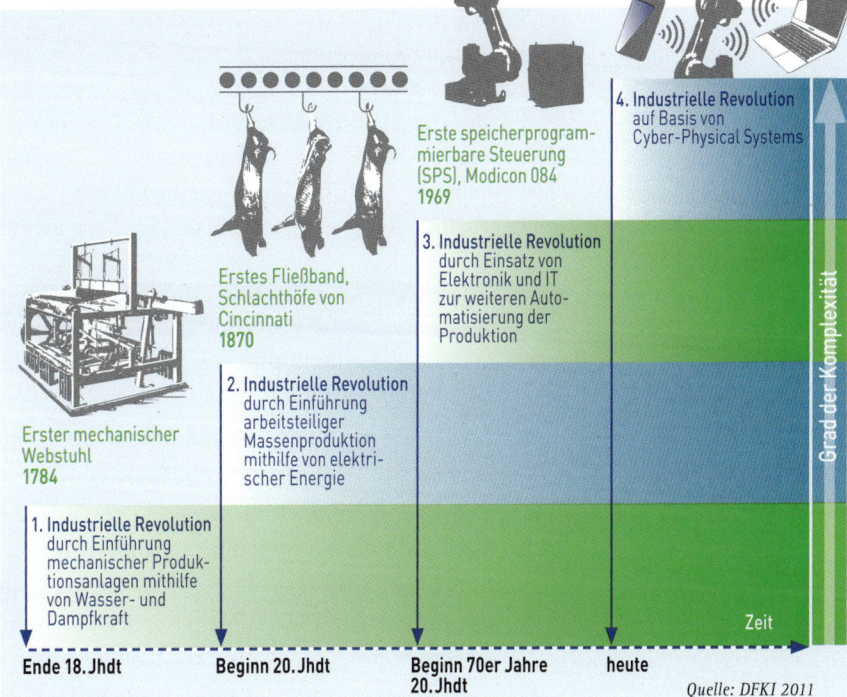

Grundsätzlich gilt: Die Digitalisierung wird über Erfolg oder Misserfolg der deutschen Industrie entscheiden. [...]
Im Zuge von Industrie 4.0 werden künftig weltweit Milliarden Maschinen, Anlagen oder Sensoren miteinander kommunizieren und Informationen austauschen. Damit kann ein Unternehmen seine Produktion nicht nur wesentlich effizienter gestalten, sondern auch deutlich flexibler auf die Bedürfnisse des Marktes ausrichten.

Sebastian Webel, Corporate Technology (CT), Digitale Fabrik/Industrie 4.0: Was Sie über die Produktion der Zukunft wissen müssen, www.siemens.com, Abruf am 21.03.2018

Cyber-physische Systeme

Cyber-physische Systeme sind Systeme, bei denen informations- und softwaretechnische mit mechanischen Komponenten verbunden sind, [...] Wesentliche Bestandteile sind mobile und bewegliche Einrichtungen, Geräte und Maschinen (darunter auch Roboter), [...] In der Industrie 4.0 haben cyber-physische Systeme eine zentrale Funktion.

Oliver Bendel, Cyber-physische Systeme, www.wirtschaftslexikon.gabler.de, Abruf am 21.03.2018

c) Fallbeispiel: Einsatz von Robotern in der Küchenfirma Nobilia

Ein Besuch in der Fertigung von Nobilia erfordert höchste Aufmerksamkeit. Jeder Schritt muss wohl überlegt und mit wachsamen Blicken abgesichert sein. Denn in der
5 Produktion von Deutschlands größtem Küchenbauer herrscht hektische Betriebsamkeit. [...] Denn während von links ein Gabelstapler heranrauscht, steht auf der rechten Seite schon ein elektrischer Hubwagen und
10 wartet auf sein Fortkommen. Doch zuerst muss der unbemannte Querförderer vorbei, der alle paar Meter wie von Geisterhand kleine Transporter abspaltet.

Allzu lange sollte man dieses präzise ab-
15 gestimmte Intralogistikschauspiel allerdings nicht bestaunen. Denn in Kopfhöhe naht bereits die nächste Kabine der Elektrohängebahn, die Bretter und Beschläge quer durch die Werkshallen transportiert.
20 Mitarbeiter sind in der Fertigung bei Nobilia übrigens auch zu sehen. In der Kommissionierung zum Beispiel und vor allem im Versand. Ansonsten prägen Roboter, Maschinen und ferngesteuerte Transporter
25 das Bild, jeweils dirigiert von Barcodes und Sensoren. Etliche Teilbereiche sind bereits vollständig automatisiert, darunter das Sägewerk, die Schubladenfertigung oder die Bearbeitung der Brettkanten. „Die hohe Au-
30 tomatisierung ist ein entscheidender Faktor. Ohne die Maschinen könnten wir unsere Mengen hier gar nicht schaffen", sagt Günter Scheipermeier, der Geschäftsführer von Nobilia.

Carsten Dierig, MX Award: Roboter bauen deutsche Küchen an die Weltspitze, www.welt.de, 24.03.2014

AUFGABEN

1. Erläutern Sie den Unterschied der Begriffe „Unternehmen" und „Betrieb" (**M1, Randspalte**).
2. Stellen Sie die beiden Hauptkomponenten von Unternehmen und Betrieben (**M1**) in einer Mindmap (→ Methodenglossar) dar.
3. Begründen Sie, warum „Gewinn und Verlust die steuernden, wenngleich auch nicht die alleinigen Entscheidungskriterien" sind (**M1**).
4. Entwickeln Sie ein vorläufiges Urteil zu der im Text (**M1**) vertretenen These, dass Unternehmen ohne die Berücksichtigung der Interessen und Ideen der Beschäftigten unterhalb ihrer Möglichkeiten wirtschaften.
5. Erläutern Sie in einem Vortrag (→ Methodenglossar) das Schaubild in **M2**.
6. Analysieren Sie die Tabelle in **M3** hinsichtlich der Unternehmensrechtsformen und der Zahl der Beschäftigten.
7. Werten Sie in Partnerarbeit **M4** hinsichtlich der Hauptfunktionen eines Unternehmens aus. Nennen Sie Beispiele für Berufe, die einzelnen Funktionen zugeordnet werden können.
8. Beschreiben Sie die Aufgaben der Geschäftsleitung (**M5a**).
9. Analysieren Sie in Kleingruppen das Leitbild von RITTER-SPORT im Hinblick auf die Aufgaben der Geschäftsleitung (**M5b**). Entwickeln Sie Hypothesen über die hinter den einzelnen Punkten stehenden Unternehmensziele. Präsentieren Sie Ihre Ergebnisse im Kurs und setzen Sie sich mit den Ergebnissen der einzelnen Gruppen auseinander.
10. Beschreiben Sie die Entwicklung der Produktionsverfahren seit der industriellen Revolution und erläutern Sie den Begriff „Industrie 4.0" (**M6a-b**).
11. Beschreiben Sie, auf welche Weise in der Küchenfirma „Nobilia" Roboter in der Fertigung eingesetzt werden (**M6c**).

Hinweis zu Aufgabe 1
Beachten Sie, dass in der Umgangssprache nicht immer sauber zwischen den beiden Begriffen unterschieden wird.

H Aufgabe 5
Bereiten Sie sich mithilfe des tabellarischen Überblicks der Unternehmensformen im QR-/Mediencode auf den Vortrag vor.

F Aufgaben 1–10
Stellen Sie in einem Referat dar, wie in einem von Ihnen ausgewählten Industriebetrieb Roboter eingesetzt werden. Sie können sich dabei ggfs. auf eine Betriebsbesichtigung stützen, wenn sich dazu eine Möglichkeit bietet.

F Aufgabe 10
Diskutieren Sie den Satz in **M6b**: „Die Digitalisierung wird über Erfolg und Misserfolg der deutschen Industrie entscheiden."

10.2 Hohe Gewinne und umwelt- und arbeitnehmerfreundliches Wirtschaften – ein Gegensatz? Shareholder-Ansatz, Stakeholder-Ansatz, CSR

M7 „Shareholder-Ansatz" und „Stakeholder-Ansatz"

a) Shareholder-Ansatz karikiert

Karikatur: Gerhard Mester, Baaske Cartoons, 2012

b) Orientierung an Gewinninteressen der Anteilseigner: Shareholder-Ansatz:

Der Shareholder-Ansatz („Shareholder" dt.: Anteilseigner) ist derjenige Ansatz, der darauf ausgerichtet ist, die Wünsche und Vorstellungen der eigenen Anteilseigner zu erfüllen. Im Hinblick auf die Unternehmensführung ist zu sagen, dass der Shareholder-Ansatz in den meisten Großunternehmen fest etabliert ist. Vorrangiges Ziel dieses Ansatzes ist eine Orientierung des Managements an den wirtschaftlichen Zielen seiner Anteilseigner. In der Praxis bedeutet dies, dass das primäre Ziel der Unternehmensführung eine Steigerung des Aktienkurses in Verbindung mit einer Erhöhung des Umsatzes und des Gewinns ist. Die Interessen anderer Personen und Interessengemeinschaften werden zwar im Rahmen des Möglichen wahrgenommen, sie werden jedoch nur berücksichtigt, sofern sich dies auch positiv auf den Unternehmenserfolg auswirken würde.

© *Rechnungswesen-verstehen.de, Stakeholder und Shareholder, www.rechnungswesen-verstehen.de, Abruf am 21.03.2018*

c) Der „Stakeholder-Ansatz"

Der Stakeholder-Ansatz verfolgt hingegen das Ziel, die Ansprüche aller Interessengruppen bestmöglich zu erfüllen. Zu diesen Interessengruppen gehören dann nicht nur die Anteilseigner, sondern all jene, die direkt oder indirekt von den Aktivitäten des Unternehmens betroffen sind. Grundidee dieses Ansatzes ist, dass ein Unternehmen die Interessen jeglicher Stakeholder berücksichtigen muss und einen gemeinsamen Kompromiss zur Zufriedenheit aller findet. Dahinter verbirgt sich die Annahme, dass Unternehmen die mit vielen unterschiedlichen Interessen konfrontiert sind, nur dann langfristig überleben können, wenn die jeweiligen Ziele im Einklang mit denen seiner Interessengruppen stehen. In der Praxis ist es gängig, dass keiner der Ansätze ausschließlich verfolgt wird. Dies liegt daran, dass ein großes Unternehmen weder in der Lage ist sich ausschließlich auf die Ziele seiner Eigentümer zu beschränken, noch in der Lage ist, die Ansprüche jeder Interessengruppe restlos zu erfüllen.

Ebd.

Dividende
Teil des Gewinns, den eine Aktiengesellschaft an ihre Aktionäre ausschüttet.

Nullzinspolitik
Geldpolitik der Europäischen Zentralbank (EZB), die durch sehr niedrige Kreditzinsen (bis 0 Prozent) die Geldmenge erhöht, um die Wirtschaft anzukurbeln.

M8 Fallbeispiel für den Stakeholder-Ansatz: Trotz Gewinn – Beiersdorf verärgert Kleinaktionäre

Trotz stabiler Entwicklung und steigendem Gewinn bleibt es bei einer Dividende von 70 Cent je Aktie. Die Beiersdorf AG setzt nach eigenen Angaben den Kurs des „organischen Wachstums" fort und häuft weiter Geld an. Bereits jetzt beträgt die Nettoliquidität mehr als drei Milliarden Euro. In Zeiten von Nullzinspolitik bleibt die Frage offen, wofür Beiersdorf so viel Geld spart? Offenbar setzen Vorstandschef Heidenreich und Großaktionär Herz im Zuge der Konsolidierung der Kosmetikbranche auf ein attraktives Übernahmeziel.
Das Eimsbütteler DAX-Unternehmen, das für die Marken Nivea, Tesa, Hansaplast, Labello und Eurecin bekannt ist, hat im vergangenen Geschäftsjahr bei der operativen Marge einen neuen Höchstwert von 14,4 Prozent erzielt. Das ist ein Spitzenwert unter allen im DAX gelisteten Unternehmen. Die guten Zahlen und die Umsatzsteigerung von rund drei Prozent sollten Anlass für gute Stimmung sein, doch die vom Vorstand und Aufsichtsrat vorgeschlagene Dividende enttäuscht die Anleger. „Eine gleichbleibende Dividende begeistert niemanden hier im Saal", stellt Hans-Georg Martius von der Schutzgemeinschaft SdK fest. Er kritisiert, dass die Ausschüttungsquote für 2015 auf 24 Prozent rutscht. Im Vorjahr gab es gemessen am Gewinn noch circa 30 Prozent.

Dennis Imhäuser, Hauptversammlung 2016: Trotz Gewinn: Beiersdorf verärgert Kleinaktionäre, www.eimsbuetteler-nachrichten.de, 01.04.2016

M9 Kurzfristiges Denken schadet der Wirtschaft: Shareholder-Value in der Kritik

Wären Andrew Haldane und Richard Davies Ärzte, sie würden reihenweise Brillen verschreiben. Für Manager, für Anleger, für Fondsmanager. Denn sie alle sind kurzsichtig, lautet die Diagnose der beiden, die ihr Geld als Volkswirte bei der Bank of England verdienen.
Haldane und Davies gehören zu den ersten Ökonomen, die handfeste empirische Belege für ein Phänomen liefern: [...] ein zu kurzfristiges Denken in der Wirtschaft. Schnelle Gewinne, das nächste Quartalsergebnis, der Jahresbonus – das ist es, was für viele Manager zählt. Die Folge sind Entscheidungen, die langfristig dem Unternehmen schaden. Eine Reihe von wirtschaftswissenschaftlichen Studien zeigt: Diese Kritik ist zumindest zum Teil berechtigt. So verschieben Manager Investitionen, um Quartalsergebnisse besser aussehen zu lassen, und verzichten teilweise sogar auf die Wartung von Maschinen. Aktionäre und Fondsmanager verlangen immer höhere Dividenden und halten Aktien oft nur noch kurz im Portfolio. Besonders kurzsichtig sind Investmentfonds, hat der US-Investor John Bogle festgestellt: Sie behalten Aktien immer kürzer in ihrem Portfolio, weist er in einem Papier nach. Zwischen 1940 und 1955 hielten Fondsmanager ein Wertpapier im Durchschnitt sieben Jahre – heutzutage verkaufen sie Aktien meistens nach spätestens einem Jahr wieder. [...] Als Grund für die Entwicklung sehen viele Ökonomen den Siegeszug des Shareholder-Value-Denkens. Manager sollen demnach bei ihren Entscheidungen vor allem die Steigerung des Aktienkurses im Sinn haben. [...] „Der Shareholder-Value-Ansatz trägt entscheidend zum kurzfristigen Denken in der Wirtschaft bei", ist daher Roger Martin überzeugt, Dekan der Rotman School of Management im kanadischen Toronto. Martin: „Er führt dazu, dass Manager ihre Aufgabe darin sehen, den Aktienkurs zu erhöhen, egal wie hoch er bereits ist." Das werde schnell zum Problem – zum Beispiel, wenn die Aktie überbewertet und die Luft nach oben dünn ist.

Malte Buhse, Studie: Kurzfristiges Denken schadet der Wirtschaft, www.handelsblatt.com, Abruf am 22.03.2018

M10 Investitionen in das Betriebsklima zahlen sich aus

Für den Randstad Award wurde die Attraktivität der Unternehmen anhand zehn verschiedener Faktoren gemessen. Dazu gehörten beispielsweise die Arbeitsplatzsicherheit und das Betriebsklima. [...] Die Beliebtheit und subjektive Attraktivität der jeweiligen Arbeitgeber wurde im Verlauf der Erhebung anhand von zehn verschiedenen Faktoren gemessen. So konnten etwa Zukunftsperspektiven, ein gutes Betriebsklima, Ausgewogenheit zwischen Berufs- und Privatleben oder die Qualität des Standortes von den Befragten gewichtet werden. Dabei sind laut der Studie langfristige berufliche Sicherheit, die finanziellen Lage des Unternehmens und ein gutes Betriebsklima die drei wichtigsten Punkte bei der Entscheidung für einen Arbeitgeber – vor hohen Gehältern und Karrieremöglichkeiten. [...] Wie sich gerade ein gutes Betriebsklima direkt in den Bilanzen der Unternehmen auswirken kann, lässt sich anhand von verschiedenen Studien belegen. So schätzt die Unternehmensberatung Gallup den volkswirtschaftlichen Schaden aufgrund fehlender emotionaler Mitarbeiterbindung und den daraus resultierenden Produktivitätseinbußen auf jährlich über 120 Milliarden Euro. Dass sich Investitionen in ein gutes Betriebsklima auszahlen, zeigt eine Befragung der vom Institut Great Place to Work jährlich gekürten 100 besten Arbeitgeber Deutschlands.

Seit 2003 untersucht das Institut die Arbeitsplatzkultur deutscher und internationaler Unternehmen nach Kriterien wie Glaubwürdigkeit, Respekt, Fairness, Stolz und Teamgeist. In diesem Jahr konnten über 65.000 Beschäftigte anonym ihren Arbeitgeber in Bezug auf ein gutes Betriebsklima benoten. Wie das Handelsblatt anlässlich der Preisverleihung 2011 berichtete, würden 65 Prozent der 100 besten Arbeitgeber ihre Gewinnentwicklung im Branchenvergleich überdurchschnittlich bewerten, die meisten der Unternehmen hätten deshalb auch neue Stellen schaffen können – im Schnitt 19 Prozent Jobs zusätzlich.

© 2017 Ratgeberzentrale, Gutes Betriebsklima, www.ratgeberzentrale.de, Abruf am 22.03.2018

M11 Eine Karikatur zur Mitarbeiterzufriedenheit

Karikatur: Thomas Plassmann, 2015

M12 Gute Arbeitsbedingungen zur Zufriedenheit der Mitarbeiter

Die folgenden Textbausteine stammen wie M5b aus dem Leitbild von RITTER-SPORT GmbH

1 Unser Anspruch ist es, die Arbeitsbedingungen so zu gestalten, dass sie zur persönlichen Zufriedenheit der Mitarbeiterinnen und Mitarbeiter beitragen.

2 Die Erhaltung der Gesundheit der Mitarbeiterinnen und Mitarbeiter ist uns ein Anliegen. Wir schaffen Angebote zur Aufrechterhaltung des lebenslangen Leistungsvermögens für alle, insbesondere für ältere Mitarbeiterinnen und Mitarbeiter.

3 Unsere Mitarbeiterinnen und Mitarbeiter tragen in allen Lebensphasen in ihren verschiedenen beruflichen, familiären und persönlichen Bereichen Verantwortung. RITTER-SPORT schafft mit geeigneten Angeboten und Maßnahmen Rahmenbedingungen, damit die individuelle Balance besser gelingen kann.

4 Wir erleichtern Mitarbeiterinnen und Mitarbeitern auch während der Elternzeit den Wiedereintritt in unser Unternehmen, indem wir Möglichkeiten zu einer Teilzeitbeschäftigung oder zur Weiterbildung vorsehen.

5 Ein Unternehmen ist so gut wie seine Mitarbeiter.

6 Qualifizierte und engagierte Mitarbeiterinnen und Mitarbeiter haben den Erfolg des Unternehmens ermöglicht.

7 Ungeachtet der betrieblichen Hierarchie sind alle Mitarbeiterinnen und Mitarbeiter für uns gleichwertige Menschen, deren Engagement und deren Fähigkeiten wir fordern und fördern.

© Alfred Ritter GmbH & Co. KG, Unser Leitbild – Alfred Ritter Schokoladenfabrik, www.ritter-sport.de, Abruf am 21.03.2018, S. 15–19

M13 Das Konzept der Corporate Social Responsibility (CSR) – für das Wohl der Firma und eine bessere Welt

„Social Entrepreneurship"
Soziales Unternehmertum; unternehmerisches Denken und Handeln zum Wohle der Gesellschaft und zur Lösung oder Verbesserung gesellschaftlicher Missstände. Social Entrepreneurship wird sowohl von Non-Profit-Unternehmen betrieben, um durch die Gestaltungsspielräume des Unternehmertums ihre Mission besser erfüllen zu können, als auch von normalen Unternehmen um gesellschaftliche Verantwortung zu übernehmen. Der Erfolg von Social Entrepreneurship wird nicht allein auf Basis finanzieller Profite, sondern anhand des gesellschaftlichen Nutzens bewertet.

Ann-Kristin Achleitner, Social Entrepreneurship, www.wirtschaftslexikon.gabler.de, Abruf am 21.03.2018

CSR? Die Abkürzung steht für Corporate Social Responsibility, was so viel wie unternehmerische Verantwortung für die Gesellschaft bedeutet. Gemeint ist damit alles, was eine Firma freiwillig für die Gesellschaft und Umwelt tut – innerhalb ihres Kerngeschäfts, etwa wenn sie auf faire Arbeitsbedingungen in ihren Tochterbetrieben oder bei Zulieferfirmen achtet, oder darüber hinaus, beispielsweise durch Spenden für den Umweltschutz, für Schulen in der Nachbarschaft oder andere wohltätige Zwecke.

In Deutschland beschäftigt jedes größere Unternehmen mittlerweile CSR-Manager, die das soziale Engagement ihrer Firma gestalten. Sie entwickeln Kampagnen und Projekte, die der Umwelt und Gesellschaft Gutes tun sollen – und letztlich natürlich ihrem Arbeitgeber. CSR-Initiativen sollen die Unternehmen bekannt machen und ihren Ruf verbessern.

Nico Briskorn arbeitet als CSR-Manager beim VfL Wolfsburg. Für den Fußballclub entwickelt er Projekte, die ihren Schwerpunkt in den Bereichen Bildung, Integration, Umwelt und Gesundheit haben. So beteiligt sich der VfL zum Beispiel an einer Bürgerstiftung, die Kindern aus armen Familien die Mitgliedschaft im Sportverein finanziert, oder er schickt sein Maskottchen „Wölfi" in Grundschulen, um Schultüten zu verteilen und auf die Gefahren im Straßenverkehr hinzuweisen (und ganz nebenbei ein bisschen für den Club zu werben).

Briskorn hat die Erfahrung gemacht, dass eine wachsende Anzahl von Unternehmen mittlerweile „freiwillig Verantwortung übernehmen" für Gesellschaft und Umwelt, „auch Vereine aus den oberen Spielklassen der Fußball-Bundesliga". CSR-Manager wie er arbeiten häufig mit externen Partnern zusammen, um Ideen zu entwickeln und umzusetzen, zum Beispiel mit Schulen, Vereinen, Kommunen oder einzelnen Politikern.

Markus Schleufe, CSR-Manager: Für das Wohl der Firma eine bessere Welt, www.zeit.de, 27.11.2012

M14 Corporate Social Responsibility (CSR) – Preis der Bundesregierung: „Bayerische Blumen Zentrale GmbH" als Preisträger in der Kategorie „Betriebliche Integration geflüchteter Menschen"

In ihren Zierpflanzenbetrieben beschäftigt Sonja Zieglum-Teubner seit vielen Jahren Menschen aus 14 verschiedenen Nationen. Denn bei der Bayerischen Blumen Zentrale GmbH in Parsdorf, Gemeinde Vaterstetten, bewerben sich nicht viele deutsche Schulabgänger. [...] Nicht zuletzt deshalb setzt Geschäftsführerin Sonja Zieglum-Teubner auf die betriebliche Integration und Ausbildung geflüchteter Menschen. Die Neuankömmlinge aus Pakistan und Afghanistan, aus der Ukraine und Rumänien bringen sich dagegen mit außergewöhnlich großem Engagement in den Gärtnereibetrieb ein. Das Wichtige am Erhalt dieses Preises ist die Wertschätzung und Anerkennung dessen, was Unternehmen hier im Kleinen und im Rahmen ihrer Möglichkeiten bewegen, um diese große gesellschaftliche Aufgabe der Integration von geflüchteten Menschen zu leisten.

© Bundesministerium für Arbeit und Soziales, Bayerische Blumen Zentrale GmbH: Preisträger in der Kategorie „Betriebliche Integration geflüchteter Menschen", www.csr-in-deutschland.de, Abruf am 22.03.2018

AUFGABEN

1. Analysieren Sie die Karikatur in **M7a** und bewerten Sie die Entscheidung der Unternehmensleitung.
2. Stellen Sie in einem Schaubild die Definition der Begriffe „Shareholder-Ansatz" (**M7b**) und „Stakeholder-Ansatz" (**M7c**) gegenüber.
3. a) Analysieren Sie in Partnerarbeit das Fallbeispiel in **M8**.
   b) Stellen Sie in einer Tabelle die unterschiedlichen Argumente der Unternehmensleitung und der Vertreter der Aktionäre gegenüber.
4. a) Arbeiten Sie in Kleingruppen aus **M9** und **M10** folgende Aspekte heraus und halten Sie diese auf einer Wandzeitung/Folie fest: *„kurzsichtiges Verhalten von Unternehmen und Investmentfonds und die Folgen dieses Verhaltens", „Faktoren für die Beliebtheit von Arbeitgebern"* und *„Auswirkungen eines guten Betriebsklimas"*.
   Vergleichen Sie abschließend Ihre Ergebnisse im Kurs.
   b) Begründen Sie mithilfe der bearbeiteten Materialien, warum ein gutes Betriebsklima sich positiv auf den Unternehmenserfolg auswirkt (**M9, M10**).
5. a) Analysieren Sie die Karikatur in **M11**.
   b) Problematisieren Sie die Karikatur-Aussage vor dem Hintergrund der in der Auseinandersetzung mit **M9** und **M10** gewonnenen Erkenntnisse. Auf welche Gefahr will die Karikatur in **M11** aufmerksam machen?
6. a) Charakterisieren Sie das Unternehmensleitbild von RITTER-SPORT zur Mitarbeiterzufriedenheit (**M12**).
   b) Arbeiten Sie heraus, inwiefern es dem Stakeholder-Ansatz entspricht.
   c) Diskutieren Sie, welche Punkte Sie für besonders wichtig halten.
7. a) Stellen Sie das Konzept der Corporate Social Responsibility (CSR) dar (**M13**).
   b) Erläutern Sie den Begriff „Social Entrepreneurship" (**M13, Randspalte**).
8. a) Erläutern Sie das Fallbeispiel in **M14**.
   b) Diskutieren Sie, inwiefern das Beispiel in **M14** Ihr Urteil über das soziale Handeln von Unternehmen bestätigen oder verändern.

Aufgaben 3a-b
Arbeiten Sie heraus, inwiefern einzelne Argumente dem Shareholder- oder Stakeholder-Ansatz entsprechen.

Zusatzmaterial zu Aufgabe 8
GROHE AG: Preisträger in der Kategorie „Unternehmen mit über 1000 Beschäftigten"

Mediencode: 72060-38

10.3 Miteinander oder gegeneinander? Mitbestimmung von Arbeitnehmern und Gewerkschaften in den Betrieben

M15 Ein Unternehmertraum?

Karikatur: Freimut Woessner, 2013

M16 Unterschiedliche Interessen von Arbeitgebern und Arbeitnehmern

Während Arbeitnehmer und Unternehmer ein gleiches Interesse an der Existenzsicherung des Unternehmens haben, sind ihre übrigen Interessen aber häufig verschieden:

| Während die Arbeitnehmer leistungs- und bedarfsgerechte Löhne sowie soziale Absicherung anstreben, sind Löhne aus der Sicht der Unternehmen vor allem Kosten, deren Verringerung den Interessen der Kapitaleigner, der Kreditgeber und der Konsumenten dienen kann. | Während Arbeitnehmer ihre Zeit auf Arbeit, Regeneration und Freizeit aufteilen und diese auch mit Familie und Freunden in Einklang bringen möchten, gilt das Interesse der Unternehmen einer termingerechten Produktion und der Auslastung ihrer Anlagen. | Während Arbeitnehmer eine dauerhafte Beschäftigung mit sicherem Einkommen zum Ziel haben, müssen Unternehmen flexibel auf Veränderungen der Auftragslage reagieren. | Während Arbeitnehmer nicht nur funktionieren wollen und können, sondern humane Arbeitsbedingungen, zufriedenstellende menschliche Beziehungen, soziale Anerkennung, individuelle Entfaltung und Partizipation anstreben, kann dies den Interessen kostengünstiger Produktion kurzfristig durchaus entgegenstehen. |

Birgit Weber, Kooperation und Konflikt – Menschen im Unternehmen, www.bpb.de, 07.03.2007

M17 Die betriebliche Mitbestimmung in Deutschland

Betriebsverfassungsgesetz im Wandel
Das Betriebsverfassungsgesetz trat 1952 in Kraft, im Jahre 1972 wurde es grundlegend reformiert. Seitdem wurde es mehrere Male überarbeitet.

Die betriebliche Mitbestimmung ist die für den Bereich der privaten Wirtschaft im Betriebsverfassungsgesetz (BetrVG) von 1972 (Betriebsrat) und für den öffentlichen Dienst
5 im Personalvertretungsgesetz geregelte Mitbestimmung. Die Unternehmensmitbestimmung umfasst wirtschaftliche Teilhabe und Mitbestimmung an der Leitung des gesamten Unternehmens durch Wahl von Arbeitnehmervertretern in die Aufsichtsgremien.
10 Man unterscheidet einfache und paritätische Mitbestimmung. Sofern im Aufsichtsrat ein

Übergewicht der Anteilseignerseite besteht, liegt einfache Mitbestimmung vor. Sind dagegen Arbeitnehmer und Anteilseigner im Aufsichtsrat in gleicher Stärke vertreten, handelt es sich um paritätische Mitbestimmung.

1) **Mitbestimmungsgesetz von 1976:** Das Mitbestimmungsgesetz vom 04.05.1976 gilt für Unternehmen mit i.d.R. mehr als 2000 Beschäftigten, wenn sie als juristische Person in der Form einer AG, Kommanditgesellschaft auf Aktien (KGaA), GmbH, bergrechtlichen Gewerkschaft oder Genossenschaft betrieben werden. [...] Muss im Aufsichtsrat wegen Stimmengleichheit eine Abstimmung wiederholt werden, hat der Vorsitzende den Stichentscheid. [...]

2) **Drittelbeteiligungsgesetz:** In Aktiengesellschaften, Kommanditgesellschaften auf Aktien, in GmbHs, in Erwerbs- und Wirtschaftsgenossenschaften sowie in Versicherungsvereinen auf Gegenseitigkeit mit einer Arbeitnehmerzahl von 500 bis 2000 erfolgt die Mitbestimmung im Unternehmen nach den DrittelbG, das das Betriebsverfassungsgesetz von 1952 abgelöst hat. Nach § 4 Abs. 1 DrittelbG muss der Aufsichtsrat einer Gesellschaft, für die diese Regelung zutrifft, zu einem Drittel aus Arbeitnehmervertretern bestehen. [...]

3) **Montanmitbestimmung:** Dem Montanmitbestimmungsgesetz 1951 unterliegen AG, GmbH oder bergrechtliche Gewerkschaften, die mehr als 1000 Arbeitnehmer beschäftigen [...]. Ihr Aufsichtsrat setzt sich aus der gleichen Anzahl von Vertretern der Anteilseigner und Arbeitnehmer sowie aus einem neutralen Mitglied zusammen (paritätische Mitbestimmung).

Duden Recht A-Z. Fachlexikon für Studium, Ausbildung und Beruf, 3. Aufl, Berlin 2015, S. 314 f.

Bergmoser + Höller Verlag AG, Zahlenbilder 243 521

M18 Betriebsverfassungsgesetz: Rechte und Aufgaben des Betriebsrates

In Betrieben mit in der Regel mindestens fünf ständigen wahlberechtigten Arbeitnehmern, von denen drei wählbar sind, werden Betriebsräte gewählt, wenn die Arbeitnehmer dies wünschen und die notwendige Zahl der zu wählenden Kandidaten zur Verfügung steht. [...] Zu den allgemeinen Aufgaben des Betriebsrats gehört die Überwachung der für die Arbeitnehmer geltenden Gesetze, Verordnungen und Verfügungsvorschriften, Tarifverträge und Betriebsvereinbarungen. Er kann Anregungen von Arbeitnehmern und der Jugend- und Auszubildendenvertretung entgegennehmen und falls sie berechtigt erscheinen, durch Verhandlungen mit dem Arbeitgeber auf eine Erledigung hinwirken. Ebenso kann er Maßnahmen, die dem Betrieb oder der Belegschaft dienen, beim Arbeitgeber beantragen. Der Betriebsrat hat aber auch eine Schutz- und Förderungsfunktion: So hat er bestimmte Arbeitnehmergruppen wie ältere Arbeitnehmer oder Schwerbehinderte zu schützen und zu fördern. Er hat die Wahl einer Jugend- und Auszubildendenvertretung vorzubereiten und durchzuführen. [...] Der Betriebsrat ist das zentrale Vertretungsorgan der Arbeitnehmer. Er hat Mitbestimmungs- und Initiativrechte bei allen Verhaltens- und Ordnungsregeln im Betrieb. Alle Überstunden oder Kurzarbeit, alle Akkord- und Prämiensätze sowie Urlaubsgrundsätze und Grundsätze über die Durchführung von Gruppenarbeit unterliegen seiner Mitbestimmung.

© *Institut der deutschen Wirtschaft Köln Medien GmbH, Betriebsrat, www.wirtschaftundschule.de, Abruf am 22.03.2018*

Einigung mitbestimmungspflichtiger Angelegenheiten

Können sich Arbeitgeber und Betriebsrat bei mitbestimmungspflichtigen Angelegenheiten nicht einigen, entscheidet eine Einigungsstelle.

Zusatzmaterial:
„Grafik zur Betriebsratsarbeit – was steht auf der Tagesordnung?"

Mediencode: 72060-39

METHODE

Karikaturbearbeitung III

Karikatur: Heiko Sakurai, 2014

I. Aufgaben

1. Beschreiben Sie die Karikatur.

2. Analysieren Sie die Karikatur im Hinblick auf das Verhältnis von Geschäftsleitung und Betriebsrat.

3. **Erörtern und beurteilen Sie die Aussage des Karikaturisten unter Berücksichtigung der Rechte des Betriebsrats nach dem Betriebsverfassungsgesetz.**

II. Tipps zur Bearbeitung von Aufgabe 3

1. Lesen Sie zunächst in den „allgemeinen Hinweisen zur Karikaturbearbeitung" auf S. 367 den Abschnitt III.3.

2. Bei der Bearbeitung der Aufgabe 3 wird vorausgesetzt, dass Sie die Karikatur zutreffend beschrieben und die kritische Position des Karikaturisten bezüglich der Haltung der Geschäftsleitung zur Mitbestimmung des Betriebsrates analysiert haben.

3. Es wird weiter vorausgesetzt, dass Sie die Rechte der Betriebsräte kennen und über Informationen zum Interessengegensatz von Arbeitnehmern und Arbeitgebern verfügen.

III. Anleitung zur Erörterung und Beurteilung der Karikatur

1. Stellen Sie in einem einleitenden Satz die Position des Karikaturisten zusammenfassend dar. Betonen Sie dabei, dass er auf die Nichtbeachtung von Mitbestimmungsrechten des Betriebsrates hinweisen will, indem er die Entscheidung über die Festlegung des Currywursttages als „Good will" der Geschäftsleitung deklariert, wobei zu vermuten ist, dass zentrale Mitbestimmungsrechte vorenthalten werden.

2. Setzen Sie sich mit der negativen Sicht des Karikaturisten auseinander, indem Sie die folgenden Aspekte erörtern:
   - Anordnung der Sitzordnung: Konferenztisch mit einem Chefsessel und mehreren kleinen Stühlen;
   - Geschäftsleiter als Person nicht erkennbar, da von hinten dargestellt, im komfortablen Chefsessel sitzend, Zigarre rauchend, Zigarre als traditionelles und nicht mehr zeitgemäßes Kennzeichen von Chefs, mit ausgebreiteten Armen, die Entgegenkommen und Großzügigkeit unterstreichen sollen;
   - die Betriebsräte auf kleinen Stühlen am großen Konferenztisch, mit hängenden Mundwinkeln, mit Arbeitsblättern, die vermuten lassen, dass sie mit einer Reihe von Vorschlägen oder Forderungen gekommen sind;
   - die Sprechblase verdeutlicht, dass der Chef den Betriebsrat nicht ernst nimmt.

3. Wenn Sie die oben genannten oder weitere Aspekte erörtert haben, formulieren Sie ein Urteil, warum Sie der Meinung sind, dass der Karikaturist ein negatives Bild der Geschäftsleitung zeichnet.

4. Ziehen Sie ein Resümee aus Ihren bisherigen Argumenten und beurteilen Sie, inwieweit die in der Karikatur deutlich werdende Kritik des Karikaturisten an den Vorstellungen der Geschäftsleitung über die Rolle des Betriebsrates in diesem Fall berechtigt ist. Beziehen Sie sich bei der Formulierung Ihres Urteils auf die Rechte, die dem Betriebsrat nach dem Betriebsverfassungsgesetz zustehen.

Bearbeiter

M19 Betriebsräte in kleinen und großen Firmen

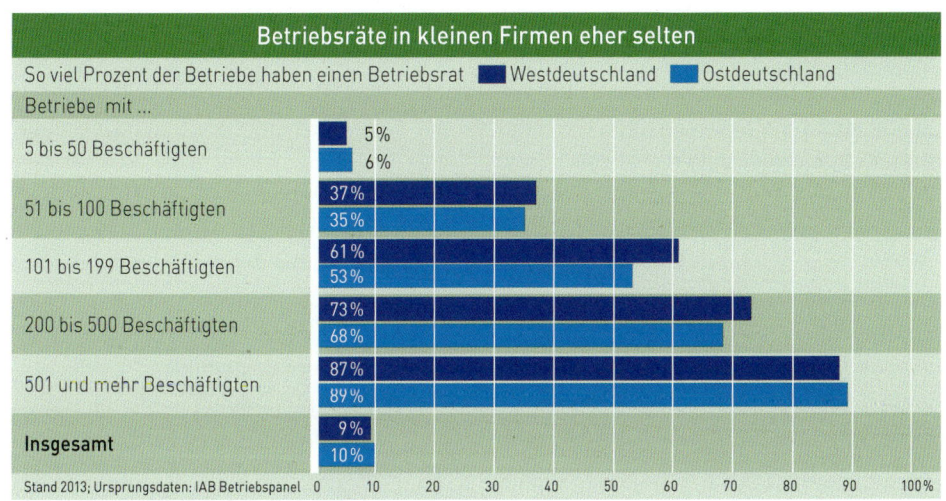

Quelle: Institut für Arbeitsmarkt und Berufsforschung, Stand: 2013

M20 Betriebsräte: „Mitbestimmung ist bares Geld wert!"

Betriebsräte sind nicht nur hilfreich, wenn es um Kündigungen oder Neueinstellungen geht. Funktioniert in Unternehmen die Mitbestimmung, verdienen Arbeitnehmer im Schnitt zehn Prozent mehr.

Betriebsräte sind in den meisten deutschen Unternehmen eine Institution. [...] Zahlreiche Studien belegen, dass die sogenannte betriebliche Mitbestimmung gut ist – für Arbeitnehmer und Arbeitgeber gleichermaßen. „Der Betriebsrat kann helfen, Vertrauen zwischen Mitarbeitern und Geschäftsführung aufzubauen", sagt Uwe Jirjahn, Wirtschaftswissenschaftler an der Universität Hannover. Die Mitarbeiter seien produktiver, flexibler und innovativer, wenn zwischen ihnen und der Chefetage der Betriebsrat steht. „Betriebsräte sind Vertrauenspersonen, die dem Management ermöglichen, neue Strategien zu vermitteln – positiv oder negativ", sagt Thomas Zwick vom Zentrum für Europäische Wirtschaftsforschung (ZEW) in Mannheim. So könne eine Geschäftsführung beispielsweise Sparmaßnahmen in Unternehmen, die keinen Betriebsrat haben, nur schwer an den Mann und die Frau bringen. „Gibt es betriebliche Mitbestimmung, sind die Angestellten eher bereit, Entscheidungen mitzutragen – auch wenn sie wehtun." Arbeitnehmer und Arbeitgeber stehen an zwei extrem gegensätzlichen Polen: „Der Chef will, dass man viel arbeitet und wenig kostet. Der Arbeitnehmer hingegen will möglichst wenig für viel Lohn arbeiten." Das sei grundsätzlich das Problem – und das Spannungsfeld, in dessen Mitte sich die Betriebsräte befinden. „Aber sie sind von beiden Seiten anerkannt und akzeptiert", sagt Zwick. Und: „Der Betriebsrat hat eine Pufferfunktion, die ganz wichtig ist." In vielen Bereichen haben die Arbeitnehmervertreter ein Mitspracherecht: sowohl in der Arbeitsorganisation, bei der Vergabe von Fortbildungen als auch bei Kündigungen und Neueinstellungen.

Großer Vorteil der Betriebsräte ist zudem, dass sie aus dem Kreis der Arbeitnehmer kommen. „Damit haben sie ein besseres Verständnis der einzelnen Bereiche als das Management", sagt Zwick. Ein großer Teil der Betriebsräte arbeitet noch immer in den angestammten Abteilungen und führt seine Arbeit in der betrieblichen Mitbestimmung quasi als Nebenjob aus. Andere sind freigestellt, um sich ausschließlich um die Belange der Mitarbeiter zu kümmern.

Zusatzmaterial zu M20
Betriebsräte drohen, stänkern, kündigen: So verhindern Firmen Betriebsräte

Mediencode: 72060-40

Der Ökonom Bernd Frick aus Witten nennt die Mitbestimmung ein „Erfolgsmodell". Die Forscher vom ZEW haben außerdem herausgefunden, dass Unternehmen mit Betriebsrat deutlich höhere Löhne zahlen. „Bei vergleichbaren Unternehmen liegen die Löhne im Schnitt um gut zehn Prozent höher", sagt Zwick. Zudem ist die sogenannte Lohnspreizung geringer, der Unterschied zwischen den Vergütungsgruppen also. „Davon profitieren die unteren Lohngruppen stärker als die oberen", sagt Zwick. Dabei, so beweist die ZEW-Studie, schöpfen die Arbeitnehmer in diesen Betrieben keinen größeren Anteil am Gewinn ab. „Der Großteil des Lohnaufschlags ist eher auf eine höhere Produktivität der Beschäftigten zurückzuführen." Denn Wirtschaftsforscher Uwe Jirjahn hat herausgefunden, dass Unternehmen mit Betriebsrat oft überdurchschnittlich produktiv arbeiten: „Je weniger Verteilungskämpfe auf Unternehmensebene auszufechten sind, desto besser gelingt die Zusammenarbeit zwischen Arbeitnehmervertretern und Management, wenn es darum geht, Produkte oder Produktionsabläufe zu verbessern oder Marktanteile zu erobern." Besonders gut funktioniere dies bei Unternehmen, die neben dem Betriebsrat auch Tarifverträge haben, „weil Verteilungskonflikte so stärker aus der betrieblichen Ebene herausgenommen werden". Die Personalfluktuation ist in mitbestimmten Betrieben zudem geringer, gleichzeitig sind die Chefs eher gewillt, ihren Mitarbeitern Weiterbildungen zu genehmigen. Die Arbeitnehmer wiederum sind in diesen Unternehmen eher bereit, eine leistungsorientierte, variable Vergütung zu akzeptieren. „Sie haben den Eindruck, dass der Betriebsrat sicherstellt, dass sie dabei nicht von der Firmenleitung übervorteilt werden", sagt Zwick.

©dpa, Verena Wolff, bön, Betriebsräte: Mitbestimmung ist bares Geld wert, www.sueddeutsche.de, 17.05.2010

AUFGABEN

1. a) Analysieren Sie die Karikatur in **M15**.
   b) Beurteilen Sie den „Unternehmertraum" aus der Sicht der Beschäftigten eines Betriebes.

2. a) Werten Sie die in **M16** dargestellten unterschiedlichen Interessen von Arbeitnehmern und Unternehmern aus.
   b) Stellen Sie Ihre Ergebnisse in einer Tabelle dar.

3. a) Analysieren Sie die Regelungen zur betrieblichen Mitbestimmung in Deutschland und erläutern Sie das Schaubild mithilfe des Textes (**M17**).
   b) Entwickeln Sie eine Tabelle, in der Sie die Informationen zur Mitbestimmung in Deutschland unter den beiden Überschriften „einfache Mitbestimmung" und „paritätische Mitbestimmung" ordnen (**M17**).

4. Analysieren Sie die Karikatur in der Methode auf S. 324 zu der Einstellung der Geschäftsleitung zum Gegenstand der Mitbestimmungsmöglichkeiten des Betriebsrats.

5. a) Arbeiten Sie aus **M18** die gesetzlich geregelten Aufgaben und Rechte des Betriebsrats heraus.
   b) Stellen Sie diese in Stichpunkten auf einer Wandzeitung/Folie dar.

6. a) Werten Sie die Tabelle in **M19** hinsichtlich des Vorhandenseins von Betriebsräten in großen und kleinen Betrieben aus.
   b) Diskutieren Sie, welche möglichen Folgen sich aus dem Fehlen eines Betriebsrats für die Arbeitnehmer ergeben könnten.

7. Analysieren Sie in Partnerarbeit **M20** in Bezug „auf die Vorteile der Wahl von Betriebsräten."

F Aufgabe 2
Entwerfen Sie in einem kurzen Schreiben eine Antwort an den Unternehmer, der keinen Betriebsrat in seinem Betrieb haben möchte.

F Aufgabe 4
Entwickeln Sie ein Szenario für ein Rollenspiel, in dem Sie ein Streitgespräch zwischen Betriebsleitung und Arbeitnehmern, die sich für die Gründung eines Betriebsrats einsetzen.

F Aufgabe 6
Analysieren Sie das Zusatzmaterial zu **M20** auf S. 325 (Qr-Code) in Bezug auf Behinderungen von Betriebsräten durch einzelne Arbeitgeber.

M21 Vereinigungsfreiheit im Grundgesetz der Bundesrepublik Deutschland

Art. 9 GG
(1) Alle Deutschen haben das Recht, Vereine und Gesellschaften zu bilden. [...]
(3) Das Recht, zur Wahrung und Förderung der Arbeits- und Wirtschaftsbedingungen Vereinigungen zu bilden, ist für jedermann und für alle Berufe gewährleistet. Abreden, die dieses Recht einschränken oder zu behindern suchen, sind nichtig, hierauf gerichtete Maßnahmen sind rechtswidrig. Maßnahmen nach den Artikeln 12a, 35 Abs. 2 und 3, Artikel 87a Abs. 4 und Artikel 91 dürfen sich nicht gegen Arbeitskämpfe richten, die zur Wahrung und Förderung der Arbeits- und Wirtschaftsbedingungen von Vereinigungen im Sinne des Satzes 1 geführt werden.

M22 Arbeitnehmerorganisationen: die Interessenvertretung der Arbeitnehmerinnen und Arbeitnehmer

Die deutschen Arbeitnehmerorganisationen – Gewerkschaften und berufsständischen Verbände – stehen in der Tradition der Vereinigungen, in denen sich die Arbeitenden seit Mitte des 19. Jahrhunderts zusammenschlossen, um ihre Interessen gemeinsam zu vertreten. Als Wortführer eines großen Teils der arbeitenden Bevölkerung machen sie ihren Einfluss auf die Gestaltung der staatlichen Arbeits- und Sozialpolitik geltend. Gleichzeitig vertreten sie die Ansprüche der Arbeitnehmer in der direkten Auseinandersetzung mit den Arbeitgeberverbänden. Sie sehen ihre Aufgabe vor allem darin, in Tarifverträgen bessere Lohn- und Arbeitsbedingungen zu verankern, Arbeitsplätze zu sichern, die Mitbestimmungsrechte der Arbeitnehmer zu wahren und den Arbeitsschutz zu verbessern. Größte gewerkschaftliche Organisation in Deutschland ist der Deutsche Gewerkschaftsbund (DGB), der in der Bundesrepublik 1949 als Dachorganisation autonomer Gewerkschaften gegründet wurde. Die Gewerkschaften des DGB sind in der Regel nach dem Industrieverbandsprinzip – ein Betrieb, eine Gewerkschaft – organisiert. Nur sie (und nicht der DGB als Dachverband) sind „tariffähig" und damit für den Abschluss von Tarifverträgen zuständig. Ende 2014 gehörten den acht DGB-Gewerkschaften rund 6,1 Mio. Mitglieder an. Als der DGB 1991, nach der deutschen Einigung, auch in Ostdeutschland Fuß gefasst hatte, waren es 11,8 Mio. Mitglieder. In der Folge büßten die DGB-Gewerkschaften einen großen Teil ihrer damaligen Organisationsstärke ein. Arbeitsplatzverluste und Verschiebungen in der Beschäftigungsstruktur – von den Sektoren mit traditionell starker Gewerkschaftsbindung (Industrie, öffentlicher Dienst) zu den eher gewerkschaftsfernen Dienstleistungen – waren die Hauptursachen dieses Rückgangs. Daneben trug die Aufweichung der Tarifbindung, vor allem in Ostdeutschland, zur Schwächung der Gewerkschaften bei. Und auch der allgemeine Vertrauensverlust gesellschaftlichpolitischer Großorganisationen machte ihnen zu schaffen. Inzwischen hat sich die Entwicklung jedoch weitgehend stabilisiert.

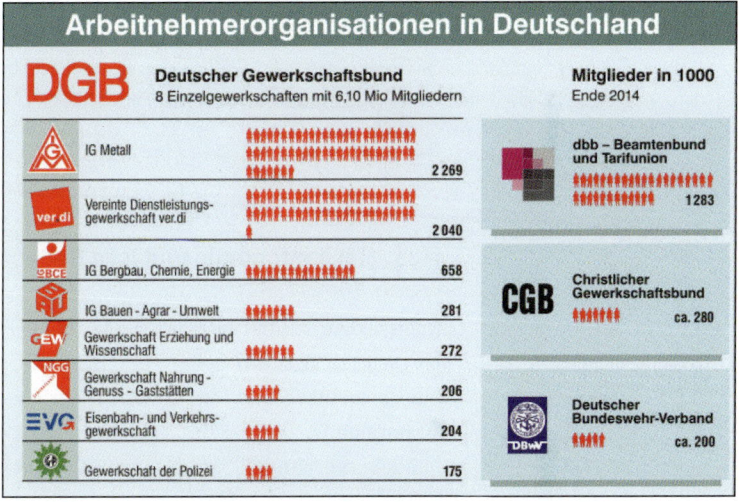

Bergmoser + Höller Verlag AG, Zahlenbilder 240 110

© Zahlenbilder, Arbeitnehmerorganisationen in Deutschland, www.zahlenbilder.de, 06/2015

M23 Arbeitgeberverbände – Definition

[Arbeitgeberverbände sind] freiwillige Zusammenschlüsse von Arbeitgebern zur Wahrung ihrer gemeinsamen sozialpolitischen und arbeitsrechtlichen Interessen, die sie gegenüber dem Staat, der Gesellschaft und den Gewerkschaften vertreten. Als Tarifpartner der Gewerkschaften vertreten sie vor allem in Tarifverhandlungen die Interessen ihrer Mitglieder. Arbeitgeberverbände sind fachlich, als Fachverbände der einzelnen Branchen […] und regional gegliedert. Sie haben sich in der Regel zu Landes und Bundesvereinigungen zusammengeschlossen. Spitzenverband ist die Bundesvereinigung der Deutschen Arbeitgeberverbände.

Bernd Kirchner, u.a., Grundlagenwissen für Schule und Studium, Beruf und Alltag. 6. Aufl. Mannheim 2016, S.125

M24 Bundesvereinigung der Deutschen Arbeitgeberverbände (BDA)

Als Dachorganisation nimmt sie die sozial- und tarifpolitischen Interessen der über 1000 rechtlich und wirtschaftlich selbstständigen Arbeitgeberverbände der verschiedenen Branchen aus den Bereichen Industrie, Dienstleistungen, Handwerk und Landwirtschaft wahr. Der BDA führt selbst keine Tarifverhandlungen und schließt keine Tarifverträge ab, vertritt jedoch grundlegende Ansichten der Arbeitgeberpolitik, z.B. gegenüber dem Parlament, der Regierung oder den Gewerkschaften.

Ebd., S. 132

M25 Tarifautonomie und ihre Bedeutung für die Soziale Marktwirtschaft

Tarif
Zwischen Arbeitgebern und Gewerkschaften ausgehandelte Höhe der Löhne und Gehälter

Arbeitskämpfe zwischen Arbeitgebervertretern und Gewerkschaften
Durch [die] Tarifpartner ausgerufene Arbeitskämpfe dürfen nicht durch im Einzelnen genannte Maßnahmen („nach den Artikeln, 12a, 35 Abs. 2 und 3, Artikel 87a Abs. 4 und Artikel 91 GG") behindert werden. Arbeitskämpfe selbst sind ausdrücklich zur „Wahrung und Förderung der Arbeits- und Wirtschaftsbedingungen" zugelassen und genießen damit den Schutz des Grundgesetzes.

© Landesbildungsserver Baden-Württemberg, Tarifautonomie und ihre Bedeutung für die Soziale Marktwirtschaft, www.schule-bw.de, Abruf am 22.03.2018

Nach dem Tarifvertragsgesetz (TVG) herrscht in der Wirtschaft der Bundesrepublik Deutschland das Prinzip der Tarifautonomie. Das heißt, Arbeitgeber (Arbeitgeberverbände) und Arbeitnehmer (Gewerkschaften) legen in freier Vereinbarung die Arbeitsbedingungen in den Unternehmen fest, ohne dass staatliche oder andere Stellen regelnd eingreifen. Diese Arbeitsbedingungen betreffen Löhne, Gehälter und Ausbildungsvergütungen, für Pausenregelungen, Wochenarbeitszeit und den Urlaub und werden in entsprechenden Tarifverträgen vereinbart. Aus sozialpolitischen Erwägungen heraus gibt der Staat für eng begrenzte Vertragsinhalte, z. B. den Mindesturlaub oder die Lohnfortzahlung im Krankheitsfall, Untergrenzen vor und regelt entsprechend auch z. B. die tägliche Arbeitszeit durch Obergrenzen. […]
Die Tarifautonomie ist wie das gesamte Tarifvertragswesen konstitutiver Bestandteil des Sozialen Marktwirtschaft. Damit ist ein Schutz der Arbeitnehmer beabsichtigt. Die Flächentarifverträge legen Mindestbedingungen der Arbeitsverhältnisse fest und verhindern eine Konkurrenz der Arbeitsuchenden, die letztendlich nur zu Lasten ihrer eigenen sozialen Sicherheit gehen könnte. Auf der anderen Seite bewahren sie die Betriebsräte vor dem Druck, Vereinbarungen zustimmen zu müssen, die den Interessen der Arbeitnehmer zuwiderlaufen.
Tarifautonomie ist die Freiheit der organisierten Arbeitnehmer und der ihnen gegenüberstehenden Unternehmerverbände in der Gestaltung der Arbeitsbedingungen ohne Einwirkung staatlicher oder anderer Stellen. Das könnte z. B. durch ein Verbot oder eine Einschränkung von Arbeitskämpfen geschehen oder durch die Zuweisung eines staatlichen Vermittlers, dessen Spruch etwa bindend wäre. Versteht man die Soziale Marktwirtschaft als den Versuch, Wirtschaftsfreiheit mit sozialer Gerechtigkeit zu verbinden, dann erkennt man den Wettbewerb als einen wichtigen

Bestandteil. Dieser Wettbewerb und der daraus resultierende wirtschaftliche Fortschritt muss genutzt werden für sozialen Ausgleich und für Chancengleichheit.

Die Tarifautonomie muss also das Gleichgewicht der Kräfte zwischen Unternehmern und Arbeitnehmern wahren, keiner der Tarifpartner darf in die Lage kommen, eine Monopolmacht ausnützen zu können. Andererseits bleibt die Regelung tarifvertraglicher Auseinandersetzungen durch den Grundsatz der Tarifautonomie ausschließlich bei den Beteiligten selbst und zwingt diese zu einem Kompromiss, den sie selbst aushandeln und (über Tarifkommission, Urabstimmungen etc.) selbst beschließen und tragen. Damit wird sozialer Sprengstoff verhindert oder entschärft, der entstünde, weil jeder auferlegte (Schlichtungs-)Spruch den Verdacht von Parteinahme in sich bergen würde.

© Landesbildungsserver Baden-Württemberg, Tarifautonomie und ihre Bedeutung für die Soziale Marktwirtschaft, www.schule-bw.de, Abruf am 22.03.2018

M26 Entlohnung und Tarifpolitik in Deutschland

Im Zusammenhang mit den Lohnkosten kommt der Diskussion über den Kaufkraftaspekt besondere Bedeutung zu. Arbeitgeber und Gewerkschaften betrachten zwei Seiten derselben Medaille, wobei sich, ihre Positionen diametral gegenüberstehen. Gewerkschaften argumentieren [...]: Lohnerhöhungen bedeuten zusätzliches Einkommen, das über die Konsumausgaben zur Nachfrage wird, damit Aufträge für die Wirtschaft bedeuten, zu besserer Kapazitätsauslastung führen und somit Investitionen, Wachstum und Beschäftigung anregen. Dies bezeichnet man als Einkommenseffekt von Lohnerhöhungen.

Arbeitgeber betrachten hingegen den Kosteneffekt: Löhne und Gehälter werden in erster Linie als Kostenfaktoren interpretiert [...]. Diese Betrachtung muss jedoch ergänzt werden – und dies sehen auch Arbeitgeberanalysen so.

Sowohl Steuern als auch Sozialabgaben fließen über die öffentlichen Haushalte und Sozialversicherungen weitgehend wieder in den Wirtschaftskreislauf zurück und werden damit letztlich doch nachfragewirksam. Allerdings kann die Brutto-Kostenbelastung zu Reaktionen der Unternehmen führen, die für die Bezieher der Lohnerhöhung nachteilig sind. Entweder wird die Lohnerhöhung auf die Preise überwälzt (Lohn-Preis-Spirale; Lohnforderungen der Gewerkschaften gehen umgekehrt eher von einer Preis-Lohn-Spirale aus), oder die Unternehmen vermindern die Kostenbelastung durch Personalabbau. [...]

Tarifverhandlungen stehen traditionell im Zeichen von Lohnforderungen der Gewerkschaften, mit denen zum einen – als Mindestbedingung – der Kaufkraftverlust durch Inflation aufgefangen und zum anderen – in Abhängigkeit vom Anstieg der Arbeitsproduktivität [...] – eine Reallohnerhöhung erreicht werden soll.

Jörn Altmann, Wirtschaftspolitik – eine praxisorientierte Einführung, Stuttgart, 2008, S. 110 f.

Reallohn

Gibt an, wie viel Kaufkraft der Nominallohn enthält. Dabei wird die Preissteigerungsrate berücksichtigt. Angenommen die Tariflöhne steigen um 4% und die Preise während der Laufzeit des Tarifvertrages um durchschnittlich 2,5% dann beträgt der durchschnittliche Reallohnzuwachs 1,5% (4% - 2,5% = 1,5%).

Arbeitsproduktivität

Gibt an, welches Produktionsergebnis mit einem bestimmten Arbeitseinsatz [...] hergestellt werden kann. Dabei werden Arbeitseinsatz und Produktionsergebnis ins Verhältnis gesetzt.

Volker Happe, Gustav Horn, Kim Otto, Das Wirtschaftslexikon, Begriffe, Zahlen, Zusammenhänge, 2. Auflage, Bonn 2012, S. 52 und 260

M27 Lohnpolitische Konzeptionen in der politischen Auseinandersetzung

Lohnpolitik hat zum Ziel allgemein verbindliche Entscheidungen zur Höhe der Löhne zu erzielen, indem mehrere Interessengruppen (Gewerkschaft, Arbeitgeberverbände, Parteien, Regierung) im Rahmen einer Tarifverhandlung an einem verbindlichen Entscheidungsprozess teilnehmen. Entscheidungen, die bei Tarifverhandlungen getroffen werden, werden in Tarifverträgen festgehalten.

Theorie der expansiven Lohnpolitik: Die Theorie [...] besagt, dass durch die erzielte Kaufkraftsteigerung, aufgrund von Lohnerhöhungen, die Produktion ausgeweitet werden soll, und das Wirtschaftswachstum weiter vorangetrieben wird. Die Lohnpolitik wird dadurch zu einem Instrument der Verteilungspolitik.

Produktivitätstheorie des Lohns: Löhne sollen in dem Ausmaß steigen, indem die Arbeitsproduktivität gestiegen ist, da sich so das Verhältnis, mit dem die Wertschöpfung der Unternehmen sich auf Gewinne und Löhne aufteilt, nicht ändere. Dies führt zu einer stabilen Lohnquote.
Kritik: Die Arbeitsproduktivität ist eine rein statistische Größe. Man kann nicht sagen welchen Anteil die einzelnen Produktionsfaktoren (Arbeit, Kapital) daran haben.

Kaufkrafttheorie: Sie besagt, dass bei Unterauslastung der Produktionsfaktoren einer Volkswirtschaft durch die Erhöhung von Löhnen inflationsfrei die Kaufkraft und somit die Nachfrage nach Konsumgütern gesteigert werden könne. Es entstünden sowohl direkt als auch indirekt neue Arbeitsplätze, da die Unternehmer die erhöhte Konsumfreude als Signal werten, mehr zu investieren. Diese Theorie wird oft von Gewerkschaften zur Rechtfertigung von Lohnerhöhungen benutzt.
Kritik: Sieht man Arbeitslosigkeit nicht als Ergebnis zu geringer Nachfrage sondern als das Ergebnis zu hoher Lohnkosten, bewirken höhere Löhne eine noch höhere Arbeitslosigkeit.

Helmut Cremer, Lohnpolitische Konzeptionen in der politischen Auseinandersetzung, www.sw-cremer.de, Abruf am 22.03.2018

M28 Einführung des Mindestlohns durch das „Gesetz zur Stärkung der Tarifautonomie"

Das „Gesetz zur Stärkung der Tarifautonomie", kurz Tarifautonomiestärkungsgesetz, ist am 16. August 2014 in Kraft getreten. Das Gesetz beinhaltet in erster Linie das Gesetz zur Regelung eines allgemeinen Mindestlohns, kurz auch Mindestlohngesetz (MiLoG) genannt, das den flächendeckenden Mindestlohn von 8,50 Euro brutto je Zeitstunde seit dem 1. Januar 2015 regelt. [...]
Mit diesem Tarifpaket wird die Tarifautonomie aller Tarifvertragsparteien mit dem Ziel gestärkt, angemessene Arbeitsbedingungen für Arbeitnehmerinnen und Arbeitnehmer sicher zu stellen. [...]

Über die Anpassung des Mindestlohns hat – entsprechend ihrem gesetzlichen Auftrag – die Mindestlohnkommission erstmals einen Beschluss gefasst und der Bundesministerin für Arbeit und Soziales am 28. Juni 2016 übergeben. Die Kommission hat vorgeschlagen, den Mindestlohn zum 1. Januar 2017 auf 8,84 Euro brutto je Zeitstunde festzusetzen. Das Bundeskabinett hat dem Entwurf der Verordnung, mit der der Beschluss der Kommission umgesetzt wird, am 26. Oktober 2016 zugestimmt.

© Bundesministerium für Arbeit und Soziales, Das Gesetz: Der gesetzliche Mindestlohn stärkt die Tarifautonomie, www.der-mindestlohn-wirkt.de, 20.06.2017

M29 Pro und Kontra: „Gesetz zur Stärkung der Tarifautonomie"

Hinweis zu 29a-b
M29a-b beschäftigen sich mit der Einführung des Mindestlohnes im Jahre 2014, aber in diesem Kapitel nur mit der Frage, ob die Einführung des Mindestlohnes ein Verstoß gegen das Prinzip der Tarifautonomie ist oder nicht. Die ökonomische Bedeutung des Mindestlohnes wird in Kapitel 11, M11-M16, behandelt.

a) Position des Arbeitgeberverbandes BDA: Tarifautonomie unverzichtbar für die Soziale Marktwirtschaft
Die Tarifautonomie ist eine tragende Säule der Sozialen Marktwirtschaft und Garant für sozialen Frieden und Wohlstand in Deutschland. Die BDA steht für den Grundsatz der Tarifautonomie und setzt sich für ihre zeitgemäße Fortentwicklung ein. [...] Die Tarifautonomie hat sich in Deutschland über die Jahrzehnte bewährt. [...] In den zurückliegenden Jahren haben hierzulande moderate Tarifabschlüsse zur Verbesserung der Wettbewerbsfähigkeit und zu einem Zuwachs an Beschäftigung entscheidend beigetragen. Die Tarifpartner sind am besten in der Lage, die jeweilige wirtschaftliche Situation der Branchen und Betriebe einzuschätzen und passende Regelungen zu vereinbaren. [...]
Jede Form staatlicher Lohnfestsetzung greift in die Tarifautonomie ein: Durch die Einführung des einheitlichen gesetzlichen Mindestlohns besteht die Gefahr, dass die Motivation, sich in Gewerkschaften bzw. Arbeitgeberverbänden zu organisieren und die Arbeitsbedingungen in Tarifverträgen eigenverantwortlich zu regeln, weiter schwindet.

Staatliche Eingriffe in die Lohnfindung führen so zu einer dauerhaften Schwächung der Tarifautonomie und unseres Tarifvertragssystems. Darüber hinaus kann der gesetzliche Mindestlohn vor allem für die Schwächsten am Arbeitsmarkt eine Barriere für den Einstieg in Beschäftigung bedeuten. Selbst in besonderen Situationen, z. B. bei gravierenden wirtschaftlichen Schwierigkeiten eines Unternehmens, ist ein Abweichen vom gesetzlichen Mindestlohn zur Rettung des Unternehmens und dem Erhalt von Arbeitsplätzen unmöglich.

© 2018 BDA|Bundesvereinigung der Deutschen Arbeitgeberverbände, Tarifautonomie unverzichtbar für die Soziale Marktwirtschaft, www.arbeitgeber.de, Abruf am 22.03.2018

b) Position des DGB: Mindestlöhne schränken die Tarifautonomie nicht ein
Der Mindestlohn ist nur eine sichernde Untergrenze, darüber kann sich die Tarifautonomie frei entfalten. In vielen Branchen verweigern sich Arbeitgeber Tarifabschlüssen oder die Verhandlungsmacht der Beschäftigten reicht nicht aus, um auskömmliche Entgelte zu vereinbaren, so dass Mindestlöhne die nicht genutzte Tarifautonomie ersetzen müssen. Der gesetzliche, flächendeckende Mindestlohn von 8,50 Euro stellt dabei das absolute Minimum dar; er muss regelmäßig angepasst werden. Die Branchenmindestlöhne werden weiterhin – darüber liegend – von den Tarifpartnern ausgehandelt. Und die beste Lösung sind reguläre Tarifverträge, die höhere Entgelte und viele andere Arbeitsbedingungen regeln.

© Deutscher Gewerkschaftsbund, Fehlargument: Mindestlöhne schränken die Tarifautonomie ein, www.dgb.de, Abruf am 22.03.2018

AUFGABEN

1. Erläutern Sie den in **M21** dargestellten Grundgesetzartikel im Hinblick auf die Rechte von Gewerkschaften.
2. Stellen Sie zentrale Informationen zu den Arbeitnehmerorganisationen in einem Schaubild dar (**M22**).
3. a) Analysieren Sie **M23** und **M24** im Hinblick auf die Aufgaben von Arbeitgeberverbänden und der Dachorganisation BDA.
   b) Beurteilen Sie, inwiefern sich aus den unterschiedlichen Interessen der Gewerkschaften und Arbeitgeberverbände Interessenkonflikte ergeben könnten.
4. a) Erläutern Sie den Begriff „Tarifautonomie" (**M25**).
   b) Erklären Sie, welche Rechte die Tarifpartner auch im Hinblick auf ein mögliches Eingreifen des Staates in Tarifkonflikte haben (**M25**).
   c) Erläutern Sie, inwiefern die Tarifautonomie ihrem gesetzlichen Anspruch nach „konstitutiver Bestandteil der Sozialen Marktwirtschaft" ist (**M21**, **M25**).
5. a) Analysieren Sie **M26** im Hinblick auf unterschiedliche Vorstellungen von Arbeitgebern und Arbeitnehmern zur Entlohnung und Tarifpolitik.
   b) Beschreiben Sie unterschiedliche lohnpolitische Konzeptionen in der politischen Auseinandersetzung (**M27**).
6. a) Erarbeiten Sie in Partnerarbeit die gesetzlichen Regelungen zum Mindestlohn (**M28**).
   b) Stellen Sie die unterschiedlichen Argumente des BDA und des DGB (**M29a-b**) vergleichend in einem Schaubild dar.
   c) Erörtern Sie die einzelnen Argumente und entwickeln Sie eine eigene Stellungnahme.

F Aufgabe 2
Charakterisieren Sie in einem Referat (→ Methodenglossar) eine von Ihnen ausgewählte Gewerkschaft und stellen Sie beispielhaft einzelne Aktivitäten der Gewerkschaft dar.

10.4 Vertiefung: Soll es „Leitplanken" für Streiks geben?

M30   Streik und Aussperrung – Definitionen

Streik [ist] die gemeinsame vorübergehende Arbeitsniederlegung der gewerkschaftlich organisierten Arbeitnehmer eines Betriebs. Der Streik ist ein gesetzlich zulässiges Arbeitskampfmittel der Gewerkschaft zur Durchsetzung arbeitsrechtlicher Forderungen, z. B. Lohnerhöhungen, Arbeitszeitverkürzung. Dabei wird nur der Streik anerkannt, der von der Gewerkschaft nach vergeblichen Tarifverhandlungen mit den Arbeitgebern organisiert und geleitet wird (nicht von der Gewerkschaft organisierte wilde Streiks sind verboten), planmäßig einen Teil der Betriebe erfasst (Teilstreik, Schwerpunktstreik) oder bei Verhandlungsstillstand die Arbeitgeber durch mehrstündige Unterbrechung der Arbeit zum Nachgeben auffordern soll (Warnstreiks). Während eines Streiks entfällt die Vergütungspflicht der Arbeitgeber. Die Gewerkschaft zahlt (nur) ihren Mitgliedern Streikgeld. Arbeitsrechtlich „ruht" das Arbeitsverhältnis während der Streikdauer. Auch enthalten die Satzungen der meisten Gewerkschaften die Regelung, dass nach der satzungsmäßigen Befragung (Urabstimmung) mindestens 75% der Mitglieder dem Streik zustimmen müssen.

Aussperrung [ist eine] Arbeitskampfmaßnahme der Arbeitgeber. Dabei werden die Arbeitnehmer durch den Arbeitgeber planmäßig von der Arbeit ausgeschlossen. Das Arbeitsverhältnis ruht während dieser Zeit, d. h., die Rechte und Pflichten gelten nicht. Danach wird das Arbeitsverhältnis fortgesetzt. Kündigungen wegen Streiks oder Aussperrung sind nicht möglich. Rechtlich zulässig ist nur die Aussperrung, die als Reaktion auf einen ausgebrochenen Streik erfolgt oder bei Gefahr eines Streiks (Abwehraussperrung). Eine Angriffsaussperrung zur Verhinderung eines Streiks ist unzulässig.

Bernd Kirchner, u. a., Duden Wirtschaft von A bis Z: Grundlagenwissen für Schule und Studium, Beruf und Alltag. 6. Aufl., Mannheim 2016, S. 342, 320

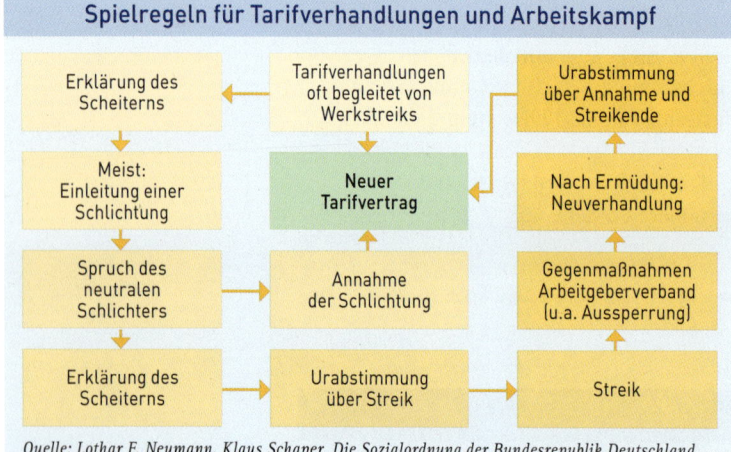

Spielregeln für Tarifverhandlungen und Arbeitskampf

Quelle: Lothar F. Neumann, Klaus Schaper, Die Sozialordnung der Bundesrepublik Deutschland, Frankfurt 1998, S. 105

M31   Beispiel für einen Streik in NRW:
IG-Metall – tausende Metallarbeiter treten in NRW in den Streik

Unmittelbar nach Ende der Friedenspflicht in der Metall- und Elektroindustrie sind 4175 Metallarbeiter aus mehr als 20 Betrieben in NRW in der Nacht zu Freitag in den Streik getreten, wie IG Metall mitteilt. [...] Die Arbeitgeber hatten zuletzt eine Erhöhung der Löhne in zwei Schritten um insgesamt 2,1 Prozent über 24 Monate angeboten. Zusätzlich sollte es eine Einmalzahlung von 0,3 Prozent geben. Der NRW-Bezirksleiter der Gewerkschaft, Knut Giesler, erklärte auf der nächtlichen Kundgebung in Köln: „Die 2,1 Prozent für 24 Monate sind nach wie vor Magerkost für die Beschäftigten zugunsten der Profite."

© Funke Medien NRW GmbH, Streik: Tausende Metallarbeiter treten in NRW in den Streik, www.waz.de, 29.04.2016

IG-Metall-Gewerkschaftsmitglieder streiken in Neuss während der Nachtschicht.

M32 Das Streikrecht in Deutschland

a) Bestimmungen des Grundgesetzes

Ansatzpunkt der Streikerlaubnis ist Art. 9 Abs. 3 Grundgesetz (GG), d. h. die Koalitionsfreiheit, die Gewerkschaften und Arbeitgeberverbänden ein von staatlicher Einflussnahme weitgehend freies Betätigungsfeld bei der Regelung der „Arbeits- und Wirtschaftsbedingungen" eröffnet. Und da Gewerkschaften ohne die effektive und daher auch von der Rechtsordnung anerkannte Möglichkeit des Streikens nur ein Schatten ihrer selbst wären, d. h. mit der Arbeitgeberseite nicht „druckvoll verhandeln" könnten, ist die Streikfreiheit als Grundrecht von der Koalitionsfreiheit (Art. 9 Abs. 3 GG) mit umfasst.

Martin Hensche, Streik und Streikrecht, www.hensche.de, Abruf am 23.03.2018

b) Voraussetzungen für die Zulässigkeit von Streiks

Voraussetzung für die Zulässigkeit eines Streiks im arbeitsrechtlichen Sinne ist, dass er von einer tariffähigen Vereinigung durchgeführt wird, ein durch Tarifvertrag regelbares Ziel verfolgt, nicht gegen die Friedenspflicht verstößt und den Gegner nicht unangemessen schädigt. Demnach sind ohne Gewerkschaft von Arbeitnehmern unmittelbar durchgeführte Arbeitsniederlegungen (wilde Streiks) unzulässig; ebenso politische Streiks. Generell kein Streikrecht haben nach vorherrschender, jedoch umstrittener Meinung Richter und Beamte.

Vor Beginn eines Streiks ist zunächst eine Urabstimmung der betroffenen Gewerkschaftsmitglieder vorgesehen, zu der erst aufgerufen werden darf, wenn die Möglichkeiten für eine gütliche Einigung ausgeschöpft und die Verhandlungen für gescheitert erklärt sind. Noch während der Laufzeit des Vertrages bzw. während der Verhandlungen sind kurze (i. d. R. bis zu zwei Stunden) Warnstreiks zulässig. Der Streik kann in allen Betrieben des Streikgegners durchgeführt werden oder sich nur gegen besonders wichtige Betriebe richten (Schwerpunktstreik). Eine Form des Streiks ist der Dienst nach Vorschrift, bei dem durch genaueste Beachtung der Dienstvorschriften der Arbeitsablauf verzögert oder lahmgelegt wird. Während des Streiks (nicht bei Dienst nach Vorschrift) ruhen die Arbeitsverhältnisse der Streikteilnehmer. Der Streikende hat keinen Anspruch auf Lohn oder Gehalt, auch nicht auf Arbeitslosengeld. Gewerkschaftsmitglieder erhalten Streikunterstützung von der Gewerkschaft.

© Bundeszentrale für politische Bildung, Streik, www.bpb.de, Abruf am 23.03.2018

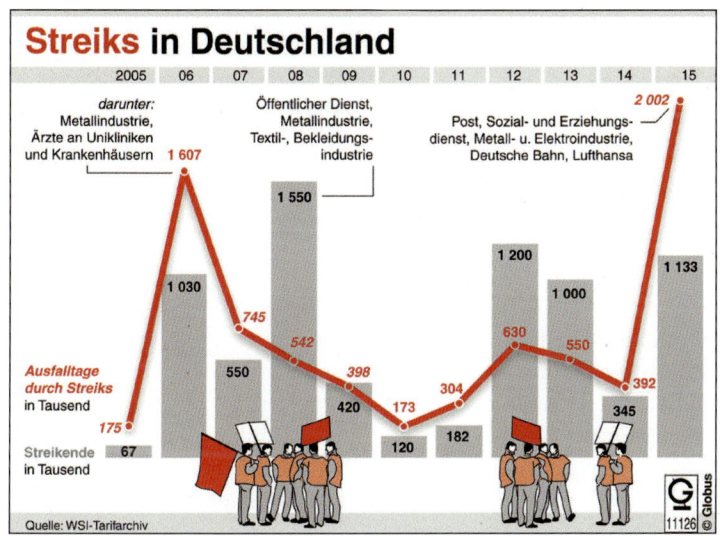

Streiklust international	
Jährlich ausgefallene Arbeitstage wegen Streiks je 1000 Beschäftigte in den Jahren 2006-2015	
Frankreich	123
Dänemark	122
Kanada	79
Finnland	44
Irland	29
Großbritannien	23
Deutschland	22
USA	7
Polen	6
Schweiz	2

© WSI, Institut der Hans-Böckler-Stiftung 2018, Statistisches Taschenbuch Tarifpolitik 2016, www.boeckler.de, Abruf am 22.03.2018

M34 Pro- und Kontra: Sollen die Regeln der Streiks geändert werden?

a) Das (bisherige) Streikrecht ist nicht mehr zeitgemäß

Martin Franzen ist Dekan der Juristischen Fakultät der Ludwig Maximillians Universität in München. Er ist Mitglied der Ständigen Deputation des Deutschen Juristentages und Mitherausgeber der Europäischen Zeitschrift für Arbeitsrecht.

In den letzten Jahren erleben wir bemerkenswerte Veränderungen in der Praxis der Arbeitskämpfe. Bis in die 1980er Jahre hinein fanden Streiks in Deutschland vorwiegend in der Güter produzierenden Wirtschaft statt [...]. Wir erleben derzeit Arbeitskämpfe bei der Bahn, in Kindertagesstätten, bei der Post. Alle davon betroffenen Unternehmen stehen nicht in gleichem Maße im globalisierten Wettbewerb wie die für den Weltmarkt produzierende Industrie. Die Bereiche, in denen wir derzeit Arbeitskämpfe erleben, zeichnen sich durch mehrere Besonderheiten aus. Erstens: Es handelt sich um Teilbereiche der Infrastruktur der Volkswirtschaft. Hier treffen die Auswirkungen eines Streiks weniger den unmittelbaren Arbeitgeber, sondern primär die Öffentlichkeit, die auf die jeweiligen Infrastrukturdienstleistungen angewiesen ist. Damit eng verknüpft ist zweitens: Die Öffentlichkeit kann nur ganz eingeschränkt auf die Leistungen verzichten oder sich nur unter sehr erschwerten Bedingungen anderweitig versorgen. Signifikant ist dies beispielsweise bei der Bahn oder bei den Kindertagesstätten. Drittens: Es handelt sich vielfach um Bereiche – etwa Post und Bahn –, die früher dem öffentlichen Dienst zugewiesen waren oder heute noch sind, und teilweise um Tätigkeiten, die früher von nicht zum Streik berechtigten Beamten erbracht wurden. Die Privatisierung in den 1990er Jahren hat diese Unternehmen den allgemeinen Spielregeln der Güter- und Arbeitsmärkte unterworfen. Dabei wurde aber nicht beachtet, dass für die dort tätigen Mitarbeiter die allgemeinen Regeln des Arbeitsrechts und damit auch das Streikrecht gelten. Viertens: Vielfach handelt es sich trotz Privatisierung noch um Unternehmen, die ganz oder teilweise staatlicher oder kommunaler Kontrolle unterliegen. Damit sind die tariflichen Lohnforderungen der Gewerkschaften stets auch an die Politik gerichtet. Diese folgt anderen Entscheidungsparametern als die private Wirtschaft und kann letztlich betriebswirtschaftlich unvertretbare Lohnerhöhungen durch Steuererhöhungen und/oder Staatsverschuldung leichter kompensieren. [...]

Aus diesen Gründen sollte der Gesetzgeber dem Streikrecht gewisse „Leitplanken" einziehen – und zwar vor allem dort, wo die Öffentlichkeit besonders betroffen ist: In den skizzierten Bereichen, welche die Infrastruktur der Volkswirtschaft sicherstellen, insbesondere Verkehr, Kommunikation, medizinische Versorgung, Entsorgung, Bildung. Zu solchen Regelungen gehört zuerst eine Pflicht der Gewerkschaft, einen Streik und dessen Dauer rechtzeitig anzukündigen, damit sich die betroffene Öffentlichkeit darauf einstellen kann. Diese Frist beträgt beispielsweise in Frankreich und Italien fünf und in Spanien sogar zehn Tage. Ferner ist an eine verbindliche Schlichtung zu denken. Es soll erst dann gestreikt werden dürfen, wenn der Vermittlungsvorschlag neutraler Schlichter von einer der beiden Seiten – Arbeitgeber oder Arbeitnehmer – abgelehnt wurde. Weitere Elemente könnten ein verbindliches Urabstimmungsverfahren sowie die Verpflichtung zur Aufrechterhaltung einer Grundversorgung für die Bevölkerung sein.

Martin Franzen, Contra: Das Streikrecht ist nicht mehr zeitgemäß, www.bpb.de, 07.12.2015

b) Eine gerechte Arbeitswelt braucht das Streikrecht! Uneingeschränkt!

Das Streikrecht ist essentieller Bestandteil der Tarifautonomie, also des gemeinsamen Rechts von Gewerkschaften und Arbeitgeberverbänden, für ihre Mitglieder Tarifverträge mit zwingenden Arbeitsbedingungen auszuhandeln. [...] Arbeitsleistung wird in Vertragsform gegen Lohn getauscht. Eine Lohnerhöhung ist eine Vertragsänderung, der der Arbeitgeber zustimmen muss, und dazu ist er selten bereit. Die Löhne müssen aber nominell steigen, schon deswegen weil die Beschäftigten sonst aufgrund der Inflation stetige Reallohnverluste erleiden würden, das heißt sich für ihr Einkommen immer weniger leisten könnten. [...] Schließlich gründet auch der Sozialstaat darauf, dass die Lohnentwicklung mit Inflation und Produktivitätszuwachs mithält. Denn die gesetzlichen Sozialversicherungen (Rente, Arbeitslosigkeit, Krankheit, Pflege) erhalten einen Anteil der Lohnsumme, und mit diesen Einnahmen müssen sie ihre stetig teurer werdenden Leistungen finanzieren. Die Gewerkschaften sind darum im Rahmen der Tarifautonomie ganz legitim in der Rolle der „Angreifer". Sie müssen den Arbeitgeber periodisch zu Lohnerhöhungen zwingen. Ihr zentrales Angriffsmittel ist der Streik. [...] Das bedeutet nicht, dass es keinerlei Grenzen gäbe. Da sind zunächst ökonomische Grenzen. Fast keine Gewerkschaft streikt für Tarifabschlüsse, die absehbar zu massiven Arbeitsplatzverlusten in der eigenen Branche führen. Im öffentlichen Dienst ergibt sich die ökonomische Grenze aus den begrenzten Mitteln der öffentlichen Hand. Diese Grenze ist freilich weniger zwingend. Im Gegenzug erzeugt ein Streik dort aber auch deutlich weniger Druck, weil er beim öffentlichen Arbeitgeber unmittelbar nur zur Ersparnis der Personalkosten führt. Echter Druck entsteht in diesem Bereich erst durch die Belastungen der Nutznießer öffentlicher Dienstleistungen. [...] Was ist an der gegenwärtigen Rechtslage korrekturbedürftig? Einige warnen vor sterbenden Patienten wegen streikender Ärzte oder ausbrennenden Häusern wegen streikender Berufsfeuerwehren. Aber davon hat man in der Realität noch nichts gehört, und das ist kein erstaunlicher Zufall. Andere finden es nicht in Ordnung, dass die Arbeitsgerichte sich weigern, der Lästigkeit von Streiks bei Bahn, Kitas und Müllabfuhr im Rahmen der Verhältnismäßigkeitsprüfung ein großes Gewicht zu geben. Aber damit liegen die Arbeitsgerichte eben ganz richtig: über diese Lästigkeit wird der Streik in diesen Bereichen überhaupt nur effektiv, weil ihm regelmäßig das in der Privatwirtschaft maßgebliche Moment unmittelbar ökonomischen Drucks fehlt. Die Lästigkeit gehört hier also zur Funktionsbedingung des Streikrechts. Die Funktionsbedingung eines Streiks aber kann ihn nicht zugleich unverhältnismäßig machen.

Florian Rödl, Pro: Eine gerechte Arbeitswelt braucht das Streikrecht! Uneingeschränkt!, www.bpb.de, 07.12.2015

Florian Rödl forscht an der Freien Universität Berlin im Fachbereich Rechtswissenschaft, u.a. über Arbeitsrecht und Rechtsphilosophie.

AUFGABEN

1. Werten Sie in arbeitsteiliger Gruppenarbeit **M30-M33** im Hinblick auf die folgenden Aspekte aus:

   Gruppe 1 (M30): „Definition der Begriffe Streik und Aussperrung", „Voraussetzungen für die arbeitsrechtliche Anerkennung von Streiks", „Vergütung der Verdienstausfälle", „Spielregeln für Tarifverhandlungen und Arbeitskampf"

   Gruppe 2 (M31, M32, M33): „Streikbeispiel", „Voraussetzungen für die Zulässigkeit von Streiks", „Streiks in Deutschland und international"

   Fassen Sie die Ergebnisse der Gruppen schriftlich in Stichpunkten zusammen (ggfs. auf einer Wandzeitung) und präsentieren Sie Ihre Ergebnisse im Kurs.

2. Entwerfen Sie ein Konzept für eine Pro- und Kontra-Diskussion zur Frage, ob die Regeln des Streikrechts geändert werden sollen (**M34a-b**), indem Sie
   • zunächst in arbeitsteiliger Partnerarbeit die Pro- bzw. Kontra-Argumente herausarbeiten und sich gegenseitig erläutern;
   • ein Szenario für eine Pro- und Kontra-Diskussion entwickeln.
   Führen Sie die Diskussion durch und stimmen Sie abschließend im Kurs ab, ob das Streikrecht geändert werden sollte.

Hinweis zu Aufgabe 2

Das Szenario kann Folgendes berücksichtigen: Teilnehmer, Beobachter, Diskussionsleitung, Spielregeln, Dauer der Diskussion, u.a.

WISSEN KOMPAKT

Unternehmensformen
M2, M3

Die juristischen Rahmenbedingungen der Betriebe: Es gibt Einzelunternehmen, Personengesellschaften, z.B. die Offenen Handelsgesellschaft (OHG) oder die Kommanditgesellschaft (KG) und Kapitalgesellschaften wie Gesellschaften mit beschränkter Haftung (GmbH) und Aktiengesellschaften (AG).

Funktionen/Prozesse im Unternehmen
M4

Sie umfassen v.a. 1. die Geschäftsleitung, 2. die Entwicklung, Konstruktion und Planung, 3. die Lagerung, 4. die Fertigung, 5. den Absatz und das Marketing, 6. die Verwaltung, 7. die Beschaffung und 8. die Finanzierung.

Shareholder-Ansatz
M7a

Shareholder-Ansatz bedeutet, dass Aktiengesellschaften sich mehr an den Interessen der Anteilseigner (Aktionäre) als an den Interessen der Beschäftigten, insbesondere in Bezug auf die Sicherung und Gestaltung der Arbeitsplätze orientieren. Für die Anteilseigner stehen die Auszahlung von Dividenden und die Steigerung des Aktienkurses im Vordergrund. Der Shareholder-Ansatz wird häufig kritisiert, weil kurzfristiges Denken nachweislich der langfristigen Entwicklung der Betriebe und der Wirtschaft schadet.

Stakeholder-Ansatz
M7b

Der Stakeholder-Ansatz verfolgt das Ziel, die Interessen aller am Unternehmen Beteiligter, d. h. der Anteilseigner und der Beschäftigten zu verfolgen, um die Zufriedenheit aller zu erreichen. In Unternehmen, in denen die Geschäftsleitung sich am Stakeholder-Ansatz orientiert, herrscht häufig ein gutes Betriebsklima, sodass die Beschäftigten sich mit ihrem Betrieb identifizieren. Investitionen in das Betriebsklima zahlen sich auch ökonomisch langfristig aus.

Unternehmensleitbild
M5b, M12

Schriftliche Erklärung eines Unternehmens über das Selbstverständnis und die Grundprinzipien. Ein Unternehmensleitbild formuliert Zielvorstellungen und Verhaltenserwartungen, an denen sich sowohl die Geschäftsleitung als auch die Beschäftigten orientieren. Zu einem Unternehmensleitbild gehören häufig folgende Ziele: ein gutes Betriebsklima, ein freundlicher und fairer Umgang miteinander, die Übernahme von Verantwortung für die Weiterentwicklung eines Unternehmens, die Schaffung von familienfreundlichen Arbeitszeiten, u.a.

Corporate Social Responsibility (CSR)
M13, M14

Der Begriff kann mit „unternehmerischer Verantwortung für die Gesellschaft" übersetzt werden. Damit ist gemeint, dass ein Betrieb freiwillig etwas für die Gesellschaft und die Umwelt tut. Viele Unternehmen in Deutschland haben eigene CSR-Manager, die soziale Projekte entwickeln, die Schulen oder Kinder aus armen Familien unterstützen, Sportvereine finanzieren, u.a.

Social Entrepreneurship
M13, Randspalte, M14

Dieser Begriff wird mit „soziales Unternehmertum" übersetzt und bezieht sich darauf, dass unternehmerisches Handeln dem Wohl der Gesellschaft und der Beseitigung von sozialen Missständen dient. Hier geht es nicht allein um den ökonomischen Nutzen, sondern auch um den gesellschaftlichen Nutzen. So kann ein Unternehmen, das sich dem „Social Entrepreneurship" verschreibt, z. B. Langzeitarbeitslose beschäftigen, die auf dem normalen Arbeitsmarkt keine Arbeit gefunden haben.

Betriebliche Mitbestimmung
M17

Betriebliche Mitbestimmung bedeutet das Recht der Arbeitnehmer, innerhalb der Unternehmen und Betriebe an Entscheidungen, die sie betreffen, beratend und mitentscheidend teilzunehmen. Die betriebliche Mitbestimmung ist in Deutschland für die private Wirtschaft im Betriebsverfassungsgesetz und für den öffentlichen Dienst im Personalvertretungsgesetz geregelt. In den Unternehmen wird zwischen einfacher und

WISSEN KOMPAKT

paritätischer (gleichgewichtiger) Mitbestimmung unterschieden. Bei der paritätischen Mitbestimmung haben Anteilseigner und Arbeitnehmer im Aufsichtsrat die gleiche Stimmenzahl. Sie gilt aber nur für Aktiengesellschaften mit mehr als 2000 Beschäftigten, in Aktiengesellschaften mit 500 bis 2000 Beschäftigten gilt die Drittelbeteiligung, d.h. der Aufsichtsrat muss zu einem Drittel aus Arbeitnehmern bestehen.

Der Betriebsrat ist das zentrale Vertretungsorgan der Arbeitnehmer auf betrieblicher Ebene. In Betrieben mit mehr als fünf wahlberechtigten Arbeitnehmern werden Betriebsräte gewählt, wenn die Arbeitnehmer dies wünschen. Zu den Aufgaben der Betriebsräte gehören die Überwachung der Gesetze, der Tarifverträge und Betriebsvereinbarungen, u.a. Der Betriebsrat kann Anregungen und Beschwerden der Beschäftigten entgegennehmen und diese zum Gegenstand von Gesprächen mit der Unternehmensleitung machen. Er hat die Aufgabe, Arbeitnehmergruppen zu schützen. So kann er z.B. bei anstehenden Kündigungen die Interessen der älteren Arbeitnehmer, die schlechter eine neue Beschäftigung finden, bei der Geschäftsleitung zur Sprache bringen.

Betriebsrat
M18

Organisationen zur Vertretung der Interessen der Arbeitnehmer: Die Gewerkschaften und Berufsverbände vertreten die Interessen der Arbeitnehmer in direkter Auseinandersetzung mit den Arbeitgeberverbänden. Mit diesen verhandeln sie über Tarifverträge, in denen Vereinbarungen über Löhne und Arbeitsbedingungen geregelt sind. Der Dachverband der Einzelgewerkschaften (z.B. IG Metall, ver.di) ist der Deutsche Gewerkschaftsbund (DGB). Die Gewerkschaften leiden seit einigen Jahren unter einem Mitgliederschwund und einem sinkenden Organisationsgrad. Dies schwächt die Gewerkschaften bei Tarifverhandlungen und Kündigungen.

Arbeitnehmerorganisationen
M22

In den Arbeitgeberverbänden schließen sich die Arbeitgeber zusammen, um ihre Interessen z. B. bei Tarifverhandlungen gegenüber den Gewerkschaften zu vertreten. Als Dachorganisation nimmt die Bundesvereinigung der Deutschen Arbeitgeber (BDA) Interessen der über 1000 Arbeitgeberverbände wahr.

Arbeitgeberverbände
M23

Recht der Arbeitnehmer und Arbeitgeber, unabhängig von staatlicher Einflussnahme, die Arbeits- und Wirtschaftsbedingungen selbstständig zu regeln. In Deutschland treffen Arbeitgeberverbände und Arbeitnehmervertretung Vereinbarungen über Löhne, Gehälter, Ausbildungsvergütungen, Wochenarbeitszeit, u.a., ohne dass staatliche Stellen regelnd eingreifen. Die Tarifautonomie ist ein wichtiger Bestandteil der Sozialen Marktwirtschaft. Tarifverträge helfen Betriebsräte, ungünstige Betriebsvereinbarungen nicht zustimmen zu müssen.

Tarifautonomie
M25

Streik: Streik ist die vorübergehende Arbeitsniederlegung gewerkschaftlich organisierter Arbeitnehmer eines Betriebes. Der Streik ist ein gesetzlich zulässiges Arbeitskampfmittel der Gewerkschaften zur Durchsetzung der Interessen der Arbeitnehmer, um höhere Löhne oder bessere Arbeitsbedingungen zu bekommen. Die Gewerkschaft zahlt nur ihren Mitgliedern Streikgeld während der Zeit der Arbeitsniederlegung, während die Vergütungspflicht der Arbeitgeber während der Zeit des Streiks entfällt.

Streik/Aussperrung
M30

Aussperrung: Die Aussperrung ist eine Arbeitskampfmaßnahme der Unternehmer. Die Arbeitnehmer werden während der Zeit der Aussperrung von der Arbeit ausgeschlossen und sie bekommen keinen Lohn. Zulässig ist die Aussperrung als Reaktion auf einen Streik.

KOMPETENZEN PRÜFEN

I. Selbstdiagnose

Ich kann ...	Das kann ich...			Übung durch z. B.
	sehr gut	gut	nicht gut	
Strukturen, Kernfunktionen und Prozesse im Betrieb darstellen (AFB I) und erläutern (AFB II).				• M1, M4 • S. 316, Aufg. 2, 7
an Fallbeispielen Kernfunktionen von Unternehmen erläutern (AFB II).				• M5, M6a-c • S. 316, Aufg. 8
Unternehmenskonzepte wie den Stakeholder- und Shareholder Value-Ansatz sowie Social und Sustainable Entrepreneurship darstellen (AFB I) und im Hinblick auf die Interessen von Arbeitnehmern und Arbeitgebern beurteilen (AFB III).				• M7a-b, M13 • S. 321, Aufg. 1, 6, 7b
die Möglichkeiten und die gesetzlichen Grundlagen der betrieblichen und überbetrieblichen Mitbestimmung und die Rolle von Gewerkschaften darstellen (AFB I) und die unterschiedlichen Aufgaben und Interessen von Betriebsräten, Gewerkschaften und Arbeitgebervertretern erläutern (AFB II).				• M17, M18 • S. 326, Aufg. 3-5 • S. 324, Methode
unterschiedliche Standpunkte zur Bewertung der Mitbestimmung in deutschen Unternehmen erörtern (AFB III).				• M29 • S. 331, Aufg. 6
die Grundprinzipien der Koalitionsfreiheit und der Tarifautonomie in der Sozialen Marktwirtschaft erläutern (AFB I) und im Hinblick auf Effizienz und Verteilungsgerechtigkeit beurteilen (AFB III).				• M25, M26 • S. 331, Aufg. 4, 5
die Grundprinzipien der Entlohnung und der Tarifpolitik erläutern (AFB II) und lohnpolitische Konzeptionen in der politischen Auseinandersetzung problematisieren (AFB III).				• M26, M27 • S. 331, Aufg. 4, 5
Spielregeln und rechtliche Rahmenbedingungen für Tarifverhandlungen und Arbeitskampf erläutern (AFB II) und Positionen zur Änderung des Streikrechts beurteilen (AFB III).				• M30 - M34a-b • S. 335, Aufg. 1, 2

II. Kompetenzen anwenden – am Beispiel

Karikatur: Harm Bengen, 2014

Aufgaben

1. Beschreiben Sie die Karikatur.
2. Analysieren Sie die Karikatur im Hinblick auf die unterschiedlichen Interessen von Arbeitnehmern und Arbeitgebern.
3. Diskutieren Sie die typischen Argumente des Arbeitgebervertreters und der Gewerkschaftsvertreter.

III. Klausurtraining

Warum 40 Jahre Mitbestimmung ein Grund zum Feiern ist

Ja, zugegeben, wir machen es uns in Deutschland nicht leicht mit der Mitbestimmung. [...] Trotzdem ist die deutsche Unternehmensmitbestimmung mit dem Mitbestimmungsgesetz von 1976 als Kern ein Erfolgsmodell, das 40 Jahre nach dem Inkrafttreten am 1. Juli 1976 mit gutem Grund gefeiert werden darf – auch wenn es vor vier Jahrzehnten überhaupt
5 nicht danach aussah. Ideologische Grabenkämpfe hatten das Klima vergiftet, die Arbeitgeber fühlten sich „enteignet" und bemühten sogar das Bundesverfassungsgericht, um die paritätische Mitbestimmung in Aufsichtsräten zu kippen – vergeblich.
Die Praktiker in den Unternehmen haben dagegen schnell erkannt, welche Vorteile die Mitbestimmung bringt und haben deshalb die Streitigkeiten der Vergangenheit rasch be-
10 graben. [...]
Nüchtern betrachtet ist das wirtschaftliche Umfeld in Deutschland seit vielen Jahren geprägt von durchgreifenden Unternehmens- und Konzernumstrukturierungen sowohl organisatorischer wie gesellschaftsrechtlicher Art, von Übernahmen, Abspaltungen und Fusionen. Im internationalen Vergleich ist es schon bemerkenswert, wie lautlos und rei-
15 bungslos diese Prozesse in Deutschland über die Bühne gehen – was zu einem wesentlichen Teil der Mitbestimmung zu danken ist. Denn sie ermöglicht es, die Arbeitnehmer an diesen Prozessen zu beteiligen. Damit wird letztlich auch einer alten Arbeitgeberforderung entsprochen, wonach die Mitarbeiter mitunternehmerisch denken und handeln sollen. Das funktioniert aber nur, wenn man die Mitarbeiter nicht nur als reine Objekte un-
20 ternehmerischen Handelns betrachtet und behandelt. Dagegen führen Transparenz und Partizipation zur Akzeptanz unternehmerischer Entscheidungen.
Im europäischen Ausland gehört es durchaus zur Folklore des Arbeitskampfes, diesen Begriff wörtlich zu nehmen. In Deutschland sind handgreifliche Auseinandersetzungen, brennende Autoreifen vor den Werkstoren und das Verprügeln von Arbeitgebervertre-
25 tern dagegen eher die Ausnahme als die Regel. Die Unternehmensmitbestimmung hat eine stark befriedende Wirkung und erzeugt damit unmittelbar wirtschaftliche Vorteile für das Unternehmen. Vorstände deutscher Aktiengesellschaften bestätigen, dass viele Veränderungsprozesse im Unternehmen nur deshalb problemlos umgesetzt werden konnten, weil diese im Vorfeld mit den Arbeitnehmervertretern im Aufsichtsrat diskutiert und ge-
30 meinsam beschlossen wurden. Die oft kritisierte Konsensorientierung der deutschen Mitbestimmung steht also einer Lösungsorientierung nicht im Wege, sondern ermöglicht diese Lösungen häufig erst.

Ulrich Goldschmidt, Vom Grabenkampf zum Standortvorteil – warum 40 Jahre Mitbestimmung ein Grund zum Feiern ist, www.manager-magazin.de, 30.06.2016

Der Jurist Ulrich Goldschmidt ist Vorstandsvorsitzender des Berufsverbandes „Die Führungskräfte" (DFK) in Essen.

Aufgaben

1. Stellen Sie dar, welche Rechte und Aufgaben die Betriebsräte nach dem Betriebsverfassungsgesetz haben.
2. Analysieren Sie das Plädoyer von Ulrich Goldschmidt für eine positive Bewertung des Mitbestimmungsmodells in Deutschland.
3. Erörtern Sie die Position des Autors vor dem Hintergrund Ihrer Kenntnisse über die Vorteile für Arbeitgeber und Arbeitnehmer in Betrieben mit Betriebsräten.

Erwartungshorizonte zu den Aufgaben 1-3

Mediencode: 72060-41

Karikatur: Thomas Plassmann, 2017

Karikatur: Klaus Stuttmann, 2011

Karikatur: Horst Haitzinger, 1995

11 Marktwirtschaft in der Krise? Herausforderungen der Marktwirtschaft

In Kapitel 9 haben Sie erfahren, dass der Staat in der Sozialen Marktwirtschaft, der Wirtschaftsordnung der Bundesrepublik Deutschland, regulierend in das Marktgeschehen eingreifen muss, wenn der Wettbewerb gefährdet ist. Im Mittelpunkt des vorliegenden Kapitels stehen die Herausforderungen, mit denen Wirtschaftspolitik bei der Frage konfrontiert ist, inwieweit der Staat in das Marktgeschehen eingreifen darf.

Gegenstand des ersten Unterkapitels ist die Frage, ob die Entscheidung des Bundeswirtschaftsministers, einen vom Bundeskartellamt verbotenen Zusammenschluss auf dem Lebensmittelmarkt doch zu erlauben, gerechtfertigt ist. Im zweiten Unterkapitel wird die Frage nach der Rechtfertigung von Eingriffen des Gesetzgebers in das Marktgeschehen am Beispiel des „Mindestlohns" diskutiert. Die Herausforderungen der Vereinbarkeit von Marktwirtschaft und Umweltschutz am Beispiel des Verbots von Plastiktüten sind Gegenstand des dritten Unterkapitels. In der Vertiefung werden auf der Grundlage verschiedener Sharing-Modelle Beispiele für die Einsprung von Ressourcen behandelt.

Kompetenzen

Am Ende dieses Kapitels können Sie:

- am Beispiel darstellen, wie unterschiedliche Kartelle den Marktmechanismus außer Kraft setzen;
- die Aufgaben des Bundeskartellamtes erläutern und beurteilen, ob im Falle der Fusion von Kaisers' und Tengelmann die Ministererlaubnis gerechtfertigt ist;
- erklären, warum der Marktmechanismus nicht auf den Arbeitsmarkt übertragbar ist;
- beurteilen, ob der Mindestlohn ein gerechtfertigter Eingriff des Staates in das Marktgeschehen ist;
- am Beispiel des Plastiktütenverbots diskutieren, ob staatliche Eingriffe in den Markt zugunsten der Umwelt gerechtfertigt sind;
- darstellen, wie Konsumenten in Unverpacktläden und in Form des Zero-Waste-Ansatzes selbst versuchen, Markt und Umwelt miteinander zu vereinbaren, indem sie ihren Konsum entsprechend gestalten und diese Modelle für die eigene Praxis diskutieren;
- beurteilen, ob Sharing-Ökonomien eine Alternative zu unserer Wirtschaftsordnung bieten.

WAS WISSEN UND KÖNNEN SIE SCHON?

Teilen Sie den Kurs in drei Gruppen und erarbeiten Sie mithilfe der auf der linken Seite dargestellten Karikaturen arbeitsteilig folgende Aufgaben:

1. Analysieren Sie jeweils eine Karikatur in der Gruppe und finden Sie eine passende Überschrift für die Karikatur.
2. Präsentieren Sie die Gruppenergebnisse im Kurs und formulieren Sie gemeinsam Ihre Erwartungen, worum es in diesem Kapitel gehen sollte. Formulieren Sie allgemeine Fragestellungen und ggf. Thesen, die sich aus der Arbeit mit den Karikaturen ergeben haben und halten Sie diese auf einem Plakat fest.

11.1 Eingriffe des Staates in das Marktgeschehen im Spannungsfeld von Verbraucher- und Arbeitnehmerinteressen – in welchen Fällen sind Eingriffe des Staates gerechtfertigt?

Kartell
Bei einem Kartell schließen sich selbstständig agierende Unternehmen oder sonstige Marktakteure zusammen, um den Wettbewerb zu manipulieren. Kartelle sind verboten.

In Kapitel 9 haben Sie erfahren, dass der Preismechanismus auf dem Markt nur dann perfekt funktioniert, wenn es „vollkommene Konkurrenz" gibt, d. h. dass vielen Anbietern viele Nachfrager gegenüberstehen. In Wirklichkeit gibt es aber Verbraucher, die sich nicht am Preis orientieren. Es gibt Oligopole und Monopole, die den Preismechanismus beeinträchtigen oder sogar außer Kraft setzen können. So treffen Anbieter z. B. (verbotene) Preisabsprachen oder sie schließen sich zu großen Unternehmen zusammen, die durch ihre Marktmacht den Wettbewerb zu Lasten der Verbraucher behindern können. Ihr Ziel ist es, durch Marktmacht höhere Preise zu erzielen, als dies unter Wettbewerbsbedingungen der Fall wäre. Damit dies nicht geschieht, hat das Bundeskartellamt weitreichende Befugnisse der Wettbewerbskontrolle. Es kann bei Nichtbeachtung der Bestimmungen hohe Geldstrafen verhängen. In Ausnahmefällen aber darf der Bundeswirtschaftsminister sich über die Verbotsentscheidung des Bundeskartellamtes hinwegsetzen. Dies geschieht häufig mit dem Argument, dass Arbeitsplätze gefährdet sind.

M1   Kartelle im Alltag – zwei Fallbeispiele

Süßwarenhersteller überführt

Die Hersteller von Schokoladenwaren hatten zu entscheiden, ob und wieweit sie die gestiegenen Rohstoffkosten über Preiserhöhungen an den Lebensmittelhandel und letztendlich an den Endverbraucher weitergeben konnten. In dieser Situation stimmten sich einzelne Hersteller in direkten und vertraulichen Kontakten mit ihren Wettbewerbern über den Zeitpunkt und den Umfang von Preiserhöhungen ab. Darüber hinaus haben Süßwarenhersteller in verschiedenen Gesprächskreisen wettbewerblich sensible Informationen, insbesondere über den Stand der Jahresgespräche mit Einzelhändlern, ausgetauscht.

© *Bundeskartellamt, Bußgeldverfahren gegen Hersteller von Süßwaren, Aktenzeichen B11-11/08, in: www.bundeskartellamt.de, 31.03.2013*

Bierkartelle

Der Skandal um das größte deutsche Bierkartell weitet sich aus. Ermittlungsakten des Bundeskartellamts [...] legen nahe, dass führende Brau-Multis seit knapp zwei Jahrzehnten illegale Preisabsprachen getroffen haben. So räumte etwa der Vertriebschef der Großbrauerei Veltins, Volker Kuhl, bei seiner Vernehmung am 31. Januar 2013 bei den Wettbewerbshütern ein, dass die Bierpreiserhöhungen in seiner 17 Jahre während Amtszeit immer folgendermaßen abgelaufen seien: „Die Premium-Marken haben sich als Nebenthema zu einem Treffen (Fasspfand, Marke und Verpackung etc.) oder telefonisch über eine Bierpreiserhöhung abgestimmt." Entsprechende Pläne hätten die Konzerne dann an die mittleren und kleineren Produzenten weitergegeben. „Dann ist es oftmals zu einer branchenweiten Bierpreiserhöhung gekommen." [...] Die Kartellbehörden äußerten nach „Focus"-Informationen in ihrem mehr als 100-seitigen Ermittlungsbericht die Vermutung, dass die Preisabsprachen [...] „mit hoher Wahrscheinlichkeit nur die Spitze eines Eisbergs" darstellten. Ein Sprecher der Bonner Wettbewerbskontrolleure wollte sich dem Magazin zufolge „im laufenden Verfahren dazu nicht äußern". Die Hersteller der so genannten „Fernseh-Biere" setzten den Erkenntnissen des Kartellamts zufolge im Jahr 2006 in einer konzertierten Aktion den Preis für den Hektoliter Fassbier um bis zu sechs Euro herauf. Im Sommer des darauffolgenden Jahres vereinbarten die Multis, den Kasten Flaschenbier um einen Euro zu verteuern. Den Unternehmen drohen nun insgesamt Bußgelder in dreistelliger Millionenhöhe.

Melchior Poppe; „Nur die Spitze des Eisbergs";, Skandal um Bierkartell weitet sich aus – Absprachen bei Preisanhebungen weit verbreitet, www.focus.de, 18.08.2013

M2 Häufige Kartellarten

Art des Kartells	Beschreibung
Preiskartell	Die Kartellmitglieder verpflichten sich, beim Absatz ihrer Güter einen einheitlichen Preis zu verlangen oder einen Mindestpreis nicht zu unterschreiten.
Quotenkartell	Die Kartellmitglieder teilen unter sich das Marktangebot.
Gebietskartell	Die Kartellmitglieder teilen unter sich das Absatzgebiet auf.

Nach: Bernd Kirchner, u.a., Kartell, in: Bundeszentrale für politische Bildung (Hrsg.), Das Lexikon der Wirtschaft. Grundlegendes Wissen von A bis Z, 2009, S. 70

M3 Wie schützt das Bundeskartellamt den Wettbewerb?

Das Bundeskartellamt ist eine unabhängige Wettbewerbsbehörde, deren Aufgabe der Schutz des Wettbewerbs in Deutschland ist. Der Schutz des Wettbewerbs ist eine zentrale ordnungspolitische Aufgabe in einer marktwirtschaftlich verfassten Wirtschaftsordnung. Denn nur ein funktionierender Wettbewerb gewährleistet größtmögliche Wahlfreiheit und Produktvielfalt, damit Verbraucher ihre Bedürfnisse stets befriedigen und Unternehmen ihre Angebote stets optimieren können. Der Gesetzgeber hat den Kartellbehörden im GWB [Gesetz gegen Beschränkung des Wettbewerbs] folgende Instrumente an die Hand gegeben:

Kartellverbot

Um nicht um die Gunst der Nachfrager konkurrieren zu müssen, könnten sich Unternehmen miteinander z.B. über Preise absprechen. Solche Kartelle sind in Deutschland nach § 1 GWB [...] verboten. Das Bundeskartellamt [...] [hat] die Aufgabe, Kartelle – wie z.B. Preisabsprachen – aufzuspüren und mit geeigneten Maßnahmen zu bekämpfen. [...]

Missbrauchsaufsicht über marktbeherrschende Unternehmen

Auf vielen Märkten gibt es bereits marktmächtige Unternehmen oder nur einen Anbieter, der aus der Tradition heraus entstanden ist, wie beispielsweise die ehemaligen Monopolisten in den Sektoren Telekommunikation, Energie, Bahn oder Post. Solche marktbeherrschenden Unternehmen dürfen ihre Stellung nicht missbräuchlich ausnutzen. Das Bundeskartellamt [...] [überprüft], ob diese Unternehmen ihre wirtschaftliche Machtstellung missbrauchen und z.B. andere Unternehmen in ihren Wettbewerbsmöglichkeiten behindern oder überhöhte Preise von den Kunden fordern (sog. Missbrauchsaufsicht über marktbeherrschende Unternehmen) und solche Verstöße gegen das Missbrauchsverbot verfolgen. [...]

Fusionskontrolle

Eine andere Möglichkeit für Unternehmen im Wettbewerb mächtiger zu werden und sich besser durchsetzen zu können, ist, sich zusammenzuschließen. Daher prüft das Bundeskartellamt in der seit 1973 im GWB geregelten Fusionskontrolle, wie sich ein Zusammenschluss (Fusion) von zwei oder mehr Unternehmen auf den Wettbewerb auswirkt. Ziel der Fusionskontrolle ist es, marktbeherrschende Stellungen zu verhindern. Führt also eine Fusion zu einer marktbeherrschenden Stellung, muss sie vom Bundeskartellamt grundsätzlich untersagt werden.

© Bundeskartellamt, Wie schützt das Bundeskartellamt den Wettbewerb?, www.bundeskartellamt.de, Abruf am 26.03.2018

M4 Ab wann beherrschen Unternehmen den Markt?

Definition der Marktbeherrschung nach §19 Gesetz gegen Wettbewerbsbeschränkungen

Monopolvermutung	Vermutungskriterien beim Monopol	Oligopolvermutung	Vermutungskriterien beim Oligopol
Ein Unternehmen ist als Anbieter oder Nachfrager ohne Wettbewerber oder keinem wesentlichen Wettbewerb ausgesetzt oder hat gegenüber seinen Wettbewerbern eine überragende Marktstellung (anhand von Kriterien wie Marktanteil, Finanzkraft, Zugang zu Absatz- und Beschaffungsmärkten, [...]).	Marktanteil von mindestens einem Drittel	Eine Gruppe von Unternehmen ist als Anbieter oder Nachfrager keinem wesentlichen Wettbewerb ausgesetzt oder hat im Verhältnis zu Wettbewerbern eine überragende Marktstellung.	Drei oder weniger Unternehmen erreichen zusammen einen Marktanteil von 50%. Fünf oder weniger Unternehmen erreichen einen Marktanteil von zwei Dritteln.

Bernd Kirchner, u.a., Marktanteil, in: Das Lexikon der Wirtschaft, Grundlegendes Wissen von A bis Z, Bonn 2009, S. 75

M5 Fallbeispiel Fernwärme: Kartellamt erwirkt Preissenkungen für Kunden

Fernwärme
Fernwärme bekommen alle diejenigen Haushalte geliefert, die nicht selbst Heizenergie und Warmwasser erzeugen. Dabei gelangt die Energie über ein Rohrsystem zu den Haushalten.

Fernwärmekunden in ganz Deutschland bekommen auf Druck des Bundeskartellamtes von den Versorgungsunternehmen insgesamt 55 Millionen Euro zurück. Das teilte die Behörde mit. Die betroffenen Kunden profitieren dabei entweder von Rückerstattungen ihrer Versorger oder von Preissenkungen, zu denen sich die Versorger verpflichteten. [...]
Das Kartellamt hatte bereits 2013 bundesweit gegen sieben Versorger Ermittlungen wegen des Verdachts überhöhter Fernwärmepreise eingeleitet. Allerdings sei der Nachweis eines im kartellrechtlichen Sinne missbräuchlich überhöhten Preises im Fernwärmebereich ausgesprochen schwierig, wie die Behörde betonte. Durch die Zusagen der Unternehmen seien nun weiterer Ermittlungsaufwand sowie ein langjähriger Rechtsstreit vermieden worden, betonte das Kartellamt.

Dpa, Bundeskartellamt: Fernwärmekunden bekommen 55 Millionen zurück, www.wn.de, 14.02.2017

M6 Die Ministererlaubnis als weitere Möglichkeit der Wettbewerbspolitik

§24 Gesetz gegen Wettbewerbsbeschränkung
Die Bundesministerin oder der Bundesminister für Wirtschaft und Energie erteilt auf Antrag die Erlaubnis zu einem vom Bundeskartellamt untersagten Zusammenschluss, wenn im Einzelfall die Wettbewerbsbeschränkung von gesamtwirtschaftlichen Vorteilen des Zusammenschlusses aufgewogen wird oder der Zusammenschluss durch ein überragendes Interesse der Allgemeinheit gerechtfertigt ist. [...] Die Erlaubnis darf nur erteilt werden, wenn durch das Ausmaß der Wettbewerbsbeschränkung die marktwirtschaftliche Ordnung nicht gefährdet wird.

dejure.org Rechtsinformationssysteme GmbH, Gesetz gegen Wettbewerbsbeschränkungen, www.dejure.org, Abruf am 26.03.2018

Durch eine so genannte Ministererlaubnis kann eine Unternehmensübernahme trotz Ablehnung durch das Kartellamt doch noch erlaubt werden. Voraussetzung für eine Erlaubnis ist nach Paragraf 24 des Gesetzes gegen Wettbewerbsbeschränkungen (GWB, „Kartellgesetz"), dass „die gesamtwirtschaftlichen Vorteile" die Wettbewerbsbeschränkungen aufwiegen oder der Zusammenschluss durch ein „überragendes Interesse der Allgemeinheit" gerechtfertigt ist. [...] Bei der Ministererlaubnis muss abgewogen werden, ob entweder die Wettbewerbsbeschränkung von gesamtwirtschaftlichen Vorteilen des Zusammenschlusses aufgewogen wird oder es durch ein überragendes Interesse der Allgemeinheit gerechtfertigt ist. [...] Die Möglichkeit einer Ministererlaubnis soll dem Umstand Rechnung tragen, dass eine rein wettbewerbliche Beurteilung eines Zusammenschlussvorhabens zu Ergebnissen führen kann, die im Widerspruch zu den Interessen der Allgemeinheit stehen.

© 2015 Wirtschaftslexikon.co, Ministererlaubnis, www.wirtschaftslexikon, Abruf am 26.03.2018

M7 Fallbeispiel: Kaiser's Tengelmann gibt Insolvenz bekannt

Kaiser's Tengelmann ist ein Familienunternehmen, welches Jahrzehnte lang auf dem deutschen Lebensmittelmarkt verbreitet war. 2014 gab das Unternehmen seine Insolvenz bekannt. Seither wurde darum gestritten und verhandelt, ob das Unternehmen von anderen Akteuren auf dem Lebensmittelmarkt übernommen werden kann und ob so die Arbeitsplätze gerettet werden können. In den Streit sind nicht nur die interessierten Unternehmen verwickelt, sondern auch das Bundeskartellamt, welches die Wettbewerbslage auf dem Markt im Blick hat, sowie die Politik, die sich für den Erhalt der Arbeitsplätze einsetzt und auch Gerichte, die die Zulässigkeit dieser politischen Einmischung prüfen.

„Es ist eine der schmerzlichsten Entscheidungen, die ich in meinem Leben habe treffen müssen", sagte der geschäftsführende Gesellschafter des Familienunternehmens. Denn er habe das Einzelhandelsgeschäft quasi mit der Muttermilch aufgesogen. Doch sehe er keine Alternative. Die Supermarktsparte schreibe seit 15 Jahren rote Zahlen. Alle Sanierungsbemühungen seien vergeblich gewesen. [...] Allerdings hätte das Familienunternehmen wohl kaum einen schlechteren Zeitpunkt für die Trennung vom Lebensmittelhandel wählen können. Denn das Bundeskartellamt hatte erst vor zwei Wochen seine Besorgnis über die massive Konzentration im deutschen Lebensmittelhandel zu Protokoll gegeben und angekündigt, eine weitere Verschlechterung der Wettbewerbsverhältnisse verhindern zu wollen. Schließlich kommen die vier größten Lebensmittelhändler – Edeka, Rewe, Aldi und die Schwarz-Gruppe (Lidl, Kaufland) – zusammen schon heute auf einen Marktanteil von rund 85 Prozent. Die Wettbewerbshüter befürchten nicht nur eine Benachteiligung kleinerer Handelsgruppen, sondern ihnen macht auch die Einkaufsmacht der Handelsriesen gegenüber den Herstellern Sorgen. Den geplanten Verkauf wird das Kartellamt deshalb intensiv prüfen.

Dpa, Tengelmann verabschiedet sich nach 120 Jahren vom Lebensmittelhandel, www.web.de, 07.10.2014

Eine Betriebsversammlung der Supermarktkette Kaiser's Tengelmann in Nordrhein-Westfalen nach der Insolvenz im Jahr 2014.

M8 Marktanteile auf dem Lebensmittelmarkt in Deutschland

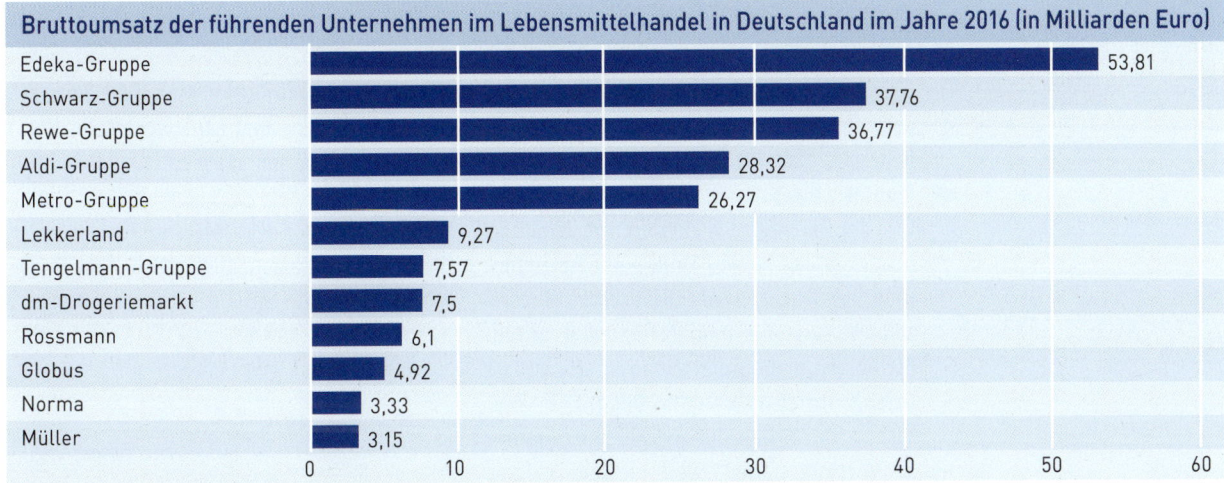

Bruttoumsatz der führenden Unternehmen im Lebensmittelhandel in Deutschland im Jahre 2016 (in Milliarden Euro)

Edeka-Gruppe	53,81
Schwarz-Gruppe	37,76
Rewe-Gruppe	36,77
Aldi-Gruppe	28,32
Metro-Gruppe	26,27
Lekkerland	9,27
Tengelmann-Gruppe	7,57
dm-Drogeriemarkt	7,5
Rossmann	6,1
Globus	4,92
Norma	3,33
Müller	3,15

Quelle: Statista, 2017

M9 Wirtschaftsminister Gabriel erteilt Ministererlaubnis

Bundeswirtschaftsminister Sigmar Gabriel hat heute eine Ministererlaubnis für die geplante Übernahme von Kaiser's Tengelmann durch EDEKA erteilt. Die Erlaubnis ist mit aufschiebenden und auflösenden Bedingungen zum Erhalt der Arbeitsplätze und der Arbeitnehmerrechte der Beschäftigten von Kaiser's Tengelmann verbunden.

Sigmar Gabriel, SPD, Bundeswirtschaftsminister von 2013-2017, hat am 17.03.2016 eine Ministererlaubnis für die geplante Übernahme von Kaiser´s Tengelamnn durch EDEKA erteilt.

„Der Erhalt der Arbeitsplätze und Arbeitnehmerrechte der Beschäftigten von Kaiser's Tengelmann lässt sich aus meiner Sicht nur durch eine Gesamtübernahme durch EDEKA wirkungsvoll realisieren. Die Ministererlaubnis mit den umfangreichen Nebenbestimmungen sichert die Beschäftigung der Mitarbeiter von Kaiser's Tengelmann und die Qualität ihrer Arbeitsplätze ab. Dazu gehören Kündigungsschutz, Tarifbindung und Mitbestimmung.

Bei der Abwägung der Gemeinwohlgründe ‚Arbeitsplatzerhalt' und ‚Erhalt der Arbeitnehmerrechte' mit der vom Bundeskartellamt festgestellten Wettbewerbsbeschränkung durch die Fusion, war für mich klar: Die Gemeinwohlgründe überwiegen die Wettbewerbsbeschränkung. Ich habe dabei einen Ansatz gewählt, der Arbeitnehmervertretern und Gewerkschaften eine starke Position einräumt. Damit wird einerseits der gute Status quo der Mitarbeiter bei Kaiser's Tengelmann gesichert, andererseits aber dem Unternehmen die nötige wirtschaftliche Flexibilität gelassen. Beschäftigung, Mitbestimmung und Tarifbindung können so mithilfe der Tarifvertragsparteien erhalten werden."

© Bundesministerium für Wirtschaft und Energie, Gabriel erteilt Ministererlaubnis im Verfahren EDEKA/Kaiser's Tengelmann, www.bmi.de, 17.03.2016

M10 Kontroverse um die Entscheidung im Fall Kaiser´s Tengelmann

a) Gabriels Entscheidung war ein Kurzschluss

Sigmar Gabriel möchte weiterhin, dass Edeka alle Tengelmann-Filialen übernimmt. Andernfalls seien 8.000 Arbeitsplätze bedroht, betonte der Wirtschaftsminister [...].

Gabriel ignoriert dabei jedoch, warum die Arbeitsplätze gefährdet sind: Viele Tengelmann-Filialen fahren seit Jahren Verluste ein. Da hilft auch keine Ministererlaubnis.

Und der Preis für das „Retten" der Arbeitsplätze wäre hoch. Monopolkommission und Bundeskartellamt befürchten Preissteigerungen für den Verbraucher durch die Fusion und lehnen sie ab.

Doch Gabriel wischte die Bedenken vom Tisch – der Erhalt der Arbeitsplätze müsse Vorrang haben, weil er dem Allgemeinwohl diene. Die Bedingungen der Ministererlaubnis sollen den Erhalt der Jobs garantieren. Die Arbeitsplätze bei Tengelmann dürfen demnach nicht abgebaut werden – zumindest fünf Jahre lang.

Nach Einschätzung der Monopolkommission wird Edeka aber zahlreiche MitarbeiterInnen entlassen müssen, um das Filialnetz profitabel zu machen. Am Ende könnten dann Edeka-Mitarbeiter, die das Pech haben, dass in ihrer Nähe eine Tengelmann-Filiale mit geschützten Mitarbeitern liegt, stattdessen eine Kündigung bekommen.

Tobias Pastoors, Kommentar Fusion Edeka Tengelmann: Gabriels Kurzschluss, www.taz.de, 22.09.2016

b) Edeka-Tengelmann-Fusion: Hier ist Politik wirklich gefragt

Die Analysen des Bundeskartellamtes, auf denen die Untersagung der Fusion beruht, sind doch recht schematisch. Dass die Nachfragemacht von Edeka bei Lieferanten durch eine Übernahme von Kaiser's Tengelmann erheblich verstärkt würde, ist nicht überzeugend. Das gesamte Einkaufsvolumen von Kaiser's Tengelmann entspricht dem Edeka-Wachstum eines einzigen Jahres. Für die allermeisten Lieferanten ist Kaiser's Tengelmann keine relevante Alternative zu einer Lieferung an Edeka. Auf der Absatzseite entsteht der wesentliche Wettbewerbsdruck direkt zwischen Edeka und Rewe sowie durch die Discounter Aldi und Lidl, und im Qualitätssegment durch die Bio-Supermärkte. Kaiser's Tengelmann spielt eine absolut untergeordnete Rolle, nennenswerte Wettbewerbsimpulse gehen von der Kette schon lange nicht mehr aus. [...] Welche Effekte sich durch eine Fusion womöglich für Umwelt, Arbeitsplätze, Versorgungssicherheit, außenpolitische Ziele, die Meinungsvielfalt oder andere gesellschaftliche Ziele ergeben, ist keine Frage, der das Bundeskartellamt nachgeht. Im Regelfall ist dies auch überflüssig, da die Sicherung des Wettbewerbs anderen politischen Zielen typischerweise nicht entgegensteht. Im Einzelfall jedoch mag dies anders sein. Genau für diese Einzelfälle gibt es die Ministererlaubnis. Das Abwägen zwischen verschiedenen politischen Zielen kann in einer Demokratie nicht einer Behörde überlassen werden, es ist eine Aufgabe der Politik, die dafür politisch legitimiert ist und auch die politische Verantwortung für diese Entscheidungen trägt.

Justus Haucap, Edeka-Tengelmann-Fusion: Hier ist Politik wirklich gefragt, www.zeit.de, 23.08.2016

c) Eine verständliche Entscheidung des Kartellamtes – aber keine Lösung

Das Kartellamt hat richtig entschieden. Seine Aufgabe ist es, für ausreichenden Wettbewerb in Deutschland zu sorgen. Edeka ist auch ohne die Tengelmann-Supermärkte schon Platzhirsch und hat bereits bei der letzten großen Übernahme von Plus bewiesen, dass es seine ohnehin schon große Marktmacht nur allzu gern allzu weitgehend nutzt. Auch im Fall der Tengelmann-Übernahme hat das Unternehmen wohl schnell Tatsachen geschaffen und verärgerte mit seiner Tendenz zu alten Mustern das Kartellamt, dem die übermäßige Macht von Edeka bereits seit langem ein Dorn im Auge ist. [...] Es gibt jetzt nur noch zwei Möglichkeiten: Entweder alle Filialen werden geschlossen und Deutschland hätte 16.000 Arbeitslose mehr. Oder wenigstens ein Teil der Läden kommt häppchenweise bei Konkurrenten unter, was wiederum deren Marktmacht erhöhen würde.

Dana Heide, Kommentar zu Edeka-Tengelmann: Eine verständliche Entscheidung – aber keine Lösung, www.handelsblatt.com, 01.04.2015

AUFGABEN

1. Nennen Sie Gemeinsamkeiten und Unterschiede der in **M1** dargestellten Kartelle, sowie die Auswirkungen, die diese auf die Verbraucher haben.
2. Ordnen Sie die Beispiele in **M1** den unterschiedlichen Kartellarten in **M2** zu.
3. Erklären Sie die Aufgaben des Bundeskartellamtes (**M3**).
4. Erläutern Sie Ihrem Nachbarn mit eigenen Worten, was man unter folgenden Begriffen versteht: Kartell, (Angebots-)Monopol, Missbrauchsaufsicht, marktbeherrschende Unternehmen, Fusion, Oligopol (**M3**, **M4**).
5. Beurteilen Sie mithilfe des Fallbeispiels in **M5** den Erfolg des Kartellamtes.
6. Erklären Sie, was eine Ministererlaubnis ist (**M6**).
7. Arbeiten Sie aus **M7**, **M8**, **M9** die Wettbewerbssituation auf dem Lebensmittelmarkt heraus.
8. Arbeiten sie die unterschiedlichen Argumente der Befürworter und Gegner der Ministererlaubnis heraus (**M10**).
9. Diskutieren Sie in einer Pro-und-Kontra-Debatte (Methodenglossar) auf der Grundlage von **M10** die Frage, ob die Ministererlaubnis im Fall Kaisers's Tengelmann ein angemessenes Mittel war.

11.2 Ist der gesetzliche Mindestlohn ein unzulässiger Eingriff des Staates in die Marktwirtschaft?

M11 Fallbeispiele vor der Einführung des Mindestlohnes 2015

1 Andrea L. und ihr Mann sind beide berufstätig und können trotzdem kaum ohne finanzielle Hilfe ihren Alltag als fünfköpfige Familie bestreiten. Sie arbeitet im Einzelhandel für 5,67 Euro die Stunde. Ihr Mann ist in der Pflege tätig und bekommt 9,70 Euro die Stunde.

Woran wird „Armut trotz Arbeit" besonders spürbar?"

Wir sind eine fünf-Köpfige Familie. Mein Mann ist ungelernter Krankenpflegehelfer und arbeitet ca. 30 Std./Woche, der Lohn ist mit 9,70 tragbar, aber nicht akzeptabel. Er ist gelernter Maurer und bekommt in seinem Beruf in unserer Gegend trotz intensiver Bemühungen keinen Job, so dass er mit dem unterbezahlten Pfleger noch zufrieden ist. Ich arbeite auf geringfügiger Basis und arbeite 63 Std./Monat für gerade mal 350 Euro. Wir reichen jeden Monat der ARGE unsere Abrechnungen ein und bekommen noch etwas Unterstützung. Manchmal ist es so knapp, dass wir zur Tafel müssen. Unsere Kinder bekommen kein Taschengeld.

Welche Wünsche würden Sie sich oder Ihrer Familie gern erfüllen?

Ich möchte einen Vollzeitjob oder mindestens einen Vertrag mit 25Std./Woche, dass wir in der Urlaubszeit nicht nur zu Hause sitzen müssen, sondern mit den Kindern auch mal einen Freizeitpark besuchen können oder mal ins Kino. Ich wünsche mir weiterhin, dass der Mindestlohn in allen Branchen für 400 Euro-Kräfte gelten soll. Ich wünsche mir, endlich unabhängig vom Staat zu sein, aber trotzdem nicht jeden Monat jeden Cent umdrehen zu müssen.

© Deutscher Gewerkschaftsbund, Familie, www.mindestlohn.de, 22.04.2013

2 Karen M. aus Hessen arbeitet als Altenpflegerin in einem privaten Altenheim – 7 Stunden am Tag, 12 Tage durchgehend, dann einen Tag frei, wenn sie Glück hat. 1150 Euro verdient sie dafür brutto im Monat – kaum genug zum Leben und das bei einer körperlich und seelisch anstrengenden Arbeit.

Woran wird „Armut trotz Arbeit" besonders spürbar?

Ich arbeite als Altenpflegehelferin in einem privaten Pflegeheim, bin eine Vollkraft und fahre täglich 40km hin und zurück. Mein Nettolohn am Monatsende ist 850 Euro bis 915 Euro im Monat, je nachdem, wie viel Doppeldienste ich am Wochenende habe. Das heißt 10 Stunden am Sonntag, da gibt es 1.20 Euro Sonntagszuschläge. Wenn ich meine laufenden Kosten wie Miete, Strom, Versicherungen für Auto und so weiter bezahlt habe, bleiben mir 10 Euro im Monat zum Leben. Da ist aber noch nicht der Sprit, den ich ja brauche, um zur Arbeit zu kommen dabei. Alle Preise steigen, nur nicht der Lohn – es ist traurig, dass jemand, der arbeiten geht, nichts mehr zum Leben übrig hat.

Welche Wünsche würden Sie sich oder Ihrer Familie gern erfüllen?

Ich würde mir wünschen, dass ich wieder mal richtig einkaufen könnte und mein Kühlschrank nicht nur leer ist oder dass ich meine Heizung mal richtig aufdrehen könnte, damit ich auch mal eine warme Wohnung hätte und nicht die Angst im Nacken sitzt „Wie bezahle ich die Heiz- und Stromkosten?"

© Deutscher Gewerkschaftsbund, Familie, www.mindestlohn.de, 22.04.2013

b) Der Niedriglohnsektor vor der Einführung des Mindestlohns

Weniger als 8,50€ verdienten von den Beschäftigten im Bereich			Stand: 2013
Gastgewerbe	55,4%	Gesundheit	17,4%
Landwirtschaft	37,3%	Baugewerbe	15,8%
Handel	28,3%	Erziehung und Unterricht	10,3%
Sonstige Dienstleistungen	27,0%	Öffentliche Verwaltung	4,4%

Kalina / Weinkopf, IAQ-Report 3/2015, in: © Böckler Schule, Mindestlohn II, www.boeckler.de, Hans Böckler Stiftung, 06/2016, S. 2

M12 Mindestlohn in Deutschland

Zum 01.01.2015 wurde in Deutschland der Mindestlohn eingeführt. Ein Stundenlohn von 8,50 Euro durfte dann nicht mehr unterschritten werden. Zunächst galten für eine Übergangszeit noch einige Ausnahmeregelungen, auch sind bestimmte Gruppen vom Mindestlohn ausgenommen, z. B. Praktikanten, Auszubildende und Ehrenamtliche. Eine Mindestlohn-Kommission aus Arbeitgebervertretern und Gewerkschaften entscheidet in regelmäßigen Abständen, ob und wie viel der Mindestlohn angehoben werden soll. So gilt nach Empfehlung dieser Kommission seit dem 01.01.2017 ein Mindestlohn von 8,84 Euro.

Bearbeiter

M13 Der Marktmechanismus auf dem Gütermarkt

Der Mechanismus der Preisbildung wurde bereits in Kapitel 9, M3 behandelt, am Beispiel des Marktes für Speiseeis. Wichtig ist hier noch einmal, sich bewusst zu machen, dass dieser Mechanismus nur für das Modell der vollkommenen Konkurrenz gilt.

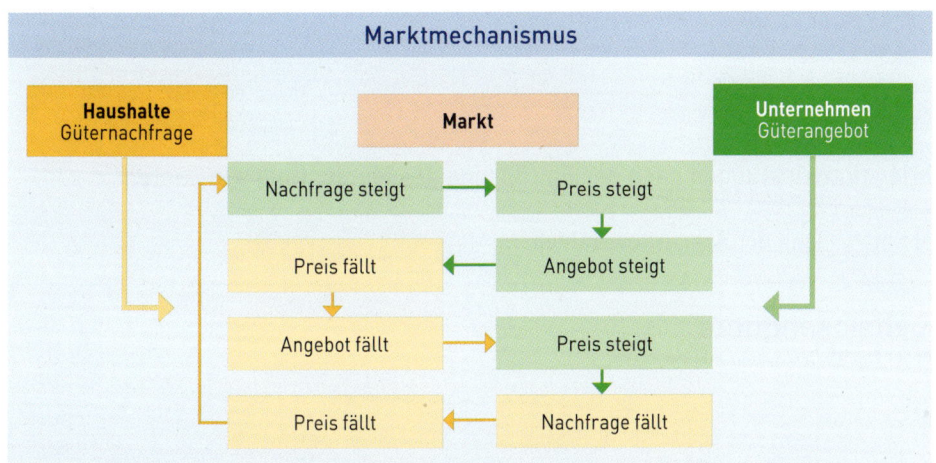

Lesehilfe zu M13
Beginnen Sie bei der Beschreibung des Schaubildes oben in der linken Ecke und folgen Sie jeweils den Pfeilen.

Nach: Bernd Kirchner, u. a., Marktanteil, in Bundeszentrale für politische Bildung (Hg.), Das Lexikon der Wirtschaft. Grundlegendes Wissen von A bis Z, 2009, S. 77

M14 Eingeschränkter Marktmechanismus auf dem Arbeitsmarkt

Der Arbeitsmarkt funktioniert nur in eingeschränktem Maße nach dem Marktmechanismus, der für den Gütermarkt gilt. Auf dem Gütermarkt fällt der Preis, wenn die Nachfrage sinkt und der Preis steigt bei zunehmender Nachfrage. Dieser Mechanismus der flexiblen Lohnentwicklung (der Preis für die Arbeit) funktioniert auf dem Arbeitsmarkt nicht nach dem Muster des Gütermarkts. Dafür gibt es mehrere Gründe:

1. Während ein Käufer in der Regel schnell den Anbieter einer Ware wechseln kann, wenn ihm die Ware nicht gefällt, kann der Arbeitnehmer nicht so einfach seinen Arbeitsplatz wechseln, wenn der Lohn nicht hoch genug ist. Denn häufig kann oder möchte seine Familie nicht den Wohnort wechseln oder das soziale Umfeld verlassen bzw. kann der Arbeitnehmer am neuen Arbeitsplatz keine bezahlbare Wohnung finden.
2. Unternehmen könnten bei sinkender Nachfrage Arbeitskräfte entlassen. Das tun sie aber längst nicht immer, besonders dann nicht, wenn sie davon ausgehen müssen, dass sie bei steigender Nachfrage nicht so leicht neue Arbeitskräfte finden können.
3. Gewerkschaften und Arbeitgeberverbände vereinbaren Tarifverträge, die dafür sorgen, dass Löhne nicht flexibel nach unten schwanken können, da Tariflaufzeiten dies verhindern.
4. Der Gesetzgeber verhindert durch die Festlegung eines Mindestlohns Lohnschwankungen unter eine festgesetzte Größe.

Bearbeiter

M15 Die Debatte um den Mindestlohn

a) Warum ein Mindestlohn keine gute Idee ist

Viele Ökonomen stehen Mindestlöhnen [...] ablehnend gegenüber. Im jüngsten Gutachten des Sachverständigenrates zur Begutachtung der gesamtwirtschaftlichen Entwicklung etwa haben sich die Verfasser mit Nachdruck gegen die Einführung von gesetzlichen Mindestlöhnen ausgesprochen, seien diese nun flächendeckend oder – noch bedenklicher – branchenspezifisch.

Die Ökonomen befürchten folgendes Ergebnis: „Ein gesetzlicher Mindestlohn birgt je nach seiner Höhe ein erhebliches Risiko von Arbeitsplatzverlusten gerade im Bereich gering qualifizierter Arbeit. [...] Um es auf den Punkt zu bringen: Dem Arbeitslosen nützt ein Mindestlohn nichts, wenn es bei dieser Entlohnung kaum Arbeitsplätze gibt, er bliebe der Verlierer."

Thorsten Polleit, Warum Mindestlohn keine gute Idee ist, www.rottmeyer.de, 16.05.2013

b) Warum wir einen Mindestlohn brauchen

Behauptet wird: Mindestlöhne sind unzulässige Eingriffe des Staates in die freie Preisbildung am Markt. Richtig ist: Seit Jahren entziehen sich Teile der Arbeitgeber der Tarifbindung und drücken die Löhne. Niedriglöhne sind das Resultat. Gesetzliche Lohnuntergrenzen sind notwendige Eingriffe, da ohne sie ein Marktpreis entsteht, der nicht Existenz sichernd ist und die Sozialkassen belastet.

© Deutscher Gewerkschaftsbund, Fehlargument: Mindestlöhne sind ein unzulässiger Eingriff in den Wettbewerb, www.dgb.de, Abruf am 26.03.2018

M16 Entwicklungen nach der Einführung des Mindestlohns in Zahlen

a) Entwicklung der Arbeitslosenzahlen

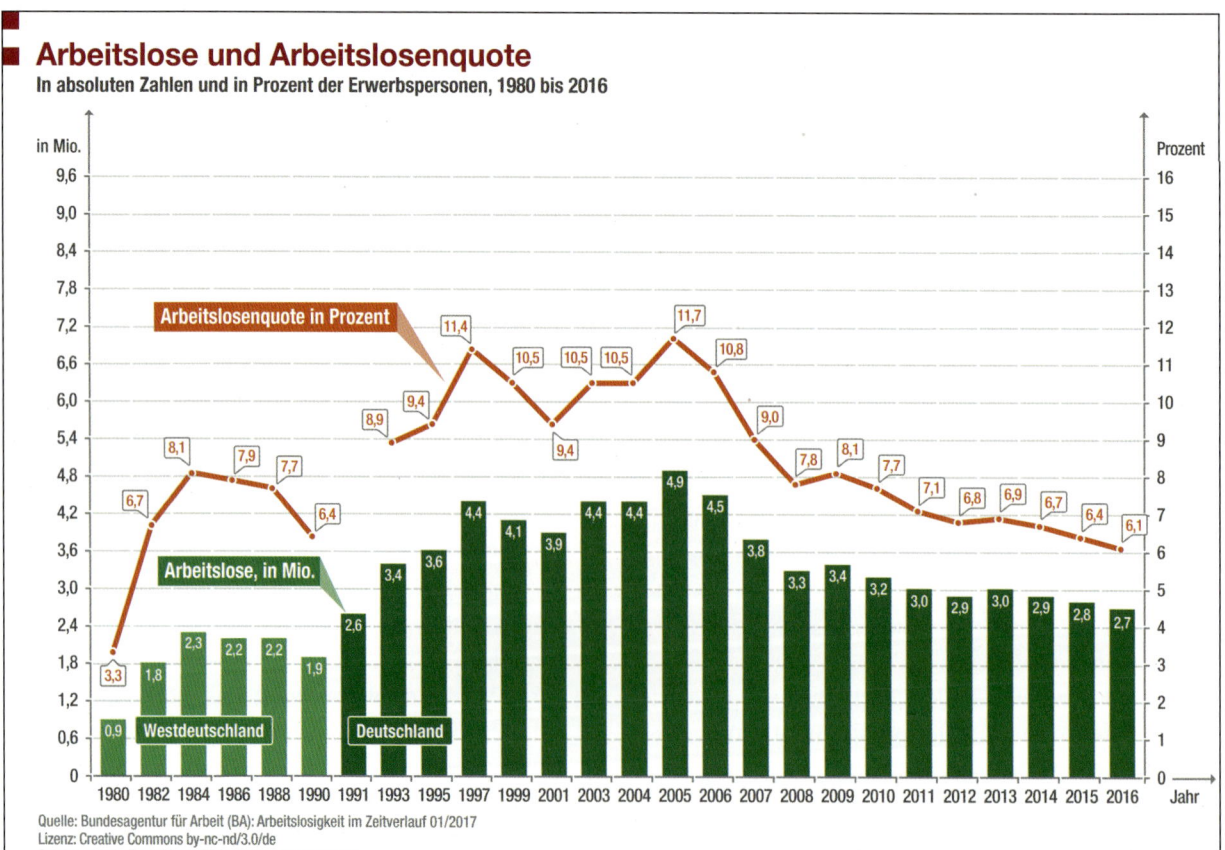

b) Entwicklung der Verbraucherpreise

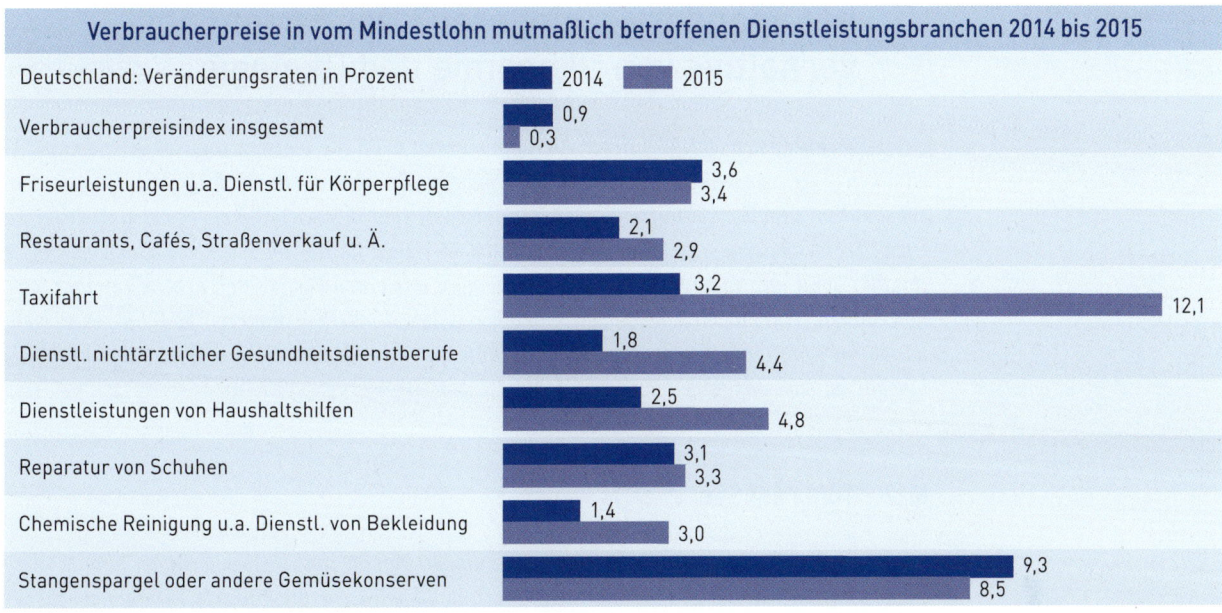

Aus: Hagen Lesch, Christoph Schröder, iw-Report 20/2016: Ein Jahr gesetzlicher Mindestlohn: Auswirkungen auf Beschäftigung, Preise und Lohnstruktur, www.iwkoeln.de, 26.06.2016, S. 10

AUFGABEN

1. a) Beschreiben Sie anhand der Fallbeispiele in **M11** die Situation, in der die Menschen sich vor der Einführung des Mindestlohns in Deutschland befanden.
   b) Arbeiten Sie heraus, welche Einschränkungen sie in Kauf nehmen und mit welchen Unsicherheiten sie leben mussten (**M11**).
   c) Analysieren Sie die Tabelle in **M11b** und werten Sie diese in Bezug auf das Beispiel in **M11a** aus.
   d) Fassen Sie zusammen, wie der Mindestlohn in Deutschland derzeit ausgestaltet ist (**M12**).
2. Erläutern Sie das Schema in **M13** für den Marktmechanismus auf dem Gütermarkt.
3. Erklären Sie mithilfe von **M3c** (auf S. 284) den Marktmechanismus am Beispiel des Marktes für Speiseeis in den im Text dargestellten unterschiedlichen Marktformen.
4. a) Erläutern Sie auf der Grundlage von **M14**, warum der Arbeitsmarkt nicht nach den Regeln des Gütermarktes funktioniert.
   b) Diskutieren Sie Vor- und Nachteile für das Fehlen des Marktmechanismus auf dem Arbeitsmarkt (**M3c auf S. 284, M14**).
5. Entwickeln Sie auf der Grundlage der Argumente aus **M15a-b** eine Tabelle, in der Sie die Argumente darstellen.
6. Analysieren Sie die Daten in **M16a-b** in Partnerarbeit und prüfen Sie, inwiefern die mit der Einführung des Mindestlohns verbundenen Befürchtungen und Hoffnungen eingetreten sind.
7. Nehmen Sie auf einer Positionslinie Stellung zu der Frage, ob es gerechtfertigt ist, dass der Mindestlohn vom Gesetzgeber eingeführt wurde.

F Aufgaben 1-7
Kritik an den Regelungen zum Mindestlohn gibt es vor allem zu zwei Bereichen: Zum einen wird der hohe bürokratische Aufwand für Unternehmen und Arbeitgeber kritisiert, zum anderen stehen die Ausnahmeregelungen, die es für den Mindestlohn gibt, in der Kritik. Recherchieren Sie zu beiden Aspekten und informieren Sie den Kurs in einem kurzen Vortrag vor der Positionierung auf der Positionslinie.

11.3 Lassen sich Marktwirtschaft und Umweltschutz miteinander vereinbaren? Das Spannungsverhältnis von Ökonomie und Ökologie

"Umweltschutz ist wichtig.", dieser Aussage würden wohl die meisten Menschen spontan zustimmen. Wir wünschen uns eine intakte Umwelt, wir wissen, wie wichtig sie für unsere Lebensqualität und die zukünftigen Generationen ist. Und dennoch kommt es immer wieder zu Umweltverschmutzung und Umweltzerstörung. Das liegt daran, dass Umweltschutz häufig in Konflikt gerät mit anderen Interessen. Wir wollen uns einen bestimmten Lebensstandard leisten können, wir möchten möglichst komfortabel leben und konsumieren können – das steht häufig im Konflikt mit dem Ziel einer geschützten Umwelt. Mit diesem Spannungsverhältnis beschäftigt sich das folgende Unterkapitel.

M17 Tüten auf See

Temperaturbeständig, stabil und fest – das macht Plastik aus. Jedoch bringen gerade diese Eigenschaften viele Probleme mit sich: Plastikmüll wird für die Umwelt zu einer wachsenden Gefahr. Nur fünfzehn Prozent des Plastikmülls spült das Meer an Land – der Rest bleibt im Wasser.

Die Welt macht mobil gegen Umweltverschmutzung – zumindest gegen Plastiktüten. Im Jahr 2008 startete Australien eine Anti-Tüten-Kampagne: Demnach könnte die Zahl von rund vier Milliarden Einkaufstüten, die dort jährlich aus den Geschäften getragen werden, bald der Vergangenheit angehören. Und auch China sagt der „weißen Umweltverschmutzung" den Kampf an: Fortan sind Gratis-Plastiktüten ebenso verboten wie Tüten mit einer Stärke von weniger als 0,025 Millimetern, denn die lassen sich kaum recyceln. [...] Doch was ist mit dem übrigen Plastikdreck? Ob Plastikflaschen, Feuerzeuge oder ausrangierte Barbies: Plastikmüll ist eine zunehmende Gefahr globalen Ausmaßes. Am schlimmsten betroffen sind die Meere. Von den jährlich etwa 100.000 Millionen Tonnen weltweit produzierten Plastiks landen ungefähr zehn Prozent in den Ozeanen – allmählich verwandeln sich die Weltmeere in gigantische Mülldeponien. [...] Die schwimmenden Müllhalden haben fatale Auswirkungen. Expertenmeinungen zufolge verenden jedes Jahr eine Million Seevögel, hunderttausend Seehunde und andere Meeressäuger sowie unzählige Fische: Sei es, dass die Tiere sich in den Plastikgegenständen verheddern und erdrosseln, sei es, dass sie Plastikteilchen fressen, die sie irrtümlich für Nahrung halten.

Auch in die Nordsee gelangen jedes Jahr rund 20.000 Tonnen Müll. So ergeben Studien von Meereswissenschaftlern aus den Nordsee-Anrainerstaaten, dass die meisten der dort lebenden Hochseevögel Plastikmüll in ihren Mägen haben. Verschluckte Flaschendeckel, Feuerzeuge oder Luftballons führen zur Anreicherung von Giftstoffen im Gewebe der Tiere.

Erkrankungen, erhöhte Sterblichkeit und eingeschränkte Fortpflanzung sind die Folgen – und zwar nicht nur für die Tiere: Durch den Verzehr von Fisch ist Plastikmüll auch für den Menschen ein Gesundheitsrisiko.

Yvonne Schmidt, Tüten auf See, www.lexi-tv.de, Abruf am 13.9.2013

„Sealife"-Mitarbeiter feiern am 17.7.2013 am Strand von Niendorf (Schleswig-Holstein) ihren Guinness-Rekord für die längste Plastiktütenkette der Welt. Mit dem Rekord aus mehr als 5000 gebrauchten Plastiktüten möchte das „Sealife" auf die wachsende Menge von Plastikmüll in den Meeren aufmerksam machen.

11.3 Lassen sich Marktwirtschaft und Umweltschutz miteinander vereinbaren?

M18 Plastiktütennutzung in Deutschland 2016

Der Tütenwahn in Deutschland		
Die pro Jahr verbrauchten Plastiktüten aneinander gelegt würden	*46 x*	den Äquator umrunden.
Dafür werden	*260*	Millionen Liter Erdöl benötigt.
So entstehen	*1,3*	Kilo Plastikmüll pro Person und Jahr.
	10.000	Plastiktüten werden pro Minute verbraucht.
Das sind	*5,3*	Milliarden Tüten pro Jahr.
Eine Plastiktüte wird im Schnitt nur	*25*	Minuten genutzt.

© Naturschutzjugend NAJU im NABU e.V., 25 Minuten für die Ewigkeit: Die wichtigsten Fakten zur Plastiktüte, www.trashbusters.de, Abruf am 27.03.2018

M19 Auszüge aus der EU-Richtlinie zur Verringerung des Verbrauchs von Plastiktüten

Die Richtlinie [...] des Europäischen Parlaments und des Rates wurde erlassen, um die Auswirkungen von Verpackungen und Verpackungsabfällen auf die Umwelt zu vermeiden bzw. solche Auswirkungen zu verringern. Zwar stellen Kunststofftragetaschen eine Verpackung im Sinne dieser Richtlinie dar, doch enthält die Richtlinie keine spezifischen Maßnahmen hinsichtlich des Verbrauchs an solchen Taschen. [...] Um dauerhafte Verringerungen des durchschnittlichen Verbrauchs an leichten Kunststofftragetaschen zu fördern, sollten die Mitgliedstaaten Maßnahmen treffen, um den Verbrauch an leichten Kunststofftragetaschen [...] zu verringern. [...] Von den Mitgliedstaaten zu ergreifende Maßnahmen können den Einsatz wirtschaftlicher Instrumente wie Preisfestsetzung, Steuern und Abgaben einschließen, die sich zur Verringerung des Verbrauchs an Kunststofftragetaschen als besonders effektiv erwiesen haben. [...] Von den Mitgliedstaaten zu ergreifende Maßnahmen zur Verringerung des Verbrauchs an Kunststofftragetaschen sollten zu einer dauerhaften Verringerung des Verbrauchs an leichten Kunststofftragetaschen und nicht zu einem allgemeinen Anstieg des Verpackungsaufkommens führen.

© European Union, 1998-2018, Richtlinie (EU) 2015/720 des Europäischen Parlaments und des Rates vom 29. April 2015 zur Änderung der Richtlinie 94/62/EG betreffend die Verringerung des Verbrauchs von leichten Kunststofftragetaschen, www.euro-lex.europa.eu, Abruf am 27.03.2018

EU-Richtlinien

Europäische Richtlinien gelten [...] nicht direkt in den einzelnen europäischen Ländern. Wenn der europäische Gesetzgeber eine Richtlinie erlässt, können die Vorschriften, die in dieser Richtlinie stehen, nicht unmittelbar auch in Deutschland oder in den anderen europäischen Ländern angewendet werden. Zunächst müssen der deutsche [...] und die anderen nationalen Gesetzgeber eigene Gesetze erlassen, die das in der Richtlinie Geregelte umsetzen.

Susanne Hähnchen, EU-Richtlinien, www.recht-kinderleicht.de, Abruf am 27.03.2018

M20 Vereinbarung zur Verringerung des Verbrauchs von Plastiktüten zwischen Bundesumweltministerium und dem Handelsverband Deutschland von 2016

Die Vereinbarung zwischen dem Bundesumweltministerium und dem Handelsverband ist freiwillig. Das heißt, sie ist rechtlich nicht bindend. Das Ministerium hat aber auf Grund der EU-Richtlinie die Möglichkeit, ein entsprechendes Gesetz zu erlassen, wenn die Unternehmen sich nicht an diese Vereinbarung halten.

Die Verbände verpflichten sich gemeinsam mit den teilnehmenden Unternehmen, den Kundenservice Tragetasche umweltverträglicher zu gestalten und einen Beitrag dazu zu leisten, die von der EU Richtlinie 2015/720 vom 29. April 2015 betreffend die Verringerung des Verbrauchs von leichten Kunststofftragetaschen vorgegebenen Ziele zu erreichen und also den jährlichen Verbrauch an leichten Kunststofftragetaschen bis 31. Dezember 2019 auf höchstens 90 und bis 31. Dezember 2025 auf höchstens 40 Kunststofftragetaschen pro Einwohner zu verringern. [...] Zwei Jahre nach Inkrafttreten muss gewährleistet sein, dass mindestens 80 % der von den teilnehmenden Unternehmen sowie der Mitgliedsunternehmen der Verbände in Verkehr gebrachten Kunststofftragetaschen nur noch gegen ein angemessenes Entgelt abgegeben werden. [...] Die teilnehmenden Unternehmen verpflichten sich ferner, Kunststofftragetaschen spätestens ab dem 1. Juli 2016 nicht mehr kostenlos an ihre Kunden abzugeben und ein angemessenes Entgelt zu erheben.

Babara Hendricks (Ministerium für Umwelt, Naturschutz, Bau und Reaktorsicherheit), Josef Sanktjohanser (Präsident des Handelsverbands Deutschland – HDE e.V.), Vereinbarung zur Verringerung des Verbrauchs von Kunststofftragetaschen, www.bmub.bund.de, Abruf am 27.03.2018

M21 Entwicklung des Plastiktütenverbrauchs in Deutschland

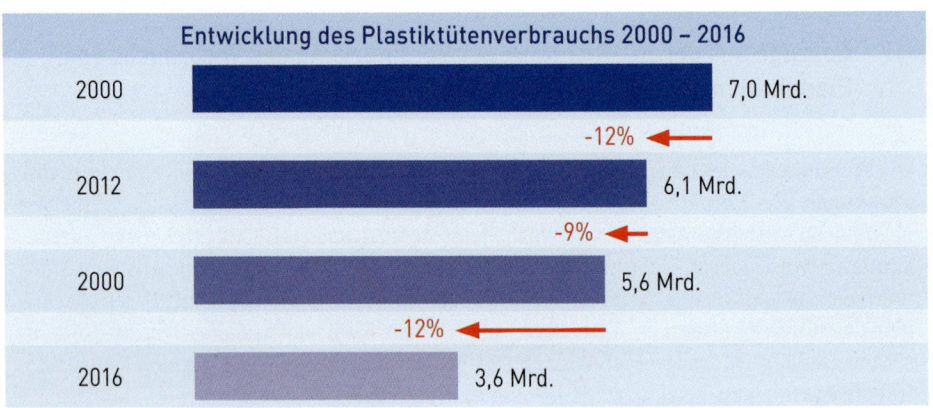

Nach: © 2018 HANDELSVERBAND DEUTSCHLAND POWERED BY CONVIVO GMBH, Ein Drittel weniger Kunststofftüten in Deutschland, www.einzelhandel.de, Abruf am 27.03.2018

M22 Warum ist Umweltschutz ein wirtschaftspolitisches Ziel?

Ist es nicht in jedermanns Interesse, die Umwelt zu schonen und sauber zu erhalten, auch für spätere Generationen? Das Besondere an der sauberen Umwelt ist, dass diese ein Gemeingut ist. Das bedeutet, man kann niemanden davon ausschließen und sie ist kostenlos. In der Sozialwissenschaft heißt dieses Problem „Tragödie des Allgemeinguts". Es besagt, dass frei verfügbare, aber begrenzte Ressourcen nicht effizient genutzt werden und durch Übernutzung bedroht sind. Genauso sieht es aus mit der sauberen Umwelt.

Die Umwelt zu schützen ist eine Anstrengung und möglicherweise ein Nachteil bei der Produktion, der Gewinn daraus kommt aber allen gleichermaßen zu Gute. Der persönliche und wirtschaftliche Anreiz, sich umweltfreundlich zu verhalten, zu produzieren, etc. ist daher eher gering. So lebt zwar jeder gerne in einer sauberen und gepflegten Umwelt, ist aber nicht unbedingt bereit, dafür etwas aktiv beizutragen bzw. zurückzustecken.

In den 1970ern erkannte man, dass die Herstellung und der Verbrauch von Gütern massive Umweltprobleme zur Folge hatten und die Wirtschaft die Umwelt stark belastete. Aufgrund fehlender Anreize kam kein freiwilliger Umweltschutz von Unternehmen zustande. Wie auch, hätte dies doch einen Nachteil gegenüber den Unternehmen bedeutet, die einfach weiter die Umwelt strapazierten. So sahen Unternehmen im Umweltschutz nur eine Verteuerung der Produktion und somit einen Nachteil gegenüber anderen Produzenten.

Initiative Neue Soziale Marktwirtschaft (Hrsg.): Spannungsverhältnis von Ökologie und Ökonomie, in: Unterrichtsmaterialien, www.wirtschaftundschule.de, Abruf am 27.03.2018, S. 1

M23 Konsumenten ergreifen die Initiative gegen Müll und Plastikverpackungen

a) Frau Su lebt nach dem Lebensstil „Zero-Waste"

Shia Su mit dem nicht recyclebaren Müll von 8 Monaten von zwei Personen.

Das beliebte Schuld-Ping-Pong bin ich schon lange leid. Die Konsumenten verlangen, dass die Industrie sich ändert, die Industrie sagt, dass sie nachhaltigere Optionen nicht anbieten können, weil die Konsumenten den Preis dafür nicht zahlen wollen. Dann ist da noch die versteifte Politik, die den akrobatischen Spagat zwischen den Stühlen mehr schlecht als recht hinbekommt. So geht es hin und her, und her und hin, und keiner fühlt sich verantwortlich. Ich als Privatperson kann natürlich weder Gesetze erlassen noch den Fabriken vorgeben, wie produziert wird. Aber deshalb das Handtuch werfen? Ich kann vielleicht nicht direkt beeinflussen, wie viel Müll im Produktions- und Transportprozess „hinter den Kulissen" anfällt, aber ich kann zumindest den Müll auf der letzten Station vermeiden und damit ein Zeichen setzen. Was kann ich unmittelbar beeinflussen? Mein eigenes Konsumverhalten natürlich! Und für mich war es einfach an der Zeit, aus diesem Konsumwahn auszubrechen. Das heißt für mich: gezielt einkaufen!

Mir wird häufig gesagt, dass die Bemühungen von mir als Einzelperson doch nur ein Tropfen auf den heißen Stein seien. Meine Antwort: „Ist das nicht die falsche Logik? Komplexe Probleme wie globale Nachhaltigkeit oder Weltfrieden lassen sich sowieso nicht von einer Person allein bewerkstelligen. Aber nur weil ich allein keinen Weltfrieden herstellen kann, muss ich doch nicht gleich pro Krieg sein und kann dennoch pazifistisch leben, oder?"

Meine Stimme gebe ich außerdem – ob ich will oder nicht – jedes Mal ab, wenn ich irgendwo Geld lasse. Denn mit jedem Einkauf generiere ich eine Nachfrage. Kaufe ich ein Billig-Oberteil, wird mehr davon produziert. Übersetzt in die Sprache des Unternehmens heißt das: „Die Ausbeutung scheint nicht zu stören und lohnt sich. So machen wir weiter."

Shia Su, Zero-Waste. Weniger Müll ist das neue Grün, Linz 2016. S. 10-11.

Shia Su lebt mit ihrem Mann in Bochum und versucht, den sogenannten „Zero-Waste"-Lebensstil umzusetzen. Das heißt, sie versuchen ihr Leben so zu gestalten und vor allen Dingen so zu konsumieren, dass sie so gut wie keinen nicht recyclebaren Müll erzeugen.

b) Verpackungsfreier Supermarkt: einkaufen ohne Verpackung

Im verpackungsfreien Supermärkten werden viele der Produkte in großen, an der Wand montierten Spendern aufbewahrt, so dass man sich die Ware selbst abfüllen kann. Gewürze und Kräuter löffelt man sich zum Beispiel aus großen Gläsern in kleine, Essig und Öl füllt man sich aus großen Kanistern oder Flaschen in kleine Flaschen, Eier packt man in selbst mitgebrachte Eierkartons, Käse in Papier. Ein-

Die Gründerinnen von „Original unverpackt" Sara Wolf (l) und Milena Glimbovski posieren am 19.09.2014 in Berlin in ihrem Laden. Etwa 350 Produkte hat der Laden im Angebot.

kaufen ohne Verpackung funktioniert selbst mit Duschgel oder Waschmittel, dank des Prinzips des Selbst-Abfüllens. Das Eigengewicht der mitgebrachten Behälter wird vor dem Befüllen in den Läden abgezogen, so dass man wirklich nur bezahlt, was man mitnimmt. Und wer gerade keine eigenen Behälter dabei hat, kann im Laden welche erwerben. Das Konzept der plastikfreien Läden, wie zum Beispiel von „Original Unverpackt" oder „Ohne", ist so einfach wie zukunftweisend: Es spart Unmengen an Plastikverpackungen, die unter hohem Energieaufwand produziert werden, nur um kurz nach dem Einkauf im Müll zu landen. Die Kunden ihre Waren selbst abfüllen zu lassen, erlaubt es ihnen zudem, nur die wirklich benötigte Menge zu kaufen und so Lebensmittelverschwendung zu reduzieren.

Viele der verpackungsfreien Läden verkaufen zudem ausschließlich Bio-Waren und legen besonderen Wert auf regionale Erzeugung – umweltfreundlicher ist nur die Eigenproduktion.

Annika Flatley, Verpackungsfreier Supermarkt: einkaufen ohne Verpackung, www.utopia.de, 17.01.2018

F Aufgabe 4

Shia Su gibt in ihrem Buch und auf ihrem Block (http://wastelandrebel.com/de/11-tipps-fuer-mehr-muellvermeidung-in-schule-studium-und-beruf/) viele Tipps zur Umsetzung ihres Zero-Waste-Konzeptes. Z.B. gibt es eine Liste mit Tipps für die Müllvermeidung in Schule und Büro. Werten Sie diese Tipps dahingehend aus, was Sie selbst für sich beherzigen und umsetzen würden und was nicht.

F Aufgabe 5

Es gibt aus der Politik die Forderung, die Konsumenten zu einem Umdenken zu bewegen, indem man Produkte in Plastikverpackungen mit drastischen Bildern von verendeten Seetieren versieht, ähnlich, wie es mit den „Ekelbildern" auf Zigarettenpackungen gemacht wird. Bringen Sie diesen Vorschlag in die Debatte ein und nehmen Sie dazu Stellung.

AUFGABEN

1. Beschreiben Sie mithilfe von **M17** und **M18**, welche Probleme aus unserem hohen Plastiktütenverbrauch resultieren.

2. Arbeiten Sie aus **M19** bis **M21** heraus, welche Maßnahmen die Politik getroffen hat, um das Problem des Plastiktütenverbrauchs zu lösen und welche ersten Ergebnisse diese Maßnahmen erzielt haben.

3. Sie Erläutern Sie mithilfe von **M22** die Schwierigkeiten, den Schutz der Umwelt zu einem wirtschaftspolitischen Ziel zu machen. Wenden Sie diese Überlegungen auf das Beispiel der Plastiktüten an.

4. Arbeiten Sie arbeitsteilig aus **M23a-b** heraus, welche Möglichkeiten es für Konsumenten gibt, ihren Konsum anders zu gestalten und welche Motive hinter der Entscheidung stehen, anders zu konsumieren.

5. Diskutieren Sie in einem Kugellager folgende Fragen oder weitere Fragen, die sich für Sie aus dem Kapitelthema ergeben:
   a) Ist die deutsche Umsetzung der EU-Richtlinie zur Vermeidung von Plastiktüten zielführend?
   b) Sollten andere Maßnahmen ergriffen werden, um den Plastiktütenverbrauch zu verringern, z. B. ein generelles Plastiktütenverbot, die Umstellung auf Papiertaschen gesetzlich vorschreiben?
   c) Sind weitere Schritte notwendig, um unseren Plastikverbrauch generell zu verringern? Was wäre da denkbar?
   d) Können Sie sich vorstellen, eine solche Lebensweise wie Shia Su (**M23a**) zu leben oder in einem Unverpacktladen (**M23b**) einzukaufen?

11.4 *Vertiefung:* Inwiefern sind Sharing-Ökonomien eine Alternative zum bestehenden Markt?

Immer mehr Menschen setzen sich kritisch mit ihrem Konsum auseinander und hinterfragen die Mentalität, dass wir mit steigendem Wohlstand immer mehr konsumieren können – häufig auf Kosten der Umwelt. Entstanden ist die sogenannte „Sharing-Ökonomie". „Teilen ist das neue Haben.", heißt es nun immer häufiger. Aber das Modell ist umstritten. Zum Teil stecken wirklich neue, alternative Denkweisen hinter diesem Konzept. In vielen Fällen ist es aber genauso ein Markt, wie alle anderen Märkte auch, so die Kritiker.

M24   Ich brauche keine Bohrmaschine, ich brauche das Loch in der Wand!

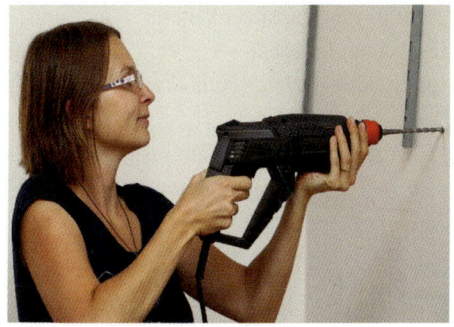

Eine Frau beim Bohren mit der Bohrmaschine

„Nur 12-15 Minuten läuft eine durchschnittliche Bohrmaschine während ihrer gesamten Lebensdauer", erklärt Rachel Botsman beim TEDxSydney [eine Plattform für die Verbreitung australischer Ideen, Kreativität und Innovationen] und stellt die berechtigte Fragen, warum man eine eigene Bohrmaschine braucht, wenn man eigentlich nur Löcher will. Ihre Lösung nennt sie „Collaborative Consumption" – zu Deutsch in etwa „gemeinschaftliche Nutzung".

Steffen Voß, Collaborative Consumption Haben Sie mal ne Bohrmaschine?, www.kaffeeringe.de, Abruf am 27.03.2018

M25   Beispiele für Sharing-Konzepte

1 Car-Sharing: In Großstädten sind die Parkplätze rar und meistens nimmt man sowieso die U-Bahn. Sollte man da nicht gleich auf ein Auto verzichten? Manchmal braucht man aber einfach ein Auto. Eine Lösung bieten hier Car-Sharing-Unternehmen. Man meldet sich dort an, zahlt in der Regel eine Grundgebühr und kann sich dann jederzeit ein Auto leihen und zahlt pro gefahrenen Kilometer. Eine Online-Karte zeigt an, wo sich das nächste Auto befindet. Wenn man das Auto nicht mehr braucht, stellt man es in der nächstbesten Parklücke ab.

2 Couch-Surfen: Wer eine Reise unternimmt, hat nicht immer das Geld für ein Hotelzimmer oder möchte auch nicht gerne so anonym in einer Stadt wohnen. Beim Couch-Surfing vermieten Privatleute – am häufigsten in Großstädten – ihre Wohn- oder Schlafzimmer an Touristen.

Bearbeiter

M26   Die Motive hinter dem Sharing-Trend: Warum teilen und nicht besitzen?

Sie wollen Güter teilen, um einen Beitrag gegen Umweltverschmutzung und für die optimale Nutzung knapper Ressourcen zu leisten. Praktiziert von heutigen Mittzwanzigern, die Zusammenhalt beweisen und sich stemmen wollen gegen die Ellbogengesellschaft. Und so soll es funktionieren: Die sogenannte Share-Economy – sprich die Ökonomie des Teilens – ist ein Trend, der vergangenes Jahr aus Städten wie San Francisco und New York nach Berlin übergeschwappt ist und nun ganz Deutschland

Was ist „Sharing-Ökonomie"?

Sharing Economy (auch „Shared Economy" oder „Share Economy") heißt wörtlich übersetzt „Wirtschaft des Teilens" und bezeichnet die gemeinschaftliche Nutzung von Gütern durch Teilen, Tauschen, Leihen, Mieten oder Schenken sowie die Vermittlung von Dienstleistungen. Weltweit – und seit einigen Jahren auch in Deutschland – begeistern sich immer mehr Menschen für diese Idee, der oft konsum- und wachstumskritische Einstellungen zu Grunde liegen. Eigentum wird vielfach nicht nur als unnötig, sondern als Belastung gesehen. [...] Wichtige Ziele sind eine bessere Auslastung bestehender Kapazitäten, die Senkung des Ressourcenverbrauchs sowie mehr soziale Kontakte und Zusammenhalt in der Gesellschaft. Obwohl viele Ansätze ursprünglich sozial motiviert und unentgeltlich waren, stehen in der öffentlichen Diskussion gegenwärtig meist kommerzielle Vermittlungsdienste („Plattformen") im Transport- und Tourismusbereich im Mittelpunkt. Dazu gehören beispielsweise die als „Car-Sharing" bezeichnete kurzfristige Autovermietung, taxiähnliche Fahrdienste wie „Uber" oder die Zimmervermittlungs-Plattform „Airbnb".

Michael Haese – Fachbereich WD 5, Sharing Economy, in: Deutscher Bundestag, Wissenschaftliche Dienste, Aktueller Begriff, www.bundestag.de, Abruf am 27.03.2018

erobert. Dabei geht es schlicht um das Teilen von Konsumgütern, auch gern bezeichnet als der „intelligente Verzicht". Am weitesten verbreitet ist heute immer noch das Prinzip des Car-Sharing [...]. [Harald Heinrichs, Professor für Nachhaltigkeit und Politik an der Leuphana Universität Lüneburg] meint, dass vor allem junge Leute dieses Prinzip ausleben, weil sie einen Kulturwandel leben und erleben. 25 Prozent der jüngeren Generation in Deutschland hängen den sogenannten postmaterialistischen Werten an. „Für sie stehen nicht mehr Besitz und Konsum im Mittelpunkt, sondern soziale Beziehungen und Umweltqualität", betont der Professor. Teilen sei attraktiv, weil es menschliche Beziehungen fördert, ein gutes Gewissen hervorruft und jeder nach einer Tauschaktion mehr hat als zuvor. Dem gegenüber stehen laut den Untersuchungen immer noch 30 Prozent der Deutschen, die wie gewohnt im Laden einkaufen gehen und nicht darüber nachdenken, ob sie mit anderen Leuten tauschen könnten. Und trotzdem spricht der Berliner Humanwissenschaftler Professor Christian Wulf von einem „material turn", bei dem es nicht mehr ums Besitzen von Gütern gehe, sondern ums Benutzen von Waren.

Jana Tilz, Ökonomie des Teilens: Benutzen statt besitzen, www.focus.de, Abruf am 27.03.2018

M27 Kontroverse Positionen zur Sharing-Ökonomie

a) Die Verfechter: Eine neue Form des Konsums – der homo collaborans

Vieles spricht dafür, dass die Sharing Economy deutlich mehr ist als ein oberflächlicher Medienhype. [...] Dies lässt sich festmachen an vier wesentlichen Entwicklungen: Erstens sind in den vergangen drei bis fünf Jahren mit hoher Dynamik Start-ups mit internetbasierten Geschäftsmodellen, insbesondere Tausch- und Leihbörsen, gegründet worden. [...] Zweitens haben etablierte Wirtschaftsunternehmen neue Angebote für Produkt-Dienstleistungssysteme entwickelt respektive unter Nutzung der erweiterten Möglichkeiten von Informations- und Kommunikationstechnologien sowie sozialen Medien weiterentwickelt; beispielhaft hierfür sind die Carsharing-Angebote großer Automobilkonzerne oder Autovermietungen. Drittens erleben an vielen Orten bürgergesellschaftliche selbstorganisierte Initiativen wie städtisches gemeinschaftliches Gärtnern, lokale Tauschringe und Wohnprojekte mit Gemeinschaftsflächen einen Aufschwung. Viertens ist die Sharing Economy international auch in der (Kommunal-)Politik angekommen und wird von progressiven Kräften aktiv vorangetrieben. [...] Betrachtet man die Sharing Economy [...] wird klar, dass nicht alles neu ist, was unter dem Begriff subsumiert werden kann respektive sollte. [...] Und trotzdem fließt nicht nur alter Wein

b) Die Kritiker: Sharing als Geschäft

Die günstigen und leicht verfügbaren Angebote führen [...] eher zu einer Ausweitung des Konsumverhaltens: [...] Das Geld, das jemand spart, indem er bei einer Reise die Unterkunft bei Airbnb bucht, gibt er am Ende für mehr Reisen aus – oder dafür, sich einen teuren Flug ans andere Ende der Welt leisten zu können. Und die vielen Carsharing- und Mitfahr-Angebote, die in den Großstädten aus dem Boden sprießen, machen vor allem dem öffentlichen Nahverkehr Konkurrenz – und verstopfen die Innenstädte noch mehr. [...] „Wenn junge Menschen beispielsweise, die nie auf die Idee gekommen wären, Auto zu fahren, weil sie das Auto ja hätten kaufen müssen, wenn die durch die Verfügbarkeit solcher Sharing-Lösungen erst einmal ans Autofahren, also den motorisierten Individualverkehr herangeführt werden, werden auch Routinen oder Mobilitätskulturen stimuliert – oder Menschen an bestimmte Mobilitätskulturen herangeführt." [...] Sharing: Das klingt kuschelig und gemeinschaftlich, nach Gerechtigkeit und sozialem Ausgleich. Dennoch [...]: Wer auf einer Plattform

in neuen Schläuchen. [...] Entwicklungen zeugen davon, dass eher von altem und neuem Wein in neuen Schläuchen zu sprechen ist. Der erste wesentliche Treiber, der die „neuen Schläuche" prägt, sind die geradezu revolutionären Entwicklungen in der Informations- und Kommunikationstechnologie und dabei besonders der Siegeszug der sozialen Medien. [...] Und schließlich – noch fundamentaler – sind Erkenntnisse der biopsychologischen und soziobiologischen Grundlagenforschung, die das dominante Leitbild des Kosten-Nutzen kalkulierenden egoistischen homo oeconomicus in Frage stellen und die Kooperationsfähigkeit und -orientierung des homo collaborans oder homo reciprocans in den Vordergrund rücken. Diese andere Seite des Menschen, von der vermutlich jede(r) immer schon wusste, eröffnet neue, sehr grundsätzliche Ansatzpunkte für die Weiterentwicklung der Sharing Economy. Legt man diese Perspektive an, lässt sich sagen, dass bisherige Ansätze von Tauschen, Teilen und Nutzen, statt zu besitzen, durch neue technische und soziale Entwicklungen eine andere Bewertung und Relevanz erlangen und zu veränderten Praktiken führen.

Harald Heinrichs, Im Zeitalter des Homo Collaborans – Sharing Economy, in: Politische Ökologie: Vom rechten Maß – Suffizienz als Schlüssel zu mehr Lebensglück und Umweltschutz, München 2013, S. 99–106.

seine Arbeitskraft oder bestimmte Dienstleistungen anbietet, ist in aller Regel selbstständig, trägt also sämtliche Risiken selbst. Tariflöhne, Arbeitsschutz, Absicherung im Krankheitsfall? – Fehlanzeige. Gewerkschaften warnen vor neuen Formen der Ausbeutung: Es drohe ein neues Prekariat aus schlecht bezahlten und weit gehend schutzlosen Arbeitskräften. Manche sprechen deshalb von einem rüden „Plattform-Kapitalismus", bei dem es weniger um Kundensouveränität und selbstbestimmte Vernetzung geht, sondern vor allem um Marktmacht und langfristige Profite. Viele zweifeln sogar daran, dass der Begriff des Teilens für viele neue Internet-Angebote überhaupt passt: Bei den großen Sharing-Plattformen geht es schließlich längst nicht mehr darum, sich mit den Nachbarn darauf zu einigen, die Waschmaschine im Keller gemeinsam zu nutzen. Oder darum, jemandem eine Bohrmaschine oder ein paar Umzugskartons zu leihen. Sondern es geht um ein knallhartes Geschäft.

Jeanette Seiffert, „Sharing Economy" Fluch und Segen der Ökonomie des Teilens, www.deutschlandfunk.de, 21.11.2014

AUFGABEN

1. a) Nennen Sie ausgehend von den Beispielen in **M24** andere Geräte oder Gegenstände, die in Ihrer Familie vorhanden sind, aber nur sehr selten genutzt werden.
   b) Vergleichen Sie im Kurs: Gibt es diese Geräte oder Gegenstände in vielen Haushalten?

2. a) Arbeiten Sie aus den Beispielen in **M25** heraus, welches Problem die Anbieter dieser Angebote jeweils lösen möchten.
   b) Analysieren Sie die Beispiele arbeitsteilig im Hinblick darauf, inwiefern sie dem gängigen Marktmodell entsprechen.
   c) Prüfen Sie in den Beispielen die Übereinstimmungen oder Abweichungen.

3. a) Erklären Sie auf der Grundlage von **M26**, was „Sharing-Ökonomie" bedeutet und welche Ziele damit verfolgt werden.
   b) Arbeiten Sie dazu in arbeitsteiligen Dreiergruppen, informieren Sie sich gegenseitig und erstellen Sie dann gemeinsam ein Info-Blatt mit den wichtigsten Fakten zur Sharing Ökonomie.

4. Bilden Sie Vierer-Gruppen und bearbeiten Sie die kontroversen Positionen aus **M27** zur „Sharing-Ökonomie":
   a) Analysieren Sie jeweils in Einzelarbeit eine Position (jeweils zwei Schüler die gleiche Position) und notieren Sie Ihre Ergebnisse auf einem Wandplakat.
   b) Diskutieren Sie nun gemeinsam die Frage, ob die Sharing Ökonomie eine Alternative zum bestehenden Markt ist, indem Sie auch Ihre Kenntnisse aus den anderen Materialien hinzuziehen.
   c) Führen Sie einen Museumsgang durch, um sich über die Ergebnisse der anderen Gruppen zu informieren.

F Aufgabe 1b
Entwickeln Sie eine Idee, was man machen könnte, damit nicht jede Wohnung voller Dinge steht, die kaum benutzt werden.

F Aufgaben 1–4
Erklären Sie mithilfe des Materials im QR-Code, wie verbreitet alternative Konsum- und Besitzformen sind.

Mediencode: 72060-42

WISSEN KOMPAKT

Kartelle
M1, M2

Ein Kartell in der Wirtschaft bezeichnet u. a. eine illegale Absprache von Unternehmen, z.B. über gemeinsame Preiserhöhungen für ein Gut. Durch diese gemeinsame Absprache wird der Wettbewerb insofern außer Kraft gesetzt, als dass die Verbraucher keine Chance mehr haben, über ihr Nachfrageverhalten Einfluss auf den Preismechanismus zu nehmen.

Ein Gleichgewichtspreis kommt so nicht zustande, die Nachfrager müssen den hohen Preis für das Gut in Kauf nehmen, wenn sie nicht auf das Gut verzichten wollen oder können. In Deutschland sind solche Preisabsprachen verboten.

Kartellverbot
M3

Kartelle auf dem Markt sind in Deutschland verboten, um die Nachfrager vor zu hohen Preisen zu schützen, die nicht durch den Preisbildungsprozess auf dem Markt entstehen. Besteht die Vermutung eines Kartells, ist es die Aufgabe des Bundeskartellamtes, dieses zu überprüfen und ggf. das Kartell zu zerschlagen.

Missbrauchsaufsicht
M3

Aufgabe des Kartellamtes ist es u.a., zu überprüfen, ob Unternehmen mit einer sehr mächtigen Marktstellung ihre Marktmacht ausnutzen, indem sie z.B. die Preise willkürlich erhöhen.

Fusionskontrolle
M3

Beim Zusammenschluss oder Übernahme von Unternehmen prüft das Kartellamt eine mögliche marktbeherrschende Stellung der fusionswilligen Unternehmen, um u.a. Monopolstellungen zu verhindern.

Bundeskartellamt
M3

Institution des deutschen Staates (Bundesinstitution) zur Überwachung des Wettbewerbs und zur Kontrolle der Einhaltung der Gesetze, die den Wettbewerb regeln. Das Bundeskartellamt darf Untersuchungen aufnehmen, wenn der Verdacht besteht, dass gegen das Gesetz zur Erhaltung des Wettbewerbs verstoßen wird. Es prüft, ob durch Fusionen von Unternehmen der Wettbewerb außer Kraft tritt und dient damit dem Schutz der Verbraucher, die vom Wettbewerb profitieren.

Monopolvermutung
M4

Wenn ein Unternehmen mindestens ein Drittel eines Marktes in einer bestimmten Branche beherrscht, besteht die Gefahr eines Monopols, das heißt, hier wird das Kartellamt tätig, um zu überprüfen, ob dieses Unternehmen seine Marktmacht nicht ausnutzt (-> Missbrauchsaufsicht).

Oligopolvermutung
M4

Eine Oligopolvermutung liegt vor, wenn einige wenige Unternehmen einen Markt beherrschen. Auch hier wird überprüft, ob diese ihre Marktmacht nicht ausnutzen zu Ungunsten des Verbrauchers.

Ministererlaubnis
M6 - M10

Wenn das Bundeskartellamt eine Fusion von Unternehmen ablehnt, weil die Gefahr einer zu großen marktbeherrschenden Stellung besteht, hat der Bundeswirtschaftsminister die Möglichkeit, mit einer Ministererlaubnis diese Fusion dennoch zu erlauben. Dieses ist nur dann möglich, wenn es im Interesse der Allgemeinheit ist, dass diese Fusion voll-

WISSEN KOMPAKT

zogen wird, z.B. wenn dadurch viele Arbeitsplätze erhalten bleiben oder sich das Angebot für die Verbraucher verbessert.

Durch ein staatliches Gesetz wird für alle Arbeitnehmer in allen Branchen ein Lohn festgelegt, der mindestens in der Stunde zu zahlen ist. Dieser wird nicht von den Tarifparteien (Arbeitgeberverbände und Gewerkschaften) ausgehandelt. In Deutschland wird der Mindestlohn durch eine Mindestlohn-Kommission regelmäßig überprüft und ggf. erhöht.

Mindestlohn
M12

Die EU hat eine Richtlinie erlassen zur Verringerung des Verbrauchs von Plastiktüten. Die „Plastiktüten-Richtlinie" muss von allen EU-Mitgliedstaaten in nationale gesetzliche Regelungen umgesetzt werden, um das Ziel der Verringerung des Verbrauches von Plastiktüten zu erreichen.
Der EU geht es dabei um den ökologischen Schaden, den die Plastiktüten anrichten.

Plastiktüten-Richtlinie der EU
M19

Die deutsche Umsetzung der EU-Richtlinie zum Plastiktütenverbot ist eine Vereinbarung zur Verringerung des Verbrauchs von Plastiktüten zwischen dem Bundesumweltministerium und dem Handelsverband Deutschland. In dieser Vereinbarung einigen sich Handel und Politik darauf, dass das Ziel der Verringerung von Plastiktüten erreicht wird, indem die Konsumenten nun Plastiktüten für ihre Einkäufe bezahlen müssen. Diese Vereinbarung beruht auf Freiwilligkeit, das heißt, die Geschäfte sind nicht verpflichtet, sich daran zu halten.
Sollten die vereinbarten Ziele jedoch nicht erreicht werden, wird ein entsprechendes Gesetz erlassen.

Vereinbarung zur Verringerung des Verbrauchs von Plastiktüten in Deutschland
M20

„Zero-Waste" bedeutet in etwa: „kein Müll". Hierbei handelt es sich um eine Einstellung von Konsumenten, die versuchen, keinen Müll zu erzeugen, der nicht recycelbar ist. Häufig bedarf es dabei einer starken Umstellung des eigenen Konsumverhaltens.

Zero-Waste
M23

„Benutzen statt besitzen" ist in der „Sharing-Ökonomie" das Motto. Viele Menschen sind konsumkritisch geworden in unserer Überflussgesellschaft. Sie möchten nicht alles, was sie manchmal brauchen auch gleich besitzen. Viele Haushaltsgeräte lassen sich beispielsweise gut leihen, wenn man sie nur manchmal benötigt.
Aus diesem Gedanken heraus sind Leihläden und -plattformen im Internet entstanden. Allerdings gibt es auch Anbieter von Sharing-Angeboten, bei denen mehr kommerzielle Interessen im Vordergrund stehen, beispielsweise bei Car-Sharing-Anbietern. Deshalb ist umstritten, ob es sich bei der „Sharing-Ökonomie" wirklich um eine Alternative zu unserer Wirtschaftsordnung handelt.

Sharing-Ökonomie
M25 - M27

KOMPETENZEN PRÜFEN

I. Selbstdiagnose

Ich kann ...	Das kann ich...			Übung durch z. B.
	sehr gut	gut	nicht gut	
am Beispiel darstellen, wie unterschiedliche Kartelle den Marktmechanismus außer Kraft setzen.				• M1 – M5 • S. 347, Aufg. 1-5
beurteilen, ob eine Ministererlaubnis ein sinnvoller Eingriff in die Politik des Bundeskartellamtes darstellt.				• M7 – M10 • S. 347, Aufg. 6-9
erklären, inwiefern der Marktmechanismus auch auf den Arbeitsmarkt übertragbar ist.				• M13, M14 • S. 351, Aufg. 2, 4
beurteilen, ob der Staat in Form eines Mindestlohnes in den Marktmechanismus auf dem Arbeitsmarkt eingreifen sollte.				• M11, M12, M15, M16 • S. 351, Aufg. 1, 6, 7
am Beispiel des Plastiktütenverbots diskutieren, ob politische Eingriffe in den Markt zugunsten der Umwelt sinnvoll sind.				• M17 – M22 • S. 356, Aufg. 1-3
darstellen, wie Konsumenten in Unverpaktläden und in Form des Zero-Waste-Ansatzes selbst versuchen, Markt und Umwelt miteinander zu vereinbaren, indem sie ihren Konsum entsprechend gestalten.				• M23a-b • S. 356, Aufg. 4
beurteilen, ob Sharing-Ökonomien eine Alternative zu unserem Wirtschaftssystem bieten.				• M24 – M27 • S. 359, Aufg. 1-4

II. Kompetenzen anwenden – am Beispiel

Karikatur: Kostas Koufogiorgoss, 2016

Aufgaben

1. Analysieren Sie Karikatur in Kleingruppen, wenden Sie dabei Ihr Wissen aus den einzelnen Unterkapiteln an.
2. Vergleichen Sie diese Karikatur mit denen zum Einstieg in dieses Kapitel und prüfen Sie, welche der damals offenen Fragen Sie nun beantworten können.

III. Klausurtraining

Einführung eines Plastiktütenverbots – ein Kommentar

Volker Wissing, [ehemaliger] stellvertretender Vorsitzender der FDP-Bundestagsfraktion, lehnt staatliche Gängelei der Bürger ab. Er ist überzeugt: die Bürger brauchen keine Verbote, um Umweltbewusstsein zu entwickeln.

„Der Slogan „Jute statt Plastik" ist einer der Gründungsmythen der Grünen sowie der Umweltbewegung in Deutschland. Es geht daher weniger um die rationale Lösung eines Problems, als vielmehr um einen Mythos.
Der ungehemmte Ge- und Verbrauch von Plastiktüten ist ein ökologisches Problem. Aber ist das in Deutschland der Fall? In der Regel sind Plastiktüten nur gegen Aufpreis erhältlich, oftmals werden alternativ auch Papiertüten bzw. Baumwolltaschen angeboten. Wer Jute statt Plastik will, kann auch Jute statt Plastik haben. Die Grünen verweisen bei ihrer Forderung nach einer Plastiktütensteuer auf den Müll in den Meeren. Nur ein verschwindend geringer Teil des Plastikmülls in den Ozeanen dürfte aber aus Deutschland kommen. Wenn er nicht von hier stammt, lässt er sich auch nicht hier vermeiden. Das Nachhaltigkeitsmotto „Global denken, lokal handeln" heißt nicht, dass wir jedes globale Umweltproblem lokal lösen können, sondern, dass wir globale Zusammenhänge erkennen und daraus nationale Handlungsstrategien ableiten sollen. Daraus die Notwendigkeit von nationalen Scheinlösungen für globale Umweltprobleme abzuleiten, führt den Nachhaltigkeitsgedanken ad absurdum.
Die Plastiktüte mag manchen ein Ärgernis sein, eine Bedrohung unserer Umwelt ist sie nicht, zumindest nicht mehr als Kunststoffe im Allgemeinen. Und ein Entsorgungsproblem stellt die Plastiktüte schon gar nicht dar. Die Forderung nach einem Plastiktütenverbot wirkt so, als hätte man endlich einen Gegner gefunden, der so klein ist, dass er sich wirklich bezwingen lässt, unabhängig vom Nutzen für die Umwelt. Eine solche Placebopolitik ist nicht ungefährlich, wie die Erfahrungen mit dem Dosenpfand zeigen. Darunter hat weniger die Dose, sondern vor allem das Mehrwegsystem gelitten.
Die Bürger, die heute Wahlfreiheit haben, sollen gegängelt werden. Jute statt Plastik soll nicht länger Aufforderung sein, sondern Gebot werden. Warum eigentlich? Wir haben in Deutschland eines der besten Müllentsorgungs- und Recyclingsysteme, so dass kaum eine Plastiktüte aus Bayern, Sachsen oder Rheinland-Pfalz in die Weltmeere gelangt.
Garant für eine nachhaltige Umweltpolitik sind nicht Verbote oder Steuern, sondern mündige Bürgerinnen und Bürger. Wer glaubt, der Bürger sei mit einer einfachen Entscheidung für oder gegen eine Plastiktüte überfordert, sieht in ihm keinen gleichberechtigten Partner, sondern ein Objekt staatlicher Bevormundung."

Volker Wissing, Nicht Verbote, sondern der mündige Bürger, www.fdp.de, 04.06.2013

Erwartungshorizonte zu den Aufgaben 1-3

Mediencode: 72060-43

Aufgaben

1. Stellen Sie die Vorgaben der EU und deren Umsetzung in Deutschland zur Reduzierung von Plastiktüten dar.
2. Analysieren Sie die Position Wissings zum Plastiktütenverbot.
3. Nehmen Sie Stellung zu der Position Wissings.

METHODENGLOSSAR

I. Methoden zur Bearbeitung von Texten, Karikaturen und Statistiken

Allgemeine Hinweise zur Textbearbeitung

I. Stellenwert der Arbeit mit Texten
Texte sind im Gegensatz zum gesprochenen Wort, zu Beobachtungen und politischen Gesprächen nicht „flüchtig", sondern für eine auch wiederholte genaue Analyse zugänglich. Zudem lassen sich politische und sozialwissenschaftliche Sachverhalte und Probleme in Texten besonders genau und differenziert beschreiben.

II. Klarstellung des inhaltlichen Zusammenhangs
Vor der Bearbeitung des Textes ist es geboten, sich klar zu machen, warum und in welchem inhaltlichen Zusammenhang der Text ausgewertet werden soll. Das erleichtert das Verständnis und die Einordnung der Textinhalte.

III. Schritte der Textbearbeitung
1. **Texte darstellen (AFB I)**
- **Feststellung der äußeren Textmerkmale**
  Überschrift, Verfasser, Adressat, Entstehungsanlass, Textsorte, Erscheinungsort und Erscheinungsjahr
- **Ermittlung der inhaltlichen Aussagen des Textes**
  „Überfliegen" des Textes, Erfassen der zentralen Informationen, genaues Lesen des Textes, Markieren von zentralen Aussagen, Randbemerkungen, Überschriften zu zentralen Abschnitten, Klärung von unbekannten Begriffen

Tipps zur Klausurbearbeitung

Hinweis
Formulieren Sie die Darstellung der Textaussagen im Präsens. Verwenden Sie den Konjunktiv immer dann, wenn Sie die Aussagen des Autors beschreiben. Achten Sie darauf, den Konjunktiv Präsens zu verwenden, da der Konjunktiv Präteritum schon eine Bewertung enthält.

- Sie beginnen Ihre Textdarstellung mit einem Einleitungssatz, in dem Sie das zentrale Thema des Textes zusammenfassend beschreiben.
- Treffen Sie dann eine Entscheidung, ob Sie die inhaltlichen Grundaussagen des Textes chronologisch oder aspektgeleitet darstellen. Wenn der Autor seine Aussagen klar in einzelne Abschnitte gliedert und die Aussagen des Textes systematisch aufeinander aufbauen, bietet sich eine chronologische Darstellung an. Zieht sich aber ein Thema durch den ganzen Text, dann ist es sinnvoller, einen aspektgeleiteten Zugriff zu wählen.
- Achten Sie darauf, dass Sie die wesentlichen Argumente erfassen, aber vermeiden Sie, allzu ausführlich jede einzelne Aussage des Textes wiederzugeben. Eine Texterschließung stellt dar, beschreibt, fasst zusammen, gibt wieder, u.a. (→ Operatorenübersicht am Ende des Buches).
- Belegen Sie bitte mehrfach Ihre Darstellung mit Textverweisen (z.B. Z. 7 – 9). Zitate sollten nur sparsam verwendet und in den Satz integriert werden. Das Abschreiben ganzer Sätze ist nicht erwünscht. Beschränken Sie sich auf die Aussagen des Textes.

2. **Texte analysieren (AFB II)**
- **Untersuchung des sachlichen Gehaltes**
  Herkunft der Informationen des Textes, Sprachebene, Begründung, Schlüsselbegriffe, sachliche Richtigkeit, Art der Argumente (Nennen von Fakten, Berufen auf Autoritäten, Aufstellen von Vermutungen, die begründet oder nicht begründet sein können), Widersprüche in der Argumentation (nicht nachvollziehbare Begründungen, Aufstellen

von Behauptungen, fehlende Belege), Schlüssigkeit der Argumente (nachvollziehbare Begründungen, überzeugende Belegung mit Daten), sachliche oder unsachliche Darstellung von Argumenten und Sachverhalten, Vollständigkeit der Argumente, explizite und implizite Voraussetzungen der Argumentation, Bezugnahme zu politischen und fachwissenschaftlichen Zusammenhängen, Ergebnisse des Autors, offene Fragen

- **Untersuchung der Sprachebene**
  Beachten Sie die Sprachebene (Umgangssprache, wissenschaftliche Sprache, politische Rede u.a.) und den Aufbau des Textes (Gliederung, Wiederholungen, Schlüsselworte).
- **Rhetorische Mittel**
  Schlüsselbegriffe, Wortwahl, rhetorische Fragen, Anekdoten zur Erheiterung des Publikums, direkte Ansprache der Adressaten

Tipps zur Klausurbearbeitung
- Damit die Textanalyse sich deutlich von der Textdarstellung unterscheidet, müssen Sie darauf achten, dass Sie bei einer Analyse über eine reine Beschreibung der Textinhalte hinausgehen und ggf. auf Ausführungen verweisen, die Sie bei der Textdarstellung gemacht haben.
- Eine Analyse untersucht im Unterschied zur Textdarstellung die Argumentationsstruktur, die sprachlichen Mittel und Strategien der Beeinflussung des Lesers. Manchmal bietet es sich an, schon in einem Einleitungssatz das zentrale Ergebnis der Analyse vorwegzunehmen und dann anschließend diese Einschätzung systematisch zu entwickeln (→ Schritt 2 + 3 der „Schritte der Textanalyse" auf nachfolgender Seite).
  Sie können aber auch das Ergebnis der Analyse erst am Ende des Textes als Resümee zusammenfassen.
- Vermeiden Sie eine persönliche Bewertung und trennen Sie scharf zwischen Analyse und Beurteilung.

Schritte der Textanalyse
Folgende Analyseschritte sind insbesondere bei (Klausur-) Aufgaben hilfreich, denen ein argumentativer Text zugrundeliegt, in dem der Autor/die Autorin zu einem kontroversen Thema eine Position bezieht. Beispiele hierfür finden sich bei den Klausuren der Kapitel vier, fünf, sechs, neun und zehn dieses Lehrwerkes sowie in der Qualifikationsphase und im Abitur.

1. Einleitung
Nennung von Titel, Autor, Entstehungszeitpunkt des Textes; ebenso eine Einordnung des Autors, sowie der Quelle und der Textsorte und Vermutungen über die Adressaten; darüber hinaus Nennung des Themas

2. Herausarbeiten der Position des Autors
Hier werden die wichtigsten Thesen des Autors, die er im Text zum Thema aufstellt, erschlossen und erklärt.
Frage: Welche grundsätzliche Haltung zum Thema des Textes nimmt der Autor ein und was sind seine Thesen diesbezüglich?

3. Analyse des Begründungsgangs des Autors
Herausarbeitung der Begründungen, die der Autor für seine These heranführt. Dabei werden die Argumente des Autors herausgearbeitet, sowie seine Belege und Beispiele. Dabei bietet es sich bei den meisten Texten an, aspektorientiert vorzugehen.
Frage: Wie begründet und belegt der Autor die unter 2. festgestellte Position im Einzelnen?

4. Argumentationsweise des Autors
Hier wird analysiert, wie der Autor seine Argumentation aufbaut, z.B. welche Art von Argumenten gewählt wird, wie diese belegt werden, ob z.B. Quellen für genannte Zahlen angeführt werden, ob

Hinweis zu Schritt 1
Wenn die erste Klausuraufgabe eine Darstellung oder Wiedergabe des Textes (AFB I) verlangt, dann gehört Schritt 1 („Einleitung") zur ersten Aufgabe und entfällt bei der zweiten Aufgabe bei der Textanalyse (AFB II).

METHODENGLOSSAR

Experten als fachliche Autorität angeführt werden usw. Ebenso wird auf die vom Autor gewählte Sprache eingegangen, z.B.: Wortwahl, Verwendung bildlicher Ausdrücke, komplexer Fachausdrücke, diffamierende Sprache gegenüber der Gegenposition. Es darf an dieser Stelle kritisch angemerkt werden, wenn die Argumentationsweise Schwachstellen aufweist (z.B. Einseitigkeit).
Frage: Welcher sprachlichen und inhaltlichen Mittel bedient sich der Autor, um seine Position zu verdeutlichen?

5. Intention des Autors ermitteln
Herausarbeiten der Absichten, die der Autor verfolgt.
Fragen: Warum schreibt er diesen Text? Was und wen will er damit erreichen, wozu fordert er auf?

Formulierungshilfen

Gedanken des Autors verknüpfen
Um die Gedanken des Autors zu verknüpfen, bieten sich u.a. folgende Möglichkeiten an:
Der Autor meint …; seine besondere Aufmerksamkeit gilt …; er hebt hervor…; der Autor ist der Überzeugung …; der Autor beweist …; der Autor behauptet …; er gibt zu bedenken …

Einseitige Formulierungen vermeiden
Zur Vermeidung einseitiger Formulierungen sollte besonders auf die Verben geachtet werden. Alternativen zum Verb „sagen" können sein:
betonen, klarstellen, deutlich machen, unterstreichen, ergänzen, hinzufügen, Wert auf etwas legen, argumentieren, heranziehen, untermauern, hindeuten auf etwas, hervorheben…

Textanalyse strukturieren
Gliedernde Sätze geben dem Text eine Struktur und machen deutlich, an welcher Stelle der Textanalyse Sie sich befinden.
- Im Folgenden wird die Position des Autors herausgearbeitet.
- Es folgt der Begründungsgang des Autors.
- Schließlich wird die Intention des Autors ermittelt.

3. Texte erörtern und beurteilen (AFB III)
- **Texterörterung**
  Diskussion von Pro- und Kontra-Argumenten zu den Textaussagen (kein Anspruch auf Vollständigkeit!) mit anschließender, persönlicher Stellungnahme
- **Textbeurteilung**
  Persönliche Stellungnahme mit Zustimmung, Ablehnung, Feststellung offener Fragen

Eine **Texterörterung** kann sich nur auf ausgewählte Gesichtspunkte beziehen, aber es soll deutlich werden, dass Sie über fundierte Kenntnisse verfügen.

Eine **Textbeurteilung** muss nicht unbedingt in einer vollständigen Zustimmung oder Ablehnung enden. Auch eine teilweise Übereinstimmung oder die Feststellung offener Fragen z.B. aufgrund fehlender Informationen kann am Ende stehen.

Bei der Texterörterung und -beurteilung ist es wichtig, sich der eigenen Beurteilungskriterien und Wertmaßstäbe bewusst zu sein und diese auch deutlich zu machen. Hilfreich kann die Auseinandersetzung mit expliziten oder impliziten Wertvorstellungen des Autors sowie die Entwicklung eines eigenen kriteriengeleiteten Urteils sein.
Beispielsweise könnte man einen Text mithilfe der Kriterien Legitimität (Anerkennungswürdigkeit nach rechtlichen und moralischen Gesichtspunkten) und Effizienz (Wirksamkeit der Vorstellungen des Autors, z.B. im Hinblick auf die Förderung von Einzelinteressen, Interessengruppen, u.a.) bewerten und beurteilen.
Bearbeiter

METHODENGLOSSAR

Allgemeine Hinweise zur Karikaturbearbeitung

I. Stellenwert der Arbeit mit Karikaturen
Karikaturen, also bildliche Darstellungen von politischen Situationen oder Zuständen, sind wichtige Mittel der politischen Kommunikation. Karikaturen spitzen ein politisches oder gesellschaftliches Problem – häufig komisch – zu, kommentieren politische Ereignisse in positiver oder negativer Weise.
Karikaturen sind ein gutes Medium für den sozialwissenschaftlichen Unterricht, obwohl wichtige Aspekte eines Problems oder Sachverhaltes einseitig und verkürzt dargestellt sein können.

II. Klarstellung des inhaltlichen Zusammenhangs
Vor der Bearbeitung von Karikaturen ist es geboten, sich klar zu machen, warum und in welchem inhaltlichen Zusammenhang diese Karikatur ausgewertet werden soll. Das erleichtert das Verständnis und die Einordnung der Inhalte der Karikatur.

III. Schritte der Karikaturbearbeitung

1. Karikaturen beschreiben (AFB I)
Beginnen Sie mit einer detaillierten Beschreibung der Darstellung: Bild, Zeichnung, Text. Sie sollten hier darauf achten, dass Sie alle Details präzise beschreiben, ohne schon auf die Aussageabsicht des Karikaturisten einzugehen.

2. Karikaturen analysieren (AFB II)
Bei der Analyse sollten Sie berücksichtigen, dass eine Karikatur sich grundsätzlich von einem Sachtext unterscheidet. Der Karikaturist will bewusst eine Situation nicht realistisch wiedergeben, sondern durch seine Darstellung provozieren und zum Nachdenken anregen. Die Übertreibung und einseitige Darstellung sind gebräuchliche Stilmittel bei Karikaturen. Dadurch soll ein typisches Verhalten von Personen oder Personengruppen gekennzeichnet und bewertet werden. Verständlich ist eine Karikatur dann, wenn Sie schon über Informationen zu dem karikierten Sachverhalt verfügen, weil Sie nur dann die Aussageabsicht der Karikatur erschließen können. Sie sollten bei der Analyse der Karikatur die folgenden Aspekte in den Blick nehmen:
1. Thema oder dargestelltes Problem;
2. die Meinung des Karikaturisten, z.B. am Verhalten von Personen, an politischen Entscheidungen, an gesellschaftlichen Entwicklungen, u.a.;
3. die gestalterischen Mittel, mit denen der Karikaturist seine Meinung ausdrückt.

3. Karikaturen erörtern und beurteilen (AFB III)
In einem einleitenden Satz sollten Sie sich noch einmal auf das Thema der Karikatur beziehen, unklare Aussagen erörtern und dann eine Beurteilung vornehmen. Ihre Argumente könnten sich auf die folgenden Aspekte beziehen:
1. Klarheit der Darstellung,
2. Relevanz des dargestellten Sachverhalts oder Problems,
3. Nachvollziehbarkeit der Aussage,
4. Nähe zur Realität oder eher Satire,
5. Beurteilung impliziter Wertvorstellungen.
Am Ende Ihrer Ausführungen sollten Sie dann eine zusammenfassende Beurteilung abgeben.

Bearbeiter

METHODENGLOSSAR

Allgemeine Hinweise zur Statistikbearbeitung

I. Stellenwert der Arbeit mit Statistiken
Sozialwissenschaften ist ein Fach, das sich regelmäßig mit dem zahlenmäßigen Erfassen von Massenerscheinungen („Daten") in überschaubarer Form beschäftigt. Die Daten werden durch die empirische Sozialforschung (Erhebung von Daten über soziale Tatsachen durch Beobachtung, Befragung/Interview, Experiment) gewonnen. Diese Statistiken beschränken sich auf wenige Begriffe, Zahlen und grafische Zeichen. Statistiken erwecken manchmal den Anschein einer vollkommenen Richtigkeit, obwohl sie vieles ausblenden oder eine bestimmte Tendenz haben.

II. Klarstellung des inhaltlichen Zusammenhangs
Vor der Bearbeitung einer Statistik ist es geboten, sich klar zu machen, warum und in welchem inhaltlichen Zusammenhang diese Statistik ausgewertet werden soll. Das erleichtert das Verständnis und die Einordnung der Inhalte der Statistik.

III. Schritte der Statistikbearbeitung

1. Statistiken darstellen (AFB I)
Bei der Bearbeitung der Statistik beginnen Sie zunächst mit der formalen Darstellung. Dazu gehören die folgenden Aspekte:

1. Überschrift, Thema, Verfasser, Quelle	5. Gliederung des Aufbaus der Statistik
2. Darstellungsform (Tabelle, Diagramm, Schaubild)	6. Gesamtzahl, auf die sich die Prozentzahlen beziehen
3. Angaben in Kopfzeile und Seitenspalte	7. Fehler im Aufbau der Statistik
4. Zahlenarten: absolute, prozentuale, Index-Zahlen	8. Zeitraum (Bezugsrahmen)

2. Statistiken analysieren (AFB II)
Leiten Sie die Analyse der Statistik mit einem Satz ein (mündlich oder in einer Klausur), in dem die Zielrichtung der Analyse erläutert wird. Sie sollten dann je nach Aufbau der Statistik die folgenden Aspekte herausarbeiten:

1. Die wichtigsten Ergebnisse (nicht alle Ergebnisse nennen, sondern die Daten auswählen, die besonders aussagekräftig sind)	3. ggf. fehlende Angaben
2. Ggf. Auffälligkeiten im zeitlichen Verlauf (Regelmäßigkeiten, Sprünge, Schwankungen, positive oder negative Entwicklung)	4. Zentrale Aussagen der Statistik, zusammengefasst

3. Statistiken erörtern und beurteilen (AFB III)
Bei der Erörterung und Beurteilung der Statistik sollten Sie sich mit der Aussagekraft und Qualität der Statistik auseinandersetzen und Ihr Urteil detailliert begründen. Dabei können die folgenden Aspekte bedeutsam sein: fehlende Angaben (z.B. zur Quelle, zum Zeitraum, zu wichtigen Daten, u.a.) oder Vollständigkeit der Angaben, Unklarheiten, Mängel in der Darstellung, manipulative Darstellung von Ergebnissen. Zum Abschluss sollten Sie unter Abwägung der positiven und negativen Aspekte ein abschließendes Urteil fällen.

Bearbeiter

METHODENGLOSSAR

II. Allgemeine Unterrichts- und Bearbeitungsmethoden

In den Aufgaben werden an vielen Stellen nachfolgende Unterrichts- und Bearbeitungsmethoden verlangt. Diese sind hier in alphabetischer Reihenfolge erklärt.

Gruppenpuzzle

I. Worum geht es?
Diese Methode arbeitet mit zwei Gruppenformen, der Stamm- und der Expertengruppe. Die Mitglieder eines Kurses werden dabei in Gruppen eingeteilt. Jede Gruppe bearbeitet das Gesamtthema, jedoch jedes Mitglied in Einzelarbeit einen anderen Teil.

II. Gehen Sie dabei wie folgt vor:

1. Schritt: Vorbereitung und Bildung von Stammgruppen

Teilen Sie die Klasse in Stammgruppen von drei bis sechs Personen auf. Teilen Sie jedem Mitglied einer Stammgruppe eine Teilaufgabe zu. Jedes Gruppenmitglied wird somit zum „Experten" eines Themas. Geben Sie sich ausreichend Zeit, damit Sie sich in Ihrem Gebiet einarbeiten können.

2. Schritt: Bildung von Expertengruppen

Bilden Sie nun „Expertengruppen", indem sich Mitglieder des gleichen Themengebiets treffen und ihre Ergebnisse vergleichen.

3. Schritt: Rückkehr der Experten in die Stammgruppe

Kehren Sie als „Experten" anschließend in Ihre ursprünglichen Gruppen zurück. Vermitteln Sie als „Experten" Ihren anderen Gruppenmitgliedern, was Sie über Ihr Themengebiet erarbeitet haben.

Bearbeiter

Lern-/ Wandplakat/ Wandzeitung

I. Worum geht es?
Neben der permanenten Präsenz im Klassenraum bietet ein Lern-/Wandplakat oder Wandzeitung den Vorteil, den gelernten Inhalt zu visualisieren. [...]
[Es] empfiehlt [...] sich, möglichst eigene visuelle Grundmuster zu entwickeln, da sich so eigene gedankliche Verknüpfungen und Verankerungen ausbilden.

II. Gehen Sie dabei wie folgt vor:

1. Schritt: Vorbereitung

Halten Sie das Wichtigste fest. Hierbei können Ihnen folgende Materialien helfen: • Bilder, Tabellen, Fotos ... • Kurze Informationstexte, • Erklärung von Begriffen und Fachwörtern

2. Schritt: Gestaltung

• Klare, saubere, deutliche Schrift • keine Rechtschreibfehler • Farben verwenden, die auch von weitem gut erkennbar sind • Raum gut aufteilen (nicht dicht gedrängt) • Lineal benutzen

Nach: Heinz Klippert, Methodentraining. Übungsbausteine für den Unterricht, Weinheim und Basel: Beltz Verlag 1999, S. 168

METHODENGLOSSAR

Mindmap

I. Worum geht es?
Eine Mindmap *(englisch: mind map;* auch: *Gedanken[land]karte, Gedächtnis[land]karte)* erstellen, ist eine Technik, die für das Erschließen oder das visuelle Darstellen eines Themengebietes oft zum Einsatz kommt. Hierbei sollen Gedanken freien Lauf erhalten und so die Fähigkeit des Gehirns zur Kategorienbildung genutzt werden.

II. Gehen Sie dabei wie folgt vor:

Beispiel für eine Mindmap zum Thema „Ich"

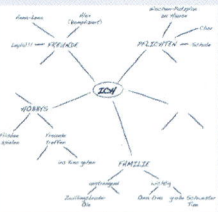

1. Schritt: Vorbereitung

Verwenden Sie ein unliniertes Blatt DIN A4 (oder größer und legen es quer. Beginnen Sie in der Mitte des Blattes und schreiben Sie hier das Thema Ihrer Arbeit auf.

2. Schritt: Gestaltung

a) Schreiben Sie nun Oberbegriffe in Großbuchstaben auf die Hauptäste, die direkt vom Kern abgehen. Mit diesen Oberbegriffen strukturieren Sie das Thema grundlegend, überlegen Sie hier also genau, welche Begriffe Sie wählen.
b) Ergänzen Sie nun Nebenarme mit einer zweiten (und evtl. dritten) Gedankenebene.
c) Nun erweitern Sie Ihre Mindmap: Sie können an jedem Arm Begriffe und Ideen ergänzen, gerade wo Ihnen etwas einfällt.

Nach: Günther Gugel, Methoden-Manual I: Neues Lernen. Tausend Praxisvorschläge für die Schule und Lehrerbildung, Weinheim und Basel, Beltz Verlag 1999, S. 80 f.

Placemat

I. Worum geht es?
Die Placemat-Methode *(engl.: Platzdeckchen)* strukturiert Arbeitsresultate verschiedener Personen zu einem bestimmten Thema. Der Vorteil dieser Methode ist, sie ermöglicht sowohl individuelle Arbeitsergebnisse als auch Gruppenarbeitsergebnisse.

II. Gehen Sie dabei wie folgt vor:

Placemat-Papier

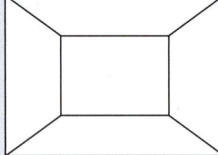

1. Schritt: Vorbereitung

a) Der Kurs teilt sich in Kleingruppen mit jeweils vier Personen auf.
b) Jede Gruppe erhält eine Placemat, das wie auf der Abbildung in der Randspalte vorbereitet worden ist, damit vier Felder plus eins in der Mitte entstehen.

2. Schritt: Durchführung

- Nachdenken und Schreiben: Jeder notiert in seinem Segment eigene Gedanken zu der Hauptfrage zu dem Hauptthema (Dauer ca. fünf Minuten).
- Stummes Vergleichen: Jeder liest die Notizen der anderen und stellt nur Rückfragen bei Verständnisproblemen oder Leseschwierigkeiten (Dauer ca. fünf Minuten)
- Teilen und Konsens finden: Die Gruppe entscheidet gemeinsam, welche der genannten Gedanken in die Mitte des Blattes geschrieben werden.

3. Schritt: Reflexion

Abschließend werden die Gruppenergebnisse im Kurs präsentiert und verglichen.

Bearbeiter

METHODENGLOSSAR

Podiumsdiskussion

I. Worum geht es?
Bei einer Podiumsdiskussion kommen Experten, Vertreter von Interessengruppen oder (vom jeweiligen Thema) Betroffene vor mehreren Zuhörern zur Diskussion zusammen. Bei dieser „Diskussion auf dem Podium" gilt es, die unterschiedlichen Meinungen der Diskussionsteilnehmer über ein bestimmtes Thema darzustellen.
Durch das gemeinsame Vergleichen wird ein Mehrwert für die Diskutanten und die Zuhörer erzeugt.

II. Gehen Sie dabei wie folgt vor:

1. Schritt: Vorbereitung

Das Thema wird ausgewählt und die Hauptfrage des Themas als zugespitzter, vielleicht sogar provokanter Titel formuliert.
Für die Podiumsdiskussion werden fünf bis sechs geeignete Personen ausgewählt. Wichtig ist hierbei, dass die ausgewählten Personen erkennbar unterschiedliche Einstellungen zum Themengebiet haben.
Kurz vor der Veranstaltung wird der Raum hergerichtet: Das Podium wird mit Tischen, Stühlen und Namensschildern ausgestattet.
Die Stühle für die Zuschauer werden so aufgestellt, dass das Podium von allen Plätzen gut zu sehen ist.

2. Schritt: Durchführung

1. Die Moderation eröffnet die Veranstaltung und begrüßt die Podiumspersonen, die Teilnehmerinnen und Teilnehmer und leitet die Podiumsdiskussion kurz ein, indem sie u.a. das Thema und die Vorgehensweise der Podiumsdiskussion umreißt.

2. Die Podiumspersonen stellen sich daraufhin vor und bekommen die Gelegenheit, ihre Position ca. zwei Minuten zu erläutern.

3. Danach stellt die Moderation gezielte Fragen an die Podiumspersonen und versucht, die unterschiedlichen Positionen herauszufinden.

4. Nach einiger Zeit wird das Publikum ebenfalls in die Diskussion einbezogen und stellt Fragen an die Personen auf dem Podium.
Die Moderation hat die Aufgabe, die Diskussion lebendig zu gestalten, sie durch gezielte Fragen auf den Punkt zu bringen, die „Vielredner" zu bremsen und die „Leiseren" zu unterstützen.
In jedem Fall muss sie darauf achten, dass die Diskussion fair bleibt und die Fragen des Plenums beantwortet werden.

5. Zum Abschluss hält jede Podiumsperson sein Abschlussstatement.

6. Die Moderation fasst daraufhin die wichtigsten Punkte der Diskussion noch einmal zusammen, zeigt kurz auf, welche Bedeutung sie für die Anliegen des Plenums haben, wie weitergearbeitet werden könnte und beendet danach offiziell die Veranstaltung.

Goldene Regeln für die Diskussion
- Inhalte kurz und präzise formulieren
- (Ver)urteilende Aussagen über den Gesprächspartner vermeiden
- Strukturierende Formulierungen zum besseren Verständnis für die Zuhörer verwenden
- Den Gesprächspartner nicht unterbrechen
- Ruhig zu erkennen geben, wenn ein gegnerisches Argument überzeugt hat
- Freundlich und entspannt bleiben, Verärgerungen später klären

Nach: Claudia Brunsemann, Waldemar Stange, Dieter Tiemann, Mitreden – mitplanen – mitmachen, Berlin 1997, S. 138 ff.

METHODENGLOSSAR

Positionslinie

I. Worum geht es?
Mithilfe einer Positionslinie können Einstellungen körperlich zum Ausdruck gebracht werden. Dies kann in jedem größeren Raum geschehen, z. B. in Ihrem Kursraum.

II. Gehen Sie dabei wie folgt vor:

1. Schritt: Vorbereitung	2. Schritt: Durchführung	3. Schritt: Reflexion
Auf einer gedachten oder durch einen Klebestreifen auf dem Boden markierten Linie positionieren sich die Schüler zu einer Frage oder zu einem Problem.	Die Enden dieser Linie stellen alternative Pole (ja/nein; stimmt/stimmt nicht), der Abstand zwischen diesen Punkten entsprechend abgestufte Positionen dar.	Die Schüler werden dann aufgefordert, ihre Positionen zu begründen und sich auch argumentativ aufeinander zu beziehen.

Nach: Matthias Busch, u.a., Methode 3 – Positionslinie, www.sn.schule.de, Abruf am 16.02.2018

Pro- und Kontra-Diskussion

I. Worum geht es?
Die Pro- und Kontra-Diskussion hilft, konträre (gegensätzliche) Meinungen auszutauschen. Es handelt sich dabei um eine Methode, unterschiedliche Meinungen bzw. Positionen zwischen zwei Parteien zu einer Thematik sichtbar zu machen.

II. Gehen Sie dabei wie folgt vor:

1. Schritt: Grundlegende Entscheidungen und Festlegung des Szenarios

Bei der Planung einer Pro-Kontra-Diskussion sollte zunächst die grundlegende Entscheidung getroffen werden, ob man eine simulative oder nicht-simulative Diskussion durchführen will, denn dies bedingt die Auswahl der Problem- oder Entscheidungsfrage. Es sollte sich zudem um eine bedeutungsvolle, konkret formulierte und in den Auswirkungen für Viele spürbare Frage handeln. Die Frage sollte sinnvoll mit Ja oder Nein zu beantworten und zu begründen sein.
Im Anschluss daran gilt es, ein Szenario festzulegen:
• Auswahl der Akteure, • die Gestaltung des (Klassen-)Raumes, • Verständigung über den Ablauf.

2. Schritt: Auswahl der Akteure

- Ein/e Moderator/in: Sie/Er führt die Abstimmung durch und achtet darauf, dass Spielregeln und Zeitvorgaben eingehalten werden. Er bzw. sie trägt Prozessverantwortung, nicht die Inhaltsverantwortung.
- Zwei Anwälte (Pro und Kontra): Sie halten das Eingangs- und Schlussplädoyer und befragen die Sachverständigen.
- Zwei bis vier Sachverständige: Sie artikulieren keine eigene Position, sondern sie bieten nur Informationen, Erfahrungen und Wissen zu Begründungen für einzelne Positionen. Die Rollen der Sachverständigen müssen in Arbeitsgruppen intensiv vorbereitet, sowie durch Rollenkarten und zusätzliches Material gestützt werden.
- Das Publikum darf die Beobachtungsrolle nicht vernachlässigen. Denn indem die vorgetragenen Argumente gesammelt werden und deren strategisch-taktische Relevanz für den Debattenverlauf beurteilt wird, kann ein Perspektivenwechsel zur Innenansicht aller Akteure gelingen. Dies erfolgt aber nur bei konkreten Beobachtungsaufgaben und nicht bei einer eher passiven Adressatenhaltung.

Bearbeiter

METHODENGLOSSAR

Referat/Vortrag

I. Worum geht es?
Ein Referat ist ein Vortrag über ein Thema, der in einer begrenzten Zeit (etwa 10–30 Minuten) gehalten wird. Die häufigsten Formen sind mündliche Berichte, Fachvorträge bei Tagungen, Kurzreferate bei Seminaren oder Übungsreferate in der Schule.

II. Gehen Sie dabei wie folgt vor:

1. Schritt: Eröffnung des Vortrags

Beginnen Sie Ihren Vortrag pünktlich. Eine gelungene **Eröffnung** des Vortrags ist die beste Möglichkeit, um beim Publikum Interesse für die Darbietung zu wecken. Sie können Ihrem Thema entsprechend verschiedene Einstiegsvarianten auswählen. […] Wählen Sie einen Einstieg, der das Publikum
- visuell einstimmt,
- mit einem Vergleich konfrontiert,
- provoziert,
- durch eine kluge Fragestellung einbezieht,
- persönlich anspricht,
- spontan anspricht,
- überrascht oder
- erheitert.

2. Schritt: Hauptteil des Vortrags

Interessiert sich Ihr Publikum erst einmal für Ihr Thema, können Sie Thema und Gliederung vorstellen. Damit beginnen Sie den **Hauptteil** des Vortrags – das eigentliche „Filetstück". Ihre Gliederung als „Fahrplan" der Darbietung schreiben Sie am besten [vor dem Referat] auf eine Folie […] auf einer Flipchart oder Tafel an. So kann das Publikum dem Inhalt Ihres Vortrags gut folgen. Planen Sie den Hauptteil wie eine Regieanweisung.

3. Schritt: Schlussteil des Vortrags

Der **Schluss** fasst die wesentlichen Aspekte Ihres Vortrags zusammen. Hüten Sie sich aber vor solchen Formulierungen: „Jetzt sind wir am Ende unseres Vortrags" oder „Alles Wesentliche wurde gesagt, wir fassen nur noch einmal zusammen". Gut ist es, wenn Einstieg und Schluss einen gewissen Rahmen des Vortrags bilden. Eventuell greifen Sie hier eingangs genannte Gedanken nochmals auf, klären eine gestellte Frage oder überprüfen eine gemachte Behauptung. Der Schluss ist auch dazu geeignet, offene Fragen zu formulieren und an das Publikum zur Diskussion weiterzugeben.

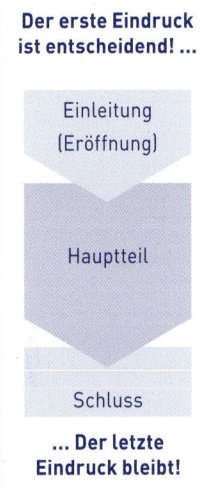

Der erste Eindruck ist entscheidend! …

Einleitung (Eröffnung)

Hauptteil

Schluss

… Der letzte Eindruck bleibt!

Tipps bei Nervosität vor und während des Vortrags

Bei Aufregung ist schon so manches in Vergessenheit geraten.

Vermerken Sie, wann Sie etwas auflegen, zeigen oder erklären möchten.

Planen Sie die Übergänge zwischen den einzelnen Gliederungspunkten genau.

Nach: Elke Deparade: Planung und Durchführung der Präsentation, Methodenlernen in der gymnasialen Oberstufe, Bamberg 2013, S. 97 f.

METHODENGLOSSAR

Stummes Schreibgespräch

I. Worum geht es?

Das stumme Schreibgespräch bietet als Methode den Vorteil, dass althergebrachte Kommunikationsmuster aufgebrochen werden. Schülerinnen und Schüler, die sich im Unterricht mündlich zurückhalten, haben hier die Möglichkeit der aktiven Beteiligung. Alle Schülerinnen und Schüler sind aufgefordert, mitzuwirken.

II. Gehen Sie dabei wie folgt vor:

1. Schritt: Vorbereitung

Im Vorfeld müssen Arbeitstische hergerichtet und große Papierbögen darauf verteilt werden. Auf den vorbereiteten Arbeitstischen liegen große Poster bzw. Tapetenbahnen, auf denen Fragen, Themen, Aussagen oder andere Impulse notiert sind.

2. Schritt: Ablauf

Die Schülerinnen und Schüler haben nun die Aufgabe, zu diesen Impulsen kurze Kommentare bzw. Stellungnahmen zu verfassen. Die anderen Teilnehmer lesen die Ideen der Mitschüler und sind aufgefordert, darauf ein Statement zu erwidern oder einen anderen Aspekt hinzuzufügen. Es ist auch möglich, Fragen zu formulieren oder Pfeile und Verbindungslinien einzufügen. Das Sprechen ist in dieser Phase nicht gestattet. Das Schreibgespräch endet nach einer vorgegeben Zeit oder wenn der Schreibfluss sichtbar abgenommen hat. Zum Schluss verständigen sich die Schülerinnen und Schüler über die Ergebnisse.

3. Schritt: Durchführung

Es ist wichtig, dass die Kommunikation ausschließlich schriftlich erfolgt. Damit kein „Schreibstau" entsteht, sollten die Themen/Thesen/Impulse möglichst weit voneinachen Zeit aktiv mitwirken. Es gibt Optionen, entweder einen langen Tisch mit einer großen Papierbahn auszulegen oder mehrere kleine Tische herzurichten.

Nach: Schulministerium NRW, Methodensammlung (Hrsg.), Stummes Schreibgespräch, www.bpb.de, Abruf am 26.04.2018

SOZIALWISSSENSCHAFTLICHES GLOSSAR

Beruf
Tätigkeit, die ein Mensch in der Regel gegen Entgelt erbringt bzw. für die er ausgebildet, erzogen oder berufen ist. Im Allgemeinen dient die Ausübung eines Berufes der Sicherung des Lebensunterhaltes.

Bruttoinlandprodukt (BIP)
Messgröße, mit der die wirtschaftliche Leistungskraft eines Landes dargestellt wird. Das BIP umfasst den Geldwert aller in einem Jahr innerhalb der Landesgrenzen produzierten Waren und Dienstleistungen (von Inländern und Ausländern). Um das BIP pro Kopf zu erhalten, teilt man das BIP eines Landes durch die Zahl der Einwohner.

Bürgerinitiative
Bürgerinitiativen sind eine spezielle Variante von Interessenverbänden, die zum Teil von diesen sogar grundsätzlich abgegrenzt werden. Es sind Vereinigungen von Bürgern, die eine bestimmte politische Maßnahme des Staats verhindern oder erreichen wollen. Abwehraktionen richten sich etwa gegen den Bau bestimmter Straßen, gegen den Bau von Bahnhöfen, Flughäfen, Kläranlagen oder Kraftwerken.

Bürgerliches Gesetzbuch (BGB)
In ihm stehen die wichtigsten rechtlichen Regelungen, die das Zusammenleben der Bürger betreffen, z.B. zu den Rechten und Pflichten beim Kaufvertrag.

Bund (Bundesstaat)
Der Zusammenschluss mehrerer Staaten zu einem Gesamtstaat, zum Beispiel die Bundesrepublik Deutschland mit allen Bundesländern.

Bundeskanzler
Der Bundeskanzler ist der „Kopf" der Bundesregierung und wird als einziger vom Parlament (Bundestag) gewählt. Er bestimmt die Richtlinien der Politik und trägt die Verantwortung dafür.

Bundespräsident
Der Bundespräsident ist das Staatsoberhaupt der Bundesrepublik und repräsentiert den Staat nach innen und nach außen. Zur Kernfunktion des politischen Systems, für den Staat und die Bürger verbindliche Entscheidungen herbeizuführen, leistet er nur einen geringen Beitrag. Der Bundespräsident hat kein Gesetzesinitiativrecht und verfügt bei der politischen Willensbildung über keine formalen Einflussmöglichkeiten. Seine Amtshandlungen müssen vom Kanzler oder den Fachministern gegengezeichnet werden. Bedeutungslos ist der Bundespräsident aber keineswegs.

Bundesrat
Durch den Bundesrat sind die Länder an der Gesetzgebung des Bundes beteiligt. Er soll es ermöglichen, dass die Länder die Gesetze mitgestalten, die ihre Interessen berühren. Zugleich soll die Qualität der Gesetzgebung durch die Einbeziehung der Länder verbessert werden. Die Verwaltungsaufgaben üben nämlich in aller Regel die Länder aus; diese Erfahrungen sollen bei der Gestaltung der Gesetze genutzt werden. Der Bundesrat ist das für den deutschen Föderalismus typische Organ. Er ist in dieser Form einmalig auf der Welt. Er ist sowohl Ausdruck einer vertikalen Gewaltenteilung als auch einer vertikalen Gewaltenverschränkung zwischen Bund und Ländern. Die Bundesratsmitglieder sollen keineswegs ausschließlich Länderinteressen vertreten, sondern „Bundes- und Länderinteressen in möglichste Übereinstimmung bringen" (Art. 50 GG)

Bundestag
Der Bundestag verkörpert das einzige direkt vom Volk gewählte Verfassungsorgan. Er ist das Parlament der Bundesrepublik Deutschland und die Versammlung der von den deutschen Bürgern gewählten Repräsentanten (g Parlament).

Bundesverfassungsgericht
Das Bundesverfassungsgericht ist die übergeordnete Rechtsinstanz zum umfassenden Schutz des Rechtsstaates. Es ist in Streitfällen dafür zuständig, das Verfassungsrecht verbindlich auszulegen. Es soll Verstöße gegen das Grundgesetz unterbinden, Rechtsnormen interpretieren und weiterentwickeln. Das Bundesverfassungsgericht kann Gesetze für nichtig erklären, die es für verfassungswidrig hält. Die Entscheidungen sind für alle staatlichen Organe verbindlich. Es gibt also keine Möglichkeit der Berufung gegen einen Entscheid des Bundesverfassungsgerichts.

Demografischer Wandel
So werden die Veränderungen in der Bevölkerungszusammensetzung hinsichtlich ihrer Größe und Struktur (z.B. Alterszusammensetzung) bezeichnet.

Demokratie
Das Wort stammt aus dem Griechischen und bedeutet Herrschaft des Volkes. Die Herrschaftsform Demokratie beinhaltet als fundamentales Merkmal die Volkssouveränität. Das Prinzip der Volkssouveränität ist Grundlage aller staatlichen Gewalt. Legitimationsquelle der politischen Macht muss das Volk sein. Dies bedingt regelmäßig stattfindende freie Wahlen. Jene sind u.a. Ausdruck des Pluralismus, dessen Prinzip einen freien Wettbewerb verschiedener Interessen beinhaltet. Die Bundesrepublik Deutschland versteht sich als repräsentative Demokratie mit einem parlamentarischen Regierungssystem und dem Entscheidungsmechanismus nach Mehrheitsprinzip.

Familie
Gemeinschaft, die in modernen Industriestaaten in der Regel aus den Eltern und ihren unmündigen Kindern besteht (Klein- oder Kernfamilie). Im weiteren Sinne gehört zur Familie

auch die Verwandtschaft. Immer mehr Familien sind sogenannte Patchwork-Familien. Der Begriff Patchwork kommt aus der Textilgestaltung und bedeutet Flickenteppich: Im Zusammenleben heißt das, dass Menschen aus unterschiedlichen Ursprungsfamilien zu einer neuen Familie zusammenfinden.

Föderalismus
Das Prinzip des föderativen Staatsaufbaus erfordert, dass mehrere Gliedstaaten (Bundesländer) gemeinsam einen Bund bilden (Bundesstaat). Staatliche Aufgaben sind zwischen Bundes- und Länderebene aufgeteilt. Die Festlegung auf das Prinzip eines föderativen Staatsaufbaus bedeutet aber nicht zwingend, dass die gegenwärtige Form des Föderalismus beibehalten werden muss. Länderneugliederungen, z.B. die Zusammenlegung von zwei oder mehreren Bundesländern zu einem, sind unter bestimmten Bedingungen möglich (Art. 29 GG).

Fraktion
Vereinigung im Parlament, die aus den Abgeordneten einer Partei besteht. Auch Mitglieder verschiedener Parteien, die gleichgerichtete politische Ziele verfolgen, können sich zu einer Fraktion zusammenschließen.

Gemeinwohl
Unter Gemeinwohl versteht man das Wohlergehen einer gesellschaftlichen Gruppe (z.B. eines Staates, einer Religionsgemeinschaft, einer Schule, einer Klasse). Das Gemeinwohl zu steigern, ist ein Ziel politischer Entscheidungen. Dazu müssen einzelne oder persönliche Interessen manchmal aufgegeben oder durch einen Kompromiss ausgeglichen werden.

Gender-Mainstreaming
Seit Ende der 1990er Jahre gibt es mit dem Gender-Mainstreaming eine neue Strategie in der Politik für eine geschlechtergerechte Gesellschaft. Gender-Mainstreaming bedeutet, in alle Entscheidungssituationen die Perspektive des Geschlechterverhältnisses einzubringen und alle Entscheidungen im Sinne der Gleichstellung der Geschlechter zu fällen. Geschlechterpolitik meint also Politik für Männer und Frauen und das Verhältnis zwischen ihnen. Die Geschlechterrollen werden als historisch gewachsen und damit auch als politisch gestaltbar begriffen.

Generationenvertrag
Der Generationenvertrag ist die Bezeichnung für das Grundprinzip der gesetzlichen Rentenversicherung, nach dem der heute arbeitende Teil der Gesellschaft für die Rentenzahlungen an den nicht mehr arbeitenden Teil der Gesellschaft aufkommt.

Gerechtigkeit
Einstellung, Prinzip, Zustand, bei dem jede Person das erhält, was ihr zusteht. Wie dieser Zustand zu erreichen ist, ist umstritten. So unterscheidet man Chancengerechtigkeit, Leistungsgerechtigkeit, Bedarfsgerechtigkeit und Teilhabegerechtigkeit.

Gesellschaft
Eine Gesellschaft bezeichnet einen relativ dauerhaften Verbund von Gemeinschaften/ Gruppen, die innerhalb einer politischen und wirtschaftlichen Ordnung leben und gemeinsame Normen und Werte teilen.

Gesetz
Ein Gesetz ist eine verbindliche Vorschrift, die das Ziel hat, das Zusammenleben der Menschen innerhalb einer Gesellschaft/eines Staates zu regeln. Es muss in einem dafür vorgesehenen Verfahren rechtmäßig zu Stande kommen. Gesetze werden von den Parlamenten (Bundestag, Landtag) beschlossen.

Gewaltenteilung
Verteilung der drei Gewalten Gesetzgebung (Legislative), Verwaltung (Exekutive) und Gerichtsbarkeit (Judikative) auf verschiedene, voneinander unabhängige Staatsorgane. In der Regel sind dies Parlament, Regierung und Verwaltung und eine unabhängige Richterschaft. In der Bundesrepublik Deutschland ist die klassische Gewaltenteilung teilweise durchbrochen (Gewaltenverschränkung).

Grundrechte
In der Verfassung garantierte Rechte, die für jeden Einzelnen gewährleistet werden, wie zum Beispiel die Meinungsfreiheit, die Versammlungsfreiheit und die Menschenwürde.

Gruppentypen
- Primärgruppen werden durch gefühlsmäßige und persönliche Bindungen der Mitglieder zueinander charakterisiert. Die bedeutendste Primärgruppe ist die Familie, in der das Individuum seine grundlegenden sozialen Erfahrungen macht. Andere Beispiele sind die Nachbarschaftsgruppe oder die Clique.
- In den Sekundärgruppen sind die Beziehungen der Mitglieder zueinander stärker durch rechtliche und formale Regelungen bestimmt. Die sozialen Beziehungen sind unpersönlicher und zweckorientiert. Wir finden sie in Betrieben, Schulen und in Organisationen wie Gewerkschaften oder Parteien.
- Formelle Gruppen findet man überall dort, wo Menschen planvoll ein gemeinsames Ziel erreichen wollen, also insbesondere im beruflichen Bereich. Unternehmen oder auch andere Organisationen sind in erster Linie formal strukturiert.
- Informelle Gruppen bilden sich innerhalb der formellen Gruppen und Organisationen aufgrund persönlicher Zuneigung oder gemeinsamer Interessen. Diese Gruppen sind i.d.R. klein und dienen persönlichen Bedürfnissen (Kommunikation, Geselligkeit, Geborgenheit usw.), die in den Großgruppen nicht befriedigt werden können.

SOZIALWISSSENSCHAFTLICHES GLOSSAR

Immunität
Sie besagt, dass jede strafrechtliche Verfolgung oder jede Beschränkung der persönlichen Freiheit eines Abgeordneten nur mit Genehmigung des Bundestages zulässig ist. Eine Ausnahme gilt nur dann, wenn der Abgeordnete auf frischer Tat ertappt oder im Laufe des folgenden Tages festgenommen wird.

Indemnität
Wegen einer Abstimmung oder einer politischen Äußerung, die ein Abgeordneter im Bundestag oder in einem seiner Ausschüsse getan hat, darf er zu keiner Zeit gerichtlich oder dienstlich verfolgt oder sonst außerhalb des Bundestages zur Verantwortung gezogen werden. Niemand kann also einen Abgeordneten wegen seiner Abstimmung zur Rechenschaft ziehen, auch nicht nach Beendigung seiner Mandatszeit. Der Bundestag kann die Indemnität eines Abgeordneten nicht aufheben.

Judikative
Die rechtsprechende Gewalt; sämtliche Gerichte der Bundesrepublik Deutschland.

Kanzlerprinzip
Das Kanzlerprinzip weist dem Bundeskanzler die Richtlinienkompetenz zu. Es besagt, dass der Bundeskanzler die Richtlinien der Politik bestimmt und die Verantwortung dafür trägt. Der Kanzler wird dadurch deutlich aus dem Kreis der Regierungsmitglieder herausgehoben.

Koalition
Zusammenschluss zweier oder mehrerer Parteien, die gemeinsam eine Regierung bilden und Gesetzentwürfe ausarbeiten.

Kollegial-/Kabinettsprinzip
Das Kollegial- oder Kabinettsprinzip legt fest, dass wichtige Entscheidungen vom Kabinett gemeinsam getroffen werden sollen. Auch bei Meinungsverschiedenheiten zwischen Ministern soll das Kabinett entscheiden.

Konstruktives Misstrauensvotum
Der Bundestag kann den Bundeskanzler nur durch die Wahl eines neuen Kanzlers (konstruktiv!) zum Rücktritt zwingen.

Legislative
Die gesetzgebende Gewalt; sie wird in der Bundesrepublik Deutschland von Bundestag und Bundesrat ausgeübt (auf Landesebene von den Länderparlamenten).

Markt
Der reale oder virtuelle Ort, an dem Angebot und Nachfrage nach Gütern und Leistungen aufeinandertreffen und Preise gebildet werden (z.B. Automarkt, Börse). Das Grundprinzip des Marktes ist der Tausch.

Marktwirtschaft
In der Marktwirtschaft steuern Angebot und Nachfrage, Wettbewerb und freie Preisbildung den Wirtschaftsprozess. Das Privateigentum an den Produktionsmitteln wird garantiert.

Mehrheitswahl
Bei der Mehrheitswahl wird das Wahlgebiet in so viele Wahlkreise eingeteilt, wie Mandate zu vergeben sind. In allen Wahlkreisen stellen sich Kandidaten zur Wahl. Gewählt ist, wer in diesem Wahlkreis die meisten Stimmen erhält (relative Mehrheitswahl). Diese Variante wird z.B. bei der Wahl zum Unterhaus im Vereinten Königreich oder den Kongresswahlen in den USA angewandt. Bei der absoluten Mehrheitswahl ist derjenige Kandidat gewählt, der die absolute Mehrheit der Stimmen (50 Prozent + eine Stimme) im Wahlkreis erhält. Da dies meist nicht sofort zu erreichen ist, wird ein zweiter Wahlgang zwischen den beiden Bestplatzierten notwendig.

Menschenrechte
Das sind die persönlichen Rechte, die jedem Menschen von Geburt an zustehen, z.B. das Recht auf Meinungsfreiheit.

Migration
Im Laufe der Geschichte haben sich immer wieder kleinere oder größere Gruppen von Menschen oder ganze Völker auf Wanderungen begeben. Dies hatte ganz unterschiedliche Gründe: So wurden die Menschen aus religiösen oder politischen Motiven verfolgt, andere waren arm und sahen für sich und ihre Kinder keine Zukunft mehr in ihrer Heimat. Alle diese Wanderungen (lat. migrare = wandern) nennt man Migration.

Misstrauensvotum
Der Bundestag kann den Kanzler durch ein Misstrauensvotum stürzen. Nach den Erfahrungen der Weimarer Republik wurde dafür aber bewusst eine hohe Hürde geschaffen. Beim konstruktiven Misstrauensvotum kann der Regierungschef nur dann abgewählt werden, wenn zugleich eine absolute Mehrheit der Bundestagsabgeordneten einen neuen Regierungschef wählt (Art. 67 GG).

Monopol
Unter einem Monopol versteht man eine Marktform, in der ein Unternehmen als alleiniger Anbieter auftritt oder einen so großen Marktanteil besitzt, dass er allein die Preise kontrollieren kann und damit über eine besondere Marktmacht gegenüber den Nachfragern bzw. Konsumenten verfügt.

Ökologie
So bezeichnet man die Wissenschaft von den Wechselbeziehungen zwischen den Lebewesen und ihrer Umwelt.

Ökonomisches Prinzip
Das ökonomische Prinzip besagt, dass die vorhandenen Mittel (Geld, Zeit) optimal eingesetzt werden sollen, um ein bestimmtes Ergebnis zu erreichen. Bei vorgegebenen Mitteln soll

SOZIALWISSSENSCHAFTLICHES GLOSSAR

ein möglichst hoher Ertrag erzielt werden (Maximalprinzip). Bei einem vorgegebenen Ertrag sollen möglichst geringe Mittel eingesetzt werden (Minimalprinzip).

Opposition
Alle Personen und Gruppen, die der Regierung im Parlament gegenüberstehen und sie kritisieren.

Parlament
Die Versammlung der vom Volk gewählten Abgeordneten. Das Parlament regt Gesetze an, bewilligt sie und kontrolliert die Regierung. In einer parlamentarischen Demokratie nimmt vor allem die Opposition die Kontrollfunktion wahr, da die Mehrheit im Parlament die Regierung trägt.

Pluralismus
Unter Pluralismus ist der legitime Wettbewerb unterschiedlichster und zum Teil auch entgegengesetzter Interessen zu verstehen. Er basiert auf der Gewährleistung zentraler Grundrechte wie der Meinungs- und Pressefreiheit, der Versammlungsfreiheit und dem Recht auf Bildung von Vereinen und Parteien.

Preisbildung
Prozess, in dem sich in einer Marktwirtschaft auf den Märkten die Preise bilden. Preisbildung ist abhängig von Marktform und Anzahl der Anbieter und Nachfrager. Sie vermittelt zwischen Produktion und der Befriedigung bestehender Bedürfnisse.

Rechtsstaat
Unter Rechtsstaatlichkeit ist zunächst zu verstehen, dass die Gesetze in einem Staat sowohl nach bestimmten Regeln zustande kommen als auch dass sich der Staat an diese Gesetze hält (formales Rechtsstaatprinzip). Problematisch an dieser Form der Anwendung des Rechtsstaatsprinzips ist jedoch, dass ohne eine Bindung der staatlichen Macht an unumstößliche Grundwerte eine „Diktatur der Mehrheit" entstehen könnte, d.h. dass zwar das gesamte Volk der Souverän ist und dieses Recht durch Wahlen auch wahrnimmt, doch durch Mehrheitsentscheide Politik nur zugunsten einer Mehrheit gemacht wird und die Interessen der Minderheit nicht berücksichtigt werden. In modernen Demokratien gilt deshalb neben dem formalen Rechtsstaatprinzip auch das materielle Rechtsstaatprinzip. Danach ist der Staat nicht nur an die von ihm verabschiedeten Gesetze gebunden, sondern handelt auch nach dem Gleichheits- und Gerechtigkeitsprinzip und darf nicht gegen die Grund- und Menschenrechte verstoßen.

Republik
Die Bezeichnung Bundesrepublik Deutschland schließt die Monarchie mit einem gekrönten oder fürstlichen Staatsoberhaupt als Staatsform aus.

Ressortprinzip
Das Ressortprinzip bestimmt, dass im Rahmen der Richtlinien des Bundeskanzlers die Minister ihre Geschäftsbereiche (Ressorts) in eigener Verantwortung leiten.

Shell-Jugendstudie
Die „Shell-Jugendstudie" versteht sich als „Langzeit-Berichterstattung über die junge Generation" und wird in Deutschland im Auftrag des Mineralölkonzerns Shell seit 1953 durchgeführt. Untersucht werden Einstellungen, Wertorientierung und das Sozialverhalten junger Menschen im Alter zwischen 12 und 25 Jahren. Für diese Stichprobe wurden z.B. für die 16. Studie 2.604 repräsentative Jugendliche für die quantitative und 20 Jugendliche für die qualitative Erhebung ausgewählt.

Soziale Marktwirtschaft
Die Soziale Marktwirtschaft ist eine Wirtschaftsordnung, die den Grundsatz der Freiheit auf dem Markt mit dem des sozialen Ausgleichs verbindet.

Soziales Netzwerk
Der Begriff soziales Netzwerk bezeichnet ein Beziehungsgeflecht, das Menschen mit anderen Menschen verbindet. Menschen sind untereinander zum Beispiel durch Beziehungen in der Familie und Verwandtschaft sowie im Freundeskreis, aber auch mit der Nachbarschaft und in der Arbeitswelt vernetzt. Soziale Netzwerke werden zunehmend im Internet gebildet.

Sozialstaat
Bezeichnung für einen Staat, der seinen Bürgern ein Existenzminimum sichert, wenn sie in Not geraten sind, und für einen gerechten Ausgleich zwischen Reichen und Bedürftigen sorgt. In Deutschland geschieht dies z.B. durch die Sozialversicherungspflicht und durch staatliche Unterstützung, wie Sozialhilfe, Kindergeld oder Ausbildungs- und Arbeitsförderung.

Staat
Die sog. „Drei-Elemente-Lehre" basiert auf den Überlegungen des deutschösterreichischen Staatsrechtlers Georg Jellinek (1851 – 1911). Demnach wird ein Staat durch ein abgegrenztes Hoheitsgebiet (Staatsgebiet), eine darauf ansässige (Kern-) Bevölkerung (Staatsvolk) sowie eine auf diesem Gebiet herrschende Gewalt (Staatsgewalt) definiert. Diese drei Merkmale sind laut Jellinek erforderlich, damit ein Staat den Status eines Völkerrechtssubjekts erlangen kann.

Staatsformen
Staatsformen beschreiben die äußere politische Organisationsform eines Staates. Es gibt mehrere Möglichkeiten, Staatsformen voneinander abzugrenzen. Ist das „Staatsoberhaupt" das zentrale Unterscheidungskriterium, gibt es weltweit nur zwei unterschiedliche Typen von

SOZIALWISSSENSCHAFTLICHES GLOSSAR

Staatsformen: Republik und Monarchie. Während eine Monarchie über ein gekröntes oder fürstliches Staatsoberhaupt verfügt, sind alle Staaten ohne Kaiser, König oder Fürsten Republiken.

Streitbare/wehrhafte Demokratie
Begriff für eine Demokratie, die Mittel bereithält, um gegen Feinde der Demokratie vorzugehen. So können in Deutschland zum Beispiel Parteien oder Vereine verboten werden, die sich gegen die freiheitliche demokratische Grundordnung wenden.

Strukturwandel
Veränderungen der wertmäßigen Beiträge der einzelnen Wirtschaftssektoren (Land- und Forstwirtschaft, verarbeitendes Gewerbe und Dienstleistungen) zur Wirtschaftsleistung eines Landes. Der Anteil des Dienstleistungsbereichs nimmt dabei in Deutschland ständig zu. Beschleunigt und verstärkt wird der Strukturwandel durch neue Technologien sowie den zunehmenden internationalen Wettbewerb.

Tarifautonomie und Tarifvertrag
Die Tarifautonomie leitet sich aus dem im Grundgesetz (Art. 9 GG) garantierten Recht der Koalitionsfreiheit ab und genießt in Deutschland hohes Ansehen. Ergebnis der Tarifverhandlungen ist der Tarifvertrag, der die Rechte und Pflichten der Vertragsparteien regelt.

Verbände
Organisierte Gruppen, die auf die Politik Einfluss nehmen möchten, ohne politische Verantwortung zu übernehmen. Zur Verfolgung gemeinsamer Interessen werden Zusammenschlüsse gebildet, z.B. Berufsverbände.

Verhältniswahl
Bei der Verhältniswahl legen die Parteien Listen mit Namen von Kandidaten für das jeweilige Wahlgebiet vor. Alle Stimmen, die für eine Partei abgegeben wurden, werden zusammengezählt. Dann wird errechnet, wie viele Parlamentssitze ihr nach ihrem Stimmenanteil zustehen. Wenn eine Partei z.B. 20 Prozent der Wählerstimmen errungen hat, bekommt diese auch 20 Prozent der Parlamentssitze. Diese Sitze werden an die Kandidaten in der Reihenfolge verteilt, wie sie auf der Liste ihrer Partei platziert waren.

Vertrauensfrage
Nur der Bundeskanzler kann die Vertrauensfrage stellen. Kombiniert er diese mit der Entscheidung über eine Sachfrage, kann er die Regierungsfraktionen dazu bringen, ihm bei einer umstrittenen Entscheidung den Rücken zu stärken und in seinem Sinne abzustimmen. Versagt ihm die Mehrheit des Parlamentes diese Zustimmung, kann der Bundeskanzler den Bundespräsidenten bitten, den Bundestag aufzulösen. Dies hätte Neuwahlen zur Folge, was für die Parlamentarier zunächst den Verlust ihres Mandates bedeuten würde.

Volkspartei
Partei, die aufgrund ihres Programms für Wähler und Mitglieder aller gesellschaftlichen Schichten unterschiedlicher Weltanschauungen offen ist.

Volkssouveränität
Volkssouveränität ist ein fundamentales Merkmal aller Demokratien, welches besagt, dass die höchste Gewalt des Staates und oberste Quelle der Legitimität das Staatsvolk selbst ist („Alle Staatsgewalt geht vom Volke aus.", Art. 20 Abs. 2 GG). Die Idee der Volkssouveränität setzte sich mit den Menschenrechtserklärungen des 18. Jahrhunderts allgemein durch und wurde mit dem Prinzip der Gewaltenteilung zum Fundament des modernen Verfassungsstaates.

Wahlen
Verfahren der Berufung von Personen in bestimmte Ämter durch Stimmabgabe einer Wählerschaft. In Demokratien werden die wichtigsten Staatsämter durch Wahlen besetzt. Demokratische Wahlen müssen die Bedingungen allgemein, frei, gleich und geheim erfüllen. Das genaue Wahlverfahren (Verhältniswahl, Mehrheitswahl) ist meist in Wahlgesetzen geregelt.

Wirtschaftssektoren
Die Wirtschaftswissenschaften unterteilen die Produktionsbereiche einer Volkswirtschaft in drei Wirtschaftssektoren:
Der primäre Sektor beinhaltet die Produktgewinnung der Land- und Forstwirtschaft sowie Fischerei.
Im sekundären Sektor werden Produkte hergestellt oder verarbeitet (Industrie und Handwerk, Bergbau und Baugewerbe).
Der tertiäre Sektor umfasst die Dienstleistungen, zum Beispiel Handel, Verkehr, Kultur, Bildung und Gesundheitswesen.

Zentralverwaltungswirtschaft/Planwirtschaft
Bezeichnung für Wirtschaftssysteme (z.B. der DDR), deren Produktion durch zentrale Pläne (einer staatlichen Planungsbehörde) gelenkt wird. Es gibt kein Privateigentum an Produktionsmitteln.

Zustimmungsgesetze
Zustimmungsgesetze sind Gesetze, die nur verabschiedet werden können, wenn eine Mehrheit der Bundesratsmitglieder zustimmt. Der Bundesrat kann in diesen Fällen also die „rote Karte" für ein Gesetzesvorhaben zücken. In diesen Bereich fallen alle Bundesgesetze, die Länderinteressen berühren. In der Vergangenheit waren alle Bundesgesetze zustimmungspflichtig, die Vorgaben zur Behördenorganisation oder zum Verwaltungsverfahren enthielten, da dies üblicherweise Aufgabenbereiche der Länder sind. Dies hat sich durch die Föderalismusreform von 2006 geändert; dadurch soll der Anteil der Zustimmungsgesetze deutlich sinken.

REGISTER

Zur Benutzung des Registers
- Blau gedruckte Seitenzahlen: Verweis auf die Begriffe, die auf den „Wissen kompakt"-Seiten erläutert werden.
- Kursiv Gedrucktes: Personenregister

A

Abgeordnete   150, 151, **155**
Abiball   37, 39
Abiturfeierlichkeiten   35
Abiturjahrgänge   36
Adam, Konrad   249
AfD   165, 219
Al-Qaida   235
Alternative für Deutschland (AfD)   162, 165, 177
Amala   46
Analyse von Wahlprogrammen   179
Anarchie   177
Angebot   282
Antipluralismus   248
Antisemitismus   229
Arbeitgeber   322
Arbeitgeberverbände   328, **337**
Arbeitnehmer   322
Arbeitnehmerorganisation   327, **337**
Arbeitskampf   332
Arbeitsmarkt   61, 349
Arbeitsproduktivität   329
Asch, Solomon   87
Asylpaket II   133
Aufgaben der Medien in der Demokratie   **195**
Aufgaben der Parteien in Deutschland   162
Aufgaben und Funktionen von Parteien   **194**
Aufklärung   287
Aussperrung   332, **337**
Autonome   231

B

Barley, Katarina   188
Bauer, Karin   38
BDA   328
Bedarf   262, **277**
Bedürfnis   **276**
Bedürfnispyramide   258, 259, **276**
Bedürfnisse   256, 258, 262
Berufliche Sozialisation   61, 62
Berufsleben   61
Berufsrolle   78
Beschaffung   313
Betriebe   312

Betriebliche Mitbestimmung   **336**
Betriebsrat   323, **337**
Betriebsräte   325
Betriebsverfassungsgesetz   323
Bikulturalität   34, **41**
Bildungssystem   58
Brexit   202
Bundesjustizminister   124
Bundeskanzler   142, 143, 146
Bundeskartellamt   343, **360**
Bundesminister   142, 146
Bundespräsident   142, 143, 146, **155**
Bundesrat   133, 138, 139, 142, 143, 145, 146, **155**
Bundesregierung   142, 143, 146, **155**
Bundesrepublik Deutschland   112, 142
Bundesstaat   112, 114, 115, **127**
Bundestagsausschüsse   **154**
Bundesvereinigung der Deutschen Arbeitgeberverbände (BDA)   328
Bundesverfassungsgericht   142, 143, 148, **155**, 237, 238
Bundesversammlung   142, 143
Bundeswehr   106
Bundesweite Volksentscheide   208
Bündnis 90 Die Grünen   162, 177
Bürgerentscheid   209, 210
Bürgerrechte   101, **126**
Burkini-Urteil   99

C

Campact   204
Car-Sharing   357
Carstens, Karl   148
CDU   162, 177, 217
Churchill, Winston   111
Cleavages   **195**
Corporate Social Responsibility (CSR)   320, 321, **336**
Couch-Surfen   357
CSR   317, 320, 321, **336**
CSU   162, 177, 218
Cyber Mobbing   31, 91

D

Dahrendorf, Ralf   73
Demokratie   108, 109, 110, 111, 119, **126**, 170, 185, 226, 241, 246
Deutsche Leitkultur   32
Deutscher Bundestag   133, 138, 139, 142, 143, 146, 150, **154**, 164, 175, 206
DGB   327
Die Linke   162, 177, 218, 219
Dienstleistungsgesellschaft   169

REGISTER

Digitale Medien 27
Dilemma-Diskussion 105, 207, 208, 211, 212, 216, 217, **220**
Dividende 318
Dreyer, Malu 249

E
Edeka-Tengelmann-Fusion 347
E-Demokratie 203, **220**
Einfacher Wirtschaftskreislauf 295, **307**
Enger und weiter Politikbegriff **220**
E-Partizipation 203, **220**
Erikson, Erik H. 25
Erweiterter Wirtschaftskreislauf 295, **307**
Erziehung als Teil des Sozialisationsprozesses **92**
Establishment 242
Ethnie 229
Eucken, Walter 303
EU-Richtlinie 353
Ewigkeitsklausel 100
Extremismus 226, 248, **251**

F
Facebook 28
Familie 21
Faschismus 232
FDGO 110, **127**
FDP 218
Federal Papers 120
Flüchtlinge 132
Fluides Sechsparteiensystem 169
Föderalismus 113, 114
Fraktionen 150
Fraktionsdisziplin **155**
Fraktionszwang 150, 151
Franzen, Martin 334
Freie Marktwirtschaft 282, 286, 289, 290, **306**
Freiheitlich demokratische Grundordnung (FDGO) 110
Friedrich-Ebert-Stiftung (FES) 182
Fundamentalismus 63
Funktionen im Unternehmen **336**
Fusionskontrolle 343, **360**

G
G8 113
G9 113
Gabriel, Sigmar 346
Gäfgen, Magnus 103
Gauck, Joachim 149, 303, 304

Gebietskartell 343
Gemeinsamer Ausschuss 142
Gemeinwillen 122
Gentrifizierung 231, 232
Gesellschaft 20, 60, **92**
Gesetzesreferendum 213
Gesetzgebung 132, 136
Gesetzgebungsprozess **154**
Gewaltenteilung 109, 110, 119, 144
Gewerkschaften 77, 322
Gewissensfreiheit 151, 152, **155**
Gezielte Werbung 31
Gleichaltrigengruppe 87, 88
Gleichgewichtspreis 284, **306**
Glimbovski, Milena 356
Globalisierung 193
Goffmann, Erving 25
Goldschmidt, Ulrich 339
Grund-, Menschen- und Bürgerrechte 101, **126**
Grundgesetz 98, 103, 108, 109, 119, **126**, 143, 207, 236, 327
Grundrechte 98, 99, 101, **126**
Grüne/B90 218
Grupp, Wolfgang 272, 273
Gruppenzwang 87
Güter 256, 258, **276**
Güterknappheit 260
Gütermarkt 349

H
Hamker, Günther 263
Haushalte 257
Hausunterricht 64
Heinemann, Gustav 148
Herrschaftsform 207
Herz, Wilfried 304
Herzog, Roman 149
Heuss, Theodor 148
Hildebrandt, Tina 171
Homo oeconomicus 260, 261, **276**
Homo sociologicus 72, **93**
Hurrelmann, Klaus 20
Hybride Identitäten 35, **41**

I
Identität 23, **40**, **93**
Identitätsbildung 23, 24
Identitätsentwicklung 23, 26
Identitätsmodelle 24, **40**
Ideologie 175, 230, 249
IG-Metall 332
Industrie 4.0 315
Instagram 28, 29

REGISTER

Integrationsgesetz 132, 138, 141
Interessenvertretung 327
Internet 26, 123, 186
Islam 234
Islamischer Staat 235
Islamismus 234, **251**
Issing, Ottmar 300

J

Jaschke, Hans-Gerd 253
Jugendliche 13, 14, 16, 20, 23, 26, 27, 28, 32, 200

K

Kaeser, Joe 301, 302
Kaiser Wilhelm II. 112
Kaiser's Tengelmann 345, 346
Kamala 46
Kapitalismus 288, 298, **307**
Kartell 342
Kartellamt 344, 347
Kartellarten 343
Kartelle **360**
Kaufentscheidung 265
Knappheit von Gütern **276**
Knipper, Til 304
Koalitionen 164, **194**
Köhler, Horst 149
Kommunismus 232, 288
Kommunitarismus 193
Konfliktlinie 193
Konfliktlinien (engl. „Cleavages") **195**
Konservatismus 176, **194**
Konsumenten 265, 271, 355
Konsumentensouveränität 265, 270, **277**
Konsumgüter 257
Koopmann, Ruud 34
Krappmann, Lothar 25

L

Landesparlamente 142
Landesregierungen 142
Lehrerrolle 74, 76, 78
Lehrerverbände 77
Leistungsgesellschaft 60
Leistungsprinzip 60, **92**
Leitkultur 33, **41**
Liberalismus 176, **194**, 287
Linksextremismus 231, 232, 244, **251**
Locke, John 119
Lübke, Heinrich 148
Luftsicherheitsgesetz 104, 105

M

Maas, Heiko 124
Madison, James 120
Mainstream 23
Marketingstrategien **277**
Markt **306**
Marktformen 289, **306**
Marktmechanismus 349
Marktmodell **306**
Marktpreise 282
Marktwirtschaft 288, 289, **306**
Marx, Karl 297
Maslow, Abraham 258
Massenmedien 187
Materialismus 16, **40**
Maximalprinzip 260
Mead, George Herbert 25, 82
Mediale Identität **40**
Medien 30, 185
Mehrheitsprinzip 109
Menschenrechte 101, **126**
Menschenwürde 103, 123, **126**
Merkel, Angela 187, 249
Meseberger Erklärung 134
Migrationshintergrund 32
Mindestlohn 330, 348, 349, 350, **361**
Minimalprinzip 260
Ministererlaubnis 344, 346, **360**
Mitbestimmung 322, 325
Mitte-Studie 241, 242
Mobbing 90
Mobile Commerce 268
Monopol 289
Monopolvermutung 344, **360**
Müller, Jan-Werner 247, 249
Müller-Armack, Alfred 309
Multikulturalismus 33, **41**
Muslima 99

N

Nachfrage 282
Nationalismus 230
Nationalsozialistischer Untergrund (NSU) 228
Neoliberal 303
Neoliberalismus **307**
Nesthocker 21, 22
NGO Nichtregierungsorganisation (NGO) 216
Nieberding, Mareike 201
Niedriglohnsektor 348
Normen 13, **92**
NPD 237, 238
NSU 228, 229
Nullzinspolitik 318

REGISTER

O
Ökonomische Modelle   261, **276**
Ökonomisches Prinzip   260, **276**
Oligopol   289
Oligopolvermutung   344, **360**
Opposition   145, **155**
Ordoliberalismus   165
OSZE   231

P
Papastefanou, Christiane   22
Parlamentarischer Rat   98
Parlamente   162
Parsons, Talcott   25, 81
Parteien im Deutschen Bundestag   217
Parteien   77, 161, 162, 163, 175, 178, 180, **194**, 216
Parteienverbot   237
Parteienverdrossenheit   180, 181, 182
Parteiprogramme   **195**
Peergroup   23, **41**
Pegida   246
Plastikmüll   352
Plastiktüten   352, 353, 354, 355
Pluralismus   120
Politik   200, 201
Politikverdrossenheit   180, 181, 182, **195**
Politzyklus   137
Polypol   289
Populismus   165, 171, 246, 247, 248, 250, 251
Postmaterialismus   16, **40**
Pousttchi, Key   268
Prantl, Heribert   239
Preisbildung   289
Preiskartell   343
Primäre Sozialisation   52
Produzenten   272
Produzentensouveränität   265, **277**
Prozesse im Unternehmen   **336**

Q
Quotenkartell   343

R
Radikalismus   226, **251**
Rassismus   230
Rau, Johannes   149
Reallohn   329
Rechtsextremismus   226, 229, **251**
Rechtsstaat   116, **127**
Regierung   144

Regierungskoalition   133, **154**
Reheis, Fritz   279
Repräsentative Demokratie   207, **220**
Richtlinie der EU   361
Riesman, David   25
Rituale   **41**
Roboter   316
Rödl, Florian   335
Rolle   72, **92**
Rollenbild   74
Rollendistanz   **93**
Rollenidentifikation   **93**
Rollenkonflikt   79, **93**
Rollentheorie
    - strukturfunktionalistisch   81
Rollentheorien   81
Rousseau, Jean-Jacques   122

S
Säkularisierung   169
Salafismus   234
Scheel, Walter   148
Schlaraffenland   256
Schule   56, 58, 60
Schülerrolle   74, 76
Schulische Sozialisation   61
Schulpflicht   56, 58
Schulz, Martin   187
Schweiger-Wilhelm, Margaretha   37
Sechsparteiensystem   160
Sekundäre Sozialisation   56
Shareholder-Ansatz   317, **336**
Sharing-Ökonomie   357, 358, **361**
Shell Jugendstudie   15, 32, 20, **41**, 200
Singh, J.A.L, Reverend   46
Sinus-Jugendstudie   **41**
Sinus-Studie   37
Smith, Adam   286
Snower, Dennis J.   262
Social Bots   190
Social Entrepreneurship   **336**
Social Web   27, 28
Soziale Gruppe   **93**
Soziale Marktwirtschaft   292, 293, 294, 297, 300, 301, 303, **307**, 328
Soziale Medien   26, 186, 189
Soziale Mobilität   169
Soziale Netzwerke   30, 31, 267
Soziale Position   72, 73, **93**
Soziale Rolle   72, 73
Soziales Engagement   200, 203
Soziales Handeln   48
Soziales und politisches Engagement   200
Soziales Wesen   46
Sozialisation   23, 46, 50, 58, 59, 61, 62, 88, **92**

REGISTER

Sozialisationsinstanz 58
Sozialisationsphasen 92
Sozialisationsprozess 49
Sozialismus 176, 194
Sozialstaat 127, 295
Sozialstruktur 169
Soziologie 92
SPD 162, 177, 218
Spitz, René 47
Sportvereine 77
Staat 342
Staatliche Verbraucherpolitik 277
Staatsform 112
Stakeholder-Ansatz 317, 318, 336
Steinmeier, Frank-Walter 112, 149
Streik 332, 334, 337
Strukturfunktionalismus 81, 85, 93
Su, Shia 355
Subsidiärer Schutz 133
Symbolischer Interaktionismus 82, 85, 93

T

Tarif 328
Tarifautonomie 328, 337
Tarifpolitik 329
Tarifverhandlungen 332
Tauber, Peter 188
Traditionsmilieu 169
Trending Topics 191
Trump, Donald 202
TTIP 204

U

Ulrich, Bernd 170
Umweltschutz 354
Unternehmen 344
Unternehmensformen 336
Unternehmensleitbild 336
Unternehmensrechtsformen 312, 313

V

Verbraucher 274, 275, 342
Verbraucherpolitik 270, 274, 277
Verbraucherpreise 351
Verfassung 123
Verfassungsorgane 132, 142, 143, 154
Verfassungsprinzipien 108, 126
Vermittlungsausschuss 154
Volksabstimmungen 217, 220
Volksbegehren 220
Volksentscheide 207, 211, 214, 220
Volksinitiative 213, 220
Volkssouveränität 109
Volksparteien 160, 167, 168, 169, 170, 194
Volkswirtschaftslehre (VWL) 258
Vollkommener Markt 282, 306
von Weizäcker, Richard 148

W

Wahlbeteiligung 206
Wahlen 164
Wahlkampf 187, 189, 190
Wahlsystem 164
Wefing, Heinrich 238
Wehrhafte Demokratie 236, 251
Weichert, Stephan 190
Werkzeugkasten Soziologie 66
Werte 12, 13, 14, 16, 40, 92
Wettbewerb 282, 343, 344
Wirtschaftsordnung 292, 297, 288, 306
Wirtschaftswunder 257
Wolf, Sara 356
Wulff, Christian 149

Z

Zero-Waste 361
Zukunftsvorstellungen 12
Zweiter Weltkrieg 256

OPERATOREN

Hinweise zur Bearbeitung der Aufgaben – Operatorenübersicht für Sozialwissenschaften und Sozialwissenschaften/Wirtschaft

Operatoren, die Leistungen im Anforderungsbereich I (Reproduktion) verlangen:

aufzählen nennen wiedergeben zusammenfassen	Kenntnisse (Fachbegriffe, Daten, Fakten, Modelle) und Aussagen in komprimierter Form unkommentiert darstellen
benennen bezeichnen	Sachverhalte, Strukturen und Prozesse begrifflich präzise aufführen
beschreiben darlegen darstellen	Wesentliche Aspekte eines Sachverhaltes im logischen Zusammenhang unter Verwendung der Fachsprache wiedergeben

Operatoren, die Leistungen im Anforderungsbereich II (Reorganisation und Transfer) verlangen:

analysieren	Materialien oder Sachverhalte kriterienorientiert oder aspektgeleitet erschließen, in systematische Zusammenhänge einordnen und Hintergründe und Beziehungen herausarbeiten
auswerten	Daten oder Einzelergebnisse zu einer abschließenden Gesamtaussage zusammenführen
charakterisieren	Sachverhalte in ihren Eigenarten beschreiben und diese dann unter einem bestimmten Gesichtspunkt zusammenführen
einordnen	Eine Position zuordnen oder einen Sachverhalt in einen Zusammenhang stellen
erklären	Sachverhalte durch Wissen und Einsichten in einen Zusammenhang (Theorie, Modell, Regel, Gesetz, Funktionszusammenhang) einordnen und deuten
erläutern	Wie erklären, aber durch zusätzliche Informationen und Beispiele verdeutlichen
herausarbeiten ermitteln erschließen	Aus Materialien bestimmte Sachverhalte herausfinden, auch wenn sie nicht explizit genannt werden, und Zusammenhänge zwischen ihnen herstellen
interpretieren	Sinnzusammenhänge aus Materialien erschließen
vergleichen	Sachverhalte gegenüberstellen, um Gemeinsamkeiten, Ähnlichkeiten und Unterschiede herauszufinden
widerlegen	Argumente anführen, dass Daten, eine Behauptung, ein Konzept oder eine Position nicht haltbar sind

BILDNACHWEIS

© 2015, IW Medien / iwd9, Köln – S. 325 • akg-images, Berlin – S. 112; - / Bildarchiv Pisarek – S. 44; - / Erich Lessing – S. 119; - / Ria Nowosti – S. 119 • Alamy Stock Photo / Greg Balfour Evans – S. 34; - / Ian Dagnall / Computing – S. 120; - / Keystone Pictures USA – S. 292; - / Pictorial Press Ltd – S. 122, 286 • Alternative für Deutschland (AfD) – S. 160, 162, 177 • AP-Photo / U. S. Official Photo – S. 256 • Archiv für Soziale Demokratie der Friedrich-Ebert-Stiftung, Bonn – S. 160, 162, 177 • Baaske Cartoons / Bengen, Müllheim – S. 338; - / Mester, Müllheim– S. 153, 158, 310, 317 • Dr. Katharina Barley, Berlin – S. 188 • Bergmoser + Höller Verlag AG, Aachen – S. 323, 327 • Bundesministerium für Arbeit und Soziales / CSR Deutschland, Berlin – S. 321 • Bundesregierung / Steffen Kugler, Berlin – S. 112, 130, 149 • Bundeszentrale für politische Bildung / CC BY-SA 3.0, Bonn – S. 350; - / www.bpb.de – S. 158 • Bündnis90 / Die Grünen, Berlin – S. 160, 162, 177 • CDU Bundesgeschäftsstelle, Berlin – S. 160, 162, 177 • Christlich-Soziale-Union / Landesgeschäftsstelle, München – S. 160, 162, 177 • Coverartwork nach Alina Bronsky, Die Abschaffung der Mutter, erschienen in der Deutschen Verlagsanstalt, München, in der Verlagsgruppe Random House GmbH – S. 54 • DAV / Deutscher Anwaltverein / Andreas Burkhardt, Berlin – S. 124 • Deutscher Bundestag / Lichtblick / Achim Melde – S. 130 • DFK / Die Führungskräfte / Ulrich Goldschmidt, Essen – S. 339 • Die Linke / Bundesgeschäftsstelle, Berlin – S. 160, 162, 177 • DIZ Süddeutscher Verlag Bilderdienst / dpa / ap, München – S. 81 • DIZ Süddeutsche Zeitung Photo, München – S. 292 • dpa Infografik, Frankfurt – S. 234 • dpa Infografik / Globus-Grafik, Frankfurt – S. 164, 166, 310, 333 • dpa Picture-Alliance / akg-images, Frankfurt – S. 148, 254; - / akg-images / Straube – S. 34; - / AP Photo / Axe – S. 267; - / AP Photo / Marcio Jose Sanchez – S. 280; - / APA / picturedesk.com / Jeff Mangione – S. 106; - / APA / picturedesk.com / Mirjam Reither – S. 16; - / Werner Baum – S. 103; - / Ulrich Baumgarten – S. 130, 148; - / Bildarchiv – S. 292, 309; - / Bildarchiv / Fotoreport EZB – S. 300; - / Marcus Brandt – S. 10; - / Becker Brendel – S. 270; - / Bundeskriminalamt – S. 224; - / Jörg Carstensen – S. 232; - / Malte Christians – S. 190; - / CITYPRESS24 / Krick – S. 262; - / CSU Archives / Everett Collection – S. 111; - / Uli Deck – S. 130; - / Arne Dedert – S. 249; - / DENA – S. 98; - / dpa-rufa / ARD / Maria Hort – S. 187; - / dpa-rufa / Andreas Stauber – S. 345; - / dpa-rufa / Nico Tapia – S. 224; - / dpaweb / dpa Report / Keystone Urs Flueeler – S. 198; - / Eibner-Pressefoto / Thomas Hahn – S. 237; - / empics / PA – S. 28; - / Fotoreport – S. 148; - / Geisler-Fotopress / Christoph Hardt – S. 249; - / Rolf Haid – S. 99; - / IMAGNO / Sigm. Freud Priv. Stiftung – S. 47; - / Michael Kappeler – S. 130; - / Keystone / Heike Pietsch – S. 229; - / Guido Kirchner – S. 332; - / Frank Leonhardt – S. 211; - / Kay Nietfeld – S. 224, 249; - / NurPhoto / Jaap Arriens – S. 29; - / Phanie / VOISIN – S. 38; - / Carsten Rehder – S. 227; - / Report / Keystone Str – S. 212; - / Report / Patrick Seeger – S. 273; - / Reuters / Michaela Rehle – S. 302; - / Caroline Seidel – S. 355; - / Bernd Settnik – S. 310; - / The Advertising Archives – S. 266; - / United Archives / Impress – S. 80; - / Rolf Vennenbernd – S. 209; - / Fredrik von Erichsen – S. 303; - / Anke Waelischmiller / Sven Simon – S. 239; - / Angelika Warmuth – S. 352; - / Hermann Wöstmann – S. 22; - / ZB / Report / Jan Woitas – S. 72; - / ZDF / Harry Schnitger – S. 201; - / Zentralbild / Arno Burgi – S. 227, 252; - / Zentralbild / Klaus Franke – S. 148; - / Zentralbild / Sebastian Kahnert – S. 132; - / Zentralbild / Jens Kalaene – S. 356; - / Zentralbild / Britta Pedersen – S. 315; - / Zentralbild / Karl-Heinz Schindler – S. 171, 253; - / Zentralbild / Monika Skolimowska – S. 246 • Martin Erl/toonpool.com – S. 150 • Foto by Mehr Demokratie e.V. / Lizenz: CC BY-SA 2.0, Köln-Porz – S. 216 • Freie Demokratische Partei / Bundesgeschäftsstelle, Berlin – S. 160, 162 • Freie Universität Berlin / Florian Rödl, Berlin – S. 335 • GfK Verein / Global Trust Report 2017 – eine Studie des GfK Vereins, Nürnberg – S. 180 • Erich Haefele / JOKER, Bonn – S. 211 • Horst Haitzinger, München – S. 340 • Philip Kovce / Foto: Photothek / Presse- und PR-Fotografie / Gottschalk / photothek.de, Berlin – S. 95 • Manuel König – S. 158 • Kostas Koufogiorgos, Stuttgart – S. 362 • Ludwig-Maximilian-Universität / Lehrstuhl für Deutsches, Europäisches, Internationales Arbeitsrecht und Bürgerliches Recht / Professor Dr. Martin Franzen – S. 334 • LVR-Institut für Landeskunde und Regionalgeschichte / Dr. Katrin Bauer, Bonn – S. 38 • Marie Marcks, Neckargemünd-Dilsberg – S. 84 • Mauritius Images / Alamy Stock Photo / Archive PL – S. 204; - / United Archives – S. 46 (2) • Naturschutzjugend NAJU, Berlin – S. 353 • nel@nelcartoons.de / nelcartoons.de, Erfurt – S. 156 • Gerhard Orth, Bielefeld – S. 80 • Thomas Plaßmann, Essen – S. 112, 280, 319, 340 • Ingeborg Prändl, Neuburg/Donau – S. 76 • Heiko Sakurai, Köln – S. 324 • Dr. Margaretha Schweiger-Wilhelm / Amerikahaus, München / © Ishtar Najjar Fotografie– S. 37 • SHELL Hamburg / Gensicke Sozialforschung / Dr. Thomas Gensicke, München – S. 17 • Shell Jugendstudie, Frankfurt – S. 13, 15, 26, 27 • Statista GmbH, Hamburg – S. 205, 254, 345 • Statistisches Bundesamt, Wiesbaden – S. 206, 257, 294, 313 • Klaus Stuttmann, Berlin – S. 168, 181, 340 • Peter Tauber / Foto: Tobias Koch, Berlin – S. 188 • Thinkstock / BananaStock / Jupiterimages – S. 38; - / iStockphoto / BlendImages / Jack Hollingsworth – S. 38; - / iStockphoto / bluejayphoto – S. 85; - / iStockphoto / bokan79 – S. 10; - / iStockphoto / buz – S. 38; - / iStockphoto / chalabala – S. 48; - / iStockphoto / dimarik – S. 32; - / iStockphoto / fizkes – S. 38; - / iStockphoto / Valueline Ciaran Griffin – S. 23; - / iStockphoto / jacoblund – S. 10; - / iStockphoto / Kerkez – S. 63; - / iStockphoto / Liderina – S. 53; - / iStockphoto / monkeybusinessimages – S. 10 (2), 44; - / iStockphoto / Brian Niles – S. 214; - / iStockphoto / RickBL – S. 23; - / iStockphoto / RonOrmanJr – S. 23, 201; - / iStockphoto / Thossaphol – S. 315; - / iStockphoto / vadimguzhva – S. 54; - / iStockphoto / Veou – S. 357; - / Photodisc / David De Lossy – S. 64; - / Photos.com – S. 297; - / Polka Dot / IT Stock – S. 280; - / reka – S. 32; - / Wavebreakmedia / Wavebreakmedia Ltd – S. 201, 214 • ullstein bild / The Granger Collection, Berlin – S. 82 • Heinrich Wefing / Foto: Michael Heck, Hannover – S. 238 • Wissenschaftszentrum Berlin für Sozialforschung / Prof. Dr. Ruud Koopmans, Berlin / Foto: David Ausserhofer, Wandlitz – S. 34 • Freimut Wossner, Berlin – S. 322 • www.sozialpolitik-aktuell.de – S. 117 • www.wikimedia.org / Bobo11 / CC BY-SA 3.0 – S. 52 • www.wikimedia.org / Bundesarchiv / Bild B145 / Bild-F039719-0021 / Lothar Schaack / CC BY-SA 3.0 – S. 148 • www.wikimedia.org / Bundesarchiv / Bild Sig. 146-1994-034-22A / CC BY-SA 3.0 – S. 148 • www.wikimedia.org / Dontworry / CC BY-SA 3.0 – S. 247, 250 • www.wikimedia.org / Reinhard Elbracht – S. 20 • www.wikimedia.org / EnergieAgenturNRW / CC BY-SA 3.0 – S. 149 • www.wikimedia.org / Euku / CC BY-SA 1.2 – S. 149 • www.wikimedia.org / Fabian318 / CC01.0 – S. 198 • www.wikimedia.org / Olaf Kosinsky / Skillshare.eu / CC BY-SA 3.0 – S. 250, 346 • www.wikimedia.org / Lehrstuhl WluD / CC BY-SA 3.0 – S. 268 • www.wikimedia.org / Lesekreis / CC BY-SA 4.0 – S. 53 • www.wikimedia.org / Johannes Liebmann Libbi / CC BY-SA 3.0 – S. 149 • www.wikimedia.org / Martina Nolte / http://www.martina-nolte.de / CC BY-SA 3.0 – S. 149 • www.wikimedia.org / Stephan Röhl / CC BY-SA 2.0 – S. 170 • www.wikimedia.org / Roosewelt Pinheiro / ABr / CC Brasilien 3.0 – S. 149 • www.wikimedia.org / Wolf-Dietrich Weissbach / CC BY-SA 3.0 – S. 279 • www.wikimedia.org / Rüdiger Wölk / CC BY-SA 2.0 – S. 198 • Andreas Zick / Beate Küpper / Daniela Krause / Gespaltene Mitte - Feindselige Zustände. Rechtsextreme Einstellungen in Deutschland 2016 / 2016, Verlag J.H.W. Dietz Nachf., Bonn – S. 243